广西文物保护与考古研究所学术丛书

［荷］贝尼特·肯珀斯 (A.J.Bernet Kempers)　著

谢光茂　宋秋莲　杜芳芳 等 译

东南亚铜鼓
青铜时代的世界及其余绪

The
Kettledrums
of
Southeast Asia:

A Bronze Age World
and Its Aftermath

上海古籍出版社

CRC Press
Taylor & Francis Group

图书在版编目(CIP)数据

东南亚铜鼓：青铜时代的世界及其余绪/（荷）贝尼特·肯珀斯(A. J. Bernet Kempers)著;谢光茂等译.—上海：上海古籍出版社,2022.11
ISBN 978-7-5732-0302-1

Ⅰ.①东… Ⅱ.①贝… ②谢… Ⅲ.①铜鼓—研究—东南亚 Ⅳ.①K883.305.54

中国版本图书馆 CIP 数据核字（2022）第 103411 号

The Kettledrums of Southeast Asia：A Bronze Age World and Its Aftermath 1st Edition / by A. J. Bernet Kempers/ ISBN：9789061915416

广西文物保护与考古研究所学术丛书

东南亚铜鼓：青铜时代的世界及其余绪

［荷］贝尼特·肯珀斯 著

谢光茂等 译

上海古籍出版社出版发行

（上海市闵行区景路 159 弄 1－5 号 A 座 5F 邮政编码 201101）

（1）网址：www.guji.com.cn

（2）E-mail：guji1@ guji.com.cn

（3）易文网网址：www.ewen.co

山东韵杰文化科技有限公司印刷

开本 710×1000 1/16 印张 36.5 插页 7 字数 636,000

2022 年 11 月第 1 版 2022 年 11 月第 1 次印刷

印数：1—1,600

ISBN 978-7-5732-0302-1

K·3167 定价：188.00 元

如有质量问题,请与承印公司联系

黑格尔 I 型铜鼓（照片由蒋廷瑜先生提供）

黑格尔 II 型铜鼓（照片由蒋廷瑜先生提供）

黑格尔 III 型铜鼓（照片由黄启善先生提供）

黑格尔 IV 型铜鼓（照片由黄启善先生提供）

目　　录

第一部分　绪　　论

第二部分　铜　鼓　通　论

第三部分　黑格尔Ⅰ型鼓装饰

第四部分　铜　鼓　之　地　域

第五部分 铜 鼓 年 代

第六部分　余　　绪

译　　序

　　《东南亚铜鼓》是荷兰学者贝尼特·肯珀斯(A. J. Bernet Kempers)于1988年在荷兰阿姆斯特丹出版的专著,研究铜鼓的中国学者很少有人知道。1998年我在写《古代铜鼓通论》时还不知道有这本书,曾说到第二次世界大战之后西方再也没有出过研究铜鼓的学者。日本学者吉开将人先生对我说:"有。"他举肯珀斯为例,有《东南亚铜鼓》。1999年2月吉开将人为我复印一本寄来,8月下旬他来广西南宁,和广西文物考古研究所谢光茂先生讨论过这本书的部分内容。从他们的谈话中,得知此书内容丰富,对铜鼓研究有很高的学术价值。我作为中国古代铜鼓研究会理事长决定以中国古代铜鼓研究会的名义翻译这本书。我曾想请我的中学英语课教师杨秉纪先生翻译,那时杨老师已76岁高龄,他说胜任不了这么大部头的专业著作的翻译。2000年5月我找到光茂,他说,可找广西大学外语系一些英语专业学生帮忙。中国古代铜鼓研究会答应提供微薄的译稿费。一年之后,他们送来部分译稿,我稍加翻阅,发现好多地方词不达意,无法读通。光茂说,肯珀斯是荷兰人,英语不是他的母语,写作起来并不顺畅;而他引用的资料又有法文、德文、葡萄牙文,精通英语的翻译也未必胜任;还认为此份译稿没有进一步加工的基础。后来,他选择了《釜形鼓的起源》《佩砧型铜鼓》两节润色加工,在《中国古代铜鼓研究通讯》试行发表,其他就不了了之。

　　2005年在美国赛克勒暨弗利尔美术馆作博士后研究的江瑜先生给我打来电话,说他在弗利尔美术馆发现一面面径110厘米的大铜鼓。他认为此铜鼓是灵山型,想进一步研究,准备研究清楚后写篇文章在英文杂志上发表。他是1995年北京大学考古专业本科毕业生,从母校知道我是研究铜鼓的学长,想先听听我的意见。他通过电子邮件将这面铜鼓的多幅照片发来,我仔细看过后,同意他的判断。随后他回中国,专程来南宁与我见面,我陪他参观了广西壮族自治区博物馆的铜鼓陈列,赠他一册黑格尔《东南亚古代金属鼓》中译本。他说,肯珀斯《东南亚铜鼓》也应翻译成中文。我说我们请人翻译,没有完成,我鼓励他来做。他回美国后给我来信，说这本书分量太大，他没有时间全部翻译，可先翻译"前言"给我。他写了一篇《记弗利尔美术馆所藏灵山型铜鼓》，我推荐到《广西考古文集》发表；又写出《〈东南亚铜鼓：青铜世界及其余波〉评介》，我推荐到《广西博物馆文集》发表。2006 年 12 月他将翻译的"前言"寄来，有 8 页纸，内容丰富，文笔很流畅。

过了十年，2017 年在一次讨论铜鼓课题的会上，我见到当年参与翻译《东南亚铜鼓》的年轻人，谈起此事，认为此书对研究铜鼓太重要了，希望有人继续翻译。我当即同光茂联系，鼓动他完成此任。事实上，光茂已经重启翻译，并向广西文物保护与考古研究所申请科研课题，林强所长相当重视，把此译书纳入该所研究计划。

2020 年 5 月，光茂来电，说《东南亚铜鼓》译稿完成，正在校对中，估计年底可由上海古籍出版社正式出版，嘱我写一篇序。随即将译稿发到我的电子信箱，使我得以先睹为快。

肯珀斯《东南亚铜鼓》代表了自黑格尔《东南亚古代金属鼓》出版之后西方学者研究东南亚地区铜鼓的新成果。除前言和附录外，正文 23 章，分绪论、铜鼓通论、黑格尔 I 型铜鼓装饰、铜鼓的起源和传播地域、铜鼓的记载、历史传说、断代以及后青铜时代等几大部分。

绪论的第 1 章提及各型铜鼓的大体分布地域。肯珀斯认为东南亚早期铜鼓大都属于黑格尔 I 型鼓，东南亚高山地区的铜鼓主要是黑格尔 III 型鼓，黑格尔 II 型和 IV 型鼓主要流行于中国南方地区。黑格尔 I 型鼓向南传播到东南亚大陆地区，并由马来半岛进入马来群岛，最后向东传播到新几内亚伊里安岛。我认为，他的这些论断是正确的。

第 2 章记述了东南亚铜鼓的发现和研究。分两节，第一节讲各岛屿地区铜鼓的发现，第二节介绍大陆地区的发现和研究。他追溯到 17 世纪后半叶荷兰东印度公司职员对"月亮鼓"的记述。19 世纪后半叶东南亚铜鼓开始受到欧洲学者关注，引起黑格尔的兴趣，在维也纳博物馆建立了一个很大的铜鼓收藏。关于各岛屿地区的铜鼓有许多新资料。

第 3 章讲述铜鼓的形状和结构。肯珀斯认为黑格尔 II 型鼓数量少，时代难确定，II 型与 III 型之间相似性较多，与 I 型有极大区别。黑格尔 III 型鼓主要由东南亚高原山区克伦人使用。这些铜鼓是从邻近的掸族人中获得的，掸族人不用铜鼓，而克伦人不造铜鼓，只是铜鼓的"消费者"。I 型鼓有大、中、小类型，可以排出四个式的发展序列。这些观点也是对的。

第 4 章铜鼓音乐学,论述铜鼓作为乐器的起源及发展。铜鼓是全金属整体性非膜质打击乐器。鼓的祖型可能来源于某种打击乐器。他认为黑格尔 I 型鼓或来自坐垫状膜质乐器,不同意来源于锣的说法。关于铜鼓作为乐器的起源没有新的见解。

第 5 章讨论铜鼓的功能。作为打击乐器,鼓声的爆发性与预示大雨来临的雷声有密切联系。有的铜鼓有船纹,有的铜鼓出在偏僻的小岛上,他认为可能与出海的宗教仪式有关;有的铜鼓随主人埋葬,可能是部落首领地位的象征。

第 6 章综合分析铜鼓的装饰。他用外形接近纹饰的一套符号来指代,包括太阳纹、几何纹和人物、动物形象。他认为几何纹样的外观及其在铜鼓上的排列表达了一种秩序观,在宗教层次代表了宇宙秩序。第 7 章,鼓面的装饰,主要介绍了太阳纹和人物图像。太阳纹大多有 12 芒,芒间夹几何纹。越南北部的黄河鼓、玉缕鼓装饰有对称人物形象,羽人逆时针方向行走或舞蹈,还有舂米图、射鸟图,带有礼仪功能。第 8 章,描述鼓身的装饰。第一节着重讨论船纹,举出 25 面铜鼓上有船纹,一鼓通常有六只船,向一个方向行驶,从简单的独木舟到比较复杂的船。第二节讨论鼓腰部纹饰。第 9 章讨论了各种动物图像,包括青蛙、鸟、牛、马、鹿、狗、象、虎,也谈到鳄鱼(或蜥蜴)、黄鼠狼,鸟和鱼的组合。第 10 章,提到中国南方一些相关的纹饰,如云纹、席纹、鸟羽纹。希望在未来关于中国南部铜鼓的研究中将有惊人的成果。

第 11 章讨论了铜鼓的铸造工艺。主要讲失蜡法铸造黑格尔 III 型鼓,也讲到佩砧型,作者似乎不知陶模铸造工艺,对铜鼓铸造工艺的讨论显得很肤浅。

第 12 章主要讨论黑格尔 I 型鼓的起源。作者认为黑格尔 I 型铜鼓的分布区域广阔,无法确定只有一个发祥地。他认为越南北部最有可能是最早的黑格尔 I 型鼓诞生地,但是他又说,这类鼓还不能称之为"最早的鼓"。中国华南、东京(越南北部),包括东京南部的周边海岸地区,很可能是早期黑格尔 I 型鼓向外扩散的中心地区。第 13 章,作者再次强调黑格尔 I 型鼓分布最广,历数了北越、老挝、泰国、柬埔寨、马来西亚、印尼群岛的发现,认为泰国是铜鼓中转中心。除了向南分布的亚型之外,还有来自中国华南和云南的黑格尔 I 型铜鼓。第 14 章指出,铜鼓有单面出土的,也有成群出土的。作者认为成群出现点可能是当地金属制品的中心,也是散布的起点,也许还是散布的停泊点,是中转站或终站。由此,作者讨论了早期印尼人之迁移。

铜鼓的年代分几章讨论。第 15 章讨论东南亚青铜技术的起源及东山文化的来源。作者认为东南亚青铜技术是经由欧亚草原游牧民族传播来的,而其最初的来源是史前时代的欧洲、近东，或者中国的商周王朝。第 16 章讨论越南北部和东山文化。作者把东山文化分成三个中心，将其发展史划分为三个阶段，认为公元前 1000 年后半叶属于东山文化的成熟期，铜鼓是这个时期的典型器物之一。他说到具有中国南方特征的黑格尔 I 型鼓和 IV 型鼓的华南变种，与其说是受到中国的影响，不如说是中国内部的产物。他还特别提到马援，认为马援不是铜鼓的发明者。

第 17 章青铜时代艺术，东山艺术及其他。作者介绍了东山文化各种特殊器物，认为北越是东南亚青铜器的主要中心和扩散的出发点，而印度尼西亚群岛是东山文化影响的终点站。第 18 章讨论了云南铜鼓与东山文化的关系，作者不同意云南是黑格尔 I 型鼓的摇篮和扩散中心的说法。他认为云南石寨山的一些器物受东山文化影响，甚至就是直接从东山文化来的。

第 19 章论述了佩砧型铜鼓。佩砧型铜鼓只出现在印尼的一些遗址，巴里可能是其摇篮。

第 20 章论述铜鼓的年代，主要依据铜鼓的类型学发展进行早晚分析。他认为金属鼓的各种类型、佩砧型鼓及其后裔莫科鼓都有各自的发展渠道，有些甚至有自己的早期原型。因此，不能把铜鼓的演变当作直线型、单向型。东京鼓不是"最古老的鼓"。

余绪 3 章，第 21 章，专论阿洛岛上的莫科鼓。第 22 章，简单介绍东南亚高山地区使用的铜鼓。第 23 章，附录为除中国南方铜鼓之外的黑格尔 I 型鼓。

总之，肯珀斯这部书内容丰富而又繁杂，对东南亚铜鼓的外形、尺寸、功用、乐器特征、纹饰风格、铸造技术及其在时空上的分布做了较为系统的探讨，对此前学者的研究也有简单涉及，因此可以看作是东南亚铜鼓研究简史，20 世纪 80 年代西方学者对东南亚铜鼓研究的总结。但是，叙述杂乱，几乎每个章节都没有抓住重点，有许多观点值得商榷。

肯珀斯对黑格尔 II 型鼓有些误解，他把越南芒鼓即"类黑格尔 II 型"与真正的黑格尔 II 型混淆在一起。我们认为，真正的黑格尔 II 型鼓是指中国广西、广东、海南的粤式铜鼓即北流型和灵山型铜鼓，这在越南是很少有的。越南类黑格尔 II 式（芒族）铜鼓从形制、纹饰上同真正的黑格尔 II 式区别很大，年代也晚得多。

肯珀斯推测黑格尔 IV 型鼓多数来源于广东，也是误会。实际上黑格尔 IV 型鼓应来源于广西、贵州，是顺西江而下广东，从广东流出海外而已。西方学者在广东见到这类铜鼓，就以为来源于广东。因此他认为广东有一处金属铸造中心生产铜鼓也是不对的。

此书成于 1988 年,但对中国学者的铜鼓研究却止于 20 世纪 70 年代,只知道闻宥、黄增庆、李伟卿,对 1980 年中国古代铜鼓学术讨论会及当时成立的中国古代铜鼓研究会的研究成果几乎一无所知。20 世纪 80 年代初中国古代铜鼓研究突飞猛进,取得许多新成果,比如有关铜鼓的起源、各类铜鼓的地域分布与族属、铜鼓的铸造工艺的研究成果他都没注意到,因而有些观点显得过于陈旧。

铜鼓文化是跨国界、多民族共享的区域文化,深入推进铜鼓文化研究必须与时俱进,不断获取新的知识,与新的观点相碰撞。从这个意义来讲,此书仍具有较高的学术价值。它确是自黑格尔《东南亚古代金属鼓》出版以来 80 多年西方学者研究东南亚铜鼓的总结。对中国学者来说,某些说法,打开了我们的新思路,对印度尼西亚古代铜鼓的陈述,增添了不少新内容,佩砧型、莫科鼓的提出,更开阔了我们的研究视野,值得认真研读。

蒋廷瑜

2020 年 7 月 15 日于南宁铜鼓书屋

编 者 序

《东南亚近代第四纪研究》第 10 卷较为特别，因为它是一本专著——《东南亚铜鼓》，是贝尼特·肯珀斯教授一项详尽研究的成果。作为编者，我们认为该书是一个里程碑。

我们特此感谢福利、健康与文化事务部为本书的出版提供资助。还要特别感谢该部国际关系董事会主席博施(R. W. Bosch)先生及其前同事卡尔梅杰(A. M. Kalmeijer)女士直接关心资助之事。

本书的编辑工作仍由范·格尔德-奥特韦(S. M. van Gelder-Ottway)女士负责。一些插图由罗林克(H. R. Roelink)和史密特(J. M. Smit)先生修改。恩特耶斯-尼伯格(G. Entjes-Nieborg)帮助录入文字。我们还常常向巴尔克马(A. A. Balkema)出版公司，尤其是沃格斯(K. Vogels)女士咨询相关问题。

最后，我们要感谢作者贝尼特·肯珀斯教授及其夫人贝尼特·肯珀斯-利维胡德(A. J. Bernet Kempers-Lievegoed)女士对我们的支持与配合，使本书编辑过程中的技术和组织方面的各项工作得以顺利进行。

生物与考古研究所
格特-杨·巴茨特拉(Gert-Jan Bartstra)博士
威廉·阿诺德·卡斯帕利(Willem Arnold Casparie)博士

前言及感谢辞

　　大多数在成书阶段耗时较长的作品都会经历某种过程,这一过程最终会成为需要特地解释的"个人故事"。大家要知道经作者努力取得的研究成果并非一个人一蹴而就。材料和疑问不断交织在一起,作者为找到答案花费的时间越久,他和即将完成的书稿所面对的情况也会越为复杂。另一方面,尽管冗长的书目和注释充分显示了作者获取信息的书面来源,但是读者鲜少能看见作者脑汁绞尽时背后指引他的人,他们有的鼎力相助,有的提出建议或予以鼓励,而这些都使作者遭遇的山穷水尽的局面豁然开朗。在这本"铜鼓书"和作者共同迈向"个人故事"时这些帮助实实在在发生在我们身上,作为本书缘起的关键要素有必要简述这些帮助。这也能解释我为什么对某些课题及其安排特别感兴趣。例如,作为荷兰人,我的研究多立足于印尼群岛,因此我经常聚焦于印尼和殖民地课题。我被铜鼓的纹饰所吸引,和纹饰相关的一切都值得深入探讨,同时分析上我倾向于通盘考虑——这一点很关键,例如我强调东南亚金属制造者暗含某种整体归一性(all-in-one)原则,就像他们制造整合性东西时自然地追求"坚固性",这似乎与其一体性(Oneness)跟"全体性"(Totality)观念息息相关。我强调了这些特点,书中的研究方法或与我有关"古典"印尼考古学(以前通常称作"印度-爪哇"或类似术语)的研究一致,或借鉴了印尼民族学方法。当然顾此容易失彼,侧重这类特点会导致其他方面有所阙漏,如此一来不免有些遗憾,譬如年代学方面仅能较为肤浅地有所涉及,但限于现有材料,再做改变也颇有难处。这本书远不能称为一本青铜时代金属器或铜鼓问题的百科全书,因为经过这些年的准备与研究,书稿明显带有我个人的色彩。

　　追本溯源,我和这本书的故事肇始于1930年代初期。第2章从早期铜鼓研究考察到黑格尔、帕尔芒捷(Parmentier)、戈鹭波(Goloubew)及其他一些学者的开拓性著作,这些著作涉及了东南亚大陆发现的金属鼓及印尼群岛上发现的类似器物。有些荷兰人研究过这个方向：画家纽温坎普（W. O. J. Nieuwenkamp）第一个对当时还相当神秘的佩砒型（Pejeng）"月亮鼓"（在本书编号为 3.01+）做了详细文字说明和插图；与他很不同的一个人是哈伊泽（J. G. Huyser），他的职业是法官，但是特喜好印尼金属器。我跟哈伊泽相当熟悉，后来他请我探讨他珍藏的爪哇古代铜器。至于纽温坎普我仅仅见到过两次，一次在 1928 年的德国，第二次是在 1930 年代晚期他最后一次访问印尼途中。当时我最感兴趣的是他早年在巴厘的发现；他的名字在我讨论佩砒型"月亮鼓"和阿洛岛莫科鼓（Alor mokos）时会多次提到（见第 19 章和 21 章）。第三位对"东山型"铜鼓有明显兴趣的是范德霍普（A. N. J. Th.a Th. Van der Hoop），作为前飞行中尉和荷兰皇家航空公司的飞行员，因为 1925 年第一个大胆地从荷兰飞到荷属印尼群岛而成名。从那以后他转向研究地理学、民族学和史前时代，最后以对南苏门答腊一次私人探险收尾，他想考察帕塞玛（Pasemah）高原上耐人寻味的大石器雕塑（第 2章 1.3 节：1931 和第 13 章 5.1a 节）。范德霍普最壮观的发现之一是揭示出这些雕塑和当时海涅格尔登（Heine-Geldern）提倡的"东山型"青铜时代密切相关。范德霍普最重要的论述在于他对前人从来没有正确解释过的"形石"（巴都加耶[Batugajah]，1.04+）上所绘两个战士做出的研究，每个战士的肩部背带上各有一个铜鼓。在他 1932 年的重要博士论文《南苏门答腊巨石器遗存》（*Megalithic Remains in South-Sumatra*）里对这一问题作了详细探讨。我翻阅了他这本书并倾听了他在前阿姆斯特丹殖民地学院所做的学术报告，那时他刚拿到博士学位不久。范德霍普的插图和幻灯应该是让我第一次接触到印尼铜鼓。我自己的博士论文研究的是另外一种不同的东南亚铜器：《那烂陀铜器及印度-爪哇艺术》（*The bronzes of Nālandā and Hindu-Javanese art*，1933）。在那时，印尼群岛还处于 1930 年代初期的经济危机中，考古学家们与其他在东方寻找工作的人一样受到严重打击（参见《东南亚现代第四纪研究》[*Mod. Quaternary Res. SE Asia* 7：1 - 23]），但是那些靠自己努力在印尼群岛待下来的人最终都取得了成功。因此范德霍普于 1934 年到了巴达维亚并成了巴达维亚博物馆三个藏品部的主任，其中一个是史前藏品部，刚刚由国际知名的考古学家和史前史专家——更别提他的其他传奇事迹——范·斯坦·卡伦菲尔斯（Van Stein Callenfels）建立，上面《东南亚现代第四纪研究》第 7 期上有他的简介。卡伦菲尔斯逝世于 1938 年，在他生命最后几年中偶尔访问巴达维亚博物馆，期间我有幸与他结识，在一个新加坡会议上他做了有关印尼群岛铜鼓的报告，那几年铜鼓收藏已经增加很多，不过我在场时没有机会和他讨论铜鼓。在我的记录性收藏中有些卡伦菲尔斯的金属鼓照片，这点我得感谢孔尼华（Von Koenigswald）教授，是他将多年前从其朋友卡伦菲尔斯处获得的底片借给了我。

众所周知，在范德霍普发现巴都加耶（Butugajah）（译者注：在上文中，作者写的是 Batugajah，正确的应该是 Butugajah）双战士图案时（1.04+，或者我们应当把该图案解释为石雕两边同一个人的复制？），印尼群岛已经存在铜鼓。巴达维亚博物馆藏有几个公认的史前时代青铜器，那时它们分布于几个藏品部，然后在1930年代早期放到了新成立的史前藏品部。相比后来"一系列"的巨型金属鼓，早期收藏的残缺鼓身和鼓面根本比不上1930年左右在东京博物馆广有盛名的展品（译者注：Tokin，指19-20世纪中叶法属印度支那越南东京，也即越南北部地区）：玉缕鼓（11.30+，见本书铜鼓清单和图版部分）、老挝鼓（12.01+），以及后来的黄河鼓（11.20+），更不用提其他著名的样品，例如"穆力"鼓（11.28+，据称"穆力"鼓在1889年一次世界大展陈列后就消失了，但60年后却被找到，现在巴黎的吉美［Guimet］博物馆）以及"维也纳"鼓（11.47+）。当时一些少量的金属鼓和残片被随意地放置于巴达维亚博物馆内一个不起眼的角落，成为史前藏品的一部分，它们现在还放在印度尼西亚国立博物馆同一位置。范·斯坦因·卡伦菲尔斯的一个职责就是管理该藏品，后来由范德霍普接管。类似的，1935年我试探性地访问了彼时的荷属印尼群岛，1936年我又回到巴达维亚博物馆当图书馆员，我对印尼群岛铜鼓的了解也基于此藏品。那时范德霍普正在该馆开始他的诸多工作。考古部（主要是"印度-爪哇"）的博物馆员职位由荷属印尼群岛考古所所长兼任，当时是施图特海姆（W. F. Stutterheim）。这种安排挺顺畅，通过这种方式，包括史前时代器物，所有上报给考古所的考古发现都会通过上文中那位考古所长转到巴达维亚博物馆去。现在的情况大不一样了，因为考古研究和展出已经不再集中在一处，而是分散于国立考古研究中心、遗迹保护局及其分支机构，以及各省和特区，而这些省和特区又力主拥有他们自己的区域性博物馆，而不是远在雅加达的综合性博物馆。

1930年代，对于范德霍普来说，有一点他肯定很满意，因为在他当史前藏品部博物馆员期间，一些确立该藏品部现今地位的重要铜鼓在30年代后期运到了雅加达，包括：1935年库尔（Kur）和印尼东部的卡伊（Kai）群岛所出两面铜鼓（7.05+、7.06），1937年在松巴哇（Sumbawa）东北桑根岛（Sangeang）发现的更壮观的铜器群（4.02+、4.07）。此外，在同一个青铜时代藏品部还有其他一些重要收藏，其重要性为更多考古学者，甚至巴达维亚博物馆内部员工及朋友刚刚意识到。像其他很多时候一样，我们只能在太平洋战争和殖民地解体很久以后再回想这事。我经常在想，在战前也即荷属印度尼西亚最后的日子里，太多的事情好像自然而然地发生了，只有我们这些直接参与其中的人才了解它们的重要性。以本书为例，刚刚提到的库尔和桑根所发现的铜鼓被运送到巴达维亚博物馆，肯定就属于此类小小的"杰作"。有意思的是，我自己没有想到，当时无意间见证到这些收藏会影响我以后的研究。另一方面，日军的占领的确改变了前荷属印度尼西亚的政治版图，而日占前最后几年，我作为考古所代理所长和在新设人文学院的第一份教职从根本上拓宽了我对考古学各种问题的认知，战争结束之后人文学院全面成长，变成了印度尼西亚大学。战后，我再拾教鞭并重新领导考古所，直到最后在 1956 年回到荷兰。当时我既要为雅加达和日惹（Yogyakarta）地区几所大学备课，也要管理考古所，同时还在写好几本书。一定是在那中间早期某个时段里，我开始对东南亚古代铜鼓产生浓厚兴趣。对此我想不出具体什么时刻它们出现在我的主要研究视线内。但是就这么发生了，我对此也不是毫无准备，就像前面篇幅里介绍各课题是如何逐渐产生的一样。从此以后，在很多年里，我一直保留有这方面的研究兴趣，不过绝大多数情况下背景很不一样，而且其他课题也在进行着。

太平洋战争前的几年里，东南亚考古学研究在尽可能的情况下延续着。至于铜鼓，范德霍普 1941 年发表了很有价值的巴达维亚博物馆史前藏品编录。该年戈鹭波（Goloubew）研讨了黄河发现的东京鼓，这篇文章也同样重要（Goloubew 1940）；二战期间，1944 年古勒（Gühler）发表了一篇他在曼谷对铜鼓的研究文章。可能还有其他一些研究资料，但是那时国际间的交流要么被干扰，要么根本就不存在了。美国获得的唯一一本范德霍普的编录，激发海涅·格尔登（Heine-Geldern）写了他有关这个方向最重要的一篇文章（1947；也参见 1945）。在日军占领荷属印尼期间，类似于修葺普兰巴南（Prambanan）湿婆神庙这样的考古工作并没有完全停止，不过那些本来可以对铜鼓研究作出贡献的考古所荷兰籍人员却颠沛流离在各类战俘集中营里。只有重回到原来的地方后，范德霍普和范·希克伦（Van Heekeren）才能再次研究青铜时代的课题。希克伦战后进入考古所。1947 年 12 月 11 日范德霍普第一次在巴达维亚研究会上座谈时，把巴达维亚博物馆一面桑根铜鼓鼓面上的人纹装饰与南婆罗洲（现在是加里曼丹[Kalimantan]的一部分），恩加朱达雅克人（Ngaju Dayak）的宗教观念联系起来，而这种宗教观念是瑞士新教传教士、民族学者夏勒尔（H. Schärer）（1942、1963）

所揭示的。之前戈鹭波(1929、1940)已经指出类似的联系确实存在;但是范德霍普研究相对较近的婆罗洲的达雅克部落及北越他们可能的祖先或者先-达雅克人的资料更具体,这就提供了比以前更广阔的研究愿景(第7章2.1 - 11节及3.2节)。战后各种对印尼纺织品的研究也与此类似(第8章1.7 - 11节)。但是,范·希克伦的助手巴索基(Basoeki)(第16章4.6节及图版7.05c)在一面库尔鼓鼓面上发现了汉字铭文,又遇到了其他问题。尽管我有汉学家朋友胡瑟卫(Hulsewé)及方坦(Fontein)多年前的帮助,但仅解决了一部分问题。通过仔细研究巴达维亚博物馆珍藏的主要铜鼓上的纹饰,我逐渐形成了以该博物馆藏品为基础对铜鼓作全面考察的想法。事实上这仅仅是战后政治局势影响下我筹划的项目之一。后来巴达维亚博物馆先后改为雅加达国立博物馆,即中央博物馆及近来的国立博物馆,也叫印尼国立博物馆。

需要知道的是,在战后,尚在印尼的荷兰考古学家预料到印度尼西亚不久将会独立。在独立前我们要做的最重要的事情之一是传帮带:传授自己掌握的各方面印尼考古学知识、帮助印尼青年学者接过我们的接力棒,以便他们在不久的将来继续这方面的工作。其中一个手段是编辑和尽可能发表关于各类重要课题的"文件",这些课题跨越相对古典的纪念物(例如婆罗浮屠[Borobudur]及普兰巴南遗迹)到石器时代和金属时代等史前时代遗迹。因此在那些岁月里范·希克伦连续写了该领域印尼石器时代(1952;1972年第二版)和青铜器-铁器时代的著作(1958,包括铜鼓概述)。同时,我的妻子跟我一样也越来越对铜鼓感兴趣。在我自己准备出版的刊物里面,她提供了这类铜鼓的第一批照片,其中一些照片1959年发表于《古代印尼艺术》(Ancient Indonesian Art, 1959)和本书中。

本书仅就铜鼓及相关问题而言,那时所有活动很自然地被当时的政治形势所左右。不幸的是,形势越来越恶化,到最后,1949年正式独立的印尼共和国跟荷兰发生政治危机:荷兰那时已经移交了对前东南亚殖民地或者说残余部分的主权,种种原因导致在1957年所有荷兰公民被强令离开那块地方。不过那一年前我和妻子已经按照计划离开了印尼。1957年后印尼共和国和荷兰间所有的联系都中断了,直到七年后,在1963年或1964年,两国才重新建立正常甚至是友好的关系。大体上说,1958年初期到1976年末那些年月里,我的工作转向一个全新的领域:民俗博物馆及欧洲民族学。这些工作让我大多数时候根本没有时间研究印尼课题。在我当阿纳姆荷兰民俗博物馆馆长时,我的秘书曼达·普理腾伯格(Manda Plettenburg)负责安排我的日程,现在她已经是一家出版社的社长了。她知道我过去在这个潜在铜鼓课题上花了多少时间，因此也养成习惯会偶尔提起铜鼓。那期间我的一些同事也提出类似有用的建议，其中包括以铜鼓藏品闻名的德雷斯顿博物馆前馆长沃尔夫（S. Wolff）、新几内亚（用印尼术语说，是伊里安查亚［Irian Jaya］；参见第 8 章 1、3 节）金属鼓面的发现者埃尔姆贝里（J.-E. Elmberg）。我最初想针对的是以前的印尼学生，但是他们指出，对铜鼓课题的全面考察也可能受这个领域很多学者欢迎。事实上，在 1971 年从民俗博物馆退休后，我已经初步考察印尼青铜时代同越南北部及周边国家东山文化的关系。我意识到这些研究要涉及很多方面，也需要直接或者间接联系这个领域的很多学者。面对考古和民族学材料及假设形成的"膨胀的宇宙"，很多考古发现者、发掘者或以其他方式发表了越来越多的研究资料的作者（这一点可以从本书末的引用书目看出来），他们在那个战后岁月可能和我自己的卑微想法一样，觉得自己在个人和社交关系编织的大网打上了属于自己的那一结。

　　比如说，作为铜鼓研究最令人惊奇（如果不算令人不安的话）的延伸，在中国西南地区的云南省（参见第 18 章）发现了叹为观止的金属鼓或者"鼓类"器物，后者因为类似倒立逗号的样子，所以只能将其标为某种特殊的"鼓类"，对此后面章节会有更详细论述。石寨山报告插图非常丰富，报告针对 1955 开始的发掘，起初在讨论大英博物馆几件铜鼓时隐约涉及这些器物（参见云南省博物馆 1959 年报告）。我对这些的了解最初来源于上面提到的汉学家朋友：胡瑟卫给了我一个莱顿汉学研究所编的简报，方坦建议我去云南省博物馆订购 1959 年那份报告；在当时的政治形势下，这可能是最后的机会了。我一时欠考虑没那样做，后来我相当后悔，因为过段时间那篇莱顿简报一下子消失了，仅仅在几年前莱顿研究所乔迁新居之际它才重新出现，由此导致的结果是很长一段时间内都无法找到在我看来最重要的一些插图。值得庆幸的是本书里我引用并探讨了这些插图。这期间中国文物在不同国家广泛展出，里面就包括了一些从云南发掘出土的有趣器物。更值得一提的是，中国考古学家也开始对这些"受欢迎"的艺术品产生兴趣，而那以前中国的艺术史家们并不太承认这些东西属于他们伟大文化的一部分（第 4 章 3 节）。在我们探讨云南的发现和其他中国文物时，需要指出的是，在本书成书过程早期，考古学家们或者采用韦氏音标，或者用各国汉学家所一直采用的拼写法来拼汉字。在本书后期准备阶段，这些各式各样的注音都换成了现代拼音。这种改动可以在书里面找到蛛丝马迹；在书尾索引部分包括了一些拼音名字，反之亦然。

　　我们可以从雅加达考古所新出现的实物或者残片了解到铜鼓研究资料在印尼群岛的增加，不过现在不再像以前的规定把这些遗物转运到雅加达博物馆了。大多数近期收藏都是在偶然情况下发现的。在我偶尔参观时，他们很自豪地展示给我看，而我也忠实记录下来。一些巴厘岛上发现的佩砧型器物是佩砧研究中心一个分所的成员发现的（参见第 17 章。包括贝比特拉［Bebitra］，3.04+；对于第四片到现在为止我们还不太清楚，它是从马纳巴［Manuaba］发现的石印模残块，3.03+；以及卡兰萨里的石雕，3.05+）。值得高兴的是，我们对苏拉威西（Sulawesi）南部萨雷尔（Salayar）岛上发现的大鼓也有进一步的认识。这面考古学界有名的铜鼓曾出现在早期的图录中（例如图版 5.01c‑d）。1981 年文化总局哈迪穆尔约诺（Hadimuljono）（译者按：下文中有三处原书写成 Hadimulyono，应是同一人）先生领导的一个小组仔细研究了该面铜鼓，由此发表的较长报告（Hadimuljono 1982）以及研究中心的照片有力补充了以前的文字说明（参见图版 5.01a‑b）。

　　读者在浏览本书参考书目时很快会发现本专题的早期研究文献大体上是用荷兰语、英语、法语以及德语写的，这也与其作者的国籍相关。相当一部分有心的作者，更具体地说是那些面对国际读者群的荷兰学者，是用某"现代语言"发表的。这一点也适用于考古学与民族学的专业文献，除非是由某一知名作者所写并被官方机构用一种或多种当地语言发表的资料。随着东南亚各殖民地的解体，最近地区性专著和期刊的情况变化很大。譬如哈迪穆尔约诺的报告（1982）就是用印尼语，即一种现代马来语写的，这种语言在 1950 年初印尼一独立就成了官方语言。其他很多在国家级学术会议上宣读的报告和论文也是这个样子。可以理解人们喜欢使用自己的母语，就像以前在荷属东印度群岛或者法属中南半岛时的荷兰人、法国人或者其他人那样。但是一般而言，这种情况不利于科学发展，这一点越来越明显，因为在其他国家也有这样的趋向，例如越南北部自从独立后开展了很多重要的工作，包括考古发掘领域内的铜鼓发现，这就限制了我们只能探讨与自己直接有关的课题（例如第 2 章 2 节，第 13 章 5.11 节，第 16 章 1.4 节）（译者按：原书有误，第 16 章没有 1.4 节）。值得庆幸的是，除了黎文兰（Le Van Lan）等 1963 年主编的越语资料外，有很多文章都是用法语写的，包括何文晋（Ha Van Tan）的"新研究"（1980）和阮福龙（Nguyên Phuc Long）发表于《亚洲艺术》（*Arts Asiatiques*，1975）上的长文及其论著《早期东南亚》（*Early Southeast Asia*，1979），《铜鼓之音》（*La Voix des tambours* 1983），还有贝扎西尔（Bezacier）的《越南 I 期》（*Le Viet-Nam I*，1972，不包括最近材料）。这种由越南学家或者印尼学家采用的面向国内读者和国际公众的双语办法，自然地形成　种理想的模式。皮柯克（B. A. V. Peacock）在马来西亚的发掘成果（第 13 章 6.15a 节，第 15 章 2、3 节及第 15 章 4、5 节）（译者按：原书有误，第 13 章没有 6.15a 节，第 15 章没有 5 节），以及 1960 - 1962 年泰国-丹麦翁巴洞穴考察队成员瑟伦森（P. Sørensen）和范·希克伦的文章部分地用英语发表。我们也可以从本书附注及引用书目中部分体会到双语发表的好处，对此我们应该非常感激，尽管那些作者因此得花更多精力和时间。

　　我会在第 20 章对铜鼓的断代进行探讨，但是其年代无法归纳到明确的年代系列。我会提及真正的金属鼓（第 1 章和第 4 章）和一具"历史萌芽期"的双面鼓（第 4 章 3 节）。其中一面来源于某种葫芦、陶罐、膜质乐鼓，或者我们所认为的某种祖型。另外一面上满布铜鼓纹，其纹饰发展史可以分成若干逐渐出现在金属鼓鼓面和鼓身上的造型、主题和纹样（参见第 6 至第 10 章），这些纹饰可能溯源到北越和其他地区史前时代早期，那里发现了这些纹饰的祖型（第 14 章和第 16 章 2 节）。其中大多数的发现都得归功于越南学者最近的成果。

　　北越及其他地区成熟期铜鼓的发现至今已经有一百多年了，这些铜鼓某一时候对于其使用者的社会和文化生活一定有着重要的意义。这一点，我们可以从一些"人纹"铜鼓纹饰上看得到。此外，现在我们还有汉文献记载，那时汉人把他们接触到的部族称作蛮人或者"南蛮"，这些"南蛮"生活在东南亚北边大陆上（第 22 章 1 节）。这些由著名的汉学家翻译的史料在 20 世纪早期为未来的铜鼓研究者提供了最初的知识，现在已经有新的翻译和论述了。对于汉文献的作者来说，"南蛮"不过就是即将被汉人征服，或者已经被汉王朝及其前哨控制的邻里部落。就这些同时代的部族对我们研究的特殊重要性而言，他们完全可以称作"铜鼓人（群）"。在更大的历史范畴来考量，这些族群可能是第一个有资格这么叫的人；不过可以肯定的是，他们不是最后一批如此生活的人。生活在东南亚高山地区和各岛屿上的若干当代民族还对各种金属鼓赋予最大的社会意义和商业价值。这些十分看重金属鼓的群落分布广泛而习性相似。在本书中，我会用"余绪"（Aftermath）这一通称指代他们，包括居于东印度尼西亚东帝汶北部小批群岛的阿洛人（Alor）及东南亚高山地区的芒人（Muong）、克伦人、拉梅特人（Lamet）和克木人（Kammu）（第 21 和 22 章）。既然我们在讨论当代族群以及至少部分以鼓为中心的文化，我们应该充分注意阿洛人及东南亚大陆的高山族群。由于各部落自有其独特历史（在第 16 章 4.6 节中讨论北越地区时及第 14 章 1

节里会有一般性涉及),所以与其特殊文化相关的鼓类也各不相同：芒人用的是黑格尔 II 型鼓；老挝人在早期阶段以及越南人用的是黑格尔 I 型下某一亚型；克伦人、拉梅特人和克木人使用的是近邻掸族人为其所作的黑格尔 III 型鼓。瑞典民族学家伊兹科维茨(K.G. Izikowitz)在 1936 到 1938 年研究了老挝最西北的山居民族拉梅特人的文化和社会习俗,多年后他的研究成果才发表(Izikowitz 1951)。伊兹科维茨教授允许我在第 22 章 4 节里部分使用他的书里内容。通过伊兹科维茨教授,我有机会接触到瑞典隆德(Lund)的年轻一代铜鼓研究者,包括三位民族学家和音乐学者：克里斯蒂娜·林代尔(Kristina Lindell)夫人；伦德斯特伦(H. Lundström)和丹荣·塔亚宁(Damrong Tayanin),那时候三位学者都在隆德大学工作。他们很友好地告诉了我各自对老挝北部克木人的研究,并且同意我利用他们的部分手稿。我同样幸运地联系到哥本哈根的瑟伦森教授,在前面谈及翁巴洞穴发现时提到了他。我与隆德和哥本哈根这些同事之间的联系始于 1979 年,那时此书的撰写工作接近尾声但是还没完全定稿。就是在那期间我开始觉得有个同领域学者编织的"网络",这个网络看不见但却能强烈感受到,我也是其中一员。

阿洛人的莫科鼓处于东印尼铜鼓区域的另一极,19 世纪末期旅行者和当地官员首先注意到它们。很久以后,一些文化人类学家在阿洛岛做过田野工作并对莫科鼓给予相当的关注,包括 1928 – 1929 年的德国人瓦特(E. Vatter),以及 1938 – 1939 年的美国人科拉·杜·博伊斯(Cora Du Bois)夫人。这些莫科鼓是佩砧型有腰金属鼓的遗型(第 19 和 21 章)。我对莫科鼓的接触发端于哈伊泽和纽温坎普在 20 年代和 30 年代的文章。哈伊泽是从通俗艺术的角度研究这些器物的；至于纽温坎普,他的研究以当地资料为基础。我自己的办法大体上是结合哈伊泽和纽温坎普的方法(当然我没有后者那样的当地经历)。其他的资料既来源于各博物馆馆藏文物和档案材料,也与两位语言学家有关：斯泰因豪尔(H. Steinhauer)及斯托霍夫(W. A. L. Stokhof)。这两位学者在当地调查时,有迹象表明他们属于那种对土著文化有浓烈兴趣的语言学家。在印尼学研究领域这种方法并不稀罕,但是绝对值得珍惜。在这个问题上是莫科鼓吸引住了他们(第 21 章 1 节)。在我需要文字和插图资料时总是从他们那里马上得到回应。他们给我寄来照片和出版物,同时鼓励我继续在已有的基础上开展工作。对印尼莫科鼓的更多资料是来自伦敦学者巴斯汀(J. Bastin)及阿姆斯特丹、布雷达(Breda)、代尔夫特(Delft)和莱顿等地的民族学博物馆。借助于科拉·杜·博伊斯的报告,我讨论了莫科鼓在阿洛人社会生活中的角色,它们既出现在大人梦想中,又吸引小孩玩游戏。

在本书最后几章里，我对青铜时代铜鼓的遗型给予了相当大的篇幅，可确实也应该这样做。从地理位置和族群角度看，本书探讨的东南亚高山地带用"鼓"文化族群，与该区域另外一极的阿洛文化可能有相当大的距离。以地区性历史而言，两地自然也有同样明显的区别，这一课题的某些方面在第 16 章 4.5 节和 21 章 9 节里面有专门的论述。随着铜鼓出现在各地，几百年下来，它们被人们所接受，但我们必须一直记住，不管在什么政治、商业或其他可追溯的历史事实下，除非铜鼓正好天生就有这样的功用，否则它们绝不可能从仅仅满足实际需要的乐器发展成为人们社会和宇宙精神世界中最本质的用品。铜鼓一直具有象征意义，这样的象征意义具体体现于一些要素下，例如制造时金属具有的魔术般特质（第 5 章 1 节），代表其总体习性的"坚固性"（"有机整合成一体性"），而这种"坚固性"也反映了其与东南亚世界宗教特色之一的宇宙全体性的内在联系（参见第 1 章 4 节、7 节，第 11 章 1.1 节，第 7 章 3.4 节及书中其他各处）。其他方面，例如鼓声的庄严性也应该被考虑到。在数百年的发展里，金属鼓的总体设计也增加了新的元素，绝大多数新元素最初不过是铜鼓艺术的不同部分，但是很自然地顺利融合到金属鼓的象征意义里。这样融合的发生有多种情况，例如与黑格尔 I 型鼓鼓面和鼓身的装饰有关，该型鼓装饰极大地得益于后来增加的几何图案，而几何图案在史前时代的陶器上流行并一直保留下来；也有飞鸟图案、三维立体的蛙饰以及人形图案，它们逐渐出现于铜鼓象征符号与装饰艺术上。又过了很久后，在一个完全不同的历史背景下，包括早期铜鼓上的佩砧型装饰题材与阿洛人的莫科鼓，显示出属于后期的"附加莫科特质"（第 21 章 7 节和 8 节）。不过从文化史的角度看，尤为重要的一点是，在后人们的物质和精神生活里旧的铜鼓象征符号尚有余韵。这就使得"铜鼓人"世界从古到今依然保持其一致性。

以上篇幅从宏观和个人的角度简要阐明了我们研究铜鼓的缘起和流变。这样做基于两个原因。第一，不论我在后来的资料收集中有什么改进，我都很感恩一些学者，尽管我的观点随着岁月的流逝在不同情况下也有较大的改变。第二，就我看来，在东南亚历史长河中的那段关键时期，所有研究"土著"文化的人们，其个人背景为研究本地殖民和后殖民史提供了另一个重要维度。多数时候在人们讨论殖民地解体时，占统治地位的外国人和前被统治对象对本地传统文化的真诚兴趣并没得到其应有的篇幅。更需指出的是，一旦作者确实在印尼或其他地方生活过，用今天的话说是去过现场，其个人背景就有更多的分量。不幸的是（译者按：根据上下文，似乎是作者语病，应该是"幸运的是"）我们太多的"文化工"活下来并记录了自己的经历和观点,用印尼官话说,我们叫"语言官员"。我于 1906 年出生,是太平洋战争前最年轻一代成员之一,现在已经是学术界、更具体地说是自己祖国印尼考古学界的老资格成员。因此我在若干出版物里探讨各课题时会尽力扼要介绍其相关历史背景,本书也类似。

出版一本书当然远远不止于概述要点然后再填充血肉。书的诞生在很多方面又是另外一个故事了。舞台变了,表演者也同样变了,这些表演者并不总是一成不变的剧组,也包括或关系到剧本作者,其责任非常不同于本书作者在前面篇幅里面推到前台的那些支持者和引导者。以这本书而言,"剧本"是指铜鼓类课题(该名称本身需要加以探讨;参见第 1 章 1 - 4 节)的专门性论文,它们也具有其自身特色。在我最初准备本书的某些章节时(特别是关于令人着迷的黑格尔 I 型和佩砧型装饰),书的最终诞生根本不成问题。1970 年代初我从荷兰民俗博物馆退休并回归印尼研究时,铜鼓在我的未来研究计划里还没占到首位。当时有更多的课题等待着我,后来陆续都发表了:《永恒的波罗浮屠》(Borobudur,1976);《不朽的巴厘》(Monumental Bali,1978);《物复原貌》(Herstel in eigen waarde,1978,本书用荷兰语发表,探讨了印尼-爪哇遗物的修葺)。这三本书都属于"古典印尼"考古学范畴。但是之后在 1978 年 9 月,经与莱顿皇家语言学暨人类学考古所和印尼研究局探讨,我决定把撰写铜鼓专著作为未来研究筹划的头条。印尼研究局给了我一点短期资助以便我打印部分手稿。某些时候,在我访问印度尼西亚时,该局偶尔也资助我。我在 1970 年到 1983 年间共进行了七次系列访问,所有这些访问都关乎研究与保护"古典印尼"遗存,但是我总会抽空观察雅加达博物馆和考古所陈列的铜鼓。

考虑到印尼研究局和皇家语言学与人类学考古所在我们最初讨论时有着密切关系,更别提我与该研究所的长期联系,于是把我的铜鼓书列入该研究所的出版丛书之一。事实上在随后三年里,这一点成为我与该单位编辑委员会协商的主题。不过初期的联系因为现实中的关键原因,并没让我的书以皇家语言学和人类学研究所的名义出版。但我不能因此就忽略 1978 年 9 月到 1981 年末这三年,好像我那三年里光在干等打字员为我的书做准备似的。一旦我开始严肃考虑这个看起来很熟悉的铜鼓课题,很快我就觉察到铜鼓及相关的青铜时代和后青铜时代研究比起我先前写初稿时已经大大不同。事实上,就在我修改书稿的时候,该领域的研究就一直在变化,更进一步的变化也可以预料到。结果在上面提到的三年光阴里我一直在做研究。尽管还有其他的课题,我首要的注意点是前文所述的东南亚青铜时代的各个问题。老实说，从 1982 年初到 1984 年最后几个月，我也是在做类似的工作，不过在不同的名头下而已。1979 年 5 月至 1981 年 8 月期间，我有幸得到乔伊·巴罗格(Joy Burrough)女士极专业的帮助，从而得以校改我的英语文字；我非常感谢巴罗格女士对这个课题的热心，她在我那期间暂时完成的文稿上面倾注了心血。

在 1981 年 12 月我准备铜鼓文稿的关键时候正巧我的朋友苏约诺(R. P. Soejono)博士到阿纳姆来看我，他现在是印尼国立考古研究中心主任，陪伴他的还有格罗宁根生物学-考古学研究所的巴特斯特拉(G.-J. Bartstra)博士。我自然把我的铜鼓资料给这两位史前史专家看，尽管我没想到巴特斯特拉博士会提出建议。作为"蓝色系列"的《东南亚现代第四纪研究》的主编(在第七期上我已经写过一篇介绍性章节)，他一时兴起，主张铜鼓书作为"蓝色"系列之后某期特刊，在得到该系列共同主编卡什巴里(W. A. Casparie)博士和出版商巴尔克玛(Balkema)先生的认可后，这一建议被完全采纳。我很感激地接受了他这一建议，其具体实施得到荷兰福利、卫生与文化部的补助，在此我对该部前官员凯梅洁(A. M. Kalmeijer)夫人关注本书出版表示衷心感谢。本期铜鼓专刊的最后成形包括修改以前暂时调整的章节以及收录新章节和目录等。这个逐步完成的文稿在语言和惯用语方面的校正由谢拉·凡·格耳德·沃特维(Sheila van Gelder-Ottway)女士负责。格耳德·沃特维女士让本书成功收尾，对此我谨表感谢。

既然我已经完成了这本铜鼓书及其成书过程中各种历险的个人叙事，我得对我的朋友巴特斯特拉和卡什巴里表示最衷心的感谢。共同的责任感加深了我们之间的友谊，有人比我更了解准备文稿与校对工作的繁杂，而没有卡什巴里忠实而煞费苦心地在帮助我准备文稿和校对，出版这本书几乎是不可完成的任务。

一直以来我习惯把自己某本书献给某位非常特殊的人士，要么是我的妻子，就像我以前的那些书一样，她对本书也作出特殊的贡献；要么是该书涉及领域内某一获得巨大成就的人。在本书这个案例上，我不准备集中于一个人，而是把它献给前言故事里那些我所感激的人们。我顺便把这些人和其他师友列在下面作为我对他们的敬礼。请他们相信，我对他们的感激无以言表。

本书的文稿必须在 1985 年初结束并最终定型；在那以后我没有再增加任何文字、注解和插图。

贝尼特·肯珀斯

1986 年 11 月于阿纳姆

要感谢的人或机构:

巴蒂米厄斯盲人及视觉障碍基督学院(荷兰宰斯特[Zeist],第21章10节)	希勒尼乌斯(D. Hillenius)(荷兰阿姆斯特丹大学动物学博物馆;第9章6节)
巴斯汀(J. Bastin)(伦敦)	Anita Spertus Holmberg 夫妇(纽约)
阿纳姆图书馆(荷兰阿纳姆)	范德霍普(A. N. J. Thomassen à Thuessink van der Hoop)
A. le Bonheur(巴黎)	
大英博物馆(伦敦;D. Gillman;J. R. Knox)	胡瑟卫(A. F. P. Hulsewe)(莱顿)
印尼研究局(荷兰莱顿大学)	伊兹科维茨(K. G. Izikowitz)(哥德堡)
乔伊·巴罗格(Joy Burrough-Boenisch)夫人(荷兰伦克姆)	F. G. P. Jaquet(莱顿)
	Kern Institute(莱顿大学印度学研究所)
H. Chambert-Loir(巴黎)	孔尼华(G. H. R. von Koenigswald)
教育文化部文化局(印尼雅加达;Haryati Soebadio 夫人;Uka Tjandrasasmita;Hadimulyono)	Koninklijke Bibliotheek(荷兰海牙)
	国家人文科学皇家语言研究所(莱顿皇家语言与人类学研究所;图书馆;事务编辑:B. J. Boland)
G. J. Derksen 摄影师(阿纳姆)	
S. Eilenberg(纽约)	皇家热带研究所暨热带博物馆(阿姆斯特丹;F. van Lamsweerde)
埃尔姆贝里(J.-E. Elmberg)(斯德哥尔摩)	
Gunilla Eriksson 夫人(瑞典隆德文化史博物馆文化部)	J. C. Krijgsman(印尼考古研究所巴厘分所)
	A. Lehr(荷兰阿斯顿国立钟琴博物馆)
方坦(J. Fontein)(波士顿)	克里斯蒂娜·林代尔夫人(Kristina Lindell)(瑞典隆德)
马蒂贝尔·吉丁格(Mattiebelle Gittinger)夫人(华盛顿)	
	伦德斯特伦(H. Lundstrom)(隆德)
格洛弗(LC. Glover)(伦敦)	J. Maassen 摄影师(阿纳姆)
哥德堡人种学博物馆(瑞典哥德堡;Kj. Zetterstrom)	Jacqueline McConnell 夫人(伦敦)
	吉美博物馆(巴黎;A. le Bonheur)
范.希克伦(H. R. van Heekeren)	皇家艺术与历史博物馆(布鲁塞尔五十周年纪念公园;J. Schotsmans 夫人)
海涅格尔登(R. von Heine-Geldem)(维也纳)	

民俗博物馆（维也纳；Etta Becker-Donnert 夫人；H. Manndorff；Heide Leigh-Theisen 夫人）	施拉坎普（J. W. Schrakamp）（荷兰德伯珍；参见第 11 章 1.1 节）
纽温坎普博物馆（Museum W. O. J. Nieuwenkamp）（以前是荷兰伊顿，现在部分在代尔夫特马来世界人种学博物馆）	汉学研究所（莱顿）
	苏约诺（R. P. Soejono）（雅加达）
国立博物馆（雅加达；以前叫巴达维亚博物馆或巴达维亚艺术与科学学会；P. A. A. Hoesein Djajadiningratt；范德霍普；Barnbang Soemadio；Nuriah 夫人）	R. Soekmono（雅加达）
	瑟伦森（P. Sørensen）（哥本哈根）
	Hendari Sofion 夫人（雅加达）
国立考古研究中心（雅加达）	斯泰因豪尔（H. Steinhauer）（莱顿）
欧普兰德（C.Op't Land）（鹿特丹；第 19 章 1 节）	斯托霍夫（W. A. L. Stokhof）（莱顿）
东亚博物馆（斯德哥尔摩）	丹荣·塔亚宁（Damrong Tayanin）（隆德）
H. W. M. Plettenburg 夫人（海牙）	A. Teeuw（莱顿）
A. Plowright（巴黎）	维多利亚和艾尔伯特博物馆（伦敦中国馆）
Amy Poster 夫人（纽约布鲁克林）	贾斯汀努斯·范·纳索民俗博物馆（荷兰布雷达[Breda]；Sj. Nauta；第 21 章 6 节）
P. H. Pott（莱顿）	马来世界人种学博物馆（荷兰代尔夫特[Delft]）
国立考古研究中心（以前叫作印尼考古研究所、荷属东印度群岛古物研究所；苏约诺[R. P. Soejono]；Satyawati Suleiman 夫人；巴索基[Basoeki]；宾塔尔蒂[D. D. Bintarti]夫人和其他员工）	沃尔夫（S. Wolff）（德国德雷斯顿）
国立民族学博物馆（莱顿；P. H. Pott；J. B. Ave；Gan Tjiang Tek）	沃尔夫（M. A. Wolff）夫人（荷兰海姆斯泰德；第 21 章）

本书铜鼓编码注释：

读者在第 23 章《铜鼓清单》(Inventory)中会看到对 130 面黑格尔 I 型铜鼓的考察，第 3 章 1.1 节和书中各处也有过讨论。该清单有一部分讨论印尼群岛，里面有不同种类的金属鼓值得记载：一些佩砧型铜鼓(见第 1 和第 19 章)，仅见于东南亚岛屿地区；还有黑格尔 IV 型铜鼓(第 3 章 1.4 节)，也例外地出现在同一地区。请注意，印尼群岛就是我写这本书的最初出发点，这一点在作者前言已经说明了。这本书里记载的每一面铜鼓都标了类似"马类谱系"的号码，这些标号主要是基于铜鼓发现点的地理分布。在《铜鼓清单》前言有具体阐述。大部分具有实际意义的信息，包括参考文献信息，都收录在每个标号后面。

正文中涉及的铜鼓的编号是以其发现地点或收藏者的名字开始，后面跟着编号，例如，桑根，4.02+，"+"表示这个铜鼓在本书中有一个或多个图版。图版的编排顺序和《铜鼓清单》的序号一致。

为避免铜鼓纹饰各细节的重复描述，也为便于读者自己来比较，我用了一种速记编码法，该法源于任何打字机和普通快键写字机都有的符号。这些年来我一直在用同一套符号：o, Ø, v, =, %, £ 等来表示圆圈纹、切线圈纹、锯齿纹、梯纹、放射纹、"鸟羽纹"等。这样能让我快速标记鼓面和鼓身纹饰带，这种速记也体现在本书中。因为选取的符号跟其标记的纹饰相像，随之而来的公式和编码就应该能够达到这一目的。第 6 章 2.6 节列出了所有的符号及其代表的纹饰。

第 24 章里面编码过的纹饰图案共有 75 幅，比第 23 章《铜鼓清单》里的器物少得多。这是因为很多铜鼓和残件保存状况太差，以至于要么难以把纹饰细节从原物中辨别出来，要么照片或图纸复制后太模糊了。单个铜鼓的总体纹饰编码最好是鼓面和鼓身装饰皆有覆盖，书中把它们分成 10 个大组和大组下 14 个小组，其细节可见第 6 章 2.4 - 5 节。这样的归类基于某些相关集合题材的出现，其鼓面中心总是有太阳纹，并在鼓面上同心带圈中有一系列飞鸟纹。这种几何类总体图案在书中符号公式用 G 来表示。在有些铜鼓上，此类几何图案被一种"人纹"带所扩大，人纹带里有礼仪游行，偶有房子、平台类纹样，书中用 F 和 FH 分别标记。鼓面 F 和 FH 纹饰带一般也伴有船纹，船纹位于鼓身上部凸起处，编为 S 码。鼓面边缘也可能有三维蛙饰，编码为 B。以上这些因素比较典型地代表了总体装饰风格，所以也有助于单个铜鼓分门别类。略举一例：桑根鼓，4.02+是整个《铜鼓清单》中最重要和装饰最复杂的器物之一，我们得用 G FH B S 来编码它。只要提到它，书中就会讨论。其余的符号 n 代表自然风格，c 代表传统纹饰，以及过渡符号 nc 或 cn 指代人形图案(第 6 章 2.3 节)。

第一部分

绪论

第 1 章
铜鼓概述——关乎后续章节

1.1 19 世纪下半叶时,民族学家和考古学家偶尔会遇到一类奇特的金属器物,它们很快被认定是一种乐器。人们用"铜鼓""金属鼓"或"铜锣",或者某些当地名称来称呼它们。[1]在这些铜鼓中,有很多样本的年代明显很早,其中一些发现于印尼群岛,这使得它们身上的"谜团"变得更加有趣了(第 2 章 1 节)。还有一些样本的年代更晚一些,它们的风格不同,但仍然属于同一个类别。在暹罗的王宫以及缅甸、泰国和老挝的高原地带,人们依然在使用和制作这种器物(第 3章 1 节,第 22 章)。20 世纪早期时,经证明,这些古老的样本与东南亚的青铜时代有关(第 2 章 2 节)。虽然"谜团"不复存在,但依然有很多问题需要解决,而进一步的调查仅仅拓宽了领域,开辟了新的前景,还提出了新的问题。正是这些情况产生了大量关于该题材的研究著作(第 25 章"参考文献")*。

1.2 同时,在 1902 年,维也纳民族志学家黑格尔将这些金属鼓的主要藏品分为了四个基本不同的类型,现在它们依然被称作黑格尔 I 型、黑格尔 II 型、黑格尔 III 型和黑格尔 IV 型(第 3 章 1 节)。正如第 6 章 2.1－6 节和第 24 章中所分析的(是一种"编码表"),本书中介绍的黑格尔 I 型鼓的次分类以黑格尔 I 型鼓的装饰为基础,黑格尔 I 型鼓在整个东南亚都有着广泛的分布。

东南亚鼓的早期样本通常属于黑格尔 I 型;高原地区的鼓构成了 III 型,II

---

* 在本书中,黑格尔 I 型鼓是通过其"名称"(通常出自其最初的发现地,后面是清单中的编号,第 23章)来表示的,"名称"中包含了所涉及样品上可以看到的信息。数字后的"+"是在告诉读者:在同一数字下,这个铜鼓有一个或多个图版(例如,桑根,4.02+)。有时会涉及鼓所属的编码纹饰组(例如,GFHBS);有关该纹饰的更多信息可以在已编码的黑格尔 I 型鼓的列表中找到(第 24 章)。括号内的作者名加日期指的是参考文献(第 25 章)。

型似乎与 III 型有些模糊的关联。黑格尔 I 型经常被精确地称为"传播型"，它们向南扩散并到达了东南亚大陆的各个国家和马来半岛，然后一直穿过了印尼群岛或马来群岛的南部：苏门答腊、爪哇和巴厘岛的东部（这里发现了一种不同类型的金属鼓，即佩砧型［Pejeng］；第 19 章），朝着新几内亚西部和伊里安查亚（Irian Jaya）的方向前进（第 13 章；第 13 - 14 章中讨论了这种扩散的原因）。越南北部似乎是铜鼓传播的主要"发源地"和起点（第 12 章），黑格尔 I 型还从这里向北传到了中国南部，后来在那里发展出一个地区性的类型，即黑格尔 IV 型（第 3 章 1.4 节，第 10 章 2 节）。

本书首先关注的是早期鼓，即黑格尔 I 型（第 3 章 1.1 节及各处）以及佩砧型（第 19 章）。不过也会较多地关注"余绪"（第 21 - 22 章），包括年代更晚近民族的文化。在他们的社会和宗教生活中，金属鼓曾经并且依然是非常重要的一部分。

1.3 釜型鼓（或金属鼓，正如本书中的代称）是东南亚早期文化最有趣的代表之一。

它们在一个更加广泛的全金属打击乐器类别内形成了一类单独的乐器（和"发音器"）（第 4 章 1 节），除此之外，它们还是青铜铸造（第 11 章）以及装饰艺术（第 6 - 10 章；16 章 5 节；17 章 4 - 5 节；19 章 4 - 5 节；21 章 7 - 8 节）的杰出样本。此外，从青铜时代早期一直到现在，在那些历代与其相关之民族的社会和宗教生活中，金属鼓还有各种"额外的音乐和艺术"功能（第 5 章；18 章；21 章 2 节；21 章 10 节；22 章 1 - 5 节）。

1.4 东亚和东南亚的古代民族及其近代后裔的典型特征之一是偏好"全金属打击乐器"，这些器物的器身是一体的（"纯质的"［solid］，第 3 章 2.1 节）。这一类别包括各种类型的钟、钹、锣、金属鼓等等。它们单独或成套演奏，即使在一个完整的乐队中也有自己的演奏方式，这种乐队的节奏和旋律主要是基于这些"金属打击乐器"（例如爪哇和其他一些东南亚国家的加麦兰乐队）。

全金属打击乐器与其他音乐类别之间的主要区别在于：前者是"体鸣乐器"，"通过自身的器身和材料来发声"，无需借助任何膜、弦或吹入乐器内部的气体（第 4 章 1 节）。一体式全金属乐器的"纯质性"意味着"永久""不朽"以及"完整性"。正因如此，对东亚和东南亚那些关心全金属乐器象征意义的民族来说，它们发挥了重要的作用。普遍来说，其演奏者制造出的洪亮声音，以及金属（第 5 章 2 - 4 节）和金属加工的神秘过程（第 11 章）所包含的特殊的宗教和魔法内涵亦是如此。因此，全金属打击乐器，例如锣和铜鼓，由于其额外的音乐品质在历代都受到了高度重视,与这种品质相关的因素有社会地位、某些重要人物(国王和酋长;第 5 章 3 - 5 节)的法力、社会契约(例如聘礼和嫁妆;第 21 章 10 节)、与精神世界有关的宗教概念(第 5 章 5 节,6 节)、宇宙哲学观点(第 7 章 3 节)、生者与死者以及祖先与后代之间的关系(第 5 章 5 节,6 节;第 7 章 3.1 - 4 节)。至于单独的"鼓人"(people of the drums)(第 7 章 3.5 节),偶尔我们还能窥视到一些日常生活(第 7 章 3.1 节),以及生活中人的一面。

　　此外,金属鼓迟早被当作了和"古董"一样的商品(第 14 章),亦或是承担了货币的功能,要么是被当作"神圣的货币"(上文提到的聘礼的情况),要么是成为特定场合的一种普遍的支付方式(第 5 章 8.1 - 4 节;第 21 章 5 节,10 节;第 22 章 4 节)。

　　除了下文要进一步讨论的外观外,铜鼓与锣、钟或其他一般意义上的金属打击乐器不同,它的鼓壁很薄(类似于"釜"),以毫米为测量单位(而它们的面径则是在 20 - 140 厘米,高度在 18 - 95 厘米;第 3 章 2.2 节)。我们在此处说的是黑格尔 I 型鼓。在另一个类别——佩砧型(第 19 章)中,甚至还有一个更大的样本(所谓的佩砧型"月亮鼓",3.01+:高 186.5,面径 160,胸径 110[译者注:原文没有计量单位,根据上下文应该是厘米])。另外,还有被用作礼器或"鼓币"的微型鼓,它们通常与死者而非同一时代的普通鼓埋在一起(第 3 章 2.3 节,第 5 章 8 节)。

　　1.5　锣与铜鼓之间甚至还有一个更本质的区别:鼓面和鼓身的装饰。一旦非金属鼓(它们可能是铜鼓的原型)变成了全金属的器物,其制作者似乎就已经决定从这种新材料——青铜(关于"青铜"一词,见第 11 章 2 节)的优点中获利了。这项发展最重要的成果是引入了一种整体性的装饰,这种装饰既覆盖了鼓面,又覆盖了大部分的鼓身。在黑格尔 I 型鼓中,鼓面的外缘是未装饰的(第 6 章 4 节和第 7 章 1 节);鼓身的下部也是如此(除了一些装饰最为精美的鼓;第 8 章 3.2 节;图版 4.02,5.01)。其他黑格尔类型的鼓(下文中会进一步讨论)有自己的装饰设计和布局(第 3 章 1 节和第 10 章 2 节;图版 18.01)。偏离型(云南型和佩砧型这两种另类的)铜鼓不得不分开来研究(分别是第 18 和 19 章;关于佩砧型的衍生型——莫科鼓[mokos],见第 21 章)。

　　1.6　早期金属鼓的鼎盛时期在青铜时代(第 15 章 1 节),换句话说,在史前时代晚期和原始史时代,涉及的地区既有东南亚大陆又有东南亚岛屿(后者相当于印尼群岛和马来群岛,海上东南亚作为一个过渡地区,相当于早期文献中的"中南半岛南部";第 13 章 5.15 节)。

　　铜鼓传播之处覆盖了中国南部和云南之间的大片地区,西北方向的越南北部及东南亚高原附近,还有东部的伊里安查亚(新几内亚西部)。铜鼓在空间和时间上的传播形成了本书的主要话题之一(分别为第 12 - 14 章,第 15 - 20 章,表 VI - VIII 和地图 1)。空间问题包括各个类型(黑格尔的主要类型,第 3 章 1.1 - 4 节;佩砧型,第 19 章;云南型,第 18 章)和子类型的分布情况,以及根据其装饰纹样和设计可将铜鼓分入的装饰组。

不同地区的考古学家和民族学家已经研究了铜鼓的起源,也就是其"孕育"或"系统发生"的历史(第 4 章 3 节);从历史的角度来看,一旦出现了一个(而非多个)普通型,就可能会有多个发源地(第 12 章)。就表面来看,越南北部及其附近地区形成了广泛分布的黑格尔 I 型("传播型",正如它的叫法)的发源地。不论云南型的金属鼓和所谓的"鼓"(顶盖上有极其"夸张"的立体形象装饰的青铜容器)来源于何处,它们在公元前一千纪和两千纪时期都有其独立的发展(第 18 章 3 节)。和黑格尔 I 型鼓相比,云南型和佩砧型的鼓都有自己的文化背景和外部关系的"另类"类型。佩砧型可能起源于以巴厘岛为核心的群岛,在构造和装饰上均与黑格尔 I 型和其他黑格尔类型不同(第 19 章 3 - 5 节),而且在发展初期(没有明确的年代)可能与中国有一些早期的联系。从中等大小的"标准型"开始,佩砧型一方面发展成了体型巨大的重要铜鼓(上文提到的佩砧"月亮鼓",3.01+),另一方面发展出了大量小型金属鼓,也就是东印尼阿洛群岛上的莫科鼓,那里的人们从东爪哇和孟加锡的金属加工(黄铜铸造)中心引入了"额外"的莫科鼓,这些铜鼓是当地为了商业和财政收入而仿造的(第 21 章,第 8 章;关于铜鼓的货币功能,第 5 章 8.1 - 4 节)。

1.7 在其系统发生("孕育")的历史过程中,青铜时代的技术流程一定发生过一次典型的转变。某些非金属器物——例如膜鸣鼓,可能还有葫芦或罐子被倒过来当作乐器使用——被改成了类似鼓的打击乐器。这样的转变发生在单一材质组成的器物(木器、柳条制品和陶器等)和包含两个及以上不相融材质的"聚合物"身上,后者由于材料变成金属(青铜)而变为了一体式("纯质")器物(例如铜鼓;第 3 章 1 节,4 章 3 节)。在青铜时代之前,就此而言,史前人类已经知道了"纯质"在这方面的吸引力,因为他们使用了一种非常类似的物质转变方法来制作陶器。除了铜鼓之外,在制作某些形状奇特的礼仪(象征性)兵器时,例如罗蒂(Roti)的斧头(第 17 章 3.2 节;图版 22.18 - 19)或者形状和材质都模仿鱼篓的大型器皿(第 17 章 3.2 节;图版 22.11 - 14),青铜时代的金属铸造者同样也经历了从聚合物到"纯质物"的转变。

对黑格尔类型的铜鼓来说,其原型可能包括了木制或柳条底座上的非金属鼓(或者可能是带底座的某种锣)。其他可能性(如上文所述,始于罐子或葫芦)也已经被提出来了(第 4 章 3 节)。对于鼓腰明显的佩砧型鼓(第 19 章;图版3.01)来说,其原型可能是木制的蒂法鼓(tifa)(一种"沙漏形"的手鼓,西印尼的人们现在仍在使用这种类型的鼓,后来全部采用金属材料来仿制[第 4 章3 节])。

1.8　黑格尔 I 型鼓的装饰(第 6 - 10 章)为我们提供了关于风格发展以及各种装饰元素的象征意义和变化意义的信息(第 7 章 3 节,第 8 章 1.7 - 11 节)。某些风格的变化为划分年代序列(第 20 章 7 节和表 VIII)的临时依据提供了最关键的标准,这个序列粗略概括了各个鼓的"时间"节点(第 20 章)。

关于这点,我们可以涉及黑格尔 I 型装饰的两个不同方面。首先是以跨越几个世纪的黑格尔 I 型鼓为代表的主题,包括了公元前 500 -公元 500 年之间制造的鼓。青铜时代的铜鼓铸造者的"艺术语言"(第 6 章 1 - 2 节)包括了几何图案(第 6 章 2.6 节,6 章 3.1 节)和人物场景(第 7 - 8 章)。人物场景中包括身着羽毛的"羽人"。在我的编码中(第 6 章 2.2 - 6 节),这些羽人用 m£ 来代表(图版 4.02a - c 等)。这些羽人是一种战士,是舞者,是音乐家(图 8),他们在队列中移动,有时会填满村庄中房屋之间的空隙。这些村庄最初似乎是普通居民的家园(图版 11.28b,11.30a;参阅图版 22.04,第 7 章 2.3 节,第 7 章 2.6 节,第 7 章 3.1节)。后来,它们从普通的村庄变成了一个原始村落,村落位于一处圣地上,并且代表了一个圣地,在那里,可以用灵船来运送逝者的遗体(第 7 章 3.3 节;图版4.02a - c,g - h)。人物场景中的房屋似乎有两种版本,一种是凸面屋顶(编码:O 型),另一种是凹面屋顶。

东京鼓(Tonkin drums)(图版 11.20,11.28,11.30,11.47)上的房屋都有羽人(容易被当作普通的人类)相伴。他们也出现在鼓身中部的方形板上(图版11.28a,11.30e,11.47d),还作为船上的乘客见于上半部分隆起处(从普通的独木舟,图版 11.28a,11.40b,到装饰华丽的灵船,图版 11.30c,11.47d,图 11)。一旦村民的住所被更高等级的建筑所替代,鼓面装饰就可能指上界,带有船只的鼓身则是指地狱。这两者一同代表了"全体性"与"一体性"的思想,这是东南亚宇宙观和神话中的主要概念之一(第 7 章 3.4 节,第 8 章 1.7 节)。

然而,东京鼓(还有表现更加现实的云南鼓,第 18 章 5 节,图版 18 - 19)上的房屋和羽人的自然景象很容易被解释为"日常生活的场景"。房屋中间粗略排列的"羽毛图案"(编码为£)表现的是一个更加精神性(甚至是唯心论)的背景。它们已经变成了仅仅是装饰性或象征性的设计,填充在花纹带和鼓身的面板上(图版 4.02,5.01d)。

此外,鼓上的人物场景和船只与加里曼丹岛的木板或纸以及装饰竹筒上的一些绘画之间存在有趣的相似之处(婆罗洲;第 8 章 1 节;图版 22.08－09,22.06－07)。南苏门答腊的"船布"中也有其他类似之处(第 8 章 1 节;图版 22.10)。然而,两种情况中的联系并非是直接的,而是因为加里曼丹岛和苏门答腊岛的图案都能从越南北部找到年代更早的源头,那里还为青铜铸造者提供了一种新的装饰元素:花纹带。从加里曼丹的绘画来看,我们暂时可以把这种共同来源称为"原始迪雅克"人("Proto Dayak" people)的民间艺术。

在此背景中,应该提到铜鼓艺术语言的一个有趣特征:作为古代和晚期印尼艺术的一个重要元素,虽然生命之树(或天堂之树)在苏门答腊岛的船布中很常见,但它并未出现在铜鼓上(第 8 章 1.10 节)。生命之树似乎已经通过其他方式进入了这个群岛。实际上,除了起源于越南北部及附近国家的东山型装饰外,还有其他的类型,我们称其为"另类"风格(例如,第 17 章)。

1.9 几何图案——既有简单的图案又有包括曲线和螺旋纹的复杂类型(第 7 章 2.3 节;图 5,图 6)——是分开出现的,它们既出现在只有几何装饰的鼓("几何鼓")上,又出现在装饰更丰富的鼓上。在后一情况中,它们是鼓面人物场景和鼓身船只的附属花纹。

几何图形和形象图案的各种组合在装饰图案解析(第 6 章 2.1－6 节)和编码列表(第 24 章)中均有说明。请注意几何图案总是包括飞鸟纹带(苍鹭,有时还有凤凰;第 6 章 4.1 节,第 9 章 2 节;图版 4.02,4.06b,6.01a,11.28,11.30 等)。这些解析还包括了很多鼓上出现的青蛙或蟾蜍(第 9 章 6 节;通过"Batrachii"一词中的字母 B 来表示;译者注:Batrachii 的意思是两栖动物)。

提到的这些解析已经被压缩到了不超过 5 个大写字母,它们和最基本的装饰元素有关,包括了 G(几何)、F(人物带)、FH(带房屋的人物场景)、B(青蛙)和S(船只)。因此,例如,桑根鼓 4.02+的编码公式是 GFHBS(扩展编码可以在第24 章的编码列表中找到,它们按照从最简单到最复杂的样本顺序来排列,也见第 6 章 2.4 节)。通过这种方法,所有记录在册的黑格尔 I 型鼓,可以根据其装饰将各个鼓及其装饰花纹归集到数量有限的几个组别中。

1.10 如第 6 章 2.4 节所阐述的,铜鼓装饰的布局或框架在不断完善,这为我们提供了一个衡量标准(但是,使用时不能过于严格),该标准可以判定各个鼓的年代顺序(第 20 章 7.1－4 节和表 VIII)以及编码组(根据其装饰)的顺序。表格 VIII 中已经列出了一些最重要的铜鼓。

除了"框架"(第 20 章 5 节)及其内容的逐渐扩展之外,某些风格上及其他方面的显著特征(例如尺寸、轮廓、青蛙的同时出现等等)也已被记录。

某些鼓纹的简洁性和其他一些整体布局的精致性通常与所涉及鼓的尺寸有关(第 3 章 2.2 节,表 I－III;第 20 章 4 节)。因此,简单装饰的小鼓(编在编码列表中 G 组中的一个;第 24 章)可能是早期的鼓。不过,该结论还有一个要注意的地方。简单装饰的小鼓可能是为了让东南亚社群中不太重要的人物随时使用而制作的,它们的年代可能在早期或晚期或者介于两者之间(第 20 章 4 节)。为了做出一个合适的决定,必须考虑到其他标准,例如风格特征的标准。

1.11　在上述段落中讨论的累积性"框架"之后,风格特征组成了铜鼓装饰概述中的第二项内容。就当前的目标来说,无需详细讨论(读者可参阅第 6 章和第 7 章,尤其是第 7 章 4 节)。风格发展中最重要的一点是从对某些元素的自然处理(在我的编码中用 n 来表示)向一种风格化和标准化方式(用 c 来表示;有一些中间阶段,nc 和 cn,读者可参阅第 6 章 2.3 节)的转变(这似乎发生在早期阶段)。最有说服力的是飞鸟和羽人的发展。飞鸟(图版 11.47b)从活生生的动物变成了仅剩下骨架的图案(图版 2.11 和 11.11),尽情跳舞和奏乐的羽人(m£)则简化成了一片羽毛符号(££;第 7 章 4 节和图版 4.02g,4.02l)。(注意,在此处及其他情况中,为了模仿所代表图案的形象,文稿和印刷品中所使用的编码符号已在打印字体种类的范围内进行了挑选)。

1.12　必须灵活处理与金属鼓年代相关的问题(第 20 章)。首先,应当考虑到,在完全成熟的铜鼓出现之前,正如本书中所讨论的,必须满足三个条件。第一,应当有一代或几代经验丰富的金属工人,他们懂得"青铜"和类似的铜合金的潜力(第 11 章 2 节)。第二,从某些可能是非金属的原型开始,必须发展出一种或多种实用型的铜鼓(第 4 章 3 节)。第三,为了达到装饰精美的金属鼓阶段(这似乎是东南亚金属工人的理想之一),应当有一批种类丰富的装饰纹样。这些纹样中的多数,如果不是全部的话,是由早前的陶工、画师、织工和木工等人收集的,早期的金属工人从其发展的各阶段中尽情地挑选。他们之中有早期铜鼓的铸造者(黑格尔 I 型:第 6－10 章;黑格尔 III 型:第 3 章 1.3 节;中国南部的黑格尔 I 型:第 10 章 1 节;黑格尔 IV 型:第 10 章 2 节。关于与早期黑格尔 I 型鼓同一时期的其他金属器物的装饰:第 17 章)。

在青铜铸造技术(第 11 章)和早期型金属鼓(尤其是黑格尔 I 型)的装饰方面,已经存在有本地元素(在越南北部及临近国家;第 16 章 2.1 节和第 17 章)和外部影响,例如来自早期东南亚高原(例如泰国北部;第 15 章 3 节)、中国南部

（第 15 章 2 节）和中亚大草原（通过"本都王国的迁移"及其他途径；第 15 章 4 节）的影响，它们带来了史前欧洲和近东地区的元素。这些元素影响到了云南（第 18 章 1 节）、中国南方（后周或淮河艺术［Huai art］；第 16 章 4.2 节）以及越南北部（第 15 章 4 节）。

1.13　越南北部的早期青铜时代开始于公元前 3000 年前后，在早期阶段，其艺术拥有着独特的元素，包括最终在黑格尔 I 型铜鼓的装饰（第 16 章 2.1 节）以及东南亚青铜时代艺术的其他部分中重新出现的某些装饰纹样和图案，后者产生了各种各样的风格并且拥有独特的发展轨迹（第 17 章）。至少要区分出早期铜鼓的两个不同的"宽泛系列"（extensive families）：本书介绍（及各处）在早些时候提到的黑格尔的"主要类型"，以及一个分布区域有限、风格同样显著但又极不寻常的独立类型：佩砧型（第 19 章）。除了这两组金属鼓，还有一组具有云南特色的"另类"组（第 18 章）。黑格尔型及同期的佩砧型都有后继型：黑格尔 II、III 和 IV 型，它们分别在越南北部、老挝-泰国-缅甸和中国南方拥有自己的地理分布范围以及民族关系（蛮人［Man］、芒人［Muong］、拉梅特人［Lamet］、克木人［Kammu］和其他山地部落；第 3 章 1.2 - 4 节，第 22 章 1 - 5 节）。佩砧型的衍生品以东印尼的阿洛岛及临近岛屿中的莫科鼓为代表，它们与东南亚高地山区的各种情况既不相同又可作对比，形成了一条有趣的平行线（第 21 章）。

黑格尔 I 型鼓在风格上与越南北部早期青铜时代的后期阶段有关联，这个阶段就是所谓的"东山文化"（以典型遗址东山命名），它可能在大约公元前一千纪中叶时已经开始达到早期的成熟。在一段准备期之后，它仍处于爆发式的发展中（第 16 章 2.1 - 4 节），其早期的一些发展与文郎国和瓯骆国有关（第 16 章 2.2 节）。

在公元前 1 世纪和公元 1 世纪的上半叶，由于中国向南方的扩张，约公元前 200 年开始出现的中国的政治影响逐渐包围了云南（第 18 章 1 节）和越南北部（第 16 章 3 - 4 节）。约公元 50 年以后（以公元 43 年马援的军事远征为标志；第 16 章 4.3 节），越南北部只不过是中华帝国的一个中国化的外省。在与第一批铜鼓的发明有关的传奇或民俗背景中，马援与后来的一位中国政治家、将领——诸葛亮（公元 181 - 234 年）的名字一起被写进历史（第 16 章 4.3 - 5 节）。尽管考古证据表明，迅速成长的古代铜鼓是在更早时候起源的，但公元 1 世纪中叶作为越南北部铜鼓生产的起源或鼎盛的大致时期已经反复出现了很多次。除了围绕马援的传奇故事，这些观点的依据还有某些错误认识，也就是在评估东山文化的典型遗址——东山遗址在历史进程中所扮演的角色时的认识(第 16 章 2.4 节,20 章 1－3 节)。

直到公元 905 年(越南随后在公元 939 年建立了独立国家;第 16 章 3 节),其作为一群中国省份(东京湾、交趾、清化及邻近地区、九真;第 16 章 1 节)的身份才得以结束。当地早、晚期东京金属鼓的后继品在黑格尔 I 型鼓的历史中扮演了重要角色,它们在某种程度上与那段挫折时期的第一个世纪期间所发生的政治事件有关。另一方面,在晚期东京鼓向印尼群岛中的遥远岛屿越洋"迁移"的过程中,这些后继品种似乎又十分关键(第 13 章 1 节和 14 章)。

1.14 空间问题既涉及地理分布(主要是黑格尔 I 型群组中单个铜鼓发现地点的静态分布;第 13 章和地图 1,2),又关系到前者的动态版即散布情况(在第 14 章中被简化为一次关于铜鼓流落在东南亚时的冒险经历的某些可能性的简短调查,这些可能性大部分都是假设的)。

1.15 来自阿洛岛和一些邻近岛屿的莫科鼓(第 21 章)以及黑格尔主要类型中的 II 型(第 3 章 2 节,第 10 章 1 节[译者按:原书有误,第 3 章 2 节、第 10 章 1 节讲的是 I 型鼓];图版 18.01)、III 型(第 3 章 3 节[译者按:原书有误,正文中无第 3 章 3 节],图版19.01－19.04)和 IV 型("中国型";第 3.4,10 章 2 节,图版 20.01－22.04)组成了早期东南亚铜鼓的"后继品"(第 21－22 章)(他们的相互关系仍然是模糊的假设)。黑格尔 II 型和 III 型组成了传统文化的一部分,因此也是东南亚高原地区一些山地部落的社会宗教习俗的一部分:芒人(第 22 章 2 节)、克伦人和掸族人(第 22 章 3 节)以及老挝北部的拉梅特人和克木人(分别是第 22 章 4 节和第 5 章)。黑格尔 III 型鼓也曾(现在仍然)被用在泰国的皇家和宗教仪式中(第 3 章 1.3 节,图版 19.01)。

这些黑格尔 II－IV 型全都有自己的分布情况和发展历史。与黑格尔 I 型相反,它们只有陆路传播。黑格尔 I 型的传播路径既有海路又有陆路(通过各种内陆线路进入东南亚的高原和海洋),通过交流进入中国南方,它们在那里形成了地区性的本地变体(本书粗略地将其归到了"中国南方的黑格尔 I 型"的标题下;第 3 章 1.1 节的最后几段)。在中国南方,黑格尔 IV 型起初只是在依稀可追溯的路线上出现(第 3 章 1.4 节,第 10 章 2 节),后来发展成了系列产品,这些产品一直持续到了 1912 年结束的清朝末期,甚至更晚(直到 1948 年左右)。就此来说,在经历了一段相对沉寂的时期后,由于 20 世纪 70 年代美国人在东南亚海域的出现,黑格尔 III 型鼓在二战后迎来了一次商业复兴。新鼓的制作使用了旧造型、旧设计,甚至旧模具(第 3 章 1.3 节)。

1.16 人们可能会有这样的疑问：将"青铜时代"和铜鼓联系到一起是否正确？东山文化在它们（总之是黑格尔I型）的背后，它了解铁并且把铁和铜一起使用，如果不是从一开始的话，那就是在后期阶段（第16章2.2节）。我们是不是最好不要用类似于"铜铁时代"这样的术语？严格从年代学的角度来看，这也许是可取的。但是，这是否让我们更接近了那些金属鼓和其他特殊现象背后的人们，更接近了那个时代的精神呢？我不认为是这样——不是因为当前的目的，也不是出自我个人对青铜时代的看法。再者，在目前的情况下，我在以前发表的作品中偶尔用到的"早期金属时代"与鼓及其他造型精美、工艺优良的器物并不是十分契合，这些器物证明人们已经充分了解了合金制备及"铜鼓铸造"（第11章）。在这之中并没有很多"早期"可言。在本书中，我在更具体的层面上使用了"早期金属时代"一词（第15章1-3节，16章2.1节）。

除了金属之外，我们讨论的古代人群出于某些特定目的还使用过石器；在现代术语中，他们始于"准石器时代"（虽然这并不是一个令人非常满意的术语）。从一个发达阶段开始，东南亚新石器时代的人们对陶器也非常熟悉，甚至连他们的先辈也是如此。之后，在早期青铜时代后出现了东山文化。在越南北部及邻近国家以外的其他地方还有其他的发展（这将在第16章中详细讨论）。事实上，我们所讨论的青铜时代的人们已经全面使用了其先辈及他们自己所认识和掌握的所有工具。其中，最具特色和迄今为止最持久的工具之一——非日常使用，但是最典型——是"青铜"（第11章2.1节）。那些最引人注目的模型和装饰、几何和象形图案（第6章3.1节及各处）以及形象场景、平面图案及立体青蛙（第9章6节），还有云南"鼓"（实际上是容器；第18章）顶部的"戏剧场景"都是用青铜制成——它们全都在灵魂和这种神奇材料的可能性之内。甚至石雕，例如帕塞玛（Pasemah）巨石（第13章6.1节[译者按：原书有误，正文中无第13章6.1节]），也是这种活力满满、引人注目、"激情澎湃"的精神证明。虽然可能很难弄清楚他们的种族，根据头盔、刀剑、护腿，甚至铜鼓（图版1.04,1.05）来判断，这些石雕所刻画的人物是精神世界中相当于"武士"的神灵，他们的创作者在切身经历中一定非常熟悉这些武士。如果包括这些真人大小的石雕在内的任何东西都散发着青铜时代的气息，那么"青铜铁""准石器""铁"等就可能在某些特定环境中是有实用性的。青铜，而不是铁，决定了这个有趣的东南亚文化历史时期的总基调，因为它充满了各种可能性。在本书的情景中，为了通用、生动的效果，我选择并使用了"青铜时代"这一术语。

注释

1. 尽管铜鼓和锣有时出现在同一个社会背景或仪式情境中,但它们通常属于不同的却又有关联的类型(例如第 21 章 10 节)。实际上,无论在功能还是造型上,铜鼓与锣在各方面都有所不同(第 4 章 1 节)。事实上,它们的起源可能也不相同。从系统发生的角度来看(第 4 章 3 节),不论是与非金属的单膜桶形鼓(黑格尔的主要类型 I - IV;第 3 章 1 - 4 节)相比,还是与同样单膜的细腰蒂法木鼓(佩砧型铜鼓和莫科鼓;分别在第 3、19、21 章)相比,铜鼓与鼓都有着各种各样的联系。因此,我更喜欢的术语是"铜鼓"或"金属鼓",而非"铜锣"(第 4 章2.1 - 4 节)。为了有点变化,可以用"鼓"一词来替换"金属鼓"和"铜鼓",但仅限于不会出现误解的情况(将"鼓"误认为"膜鸣鼓"第 4 章 1.4 节,5 章)。

第 2 章
发现与研究

2.1　东南亚岛屿地区

2.1.1　史前遗存总是笼罩着一层神秘的面纱,它们就好像来自另外一个世界。直到近期,印尼人都和西方国家的农民一样习惯于把石器叫作"雷电"(*gigi guntur*)。在很长一段时间内,科学家们都持相似的观点。《安汶岛植物志》(*Amboinsche Rariteitkamer*)(写于 1690 年,到作者去世后的 1705 年才出版)一书的作者——著名作家伦菲斯(Rumphius)介绍了很多引起他注意的石器和金属锛。他把它们称作"雷电"(*ceraunia* 和 *ceraunia metallica*),认为它们来自地面的蒸发,借助闪电的能量变成了石头和金属。

伦菲斯(出生于德国)是荷兰东印度公司的一名雇员,对科学有着浓厚的兴趣和特殊的天分。17 世纪下半叶期间,他在摩鹿加群岛(Moluccas)中的安汶岛(Ambon)上住了很长一段时间,在那里写下了几本关于当地自然历史的书籍。他顺便讲到了"雷电"(*ceraunia*),在同一本书中,还提到了一块巨大的"金属片",好像也是从天而降一般,发现于巴厘岛佩砧村(3.01+)。佩砧是其中一个古印度-巴厘人王国的首都。[1]其众多圣地和寺庙群(*puras*)中仍然保存着大量 10 世纪以后的古物。在当地宗庙或国寺——帕那塔蓝-萨希寺(*Pura Panataran Sasih*)最珍贵的物品中,有一件"月亮鼓"(*Sasih*),它的年代明显更早,是史前或原史时期的珍宝,整个建筑群都以它来命名。关于这件"月亮鼓"(3.01+)的传说是对印尼铜鼓及其历史的任何调查的恰当介绍,因为在东南亚铜鼓家族的所有成员中,这件所谓的"月亮鼓"的体积最大,并且它在很多方面都是最引人关注的。

伦菲斯已经得知了这件"月亮鼓"的发现,据说它看起来像一个实心的车轮,直径长约 4 英尺,与一个同样长度的车轴(实际上分别是鼓面和鼓身)相连。[2]伦菲斯从未去过巴厘岛,无法亲眼观察它。因此,只能依靠一名真正看过这件神秘物体的男子提供的信息。它似乎由一种叫作 gans(源自印尼文 gangsa,"黄铜"或"青铜"的意思)的金属组成,从外表来看,像是一块巨大的陨石。历史资料中的确提到过爪哇有这种大小的陨石,虽然年代更晚一点。因此,这种想法本身并没什么了不起的。[3]

这个圆盘不仅看起来像个车轮,据说它实际上就是一个车轮,而且肯定是从载着月亮穿过夜空的马车上掉下来的。不知什么原因,这个车轮从天上掉下来,落到了一棵树上,此后很长一段时间,它都散发出一种类似月光的光。根据后来的说法,这个神秘物体就是月亮本身。一天晚上,有一个小偷悄悄溜进了寺庙的院子里,他发现自己被"月亮鼓"的光芒挡住了去路。为了报仇,他爬到树上往这件圣物上撒了尿;他就是这样把灯光给熄灭了。

人们现在仍然称它为佩砧"月亮鼓",它既不是陨石,也不是任何其他的实心金属块,而是一个巨大的"佩砧型"(就是以它命名的)铜鼓。如前所述,它竖起来的高度为 186.5 厘米,面径为 160 厘米,鼓身的高度为 110 厘米。根据伦菲斯的笔记,它当时是倒在地上的,没人敢去移动它。如果不是从青铜时代后期开始的话,那就是从印度巴厘时期开始,它可能是在当地制造的,并一直作为一种神圣的古物和崇拜对象被保存着。后来,它被放到了塔亭顶部的屋顶下,前面还有一面屏风,避免被世俗的眼睛和手所亵渎。这座建筑在 1917 年的一次大地震中被摧毁,那次地震让整座岛都陷入了灾难。这件鼓和存放它的房屋一起坍塌了,但过了一段时间,它又重新出现在了修复后的亭子里。和以前一样,这件"月亮鼓"依旧有很高的价值。迄今为止,所有关于该鼓的精美装饰的研究主要都是基于荷兰画家纽温坎普(W. O. J. Nieuwenkamp)在 1906 年所绘制的精美图画(图版 3.01)。

伦菲斯没有怀疑佩砧"月亮鼓"的真实性质。然而,他是第一个提到摩鹿加群岛的某些其他铜鼓的欧洲学者,也是第一个认识到了它们的人造特征以及可能对鉴赏家产生的吸引力。他在 1687 年的笔记里用拉丁文记录了蒂法贡拖(guntur)或雷鸣鼓(tympanum tonitrus),班达海中塞鲁阿岛(Serua)(7.04)上的土著人就是这样称呼它的。蒂法贡拖本来一直在一座火山顶上,大约 1625 年不幸被特纳特(Ternate)的一个总督给毁坏了,特纳特是荷兰东印度公司在群岛东部活动的一个中心地带。就像佩砧"月亮鼓"一样,据说蒂法贡拖也是在一场大雷雨中从天上掉下来的。伦菲斯称它为一个巨大而奇妙的金属容器（ingens & monstrosum vas aereum）。他还知道另一个标本（7.08），并且把它送给了托斯卡纳大公，科西莫三世·德·美第奇。他还把一件类似的器物送给了柏林的一位门泽尔博士（Chr. Mentzel）（7.09）。[4]尽管他在拉丁文笔记中指的是一个容器（vas），但与其相关的"蒂法"（tifa）一词证明他认识到了这件物体的真实面目：一种鼓。这些铜鼓很可能与后文中讨论的东印尼的其他铜鼓相似，但迄今为止，在欧洲的任何博物馆或私人收藏中都没有找到它们的踪迹。

这些非常贵重并且技术上完美无缺的器物是怎样到达印尼东部的某些岛屿的？这个问题有待以后讨论。这些小岛早先一定被造访过，就像在之后的 17 和 18 世纪，它们曾被探寻大海的欧洲水手造访过一样。

其中一位欧洲造访者，德国人巴彻维茨（E. Chr. Barchewitz）是莱蒂群岛（Leti）的军事指挥官（1714 – 1720）。他是 1730 年出版的《东印尼游记》（Ost-Indianische Reise-Beschreibung）一书的作者，书中提到了在他 1715 年去过的卢昂岛（Luang）（或 Luwang, 7.07）上发现了一件"西南诸岛（帝汶北部的岛屿）上著名的奇钟"。[5]卢昂是塞马塔（Sermata）以东的莱蒂群岛中的一座岛，面积只有 85 平方千米左右。巴彻维茨手下的一个瑞士士兵试图追踪这件据说是从天而降的奇钟。它被发现于山顶，当时面朝下，有一半埋在土里。瑞士士兵注意到钟的侧面有些痕迹，并且认为这是一种未知的文字（实际上是一个几乎模糊掉的纹饰）。就像欧洲人那样，他找了块石头敲了敲，他的本地向导听到这件事后吓坏了，提醒他碰了这件圣物的人必须祭出一只羊或一头猪，否则他就会生病，甚至还会死掉。事实上，这个瑞士人在他们回去后就生了场重病。在用一只塞马塔岛的羊祭祀这件鼓后，他才得以康复。刚才提到的这座山是一座石灰岩山，有 260 米高。

2.1.2 19 世纪第一条和铜鼓有关的信息似乎出现在 1863 年。从那时起就几乎连续出现了一系列的参考文献，总结如下。

1863——1863 年，荷属印度政府向各省公务员发函询问他们各自地区古物（主要是印尼爪哇）的信息。南西里伯斯省（南苏拉威西省）省长答复说，几年前在萨雷尔岛（Salayar）（5.01+）发现了一个不属于印尼爪哇遗存的大釜，埋于地下约两英尺的地方。它被添加到了普塔邦根（Bontobangun）摄政王的徽章上，并放到了这名官员的院子内的一个棚子里。这是东南亚第二大铜鼓首次被提到，它的大小仅次于"月亮鼓"，直径为 126 厘米，高度为 92 厘米。萨雷尔鼓是黑格尔 I 型的代表。1883 年，应巴达维亚学会（Batavia Society）的要求，萨雷尔的督查斯豪滕(G. A. Schouten)对该鼓做了绘图和说明,巴达维亚学会在 19 世纪时是各类文化事务的中心机构。[6]岛上居民不愿把鼓送到学会的博物馆(巴达维亚博物馆,现为位于雅加达的国家博物馆)。尽管如此,斯豪滕还是把一只已经掉落的蛙饰送了过去,并且要求他们在检查后将其归还(1883 年和 1904 年绘制的图纸不足以进行详细研究;图版 5.01c。照片由范·斯坦·卡伦费尔斯[Van Stein Callenfels]于 1933 年拍摄,但未公布。直到最近,印尼考古学家才开展了广泛的调查;Hadimuljono 1982 和图版 5.01a - b。保存鼓的地方被称为马他拉朗[Matalalang])。

1865——那年,著名艺术家和摄影师伊西多尔·范金斯伯根(Isidore van Kinsbergen)受政府委派记录了爪哇一些最重要的古物,还碰巧发现了一块“饰有一颗星星的铜匾,可能是一尊金属雕像的背部”(2.08+)。他是在中爪哇迪昂高原(Diëng plateau)的一座印尼爪哇寺庙,即所谓的阿朱那组中的法王神庙附近发现这件东西(铜鼓鼓面的一部分)的。很长一段时间以来,人们一直有一个光荣的传统,那就是从迪昂寺庙群开始对印度爪哇艺术进行考察,并将这些寺庙与 8 世纪或 9 世纪(在这段时期内,有些比较早,有些比较晚)联系起来。在更早以前,这样一个地方可能就被视作一处圣地。在最终建造存放金属鼓的法王神庙的地方,是否有一个年代更早的圣殿? 或者我们是否应该这样思考,在年代较晚的寺庙建筑,即我们所知的法王神庙中小心保存着一件神秘的古物? 换言之,是否发生过类似于佩砧“月亮鼓”存放在巴厘岛寺庙的事情? 不管怎么说,在那个海拔高度 2 000 米,遥远偏僻但又备受推崇的高原上发现了一件青铜时代的铜鼓,这肯定是有说法的!

在 19 世纪的大部分时间里,驻扎在总部(巴达维亚,现在的雅加达)的官员发现很难走遍整个群岛。在 1913 年之前,尚未成立为整个荷属印度群岛服务的考古机构。如前文所述,通过在其博物馆内开展的研究和意外发现,巴达维亚学会(早在 1778 年就成立的巴达维亚艺术科学学会)完成了一项最重要的任务。董事会同时也是各博物馆的馆长,由一些重要官员组成,他们不时能够对爪哇各地的遗址以及外省那些令考古学家和民族学家感兴趣的遗址进行公务访问。然而,当时(在这方面一直持续到了 20 世纪)巴达维亚博物馆大部分藏品的征集都不得不依赖当地人:公务员、军人、医生、地产经理等等。我们发现铜鼓的历史就证明了这一点。

1871——因此,巴达维亚博物馆董事会最活跃的成员之一,曾担任本土教育督察的范德奇斯(J. A. van der Chijs)在 1871 年从帝汶岛西南部的罗蒂岛带走了一面铜鼓（6.01+）。虽然据说这是一件神圣的传世品（*pusaka*），但罗蒂人并未反对把它交出来。[8]从表面上看，没有人真正欣赏过这件器物，除了一位观察者通过鼓得到了善意——至少在罗蒂岛上没有。另一方面，帝汶岛北部和弗洛雷斯岛（Flores）东部的索洛–阿洛群岛（Solor-Alor islands）的情况大不相同。范德奇斯还会定期访问这些岛屿，他发现那里的居民对这种类型的金属器物特别感兴趣，他们甚至还准备高价购买它们——不是出售。这种态度肯定与阿洛人的文化模式有关，他们当时——现在仍然——很熟悉那些"中等大小的铜鼓"（莫科鼓）。这些鼓被用作钱币、圣物，或是有其他用途（第 19 章）。

1875——经过长时间的沉寂后，佩砧"月亮鼓"（3.01+）在 1875 年得到了一次复兴。一名叫巴尔克（F. C. Valck）的公务员造访了南巴厘（当时仍然是一个独立的国家），他在佩砧时找到机会敲了下这件圣鼓。第二天，他就病倒了。[9]次年，又有一位叫利弗林克（F. A. Liefrinck）公务员去了佩砧，结果他发现村民们并不欢迎他。不过，他还是能从远处观察到这件鼓（因此他估计鼓的长度是 1 米，并没有一个高个子的人那么高）。南巴厘公国在 20 世纪初才由荷属印度群岛的政府直接管理。纽温坎普在 1906 年绘制佩砧"月亮"鼓的时候，那里还处在荷兰的控制之下。在那之后，游览佩砧以及观赏高高挂在亭子里的"月亮"鼓成为游客的必游项目之一。

1880——1881 年出现了一些关于巴彻维茨在 150 年前提到的卢昂鼓（7.07）的消息。[10]该岛很少人造访；1900 年，目击者弗里斯（J. H. de Vries）是最后一个提到这面鼓的人。

1881——新教传教官里诺（N. Rinnooy）首次提到了另一面来自莱蒂群岛的"钟"（7.01）。据说它很像卢昂岛的那件，只是尺寸稍大一些（高 7 个"手掌"，等同于 70 厘米左右；直径超过一米）。尽管它很薄，但发出的声音很清脆。它被保存在帝汶东北部莱蒂群岛鲁鲁赫勒（Luluhele）中心的一间棚屋中。和卢昂鼓一样，莱蒂群岛的这件鼓也备受尊崇。这里的居民不愿放弃他们的财产。另一方面，当政府要求他们这样做时，很难说他们会做什么。这件鼓在 1917 年毁于火灾。纽温坎普参观了这处遗址并在 1918 年购买了这些残骸（1937 年，他把这些残骸交给了巴达维亚博物馆）。[11]

1883——首个完整的铜鼓标本到达了巴达维亚博物馆；它发现于中爪哇三宝垄镇的南部（2.12+）。[12]

1887——之后在三宝垄县班宇门宁（Banyumening）南部出现了一个鼓面（2.11+）。

1890——在新几内亚岛外卡伊群岛（Kai islands）之一的库尔岛（island of Kur）东南海岸发现了两面铜鼓（伊里安查亚，7.05＋和 7.06）。范霍维尔（Van Hoevell）男爵是第一个描述它的人。两面鼓中较大的一个（7.05＋，起初有四只蛙）被称为"雄鼓"，另一个（7.06，无蛙）被称为"雌鼓"。这些鼓最初保存在希里特（Hirit）村，后来被当作圣物保存在沃克（Warker）村附近的森林中。1933 到 1934 年间，一位名叫阿德米亚（J. W. Admiraal）的公务员在山上的一棵树下重新发现了它们，当时它们已经被损坏，有一半埋在地下。小的那面被一棵倒下的树砸成了十一块碎片，它们现在在雅加达博物馆（一个鼓面以及鼓身碎片）里。之前的某个时候，有一位瑞士采矿工程师从那面较大鼓的鼓身上取走了一些碎片（7.05＋）。这些碎片现在在瑞士苏黎世大学的民族学研究所里。剩下的部分——鼓面和部分鼓身——被阿德米亚送到了巴达维亚博物馆。后来人们发现了一个有意思的细节，就是在其中一只青蛙（已被折断；第 16 章 4.6 节和图版 7.05c）的下面有一处用汉字刻下的铭文。当时人们并不反对把两面鼓的碎片移走。如阿德米亚在 1934 到 1935 年间所写的，听当地人讲这些鼓的起源是很有趣的（Van Heekeren 1958a：31－32）。

1. 几百年前，人们在东南海岸的希里特发现了这些鼓。在岛屿从大海中出现的同时，鼓从天降。后来它们被转移到了山上，被尊为最神圣的器物。

2. 人们在希里特海滩发现了四面铜鼓。居民们试图把它们搬走，但这些鼓发出"嘎巴嘎巴"的声音拒绝了他们。当人们用嘎巴片（西谷椰树叶的肋条）替换掉扁担后，有两面鼓就屈服了。第二天，另外两面鼓好像变成了石头。

3. 在被荷兰人从岛上赶走时，班达人带走了四面铜鼓。他们登上了库尔岛，那里居民的衣着仍然很简陋。起初他们的关系很好，但后来开始有了争吵，新来的人不得不离开，他们离开时把鼓留了下来。

1899——在中爪哇普哇加达（Purwakarta）区的边界地区，人们在班宇玛斯（Banyumas）的梅西村（Mersi）发现了一面损毁严重的鼓（2.05＋）。鼓面保存较好。同年，人们在北加浪岸领区（Pekalongan Residency）的一条河流中发现了一个鼓面（2.07）。

2.1.3　1904——在西爪哇省展玉（Cianjur）的巴巴坎村（Babakan），有个农民在耕地时发现了一面铜鼓（2.03＋）。后来，它被证明是一件有意思的标本。因为它的装饰与印尼其他鼓不同，还能让人想到中南半岛北部的老挝鼓（12.01＋）和斯德哥尔摩鼓（11.40＋）。

1906——纽温坎普造访了佩砧并研究了"月亮鼓"（3.01＋），见上文的

1875 年。

1909——人们在中爪哇省北加浪岸佩玛朗（Pemalang）地区的卡布南（Kabunan）村发现了另一个有趣的黑格尔 I 型标本（2.06+），现在它让人想到了中南半岛北部所谓的东京鼓，例如"穆力"鼓（"Moulié"drum）（11.28+）。这面鼓几乎是完好无损的，但有部分装饰已经模糊了。

1909——在三宝垄镇南部的贝戈塔（Bergota），爪哇工人在当地的一个墓地挖洞时发现了两面铜鼓的碎片（2.13,2.14）。这些碎片是在土里发现的，离其中一个坟墓不远。

1910——在造访东南群岛和摩鹿加群岛期间，罗费尔（G. P. Rouffaer）检查了莱蒂群岛上一面鼓的碎片。直到那时候，这面鼓才被注意到（7.02）。在写给巴达维亚学会的信中，他强调了保护外省古代铜鼓的必要性："应该在原址保存这些国宝，或者把它们送到巴达维亚博物馆。不允许任何人带走他们！"（NBG 1910）。

1911——人们在特芒贡（Temanggung）巴拉干（Parakan）的坦努列者（Tanurejo）（中爪哇的格都［Kedu］）发现了一面佩砧型的鼓面（2.09+）。有一个来历不明的标本与其类似（0.02+），那件标本已经通过古董博物馆（更早时还通过了皇家珍宝阁）进入了莱顿的国家民族学博物馆。这两样东西起初都被误认为是家居用品。事实上，在发现铜鼓的过程中，人们可能已经把很多部分给扔掉了，他们认为那是某些容器的碎片。

1914——苏门答腊岛上发现的第一块铜鼓碎片（意义不大）是 1914 年在南苏门答腊的苏班贾亚（Sumberjaya）村发现的。发现的起因是人们在本库鲁的拉瑙（Ranau）湖附近修建公路（1.06）。

1918-1919——纽温坎普到莱蒂群岛的内陆地区看到了一些鼓（7.01-7.03），他还研究了阿洛岛上的莫科鼓（这些鼓是他在 12 年前就开始研究的早期佩砧型鼓的后代）。

1929——第一个微型铜鼓标本（第 3 章 2.3 节）进入了巴达维亚博物馆（它是在 12 年前的一次石灰岩爆炸后被发现的，在历经险阻后，最终交给了博物馆）。

1931——考古机构的克鲁克（K. C. Crucq）博士在德格拉朗（Tegalalang）（巴厘岛的吉安雅［Gianyar］）附近的马纳巴（Manuaba）发现了一个非常有趣的现象：为了把佩砧型鼓的装饰印到一个可锻造模型上，人们把一块石模分成了三个部分（3.03+）。国家考古研究中心的苏约诺（R. P. Soejono）博士最近发现了另一块碎片。这些石头存放在村里的寺庙中,人们把它们视为圣物小心供奉着(1951 年造访时,本书的作者不得不在不远处用望远镜观察它们)。

同年,托马森·修斯克·范德霍普(A. N. J. Thomassen A Thuesink van der Hoop)研究了南苏门答腊帕塞玛高原上的巨石纪念建筑。一个最有趣的发现是,在其中一个巨石雕塑上有两个巴都加耶(Batugajah)或"石象"勇士(1.04+),他们每个人的肩上都用带子挂着一个铜鼓(第 13 章 6.1 节[译者按:原书有误,正文中无第 13 章 6.1 节])。这建立了帕塞玛雕塑与青铜时代之间的联系。

1933——帕塞玛的督查冯克(H. W. Vonk)发现了另一块石雕,主要内容是一面铜鼓,"石雕",1.05+。石雕的中心部分由两个人组成,他们面对面握着一面铜鼓的提手。场景中还有一部分是水牛的形象(第 13 章 6.1 节[译者按:原书有误,正文中无第 13 章 6.1 节])。这块石头倒立在玛格穆拉克乌鲁(Marga Mulak Ulu)的艾尔普尔(Air Puar)村附近一条小河的岸边。

1935——在 1890 年那一段中讨论的库尔岛和卡伊岛的两面铜鼓 7.05+和 7.06 被送到了巴达维亚博物馆。

1936——人们在南苏门答腊葛林芝湖(Kerinci)南部的达诺加当(Danaugadang)茶园发现了一块鼓膜碎片(1.01)。在同一个地方还发现了一些其他的青铜器、黑曜石石片和陶片。

1937——巴达维亚博物馆得到了一面破碎的鼓,它是两年前在兰蓬-克鲁伊(Lampong-Krui)地区的土里发现的(1.02)。该博物馆在 1937 年得到了一面可能与它来自同一个地方的鼓,这面鼓受损严重并且经过了粗暴的修复(但它仍然是苏门答腊地区发现的鼓中保存比较好的)。

同样在 1937 年,桑根岛(桑吉亚[Sangia]或阿比山[Gunung Api])的一套非常重要的铜鼓被送到了巴达维亚博物馆(4.02+至 4.07),该岛位于小巽他群岛(努沙登加拉群岛[Nusatenggara Barat])的松巴哇岛(Sumbawa)的东北部。这些鼓是经比马(Bima)(松巴哇的东端)的督查科特莱文(S. Kortleven)发现并送到巴达维亚博物馆的。当地人分别用人名"马卡拉茂(Makalamau)""外萨瑞斯(Waisarinci)"和"萨里塔桑吉(Saritasangi)"来称呼 4.02+、4.03+和 4.05+。这三面鼓都是在一个荒废村庄的几处古墓附近发现的。当地人非常崇拜它们,并用它们来祈雨(通过把它们翻过来)。人们相信,敲击它们时就会有暴风雨。当科特莱文在桑吉亚敲击一面鼓时,恰好就发生了这样的事。它真的发生了,这让人们非常恐慌。松巴哇岛上的比马人中有一种信仰,他们认为桑吉亚人能够借助鼓来施展法术,在敌人当中制造出大火。当地人把鼓统称为 sanggu(=

tempayans，意思是大罐子）（S. Kortleven，由 Van der Hoop 1941 引用）。4.04 同样是科特莱文在桑根岛的一个山坡上挖出来的，鼓身的下部已经缺失。4.06+和4.07来自同一个岛屿，并且被同一个督查送到了博物馆，没有任何关于它们位置的细节信息。

1940——除了据说起源于波罗浮屠的 2.10（1899 年，由莱顿国家民族学博物馆在阿姆斯特丹获得）之外，印尼的所有地方都没有发现黑格尔 IV 型鼓。直到 1940 年，巴达维亚博物馆才购买了一件标本。据说它来自西爪哇的万丹（2.01）。这面鼓和后来得到的一面鼓（2.21）一定都是最近从中国引进的。

1957——在摩鹿加群岛东塞兰（East Seram）的卡塔罗卡（Kataloka）发现了一面"漂亮的铜鼓"（目前还没有详细信息）（7.11）。

1957－1958——在研究梅布拉特人（Meybrat people）期间，瑞典民族学家埃尔姆贝里（J. E. Elmberg）在伊里安查亚（新几内亚）西部的鸟头半岛（荷兰语："Vogelkop"，天堂半岛）的内陆有一个有趣的发现（Elmberg 1959, 1968）。这一发现包括三个磨损严重的鼓面（8.01+至 8.03）。这三面鼓的名字都是人名。8.01+ 是一面鼓面的中心部分，它存放在一棵铁木树附近的池塘中；8.02+存放在一条小河边的另一棵铁木树的空心树干中，清单中有更详细的信息。此外，我们再次遇到了一个关于月亮坠下的故事，人们将这里的月亮比作一个女人，鼓面是她身体的一部分。

1960——考古机构得到了一面来自中爪哇省三宝垄的鼓面（2.17+）。

1962——西爪哇省库宁安（Kuningan）的地方长官（摄政王）向考古机构展示了一面源自库宁安的塔拉贾（Taraja）的铜鼓（2.16+）。同年，考古机构的苏约诺（P. R. Soejono）在巴厘岛中部吉安雅（Gianyar）贝比特拉（Babitra）（3.04+）的普里君王官邸内发现了一面带"垂檐"（cuff）的佩砧型鼓面。

约 1972——在阿洛岛的科卡（Kokar）发现了一面铜鼓（黑格尔 I 型；6.02+），这里以大量的莫科鼓而闻名（第 21 章）。

1975——考古机构购买了一面黑格尔 I 型鼓（指的是 1940 年以前的），据说它来自中爪哇省三宝垄的韦莱里（Weleri）（2.21）。

（关于东爪哇和西松巴哇的最新发现，分别见 2.22－2.24+和 4.08+）

2.1.4 这项对印尼群岛发现铜鼓（暂不包括阿洛群岛及临近岛屿的莫科鼓）的调查呈现了按出现顺序排列的戏剧人物的形象。事实上，它包含了戏剧场景的全部元素，比如奇遇冒险、魔法和民间传说，它远不只是一个科学性的挖掘和研究的故事。即使这些完整或残缺的金属器物是在墓地中或者爪哇、巴厘的古庙附近发现的,也没有关于它们的年代或早期历史的证据。东南亚大陆的情况则有所不同,那里的一些鼓实际上是在系统性的挖掘过程中发现的。然而,即使是那些研究铜鼓的学生也经常面临很多问题。铜鼓常被称为东南亚青铜时代主要的"指示化石"。然而,在许多情况下,"巨型怪石"一词可能更合适。另一方面,不可否认的是,从古至今,在"鼓民"的生活和思想中,鼓的发现历史中所广泛呈现出的"民俗"部分一直是不可或缺的一个组成要素(第 13 - 14 章)。

2.2 东南亚大陆地区——铜鼓研究

2.2.1 19 世纪后半叶,来自东南亚和中国南方的金属鼓开始在欧洲引起了人们的注意。1862 年,拿破仑三世把一个"达姆达姆鼓"送到了巴黎的海事博物馆。它是由海军上将黎峨(Rigault de Genoilly)从中国带到法国的,有时也被认为是"欧洲已知的最古老标本"(Bezacier 1972)。[13] 的确,伦菲斯带到欧洲的鼓(7.08 和 7.09)是在两个世纪前到达那里的,但由于它们没有被发现,它们很难被称为是"已知的"。另一个标本,所谓的"纬尔切克 I 型"("Wilczek I")鼓(黑格尔 I 型,中国版;它是纬尔切克伯爵在 1880 年从佛罗伦萨的一个古董商那里买来的)[14] 令 1883 年维也纳展览的观众感到困惑:它来自亚述,中亚,还是较早时期的墨西哥?幸运的是,维也纳有一个曾在暹罗居住过的人,他曾在曼谷看到人们还在使用相似类型的乐器。同年,阿姆斯特丹的国际展览上展示了另外一个标本,尽管它是被倒放着的,标签上写着"Tambour de bronze Tse-Cuoeu-Liang, Généralissime de la Dynastie Hang, retrouvé sous la terre, vieux 3000"(译者注:法语,意思是"汉代大元帅诸葛亮铜鼓,发现于地下,3000 年前")。Tse-Cuoeu-Liang 就是约公元 200 年时期的诸葛亮。鉴于某些中国文献(第 16 章 4.3 - 5 节)赋予诸葛亮元帅的角色,标题的作者并不算太离谱,但他提议的日期过早了。后来,这面鼓被称作了"纬尔切克 II 型";它还是一个具体的中国南方版的黑格尔 I 型鼓(图版 17.01)。

就是在这些展览中,未来的杰出铜鼓学家弗朗茨·黑格尔对这一课题产生了兴趣。那时候,黑格尔与维也纳的自然历史博物馆的人类民族学部门有联系,这个部门在 1885 年后发展成为一个单独的民族学收藏馆(从 1928 年开始变成了民俗博物馆)。黑格尔在 1919 年之前一直担任该馆的馆长(直到 1924 年,这个部门仍是自然历史博物馆的一部分)。在前 18 年中,黑格尔一直在完成他的巨著《东南亚古代金属鼓》(*Alte metalltrommeln aus Sudost-Asien*)(1902)。然而,在某种程度上,这只是他活动的开始。同样在 1902 年,他参加了河内的东方学者大会,他在那里引起了法国考古学家对当地金属鼓的兴趣。在那之后,他游历了柬埔寨、安南、东京(Tonkin)和老挝。他的旅程花费了五个月的时间。1904年,他又游历了印度尼西亚的很多地方,在纽温坎普的陪同下,他参观了巴厘岛北部的一些遗址(不包括佩砧,当时那里还无法抵达)。多年来,他(在维也纳,而不是在他游历期间)购买了大量的金属鼓藏品,在 1902 年他的书出版前后都买过。维也纳博物馆中有大约 30 件样品,全都来自大陆(1 件黑格尔 I 型鼓,即著名的"维也纳"鼓,在我的清单中是 11.47+,是 1907 年以后购买的;5 件是中国式的黑格尔 I 型鼓;1 件黑格尔 II 型鼓;6 件黑格尔 III 型鼓;16 件黑格尔 IV 型鼓,在中国制造的)。[15]

与此同时,德雷斯顿民俗博物馆的迈耶(A.B. Meyer)已经出版了《东印度群岛的古物》(*Alterthumer aus dem ostindischen Archipel*)(1884)一书,他在书中展示了几个来自印度尼西亚的标本;在旅行期间,他从亚洲大陆获取了 30 个左右的标本。迈耶还和夫瓦(W. Foy)一起出版了另一本书《东南亚铜鼓》(*Bronzepauken aus Sudost-Asien*)(1897),实际上,该书大部分文字都是由夫瓦写的(Foy 1903)。当时黑格尔自己的书已经几乎完成了,为了顾及同事的一些观点,他不得不推迟出版。在某种程度上,Meyer and Foy 1897 和 Heger 1902 这两本书可以说是相辅相成的。它们一起为之后的研究工作奠定了基础。通常来说,他们利用了黑格尔的类型学(第 3 章 1 节)。黑格尔还能够利用中文资料中的参考文献,这些资料是由赫斯(Hirth 1890)和德格罗特(Groot 1898, 1901)收集的。黑格尔有时会强烈反对他们两人的发现(第 22 章 1 节)。他对世界各地的鼓都进行了探讨,其中大多数是在私人收藏家和商人手中,或者保存在寺庙和寺院中(Beauclair 1945)。

在范霍维尔(Van Hoevell 1890, 1904)、施梅尔茨(Schmeltz 1896, 1901, 1904)和罗费尔(Rouffaer 1900, 1910,1918)研究铜鼓的早期阶段,他们讨论了印度尼西亚某些特定的鼓。纽温坎普写下了关于佩砧"月亮"鼓的开创性文章(1908)。他和罗费尔都适时地为莫科鼓的研究铺平了道路(第 19 章),1917 年,后者在《荷属东印度百科全书》(*Encyclopaedie van Nederlandsch-Indie*)(1918)中写了一篇关于铜鼓的简介。

来自群岛和东南亚大陆的鼓的数量一直在不断增加。迈耶和夫瓦(1897)共提到了 52 面鼓,黑格尔(1902)将这一数字提高到了 155,其中包括许多来自中国南方的鼓。当然,更多的是保存在寺庙和私人住宅中,或者仍被中南半岛及邻近国家的某些部落使用着。1918 年,巴门特(H.Parmentier)(1871－1949)一共提出了 188 个样本,它们实际上已经在某个时候被看到过;1932 年,他在随后的一篇论文中将这个数字改为了 250。古勒(Gühler 1944)再次将总数提高到了 400,其中包括中国的样本。闻宥(1956)估计中国至少有 300 面鼓。黑格尔 I 型鼓的数量远远少于迄今为止所提到的总数,这个总数包括书面材料中提到的黑格尔 I－IV 型鼓。本书清单中的鼓约有 55 面(包括碎片)来自群岛,约有 80 面来自东南亚大陆。这里面不包括中国南方的黑格尔 I 型鼓、少数云南 H I 型鼓和各种非黑格尔 I 型鼓。下文将在合适的地方对它们进行总体描述。

在越南北部的黑格尔 I 型鼓中,有一面“穆力”鼓在黑格尔 1902 年出版的书中十分重要,它是以前任主人的名字命名的(11.28＋)。1889 年,它在巴黎的世界博览会上被展示出来,但在展会结束后不久就消失了。多年来,黑格尔发表的图画一直是研究“穆力”鼓的唯一方法。幸运的是,这只鼓在 20 世纪 50 年代初重新出现在了军事博物馆(荣军院)。现在,它展示于巴黎的吉美博物馆。另一件当时的著名标本(来自吉莱的收藏)同样也消失了,后来它被认定为“维也纳”鼓(11.47)。很长一段时间以来讨论的两面不同的鼓实际上是一件样本。黑格尔 1902 年出书后不久,河内博物馆就得到了玉缕鼓(11.30＋);这面鼓在约 1918 年后的讨论中占有重要地位。其他重要的鼓有黄河鼓(1937 年以来,11.20＋)、“斯德哥尔摩”鼓(11.40＋)和老挝鼓(12.01＋),它们都拥有各具特色的有趣装饰。

2.2.2 只有巴门特(H. Parmentier)在 1918 年明确指出了铜鼓与东南亚青铜时代之间的联系。从 1924 年开始,在清化省东山进行的挖掘发现了某些青铜时代和中国器物相关的铜鼓,它们因此被认为是“东山”青铜时代文化最重要的特征,该文化就是以其典型遗址而命名的(第 16 章 2.4 节)。然而,这种联系并不能从整体上解释铜鼓现象。随着时间的推移,黑格尔 I 型鼓逐渐在东南亚的大陆和岛屿传播开来。此外,除了黑格尔 I 型之外,还有其他类型的鼓,其中有一部分或多或少与这种“传播”型有着密切的联系(第 3 章 1.2－6 节[译者按:原书有误,正文中第 3 章无 1.5、1.6 节]),还有一部分与一种明显不同的类型——“佩砧”鼓有联系(第 19 章)。

除了巴门特、戈鹭波(V. Goloubew)、海涅·戈尔登(R. von Heine Geldern)、高本汉(B. Karlgren)等人外,1929 年以后出版的一系列极具启发性的文章为铜鼓的解释、编年以及其与东山文化的关系开辟了广阔的前景。如上文所述,范德霍普(Van der Hoop)在一座帕塞玛巨石雕上发现了铜鼓的形象(1932),他还描述了雅加达博物馆新获得的标本(1941)，因此他的贡献是十分突出的。

与此同时，越南民主共和国的考古学家在越南北部发现了更多的铜鼓，部分是挖掘出来的。[16]Bezacier 1972 给出的东南亚大陆那一地区已知的黑格尔 I 型鼓清单中包括 54 件标本。据报道，翁巴洞穴(Ongbah Caves)(1960－1962，1965－1966；第 13 章 5.13a 节)和马来半岛(1964－1965；第 13 章 5.15 节)都有重要的发现。云南的发现将在第 18 章中讨论。

注释

1. W. F. Stutterheim, *oudheden van Bali*. I：*Het oude rijk van pedjeng* (Singaradja 1929 － 1930) — Bernet Kempers 1978.

2. *D'Ambainshe Rariteitkamer* (Amsterdam 1905)：Book III：vii, fol. 207. Hooftdeel *Van't Metaal Gans*. R.比较了两个其他型："车轮"是人造器物或自然的产物，即一个大的陨石。显然，他选择了后者。至于"雷电"(ceraunia)(看起来像家用器物的自然现象)，他只是惊叹于这个事实，而不是做出错误的陈述(我宁愿对大自然中无法解释的现象感到惊奇，也不愿陷入一个或另一个错误中，第三章：vii, 207－212)。

3. Rouffaer 1900 是第一个将佩砬"月亮鼓"与伦菲斯的评论联系起来的人。同时，Van Eck 1880 指出，佩砬"月亮"鼓显然是一面鼓或锣。

4. Rumphius 1689 — Rouffaer 1900 and 1918。

5. Barchewitz 1730：313－315—*NBG* 1880：52－53 — Rouffaer 1900：294－295。

6. Schouten in *NBG* 1883：114－115.鼓的旁边还立着一个铜制的容器(高 55 厘米，底座 56 厘米，顶部 80 厘米)。也见 *NBG* 5.9.1882 and 10.4.1883：36－37. Meyer 1884 的描述基于斯豪滕的笔记和一位旅人 C. Ribbe 的画。对于当地人的兴趣，他补充道："人们拒绝了 3 000 盾的出价。"

7. 也见 C. J. H. Fransse 1949, in：Van Heekeren 1958a：34(译者按：原书正文中没有标识注释 7 的位置)。

8. *NBG* 1871 中对 6.01+所使用的术语是莫科-马莱(moko-malei)，这似乎也是某些莫科鼓类型的名字(第 21 章)。

9. Van Eck 1880 — Rouffaer 1900：286－287。

10. 范德奇斯(*NBG* 1880)提到了巴彻维茨关于卢昂鼓的笔记，他对"铭文"特别感兴趣。亨尼格斯(F. A. Hennige)督查对此事进行了调查，他在山顶的一个村庄附近发现了还在原地的这面鼓，有一部分埋在土中。陪同亨尼格斯的杜瓦耶(J. W. Doyer)绘制了一套图纸(后来保存在考古部门的档案中)。Meyer 1884 在一幅插图中使用了杜瓦耶的素描。巴达维亚学会的董事会给出了正确的解释，他们认为这器物是另外一面铜鼓，可以与博物馆中来自罗蒂的那面鼓(6.01+)相比较。以前人们称它是钟或盆。亨尼格斯试图为博物馆把它买下来，但卢昂的酋长们并不准备卖掉它，因为自从它来到这里后就一直受到人们的尊崇。根据里诺(N. Rinnooy)的说法(见 1881 年下的文字)，卢昂"钟"最初属于邻近的莫阿(Moa)岛的居民。在一次卢昂人获胜的战争后，它被当作战利品带到了卢昂岛上(*NBG* 1881：16－19)。根据 Riedel 1886 的说法，鼓是由来自西部的移民带来的，他们还把水稻种植一起带了过来。

11. Meyer 1884：图版 17.5 复制了他从驻外代表里德尔（Riedel）那里得到的一个草图。Meyer and Rouffaer 1918：307 混淆了卢昂鼓和莱蒂群岛鼓。

12. 这个遗址并非是特定的，但是它能让人想起贝戈塔墓地还有小镇的南部，碎片 2.13 和 2.14 就是 1909 年在那里被发现的。

13. 这面鼓（根据贝扎西尔的说法，它是黑格尔 III 型，这意味着它不可能是中国的样本）后来传到了圣日耳曼博物馆。

14. 对佛罗伦萨的提及使人们想起了伦菲斯送给托斯卡纳大公的那面鼓（7.08），但这种类型与 1883 年在印度尼西亚东部发现的标本并不相符——1883 年，艾莫尼尔（E. Aymonier）从柬埔寨带来了一面黑格尔 III 型鼓（Heger 1902：89）。

15. Beauclair 1945 — *Musikinstrumente der Völker* 1975：*sub nos.* 85 - 88，90 - 94—50 *Jahre Museum für Völkerkunde Wien*，重印版。出自 *Archiv fur Volkerkunde* 32，1978（带有一副黑格尔的画像）—私人通讯。出自 E. Becker-Donner 1958 和 H. Theisen 1981。

16. Le Van Lan 1963 et al. — Bezacier 1972：180 - 185，290 - 296 — *ESEA* 1979：108，119 n. 35，510 - 513（1954 至 1979 期间有 26 项新发现被报道）— Nguyen Phuc Long 1975 — Ha Van Tan 1980 — *Voix des tambours* 1983。

第二部分
铜鼓通论

第 3 章
形 状 与 结 构

3.1 黑格尔鼓主要类型

大约在世纪之交时,也就是 1900 年前后,突然出现了一个观点。该观点认为,那些逐渐被很多博物馆收藏的奇特铜器、铜鼓和相关的碎片并不只是一些偶然且相似的零星发现。根据其形状、装饰以及功能,似乎可以将它们分为若干个"主要"类型。这些类型互不相同,但又有某种联系。地理分布情况也成为人们关注的焦点。

首次分类尝试是由德雷斯顿的迈耶和夫瓦以及维也纳的黑格尔分别在1897 年和 1902 年完成的。迈耶和夫瓦确定了六种类型。I 型以地域为基础,因为在印尼群岛发现的鼓全都被归入了这一类型。Heger 1902 提出了一种新的类型学,这种方法被所有后来的作者所采用——就四种主要类型来说,它们从那时起指的就是黑格尔 I - IV 型。[1] 迈耶-夫瓦 I 型和 II 型被正确地合并到了黑格尔 I型中。黑格尔 II 型是一种新创造的类型。来自中国南方的迈耶-夫瓦 III - V 型鼓被归到了黑格尔 IV 型中。黑格尔 III 型指的是东南亚高原的克伦鼓或掸鼓(第 3 章 1.3 节,22 章 3 节)。黑格尔注意到,在黑格尔 I 型和 II 型之间以及 I 型和 IV 型之间有许多过渡的子类型(分别是黑格尔 I ii 型和黑格尔 I iv 型)。在本书中,我把主要分布在中国南方的一些变体类型放到了一个比较模糊的亚型——"中国南方黑格尔 I 型"中。最近的发现表明,此类型的流动性要比之前推测的更强。

黑格尔本人想要把其类型的顺序改为 I - IV - II - III;事实上,I 型与 IV 型之间存在着明显联系,而 I 型与 II 型和 III 型之间并非如此。

有一种在鼓身形制方面与黑格尔 I 型并非完全相符的铜鼓类型,这种类型可以被称为前黑格尔 I 型或先黑格尔 I 型。这种鼓的鼓身只有一个隆起的上部和一个倾斜的"鼓裙",而不是通常的三节布局(A、B、C 三节)。尤其是云南(Bunker 1972：308)和泰国北部(班清,13.19)的某些鼓就属于此类型。乔达,11.18+的外形与其相似,虽然它与黑格尔 I 型更接近一点。

正如戈鹭波(1932)的准确说法一样,黑格尔 I 型一定是一种"传播型"。其各式各样的版本遍布在整个东南亚的大陆及岛屿,虽然作为黑格尔 I 型家族的成员,它们总是可辨识的。黑格尔把它看作是"基础类型"(Grundtypus),即最早的原始类型,其他类型都与其有着不同程度的基因联系。然而,情况似乎要复杂得多。II 型和 III 型呈现出了相当独立的发展道路。当然,佩砧型也是如此,黑格尔(他仅仅通过传闻知道了著名的佩砧"月亮鼓",3.01+)认为它本身并不是一个"种类"(第 19 章)。在这种情况下,这些鼓的形状、结构和装饰都与黑格尔 I 型完全不同。显然,佩砧型有独立的起源和自己的装饰思维。

另外一组极其偏离的铜鼓及相关器物发现于云南,它们的特点是排列于鼓面(plaque)上的立体雕塑。这些青铜工艺品到 1947 年左右才开始为人所知(第18 章,图版 16.01 - 16.08)。

3.1.1　黑格尔 I 型　从小型鼓(直径 20 厘米)到超大鼓(直径超过 120 厘米),从简单装饰的样本到设计精美的青铜铸件杰作,黑格尔 I 型鼓的种类十分丰富。这个类型具有巨大的潜力,因而在其漫长的历史过程中创造出了一些这类乐器和艺术品中的代表性佳作。

鼓身的三个部分有着明显的差异:突出的鼓胸、圆柱形的鼓腰和截锥形的鼓足。面径明显小于突出的鼓胸(A)的直径。它伸出的边缘只有一圈狭窄的条带,与鼓身的顶端形成了一圈锐利的边沿(第 3 章 2.4 节)。然而,III 型的鼓面如同一块置于细圆筒上的圆形金属板,甚至连佩砧型的鼓面也是如此,I 型的鼓面则与鼓身贴合得更加紧密。这种造型非常适合于轮廓鲜明的一体式器物。

黑格尔 I 型鼓的鼓面装饰呈同心环状排列。同心环的中心略微隆起,这里是大小适中的击打点。它的形状为星形,有数量不等的芒(第 7 章 1 - 6 节)。同心环划分出的区域内充满了几何纹和飞鸟纹,有时还有带状纹,带状纹中还有歌舞者、房屋和乐器舞台等场景。这种图案出现似乎是这一独特类型较早的样本中,它们开始时是自然写实的风格,但后来就变成了高度"风格化"和"象征化"的图案(第 7 章 2 节,7 章 4 节)。部分黑格尔 I 型鼓上有立体的青蛙或蟾蛉,它们等距环绕在鼓面的外缘上(第9章6节)。

鼓身上有四只成对分布的鼓耳,它们架在 A 区与 B 区(鼓胸和鼓腰)中间的分界线上。

鼓身装饰一般与鼓面装饰相一致。这些几何图案是完全相同的,尽管对应鼓身形状它们的位置有所不同。再者,如果鼓面上有图案带,那么鼓腰的矩形区域内就会出现类似的"羽人"和羽丛图案。鼓面上的房屋和节日场景似乎与仙界的活动有关,而鼓胸上的装饰则是载着其他羽人和神灵的大船,船周围的水好像与阴间有关,也或者是起到了连接阳世与阴世的作用。不过,鼓面上的房屋和鼓身上的船只似乎是一个整体;它们虽然在物质上不同但却在精神上密切相关,是二元形而上学世界中的元素,这个世界传达着宇宙合一的思想。装饰的象征意义随着鼓的尺寸增大而变化,这使得包括装饰布局在内的框架逐渐扩大并且为新的元素或更丰富的装饰营造了空间。这个不断扩大的框架以及图案带和相似元素的风格变化为黑格尔 I 型的进一步细分铺平了道路(第 6 章 2.4－5 节)。

在中国南方进行广泛研究的过程中,黑格尔(1902)意识到了一个事实,即除了黑格尔 IV 型范围内具体的"中国"金属鼓之外(第 3 章 1.4 节),那里还有许多偏离的样本可以被划归到很多过渡的子类型中。后者通常是黑格尔 I 型和黑格尔 IV 型之间的一种中间物,它们展现了某些外形或装饰方面(或者两者皆有)的特征,这预示了即将到来的事物的形状:出现了一种奇特的 S 形造型,它成为黑格尔 IV 型鼓的"标志",成为某些与大家熟知的黑格尔 I 型词汇相反的装饰图案(第 6 章 2.1－6 节)的"标志"等等。在黑格尔本人能够分辨的相互关系范围内,他用 I iv 这样的子类型编号来表示它们。这代表黑格尔 I 型的风格有接受某些新特征的趋势,这些特征后来发展并传播到了黑格尔 IV 型中——或者,它们可能仅仅显示了在北越和中国之间的边界地带的黑格尔 IV 型对标准黑格尔 I 型的初始影响。

就这样,黑格尔在混合了类型和趋势的类型学中引入了一种简便的排列方法,只要它是暂时的,这种急救式的排列在当时是完全足够的。到了后来——实际上是近期——情况似乎愈加复杂了,这主要是因为中国考古学家在中国南方有了进一步的研究和发现。对中国以外的大部分金属鼓研究者来说,这意味着各类汉学家的帮助都是不可或缺的。因此,我本人只用"中国南方黑格尔 I 型(如果它们还是这样的话)"的说法,而不是详细阐述黑格尔对过渡类型的分析。为了达到所有的实用目的,大部分与这个令人困惑的话题相关的工作仍然要去完成。总之，对于此话题，本书只能做简要的概述。

关于中国南方黑格尔 I 型的装饰，见第 10 章 1 节。

3.1.2 黑格尔 II 型 黑格尔 II 型鼓（图版 18.01）的数量比较少。[2] Heger 1902（来自中国南方的 12 件）和 Gühler 1944 一起列出了大约 24 件样本；Parmentier 1918 提到了来自东京的 6 件样本和来自芒县的 4 件样本，后 4 件是两对相同的鼓。多数的黑格尔 II 型鼓都发现于中国东南部和北越（东京）及附近地区：老挝北部和安南北部，那里的芒族的封建酋长就使用了这种类型（有时也用一些黑格尔 I 型鼓；见关于芒人及其鼓的 Cuisinier 1948 和第 22 章 2 节）。

黑格尔 II 型鼓很难按照年代排列。就像黑格尔 III 型一样，在铜鼓的大家庭中，它们可能是与黑格尔 I 型平行发展的，并非是早期黑格尔 I 型鼓与 III 型和 IV 之间的过渡阶段（如 Vandermeersch 1956 所提出的）。根据黑格尔的观点，它们可能是早期在中国南方的某些地方从 I 型分支出来的，它们在那里发展出了自己的特点。然而，安南的铸造厂在 19 世纪初还在生产它们。一些已知的样本可能就是那一时期的，其他样本的年代可能更早一些。

黑格尔 II 型与黑格尔 I 型鼓只在外形和装饰方面有一个非常普遍的相似之处：仅限于分为三节的鼓身、中心的星芒、青蛙和晕圈。然而，不应过分强调联系，它们之间有很多差异。II 型与 III 型的相似度要高于 II 型与 I 型的相似度。

首先，鼓面明显突出于鼓身并且略微向下弯曲。其次，鼓身虽然分为三节（如黑格尔 I 型和 III 型），但轮廓有所不同。和 III 型一样，它的鼓胸由一个较矮的圆柱形组成。鼓腰略微内凹；鼓足呈截锥形。中部的圆柱形开始向外倾斜，再过渡到鼓足（Vandermeersch 1956 认为这个特征是一个普遍迹象，表示黑格尔 II 型与 I 型相比有衰退）。

黑格尔 II 型鼓的尺寸通常从中型到大型和特大型（在铜鼓尺寸的普遍背景中）不等。平均直径在 60 至 80 之间，很少有小于该数值的，偶尔也有大于 100 的（例如 Hsi II，直径 112.2；高 75.5）。高度在 40 到 65 之间，多数为 45（Bezacier 1972：282）（译者注：原文没有计量单位，根据上下文应为厘米）。面径大于高度，两者的比率约为 3∶2 或 8∶5（关于某些黑格尔 II 型鼓的重量，见第 3 章 2.5 节）。对越南博物馆内两面黑格尔 II 型鼓的一项分析结果显示：分别为含铜 72.52%，含锡 9.30%，含铅 16.05%；含铜 69.55%，含锡 12.15%，含铅 16.43%（*Musikinstrumente der Völker* 1975：23 - 24）。

鼓面的纹饰由晕圈（例如，含七条宽晕和一条窄晕）组成；鼓身上的晕圈显示了许多环绕鼓身的区域（例如，在鼓身的各部分依次有 8 条、16 条和 10 条，图版 18.01）。这些区域由三条环带隔开。区域内有时填充有小的几何图案。其中可能还有中国寓意吉祥的变形"钱"纹（Heger 1902：插图 XLIV）。

鼓面上的晕围绕着中央的一颗星：一个扁平的圆盘形核心，从核心向外辐射出针状的芒（一般为八芒）。有时会用一朵花来代替这颗"星"（Cuisinier 1948：446）。

青蛙通常位于鼓面的边缘：四只或六只，有单个的也有成对的，有的是两只、三只或四只组成的累蹲蛙，它们依次附着在另一只的背上，越往上体形越小。与黑格尔 I 型鼓的青蛙相比，这些青蛙的体形较小。

3.1.3 黑格尔 III 型 黑格尔 III 型有自己的分布区域，它们主要出现在东南亚高地，仅限于缅甸和泰国西部的克伦族所有（第 22 章 3 节）。这些鼓是他们从邻近的缅甸东部和泰国西北部的掸族和茵达族的部落那里得来的，这些部落自己从未使用过这些鼓。所以，克伦族人实际上是掸族"生产"的铜鼓的"消费者"。因此，我们也可以称这些鼓为"掸鼓"，而不是"克伦鼓"；实际上，这两种名称都在记录中出现过。克伦人尤其在宴会或丰收时节时需要用鼓（在缅甸的英国人曾使用过"战鼓"一词，这个说法是不正确的）。这种鼓曾经可能是用来召集边远村庄的村民，因为在无风的日子里，其回音在山区的几英里范围内都可以听到（Kenny 1924）。据记载，老挝北部的拉梅特和克木（Kammu）两个山地民族也有与克伦族和掸族类似的情况，那里的金属鼓直到最近才在社会生活中起到了重要作用（第 22 章 4 节，22 章 5 节）。居住在越南北部的克木族有时也会拥有黑格尔 I 型鼓（正如芒人一样），他们住在克木族的东面并与其有联系，前者与他们常用的黑格尔 III 型鼓在一起，后者则与黑格尔 II 型鼓在一起。

在泰国曼谷的王宫以及泰国和柬埔寨的某些寺庙中也发现了来源相同的黑格尔 III 型鼓。

黑格尔 III 型鼓的大小不一，多数为中等大小的鼓，如果不是小鼓的话，直径介于 43.2 厘米至 99 厘米之间，平均直径为 65 厘米（Bezacier 1972：282；Beauclair 1945）。克木族用掌宽来计量鼓的大小：6、7、8 和 9，对应的是 65、76、87 和 98 厘米（Lundström & Tayanin 1981，文中还详细讨论了克木鼓及其组成部分的用语）。

鼓面突出于鼓身。鼓胸的形状像一个矮圆柱（没有佩砧型鼓中的"垂檐"[cuff]，即与鼓面一体而与鼓身分离的部分，第 19 章 3 节。但它有一个隆起的圆领[collar]使宽大的鼓面过渡到纤细的鼓身）。"圆领"逐渐变窄（呈内凹的曲线形)后与另一个直径稍小的圆柱体相连。这种造型显然比较雅致。还有另一种大部分鼓身("圆领"以下)几乎都是竖直的造型,其轮廓只有非常轻微的弧度。三角形的小鼓耳架在"圆领"与下面鼓身之间的分界线上。因此,鼓耳更靠近鼓面。

与其他黑格尔类型一样,黑格尔 III 型鼓的鼓面中心有一个星纹(十二芒,偶尔有八芒的)。没有用来击打的凸起部分;这种鼓的演奏方式(第 4 章 4 节和图版 19.01,19.03)不需要这种构造。

活灵活现的立体青蛙排列在鼓面的边缘:四个一组,等距排列。与黑格尔 I 型的青蛙不同,它们几乎不会单独出现,通常是两只、三只甚至是四只累蹲在一起,越往上体型越小(第 9 章 6 节)。

鼓面的表面充满了窄的晕圈(concentric bands),根据鼓面大小,晕圈数量从10 到 12 或 18 到 20 不等。这些晕圈通常被划分为四或五个主要的区域,每个区域内包含四或五条晕圈,晕圈内有相同的简单图案,这些图案被两到三条紧密相连的锋利脊线所隔开。尽管黑格尔 III 型和 I 型的鼓面纹饰中都有晕圈,但它们的总体布局和个体图案却大不相同。关于黑格尔 III 型纹饰的资料在细节上各有不同。提到的图案有玫瑰花纹、鸟纹、鱼纹、格菱纹以及象征符号,这些象征符号通常代表的是稻田、猎物和老虎脚印等等。

古勒(1944)注意到了某些黑格尔 III 型鼓上的鸟纹和鱼纹(有些可能是从鸟那里获取的灵感?),他认为这些图案的年代较早。鸟并没有在飞翔,而是坐着或站着的,与黑格尔 I 型鼓上的翔鹭完全不同。如果黑格尔 III 型中有任何与黑格尔 I 型相似的图案,那涉及的就是后一类型中的晚期样本。我注意到一个新制作的黑格尔 III 型样本中有其他的飞鸟纹(虽然没有翔鹭纹)和单个的格菱纹(这让人想起了晚期的黑格尔 I 型鼓中翔鹭纹与涡卷纹的结合;第 6 章 2.6 节第 6 项),它们可能就是这些图案中的一种。

鼓身纹饰与鼓面的类似。鼓身上有与鼓面纹饰非常相似的重叠环脊纹(superrimpose circular ridges),也有与鼓面纹饰完全相同的图案。它们的排列方式(在鼓身上分为三个主要区域)表现了之前的三分结构。

正如曼德勒的弗雷泽路女士(Frazer-Lu 1983)所描述的,近来制作的黑格尔 III 型鼓上的纹饰包括了间辐纹(interradial designs)("咖啡豆"型,第 7 章 1.6 节图五中的%;还类似于"休憩的蝴蝶")、几何纹(梯形和虚线圆圈)、抽象的动植物、玫瑰花、"稻谷"、格菱纹和变形中国雷纹。抽象鸟纹中有"鸭子"图案,它们呈站立的姿势或以"泪滴"的形状在漂游(在克伦族的民间传说中,鸭子可以将逝者的灵魂带到阴间）。"游旗"纹（m£，£，以及类似的符号）通常被认为是羽人纹的远房后裔（remote descendant）。对其感到好奇的 R.库勒（R. Cooler）称其为"猫头鹰"纹（由 Frazer-Lu 1983 引用;这个说法没有什么说服力）。还有成排的鱼纹和较大的鸟纹。近期的鼓的边缘通常有一圈细长的辫纹装饰（Frazer-Lu 1983）。

立体的微型象雕是其他黑格尔类型中没有发现的额外装饰,它们排成一列,从鼓身中部到敞口的足部一路垂直向下行进。连大象的粪便都很明显——或者这些像蜗牛一样的突起与真正的蜗牛之间是否存在联系?人们在早期时认为它们能够带来雨水（像青蛙一样）,后来又误把它们当作是大象的特征。

动物图像有时候也会被放到生命树的图谱上（否则不会出现在铜鼓的纹饰中;第 8 章 1.10 节）。

黑格尔 III 型鼓可分为"高型"鼓（高度大于面径）和"矮型"鼓,"矮型"鼓有时指的是"中国"鼓。矮型鼓（年代可能早于高型鼓）可以再分为"雄鼓"（有青饰）和"雌鼓"（无蛙饰）。（关于克伦人对这种及其他类别的看法参第 22 章 3 节;关于所用的术语参 Kenny 1924）。

"中国"鼓的说法并不意味着较矮的黑格尔 III 型鼓应该起源于中国。尽管如此,一旦把它们作为一个类别来制造,那么就一定有中国的金属工人,他们在沿海地区为专门的顾客铸造了这些鼓（关于黑格尔 III 型鼓起源于中国的可能性参 Aymonier 1899, in Heger 1902:89 – 90; Kenny, l.c.; Bezacier 1972:181）。例如伦敦的大英博物馆内有一面黑格尔 III 型鼓,它是"长福（Chang Fu）于建兴四年七月造"（约公元 226 年;第 16 章 4.6 节和 Heger 1902:125）。与中国南方的工匠制作黑格尔 IV 型鼓的方式一样,这些铜鼓可能是中国的金属铸工模仿山地部落的艺术家制作的——他们还添加了他们自己的想法和图案。这最终导致了中国南方大规模工业的兴起（第 3 章 1.4 节）。

克伦人可能在公元 600 – 700 年间从中国途经云南迁移到了缅甸（Frazer-Lu 1983）。在缅甸,他们根据自身的需求对起源更早的黑格尔 III 型鼓进行了改造。

在康奈尔大学的一篇关于克伦鼓的博士论文中,R.库勒（R. Cooler 1979）试图通过研究 400 多面鼓来追踪黑格尔 III 型鼓可能从黑格尔 I 型开始起源的发展过程。他主要立足于这些鼓的纹饰中的某些关键图案。然而,目前仍没有可确定年代的黑格尔 III 型鼓样本来为我们提供一个年代框架（Frazer-Lu 1983）。

约 1056 年的一处铭文写道"人们入场后配合着蛙鼓声欢呼喝彩,不断地向他表达敬意"。这是献给下缅甸孟王国的统治者马努哈国王的,不久后,他就被蒲甘的阿努律陀俘虏了。

根据另一处铭文,蒲甘王朝的江喜陀(1084 - 1112)把蛙鼓和其他物品送到了印度的菩提伽耶以修缮这个著名的佛教朝圣中心的圣殿。直到今天,用漆和金叶装饰的黑格尔 III 型鼓一直都是泰国宫殿中的重要仪式用品。泰国国王还把鼓赐给了寺庙(Frazer-Lu 1983)。

掸族及相关的山地部落持续生产了很长一段时间的黑格尔 III 型鼓。肯尼(Kenny)大约在 1913 年时说过:"这个国家的确有几百面这种类型的鼓,当时的工业一定很发达。"肯尼知道一个人,这个人和他父亲一样,一辈子都在制鼓。这位父亲可能就是老掸人,他在 1894 年后不久就去世了,肯尼也曾在文章中提到过他。据说他用的是一种秘方,不过也不是完全保密的,因为当时费舍尔(A. Fischer)曾去参观过一间掸族的作坊并拍了照片,他还做了描述(文字非常简洁,已出版,见 Fischer 1902):"有五、六个掸族家庭参与了金属鼓的铸造,但他们根本不以这些产品为生,他们是农民,只在没有农活的时候才铸造鼓。他们每年在最原始的作坊里能够制作 80 - 90 面鼓,早期应该会有更多,每面鼓售价 40 - 60 卢比,即 54 - 80 马克;他们通过中介在掸族间进行交易。"(关于鼓的铸造过程,见第 11 章 3 节和图版 19.02)

很久以后,到了 1925 年,古勒(1944)记录了掸鼓和克伦鼓的制造。之前的技能,也许还有之前一些制作精良的模型是为了满足泰国顾客的需要。这仅仅是猜测,但接下来关于黑格尔 III 型鼓的说明则是已经被确认的事实。在泰国和老挝,黑格尔 III 型鼓的生产在 1970 年前后达到了出人意料的兴盛。当时,北方的几家工厂制造了大量的鼓用来出售给美国士兵和其他潜在顾客(Solheim 1973; Sørensen 1979a and 1981; Frazer-Lu 1983;来自 C.OP't Land, Rotterdam 的私人通讯,他在 1973 年造访了曼谷和仰光)。有些样本已被送达了博物馆。1978 年,阿斯滕(荷兰)的"国家博物馆"从老挝得到了一面黑格尔 III 型鼓,这面鼓显然是其中之一。这件样本是新制造的,但是做工很精细(面径 63 厘米,鼓足直径 52 厘米,高约 47 厘米)。

3.1.4 黑格尔 IV 型　在铜鼓的总体范围内(第 3 章 2.2 节),多数黑格尔 IV 型鼓属于中等大小:平均直径是 40 - 50 厘米;高 25 - 30 厘米(黄增庆 1964)或者说(根据 Heger 1902 和 Bezacier 1972)几乎不超过 30 厘米;高 17.8 - 34 厘米。黑格尔 IV 型鼓给人的印象是体型矮胖(这是由于中国的影响;

Vandermeersch 1956)。重量方面,黑格尔(1902)所描述的 30 面鼓的重量都在 11.8－21 千克之间(第 3 章 2.5 节)。

　　黑格尔 IV 型鼓的鼓面与略突的鼓胸相连接,连接方式与黑格尔 I 型的相似;鼓面贴合紧密,无垂檐(黑格尔 II 型和 III 型以及佩砧型中有垂檐)。与所有其他类型的鼓不同,此类型的鼓身没有从上到下分为三节。鼓的外形呈 S 形或连谱号的形状,中间被一个明显的水平棱线给断开。或者,从另外一个角度来看,“鼓胸呈舒缓的 S 形,鼓足呈略微外凸的截锥形,胸足以一道明显的突棱为界”(Sørensen 1979 b;图版 20.01,关于黑格尔 IV 型鼓的装饰见第 10 章 2 节)。

　　黑格尔 IV 型的鼓耳较大,这点与黑格尔 I 型类似,与黑格尔 II 型和 III 型的小环耳截然不同。不过,鼓耳的位置与黑格尔 I 型不同,IV 型的鼓耳从隆起的鼓胸伸出(不在“横跨”[bridging]的位置)。四只鼓耳分为两对,相向而立。辫状鼓耳是中国南方金属鼓中黄增庆第二型的特征。

　　黑格尔 IV 型鼓可能是失蜡法铸造的,人们用范块将纹饰的主要元素印到蜡模上并且用小印章印制微小的重叠图案(参阅第 11 章 1.3 节)。竖向接缝(范模接缝,并非铸造接缝)的数量表明使用了四块范或是只用了两块范(例如万丹,2.01 的情况)。

　　根据研究,估计有成百上千面的黑格尔 IV 型或“中国”型金属鼓。几个世纪以来,无论是用于佛教寺院还是出于商业目的,这种器物一定有很大的需求量。然而,它们几乎都是在中国南方发现的,其中大多数可能来源于广东,那里在很长一段时间内——大概长达 1 800 年——曾有一处金属铸造中心。实际上,据说最后一批黑格尔 IV 型鼓的制作时间要晚到清朝末期。这可能会把我们带到 20 世纪初(下限为 1912 年)甚至更晚,直到新中国成立前不久,也就是 1948 年前后(黄增庆 1964;李伟卿 1979;见 Sørensen 1979b, 1981)。

　　然而,人们并没有认为这种类型的青铜铸造完全出自中国(第 22 章 1 节)。中国人自己过去常将包括黑格尔 IV 型在内的各类金属鼓与远在越南边境两侧山区的“野蛮”部落联系在一起。在中国的北部和中部地区,无人认为它们是中国古典艺术的代表。直到最近,在中国革命之后,才产生了“南方同胞的辉煌遗产”(包括金属鼓)与中国古典艺术具有同等的研究价值这样的想法(闻宥 1957;也见上文已提到的黄增庆和李伟卿,他们引入了一种新的类型学)。

　　我们所掌握的关于黑格尔 IV 型鼓起源的确切资料并不比其他类型的金属鼓多。人们总是理所当然地认为,年代明显更早的东山鼓与年代较晚的黑格尔 IV 型之间有某种联系。黑格尔(1902)曾勘查过许多“中国”金属鼓,他通过两条路线来追溯这种联系：一条从黑格尔 I 型出发，经过黑格尔 I iv 型（他的过渡类型之一）到达了黑格尔 IV 型；另一条从黑格尔 II 型出发，经过 II iv 型（另一种过渡类型）也到达了黑格尔 IV 型，可能还有更多的来源。其中一些可能以越南北部的某些鼓为代表，例如同文（高平，11.15），外形为 S 形（鼓面纹饰：12/%）=oo =，£￡，格菱纹，翔鹭纹；鼓身纹饰：A = oo =，S 形，中段竖直，oo，水平方向 =oo =，下段 o 呈对称三角纹）。这种同文鼓给人的总体印象是介于黑格尔 I 型和黑格尔 IV 型之间，其根源可能与云南、四川及邻近国家的山地部落有关，他们通过西江把一些黑格尔 IV 型的祖型带到了中国的南方地区。这些居住在乡下的相关民族，例如苗族（Miao-tse）和保保族是"蛮人"的一员，他们据说是第一批原始黑格尔 IV 型鼓的制造者。中文记载中也曾提到过他们。这种祖型一进入中国南方就开始被人们复制，并且发展成为完的黑格尔 IV 型。最终，这引发了后来的中国化的工业生产，在广东以及近邻的广西通过大规模的生产得到维持。黑格尔 IV 型实际的创造年代可能要比东山鼓晚得多。根据中国考古学家的观点（由于翻译的缘故，有一部分被总结在了索伦发表的文章中），我称之为"华南"普通类型中的黑格尔 I 型鼓的制造年代可能要晚到宋朝（公元 960 - 1271 年）。一些已经在文章中出现过的黑格尔 IV 型鼓的年代可能就在这段时期内。然而，其中很多鼓的年代要晚得多。对于被描述为"汉"的鼓，我们应该持批判的态度，因为在宋朝及之后的时期，金属工匠倾向于用汉纹来装饰鼓。因此，人们不接受汉纹很早就出现的结论。1979 年，瑟伦森对此种情形做了描述：黄增庆提到，4 型可能在隋唐年间开始出现，到宋朝时达到兴盛。这之后，它受到了很多汉文化的影响，纹样与明清瓷器上的类似。有些鼓上甚至还刻有年号，例如道光（1820 - 1850）。类似于文化博物馆那面鼓（图版 20.03）以及相似的样本可能代表了一种类型，这种类型"极有可能发源于广西的柳州或附近地区……可能只有 200 的历史"（也见 Sørensen 1981 和李伟卿 1979）。

　　一些名副其实的黑格尔 IV 型鼓偶然出现在了中南半岛甚至是边远国家，如在爪哇就发现了几件样本（万丹，2.01 和韦莱里，2.21）。这些鼓一定是商业活动的结果，很可能是近代引入的。

3.2　黑格尔 I 型形态

3.2.1　结构：纯质　铜鼓是全金属的一体式器物。一体也可以用"纯质"（这里是"全身都是同一种物质"的意思，并非"空心"的反义词）来代替。这首先

适用于各种黑格尔类型。佩砧鼓及其后代莫科鼓(第 19 章和第 21 章)实际上并非是一体的,因为它们由一个带垂檐(cuff)的鼓面和一个鼓身分别铸造而成。由于这两部分的材料相同,它们经过仔细拼合后成为一个整体,并且这两部分的纹饰风格也类似,所以就刚才的说法而言,它们是类似于纯质的。这种效果似乎也达到了。不过,效果的实现方法也是黑格尔类型鼓、佩砧鼓和莫科鼓之间的根本差异之一。

对黑格尔鼓(以及云南青铜器,第 18 章)来说,实现纯质的办法是用一种特别的失蜡法做成蜡模,这个蜡模是经过几个连续步骤做成的,但最终给鼓匠提供了一个可以浇铸金属的精密模型。铸造后,不需通过焊接、雕刻或使用金属丝来增加附加物。青铜器时代的人们对于器物的纯质性和一体性的重视程度是毋庸置疑的。全世界的陶瓷制品中都可能发现类似的纯质性,只要它是一种技术特点,其原因是显而易见的。然而,这在青铜器中则更令人惊讶。因为这里所遵循的工序可以(虽然不是很容易)通过其他方式加以补充(例如,近来的莫科鼓就是这样)。

青铜时代的工匠们将各种各样的非金属材料转化为了全金属的纯质器物:木材、柳条制品、陶瓷、纺织品、葫芦以及动物皮(用来制作膜)都被改造成了将各种非金属材料组合到一起的金属制品,这些非金属材料被单独使用或是预先被做成了"复合材料"。这充分体现了人们对纯质器物和乐器等器物的热衷。例如,有时仍可以在金属器物的表面发现柳条制品的最初纹理。

"纯质"包含一种"纪念"的意义,就像纯质石器和巨石一样。但在这种物质力量中又有神圣和庄严的思想(再次,正如用来祭祀的巨石一样)。这使人想到了"唯一",它是宗教领域中对终极现实的表达。这种与圣洁的关联正是早期中国的人们喜欢在典礼仪式中使用纯质青铜器的原因之一。

的确,在此概念中,"纯质"通常伴随着坚定和紧密的意思,它们属于"纯质"世界中的关联。铜鼓似乎只是一个空心的金属外壳。与其他一些神圣的容器相比,它似乎有些单薄。然而,至少在纹饰中,有些铜鼓反映了"整体"的思想,它包括了阳世和阴世,这两部分一起代表了"合一"的概念(第 7 章 3.4 节)。

3.2.2　大小　测量面径和总重(如果可能的话,还有鼓身各部分的直径和高度)是一个简单且比较公平的铜鼓分类标准。由于已知的鼓面数量要远大于完整鼓的数量,应当优先测量直径。

鼓的大小通常决定了其纹饰是简朴还是繁复;显然对于熟练的装饰工匠来说,大鼓提供的可能性要远多于小鼓。

作为一种类别，铜鼓的历史并不是从装饰精美的超大鼓开始的，例如桑根，4.02+和萨雷尔，5.01+，以及其他直径超过100厘米的鼓。这种设想是合乎情理的，从技术和艺术的角度来看，对于尝试制作第一批铜鼓的早期铜匠来说，他们可能掌握的经验远不能满足这种大鼓的要求，因此，就像有时候的做法一样，将任何一面重要铜鼓放到年代序列的前列是完全不现实的。

然而，我们不能简单地根据鼓的大小就把它们放到一个简明的年代序列中。基于上述原因，小型鼓的年代可能较早；另一方面，它们也可能是晚期的——如果有这方面的迹象的话。人们为了不同的目的和不同阶层的人制鼓，它们的大小一定是定做的。我们可以很容易地从这样一种假设出发，即早期的小型或较小型鼓继续与大型及特大型鼓同时生产，后者已经在一段时间内发展了起来。除了追求重要铜鼓的富贵人物外，还有一些小酋长以及其他一些不太富裕的人，他们也要求参与到崇拜和使用鼓当中。此外，一直以来，士兵携带的信号鼓和战鼓（图版1.04）或小型"乐队"中使用的乐鼓自然都比重要仪式中使用的大型鼓更小、更轻，后者已经成为一种身份的象征而不仅仅是发声器。

因此，在某些情况中，仅尺寸就可以作为一个决定性的标准，例如大型鼓（甚至连额外的证据也应当被接受）；但是，在多数情况中，所有进一步的信息，例如对鼓纹饰风格的分析，都可能要重要得多。

根据鼓面的宽度，表I列出了90面黑格尔I型鼓的尺寸，其中有大约2/3的鼓已经有了高度数据。为了直观表现出鼓的样式，第三栏中列出了高度与直径的百分比例。直径的范围大约是22－126厘米（如果没有更多的话；见东爪哇，2.26）。

表II中列出了59面鼓的高度，高度范围为18－101厘米。该表简化了鼓的标识（indication）。

我们应当明白，鼓的最大宽度并不总是与许多描述中所给出的直径相同。直径通常取的是鼓面的大小（如表I中的做法）。膨胀的鼓胸或敞口（或者鼓足）的测量结果可能会多出几厘米。这些差别自然会影响到鼓的外形。除了审美方面，这可能还会引发一些关于鼓的相互关系的结论。

归结来看，鼓的平均高度约为直径的72%。

遗憾的是，鼓的直径总是只局限于鼓面；鼓身A、B、C三部分的直径只在个别情况中才被包括进去（表I中列出了已知的数据。表III收集了额外的直径和高度的数据）。

表 I　尺 寸 大 小

直径(厘米)	高 (厘米)	高 vs 直径 (%)	清单号	来　源	编码组
c.22(A 26,C 28)	18	81.8	11.18+	Giao Tât, N.V.	G：1
c.30 − 31("？")	?		16.03+	Liangwangshan A, Yn .	G：3
30.2	?		11.08+	"David-Weill", N.V.	G.ZX：3
31.5(C 33)	27.5	87.3	11.10+	Dông So'n A, N.V.	G：2
32	?		11.19	"Hanoi I 29.995", N.V.	G.N+ZX：3
34	24	70.6	11.23+	Kontum, S.V.	GFBc：1
35.5	27	76	11.11+	Dông So'n B, N.V.	G：4
36	?		15 .03+	Kpg. S. Lang b. Mal. Pen.	G.N：1
36.8(C)	?		1.02	South Sumatra	
37	30	81	11.37	Quang Xuong II, N.V.	
41(fragm.)	?		16.01	Shizhai shan A, Yn.	GSIn：1
44(C 49)	29.3	66.6(60)	13.02+	"Beelaerts", Thai!.	GBSn：1
44	31.5	71.6	11.12	Dông So'n C, N.V.	G：5
45.5	?		15.02+	Kpg. S. Lang a. Mal. Pen.	GFBSIIc：1
46	31	67.4	11.02	Binh Phu, N.V.	
47.5(est.)	?		2.08+	Dieng, Java	G：6
48(A 50)	41	85.4	13.15	"Bangkok IV", Thai!.	
49.6(A 53.2,C 55 .7)	41	82.66	13.01	Ban Gaw, Thail.	G.N：2
?	37.2		2.18	Semarang, Java	
50	?		11.07	Dao Thinh, N.V.	
51(A 60, B 42 .5, C 56)	43	84. 3	11.35	Phu Guy, N.V.	
52	30.7	57.7	11.17	Dong Van III, N.V.	
52	33	63.46	11.15	Dong Van I, N.V.	
52	38	73	11.43+	Thuong Lâm, N.V.	
53 − 54	42	78.5	11.40+	"Stockholm", N.V.	GSIn：2
54	?		11.03+	"Brussels H 837", N.V.	GFBSIIc：2
55	?		0.02	?, Indonesia	
55(C 58.5)	43.5	79.1 (74.35)	1.03	South Sumatra	
57.8(frag.m)	40 − 50 (est.)		15.01	Klang, Mal. Pen.	G.ZL2：2

直径（厘米）	高（厘米）	高 vs 直径（%）	清单号	来　　源	编码组
59	39.5	67	11.39	So'n Tây, N.V.	
59.9(C 65)	48.5	81	2.12+	Semarang, Java	G.MI：1
60	36	60	11.16	Dong Van II, N.V.	
60	38	63.3	11.32	Nông Công, N.V.	
60	49	74.6	11.05	Côi So'n, N.V.	
60.3	?		2.14	Bergota Java	G.MF：1
61	?		15.06	Tembeling, Pen. Mal.	G：7
61	?		11.04+	"Brussels H 8 38", N.V.	G.ZL3：1
62(A 64)	42	67.7	13.14	"Bangkok III" (Thung Yang), Thailand	G：8
62(A 64)	?		14.01+	Battambang, Camb.	G.ZL2：1
62.4(est.)	?		2.13	Bergota, Java	GFc：1
62.4(A 64, C 64.5)	44.3	71	13.10+	Ongbah G.D., Thail.	G.ZX：1
63.9(C 68.2)	48.2	75.4	2.06+	Kabunan, Java	GFHSn：1
64(A 70)	52	81.25	13.17	"Bangkok VI", Thail.	
64	52.5	82	11.47+	"Vienna, Gillet", N.V.	GFHSn：2
64.5	51.3	79 .5	2.05+	Mersi, Java	G.ZX：2
65	44	67.7	11.36	Quang Xuong I, N.V.	GFHnc：1
65	53	81.5	11.50	Yên Tâp, N.V.	
66			13.03	"Coqui", Thailand	
66? (A 68)	?		13.05	"Bangkok V", Korat, Thailand	
66	47.5	72	2.03+	Babakan, Java	G. spir birds n：1
66.5 - 67	53.5	80	13.06	Ongbah 86, Thailand	GFH：22
67	35	52.24	14.02	Tos-Tak, Cambodia	
69.2	54.2	78.32	2.16	Kuningan, Java	
69.7	49	70.3	2.20+	Bogor, Java	
70(75)	53	75.7	13.13	"Bangkok II", Thailand	
70(77)	52	74.3	13.12	"Bangkok I", Thailand	
70.8(?, fragm.)	?		1.01	Kerinci, Sumatra	G.ZX：3
72(A 86, B 62/ 76, C 85)	48	66.66	11.26+	Mieu Môn, N.V.	GSIIn：1
72.8	? (fragl)		6.01+	Roti	GFBSIc：1

直径(厘米)	高 (厘米)	高 vs 直径 (%)	清单号	来　源	编码组
c.74	c.59.5	80.4	13.09	Ongbah 89, Thailand	GFBSIIc：2
75	?		0.01	?, Indonesia	
75.8 – 76.2	?		2.07	Pekalongan, Java	G.MN+N：2
77(80)	53	68,83	13.04	"Gühler I", Thailand	GFBSIc：3
78	50	64	12.04	Savannakhet, Laos	
78	61	78.2	11.38	Sông Da, N.V.	
78(A 84, C 80)	61.5	78.84	11.20+	Hoàng Ha, N.V.	GFHSn：4
78(A 86, C 70)	61	78.2	11.28+	"Moulié", N.V.	GFHSn：3
79(A c.86.5)	63		11.30+	Ngoc Lu, N.V.	GFHSn：5
c.80.5	?		2.11+	Banyumening, Java	G.ZL3：1
82(A 90.2, B 72/ 83.5, C 98.5)	67	81.7	11.22	Hữu Chung, N.V.	GFBSc：4
83(C)	48	57.83	11.43	Thuong Lâm, N.V.	GSIIn：2
83.5			4.04	Sangeang	GFBSIc：5
84(C)	61.5	73.2	11.46	Van Trai, N.V .	GFHSn：7
85	55	64.7	17.01	"Vienna, Haas", S.Ch.	
86	?		7.02	Leti	
86.5	58	67	12.01+	Laos	GSIIn：2
89	?		7.03	Leti	GFBSIIc：5
96 – 98	c.69	71	7.01	Leti	GFBSIc：6
97	65	67	12.03	Savannakhet I, Laos	
100.7	?		7.06	Kur (Kai Islands)	GFBSIIc：7
c.101	73	72.20	4.03+	Sangeang	GFBSIc：7a
103.6	?		4.07	Sangeang	GFBSIIc：6
c.110(est.)	c.63?	57.27?	12.02+	"Nelson", Laos	
113.5	c.87 (est.)	6.65	7.05+	Kur (Kai Islands)	GFBSIcn：8
114.7	86.8	75.7	4.06	Sangeang	GFBSIc：9
115.5	86.1	74.5	4.05+	Sangeang	GFBSIcn：10
116(A 121, C 119)	83.5	72	4.02+	Sangeang	GFHBScn：1
126	92	c.82	5.01+	Salayar	GFBSIIIcn：1
141	101		2.26	"East Java"	

＊ 第一栏鼓面直径,括号中为鼓胸、鼓腰、鼓足的直径;第二栏高度不包括蛙饰;第三栏高度与直径的比,
　百分数;列表中不包括微型鼓(参见第 3 章 2.3 节)。

表 II 鼓 高

（厘米）	清单号	（厘米）	清单号	（厘米）	清单号
18	（11.18+）	42	（11.40；13.14）	54.2	（2.16）
24	（11.23+）	43	（11.35）	55	（17.01）
27	（11.11+）	43.5	（1.03）	58	（12.01）
27.5	（11.10+）	44	（11.36）	59.5	（13.09）
29.3	（13.02+）	44.3	（13.10）		
		47.5	（2.03）	61	（11.38；11.28）
30	（11.37）	48	（11.26；11.43）	61.5	（11.20；11.46）
30.7	（11.17）	48.2	（2.06）	63	（11.30；12.02）
31	（11.02）	48.5	（2.12）	65	（12.03）
31.5	（11.12）	49	（11.05；2.20+）	67	（11.22）
33	（11.15）			c.69	（7.01）
35	（14.02）	50	（12.04）		
36	（11.16）	51.3	（2.05）	73	（4.03+）
37.2	（2.18）	52	（13.17；13.12）		
38	（11.43+；11.32）	52.5	（11.47）	83.5	（4.02）
39.5	（11.39）	53	（11.50；13.13；13.04）	86.1	（4.05+）
		53.5	（13.06）	86.8	（4.06）
				c.87	（7.05）
41	（1.15；13.01）			92	（5.01+）
				101	（2.26）

表 III 直径与鼓高详表（以鼓面直径为基准）

清单号	来 源	鼓面	A	B	C	鼓高	A	B	C
111.18+	Gia Tât	22	26		28	18			
11.10	Dông So'n A	31.5			33	27.5			
13.02	"Beelaerts"	44			49	29.3			
13.15	"Bangkok IV"	48	50			41			
13.01	Ban Gaw	49.6	53.2		55.7	41			
11.35	Phu Duy	51	60	42.5	56	c.43	16.2	17.3	10.5
1.03	South Sumatra	55			58.5	43.5			
2.12	Semarang	59.9			65	48.5			
13.14	"Bangkok III"	62	64			42			
14.01	Battambang	62	64						
13.10	Ongbah G.D.	62.4	64	49.5/ 55	64.5	44.3	14	18.7	11.5

清单号	来 源	鼓面	A	B	C	鼓高	A	B	C
2.06	Kabunan	63.9			68.2	48.2			
13.17	"Bangkok VI"	64			70	52			
13.05	"Bangkok V"	66?	68						
13.13	"Bangkok II"	70	75			53			
13.12	"Bangkok I"	70	77			52			
11.26	Mieu Môn	72	86	62/76	85	c.48	20	22	8
13.04	"Gühler I"	77	80			53			
11.20	Hoàng Ha	78	84		80	61.5	24	24	13
11.28	"Moulié"	78	86		70	61	24	25	12
11.30	Ngoc Lu	79	86.5		80	c.63	25	24.5	13
11.43	Thong Lâm				83	48			
11.46	Van Trai				84	61.5			
11.22	Hữu Chung	82	90.2	72/83.5	98.5	67	20.5	29.5	17
4.02	Sangeang	c.116	121		119	83.5	28	33	21.5

译者注:原文没有计量单位,根据上下文应为厘米。

与大小相比,铜鼓的鼓壁实际上是非常薄的;例如,甚至比其他体型小得多的全金属乐器还要薄很多,如钟、锣和金属的非洲裂缝鼓(第4章1节)。除了下缘稍微厚一点,鼓身其他部分仅有几毫米厚。如果鼓很大的话,下缘的厚度可以达到10–12毫米。鼓面通常比鼓身厚,它的厚度可能有6毫米,因为这里是鼓槌敲击的部分。对于直径和高度分别达到141厘米和101厘米的铜鼓来说,它的制模(用蜡)和铸造(用青铜)必定是艺术家们竭尽所能的结果(第11章1节)。偏离型(dcviating type)的鼓,例如佩砧"月亮",3.01+,要大很多。

为了更好地了解鼓的大小的总体情况,我们可以把黑格尔I型鼓分为5组:

小	直径20–40	高度不超过30	10件
较小	直径40–60	高度30–45	25件
中等	直径60–70	高度45–55	21件
大	直径70–100	高度55–70	24件
超大	直径超过100	高度70–约100	8件

("车轮式鼓面";最大约140)(译者按:原文没有计量单位,根据上下文应为厘米)

这里所记录的鼓的平均直径为 61 厘米。其中多数为 40 - 70 厘米（46 件），属于较小和中等。小型鼓是少数；肯定还有更多这种易于搬动又比较便宜的类型，但其中多数可能被用作了乐器，它们定期会被用来演奏，在此过程中产生了磨损。较小鼓和中型鼓可能既有乐器的功能又有乐器以外的用途（身份、法术等），它们应该更容易保存下来。作为贵重的传世物，大型鼓或特大型鼓得到了集体或个人持有者的妥善保管和精心养护。

挑选出的几个样本：东山 A，11.10+是小型鼓；"斯德哥尔摩"，11.40+是较小型鼓；"维也纳"，11.47+是中型鼓；"穆力"，11.28+是大型鼓；桑根，4.02+是特大型鼓。这种标记基于一个尺寸范围：从 20 厘米一直到超过 120 厘米，增长到了原来的 6 倍。当参观博物馆考古发现藏品（包括斧、臂章、短剑等青铜器物）当中的任一面铜鼓时，任何不带偏见的参观者都会很容易对鼓的尺寸产生深刻的印象，即使是较小或中型的鼓。

拿黑格尔 I 型鼓与其他类别做个比较：黑格尔 II 型鼓的平均直径为 60 - 80 厘米，很少有小于此的，偶尔有（远）大于此的，最大的直径约为 112 厘米。高度为 40 - 65，多数平均为 45（译者注：原文没有计量单位，根据上下文应为厘米）。

黑格尔 III 型的平均直径为 65 厘米，最小和最大分别为 43.2 厘米和 99 厘米（Bezacier 1972：282）。

黑格尔 IV 型的直径范围为 17.8（最小）到 34（最大），平均为 27 - 28（译者注：原文没有计量单位，根据上下文应为厘米）。高度约 25 - 30 厘米。

佩砧"月亮"，3.01+则要大得多，直径（鼓面）为 160 厘米，A 部分直径为 110 厘米，高 186.5 厘米。

马都拉和金边等地（第 17 章 3.2 节；图版 22.11 - 12，22.14）的容器高度为 90 厘米，宽度为 54 厘米。

3.2.3 微型鼓 除普通的铜鼓（直径 20 - 120 厘米）外，还有一些非常小的"微型"鼓，它们的高度通常约为 4 - 10 厘米，而黑格尔 I 型的高度通常为 18 - 92 厘米。[3]尽管从这个对比可以看出，有些小型鼓的高度还不到最大的微型鼓的两倍，但后者无疑属于其类型中重量较轻的一类。它们完全是坚硬的金属块，敲击的时候没有声音，显然没有乐器的功能。另一方面，它们有某些象征或"符号"功能，可能既被当作钱币又作为普通鼓的仿制品与其他陪葬品一起陪伴逝者走完最后一程（第 5 章 5 节）。对于鼓的主人以及拥有贵重古物和祖传物的群体来说，用微型的复制品来代替价格昂贵的鼓可以避免损失。

微型鼓的样本出现在了不同的地方,例如中国南方(直径 6.4 厘米,高 3.8 厘米;Heger 1902 中的"广州 37")和越南北部(来自东山遗址的第一次挖掘,高度在 4 到 10 厘米之间;后来詹斯[Janse]提到了"很多"样本)。20 世纪 50 年代,在义安发现了更多的微型鼓(至少有 6 件样本)。有一件东山型微型鼓(高 6 厘米)的顶部有一只张嘴狂吠的狗(Goloubew 1929:图 2);其他鼓则有一个用来悬挂的挂钩。有些埋藏微型鼓的墓穴中还发现了原尺寸的鼓(第 16 章 2.4 节);其他微型鼓则是单独埋藏的。

印尼从鲍哥尔,2.02 得到了一件(它在历经磨难后于 1929 年到达了雅加达博物馆,*OV* 1929:157,插图 40)。它有四耳,装饰非常简朴。

目前为止,微型鼓大体类似于黑格尔 I 型。其他两件微型鼓是微型莫科鼓,一面来自阿洛岛(雅加达博物馆,史前藏品 1428),另一面来自弗洛雷斯岛(在同一家博物馆的民族学藏品中)。

3.2.4 形状与轮廓 一面鼓的轮廓曲线能够反映出它的立体造型。

虽然黑格尔 I 型和佩砧型鼓(包括莫科)在许多方面都互不相同,但它们在形状上却有一个共同的细节特点:都有"腰"。这恰巧使它们被"分为三节";鼓身分为上部(A),中部(B)和下部(C)。黑格尔 II 型和 III 型同样也分为三节,虽然不是非常明显。黑格尔 IV 型则有所不同,因为它的轮廓呈 S 形或连谱号的形状(这在中国南方的某些黑格尔 I 型鼓中也很明显,如图版 17.02 中的那面鼓,Leiden 1364,1864:1)。

对于黑格尔 I 型和佩砧型鼓来说,各鼓的大体形状根据高度和宽度而变化。与佩砧型相比,黑格尔 I 型要胖得多且比较矮。它代表一种更加压缩的版本,仿佛在持续的垂直压力下"下沉"了(并非像中国的黑格尔 IV 型一样又矮又胖)。佩砧型起源于一种挂在手臂上的鼓(图版 22.01 – 22.02),它的体型又高又瘦(吴科鼓甚至比佩砧"月亮鼓",3.01+还要细长,后者的腰线较粗)。黑格尔类型大体看起来像一个身材优雅的桶,而佩砧型则会让人想到沙漏(虽然,如果要让沙流缓慢流下的话,它还是太胖了),也像一个古老的巨大葡萄酒杯,或者是一个被放大的老式空竹轴(图版 3.01a)。

各种轮廓可以用下文这样的方式来简要描述(图 1):

黑格尔 I 型:稍显复杂,特征是鼓胸突出,鼓腰较直,鼓足倾斜。黑格尔 II 型:厚重简朴,从上到下的三部分都比较笔直。经过比较得出,黑格尔 III 型要更加优雅,因为其鼓身渐窄且线条流畅,顶部是个宽大的圆柱体,往下则急速变窄(图版 19.04)。正如之前所说,黑格尔 IV 型的突出特点是高度小于宽度,它就像是一个矮凳而不是一面鼓。其 S 形或连谱号形的曲形轮廓可以支持这个观点。

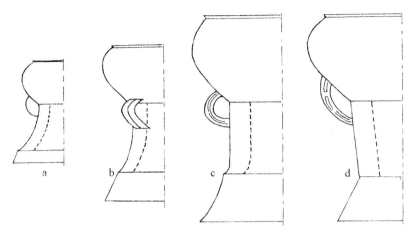

图 1　黑格尔 I 型轮廓的概要图对照(a－d)

已记录的直径大多指的是面径,其中至少有 1/4 附有鼓身 A、B、C 三部分的直径。

如我们所料,有腰鼓的 B 部分(照片和绘图上可以显示,但文字描述通常不够具体)总是窄于 A 和 C。遗憾的是,多数金属鼓只有面径的记录,因此我们就不能确定鼓实际的最大宽度,也不知道展现其轮廓的各个直径和高度。也有一些值得称赞的例外情况,见表 III。

黑格尔 I 型的鼓面宽度并未超出膨胀的鼓胸(换句话说,就是没有垂檐,这一点不像黑格尔 II 型、III 型和佩砧型,特别是佩砧"月亮鼓",图版 3.01,它的鼓面四周都向外伸出了 25 厘米)。

与 A 相比,可以观察到 B 和 C 两部分的形状有四处主要变化。

(a)鼓足部分几乎只有底部边沿的一圈,它比 A 与 B 中间的接缝要突出。B 和 C 之间的界线不是很明显,整个鼓身基本上分为两个部分。从 A 的底部往下,鼓身的轮廓是一条流畅的线条。

样本：班清,13.19 和乔达,11.18+——也见出自云南和中国南方的某些鼓(《考古》1964 年第 11 期)。

(b)B 和 C(C 呈截锥形,尺寸远大于[a]中的尺寸)是两个不同的部分。这部分鼓身的主要线条是一条曲线,比[a]中的线条更直一些。有些鼓的 B 和 C 由一条突棱隔开(老挝,12.01+;Bezacier 1972：插图 VII)。在东山 B,11.11+中,

B 部分的曲线则被鼓足的梯形设计所隔断。

样本：帕塞玛，1.04+和 1.05+；巴巴坎，2.03+；梅西，2.05+；东山 B，11.11+；胡忠，11.22；苗门（Mieu Môn），11.26；"斯德哥尔摩"，11.40+；老挝，12.01+。

（c）A、B、C 之间有明显的界线；B 呈带一小段曲线的直线，通过这段曲线过渡到 C 部分。

样本：兰蓬，1.03+；卡布南，2.06+；三宝垄，2.12+；桑根，4.02+、4.05+、4.06+；萨雷尔，5.01；罗蒂，6.01+；东山 A，11.10+；黄河，11.20+；玉缕，11.30+；富都，11.35；"维也纳"，11.47+；翁巴，13.10+；"贝拉茨"（Beelaerts），13.02+。

（d）A、B、C 之间有明确的界线；B 呈一条向内倾斜的直线；B 的底部和 C 以一个钝角相连；因此，C 的口径小于鼓面和 A（面径 78 厘米；A：86 厘米；C：70 厘米）。

样本："穆力"，11.28+。（据表格显示，这是唯一一面鼓身呈倒截锥形的鼓）

从（a）-（d）的轮廓可以了解到鼓的发展顺序。从（a）开始是矮胖的钟形；经过（b），它分为三节，B 部分线条流畅，总体仍呈钟形；再到（c），它的外形笔直，中间的 B 部分是圆柱形。这种布局似乎是装饰精致的鼓的特征（东京、桑根等），实际上也非常适合使用羽人或羽饰纹的方格图形，这些纹饰可能是印上去的。A 部分的膨胀表面（有船纹）显然没什么困难，但稍微凹陷的中间部分就麻烦了。对于用手在蜡模上绘制图案的情况，可能也是如此。（d）的轮廓出现了偏离（仅以"穆力"，11.28+为例），这显示鼓的形状在逐渐向锥形转变，这也是黑格尔 III 型鼓和中国南方某些黑格尔 I 型鼓的特征（图版 17.03）。

这个顺序似乎与年代顺序有联系。（a）型恰巧与邦克（Bunker）的"前黑格尔 I 型"（Bunker 1972）相吻合，后者也可以叫作"先黑格尔 I 型"（第 3 章 1 节）。（b）型引出了以（c）（还有纹饰比较少的小鼓，可能是同一个时代的）为代表的重要铜鼓。（关于与年代有关的尺寸和形状的重要性，见第 20 章 4 节）

3.2.5　重量　多数铜鼓的描述中都漏掉了重量。出于实用目的，黑格尔（1902）成了唯一的例外，他的数据得到了其他人的多次引用，然而这并没有引起多数编者去填补这个空缺。

这里又得出了相同的数据，并且还多了一点新的内容（2.12+）。多数是来自中国南方的鼓（黑格尔 I 型），其中五面的重量分别是 23，25.2，31.5，47.6 和 65.6 千克。三宝垄，2.12+，重约 37.5 千克；"维也纳"，11.47+，重 40 千克；萨雷尔，5.01+，据估计重约 100 千克。

黑格尔还记录了很多其他鼓的重量：两面来自中国南方的黑格尔 Iii 型（代

表了他的一个过渡类型）鼓,分别重 31.6 和 46.1 千克。五面黑格尔 II 型,分别重 34.9,72.2,77.5,94.7 和 122.9 千克。黑格尔 III 型和 IV 型的重量要轻得多,远比 I 型和 II 型轻得多,后者的含铅比例也更高。

三面黑格尔 III 型,分别重 15,15.1 和 17.5 千克。黑格尔 IV 型 30 件,重量在 11.8 到 21 千克之间。

《考古》1979 年第 1 期中列出了七种金属鼓（I a - c, II a - b, III a - b）;它们的重量介于 15 - 30,30 - 40,50 - 120 千克之间。

3.2.6 鼓耳 鼓耳（以及其他鼓饰的突出部分）要先制成蜡模,然后再和鼓身一起被铸造成一个整体（第 11 章 1.7 节）。相反的观点则基于这样一个事实,即某些鼓的纹饰在鼓耳和蛙塑下面仍然是连续的,得出这样一个观点,即鼓是借助预制的模块铸成的。如第 11 章 1.1 节所述,这种观点不可能是正确的。再也不能把出自巴厘岛马纳巴的石头碎片（3.03+）当作支持这种观点的证据来引证了。它们都是范模或印模的一部分,并非铸造模具的一部分（第 11 章 4 节）。一旦用这种方式制成原型蜡模,就可以在蜡中加入鼓耳（这与较晚制作的莫科鼓不同;第 11 章 4 节,21 章 2 节）。对于我们在这里讨论的黑格尔 I 型鼓来说,鼓身 A、B 两部分的纹饰并非总是能够在鼓耳下方连续。鼓耳架在鼓身 A 和 B 之间的接缝上。就鼓胸来说,只要把鼓耳放在未装饰的区域上,那主要用几何纹装饰的鼓就不会有任何问题。B 部分的塑模通常会妨碍到纹饰,必要时必须把这些纹饰换成不同的图案,或者把它们断开。鼓胸上装饰的船只有时可能会离鼓耳太近,特别是低处还有动物场景时。

尽管佩砧鼓和莫科鼓（图版 3.01a,21.01 等）的鼓耳呈四边对称排列,但各种黑格尔类型的鼓耳呈双边对称排列。四只鼓耳分为两对,每边各一对（例如,图版 20.01 中的黑格尔 IV 型鼓俯视图）。确实,在一些鼓的照片中,并不是总能清楚地看到四边对称和双边对称的区别,如"斯德哥尔摩",11.40+。关于 *OV* 1929:图版 40 中介绍的西巴达克（Cibadak）,2.02,俯视图,毫无疑问鼓耳是呈十字形排列（但无论怎么样,这种微型鼓是很零散的）。

就鼓耳的形状与铸造来说,连黑格尔 I 型在内的各个鼓也是互不相同的。鼓耳通常由两条曲线组成,它们并排在一起,彼此分离（见图版 2.03, 2.12, 11.40,11.47 等）或用一根小横杆连接。多数鼓耳都忠实地反映出了铜鼓的非金属原型中的辫状鼓耳（第 4 章 3 节;关于玉缕鼓,11.30+还有另外一个有趣的发现,见第 11 章 1.7 节）。

黑格尔 I 型的鼓耳较大。中国南方黑格尔 IV 型的鼓耳也是如此（图版

20.01）。而黑格尔 II 型的鼓耳要小得多，黑格尔 III 型的鼓耳则非常精致（分别是图版 18.02 和 19.04）。在这两个例子中，鼓耳都位于鼓胸的中部以下，或者是架在 A 与 B 之间接缝上的小耳（图版 19.04）。

3.2.7　其他特征　关于由蜡模塑造及后续浇铸而产生的垂直脊线，见第 11 章 1.6 节。

3.2.7.1　铜锈　我意识到这样一个事实，即铜锈的成分和颜色在本书中是一片空白，虽然对于铜鼓等金属器物的外观来说，它们是必不可少的。除了课题本身的困难，这也是目前我无法解决的难题，阻碍我和其他金属鼓研究者从一般意义上讨论铜锈的一个主要问题肯定是这些器物的广泛传播。这并不是没有尝试详细记录较大收藏品中的鼓的色系的借口，例如雅加达博物馆中的鼓。实际上，我们只是发现了佩砧"月亮鼓"是蓝黑色系或者其他鼓是绿色系（D. Mazzeo & C. S. Antonini，*Angkor* 复制了一张"穆力"，11.28+的清晰彩照，Milano1972：18）[4]。

3.2.7.2　穿孔和无意的孔洞　任何对铜鼓感兴趣的人都不免对鼓身上经常出现的大量孔洞和穿孔感到好奇，它们有时也会出现在鼓面的平檐上。孔的形状或圆或方，有时内部填充着其他种类的金属。有的在鼓面上呈一个环形排列（黄河，11.20+；"穆力"，11.28+；玉缕，11.30+）；有的遍布于鼓身表面（萨雷尔，5.01+的全身遍布孔洞；"穆力"，11.28+；"维也纳"，11.47+）；有的环绕鼓胸三圈，如此交替，看起来就像一连串的梅花（就像是骰子的一个面），这只是连带的效果，或者似乎就是如此（Parmentier 1918，1932）。这些孔洞及类似记号的出现可能有各种不同的原因。

这些孔洞可能是销钉留下的，销钉的作用是在铸造过程中使外范和内范分开（Heger 1902：51；第 11 章 1.5 节）。有少数鼓的孔洞是试图填补裂缝导致的（葛林芝，1.01；佩砧，3.01+，它们的形状非常奇特）。浇铸后打孔是一种对鼓调音的手段，这也被认为是一种实用的原因；另一方面，锣和鼓上的孔并不总是能影响它们的音质，如果击打的地方震动不够强烈的话（Sachs 1913 & 1962：291；Simbriger 1939：10）。第 5 章 5 节将讨论打孔在法术宗教及象征方面的意义。实际上，这是一种随葬重要人物之前把它"杀掉"的方式。因此，考虑到每种鼓的不同解释，应该以更开放的思维来看待鼓上出现的孔洞。

对于近期制造的黑格尔 IV 型鼓来说，有时候孔洞是用来"伪装"的。换句话说，就是让鼓看起比实际更古老（关于出现"无意的孔洞"的技术问题，见第 11 章 1.5 节）。

注释

1. Heger 1902 — Gühler 1944：图版 I — Bezacier 1972：图 104 — *Musikinstrumente der Völker* 1975：22,图 1。也见 Meyer and Foy 1897：图版 XIII(展示了它们的 6 个类型)以及 Foy 1903 — Van der Meersch 1956。

2. Heger 1902：61 - 62 — Van der Meersch 1956 — Bezacier 1972：190 — *Musikinstrumente der Völker* 1975：图版 14 - 15。

3. Heger 1902：44 — Goloubew 1929：12 - 13,图 2 and 图版 VII - VIII — Janse 1935 - 1937, 1958：34 - 35 — *ESEA* 1979：119,注释 35 — Van der Hoop 1941：Pl. 65b — Van Heekeren 1958：图版 5b(后两个是来自阿洛岛的莫科鼓)。

4. 古螺城的城堡中发现了一些金属鼓,发现地点在安阳(An Duong)的寺庙附近。据报告称, 这些鼓已经被"染"成了蓝色(*Voix des tambours* 1983：41)。

第4章
铜鼓音乐学

4.1 作为乐器的铜鼓

4.1.1 各领域内精通命名的专家——民族学家、考古学家、民族音乐学家或分类学家努力为铜鼓寻找最合适的称呼,他们希望最终能把它们"抓"到自己所选择的系统中。[1]"抓"一词最恰当不过,因为铜鼓是独一无二的,几乎与任何地方都不匹配。然而,给一件事物命名并不是随意地从一套规范中选一个名字。一个命名反映了,或者应该反映我们想讨论的事物的至少一个或多个重要特征;简而言之,命名就是定义。因此,当讨论铜鼓时(使用我们目前为止一直使用的名称,在本书剩下的篇章中也会再次用到,有时也会用缩写"鼓"或者"金属鼓"代替),我们不能简单地避开当前的讨论而没有任何解释。为什么我们坚持使用"铜鼓"(kettledrum)(这个名称已不止一次地遭到批评)这一名称而不是换成"铜锣"(kettlegong)(这个名称也没有被普遍接受)或者使用众多俗名之中的一个呢(参第4章2.2节)?除了地理意义之外,不用后面两种名称的原因之一是鼓的数量太多了。

为了避免冗长的讨论,我们利用了各个领域提出的观点或是在看待这些器物本身时凸显出重要性的观点。为了保持客观的态度,我们就用 X 来称呼铜鼓。(X 的形状恰巧与我们谈论的器物的形状相似)。

4.1.2 首先,应该提出一个问题:X 是一种怎样的乐器(如果它完全应该被叫作乐器的话)? 它可以是悦耳的(就像字典中乐器的定义一样);它也可以为舞蹈伴奏。此用途的乐器往往被叫作"发声乐器"(sound instruments)(荷兰语:"klankwerktuigen";德语:"Schallgerate""Gerausch- und Rhythmusinstrumente",有时也叫作"Larminstrumente"，意思是声音制造器)。[2]这种乐器发出的某些声音是和谐的。想想牛铃声、寺庙的钟声或锣声就可以了。其他声音不是由合适的乐器发出的，但也有很多广为人知的功能，例如发射信号（"信号乐器"）、宣告一些重要人物的到来、鼓舞士气、威慑敌人、驱散鸟群或恶魔。其中一些乐器要制造出一种神秘、圣洁和威严的气氛，为的是把我们带入到宗教和法术当中。至于发射信号、有节奏地击打或随意地击鼓，则可能用到任何东西——实际上也用到了：锅、盆、空的煤油罐、米杵或挖洞器。对于更加隆重的场合，人们创造出了形状美观且带装饰的手工制品，甚至是艺术品。东南亚铜鼓（我们的 X）显然是在其中的；通常来说，它们是乐器，尤其是发声器。根据乐器制作和打击的方式，它们可发出各种各样的声音。可以是雷鸣般的声音，也可以是一阵短促的击打声。声音的力度时强时弱，速度也时快时慢（第 4 章 4.1 节）。再者，在所有乐器中，它们属于最复杂的一类。它们有着复杂的发射信号和指挥的功能；其特殊的纹饰构成了其大部分的象征意义，这些纹饰正好表现并且增强了它们的社会和宗教属性。它们是用金属——一种昂贵并且在很多方面都很神秘的物质——制作的，这一事实加强了这些器物的社会和宗教法术的属性。

4.1.3 作为一种乐器，并且经常专门作为一种发声器，X 通过震动发出其特有的声音。在其特有的情况下——有很多影响震动的其他途径，虽然它们不是那么重要——震动是用拍子敲击共振材料产生的。简要来说：X 是一种打击乐器，由于俗语中把打击乐器叫作"鼓"，所以 X 是一种鼓（在这种普遍意义上）。

上文提到的"共振材料"就是金属（青铜或黄铜，或是技术意义上的"金属"，在第 11 章 2.1 节中讨论）。现在，X 并不是只有一部分由金属制成，其他部分则由其他材料制成；制作 X 的材料只有金属，没有任何其他物质。换句话说：X 是纯金属的，它是一种纯金属的打击乐器（这句话概括了目前所得到的结论）。再换句话，X 是一种普遍意义上的金属打击乐器。[3]纯金属打击乐器和那些木制、陶制及葫芦制作的打击乐器是不同的。此外，纯金属打击乐器也不同于不是通过敲打而是用其他方式发声的打击乐器。

4.1.4 X 的一个更显著的特征是它是一个整体[4]（译者按：原文中无注释 4，应在此处）。经过预先处理（借助模具和蜡模原型，第 11 章 1 节中有说明）后，纯金属的 X 是作为一个整体铸造的，通过这种方式可以成功地实现一体式的效果（在东南亚，不论何时何地制作的金属鼓都在有意地去追求这种效果）。

因为 X 是一个整体，所以我们可以把它称作"纯质"（但仅限于在这个特定意义，并不是"空心"的反义词）。因此，X 本身完全是一种发声器，它在发声时必须通过演奏者的敲击,但不需要借助膜或弦。正式来说,X 是一种体鸣乐器,"一种通过自身的器身和材质发声的乐器"。因此,X 区别于其他依靠膜("膜鸣乐器")或弦("弦鸣乐器"),或者不太明显的东西,例如吹入乐器中的空气而发声的乐器("气鸣乐器")。[5]

注意,由于 X 没有膜——制作材料与器身不同,因此不同于属于金属器身一部分的金属鼓面——所以 X 不是膜鸣乐器。因此,我们中那些把膜鸣乐器和"鼓"等同起来的人反对用"鼓"这个词来称呼 X(我们稍后会再次谈到这一点)。

还要注意到,因为没有膜,所以没有为纯质的金属鼓调音的可能性。它所发出声音的可能性非常有限。金属鼓的鼓手必须从鼓面的中心到边缘移动鼓槌,或者把鼓槌换成较软的拍子(第 4 章 4.3 节)。即使是金属鼓身内或其周围的空气也只有传递声音的作用,而没有制造声音的功能,长笛内的气柱或吹入这种或其他管乐器的气流也是一样。金属鼓发出的声音有节奏,但几乎没有旋律。作为乐器来说,金属鼓肯定是很单调的(Baines 1969:28)。

4.1.5 因此,目前得到的定义可以概括为:X 是一种纯金属的纯质体鸣打击乐器。随着时间的推移,这个定义也适用于其他一些东亚或东南亚某些地方的典型纯金属乐器:钟、锣、金属裂纹鼓(与常见的木制裂纹鼓不同)等等。我们必须在这里介绍一种不同的标准:乐器的外形和影响发声的机制。

钟在中国和日本都很重要,早期东南亚的钟也为人所知(Malleret 1956)。爪哇和巴厘的寺庙钟和祈祷钟与印度及其邻国的钟属于同一类别(Kunst 1968)。在青铜时代,大象可能会佩戴钟。人们以各种各样的方式把钟悬挂起来。钟可能由某种器身构成,器身顶部有一个小的饰板,但被击打的部分是器身的边缘,而不是用来辅助悬挂的饰板。与我们的 X 相比,钟通常十分地厚重;在纯金属的体鸣乐器中,钟属于器壁较厚的一类。钟的器壁甚至比锣的还要厚。

锣是一种圆形的金属盘,有平坦的,还有隆起的,中心有一个击打的圆形凸起。它的形状与碗相似,尺寸有大有小(关于锣的古物,见第 4 章 3 节)。没有圆形凸起的平面饰板叫作"disques sonores"(发声圆盘)(法语,但其他语言中也使用该词)。通常敲击锣的中心部分所发出的声音最大。X 的上半部分与某种锣相似,但这种乐器实际上却不能叫作锣。鼓身就是对这种叫法的抗议:它的形状并不能让人想到任何锣的形状。再者,X 和锣的制作工艺也不同,X 是使用一种复杂的失蜡工艺铸造的,而锣是锻造的(也有一些特例),锻造之前还要先铸造一个饰面。虽然如此,X 早期的原型可能与带支架的锣有关(第 4 章 3 节)。然而,如我们所知,一般来说,X 并不是锣。

回到 X 自身：与钟和锣相比，X 的表层较薄，器身也仅有几毫米厚。原因大概是人们要经常搬动它；如果鼓壁太厚，那些重要铜鼓就都无法移动了。不过，也有很小的 X，但也有很大的锣，例如爪哇的阿贡锣（gong agung）。但不能否定，纤薄的鼓面和鼓身是 X 的一种决定性特征。我们有必要讨论一下 X 奇特造型的由来。在这里，只需说其最终看起来像一种倒放的水桶即可。就任何一种看起来像平底大锅的金属器皿而言，我们也可以把任何种类的金属容器当作是类似物，例如釜（kettle）。就此来说，"kettle"一词也可以用来描述某些类型的锣的坚硬的（solid）金属器身（波难锣［bonang］，惹永锣［reyong］；Kunst 1968）。这使我们明白，为什么到目前为止，作为一种纯金属的坚硬薄壁釜形体鸣打击乐器，X 的最佳名称是"kettledrum"。因而，尽管某些音乐学家和民族家对此提出了反对意见，我认为坚持"kettledrum"这个名称是明智的。

一般来说，铜鼓是一种鼓，是一种打击乐器。在这个意义上，使用"鼓"并非只是随口一说。在民族学和音乐学的术语里，有一种特立尼达拉钢鼓（the steel drum of Trinidad）（由一个改造的油桶，也就是一个容器制作而成，现在被用作乐器），还有一种非洲裂缝鼓（slit-drum）[6]（译者按：原文无注释 6，应在此处），它是本章之前提到的另外一种体鸣乐器，其音乐以外的作用与某些铜鼓的相似。再者，在东南亚和中国，铜鼓的某些当地叫法就源于"drum"这个词（第 4 章 2.2 节；我不知道任何与"gong（锣）"有关的当地名称）。中文名称"铜鼓"包括了"铜"（"青铜和黄铜、金属"）和"鼓"的元素。当谈到与节日有关的乐器时，阿洛岛的人会不约而同地提到"鼓（莫科鼓）和锣"。再者，关于鼓的用法及观点在很多方面都与铜鼓相似。

最后，但当然同样重要的是，各类型铜鼓的发展史表明，（膜鸣）鼓是一些金属鼓的原型。我们将在接下来的部分中讨论这种发展史，它在黑格尔 I 型鼓中并不明确，但与包括佩砧鼓在内的其他类型直接相关。

4.2 铜鼓的名称

4.2.1 铜鼓的命名 对东南亚的民族而言，像"铜鼓"这样的青铜器是他们的现存文化的基本要素。这些民族用当地的名称来称呼它们，否则就会像那些偶然遇到它们的西方人一样认为它们很神秘。在这些情况中，它们相应地被命名为：例如，"月亮鼓"（萨西，3.01+），一个人名，或 tifa guntur（蒂法贡拖）（"雷鸣鼓"，摩鹿加群岛上的一种类别名称）。有时它们拥有人名，如"马卡拉茂"

(4.02+),"萨里塔桑吉"(4.05+),"波索那尼(*Bo so napi*)"("老母亲[Old thing mother]",8.02+),为的是强调器物的个性和关系的亲密。或者,某些类别的金属鼓,例如那些来自中国南方的鼓,是以其发明者的名字命名的:chu-ko 就是根据诸葛亮将军的名字(公元 181 - 234 年)命名的。这个名字在 1883 年时甚至到达了欧洲(第 2 章 2 节,16 章 4.3 节)。

在西方国家,相似的器物目前还不为人知,它们也一定不是本地的。在那里,一旦第一批金属鼓被认为是一种乐器,研究东方艺术的学者和博物馆的馆长首先必须寻找一些相似物,不论它们的关系有多疏远。就在 1900 年的不久前,第一本关于该研究领域的书籍出版了,人们在此前并不了解这一领域。在这本书中,这样一个相似物被(错误地)认为是著名的"Pauke"(定音鼓)(德语;荷兰语是"Pauk"),它在交响乐团以及管乐队中十分显眼。在管弦乐队的打击乐器当中,它们是成套出现的,位置在乐队在后方;在管乐队中,它们则是成对出现的,分别位于支架的两侧。在英格兰,"Pauken"被叫作"tympani"或"kettledrums"。它们由一个半球形的"釜"组成,"釜"的开口(向上)用一块皮制的膜封住。拉紧或放松此膜可以为这种乐器调音。显然,除了它们雷鸣般的声响以及与亚洲某些地方的战鼓的疏远联系,这种乐器与东南亚铜鼓几乎没有任何相似之处。因此,"Bronze Pauke"一词很快就被人给忽视了。Meyer and Foy 1897 和 De Groot 1901 曾用过该词,连黑格尔都在其早期的出版物中用到过该词(1891 - 1992;他在 1902 年改用了"Metalltrommeln")。但在另一种意义上,作为形状和用途都类似各种鼓的纯金属打击乐器的象征,"kettledrum"并没有失去其魅力。然而,不可否认,因为之前讨论的分类特性(第 4 章 1 节),"kettledrum"这一名称也曾受到过批判(首先是由 Sachs 1914 批判的)。再者,本书中几乎不使用 kettledrum 一词,读者会感觉该词的长度有 点碍事,我有时会使用"drum"或"metal drum"以尽量避免它的生硬感(如 Sachs 所说,那些反对用"drum"而喜欢用"(kettle)gong"的人也不会喜欢这个词语)。"Metal drum",德语:"Metalltrommel",法语:"tambour métallique",它们似乎是人们所认可的"kettledrum"的替换词。在本章中,我们稍后将改用正确的名称。

4.2.2　当地名称　许多仍把铜鼓当作其传统文化一部分的人使用的是当地的称呼。它们大多指的是黑格 III 型鼓或阿洛岛的束腰金属鼓(莫科鼓)。

黑格尔 I 型鼓不再是现存文化的一部分。中文记载用用铜鼓(t'ung-ku)来称呼它们:金属、铜或青铜鼓。[7]某些地区也称为诸葛(chu-ko)。越南语中的 *dōng-co* 也和这个词有关(用于黑格尔 I 型鼓)。

黑格尔 III 型鼓：[8]

缅甸：*hpa: zi*（"蛙鼓"）；

克伦：*pâzi*，*pa-zee*，*pa-see*（"骑蛙"），也见泰国；

老挝北部：克木：*yàan*；拉梅特：*klō*；

掸：*klong kup*（"蛙鼓"），*kam-cêt*；

泰国：*mahoratuk*，*klu*，*lo*，*chu-ko-ku*；克伦：*ya.ng*（*dae. ng*）。

阿洛岛的束腰鼓：莫科；子类型的另外一种当地名称，见第 21 章 6 节。

伦菲斯曾提到，在印尼东部，*tifa guntur*（蒂法贡拖），"雷鸣鼓"用于表示古代的金属鼓（第 2 章 1.1 节；Rouffaer 1918）。

现代印尼语 *nekara* 源自阿拉伯-波斯语 *naqqâra*，它是一种特殊类型的膜鸣鼓。

4.2.3　西方命名　丹麦语："kedeltrommen"，复数是"-trommer"；

荷兰语："keteltrom"；

英语："kettledrum"；在非英语母语者发表的作品中也用"kettlegong"，"bronze drum"，"frog drums"（黑格尔 III 型）；

法语："tambour métallique"，"tambour de bronze"，"tambour de pluie"（雨鼓；在中南半岛）；

德语："Metalltrommel"，"Bronze-Trommel"，"Bronze-Pauke"，"Kesselgong"（Sachs 1915），"Trommelgong"；

瑞典语："kitteltrumma"，复数是"-trumman"。

4.2.4　铜鼓组成部分名称　鼓面：Tympan 或"disc"，"plaque"，"tray"；法语："disque"，"plateau"；德语："Deckplatte"，"Scheitel"，（不正确的）"Bodenfläche"；印尼语：*timpan*，*bahagian atas*（上部），*bidang pukul*（击打面）。

鼓身：Mantle 或"body"，"casting"，"cylinder"，"resonance case"，"shell"，"walls"；

A 部分：upper part（上部），"shoulder"（肩）；法语："surface bombée"，"tore"；印尼语：*bahagian bahu*（肩）；

B 部分：middle part（中部），cylinder（圆柱），"waist"（腰）；印尼语：*bahagian pinggang*（腰）；

C 部分：lower part（下部）（截锥）；印尼语：*bahagian kaki*（足），*mulut nekara*（鼓口）；

BC 部分："trunk"（躯干）；法语："caisse"。

4.3　孕育史

为第一批铜鼓塑造模型的早期原型可能是某种打击乐器。在有记录的金属鼓当中,我们可能会把注意力先集中到空竹或沙漏形状的("有腰")木管上,管上配有柳条编织的把手。这种管在印尼东部仍在被使用,名为"蒂法"。[9]管的一端用皮制的膜封口;另一端为敞口。蒂法鼓是手鼓,紧贴着鼓手的身体。鼓手可能在跳舞,如图版 22.02 中的一样;或者是一个小型乐队的成员,像图版 22.01 中的婆罗浮屠浮雕里的人一样。鼓手把鼓夹在左臂下,用右手敲击鼓膜。这样一种简单的"融合"转变成了纯金属乐器,之后的结果可能是出现了如小型或中型佩砧鼓一样的器物(第 19 章 3 节)或其后代,即阿洛岛的莫科鼓(第 21 章 2 节)。在这种情况中,我们不能说它是"一种纯质的纯金属乐器",就像我们称呼其他类型的铜鼓时那样,因为佩砧鼓和莫科鼓并不是"纯质的"(一整块),而是由两部分组成:带垂檐的鼓面(第 19 章 3 节)和鼓身,它们一起组成了一个单独的实体——表面上看是这样,实际上却并非如此(仍需要解释的一个细节就是伸出许多的鼓面边缘,不能用起源于蒂法的说法来解释它)。当把膜鸣鼓当作佩砧型的早期模型后,我们明白了为什么后者没有明显的击打点(前者显然也没有)。

一种不同类型的膜鸣鼓(腰部不太明显)可能是黑格 II、III 型金属鼓的基础。因为这些鼓有击打点(需要一个解释),并且黑格 II、III 型在最早的黑格尔类型中并不突出。我们也可能把这些鼓看作是现存黑格尔 I 型鼓的改良版。事实上,各种类型之间似乎都有一定程度的渗透。中国版的黑格尔 IV 型有可能是从黑格尔 I 型直接发展而来,同时还有发展自己的中国外形的趋势(第 3 章 14 节;图版 20.01)。

鉴于其富有特色的复杂形状,作为最早的黑格尔主要类型,黑格尔 I 型鼓需要一个自己的解释,不能用另一种类似蒂法的膜鸣鼓去简单地解释隆起的鼓胸、圆柱形的鼓腰和锥形的鼓足。的确,黑格尔 I 型给我们的印象是鼓腰微显(可能受到了真正的有腰鼓的一些影响),但它们的奇特形状一定还有一些其他的解释。目前为止,人们提出了以下几个选项:

(a)第一面黑格尔 I 型鼓(它也可能是第一个先黑格尔 I 型鼓,其轮廓略有不同;第 3 章 2.4 节,剖面图 a)的制作者可能受到了空竹形膜鸣鼓的启发(就像蒂法后代的情况,是一种底部敞口的单侧鼓)。这种鼓放置在一个可能用柳条制作的支架上。鼓和支架组成了一个（现在是纯质的）纯金属的乐器。[10]它的顶部可能是一种圆盘形的手鼓（没有这种乐器的叮叮响的圆盘），而非一种比较厚的膜鸣乐器。如果膜鸣鼓和黑格尔 I 型鼓之间的确存在这种联系，有一个问题必须得到回答：后者的击打点源自哪里？灵感可能来源于古时候的音乐家当时所用的类锣乐器。事实上，一定有不同的发展渠道、不同的局部原型和各种各样的交叉关系，而非一条单一的直线。然而，人们可能会提出一个问题，即是否确实有与黑格尔 I 型鼓同时存在的类锣乐器。

（b）并非 a 中所述的置于支架上的膜鸣鼓，而可能是类似锣的打击乐器，也放置在一个类似的支架上。换句话说就是成套的锣，包括后来的爪哇加麦兰的高型科农（kenongs）和中型波难（bonangs）。相比选项 a 中的膜鸣鼓组合，这样一个"祖先"可以更好地解释铜鼓的击打点和隆起的鼓胸。

在本章 1.5 节中，我否定了铜鼓实际上是一种锣的观点。如我们所知，铜鼓是一种不同的乐器。然而，是否有任何存在系统发生关系的可能？或者，（如更早时所提到的）早期铜鼓的历史受到了锣的影响？锣在这么早的时候就已经存在了吗？

锣通常被认为是一种不太古老的乐器。事实上，我们对其早期历史知之甚少。昆斯特（Kunst 1942，1947，1956）针对普遍意义上的锣的起源提出了一些建议，他的建议将该起源和地中海东部、罗马以及希腊与东方的商业往来联系了起来。实际上，他指的是"发声圆盘"（本章 1.5 节中曾提到），而它们并不是同一件东西。其他作者把（真正的）锣的起源定位在东南亚，在某个时间（未确定），在中南半岛与中国的边境的某个地方。长期以来，锣明显对各种民族有强烈的吸引力，因而得到了广泛的传播。希姆布利尔（Simbriger 1939：xiii）指出"地理上封闭的地区……从印度半岛到新几内亚西部，从朝鲜半岛和日本到印度尼西亚群岛的南缘"。昆斯特（Kunst 1927，1968）讨论并列举了印尼-爪哇浮雕上的锣，浮雕上展现的数量要比我们料想的少得多，并且只在东爪哇有发现。也有一些考古发现。希姆布利尔（1939）认为锣（起源于东突厥斯坦？）与中国和日本的联系最早发生在公元 6 世纪并在唐朝时（公元 7 世纪）主要往这个方向扩散。在记载中，青铜锣贸易频繁地发生于后来的各个经济中心：爪哇、马六甲和特尔纳特等地。

随着时间推移，实际上不可能证明单个锣和成套的锣在铜鼓发明之前就已经作为一种膜鸣乐器存在了（参本章 1.4 节）。另一方面，可以证明成套的锣至少是和某些较精致的铜鼓同时存在的，例如东京鼓和桑根鼓，4.02+。它们为什么不应该呢? 那时候,创作那种类型的铜鼓的金属工匠都是娴熟的技工,他们当然也就有能力铸造或锻造像锣那样的器物。在东京鼓("穆力",11.28 +;玉缕,11.30 +;黄河,11.21;"维也纳",11.47 +)以及桑根,4.02 +中,O 型房屋(凸顶)上的圆圈很可能是垂直摆放的成套的锣,由站在两套鼓之间的一个乐者演奏(第 7 章 2.9 节;图版 4.02b - c,11.30d - e)。在制作这些鼓的时期,成套演奏的锣显然是现存文化的一部分。无论如何,在制作这些鼓的越南北部是这样。

(c)对黑格尔 I 型的造型还有第三种解释。黑格尔 I 型的特有模型让人想到了一件倒置的陶罐。它从一件偶尔(现在仍是)被当作现成的打击乐器的"一整块纯质的家用工具",逐渐转变为一种纯金属的正式工具(P. Levy 1948:21 - 22;至于锅"La marmite"的神秘属性,本文中已经说了很多了。根据 *La Voix des Tambours* 1983:42,近来在越南北部发现了新石器晚期的陶鼓)。关于主要和次要的原型有足够的选择,这一点对读者来说也是很明显的。此刻,除了把各种各样的可能性(或更多一些)当作普遍背景记在脑中,我们最好不要做任何肯定的选择。

4.4 鼓的演奏方式

4.4.1 绪言 关于"鼓是如何被演奏的"和"近期类型的鼓是如何仍在被演奏的"这两个话题的信息很少。与中型鼓和小型鼓相比,早期鼓的大型样本自然必须要以不同的方式和姿势演奏。关于以下解释,我们必须要感谢那些有机会看到和听到演奏鼓的音乐学家和民族学家。

4.4.2 摆放姿势 依据鼓耳的位置判断,鼓被悬挂起来以便让鼓面保持水平。就此来说,这是唯一能让重要铜鼓鼓身上的船只、士兵和动物图案保持正确方向的方式(Cuisinier 1948:图版 XXX;Thuong Lâm,11.43 +)。公元 1012 年的一份中文记载中提到发现了一面雄鼓,鼓的四只鼓耳上有额外的环,可能是用来悬挂鼓的(De Groot 1898:342)。在一些藏有铜鼓的博物馆中,有一面鼓被悬挂在一个木架中以水平的姿势展出(Heger 1902:图版 XVIII)。这也是泰国一直使用的摆放鼓的方式(Gühler 1944;本书的图版 19.01,改编自 C. Op't Land)。

据说克伦人使用鼓的方式是不同的。他们把鼓悬挂在树上,用绳子系住一对鼓耳使鼓面处于垂直的方向。鼓手用脚支撑着鼓足(图版 19.03,改编自 Marshall 1929;也见 Buschan 1923:图 559;Sachs 1917:图版 2,改编自

Scherman）。在"穆力"，11.28+的纹带中，有一栋房屋的前山墙上挂着一面鼓，这面鼓就是以类似的姿势摆放。

黑格尔（1902：图版 XLV）绘制了一幅关于苗族音乐家（贵州）的图画。画中的人把鼓架在一根柱子上，有两个人在击鼓。

当演奏 *yàan*（老挝北部克木人的黑格尔 III 型鼓；第 22 章 5 节）时，鼓被挂在离地面或地板非常近的位置（Lundström and Tayanin 1981）。演奏者坐在一个矮凳上或蹲在凳子前面。只有一个鼓耳被用来悬挂鼓，鼓面竖直，鼓身水平，鼓随意地摆动着。所用的绳子应该至少有 2 米长，悬挂鼓的树枝或架子应当不是僵硬的，这样悬挂的鼓可以发出一种轻柔的回响声，这种声音要比僵硬的支架和短绳造成的尖锐的停顿声更受欢迎。

在一些节日仪式上，*yàan* 的悬挂方式则是让鼓身上装饰的小型人像面朝地面（在每种情况中都要为绳子选择不同的鼓耳）。

4.4.3　击鼓　继续讨论有关克木的资料，该资料出自 Lundström and Tayanin 1981。为了避免敲击的力度过大导致鼓面弯曲，必须要使用一个带软垫的短柄鼓槌。葬礼上使用的短鼓槌上绑有柚子，它可以发出非常柔和的声音。鼓手通过快速而有规律地敲打鼓面的中心来击鼓（和克木人所使用的锣）。这是一种"激烈的声音"，意指危险和不安。在"喜庆的"场合，鼓手则以"冷静"的方式击鼓：速度缓慢且比在葬礼上的更复杂（正如作者具体说明的一样；也见 De Gironcourt 1943 关于老挝北部的卡族［Kha］的观点，"一种对那里的所有少数族群都适用的说法"，由 Lindström and Tayanin 1981：80 归纳）。也可能有额外的"刮擦"声，这种声音是用左手的指甲敲击 *yàan* 的鼓身产生的。敲击的地方是鼓身的最宽处，离鼓面有 15 厘米。根据隆德的团队描述，元克木人（Yuan Kammu）似乎不会像其他人记录的那样用坚硬的鼓槌去刮擦。

依据 H. I. Marshall（1929），"击鼓的方法（在克伦人当中）开始时是快速而简单地敲击鼓的边缘，然后随着每次敲击都向中心靠近一点，击打的力度也在增加。最后到达鼓面中心时，击打点落在了太阳纹的中心，击打带有节奏，击打的力度和频率由场合的主题决定"。我们由此想到了印尼裂缝鼓慢-快-快-慢……的节奏，用亚普·昆斯特（Jaap kunst）的话来说"就像一个弹跳的球"（*Cult. Indië* 4, 1942：232；C. von Fürer-Haimendorf 在《赤裸的那伽》［*The Naked Nagas*］1939 中记录了相似的节奏）。

回到克伦人。把木拍或竹拍的一端用一块布缠住后可以当作鼓槌使用。"演奏者一手执鼓槌，另一只手执几根分叉的树枝或竹片，敲击鼓面的同时也用树枝或竹片敲打鼓身。与西方乐队中为低音鼓伴奏的铜钹产生的效果相比,这种方式并没有什么不同"(Marshall 1929;图版 19.03)。

在泰国,人们用的是两支有软垫的鼓槌。他们开始时以比较快的节奏击打鼓面。击打点沿着鼓面半径从鼓面中心移到边缘,然后又回到鼓面中心。音调因此而产生了一定的变化(Marshall 1932; De Gironcourt 1943)。

阿洛岛的莫科鼓(就它们都被当作乐器使用来说,第 21 章 10 节)与该地区其他鼓(膜鸣乐器)的演奏方式相同(图版 22.02)。作为祖先型中最华丽的样本,佩砧"月亮鼓",3.01+用人的头像或面具作装饰。同样地,在这种情况中使它们保持自然姿势的唯一方式就是把鼓放入框中悬挂起来,且鼓面朝上。

东京的某些黑格尔 I 型鼓上的画面显示,铜鼓被放在一个脚手架的下方,坐在架子上的人正在用长鼓槌锤击鼓面。人们正在举行一场宴会。通常两面("维也纳",11.47+)或四面("穆力",11.28+;玉缕,11.30+;黄河,11.20+)鼓组成一套。然而,已经有人指出,锤击鼓代表的并不是奏鼓而是舂米,是在祭拜那些占有鼓的神灵。这种祭拜要么是惯例,要么只是场合需要。人们可以看到谷粒经过鼓口落到地上。锤击者击打的并非是鼓面,而是鼓面上方的台面,那里可能会有稻谷(第 7 章 2.7 节)。相比我们已知的金属鼓的演奏方式,东京鼓并没有为我们提供更多的信息。这也适用于一副手持一支长鼓槌的女性画像,这幅画像是在一座云南墓葬中被发现的,同时发现的还有一面金属鼓。有人猜想这名女子正在锤击鼓面。然而,这种想法并不正确(第 18 章 5 节)。

4.4.4　声音

克伦鼓的鼓面发出一种"沉重的"音调;然而,鼓身发出的音调则更轻盈且更高(如上文所说,这并不一定是前者的八度音,Sachs 1915, 1917)。

巴门特(Parmentier 1918)观察到,玉缕,11.30+的中心部分,即鼓面的金属结构与其他部分不同。当被敲击时,它发出的声音要低 3 至 4 个音调。

C·奥普特·兰德先生(鹿特丹的民族学博物馆)写到,1973 年,在曼谷的一个农业庆典期间,当敲击鼓的中心时(图版 19.01),鼓发出一种不同于钟声的"唱歌"声。正常情况下,每面鼓都会发出一种低沉的声音,并且带有尖锐的范音(私人通讯,1979 年 11 月 10 日)。

注释

1. 关于民族音乐上的分类:Mahillon 1880 — Hornbostel & Sachs 1914(这种略微被修改过的

体系已被多数其他人沿用）—Kunst 1927 至 1973 之间—Schaeffner 1936 — Marcel-Dubois 1941 — Jenkins 1970 — *Musikinstrumente de Völker* 1975：ix–xi。

2. Musifeinstrumente der Völker 1975：xi — kunst 1955：57。

3. 从更严格的意义上来说，金属木琴就是用金属制作的"条形体鸣乐器"（与木条制作的木琴相比）。

4. 在这个普遍规则之外还有一个例外的情况：佩砧型铜鼓及其后代，莫科鼓。它们都是由两部分构成的（第 11 章 4 节；第 19 章 3 节；第 21 章 2 节）（译者按：原书正文中没有标识注释 4 的位置）。

5. 与膜鸣乐器、管乐器和弦乐器相反，术语"solid（纯质）"（*ghana*）曾为印度早期的音乐理论家所用。它们的体系在根本上与 Hornbostel & Sachs 的分类（以及之前 Mahillon 1880 的分类）相同。后者用"autophone（自鸣乐器）"和"idiophone（体鸣乐器）"代替了"solid"（分别是 Mahillon 和 Hornbostel & Sachs）。由此导致的体系一部分是基于乐器的演奏方式，一部分是基于制作乐器的材料和最终的结构，斯奇佛纳（Schaeffner 1936）"提出了一种基于发声材料的物理属性的分类。作为一种新的思考乐器的方式，并且可能作为接近原始的方式，这是有趣的：乐器声音的两个主要来源是纯质器身和空气的震动，前者可再分为僵硬、柔韧以及紧绷的器身"（Baines ed. 1961，1976）。这一约 50 年前提出的"新思维方式"听起来仍然新颖，或者似乎如此。我使用了一些各式分类中使用的标准，它们似乎也适用于铜鼓的分类。

6. "slit-drum"（裂缝鼓）或"tomtom"（手鼓）（荷兰语："*spleettrom*""*tamtam*"；德语："*Holztrommel*""*Schlitztrommel*"；印尼语："*tongtong*"；爪哇语："*tongtong*""*kentomgan*"；巴厘语："*kulkul*"）通常是木制的体鸣乐器——一根修整过的树干或一块部分纵向分叉的空心木头。虽然，其在非洲的对应物"话鼓"（talking drum）以水平方向放置并且用鼓槌敲击，但印尼的裂缝鼓是悬挂在树枝或某种框架上的；还有一种更小的"普通版"是用一块竹子制作的；在印度-爪哇时期，人们在东爪哇和巴厘制作了一些形状美观且有装饰的青铜裂缝鼓，当然，它们是供王宫使用的。作为较朴素型的手鼓，它有发射信号和下达指令的作用，所以它与其主人有直接的联系，特别当它的主人是村庄的头领的时候。这种经常被称作夫妻关系（让人想到士兵与他的武器、枪手与他的枪）的关系也与长官和其铜鼓之间的关系类似（第 5 章 3 节）。关于裂缝鼓：J. s. Brandts Buys 1925：20–26 — Kunst 1927，1968：56–58 — D. H. Meyer 1939：415–446（译者按：原书正文中没有标识注释 6 的位置）。

7. 关于其他偶尔用铜鼓或相关名称指代的乐器，见 Simbriger 1939：20–22。

8. 见第 3 章 1.3 节和 22 章 3–5 节，大多数本地名称都在这些章节的适当语境中被提到了。

9. 佩砧型的外形也让人想到了一些其他的束腰鼓，例如印度和西藏的知名手鼓（*damaru*）（在莱顿民族学博物，东爪哇新柯沙里[Singosari]的"金轮"[Cakracakra]石像中也出现了这种手鼓，它的年代属于印度东北部的图像影响复兴时期，大约在公元 1300 年；Kunst 1968：图版 48–49；Bernet Kempers 1959：图版 236）。然而这些相似点只是表面的，因为手鼓是两边拍打的鼓，它的演奏方式是晃动或快速旋转鼓使两条末端带有小球的绳子敲击鼓的头部（这种方式与中国小贩的拨浪鼓[Kelontong]相同，它是一种桶形的小型手拍鼓，过去曾为印尼城镇的居民所熟知）。这两种乐器类型（手鼓和佩砧鼓）可能被认为是不同的发展，从空竹形的原型开始，一种发展为两面的膜鸣手拍鼓，另一种发展为单面的体鸣金属鼓。

　　（单面）束腰鼓见于婆罗浮屠浮雕 O 151，II 122，IV 7 中（Kunst 1968）。东爪哇也有赤陶器物（Kunst 1.c：36‑37，图版 67），它们可能被用作束腰鼓的器身（或者是它的仿制品）。

10. 这个假说首先是由戈鹭波（Goloubew 1932：142‑148）提出的。作为支持其观点的论证，戈鹭波引用了河内博物馆一面 13 或 14 世纪的铜鼓。这面铜鼓凸起的鼓身上有两排球结（knobs），它们重现了鼓膜周围的钉头结。不能用这来证明铜鼓在很多世纪以前起源于膜鸣鼓。制鼓人的灵感更可能是来自那时期的铜鼓与常见的膜鸣鼓的相似之处（正如戈鹭波自己那样），他通过添加球结玩笑着强调了这一相似之处。一面有球结的金属鼓：Hirth1890 — De Groot 1898 — Huyser 1931‑1932：314‑315；也见图版 20.01，一面黑格尔 IV 型鼓。

第5章
功　　能

5.1　主要功能和次要功能

5.1.1　铜鼓有各种各样的用途;从中国早期的记载中,从缅甸、泰国及老挝北部等国家以及阿洛岛近来的用法中,我们知道了这一点(第22章1-5节,21章10节)。此外,某些重要铜鼓上的人物场景也为我们提供了一些有限但直接的资料。严格从技术上讲,铜鼓最初的功能是用作乐器或"发声"器。由于它在古董及金钱上的价值,铜鼓有了次生特性(secondary quality)。我们可以假设,这两种功能之间有着巨大的差别,虽然情况要复杂得多。从早期开始,鼓的外形就发生了一些基本变化,这些变化并不是专门为了提升乐器的音乐品质。这些变化导致鼓身和鼓面上出现了纹饰。

击鼓发出的声音以其爆破性而引人注目。它的声音可以传到很远的地方,因此非常接近雷鸣产生的骇人效果,并且还能营造出一种神秘且活跃的氛围。敲击圆形击打点(percussion boss)产生的震动把原本静态的金属片变成了一个活物。发出的声音可以充当断音信号召集人们去工作,如缅甸和泰国的克伦人就是这样,或者还能"鼓动"成人参加重要会议和战争。[1]1573年的一份中文记载中写道:"当在山顶击鼓时,所有蛮(Man)族(或"南方蛮族")就会集结成队。""当部落间要打仗时,击鼓后人们就会云集。"[2]("云"字是特意使用的;鼓和雷以及雷和云都是密切相关的)除了召集战士和传达命令外,鼓还能用来震慑和迷惑敌人。[3]在帕塞玛的巴都加耶(Batugahjah)描绘有士兵把便携鼓挂在大象身体两侧的画面。对这种便携鼓来说,两种用途可能都有(1.04+)。

5.1.2　拥有信号鼓是指挥官、族长或国王的特权。当在正式场合击鼓时,如在当代的暹罗王宫当国王或王后入场的时候,铜鼓起着相当于王权的作用,虽然它要比其他徽章更加生动和活跃。[4]鼓手给浩荡的鼓声赋予了生命,鼓声则营造出了吉祥热烈的气氛,或悦耳或狂噪。再者,在寺院的神灵面前,它散发出一种可以听到的神秘圣洁的氛围。再或者,除了用比单敲钟或拍掌更急切的方式吸引幸运之神的注意外,它还可以用来驱邪。[5]在克伦人的村庄里,节日期间的空气里充斥着鼓声的回响,空气因鼓声也变得神圣起来。读到此处,我们想到了印尼在主要的穆斯林节日期间会连续敲击大鼓,还想到了日惹在施嘉登节期间的加麦兰合奏,这是一种由各种打击乐器组成的特殊的管弦乐队。

5.1.3 如果要以国王和神父的身份来演奏,演奏者的投入就需要与这些神圣的功能相匹配并且还要突出它们的特征。同样,在保留声音特性的同时,鼓从单一的信号器具变成了身份的象征或宗教的媒介。在适当装饰的意义上,它不得不承担起仪式外衣的作用,这种装饰反映了对其新接收用途的重视。如果鼓的表面有装饰,那么鼓声就不会更加悦耳。但是,如果纹饰的确很重要,那么一项基本的功能元素已经被添加到了它的其他功能中,主要是技术功能。

5.1.4 铜鼓最初的功能是实用功能:它是一种乐器,只是用来召集人群。在集会时,在各种节日期间,在被俘获的头目被带回来的时候,[6]在祭祀时,在婚礼和葬礼上,人们都会击鼓来为舞蹈伴奏。东京鼓(11.20+,11.28+,11.30+,11.47+)上的人物场景展示了队列和节日的场面。这些场面让人想起了中国记载中描绘的一些苗族在葬礼上演奏金属鼓和口琴的场面。[7]一些云南青铜器上的塑模场景表示了某种会使用铜鼓的祭祀节日(第18章5节)。

5.1.5 古人已经充分意识到铜鼓是通过一种神秘手段用一种同样神秘的材料制作而成的。鼓上的纹饰在一定程度上是神圣传统的印证,并且即使某些元素(例如人物场景)是最近才被引入到重要铜鼓的纹饰中,它们肯定与宗教传统的特征——神圣生命(Sacred Life)是有联系的。由于多种原因,金属鼓被当作圣物以及宗教和社会生活的拥护者来对待。正如近来关于此课题的研究经常宣称的,古代东南亚社会的宗教是一个"鼓教"。[8]这种说法可能过于简单了。然而,在自身历史中经历了多次转变的金属鼓显然与爪哇思想中的哇扬、希腊的寺庙和基督教中的大教堂有着相似的作用。在形状、纹饰以及功能上,它囊括了宗教和社会思想中的基本观点。

5.1.6 没有一件圣物是由于其材料的价值而被选中的。一些大型宗教可能会夸耀圣像和圣物盒的贵重价值。在较晚的阶段,它们的这种价值是作为后来添加的东西出现的。铜鼓(就像罐子、枪炮、织物及东南亚岛屿上其他可能的圣物一样)表现了制作工艺品所要付出的劳动和专业技能,有时还有昂贵的原材料。但是,从宗教的角度来看,所有这些资产与它们被赋予的神圣感并不对等。带着一定的法术倾向,圣物的地位有着非常不同的来源。从经济或金钱的角度来看,这些来源主要由无法衡量的东西组成。有些精神属性是被全体(鼓、织物和罐子等)共享的,有些则是某一个类别特有的,如果不是单个样本的话。通过附加物,例如适当的装饰,铜鼓或中国的罐子所拥有的某些特性在适当的时候得到了强化和巩固,最后但同样重要的是,还通过它们在典礼、仪式中的使用发挥功能,这些场合都与器物最初的神圣性有关。渐渐地,这种神圣性把其他方面全都掩盖了。这种器物原本是打算当作乐器使用的(或者对于罐子来说,是当作简单的盛水器来使用)。经过了社会和宗教用法的各种阶段,它们最终被认为象征着群体和宇宙的“全体性”。这就是发生在铜鼓身上的情况(在这点上,还有婆罗洲的圣罐[9])。

5.2　魔法功能

5.2.1　法术　某些与铜鼓的法术性质相关的次要功能无需对鼓进行任何物质上的改变。击鼓就能使敌国发生火灾,把鼓倒置就能召唤出雷雨。比马人相信他们在桑根岛上的邻居可能就有这样的本事。桑根鼓(4.02+至4.07)目前安全地保存在雅加达博物馆,它的大小肯定能够引起人们的恐慌。

另一方面,许多鼓的装饰方式让人想起了它们的魔法属性(magical propensities)。因此,例如,有些鼓的鼓面边缘环绕有立体的青蛙或蟾蜍。这些总是很吸引人的小塑像刻画的是在雨中玩耍的动物,这些塑像可能与求雨的思想有关。鼓声类似于雄蛙的叫声,人们认为雄蛙低沉的呱呱叫声可以带来降雨。实际上,求雨和生育的法术总是作为铜鼓的主要功能(有时也叫“雨鼓”)被提出来。鼓发出的雷鸣般的声音与真正的雷声自然是密切相关的。与雷雨同时出现以及只要打雷(不论何种方式)就会下雨的惯例相一致,鼓可能被用来制造久盼的雨水。蛙塑帮忙加快了这种效果(也见第9章6节)。[10]

某些研究此课题的作者把在一些鼓上发现的孔雀和大象图案与求雨联系到了一起。[11]另一方面,德格罗特(De Groot 1898)认为它们是普遍意义上的有益动物,因为在农业国家,好运是和雨水相关的。在类似的背景下,中国的锣和鼓上的云龙纹被解释为是求雨或祈福的意思,或者两者皆有。迈耶和夫瓦(Meyer & Foy 1897)介绍的一面鼓上有一位长寿的中国老人和一幅同样象征着幸福长寿的仙鹤图。无论如何,主要依靠的是对相关动物的运用。

康德谟(Kaltenmark 1948)强调了在青蛙与被暴风雨激起的水的神性之间可能存在的联系。"蛮族在埋鼓时希望雷可以和地下水接触,并且确保被雷激活的活水可以留在他们的土地里"。[12]

早期和近期的资料都提到了咆哮的鼓与农业之间的联系。[13]从黑格尔 III 型鼓上青蛙的出现方式来看,青蛙与生育的联系是比较明显的。塑模蛙(plastically modelled frogs)并不是所有黑格尔 I 型鼓(上面的青蛙是后来添加的)的特征,但它们却是所有黑格尔 III 型鼓的共同特征:通常有两只累蹲的蛙。如果它们不是在表演跳跃的姿势,那它们肯定是在交配。我想知道的是,我们是否可以把一个越南青铜缸(thap)的盖子上的人体交媾图当作是交配青蛙的替代品(第17.3.2s章青铜缸;图 17)(译者按:原文有误,应该是第 17 章 3.2d 节青铜缸;图 15)。

5.2.2 法术般的容器 铜鼓的另一种次要功能是当作容器使用(只有倒置时才可以)。因此,苗族人用青铜鼓贮藏谷物和制作酒酿。[14]任何放进圣物(鼓、罐子等)中的东西都容易获得附加的魔法属性。[15]从魔法的角度来看,容器和其内部的东西可能也已经将法力联合了起来;例如,一些用来存放货贝的鼓和容器。目前,人们只在云南的石寨山发现了几件样本(第 18 章 5 节)。鼓本身就是贵重的资产,放入贝币后就可以与丰饶角相媲美。人们把丰饶角与死者同葬以保证死者来世的富贵。与鼓相比,货贝只是漂亮的钱币而已,[16]但是(就像法术宗教氛围中经常发生的那样),其庞大的数量大大提高了它们的法力。

5.2.3 "航海魔法" 东山人的生活与大海相关,自然现象与铜鼓之间的相互关系一定会对他们生活的方方面面产生影响。至少有一部分东山人是航海员,他们的航行环绕了中南半岛、马来半岛以及该群岛南部和东部岛屿的海岸。其他人生活在东南亚大陆的沿岸,也可能生活在航行所到的遥远岛屿上。某些鼓的鼓身上的驳船(第 8 章 1.2 - 5 节)显示,甲板中心位置放着的是一面铜鼓(还有一些其他器物)。现在来看,这些驳船显然不是普通的船,而是由幽灵操纵的灵船,它们的任务一定是把逝者的灵魂送到来世(第 8 章 1.7 - 11 节)。作为逝者最贵重的财物,铜鼓陪着他们一起走到了最后的目的地,即海上的某个地方。有人甚至推测逝者的鼓代表了他的灵魂(铜鼓经常被认为是先祖灵魂的住所)。无论如何,不能就这样把鼓上的驳船当作证据去证明铜鼓属于东山船上的普通装备。另一方面,小巽他群岛和摩鹿加群岛的一些岛屿上发现了大量青铜鼓,这需要一个解释。其中有几面鼓非常贵重,不太可能只是商品或鼓币(第 5 章 8 节)。情况可能是这样的:一些东山家庭从大陆出发往东迁移,他们在航行时带上了他们特殊的铜鼓，只是后来在"海角乐园"的冒险过程中把鼓弄丢了。第二种情况——和其他想法一样都是假设的——可能是这样的，即东山船上携带的铜鼓有某种实际用途，也就是作为一种"船海魔法"来保卫船只和船上的人员抵抗海上的波涛。经过了几个时代，所有民族和国家的水手都相信了超自然现象和雇佣帮手的效力以及来自精神世界的影响。青铜时代的船员几乎再也想不到比魔鼓更好的办法来保障安全。

一个与航海魔法有关的类似功能可能归因于在马来西亚沿海的磅士朗（Kampong Sungai Lang）（15.02+，15.03+）和瓜拉丁加奴（Kuala Trengganu）（15.04+，15.05+）发现的鼓。每个遗址（分别在马来半岛的东西海岸）中都发现了一对倒置的铜鼓并排埋在地下。它们的埋藏方式预示了一些仪式，人们在这些仪式中用串珠来装饰鼓，大概是为了尊崇它们和增强它们的法力。众所周知，加里曼丹（婆罗洲）的圣船上也曾出现过（或仍然存在）类似的装饰，这些圣船的用途和象征意义在很多方面都与青铜鼓类似。[17]磅士朗鼓的埋藏方式是把鼓放在一块形似独木舟的木头的顶部，这种方式加强了鼓、海洋和航海之间的联系。和其他发现的解释一样，把鼓倒置的原因并非是无法反驳的。就像我们看到的一些桑根鼓（4.02+至4.05+）一样，当地人相信把鼓倒放会带来雷雨。对马来西亚鼓来说，这种解释似乎并不合理。另一方面，很可能可以这样解释：把鼓倒放是一种一般意义上的激活法力的手段。有的魔鼓被放到了"战略位置"，也就是海员们启航的海岸。在全世界的海陆地区都出现了类似的放置方式。在非青铜器时代，代表幸运的神灵可能是印度教的伽内什或者佛教中的船员保护神——燃灯佛，也或者是圣母玛利亚——海星圣母。

尽管东山船上的铜鼓——假如它们属于船上的法术装备的说法是正确的——可以作为便携的保卫措施来抵御来自海洋及恶劣天气的威胁，但马来半岛上的那种仪式是永恒不变的，鼓在仪式上被神化成了有魔力的海岸卫士（把鼓装饰一下；把鼓倒放以释放它们的能量；把鼓埋起来以确保仪式的稳定性）。如果不是抵御人类敌人的话，这种埋藏鼓可以抵御（超）自然界的危险。除了这些已经被挖掘的，还有更多埋藏的遗迹。这个事实表明存在几个航海民族（关于另一个不同类型的航海魔法，见第17章3.2节船只主题和图版22.11–12，22.14）。

5.3　首领之鼓

5.3.1　在其他器物之中，铜鼓象征着族长或国王的高贵身份。因此，它与其他鼓,特别是印尼著名的裂缝鼓,属于同一个类别。据说,在东爪哇的玛琅地区,普通农民只有小型的竹鼓;而村长的房子前则挂着巨大的木鼓。这些鼓上饰有雕刻图案。因为村长被认为是村庄的"丈夫",所以他的鼓被称为"雄"鼓。小村庄的鼓(也是木制的)则是"雌"鼓。小村庄是大村村长的"小妾"。村长、村庄和鼓等元素之间的这种"性别的关系"在爪哇的乡村地区十分普遍(D. H. Meyer 1939)。

这样,通过对人和鼓的确认,村长和其鼓之间的关系可以是一种人际关系,或者是一种夫妻关系,正如剑和枪被称为士兵的妻子一样。另一方面,有些族群的人把鼓奉为其族群基本特性的象征,在他们和鼓之间可能也有一种联系。在这种情况下,鼓的功能相当于南苏拉威西所谓的"装饰品"的用途。"'装饰品'是一件受族群崇拜的东西……应当把它托付给族群中血液最纯洁和人品最高尚的成员……王子被认为是品格最高尚的人……装饰品增强了群体的凝聚力和连续性"。[18]

"装饰品"的保管者并非真的拥有圣物的所有权,他代表着整个族群,虽然这个普遍法则也有例外的情况。[19]阿洛岛和弗洛雷斯岛上的莫科鼓的"保管者"也是一样(第 21 章 9 节,21 章 10.4 节)。莫科鼓归群体所有,但被委托给一个人保管。圣罐(tempayans)的情况也是如此,它遍布于该群岛的多数岛屿上并且受到了人们的高度珍视,尤其是加里曼丹岛的迪雅克人(Bertling 1950)。

从战败方那里缴获的鼓有时会被送到当地的寺庙(Voix des tambours 1983: 57)。

5.4　鼓之人格

圣鼓有自己的人格,它的人格就好比一个村庄的灵魂或者其所代表的祖先。因此,继承鼓的桑根人给鼓起了"人的名字":"马卡拉茂"(4.02+)、"外萨瑞斯"(4.03+)、"萨里塔桑吉"(4.05+),这些鼓现在在雅加达博物馆。同样,伊里安查亚的梅布拉特人也是这样给他们拥有的鼓命名的(8.01+至 8.02+)。这些人名可能带有神圣和隐秘的特征,并且不会在普通环境中被使用——这一点与其他一些神圣器物的名称类似。[20]

人们有时会把稻米粒洒落或捣碎在鼓面上来"喂"鼓(第 4 章 4.3 节),或者用血液和羽毛来"喂"鼓(发生在拉梅特人中;第 22 章 4 节),为的都是增强鼓的法力。那些偶尔被发现与鼓(例如,萨雷尔鼓,5.01+)相关的容器可能就是用来"喂"鼓的。再者,当阿萨姆邦的阿奥纳加人制作出一面新鼓(这里是木鼓)的时候,他们会用猪和鸡来祭鼓。[21]至于鼓(磅士朗,15.02+、15.03)上悬挂串珠的话题,上文已经进行了讨论(石寨山鼓中的货贝并不属于此类别;第18章5节)。

这里给出的例子有一部分参考了鼓本身所展示的情况,例如玉缕(11.30+),其他则参考了近期的用法。

17世纪的中文文献中讲到,有时候神灵和金属鼓是联系在一起的。如果有小偷偷了这种鼓,那他到了晚上就会受到惊吓,因为会有像老虎的鬼怪威胁着要杀掉他。直到他把鼓物归原主后,这种情况才会停止(*Voix des tambours* 1983: 58,根据罗香林的说法)。

5.5 鼓之埋葬

约公元900年的中文记载中提到,有的铜鼓会和亡故的主人葬在一起。这表明族长和其鼓之间存在更加私人的关系。根据这些记载,在一位蛮族族长的坟墓中发现了一件被严重腐蚀的样本,颜色发绿,破损严重。鼓上饰有人物图案和蛙塑。东山型遗址的墓穴中既发现了普通大小的铜鼓又发现了微型的铜鼓(第16章2.3节)。爪哇的某些铜鼓是在一个墓地里发现的(贝戈塔,桑根,2.13和2.14)。来自巴生的鼓(雪兰莪,15.01+)发现于一处遗址,根据当地的传统,早在18世纪这里就是马来(布吉)族长墓的所在地(Linehan 1951)。古勒(1944)讲了一个不同的故事,故事中他持有的一面铜鼓已经在土里埋藏了大约60年(13.04)。他是从一个族长那得到的这面鼓,族长的祖父把鼓装满银币后埋到了那里。父亲去世后,他让儿子把鼓挖出来,然后用里面的钱来办葬礼。这面鼓本身就是在这种场合敲击的。这位老人还告诉自己的儿子把克伦鼓上特有的一个小象装饰取下来和他葬在一起。我们还想到了中南半岛的莫伊族(Moï),他们把锣和死者一起放入墓里来"自娱自乐"(Heine-Geldern 1932),他们还相信锣是逝去的族长不可或缺的特征,它可以让他在来世召唤自己的子民(Goloubew 1929: 13)。提到埋藏鼓时,也应该提到先前讨论的埋藏在马来半岛两处遗址中的倒置鼓(15.02+至15.05),虽然它们埋藏的目的不同。应当注意,除了微型铜鼓,从来没有为了直接埋藏而制作的金属鼓;从墓葬中获取的鼓一定比它们所在的坟墓更古老(Karlgren 1942；Sørensen 1979a)。[22]

对鼓的装饰的更深入研究将会为我们提供进一步的论据。这些论据可以把鼓和死亡联系起来,更重要的是,可以把鼓看作"神圣生命"和"合一"的象征,这两个概念是宇宙和人类社会的终极现实(第7章3.4节)。鼓的神圣特征,特别是它们与死者要回到的现实之间的联系,是鼓与其主人同葬的主要原因之一,这个说法似乎是合理的。

对于死者的亲友来说,埋葬铜鼓意味着失去了一件珍贵并且总是昂贵的物品,这对死者的亲属和整个族群来说都是如此。特别是对于后者来说,这意味着失去了一件聚集了法力的物品。随着时间推移,他们不再埋葬真正的鼓,而是用小型的复制品或原物的一些微小部件来代替,例如古勒的鼓上的象饰就被埋葬了。

在缅甸,东吁王朝的伟大征服者莽应龙(1551－1581)就废止了把金属鼓和鼓主人同葬的风俗。作为一种折中的方案,人们把象征性祭品(例如以青蛙的形式)放到了墓中。历任国王之一——蒲甘王朝的国王江喜陀(1084－1112)"把一艘装载宝物的船派到了印度的菩提伽耶去修复那里的神殿,这艘船上就有饰蛙鼓"(Fraser-Lu 1983)。

许多地方都发现了微型鼓,它们大都被放到墓穴中用来代替真正的完整尺寸的鼓(第3.2.3节)。这些微型鼓可以与各种各样的泥塑和纸扎(paper token)等器物(中国人叫作冥器)相比较。几个世纪以来,全世界的各个国家都曾并且仍然在使用这些东西来祭献死者。它们似乎与群岛上发现的微型锄和稻臼属于同一个主题,并且都属于青铜时代的文化。在越南北部,有时会在同一个坟墓中同时发现微型鼓和正常尺寸的金属鼓。

还有一些其他的方法可以避免失去宝贵的完整大小的鼓,这些方法可能与各种鼓的鼓身上的钻孔或切孔有关(第3章2.7.2节,第11章1.5节)。

马歇尔(Marshall)(1929)针对克伦鼓曾说过:"东吁丘陵的很多样本身上都有小孔。有人告诉我,这种情况发生在鼓主人去世的时候,他的子孙没有把整个器物和主人同葬,而是从鼓身上取了足够的部分来吸引鼓的卡拉(K'la)或魂魄,以便让它在来世加入主人的卡拉,同时又不会让他们自己失去仍是鼓主的荣耀。"

一种更加绝对的处理鼓的方式(不过,这会让族群或鼓主人失去它)是在把鼓放入墓穴前"杀掉它"。广泛分布的遗迹的发掘报告有时会提到一些鼓,它们"明显是故意被破坏或'杀死'的"(Janse 1958：36,38)。在石寨山(云南)鼓的例子中,要么是通过在鼓面中心开孔把中心的星纹(鼓装饰的最核心)切掉,要么会把整个鼓面去掉后用一个饰有立体图案的圆盘来代替(Sørensen 1979a)。其他从墓葬中挖出的鼓(如三宝垄和贝戈塔的样本,2.12+)在被发现时已经裂成了碎片,很难确定它们是被故意"杀死"的还是被用其他方式损坏的。近期的民族学证据(关于印度加罗人,1909)讲道:"当一个首领去世时,他的遗体会被放到成排的鼓上。他自己的一面鼓会通过打孔得到献祭，这面鼓也就再也不能使用了。"（*ESEA* 1979：129）"杀鼓"可能也是为了把鼓放到和"准备去往来世的"死者类似的情境中（就好比其他文化中打破陶器和燃烧纸扎的行为）。

关于克木鼓上的孔洞及其与丧葬习俗的关系，也见 Lundström & Tayanin 1981：76，84 注释 36。有一些鼓的全身都布满了孔洞，例如萨雷尔鼓，5.01+。它们很可能是在卖给外人前被"杀掉"并去除了魔法属性。

5.6　铜鼓与逝者

在铜鼓装饰的各方面特征中都可以明显地看到铜鼓与逝者之间的联系。突出的鼓胸常饰以船纹，这种船显然是灵船，虽然它们是用在神圣和整体的更广阔的精神背景中（第 7 章 3.4 节）。至少有两面东京鼓上的货物中有一面铜鼓，它代表了死者带往来世的鼓（黄河，11.20+；玉缕，11.30+）。南苏门答腊的艾尔普尔（Air Puar）的巨石浮雕上（1.05+）上有一个双人抬铜鼓的场面；他们可能是已经死去的人。他们身边的水牛通常被解释为他们去往来世的交通工具——这次走的是陆路。

鼓声经常被解释为死者的声音，特别是氏族祖先的声音。其他一些国家的圣笛和吼板也有这种功能。因此，可能永远不会有人能确定这些东西——佩砧"月亮鼓"上的头像、一些莫科鼓以及有时会变形成人像的蒂法木鼓。[23]但是击鼓也被解释为是在召唤祖先的灵魂回家。[24]和谐的声音可能是为了让他们安息，即使他们不是自己祖先的灵魂。

5.7　铜鼓的氛围

简言之，铜鼓主要是具有各种用途的乐器或发声器，它也位于与来世的神秘（如果不是魔法的）行为有关的思想和用途网络的中心。后来，它们与古老的过去以及一种生活方式产生了联系，这种生活方式与其现主人的不同。它们被看作是祖先的居所和声音。再或者，它们与历史上的伟大人物有联系；因此，东南亚大陆北部的鼓有时会与中国的将领马援和诸葛亮连接在一起。就此来说，它们的外观能够召唤"古物"。它们的装饰参考了最高级的精神思想，这些思想在适当的时候会被指出来。难怪铜鼓总是被认为是神圣和特殊的器物。制作铜鼓的金属材料为此提供了很大的可能性，因为金属器物经常与神秘的制造工序（工艺等方面）和魔法特性有关。其中任一种属性可能都足以让铜鼓成为令发现它的社会崇拜和敬畏的器物。马歇尔(1929)告诉我们"克伦人总是把魔法属性加到铜鼓身上。它们是受敬拜的器物,因为人们向它们供奉了供品,有时是每年都供奉,有时是当人们认为这样做可以得到好处的时候。供品包括小杯的酒和稻米这样的普通礼物,在家人享用整锅饭之前,先从查地(chattie)中拿一点点米饭出来作为供奉之用。每年的祭鼓活动都会有宴会和舞蹈表演"。在此背景下,伊兹科维茨(Izikowitz)对拉梅特人用鼓方法的描述是最有趣的(第 22 章 4节)。在讨论一些重要铜鼓的鼓面上描绘的场景时,我们会再次回到这个话题。这些场景为我们制定类似的仪式提供了演员和布景。

铜鼓笼罩着神秘和魔幻的色彩,在错误的场合击鼓是危险的。正因为这样,如何把鼓放到一个安全的地方成为所有原始族群的问题。令人吃惊的是,人们已经在山岳或山丘的顶部发现了几面铜鼓,准确来说是火山的山顶上:塞鲁阿(Serua)(7.04)、卢昂(7.07)发现于一个村庄附近;桑根鼓(4.02+至 4.07)发现于一个山坡上;迪昂(2.08+)发现于一个火山高原上。其中一些据说是从天上掉下来的,但是,它们肯定全都是被当地人故意放到那里的,当地人认为大山(火山)是适合放"雷鼓"的地方。难怪佩砧鼓(3.01+)和一个梅布拉特鼓的鼓面(8.01+)等神秘器物都与月亮有联系。只要尊敬地对待它们,就不必感到害怕。不过,最好是把它们放到村后的树林里(库尔,7.05+,7.06),放到靠近树木的池塘里(梅布拉特,8.01+)或者放到空心的树干内(梅布拉特,8.02+)。寺庙群也同样适合存放魔法器物:佩砧"月亮鼓"(3.01+);迪昂鼓(2.08+),它在火山地貌的一座寺庙附近,可能很早前就在那里了。在巴厘岛上,人们经常会在一座寺庙的地界内发现一些形状奇特的石头。从魔法的角度来看,这里属于受保护的地区同时也是中立地区。在这种地方可能会发现一些令人费解的石器,例如马纳巴范片(form-pieces)(3.03+)。有一位巴厘王子的住所也是一处吉地(贝比特拉[Bcbitra],3.04),某个摄政王的庭院也是一样(萨雷尔,5.01+)。把鼓或鼓的碎片放到村庄的中央可能是出于不同的目的,也许村民认为,周围有这样一件圣物可以带来好运(莱蒂,7.01)。[25]就此而言,这种联系并非是单向的;例如,王子的住所可能把鼓和害怕其影响的人隔开了,但同时鼓也提高了这位高贵居民的人格魅力。

5.8 货币方面

5.8.1 – 5.8.3 神圣之货币

5.8.1 铜鼓是采用一种昂贵的材料通过一道复杂的工序制作而成的,制作工序需要熟练的模工和铸工,他们为某些特权阶级服务。经历了一代代的传递后,铜鼓的价值不降反升。鼓在宗教仪式和社会生活中扮演的角色增加了其价值的维度。

在某些尚存的传统社会中,拥有一面(或者几面)完好的旧鼓是获得社会声望的一个基础条件。

有些古代的鼓可以与当今族群现有的鼓相提并论,如克伦人、拉梅特人或阿洛人的族群,我们没有这些古代鼓的相关资料。但是在某些阶段,青铜鼓的价值连同其古旧的气质和魔法属性,以及,最后但同样重要的,铜鼓与其祖先之间的联系将现存的古代乐器转化成了社会和经济网络的物质基础。铜鼓的祖先制作并使用铜鼓,铜鼓还呈现了他们的神话世界。

由民族志资料支撑的考古记录阐述了这样的古代观点,即无论是人类间的关系——族群存在的基础——还是族群成员个人生活的重要时刻——婚姻、威望的取得以及死亡——都不应像我们所生活的虚幻世界的其他部分一样成为悄然消失的事件。为了使这种关系和事件与神圣、永恒或传统行为反映出的任何东西保持某种关系的稳定性,所有相关行为都要用礼物来巩固或用物质来"纪念"(我们现今所说的"实体"[body]),它可能是从古代思想中提取出的术语)。这种物质可能包括雕刻或建筑性"纪念碑"——会被纪念的东西,最好是用一些具有不朽特性的材料制作:石头或金属。某些巨石纪念碑应该和我们的铜鼓属于同一个青铜时代。

礼物包括新郎的家人和新娘的亲属分别赠送的彩礼或嫁妆。在婚礼上,这样的礼物并不只是我们所知的结婚礼物,而是为了维持世界上这种情况的稳定。两个不同社会单元之间的婚姻会导致一方失去一个女人——一件有价值的经济财产,除了所有其他方面的影响外。这需要新郎一方给予补偿。这种补偿可以采取直接交换的形式(新郎的家族把一名女子嫁给新娘家的一名男子)或者新郎可以通过帮岳父干活来报答他,再或者是新郎的家庭可以支付彩礼。拉梅特人(第22章4节)和阿洛人(第21章10节)的情况很好地说明了在实际的社会生活中彩礼运作的筹备方式。这些筹备和为缔结新人而支付的彩礼或嫁妆不应该只是交出一定量的现金。支付的形式必须是某些代表更高精神价值的物品。借用马塞尔·莫斯(Marcel Mauss 1925)的话:"全部"社会现象需要对等的"全部"履行,例如古代族群中的婚姻协议。在这里,"各种习俗都可以找到同步的表达:宗教的,法律的,道德的和经济的"(莫斯还加上了审美)。因此,这种场合的礼物,也就是彩礼,从社会的角度来看,应当反映出这些内容,从更高现实的角度来看,还应当反映出"全体性"(Totality)。当然,铜鼓扮演重要角色这件事并不是巧合,退一步说,在拉梅特人和阿洛人的彩礼筹备中不是这样。我们对东山铜鼓装饰的最终评价将致力于"全体性",换句话说,就是众多背后的合一:与微观的全部相对应的宏观,被看作是一个整体的多样化社会结构。

在金属鼓方面,拉梅特山地部落与阿洛岛民的情势并不相同;这两个民族的生活环境以及历史和经济背景有着巨大的差别——我们很难预料其他情况。然而,还有一个惊人的相似之处,它暗示了一种"与金属鼓一起生活"的古老方式,这种生活方式存在于东南亚的各类人群中。

5.8.2　如前所述,东山鼓有自己的人格。它们一旦被当作"古物"对待,自然就会失去大多数原本的功能。不过,它们的人格保存了下来:后人给一些鼓取的人名证实了这一点。但是,一旦它们的后代在某些场合被当作礼币(ceremonial money)使用,就会出现少量的大规模生产,即使它们仍然是"手工制作"的。这些后代指的是从附近部落开办的工场购买的克伦鼓以及大部分是从远方购买的阿洛莫科鼓。当时的人们开始主动为自己添置所需的鼓,以便买老婆或建立自己富贵人的地位。克伦人预定和购买;拉梅特人从事种植并购买他们极度珍爱的青铜鼓。阿洛人的情况可能一开始就是同一主题的不同版本。然而,到了大约19世纪,他们的岛屿被卷入了货币输出经济的网络中。我将在第21章中讨论我们掌握的关于这种金融神话的一点细节。

5.8.3　一般来说,商品转移有三种主要类型。[26]

首先是亲友之间简单、无条件的赠送,赠送的是各种基本的生活必需品。其次是商品的礼仪性转移,因为这些商品拥有额外的魔法属性,所以大多都很贵重。因为其本身多方面的原因,在上文讨论的意义上,这种转移是一种"全部的"履行。再者,还有一种主要的互惠要素,它导致了社会关系的建立和巩固。礼仪性转移的场合主要是婚礼、授誉和葬礼。在青铜时代以后的时期,铜鼓及类似器物在这样的仪式履行和反向履行中都发挥着重要作用。在拉梅特人和阿洛人中,它们可以说是无形的社会关系网中的公开节点。它们公认的价值是物质和精神因素的结合,例如制作材料的价值、工艺的完美程度、审美价值、稀有度、年代、起源、各自的历史以及由以上某些因素引起的它们与天堂、更高阶存在、死亡和祖先之间的关系。精神方面是需要被考虑的更重要的因素。

第三种类型的商品转移带有商业的特征,并非一定不带感情色彩,也并非全都出自利益动机——无论怎样,不是经常也不是每个地方都如此。作为第二种转移类型的基本原则,"以物换物"原则在第三种类型中产生了一个不同的最终结果。生意总是尖锐的。参与转移的各方，例如"原始人"和"文明"商人，总是会非常不一样。与不懂商业的买家或卖家打交道的"文明"一方通常在历史的论坛前都不会表现得太好。

5.8.4　后期商业特色　商业转移有各种各样的类型。首先是物物交换：可能等价的商品的交换——在某种程度上，交易的参与者是平等的。这种贸易是"无声的"，或者由小贩在集市进行，也或者发生在"涉外海岸"或岛屿腹地的人们与外来访客之间。交易的商品通常有很大的不同：用盐交换林产品；用小猪交换一小瓶油等等。在早期欧洲旅行者的报告中，我们经常可以读到用牲口和其他食物来换取小刀、玻璃珠、化妆镜以及胸罩的情形。贸易趋势是给（本地的）对方提供吸引人的小物件，最好是新的。

像大型铜鼓这样的物品似乎并没有进入这种交易的范畴。很难想象有一些青铜时代的商人用萨雷尔（5.01+）、桑根（4.02+至4.07）或库尔（7.05+，7.06）类型的鼓来支付或者换取小巽他群岛上的土特产，这就像在杂货店附近购买了面包和黄油后交出任意一家粮油公司的一份股份。小巽他群岛上的确已经发现了这样的鼓，但是对于它们出现的原因，我们需要另一番解释（第14章）。

另一方面，就像股份一样，铜鼓迟早会失去它们以前的价值，特别是如果这根本就是基于对身份和类似的难以估量的东西（很久后才会获得作为"古物"的荣誉和价值）的考虑。因此，我们不应断然拒绝这样一种可能性，即某些金属鼓（可能被故意失效或"杀死"）在各自历史的晚期，在各类其他商品当中形成了一种有利可图的商品。这种商品被用来换取丛林产品及类似物（在卖家的眼中），还被当作一种起源于一个遥远世界的带魔法的神秘物品（在物物交换者的眼中。物物交换者把它们与同样昂贵的中国陶器、枪支及其他同样价值的外国产品进行了比较，他们对这些外国产品的估值远远超过了产品的材料价值）。

然而，这种物物交换与金属鼓的使用完全不同，如阿洛岛的莫科鼓被当作一种鼓币来使用，这是一种更近代的商业用法（第21章）。

在另一种不同的商业贸易中，使用的支付或交换方式是所有商业交易中的价值标准；换句话说，就是在不同情况下使用的钱币、货币和硬币。[27]礼仪性交换与这种第二类型的商品移交有一定的关联，这既与场合有关——礼仪性转移之后再接着进行普通商业交易——也与所用货币的外表有关。一个适合的例子是"上帝与我们同在"，这个传奇有点委屈地刻在荷兰盾边缘，其字体毫不起眼。

货币应当易于管理和携带，应当耐用并且适合大规模的生产或获取，虽然为避免通货膨胀受到了一定限制。它的原型经常出现在某些文章中，以前被当作

"神圣的货币"使用——可能仍以最初的形式在使用,例如布敦岛(苏拉威西岛南部)上曾经使用的小块布和补丁币(patch-money),这代表用于葬礼和其他神圣目的的织物被转化成了"钱币"。类似地,某些物物交换的商品在这一时期也逐渐标准化并开始代表货币单位。例如,某些最初被用来物物交换的金属器物被微型化处理并被赋予了象征价值,同时它们还提供了一个标准。公元前一千纪中国周朝和汉朝的铲币、钟币和刀币就是这种钱币。[28]据一种解释,巴厘岛上发现的微型农具复制品或者在东山和北越其他地方(偶尔还有印尼;鲍哥尔,2.02)发现的微型鼓就是这样的用途。然而,第 5 章 5 节提到的另外一种解释可能更可信。

　　我们在此以理论方式对待金属鼓,它在货币和商业方面的信息将通过阿洛岛的实际情况得到证实(第 21 章)。

注释

1. Marshall 1929: 10 — Meyer 1884: 18 - 20 — De Groot 1898: 365 — *ESEA* 1979: 128。

2. De Goot 1898: 338 - 339(此记录的年代在公元 6 世纪,可能指的是三个世纪前的一种情况。同一个来源:"拥有鼓的人会获得土洛的头衔……;正是他消除了人们之间的仇恨。");参阅拉梅特人(第 22 章 4 节)和蛮人(第 22 章 1 节)。

3. Marshall 1932: 22。

4. "当向公众宣布陛下到场时,会把鼓和小号一起演奏;当国王参加盛大的国家游行时,会在国王面前击鼓"(丹龙亲王,由 Heger 1902: 84 引用)。参阅 Marshall 1932: 21 - 22 和 Gühler 1944: 65 - 89。

　　铜鼓在王宫中的功能使我们想到了马来苏丹王宫中某些鼓(膜鸣乐器)所起的作用(参照 Malay chronicle *sejarah Malayu*; C. Hooykaas, *Over Maleise Literatuur*, Leiden: Brill, 1947: 217 - 219, on S. M. Chapter 2/10)。在节日和仪式的场合中,由一位世袭的指挥家指挥,家庭成员演奏由 8 种乐器(鼓、银小号和印度小号[*nafiri*])组成的一套乐器。其他人碰触了乐器(这被认为是受幽灵的鼓动)就会立刻死掉。其中一种乐器是诺巴(*Nobat*),它是一种大型信号鼓,用于宣告苏丹的出现。苏丹缺席时可以用两面内加拉鼓(*negara* drums)来代表他(参阅第 4 章 2.2 节中的 *nekara*),这种鼓同样也是膜鸣乐器。这些鼓也用于在贵宾到来时伴奏欢迎,或者用来召集群众聆听王室公告。它们本身的声音并不和谐,为了发出某种旋律,必须再加上两面鼓和一两支长笛或竖笛(这些乐器并不神圣,可以被普通的演奏者触碰和演奏)。这些鼓在王子的登基大典上发挥着重要作用。它们在当代也用于马来西亚的宫廷。诺巴鼓还有战鼓的作用。

5. De Groot 1898: 363 — Gühler 1944: 64 — Eliade 1951 和 Quaritch Wales 1957 强调了"音乐魔法"的重要性,它与抵抗恶魔的"噪声魔法"截然相反。

6. J. G. Scott, *Gazetteer of Upper Burma and the Shan states* (1900), vol. I: 501(参 *ESEA* 1979: 120).

7. *ESEA* 1979: 128 - 129。

8. Pearson 1962：36 — *ESEA* 1979：136—关于金属鼓与萨满教之间的关联：Quaritch Wales 1957。

9. Bertling 1950。

10. Rouffaer 1918：309 — De Groot 1898：345，372 – 380 — Meyer 1884：20 — Parmentier 1922：171 – 173—来自 N. W. Huan 的一面鼓，发现于 1078 – 1086 年间，上面有用古文书写的"云和雷"的标志(De Groot, l. c.)。曼谷博物馆中的一面桩阳(Thung Yang)鼓 (13.13)上有四只蜗牛(壳)而不是青蛙。众所周知，一下雨就会有蜗牛出现。关于黑格尔 III 型鼓上的贝壳和大象粪便之间的联系，见 Parmentier, l.c.。另参阅 R.Stein 1942，由 *ESEA* 1979：131 — Reinhard 1956：125 — Davidson 1979：110, 116 引用。

11. Meyer and Foy 1897 — Parmentier 1932：172(大象)。

12. Kaltenmark 1948：24 – 27 — *ESEA* 1979：131 – 132。

13. 1973 年，C·奥普特·兰德先生(C. Op't Land) (鹿特丹民族学博物馆)见证了由泰国农业部长在曼谷举行的一年一度的水稻播种仪式(C·奥普特·兰德先生亲切地向我提供了当时使用的铜鼓的照片,图版 19.01)。一篇 9 世纪的文章(Guisinier 1948：404)写道："当我打破陶鼓时,我向原始的农民求雨。"

14. *ESEA* 1979：218(引自 De Beauclair 1956)—Rouffaer 1900(291)提出了一个大胆的想法，即像佩砧"月亮"(3.01)这样的鼓可能是用来煮罪犯的(相当于牛形炊具——塔姆拉戈穆哈 [*tamragomukha*]，后者在佛教的地狱中有相同的用法)。

15. 磅士朗鼓(15.02+,15.03)倒放在一块木头上,里面可能含有某种未知材料。另一方面,如上文所述,把鼓倒放可能有一个非常不同的目的。

16. *Musikinstrumente der Völker* 1975 (21 – 22)："Behälter in 'Grossgeltform' für 'Kleingelt'"，对于云南货贝容器(第 18 章 5 节),相比它可能是逝者的实际财富的替代品,我更倾向于它与丰饶角之间有联系。

17. Bertling 1950：490。

18. H. Th. Chabot, *Verwantschap, stand en sexe in zuid-Celebes* (1950)：77.

19. 偶尔，某些圣物(鼓、锣等)因提供的服务而得到奖励，或者还能通过增强首领的神秘力量来积极地影响族群中的魔法平衡(J. Mallinckrodt, *Het adatrecht van Borneo* 1928：204 – 208)。

20. 森达尼地区(伊里安查亚)的一件青铜斧有个人名,这个名字只有一位老人知道,他在去世前都不会把这个名字传给其他人(Galis 1960：271)。

21. *ESEA* 1979：129。

22. 把鼓埋起来可能还有一个更平淡的原因,即(在清化)人们把它们和其他贵重物品埋起来是为了等待马援的军队(公元 43 年)。在远征军平定了叛乱后,这些宝藏的主人无法再找回被他们藏起来的宝藏(Janse 1958：18)。东南亚的许多地方肯定都有这样的埋藏点。另见 Sørensen 1976：49,关于班戈(Ban Gaw)鼓(13.01),它"仅仅就是在地底下",没有任何葬礼的痕迹。有没有可能那里曾经有一座寺庙,而鼓就存放在寺庙里(就像迪昂鼓,2.08+一样)？或者可能它被人藏到地下后就被遗忘了？

23. Schuster 1951：33 — D. H. Meyer 1939：436 — S. Kooyman, *Verre naasten naderbij* (Leiden：Rijksmuseum voor volkenkunde)：2 – 3 (1968)：79 – 86。

24. O'Riley 1858：454 — De Groot 1898：366。

25. 关于阿洛人房屋中的莫科鼓的情况,见第 21 章 10 节。在贵州西部仲家族的村子里,老人的房屋上部必须放一面鼓,鼓上要盖一件妇女的衣服"以防止它逃跑"。在上缅甸,(木)鼓被保存在灵屋中(De Beauclair 1956;Scott 1900, quoted by *ESEA* 1979:128 - 129)。在越南,大鼓放在寺庙里、公屋里或族长的会客室里。(木制的)公共鼓由摩伊族的族长保管,他把鼓放在自己的脚边,也就是他睡觉的长凳的一端(Janse 1958:37,39)。

26. Hinderhig & Reichstein 1961 — Mauss 1966。

27. Tj. B (ezemer), Inlandsche handel, in *ENI*V (1927):175 - 181 — Hinderling & Reichstein 1961 — Van Leur 1934:173 - 174 — Lipps 1949 — Rouffaer 1915:221 - 233 — G. V (issering), "Muntwezen" in *ENI*II 1918:793 - 811.

28. Janse 1958:63(参 I,图 50):"最小的鼓可能只是用在葬礼上,它被当作是较大鼓的替代品或是钱币。在中南半岛,其他的召唤器(call-instruments),如锣,仍被当作钱币使用。值得注意的是,在王莽(公元 9 - 22 年)方孔钱上看到的'钱币'(或'青铜')字样再现了鼓的图案,从侧面看,似乎是一支鼓棒。"

第三部分

黑格尔I型鼓装饰

第6章
综 合 分 析

6.1 引言

在对铜鼓的装饰进行长篇讨论之前,我们应该自问一下这些器物究竟为什么应该被装饰。乍一看,只是被当作一种乐器的铜鼓不需要任何大量的装饰。鼓表或鼓身尺寸的任何变化都极易改变鼓发出的声音。然而,事实是,在全世界范围内,除了鼓之外,还有许多乐器都有这样或那样的装饰。这不仅仅是人类对于美化自己必须处理的事物的欲望,即使是在日常生活中。有一种醒目的装饰受到了传统或一种可接受的新发明的启发。它表明通过这种装饰方式挑选出的乐器是一件贵重物品,属于某位重要人物。到那时候,鼓不再只是一种乐器;它成了身份的象征,从社会的角度来看,它有一项基本的功能。此外,它可能获得了一项同样重要的宗教仪式中的功能。因此,它的装饰方式与涉及生死、来世和宇宙概念的宗教观念有直接的联系。所以,对于社会宗教问题和文化历史的研究来说,这种"乐器"的重要性远远超出了最初的审美和技术问题。

起初,铜鼓的纹饰简朴却暗含着一种象征意义。后来,由于器物自身的尺寸增长并且表面可以容纳不同类型的纹饰,纹饰的细节变得丰富起来,它们把鼓和一种不同类型的幻想联系了起来。虽然,较小鼓或中型鼓的纹饰基本都是"几何图案",但在一些中型尤其是特大型鼓上,除了填充以前的小圆圈纹、阶梯纹和曲线纹(以及飞鸟纹)的纹带以外,还有"图像纹"(figured scenes)。我们的部分任务将是研究这些图案背后的装饰体系,研究它们发展的总体趋势,以及研究不断变化的鼓及其象征意义的精神背景。从技术的角度来看,东南亚的铜鼓着实令人震惊。在艺术方面,每件单独的样本(假设保存情况完好)都是引人注目的,且一个比一个夸张。

另一方面,历代以来的每面鼓都处于相同的背景中,如果把它们当作一个整体来看待,那么它们的装饰就会失去部分魅力。铜鼓是一个"家族"的成员,这是一个大家族,其中又包括了次生家族及其分支。在这个广泛的交错关系网中,到处都可以感受到风格化传统的运作。正如所有家族中的情况一样,在持续发展的主线之外,还有新的发展。这些发展可以发生为进化,但也可以发生为它的对立面,也就是退化或倒退以及惯例化,如果没有发生衰退的话。事实上,根据单个鼓的证据来研究这种过程是很有趣的,甚至经常会令人着迷。艺术上的所谓损失反映了相关人群的精神态度的某些变化,这种精神态度针对的是死后的生活及其他之前提到的重要话题。东京鼓(例如,图版 11.20,11.28,11.30)上生动的舞者和乐者"退化"成了后来鼓(罗蒂,6.01+以及中国南方的黑格尔 I 型鼓,图版 17.01–17.03)上幽灵般的"羽纹",这就是一个恰当的例子。鼓身上的船只也是如此,这发生在船员消失之前和之后。

多年来,在观察东南亚青铜铸造的伟大传统的同时,金属鼓的制造者也展示出了他们堪称完美的能力。这项传统与世界其他地方的古代民族的创作相当。其图案的流畅笔触首先被刻画在蜡模中,然后转化成了青铜制品上的翔鹭纹和羽纹。它们的惊人程度通常不亚于鼓本身的协调比例。除了这一切,重要铜鼓的制作者们还展示了他们对新趋势的开放态度以及他们的个人方法,有时甚至还有他们的幽默感。他们是本行业的能手。另一方面,这种行业不要求有惊人的原创艺术创造力,它更注重达到惊人的效果。在这点上,铜鼓与大多数装饰性的民间艺术品和工艺品是一样的。然而,有些单个的鼓作为杰作突显了出来,例如最好的东京鼓和桑根鼓 4.02+。它们的创造者把现存的传统转化为了其大"家族"内无与伦比的东西。就此而言,非黑格尔 I 型艺术传统中最伟大的代表作,也就是著名的佩砧"月亮鼓"(3.01+)也是如此。

6.2　图案与图案编码

6.2.1　青铜铸工的艺术样本　设计者所用的任何语言或艺术词汇都反映了它的历史,包括存在已久的传统和新的发展。可能存在当地和区域的趋势,它们引发了地方的风格或宗教和社会的变革,这些迟早会改变艺术家们工作的整体环境。动态型的传统通常决定了在生产单个铜鼓时如何排列和选择图案。不过,我们不应该排除艺术家的个人品位,他们可以任意使用图谱中的图案和花纹。我们也不应该忽视一个事实,即订购鼓的人可能有自己的想法(不然就是存在于他所代表的人群中的想法)。当浏览本书图版中连续的鼓面装饰时,当注意到许多图案的基本相似性时,我常常会不由得想起多年前我第一次访问雅加达(那时叫巴达维亚)时发生的一段插曲。某种特色的街头叫卖声预示着一位中国小贩的到来,他是一位用糯米制作男神和女神小塑像的艺术家。我的女房东想让我看点有趣的东西,于是便叫住了那个男人。我们一起翻阅了一本小册子,里面满是他的艺术样本。从这些样本中,我们可以轻易地选出自己最中意的小雕像。很久以前,我想象了一个关于我们的铜鼓的类似情形:某个族长正在检查各种目录,里面包括了他挑选的作坊所期望的图案库。它一定包括了各种各样的间辐填充纹(interradial fillings)、阶梯纹与切线圆圈纹(tangent-linked circles)的组合图案、螺旋纹和曲线纹等等。如果没有这样一套图册,无论如何,作坊负责人的脑海中也会有相同的图案集,也就是他的图案库,既有传统型的,也有其他类型的。他把这种艺术传统的大部分都分享给了其他作坊,这些作坊都是从上一代那里或者仅靠观察附近的铜鼓发展而来的。

在史前和原始时期的任何时段或者昨天的器物上,都可能发现历来都令人满意的几何图形。例如,东南亚青铜鼓上一次又一次地使用了某些类型的曲线纹,还有许多更简单的几何图形以及动态图案,例如,在晕圈内飞翔的鸟。理论上来说,当简化至代码公式的最小值时,几乎没有任何区别。然而,无论如何,早期类型和晚期类型之间可能还有根本的风格差异。早期的风格多少都是自然主义的,其后代则呈现出不同程度的风格化趋势。再者,某些曲线纹仍然保留着原貌,就像在铜鼓出现很久之前的截然不同的环境中被发现时一样。其他图案则被认为融入了新的组合中。这种组合一旦被尝试,可能很快就会被遗忘,或者相反地,它们可能会让人满意,接着还会被应用到许多精美样本的装饰中。

6.2.2 图案的编码 为了简化对黑格尔 I 型装饰图案的研究,也为了方便在我的文章中作参考,我将各个图案和花纹翻译成了代码。这种代码包括某些符号和缩写,它们都出自印刷工或打字员可使用的设备清单。在选择符号时,我尽可能地接近各个图案的视觉外观。因此,o 代表一连串的小圆圈(呈直线或环形排列);ø 代表由切线连接的类似的小圆圈。任何熟悉"羽纹"(例如,图版4.05c)的人都可以在编码符号££中认出这个图案,他们还会接受 m£ 指的是用羽毛或羽状物等装饰的 m(cn)。由于实用原因,这种代码也有其局限性。然而,因为有了代码,即使是粗略浏览分析列表(代码列表)的人也能明白鼓面的总体构成;他们还能注意到图案区域中重复图形的排列方式,并且还能确立鼓之间的相似点和不同点。此外,

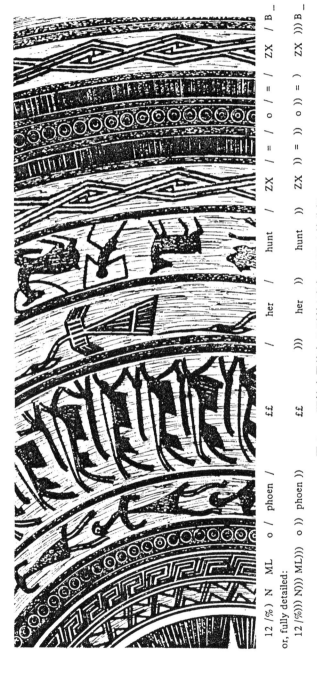

12 (/%) N　ML　　o / phoen /　　ƒ£　　/　her　/　hunt　/　ZX　/ = / o l = / ZX　/ B ⌐

or, fully detailed:

12 (/%)) N))) ML)))　o)) phoen))　ƒ£　))　her　))　hunt　))　ZX　)) =)) o)) =)　ZX　))) B ⌐

图 2　一面较大黑格尔 I 型鼓（库尔，7.05+）的分析

在对藏品鼓进行编目、记录以及冲印照片的过程中,这种代码都被证明有很大的作用。代码取代了写满复杂描述的纸页。最重要的也许是,根据装饰的相似之处,代码能够让我们把鼓分组排列,正如编码列表中的做法一样(第24章)。

分析可分为两种类型:一类充满了细节,另一类简化为了要点。第一种类型(只有在可以获得所有细节的情况下才可行,最好是亲自查验鼓后得出的结果)使任何鼓的描述既富有细节又简明扼要,以便其构成细节能够得到更充分的理解。事实上,这些细节主要局限于体型最大并且装饰最精美的鼓。第一种解析类型受到了装饰图案鉴赏家的关注。第二种类型更有助于对比研究,并且也更容易操作。它们被简化为按单元分布的基本装饰元素,这些单元显然也是这样的用法——例如常见的阶梯纹和圆圈纹的重复组合。这种分析可能缺少细节。就此而言,用于解析的原始资料总是缺少很多细节,并且这些细节并不能马上被觉察到,除非有实际的原因(例如,表面已磨损)。图2中将提供两种分析类型的示例。代码列表是根据第二种简化型的分析制作的。

当研读鼓面纹饰的分析时,读者应当想象一下环绕太阳纹(其芒数出现在每个分析的开头)的连续纹带。星芒从太阳纹开始,然后应当延伸到鼓面的边缘,并且穿过所有的晕圈(图2)。每条纹带的要素都有说明;通常每条纹带中主要都是一些连续重复出现的单一图案(例如小圆圈、短射线和羽纹等)。可能会有中断(一串飞鸟纹中可能会包含某些不同类型的动物;在一串相似鸟纹的中间可能会有"涡卷纹";羽人的队列也可能会被带房屋的场景打断等等)。

6.2.3　代码的解析　太阳纹(见第7章1-4节)

8、10 等是芒的数量

V1、V2 等;//1 、//2 等;%1、%2 等;间辐纹。0 无装饰;

? 有疑问(见第 7 章 1.6 节和图 7)

鼓面:

)　在详细分析中:表示区域的晕圈;

　　在简化分析中:环绕太阳纹和间辐纹的晕圈,介绍了第一个环太阳的区域。

　　无装饰的区域,鼓面装饰部分的末端,饰板的外缘(见第7章1节)

B　在鼓面分析的结尾:立体的(塑形的)青蛙或蟾蜍(Batrachii;见第9章6节)。青蛙数量显示在括号内:(4);或(1+3),它表示原本的青蛙中有三只已丢失。

鼓身：

A、B、C 表示鼓胸、鼓腰和鼓足。

[ ] 鼓腰（B）中的方格、环绕的羽人、羽纹等等，[m£]、[££]、[birds]
　　等等。

hor 鼓身上水平方向排列的图案

vert 同上，垂直方向排列

风格特点（第 7 章 4 节）

n 自然、写实

c 常规化、风格化，有时是"腐化"或"退化"的风格

nc 自然风格，以图示的方式处理

cn 风格化中带有自然化处理的痕迹（形象细节，用来辨认它们是什么或
　　者原来是什么）

几何图形（第 6 章 3.1 节；在单个图案的注释部分有详细描述，分别参考；第
6 章 2.6 节）

o 小圆圈、单眼纹[1]

ø 同上，由切线相连（在切线不清晰的情况中用 o[1]）

o(·), ø(·), 加点的圆圈[1]

o(double), ø(double)(threefold), 两个或三个圆圈

· 虚的线条或圆圈，"粒状"[2]

= "阶梯形"、"梳齿形"、两条脊线（ridges）间的射线[3]

v 三角形、"锯齿形"、"狼牙形"、"犬齿形"[4]

// 人字纹、斜梯纹、绳纹、单框或双框（single of double）[5]（译者注：single
　　of double 中的"of"可能是"or"之误）

f *f* 形图案，仅限于佩砧型鼓（第 19 章 5 节）和一些斧头（第 17 章 3.2
　　节关于斧的话题）

涡卷纹：奖章形状的装饰图案，有时也出现在翔鹭纹的纹带中[6]；有时用以
下图案代替：

长条 环绕飞鸟的脊线之间的辐射条[6]

镶边 席纹，一种十字形（交叉排线）花纹，一种格纹[7]

曲线纹：

L	钩形纹（图 3a）[8]
L1	（b）
M，MI，ML，MT	（c－d）[9]
N	之形纹[10]
X，XX	连续的格菱纹，类似于一连串的 X 形纹[12]
Z，ZL，ZX	Z 形纹[12]

螺旋纹[13]

her	翔鹭纹、飞鸟纹（第 9 章 2 节）
phoen	凤凰纹（第 9 章 2 节）

纹带

F	纹带（第 7 章 2 节）
FH	纹带，包括房屋等（第 7 章 2 节 & 第 7 章 3 节）
H，H I，H II	凹顶房屋，出现在某些纹带的两个半区中（第 7 章 2.6 节 & 第 7 章 2.10－11 节）
O，O I，O II	凸顶房屋（第 7 章 2.3 节 & 第 7 章 2.9 节）
hunt	狩猎场面（第 8 章 3.1 节）
perch	栖息的鸟（第 9 章 1 节）
platf	上方有几个（括号中有具体数字）鼓手和捣手的平台；下方有同样数量的"铜鼓"（第 7 章 2.7 节）
pound	捣手，舂米的人（第 7 章 2.5 节）
S	船只（在某些鼓的鼓胸部分；第 8 章 1.1－11 节）
shoo	驱赶鸟的人（第 7 章 2.4 节）
m£	"羽人"（穿戴羽毛作为装饰和头饰的人；"鸟人"是错误的说法；第 7 章 2.2 节 & 第 7 章 4 节）
££	"羽纹"，m£ 风格化的最终阶段（第 7 章 4 节）
££m	"羽人"，图示性处理
££（m）	有人像痕迹的"羽纹"（第 7 章 4 节）

6.2.4 编码组系统 几何图形（包括翔鹭纹）

简单的几何图形

G

复杂的几何图形：

G.M［F］c

G.M+N

G.MI

G.N

G.N+ZX

G.spir birds n

G.ZL1

G.ZL2

G.ZL3

G.ZL3 B

G.ZX

船只，但无纹带。奇特的动物（自然风格）

GSIIn

船只，但无纹带——-青蛙。奇特的动物

GBSn

几何图形，纹带，但无船只（常规的）

GFc

几何图形，纹带，无船——青蛙（常规的）

GFBc

几何图形，带房屋的纹带，无船（常规、自然）

GFHnc

复杂的几何图形，带房屋和船的纹带——无青蛙（自然风格）

GFHSn

复杂几何图形，带房屋和船的图案带——青蛙——边界场景（常规、自然的元素）

GFHBScn

复杂几何图形，纹带（无房屋），船只——无蛙（常规风格或带自然元素的常规风格）

GFBSIc and cn

GFBSI（?）IIc

GFBSIIIcn（边界场景）

6.2.5 编码组说明

G   :1-8

直径22-62,高18-42,8-12芒

G.MFc   :1(贝戈塔,2.14)

直径60.3,高?,12芒

鼓面无纹带,无船或青蛙,但鼓腰上有风格化的羽纹。

G.M+N   :1(北加浪岸,2.07)

直径约76,高?,12芒

G.MI   :1(2.12+)

直径59.9(鼓足:65),高48.6,12芒

G.N   :1-2

直径36-约50,高?-41,10芒

翔鹭纹间有辐射条

G.N+ZX   :1-3(11.08+,11.19,13.16)

直径30.2-43,高?,12芒

翔鹭纹(在13.16中有6只翔鹭和4只孔雀)和涡卷纹(2个;13.16中无涡卷纹)

11.08+和11.19的鼓面无明显的外缘。

关于13.16的偏离细节,见编码表。

G.spir birds n   :1(巴巴坎,2.03+)

直径65,高47.5,16芒

在鼓胸(无船只)和鼓腰上有锯齿纹、螺旋纹和栖息的鸟(即所谓的"贪婪的鸟"[insatiable bird])

G.ZL1   :1(1.14)。也见:GSIIn

直径53;(鼓胸:60,鼓足:56),高43,12芒

=已被小方格取代

G.ZL2 : 0 – 2
直径 44 – 62,高 31.5 – 40/50,10 – 12 芒

G.ZL3 : 1(11.04)
直径 61,12 芒

G.ZL3B : 1(班宇门宁,2.11+)
直径 80.5,12 芒

饰有飞翔的鸬鹚而非苍鹭。鼓面上无纹带,但有青蛙。因鼓身已丢失,我们无法得知是否有船只。

G.ZX : 1 – 2。也见 *GN+ZX*
直径 62.4 – 70.8,高 44.3 – ?,10 – 12 芒

GSIIn : 0 – 2(“斯德哥尔摩”,11.40+;苗门,11.26 ;
老挝,12.01+)
直径 53 – 86.5,高 42 – 58,12 – 14 芒

奇特的动物——ZL1(也见：G.ZL1)——鼓面无纹带,但鼓胸上有船只。动物和船只及船员都是自然风格。鼓腰方面,11.40+中有栖息的“贪婪的鸟”;11.26中有羽人,羽人头上有两只飞鸟;在12.01+中,鹿在上方,羽人在下方。
总体风格：自然

GBSn : 1(“贝拉茨”,13.02+)
直径 44,高 29.3,8 芒

简单的几何图形,有“特大的”单眼纹和锯齿纹。无纹带,但鼓胸上有船只,鼓腰上有公牛,还有垂直方向的双螺旋纹。和 GS 组相比,青蛙是主要的特征。
总体风格：自然

GFc : 1 – 3
直径 62.4 – 70,高 52 – 53,10 – 12 芒

纹带,££,无房屋——无蛙饰,但在 GFc：3(桩阳,13.13)中有蜗牛而无青蛙——没有船的迹象。

GFBc　　　　　　　　　　　：1(昆嵩[Kontum],11.23+)

直径 34,高 24,10 芒

N——纹带,££,无房屋——翔鹭纹和涡卷纹——青蛙

GFHnc　　　　　　　　　：1-2(广雄[Quang Xuong]I,11.36;翁巴
　　　　　　　　　　　　　　　86,13.06)

直径 65-66.5/67,高 44-53.5,8-12 芒

££m(羽人,图示化处理)—Z—在 GFHnc 中：2(翁巴 86,13.06)
栖息的鸟

GFHnc：1 的鼓身丢失;GFHnc：2 上未见船只——也见：GFHSn

GFHSn　　　　　　　　：1-7(2.06+,11.20+,11.28+,11.30+,
　　　　　　　　　　　　　　11.43,11.46-11.47+;尤其是东京鼓)

直径 63.9-84,高 44-63,8-16 芒

Z—ZL—鹿和犀鸟(玉缕,11.30+)—m£、房屋、平台、捣手—除了苍鹭还有：
ZX 或 ML—无蛙饰—鼓胸：船、鸟—鼓腰：[1or 2 m£]

GFHnc(见上文)的一部分是 GFHSn 的风格化版本,不算船只。

GFHBScn　　　　　　　　：1(桑根,4.02+)

直径 116,高 83.5,12 芒

除了翔鹭纹还有凤凰纹—££(m)(有人像痕迹的羽纹)、房屋、捣手—ZX—
翔鹭纹—蛙饰

鼓胸：船只、动物、动态场景;ZX—鼓胸：[££(m)]—鼓足：边界场景中有
大象、马和它们的饲养员,还有士兵。

显著特征是东京鼓在 GFHS 图案的基础上增加了蛙饰,从自然风格的纹带、船只和鼓腰装饰转变为风格化的常规图案(££),后者有时因自然风格的细节而有了生机：££(m)。最后但同样重要的是边界场景。某些细节("汉字"、马、大象等)使我们直面了明显是"当地"的场景和事件(可能是东京)。

第 6 章 4 节和第 7 章 2.8－11 节及各处中讨论了桑根 4.02＋鼓（见清单4.02+）。

GFBSIc（有时是 cn）　　　　　：1－10（4.03＋－4.06＋,6.01＋,7.01,7.05＋－7.06,11.22,13.04,13.09）

直径 72.8－115.5,高 47－87,12（9 件）－14（1 件）芒

£ £—各式各样的 L、M、N、N ML、Z、ZL、ZL5、ZX—翔鹭纹（在胡忠,11.22中还带有涡卷纹）,除了翔鹭纹还有：L、XX、ZX—蛙饰

GFBSIcn：8（库尔,7.05＋）因各种原因而突显出来：鼓面上的狩猎场面和鼓胸上老虎潜近鹿群的场景（第 8 章 3.1 节）。此外,鼓面上还有汉字的铭文（第 16 章 4.6 节）（实际上,它可能被单独分为一组）。

GFBS（？）IIc　　　　　：1－6（0.01,4.07,7.03,11.03＋,13.03,15.02＋）

直径 45.5－103.06,高?,10、12、14 芒

£ £—各式各样 M, N, ZL, ZL4, ZL5, ZX—翔鹭纹（在磅士朗 a,15.02＋中有涡卷纹）—蛙饰。这些鼓上很可能有船纹。然而,由于鼓身丢失,我们无法确定。所以增加了"（？）",并且这些鼓已被分到了单独的一组中。

GFBSIIIcn　　　　　：1（萨雷尔,5.01＋）

直径 126,高 92,16 芒

XX—凤凰纹—L—£ £—螺旋纹—ZX—翔鹭纹—ZX—蛙饰

鼓胸：船、孔雀—鼓腰：ZX［£ £］ZX, XX—鼓足：席纹（matt）—大象、鸟、树—镶边

6.2.6　单个图案说明

1. o、ø、o（·）、o（double）

小圆圈纹或单眼纹（或是朴素,或是带点,或是同心）；o、o（·）、o（double）相互分开或由切线相连（ø）,ø 在照片中总是不太明显,常发现于东山铜鼓上以及约同一时期的其他器物上,例如缸（*thap*；第 17 章 3.2 节,图 17［译者按：应为图 15］）。

然而,在佩砧型鼓上却没发现它们。在黑格尔 I 型鼓中,o 和 ø 通常与阶梯纹（＝oo 或＝øø＝）同时出现；有时还有锯齿纹（voov 等）。＝oo＝区域中的第一

个=有时会被不同的图案代替。相邻纹带中的切线往彼此偏离的方向倾斜(正如人字形图案中的线条一样)。通常不可能清楚地分辨切线圆圈纹和双螺旋纹,不过也没必要像普兹卢斯基(Przyluski 1931－1932)和高本汉(karlgren 1942)那样从后者得出 ø。人们在后铜器时代和希腊的几何艺术中发现了切线圆圈。普兹卢斯基认为它们起源于西伯利亚和中国,而海涅·戈尔登(Heine-Geldern 1937,1951,1966)则把它们和因本都王国的迁移而被带到东南亚的图案联系了起来(第 15 章 4 节)。周晚期艺术(公元前 4－前 3 世纪)中几乎没有"单纯的"切线圆圈纹。另一方面,高本汉介绍了一件来自中国的带 ø 装饰的青铜容器,它的年代在公元前 6 或 7 世纪(1942)。

"曼谷 VII"(13.17[译者按:原书有误,"铜鼓清单"中 13.17 为"曼谷 VI"];Gühler 1944:图 6)中是两条切线而非一条,它们排成一个截锥形。

在黑格尔 IV 型鼓中,单眼纹被小球纹(knobs)所取代(图版 20.01－20.02)。

2. ·

两圈同心脊线(温和版的珍珠串)之间的虚线线条或圆圈(粒状),另一种著名的后铜器时代的图案(Heine-Geldern 1951)。它经常出现在后周艺术和鼓中,例如东京鼓(·ø Z ø·;·spir·;·ø·;·vøøv·等),云南(·v·);群岛 0.01(·£ £·);2.03+(·vov·;·//·);2.12+(·øMø·;=o=·)。它在"科奎"(Coqui)鼓,13.03 中出现了至少 15 次。

3. =

在两圈同心脊线之间的"阶梯纹"、短射线纹、"梳齿纹"。闻名于欧洲青铜时代、后青铜时代和东山时代,而非后周艺术(Heine-Geldern 1951)。

在铜鼓的装饰中,"阶梯纹"被用作区域的边框,区域内有 o、ø、oo、øø 和一些更复杂的图案。有时=被 v、//或 N 替代。边框有时是单边的(=ø;o=;oo=等等)。

4. v

"锯齿纹""狼牙纹""犬齿纹"(后者尖锐突出)。和阶梯纹(=)一样,它们也是边框;特殊情况下,出现在相邻的两排中。锯齿纹也出现在某些中周的器物和汉代的镜子上。

在以下鼓上发现了样例:乔达,11.18+;"贝拉茨",13.02+;老挝,12.01+;"斯德哥尔摩",11.40+;磅士朗 a,15.02+;东京鼓以及来自石寨山和梁王山的一些云南鼓(第 18 章)。在群岛上的有:巴巴坎,2.03+;萨雷尔,5.01+(也见 Sørensen 1979a:87)。

"锯齿纹"和更晚近的印尼装饰艺术(蜡染等)中的等腰三角 tumpal 图案有

（不太紧密的）关系。*tumpal*（也是青铜时代器皿中的重要图案，图版 22.11－12，22.14）为直立或倒立，偶尔也有彼此相对的情况。它们的功能远比锯齿纹的独立（也见 Van der Hoop 1949：图版 IV－IX）。关于一面早期莫科鼓上的锯齿纹或 *tumpal* 图案见图版 21.01。

5. //

人字纹或套叠的 V 形纹，垂直方向上二等分，代替阶梯纹成为垂直区域的边框（在鼓腰上）。高本汉认为，它受到了鄂尔多斯地区的影响，常出现在淮河（后周）纹饰中。关于松巴哇的木桨上的 //：Sukarto 1974。

6. 涡卷纹和条带

在某些鼓上的翔鹭纹带中发现有两个或四个奖章图案（装饰图案，包括树叶，卷线条或连谱号以及单眼纹，它们组成了一个椭圆形的玫瑰形饰物）。Heger 1902（插图 X、XII、XXXVII 和 203 页）列举了几面中国南方的鼓（Hsi IV、Hsi V、"维也纳 III"、"莱顿 III"、"曼德拉"和"德雷斯顿 9535"）。进一步（H I）的样本还有"河内"，11.19；昆嵩，11.23+；胡忠，11.22；"科奎"（Coqui），13.03；磅士朗 a，15.02+和"大卫·威尔（David-Weill）"，11.08+。

磅士朗 b，15.03 和"布鲁塞尔 H 837"，11.03+中没有涡卷纹，但有两条把飞鸟纹带一分为二的放射条带。

至于 Sorensen 1979b 所讨论的隆德的黑格尔 IV 型鼓，"该区域的上面部分有双线条的三角形框，框内有'一个四分之一的云领（cloud collar）'，云领内有一个小圆圈"。这看起来就像一个四分之一的涡卷纹。

涡卷纹分为很多不同的类型。在越南北部的汉代青铜镜以及北宁砖上，原本的椭圆形设计变成了四边形的样式（Bezacier 1972：256，图 126－127）。

这些涡卷纹的意义是什么？它们为什么出现在翔鹭之间的所有区域中（阻碍了飞鸟的"行动"）？这些问题仍然没有答案。有一个中国的银盒（曾在阿姆斯特丹展出）上出现了一个类似于涡卷纹的装饰，上面还有表示"长寿"的文字；还有一把来自太原的短剑（N. V.；Bezacier 1972：图 43），剑上的装饰似乎与鼓上的涡卷纹有模糊的联系。

7. 席纹

席纹，十字交叉（交叉排线）图案，包括小格菱的网格或反向倾斜的线条："贝拉茨"，13.02+；萨雷尔，5.01+。

8. L

为了准确呈现出图 3a 中这种图案的弯钩，应当使用 L 的镜像。

L 是一种弯钩形的图案,直立与倒立交替排列并且延伸自环带的边缘。L 的纵线指向左边和右边,也是交替排列。因此,它与 Z 形图案有一些相似之处,下文会就此连同曲线做进一步的讨论。就此而言,L 形图案实际上是以曲线纹为主的纹带上的辅助图案。见 M 和 MI。

上一段中介绍的 L 形图案并非是独立的。涉及单个 L 的代码分析也用于表示钩形图案,还增加了与 L 的纵线等距的平行四边形(图 3b)。这种混合纹饰出现在了萨雷尔,5.01+(GFBSIIIcn：1);罗蒂,6.01+(GFBSIc：1)和翁巴 89,13.09(GFBSInc：2)中。

9. 曲线纹(M、MI、ML 和 MT)

M 指的是曲线和折线,因资料不足将不做进一步的详细说明,例如 2.07、2.14、4.04、7.01 和 7.03。

除了某些能让人想起中式装饰的图案(稍后将会提到),曲线纹通常不是独立存在的。换句话说,在有装饰的鼓面上,曲线的波动起伏是不能与一条摆动的长绳相比较的。各类曲线和附加的辅助图案之间存在明显的相互作用,这些辅助图案决定了曲线的形状。辅助图案可能包括直线(形成了 MI 图案)、上文描述的 L 形弯钩,或者 T 形图案(MT,不过它并非鼓纹饰的主要元素)。所有这些辅助元素都是直立和倒立交替排列的。

与辅助图案的排列一致,占据纹带中间部分的曲线或有对称的棱角(MI;图 3c),或者起伏的形状略像一个 S 形的圆环,指向是左右交替(ML;图 3d),也或者是 T 形(MT)。

MI 出现在了三宝垄,2.12+(G.MI：1)的 a ·ø MI ø·区域中。

ML 则出现在"穆力",11.28+(GFHSn：3)ML 和·v ML v·中;以及"维也纳",11.47+(GFHSn：2)的 a ·v ML v·区域中;库尔,7.05+(GFBSIcn：8)N ML o。

在 Van der Hoop 1949：图版 XX 中有的几个不同样式的 MT。T 有可能棱角分明或者以流畅的线条收尾,与中国艺术中的"云边"(cloud border)图案类似。没有弯钩形或短线形的辅助图案,取而代之的是树叶纹或涡卷纹,它们让人想到了植物蔓藤花纹,也就是印尼艺术中的"反螺旋纹"。

10. N

N 是一种之字形图案,形状很像一个 N。它有可能是一个斜体的 N,中间部分加粗(图 3e),正如库尔,7.05+(GFBSIcn：8)中的一样。然而,它通常就像一个等距线条组成的条带,以锐利的角度弯曲成一长串 N 的形状(图 3e)。有时

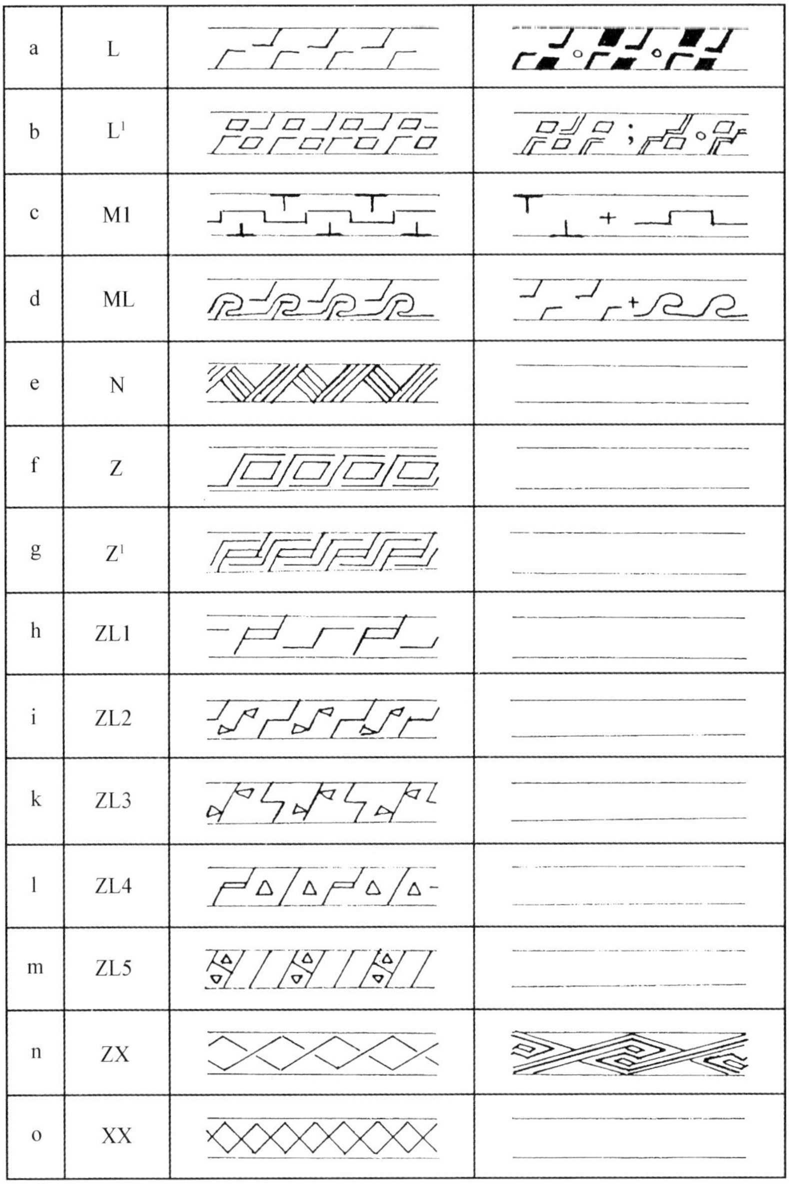

a	L		
b	L¹		
c	M1		
d	ML		
e	N		
f	Z		
g	Z¹		
h	ZL1		
i	ZL2		
k	ZL3		
l	ZL4		
m	ZL5		
n	ZX		
o	XX		

图 3　曲线纹

（Leiden 1364：1 and 2，发现于中国南方以及"曼谷 VII"，13.17），N 形纹会变成一种有角的波浪"曲线"纹，就像一连串的 V 形。就此而言，任何之字形图案都一定会像"水流"的类型——这甚至可能就是它的起源。

N 纹出现于：（a）离中间的星芒最近的区域，作为一种单独的元素存在，此

外还有 = oo = 组合纹或它的一种其他类型：N ／ = oo = ／ 和 N ／ = o ／／（Leiden1364：1 和 2）。

（b）取代第一个环日区域内的第一个阶梯纹：N ø =（磅士朗 b，15.03，G.N：1；"布鲁塞尔 H 837"，11.03＋，GFBSIIc：2），作为 N vo（昆嵩，11.23＋，GFBc：1）和 N øø=（"大卫-威尔"，11.08+，G.N+ZX：1）。

（c）作为鼓面上的一条单独的纹带：／ M ／ N ／ herons ／（北加浪岸，2.07）。

（d）在鼓腰饰面的顶部（"维也纳"，11.47＋，GFHSn：2；玉缕，11.30＋，GFHSn：5）。

（e）作为船身上的装饰（"贝拉茨"，13.02＋，GBSn：1）。

（f）在一件来自东山的手镯上（Bezacier 1972：图 164）。来自加隆邦（Kalumpang）的陶器上也有 N 形纹：Heine-Geldern 1945：图 37 — Van Heekeren 1972：184 - 189：图版 101。

11. X, XX：格菱-曲线图案

X 与 Z 的组合（ZX，见下文）说明基本的 Z 形图案已经呈现出了一串 X 图案的大致样貌（图 3n）。

XX 指的是三重线条的格菱纹。在库尔，7.05＋的一个纹带中，格菱纹与 ZX 相互交替出现。XX 也出现在了桑根，4.03＋中。组合有：= XX =（4.03＋，替代 = oo = ），v XX v（萨雷尔，5.01＋）和 = o XX o =（还是 5.01＋）。

12. Z, ZL, ZX

Z 实际上就是 Z 形的镜像（这个提醒与 L 的情况相同）。Z 形纹出现在了很多组合图案中。Z 形纹是一种折线形图案，类似于运动的 Z 形螺旋纹和 XX 形的格菱纹（图 3n）。此外，一些 Z 形纹与 L 形弯钩交替出现，它们组成了一条断线。图 3h - m 显示了后一主题的主要变化形式。

Z 形纹包括一连串的 Z 形图案；两个相邻 Z 形图案之间的空隙中有一个完整的平行四边形（图 3f）。这种一连串"有夹心"的 Z 形纹出现在"维也纳"，11.47＋；"穆力"，11.28＋和玉缕，11.30＋中（它们都属于 GFHSn 一组），它们都在第一个环太阳区域内的组合图案·ø Z ø·中，但它们尺寸有所不同，"维也纳"中的 Z 有所压缩。

根据 Sørensen 1979a，发现 Z 也出现在翁巴 86（13.06；GFHnc：2，作为 Z ／ ø）和翁巴 89（13.09；GFBSInc：2，作为 Z ／ oo = ／）中。

ZL 是一种组合图案，它可能被看作是一种"瘦削"版的 Z，含有不超过两个的 L 形弯钩，这些弯钩形成了一条断线，中间有一个重叠的部分（图 3h）。或者，它是一种高度压缩的 L 纹（即两个弯钩被挤压到这条断线中）。我们再一次面对着这种图案的复杂性，它显然有向组合图案发展的趋势。因此，我给它的代码符号是 ZL，它会在以下符号中再次出现：ZL1 - ZL5。

ZL 出现在"科奎"，13.03（作为 · ø ZL1 ø · ）和"古勒 I"，13.04（作为 ZL ／ ø?）中。

ZL1 是一个 Z 形元素和两个弯钩（L）组合的交替出现。这两个弯钩形成了一条断线，中间有一个重叠的部分（图 3h）。它出现在黄河，11.21 中（作为第一个环太阳区域内的 · ø ZL1 ø · ）。

ZL2 也是类似的断线（中间部分不重叠）与钉头 Z 形纹交替出现（图 3i）。它出现在马德望，14.01+（作为 ZL2 ／ ＝o＝ ／），巴生，15.01+和东山，11.12 中。

ZL3 是窄版的 ZL2。（更静态的）弯钩和 Z 的位置互换（图 3k）。它出现在班宇门宁，2.11+（作为 ZL3 ／ ＝oo＝ ／）和"布鲁塞尔 H 838"，11.04（作为 ZL3 ／ oo＝ ／）中。

13. 螺旋纹

螺旋纹约从公元前 3000 年开始（如果没有更早的话）出现在欧洲东南部的新石器时代艺术中。在公元前三千纪下半叶之前，它们未在近东（小亚细亚）出现。在公元两千纪的某个时间，它们也未在美索不达米亚和埃及出现。在东亚，螺旋纹最早出现在公元三千纪末期的新石器陶器上（Heine-Geldern 1951；Lommel 1962 把最早的螺旋纹证据与欧洲的马格德林文化联系到了一起，公元前 13000 -前 6000 年）。

在东南亚的历史进程中，螺旋纹的具体类型是双重的 S 形图案。它经常出现在高加索的青铜时代和铁器时代（Heine-Geldern 1951）。它可能与其他图案一同起源于高加索地区或多瑙河盆地，然后从那里出发，在两次浪潮中途经中亚到达了东亚：第一次是在新石器时代，很久之后又因为"本都迁徙"发生了第二次，时间在公元前一千纪期间（Heine-Geldern 1937，Karlgren 1942 曾对此做出批评，但前者在其后来出版的作品中做了进一步的证实）。双螺旋纹频繁出现在晚周艺术中，这一事实并不会真的影响到"本都"影响的可能性，因为它们可能已经到达了中国和东南亚（第 15 章 4 节）。

"流动的螺旋纹"——一个连续序列中的相连的 S 形螺旋纹——非常适合于各种圆形器物的装饰，尤其是当这些图案被安排在同心环中并且图案的制作者想努力呈现出一种"移动"效果的时候。因此，我们可能会期望流动螺旋纹成为铜鼓装饰的突出特征。然而，事实并非如此。

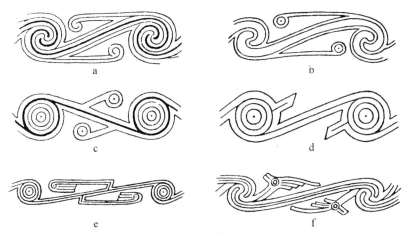

图4 螺旋纹

A. 老挝,12.01+;B. 巴巴坎,2.03+;C. 通林,11.43;D. 黄河,11.20+;E. "维也纳",11.47+;F. 萨雷尔,5.01+

如前文所指出的,切线圆圈纹和某些类型的螺旋纹之间有一定的密切联系。图4C‐E中的S形螺旋纹的节点证实了这个说法,它们按照小同心圆的独特方式排列。这也适用于图版16.01中的石寨山鼓面以及"贝拉茨",13.02+鼓身上的纵向S形双螺旋纹。就我所知,除了图4中介绍的这些鼓:老挝,12.01+;通林,11.43+;黄河,11.20+;"维也纳",11.47+;巴巴坎,2.03+;萨雷尔,5.01+;以及单独提到的这两面鼓,其他鼓上都没有螺旋纹。一共有八面鼓(戈鹭波[Goloubew]绘制的巴巴坎图案不同于本书图版2.03中再绘制的图案)。这些鼓代表了编码列表中的以下组别:G.spir birds n (2.03+)、GSIIn (12.01+)、GFHSn(11.47 and 11.43)、GBSn (13.02+)和GFBSIIIcn(5.01+)。

Heger 1902(插图 XL)列举了一些双螺旋纹,其中仅有一种出现在了一面(晚期)黑格尔I型鼓上(Heger:插图 XII)。请注意来自东山的一面微型鼓(高6厘米)上的S形螺旋纹(Goloubew 1929:13,图2;Bezacier 1972,图108)。然而,对于铜鼓来说,这是一个十分罕见的结果。而且情况更加严重,因为双(S形)螺旋纹是整个印尼的晚期装饰艺术中的普遍特征,它既是独立的图案又属于单独或相连元素的系列(Van der Hoop 1949:图版 X‐XVIII,XXVII,它介绍了竹子、木头、金属制品、蜡染等中的雕刻艺术。Heine-Geldern 1937;Riesefeld 1955:244)。"反螺旋"蔓藤花纹也应该被提到。

除了铜鼓外,在一些青铜器上也发现有螺旋纹:来自罗蒂(图版22.18‐19)和云南(*ESEA* 1979:143 图19‐20)的斧头;来自葛林芝、马都拉和金边博物馆的容器(图版 22.11 - 22.14)；雅加达博物馆中的一把戟(1436 号)以及来自东山的一些短剑和一个搭扣(Goloubew 1929：图 13 - 14，图版 XIV - XV — Bezacier 1972：图 83，85，102)。可能还有更多。然而，我们在这里再次感觉到更晚近的印尼艺术不仅仅是东山影响的结果(见第 8 章 1.10 节中我对生命之树的评论)。现有的记载似乎无法证实海涅·戈尔登的评论(Heine-Geldern 1937)，即"双螺旋纹彼此相连……是东山文化的特点"。任何出现在不超过半打铜鼓上的图案都很难被称作是"东山最重要的图案之一"。此外，我们高度怀疑究竟是否可以把以上提到的一些器物(容器和罗蒂斧)当作是东山艺术的产物(第 17 章 1 - 3 节)。有趣的是，在所有装饰最精致的鼓当中，只有三面中有螺旋纹：黄河，11.20+；"维也纳"，11.47+和萨雷尔，5.01+。

　　图 4 中列出的螺旋纹或是由互相连接的 S 形图案组成，或是由切线连接的形状复杂的同心圆组成。石寨山螺旋纹(图版 16.01)和此图中 C(通林，11.43+)的图案相同，也就是在螺旋节点方面——它的一些其他细节让我们想到了 A(老挝，12.01+)。无论如何，这些螺旋纹和切线圆圈纹有明显的差别：从每个螺旋纹背部延伸出来的分支的末端都是一个小螺旋或圆圈(同一张图中的 C 和 E 是另外一种，这些分支是从连接两个螺旋的切线中分出去的)。在 D 中，分支被突然截断。同样，这些分支也打断了互连螺旋的平缓线条(高本汉所说的"S spiral with regressive volutes"，1943：12，图版 16)。先前已经提到过，"反向螺旋"中也有相似的布局。在这种布局中，小螺旋从主螺旋的背部延伸出来。在这些例子中，我们想到了著名的埃希特纳赫(Echternach)队列——前进，倒退，再前进，再倒退，等等。多数舞蹈和礼仪动作的背后都有这种"往复"和前进后退的思想，它显然比单纯的前进要更有意义(前进根本上就是一种机械的行为，而前者却充满着精神和生命的含义)。在几何图案的范围里，螺旋纹比其他任何方式更加逼真地刻画出了生命的动力。有人会说，可惜的是，鼓的纹饰的设计者只是偶然地意识到"运动中的螺旋纹"刻画生命的可能性。螺旋纹和蔓藤花纹经常呈现出植物元素的形状，茎和叶也出现在印度及印尼艺术的大量装饰图案中，这当然不是巧合(F. D. K. Bosch, *The Golden Germ*. The Hague，1960)。或者情况是相反的？有充足的理由可以解释为什么一些热带植物通过"螺旋纹"得到了延展。而对于"维也纳"和萨雷尔鼓(图 4E 和 F)来说，螺旋纹中出现了鸟头和鹿头，而非经常在分支末端出现的单眼纹，这也并非巧合。这些头像为我们提供了实际的证据，证明生命在螺旋纹中得到了呈现。

6.3　几何装饰

艺术史学家从数学中获得了"几何"一词,因为圆形、三角形和圆点等具有几何图形特征的图案让他们想到了那些把想法转化为几何图形的人的惯用手法。然而,几何艺术远不止于此,因为还有曲线纹和螺旋纹,甚至还有动植物图案,它们没有出现在纯几何图形的推理(reasonings)中。

这可能导致了艺术史学家去谈论"几何"艺术和"几何"类型的装饰。另一方面,早在数学家使用其特有的符号语言之前,这些创造了一种"几何"风格的艺术家就已经这样做了。这些符号语言包括"几何"符号——数学家需要这种抽象概念来讨论他们特有的问题及其解决办法。与艺术家和工艺家不同的是,数学家并未被圆形、三角形等图形吸引,因为通过绘画、印制或雕刻的方式可以很容易地让它们出现在各种柔软的材料上,如黏土和蜡。这些软材料可以转化为更加稳固的材料:通过烘干燃烧或简单的脱蜡过程——换句话说就是用金属来代替柔软的原型。几何图案不仅"容易制作"而且还"容易识别"。然而,这种图案的精密性只是几何装饰的审美功能的一个方面。另一个方面是其突出了被装饰器物的形状和结构的某些基本特征。

除了美学属性,几何图案因为能够表达某些具有更高级内涵的概念而表现卓越。这些概念或是"符合逻辑"或是属于精神层面,并且具有"符号性"或"象征性"的特征。几何图案具有此能力首先是因为它是抽象的图案。与图像纹(figured scenes)或动植物的描绘不同,它们在纯粹的几何描绘中并没有任何让人分心的元素。后来,当一些自身可以转化为植物卷曲(vegetative curls)的螺旋纹上增加了动物头像的时候,有一部分原来的象征价值也许已经流失了,或者变成了一种新型的象征意义(与"反向螺旋(recalcitrant spiral)"有关;第 6 章 2.6节)。在铜鼓的装饰中,不断出现了覆盖整个鼓表面的几何图案,同时,那些由于各种原因既有几何图案又有图像纹(在鼓面和鼓身隆起部分的船只上的舞者队列等)装饰的鼓也在不断地被制作。这又一次证实了鼓的象征意义发生了变化(第 7 章 3 节)。

在数学和艺术上,几何图形都有一个相同的样貌,即它的"抽象"属性。这个属性导致操作它们的人们——都在寻求一种自己的符号语言的艺术家和数学家,获得了完全不同的结果。艺术家得到的结果就是此部分的主题。但在讨论此结果前,我们应当作个简要的说明,即"抽象"一词实际上需要加上引号,意思是提醒人们"所谓"的意思。几何图案或符号的特点应当是"高度具体"和"绝对简洁"（研究该课题的学生经常这样表述），而非"非具体的"（字典中"抽象"一词的解释之一）。这对两种类型的几何象征意义都适用，尽管它们各自的符号价值完全不同。有趣的一点是，几何图案不需要与它们所代表的主题及所指之物具有物质上的相似之处。该主题本身（如宇宙秩序或生命）可能没有物质上的外观。就此而言，纯粹的几何图案与"象形文字"和图像符号是根本不同的，它们始于其所代表或指向的"事物"的简笔画。这种象形文字（使用这种现代术语）在铜鼓的装饰中并不多见。即使是形成几何布局基本要素的太阳纹实际上也并非是太阳的简要图，而是这种天体的抽象图，以其众多的芒为特征。它与几何和象形图案不同，因为它缺少它们特有的平坦性。铜鼓的几何图案显然因广泛的差异度（wide range of tolerance）而醒目。这实际上不包含立体小雕像，如青蛙（虽然它们是示意图式的，却很难被称为几何图案），然而它们微小的身躯上却饰有几何图案，因此这些青蛙就被包含到了整个的几何布局中。

前面已提到几次，在鼓的几何装饰中，有一个趣特征是包含有飞鸟、翔鹭、凤凰，有时也伴随着其他鸟和一些四足动物。这些鸟都被限制在一个或两个特定的条带内，是以太阳纹为轴线的晕圈区域的重要部分。太阳和循环鸟的结合实际是永恒象征的一部分（第9章2节）。尽管它们最初与自然有明显的联系，进而与一种不同的象征意义有明显的联系，飞鸟在很早的时候就属于一种不同的几何图案，这首先发生在近东的某些地方。经过一段时间后，这种图案的要素被引用到了鼓的装饰上并形成了这些鼓的特色部分。这些鼓有黑格尔I型鼓，有段时间还有其中国的版本，以及早期的黑格尔IV型鼓。实际上，几何图案与飞鸟有着如此紧密的联系，因此在我们代码中，G（几何）自动就有了"包括飞鸟"的意思。

这些鸟在最初时就失去了大部分的自然体貌，这显然是为了顺利搭配真正的几何图案及其象征意义。在装饰过程的末期，它们只剩下了骨骼。然而，它们从未进入到我们术语中的象形图形的类别；不同的是，它们未被简化成最初的鸟纹的微型图，这种微型图只能表现出自然原型的一些特有姿势和身体特征。无论怎样，鼓上的飞鸟在其全盛时期都是示意图而且有轻微的变形，它们适应了其所属的几何背景的普遍风格。无论如何，制作鼓的金属工匠一定已经意识到了类鸟图案与规则的几何图案之间存在的形式差异，甚至还意识到了允许将几个类别组合到一个综合图案中的精神合一（spiritual conformities）。

后来，几何布局的范围甚至还包含了纹带。这些纹带出现的时间要晚于几何鼓的垄断时期。它们没有取代纯粹的几何图案,而是与其一同时存在。几何从未失去对金属鼓的影响力;即使在图案场景中,作为几何图案最明显特征的风格化也开始流行并超越了自然主义:在我们的代码中,这种变化表现在 n(自然的)向 c(常规化、风格化;第 7 章 3 节,第 7 章 4 节及各处)的逐渐转化。然而,作为原始几何图案的固有特征,初级风格化与次生风格化之间存在一个根本的差异。

几何(在此问题上还有"伪几何")支配着大部分的黑格尔 I 型鼓,少数时候还有其他类型:鼓身由几何(及相关)元素组成,例如圆圈、圆柱形、截头锥形和扁平的球形(靠垫形状的鼓胸)。自然,很大一部分装饰都是朴素的几何图形。在某种程度上,它的布局是基于双重或四重对称:鼓上有 2×2 或 4×1 个鼓耳和 4 只青蛙;纹带,如果有的话,被分为大体上相同的两个部分(每个都包含两间有细节差异的房屋)。鼓面的整个图案则基于以太阳纹为中心焦点的晕圈。

出于所有的实用目的,这个先前提及的中心太阳纹(也见第 7 章 1-4 节)是唯一一个以独立单元出现的几何元素。与其距离最近的是填充 V 形区域的间辐图案,围绕它们的是两个三角形的星芒和一个弧形,这个弧形是最内部的晕圈的一部分(第 7 章 1.6 节)。间辐图案或完全相同,或有两种类型相交替。因为相似的外形和相同的位置,所以它们在视觉上是相关联的。

鼓面晕圈带内的填充图案的排列方式是相同元素的无限重复:梯形、小圆圈和曲线等。鼓身上可能也发现了同类型的图案,它们以相似的方式排列(例如,我们代码中的 = o o =)。它们在水平方向上环绕鼓胸和鼓腰,或在竖直方向上把鼓腰分成了四方形(第 8 章 2 节)。

一些排列仅仅是由并列产生的,单个图案(小圈、菱形等)并排分布,中间有一定的(细微)空间。虽然没有实际的接触,但仍有可能让人意识到一种视觉关系(如刚才讨论的间辐图案的情况)。这种关系暗示了一种在相关纹带内不间断且无尽循环的思想。另一方面,涉及的单个图案可能处于直接的物理接触当中:小圆圈通过切线(ø)相连接,同时给观众造成一种移动的感觉(各种几何图案的一个非常重要的方面)。或者,菱形是以一个连续的系列来排列的,其末端与两侧的相邻菱形在水平方向上相接触。因此它们给人的印象是一连串 XX-形的图案,而非单个菱形松散地排列在一起(我们代码中的 X、XX 和 ZX;第 6 章 2.3 节),这样就形成了曲线的形状。然而,可能还有更多组合图案:在我们的曲线代码(M)和 I(T 和反 T 交替)代码中、在 M 线条和弯钩(L 和反 L 交替)的代码中、在 Z 形元素与各种 L 形弯钩(ZL 1 - 5)的组合代码中,或在 Z 和菱形(ZX)的代码中,见第 6 章 2.4 和第 6 章 2.5 节。再者,除了曲线和类曲线的组合,还有 S 形螺纹(双螺旋)的类似集合,它们紧密地缠绕在一起,或仅在视觉上相连。

几何图案的一个非常重要的方面是这样一个事实,即一定数量的装饰带通过叠加被分成了至多 4 或 5 个区域(如 = o o = 或 = o MI o =)。这种在视觉上相连的区域应被看作单独的单元,它们形成了主导鼓面装饰结构的内部条带和外部条带。鼓身上也发现了相同或非常相似的条带(见编码列表,第 24 章)。

在几何图案的应用中,它们在视觉上表达某些精神思想的能力是最基本的。在数学这个特定领域内,几何符号有一个功能;在几何艺术中,相同或类似的图案可以联系到与宗教和宇宙论有关的精神思想。鉴于此,在宗教艺术的环境中,几何图案发展成了一种精神的速记法。因为视觉上的明显性,它们能够被所有意识到其含义的人所理解。再者,这种被转化为几何图案的精神概念存在了下来并且获得了自己的积极功能。对于承载精神概念的器物来说,这种功能在它们的象征意义中发挥着重要作用。在此背景中,"象征意义"应当被理解为器物的精神内涵。相应地,这些器物也通过几何装饰得到了强化。对于任何一个要在与某些宗教或社会含义有关的仪式或场合中发挥作用的器物来说,当它的形状和装饰与环境一致时,它的作用能力将会更加彻底。

至于几何装饰,鉴于承载它们的铜鼓似乎已经发挥了作用,其规则的外形和排列形成的图案给我们造成了秩序观念,特别是更高秩序(Higer Order)观念的印象(第 5 章)。在人类环境中,这意味着社会秩序(以族群的首领为代表,此族群在我们的语境中指的是"鼓民";第 5 章 3 节)——鼓及其象征意义还有更多的内涵。在宗教中,秩序指的是宇宙秩序,即宇宙的精神构造(包括上界和下界以及活人主导的中间世界,第 7 章 3.3 - 4 节,第 8 章 1.11 节)。

几何"信息"严格切中了要点。没有增加不必要的细节,没有图案场景(这些后来出现在一个扩展的背景中),没有在艺术中被称为"题材"(genre)的实例。几何图案主要涉及的是精神存在、事实和形势。但是,当有战士、舞者和类似图形的图案场景出现的时候,它们甚至与几何装饰的氛围是一致的。呈现的场景并未参照"历史事件"(诸如"很久以前,发生了……"的事情),但却有"典型性"的特点,主要事件只是社会和宇宙结构的一部分。正如本部分之前讲述的,这些场景中的演员图案都很简略,它们以自己的方式与几何风格相配合。

几何图案或是静态的(基本上或主要都是这样),或是伴有"移动"的迹象,像云朵和天体一样"滚动"着。曲线和螺旋纹中的"移动"概念是最强烈的;它可能通过非几何图案的加入得到了加强,例如鸟和四足动物。这种移动基本上是"循环"——围绕太阳纹,也就是太阳,即整个体系的中心,这种体系是由鼓饰的几何背景来呈现的。

在后来的东南亚艺术中,"移动"的象征意义被解释为"生命"。鉴于此,宇宙秩序也可以说成是宇宙生命。

鼓面装饰的总体布局(黑格尔 I 型,在一定程度上还有佩砧型)类似于古希腊几何风格的碗及其亚洲早期原型上的类似布局,也类似于把移动的中心元素从地球换成太阳的宇宙系统。对此,人们很难不感到惊讶。鉴于东南亚史前史和原始史的长期联系,尚未有充分的理由可以明确否决掉所有的联系,即使是疏远和间接的联系。在艺术的发展以及整个世界的理论化中,几何图案并未表现出一个普遍的阶段。每当某些特定图案在类似的组合中出现的时候,人们都有理由去自问可能会有什么样的联系。

关于几何图案的另一个问题是:在制鼓人的头脑中,对几何图案原始意义的意识保留了多久(在空间和时间上)?这些图案什么时候变成了单纯的装饰物?这种装饰物虽然吸引人,但相对来说却没什么意义。这个问题要在每个单独案例中分别考虑。相比在"图案场景的多变意义"中,在这里得出一个结论甚至可能要更难(第 7 章 3 节)。几何装饰肯定有其自身的各种"多变意义"。

6.4　一些重要鼓的成分

6.4.1 黑格尔 I 型鼓的装饰被分解成了代码符号。这能够为我们提供对所用图像及其排列的表格研究的要素,还帮助我们对黑格尔 I 型鼓进行了再分类。这种再分类很容易得到证实。然而,任何分析都只有开头部分才涉及了装饰的实际布局及其优点。所以,在本章中,我们将继续之前的编码,并对目前已知的最重要的鼓之一的装饰进行讨论:"叫作马卡拉茂的鼓",4.02+,来自桑根(编码列表中的 GFHBScn:1)。

雅加达博物馆在 1938 年获得了此鼓,同时还在同一个岛屿上,即桑根或阿比山,靠近努沙登加拉(小巽他群岛)西半部分的松巴哇岛,获得了一些其他鼓。然而,有充分的理由可以认定它的起源地在越南北部,那里是许多著名铜鼓的故乡。它是一件成熟且年代较晚的重要铜鼓样本,还被正确地认为是东南亚青铜时代艺术的最精美的代表作之一。这并不是主要的理由。这同样适用于佩砧"月亮鼓"(3.01+),它被发现于巴厘岛,大概也是在当地制作的。还没有明确的原因能够解释为什么没有任何青铜艺术的重要样本是在该群岛上制作的，而这里曾发现过这些样本。但是，4.02+的鼓面装饰中的某些细节，例如房屋 H I 和 H II 内部的脚手架（第 7 章 2.10 - 11 节）表现出了与中国的联系并且很容易把我们的思维转到东京地区。

用蜡或细黏土为这种鼓塑造模型的艺术家很好地利用了鼓面大小（直径 116 厘米，是迄今为止记载的第三大鼓）以及鼓身的圆周和高度（83.5 厘米）展现出的可能性。再者，他还有大量从其前辈那继承而来的传统图案和技术方法可以使用。这并非意味着他没有自己的灵感；许多细节因其独创性而突显出来。其中一些（我们不能否定）给我们的印象是有点意外的"额外之物"，它们不太符合常规的排列方式和象征意义。从艺术的角度来看，我们必须得承认，例如，鼓足（在黑格尔 I 型鼓中通常是没有装饰的；萨雷尔，5.01+展现了另一个例外）上"类似圆圈"的画面，虽然从民俗学的角度来看，它们可能是有趣的，但它们必然达不到设计者普遍的高标准（第 8 章 3.2 节）。东京鼓上风格更加自然的舞者和乐者在房屋之间的队列中前进。从纹带中人物的呈现角度来看，欣赏它们的鉴赏家可能会对这些迷人场面的缺失感到遗憾。这些场面在 4.02+中已经变成了"羽纹"。然而，任何这种失望都应该被认为是象征着个人对描述对象的兴趣，而不是一种客观的评价。

让我们更加系统地来看待桑根鼓 4.02+。虽然鼓面中心的十二芒太阳纹只是略微高一点，但它却代表着整个装饰的能量中心。从结构上看，它比不上锣上的圆形击打点，但为什么它应当如此呢？并非只有核心的太阳纹，鼓面的更多部分都有发声功能。锣和铜鼓不一样，也不需有相同的声学构造。另一方面，（举另外一个极端的例子）黑格尔 I 型鼓的太阳纹在视觉上要比佩砧型鼓面（图版 3.01d）上模糊的星形中心更明显，更不用说莫科鼓了（第 21 章 7 - 8 节）。此外，还有另一个原因来介绍佩砧鼓，特别是与黑格尔 I 型装饰有联系的，更确切地说，是有对比的佩砧"月亮鼓"。正如我们稍后还有机会讨论的，佩砧型装饰以其最复杂的形式（图版 3.01）展示了几个层次的排列方式：有些部分是精确的，可以用毫米来度量；有些部分主要是视觉上的，这是由将各种线条及其交叉点归类而形成的，而非由浮雕的明显高度差异导致的。另外，正是在浮雕中，在从背景中突显出来的凸线或"阳"线中，佩砧型鼓的装饰得到了实现。原来独立的图案在不同的层次上融为了一个整体，由于它们绝妙的相互作用，佩砧"月亮鼓"被公认是绘画艺术的杰作（第 19 章 4 节）。据我所知，佩砧型装饰通常是"阳性的"，通过轮廓产生，例如来自马纳巴的一面鼓（3.03+）。当阴雕图案被印到

鼓模材料上时,它们就会出现在浮雕中。黑格尔 I 型鼓,例如桑根 4.02+也展示
了不同的层次。一些图案在浮雕中突显出来,另一些则被"阳性"印章印制成了
下凹的"阴性"图案(第 11 章 1.3 节)。没有艺术手段曾被用来表达任何"深度"
的感觉,在这种方式中,图案似乎是按照层次排列的,而实际上几乎没有或者完
全不存在高度差异。没有相互缠绕和交叉的线条与图案;所有元素都整齐有序
地排列在一起,界限分明。它们分布在由晕圈精心分隔出的不同区域中,并从平
坦的鼓面上突现出来。因此,主要的几何图案和高度风格化的图案基本是按照
符合其特性的线性方式来处理的。

如果把素净的背景、鸟之间的空白空间以及由切线连接的圆圈等看作是鼓
面的表面,我们可能会注意到,有些图案凸出于表面,而其他图案和花纹则向下
凹陷。换言之,前者是"阳性的",后者是"阴性的"、凹陷的。同心圆圈纹、切线
圆圈纹,"阶梯"纹、"中间的锯齿纹"(太阳纹的芒线之间的间辐图案,在第 7 章
1.6 节中讨论)、这里的"孔雀羽纹"(代码为%5)以及太阳纹本身都是阳纹。简
言之,大多数几何纹饰,也就是装饰中较静态的元素都是阳纹。装饰图案包括飞
鸟、充满羽纹的宽阔区域、房屋、乐者及类似图案主要都是阴纹。曲线纹也是凹
陷的阴纹。

经常很难判断某个图案应该叫作几何图案还是花纹图案。曲线纹有时与高
度风格化的鸟相似;鹿头可能被添加到螺旋线上(萨雷尔,5.01+)。再者,在
4.02+和某些其他鼓上,我们熟知的某些生动场景中身穿羽毛的战士(例如,在
"穆力"鼓,11.28+上)可能已经变成了单纯的羽纹。它们几乎与人类没有任何
相似之处。

通过技术手段,阳纹和阴纹相互交叉。这也是 4.02+的特点。这种交叉本身
为鼓的表面带来了一定的生机。在还未被磨平和腐蚀出凹坑的时候,它的表面
一定更加吸引人。

当我们谈论浮雕和高度的时候,我们并不是说,鼓面边缘的立体青蛙一定是
"不记名次的"(hors concours)。

星芒之间的空间填充并非都是相同的。有各种影线和 V 形纹,或者让人想
到"孔雀羽纹"的排列(第 7 章 1.6 节)。4.02+中的间辐纹与"孔雀羽纹"相遇:
三个叠套的锯齿纹与太阳纹的尖端等距并环抱着一对"豆形"单眼纹,它们由圆
弧分隔开。扇形纹被镶上了发散的芒边。整个中心太阳纹被一个明显凸起的圆
环(5 毫米)所围绕,此环把太阳纹从阶梯纹和切线圈圈纹组成的第一区域中划
分了出来。

6.4.2 在鼓面的连续区域中,每条纹带中都填充着不间断重复的单一图案：阶梯纹、圆圈纹、飞鸟纹(凤凰,二十只)、曲线纹、另一种飞鸟纹(翔鹭,也是二十只),还有阶梯纹和圆圈纹组成的区域。这种一个相同小图案的持续运动还有一个例外,就是由图案场景、房屋和"羽纹"组成的比较宽大的区域。纹带的生动与几何图案的刻板形成了对比。注意,在某些其他鼓中,引入另一种不同类型的鸟(这次是栖息着的)甚至是列队行进的鹿会打破只有飞鸟的单调(玉缕,11.30+；石寨山,第18章)。或者,出于某种原因,少部分两边或四边对称是通过旋涡纹或垂直条纹来表现的(第6章2.6节)。再或者,两种不同的曲线纹在同一条纹带中相交叉(库尔,7.05+；"穆力",11.28+；"维也纳",11.47+)。

在4.02+的鼓面上,变化局限于纹带中的"题材"场面和某些出现在"羽纹"中的人物图案。然而,鼓身的装饰则有更多的变化。鼓胸上船只之间的空闲区域充满了有趣的场景：一匹马、一头鹿、一个狩猎的场面(第8章3.1节)。这些细节揭示了在鼓的装饰背后有艺术家自身的气质,而不仅是一种由传统设定的机械程序。在4.02+(和萨雷尔,5.01+)中,鼓足上的动物场景中也展现了几乎是嬉戏的幻境(第8章3.2节)。在图案的确切形状和排列方式没有被传统严格限定的地方,艺术家中的顽皮者偷偷地溜了出来碰运气,用轻快的事物来为严肃的话题增添趣味是东南亚思维方式的一部分。

6.4.3 鼓面装饰部分的周围是一个较宽且(除了青蛙外)完全平坦的边缘区域。以此方式,装饰的部分成为一个与外部世界分离的独立存在。在同心装饰区域中,动态和静态元素的相互交错制造出了一种几乎有形的张力。阶梯纹和切线圆圈纹(=øø=)组成的两个紧凑区域围绕着四种较轻快又稍微带点活力的纹带,里面包括了凤凰纹、生动场景、曲线纹和翔鹭。划分它们的同心圆是凸于鼓面表面的阳纹；所有填充区域的图案都是阴纹。作为纯粹的几何区域, =øø= 也是阳性的。

然而,即便是这些=øø=区域也不是完全静态的。首先,简朴的阶梯纹(=)与其框内的同心圆圈纹之间存在不同之处。连接圆圈的切线给人以持续移动的感觉。切线圆圈纹和一连串的S形螺旋纹在外观上有一定的联系(第6章2.6节)。此外,切线圆圈纹的两条链条的"移动"方向是相反的,原因在于切线的位置：有些在下方,有些在上方。

鼓面图案的变化有时是通过拓宽或缩小某些区域的大小,通过改变条带中的鸟的数目或把所有的鸟嘴变成钩嘴(班宇门宁,2.11+)而不是直嘴。因此,这几面鼓都有自己的特征。有时人们会好奇某种效果是刻意去追求的还是意外出现的。因此,例如:4.02+鼓面上的凤凰排列得十分紧凑,因此给人以匆促的感觉。每只鸟的嘴都能碰到前一只鸟的尾巴。它们与苍鹭的对比十分明显。苍鹭的嘴巴又长又直,身躯的设计简朴,双翅大大地展开,就好像在静静地飞翔一样。这些天空之王的平稳前进一定程度上是源于上方区域中的曲线纹,这些曲线纹似乎就如同天空的云朵一样在移动(以此来推动鸟)。鉴于这两种鸟的特有动作(任何注意到它们在飞行的人都会观察到),4.02+鼓面上的凤凰和翔鹭之间的区别变得更加吸引人。

6.4.4 几何图案的整体节奏特征被有自己氛围的纹带所抵消。在更加现实的东京鼓上,这块区域充满了动态特征,如舞者和乐者。他们身着羽毛装饰,但无论如何,在外观上还可以分辨出人;他们可能被认为是在一个精神世界中移动。这些羽人(第 7 章 2.2 节)正沿着一列仪仗队伍前进。另一方面,在 4.02+中,他们变成了一种填充空间的风格化装饰物,其中包括羽毛,其有节奏的移动连续被呈放射状排列的垂直线条所打断。这些垂直线条是羽纹不可或缺的一部分,但它们同时又把每对叠加的羽毛给隔开了。现在,东京鼓上是半静态的元素,而非由列队行走的舞者和乐者组成的明显动态的区域。在 4.02+鼓面装饰的构成中,这种纹带得到了特别的强调。它可能代表的神圣世界完全应该占领重要铜鼓面的主要区域。一些生动的场面保留了很多早期东京鼓的现实主义风格,这是 4.02+构成中的一个有趣特征。内部的一些房屋和人物的确非常逼真。另一方面,舞者和乐者的队列已完全转化成了刚才所描述的风格化羽纹(第 7 章 4 节)。鼓身上的船员同样也变成了羽毛,这些羽毛在纵向上占满了船只甲板上方的条带。再者,船员中的一些成员——舵手和几个桨手——都是人类,无论如何,也是类人的形象(第 8 章 1.5 节;图版 4.02h)。同样,鼓腰饰面中的三个或更多的"羽毛"很容易被识辨出是人类(图版 4.02k)。然而,一方面,在 4.02+中,过度拥挤的饰面上填充着重叠拥挤的羽毛;另一方面,在"穆力"鼓,11.28+和"维也纳"鼓,11.47+中,单个士兵(玉缕鼓,11.30+的饰面中有两名士兵)在一个同等的框内骄傲地展示着自己的羽毛头饰和巨大的盾牌,他在朴素的背景中显现出简洁的轮廓。这两者之间存在一个基本的差别。4.02+鼓已经失去了某些人物优点,然而却以其独特的装饰特点脱颖而出。

6.4.5 把 4.02+和"穆力"(11.28+,代码 GFHSn:3)作为东京鼓的代表作进行进一步的比较,这显示了一些更多的兴趣点。"穆力"鼓面的构成没有得到很好的控制,外层区域呈双边对称,但两个半区并非完全相同。每个半区都含有一串曲线纹,有些是直角,有些是类似于菱形的斜角。一个半区中含有十三条同一类型的曲线（·ⅴ ZX ⅴ·）和十一条其他类型的曲线（·ⅴ ML ⅴ·）；另一个半区中分别有十四和十条曲线。在邻近的翔鹭区域，十八只苍鹭中的两只是在栖息而不是在飞翔（因为缺少空间，但显然也是预先设计的）。作为许多装饰中的高度结合元素，＝oo＝或＝øø＝区域并不存在于"穆力"的装饰中。取而代之的是，在离中心星纹最近的区域中，我们发现了一条由切线圆圈纹和点纹环绕的 Z 形曲线纹带（·øZø·）；在外层区域中，我们发现了锯齿纹之间的直角和斜角曲线纹，分别是·ⅴ ZX ⅴ·和·ⅴ ML ⅴ·。设计 4.02+的艺术家显然发现了其在巧妙安排装饰布局方面的特长（然而这并未阻止他在构思较随意的部分使用自己的想象力）。"穆力"鼓的制造者擅长描绘生动的景象、某些节日的写实画面以及战争中的士兵，重要的还有鼓腰饰面中的骄兵。4.02+的制造者在其图案中描绘人物部分时使用了高度弱化的自然风格。他把队列和船员变成了抽象的羽团。在他看来，羽团与这样的装饰图案更加匹配，此外，与场景的精神特性也更加一致（第 7 章 3 节）。或者，用一个不太私人化的方式来表述：4.02+的制造者可能使用了一种已经存在了一段时间的工序。从现实主义到超现实主义的转化以及在其执行中展现出的娴熟的专业技术证实了一个晚于东京鼓的年代（第 20 章 4 节）。

然而，"穆力"，11.28+鼓面的几何区域似乎有点不平衡，同一面鼓的鼓身表现了一种更加宁静的氛围。单个人物的轮廓要更加清晰。饰面上的士兵各自从背景中突显出来，他们普遍与鼓身的均衡布局保持一致。可能暗含移动概念的曲线已被删除，朴素的鼓足上没有任何额外的东西。因此，我们喜欢"穆力"鼓身的布局所表现出的严谨，而鼓面过于拥挤的构造也反映出了一种不同的处理方式。可能更合适把重要铜鼓的创作看作是几个艺术家的分工合作，例如他们分别设计了鼓面和鼓身。

"穆力"鼓的制作者或制作者们有一个艰巨的任务，就是把他们期望的所有区域和图案都放到可能的框内；换言之，就是在一个直径为 78 厘米（包括未装饰的外层）的圆盘内。而 4.02+的制作者或制作者们则有一个大得多的表面（直径116 厘米）可用，这是一个他们以高超技术来利用的优势。另一方面，虽然这些写实的人物，特别是鼓足部分的人物很有趣，但他们的造型却很粗陋。与单纯的装饰相比，制作这些图案的艺术家在设计图案场景时要笨拙得多（假设我们在讨论的是一个艺术家兼做这两项工作）。这可能就是他处理 4.02+鼓面图案带的 H 型房屋内的景象时使用模式化形象的原因。这些场景让人想到了公元 2世纪中国汉代浮雕上的图像（图版 22.05；Heine-Geldern 1949）。这些浮雕可能是中国民间艺术绘画或图画的更辉煌的形式（不一定是同时代的），它们也为那些想在金属鼓装饰中加入中国场景的设计者提供了模型。这些设计者甚至还可能使用了木制图章（木刻版画）在软黏土或蜡制成的鼓模上印制图像。H 型房屋的内部和鼓足的边缘场景都证实，有一位本土艺术家模仿了民间艺术绘画，也许是在越南北部。

6.4.6 为了了解其他鼓各自的处理方式，让我们简要地讨论一些其他样本。首先是同样来自桑根岛的另一面鼓 4.05+（当地的名字为"萨里塔桑吉"）。在编码列表中它表示为 GFBSIcn：10，分析如下：

直径 115.5—高 86

12 ／ ％ ）ZL5 ／ øø ＝ ／ ZX ／ ££（m）／ her（10）／ ＝ø ZX ø ＝ /B（4）_

ø（double）

位于羽纹之间的自然风格的元素；

鼓身：

A ＝øø＝ ／ M（？）／ ships

B 8［££（m）］

在一个更完整的版本中，鼓面装饰归结为：

12 ／ ％ ） ZL5 ）ø）ø）） ＝ ）） ZX ））） ££（m） ））） herons （10）

））） ＝ ）） ø ）） ZX ）） ø）） ＝ ））） B（4）—

ø（double）

桑根 4.05+在某些技术细节上与 4.02+有所不同。一些同心圆是阴性的（下凹），也就是把动态区域（ZX，££［m］和翔鹭纹）隔开的圆圈。其整体组成简单但比较有活力，内外区域分别包括 ZL5 øø＝ 和＝ø ZX ø＝（而不是 4.02 的 ＝øø＝）。纹带上的羽纹不是很密集地堆叠在一起。每一种元素都随意地突显于朴素的背景上，其间的人像虽已图形化但仍可辨认。因此使用代码 ££（m）和 cn（与 4.02+相似，"有自然主义风格的残留"）。如在 4.02+中一样，这些人像被描绘得就像是船上的桨手（正如预料的一样，他们没有站起来，因为附近没有船只）。从整体上来看，与 4.02+相比，它的羽丛中有更多的"弧线"。因为在 4.02+中，羽饰间有放射线条，但它们并未覆盖环带的全部空间。就连邻近区域内的翔鹭的飞翔姿势也更加令人信服，它们伸长的脖子是用流畅的线条绘制的。

4.0 2+和 4.05+——除了东京鼓和来自爪哇的卡布南，2.06+以外的所有铜鼓——之间最显著的区别就是在 4.02 +的纹带中占有重要地位的房屋。

萨雷尔鼓，5.01+因其体型（直径 126 厘米）而格外突出。因此，有足够的空

间来容纳丰富的装饰，艺术家也利用了这个机会。此鼓在编码列表中表示为
GFBSIIIcn：1。不幸的是，至今都没有令人满意的绘画或照片公布出来，因此不
能给出详细的分析。

直径 126(鼓足：138)；高 92

16/ %3 / v XX v/ phoen (18) / L / ££/ spir / her (24) / vøøv / ZX / B(4)_
ø (·)

鼓身：

A　0＝øø＝/ships；peacocks /ZX

B　*hor* ZX / 「££」/ *vert* ＝o XX o＝

C　matt / elephants and birds，trees /matt

ø 是成对的。

这种构成由于既丰富多样又富有动感而吸引了我们。鼓面外层区域由曲线
纹组成；特色的动态条带得到了复制。正如在 4.02+中，翔鹭的上方有一条曲线，
凤凰的下方还有另一条曲线。羽纹下方的双螺旋纹用鸟头作装饰。罗蒂鼓
6.01+中发现了变成曲线纹(？)的类似鸟纹。

正如在 4.02+中的一样，5.01+的鼓足上饰以动物纹带——还是大象，但是被
树木给隔开了(第 8 章 3.2 节)。

小鼓的装饰特点当然更加朴素。让我们从雅加达博物馆中取几个样本。

在班宇门宁，2.11+(G.ZL3B：1)中，翔鹭周围的边框是＝oo＝的宽条带，这
种条带覆盖了鼓面的主要部分。在三宝垄，2.12+(G.MI：1)中，靠近中心星纹
的内侧区域的布局要复杂得多(·ø MI ø)，中间的区域被分为两个同心环带，一
个装饰朴素，另一个里面有常见的翔鹭，它们被印在一条窄带中，这使得它们看
起来像是挤在两条边界之间。此鼓的鼓身展现了横向区域＝ø＝和被竖直条带用
人字纹分开的方格。

梅西鼓，2.05+(G.ZX：2)与 2.12 的鼓面类似，因为其中间区域也被分为了
两个条带(上方的条带包含一曲线)，其内外侧区域都是＝øø＝。

罗蒂鼓，6.01+(GFBSIc：1)的装饰十分精美。内外侧的区域含有 o＝。正如
萨雷尔，5.01+(GFBSIIIcn：1)一样，羽纹上方有一条风格化的曲线纹，翔鹭下方
(这一次不是上方)则有一不同类型的曲线纹。

为了做一个更完整的调查，虽然是简略版的，读者可以参照编码列表。

主要鼓的装饰技术细节将在第 11 章 1.3 节中讨论。

第7章
鼓 面 装 饰

7.1 太阳纹与几何图案

7.1.1 太阳纹 所有铜鼓(除了阿洛岛的较晚类型的莫科鼓)的中央都有以星形为背景且稍微突出的球形击打点。很可能这不只是星星图案,而是卓越的(*par excellence*)"恒星"、"太阳星(*L'étoile héliaque*)"、太阳纹,换言之:太阳。这种光芒四射的天体一定与鼓的象征意义的某些方面有着紧密的联系。的确,在其历史进程里,这种象征意义似乎在不断地变化。然而,无论它迟早是消失亦或是被风格化到难以辨认,星纹仍是那么地光彩夺目。它不仅是整个装饰不可缺少的中心特征,也是不断变化着的鼓的象征意义的本质要素。正如云南人过去所做的一样(见第18章),"杀掉鼓"(第5章6节)的最有效的一种方式就是拿走或破坏它的震动核心,换言之,就是包括太阳形纹在内的鼓面的中心部分。只要敲打鼓,星纹就是震动部位的中心,敲击产生的震动首先从星纹传到整个鼓面,进而传到整个鼓身。产生的声音可以传播到天堂的各个角落(Rouffaer 1918)。乍一看,似乎天体和乐器的声音之间几乎没什么联系。歌德(Goethe)及其吹铜号的前辈们则有着不同的观点。难道他没有引用过拉斐尔(Raphael)说过的一句著名的开场白"太阳在兄弟之歌中听起来是古老的(Die Sonne tönt nach alter Weise in Brudersphären Wettgesang)"(浮士德[*Faust*],《天空序幕》[Prolog im Himmel])? 显然,歌德当时并没有考虑到鼓的声音,然而,他继续说道:"他们所定的路程,必使他们雷声大作(und ihre vorgeschriebne Reise vouendet sie mit Donnergang)。"在歌德看来,太阳和雷之间有着紧密的联系。无论铜鼓和其太阳纹饰之间有着怎样的相互关系,鼓和震耳欲聋的雷声之间的关系都更加明显。当然，在此种情况下的雷，通常会伴随着热带雨(第 5 章 1 节)。尽管如此，太阳纹凭借其本身特性就显而易见，并且不可忽略。[1]有个大有裨益的说法，即雨水和阳光都是好收成的必要条件——简言之，也是繁衍生息、财富创造、万物生灵的不可缺少之物(Davidson 1979：110)。

7.1.2　鼓面其他图案　我们日后会发现，星星的芒数显然偏爱偶数，最好是 10 或 12，当然也发现有 8、14 和 16 的，例外的还有奇数 9、11。[2]太阳和本章将讨论的间辐图案之间也有一些联系。周围的区域表现出了移动，这种移动既不是离心的也不像星芒那样发散，而是一种循环，一种围绕着中心圆盘的无止境的环绕。飞鸟(苍鹭和凤凰)是以这样的方式移动，而偶尔出现于鼓面纹饰上的其他动物也是一样(库尔，7.05+；玉缕，11.30+)。列队前进的"羽人"(mɛ̃)也是做环形移动。就此而言，曲线、螺旋纹和切线圆也是一样，尽管它们运动的方式不同且波动更大。这确实是一种古老的图案，始于早期的美索不达米亚人的陶工在他们的碗上刻上了一些栩栩如生的太阳纹——一种斯瓦斯蒂卡(*svastika*)或某种花——周围环绕着天空的鸟、鱼或奇怪的动物(第 9 章 2 节)。

然而，并非所有的鼓面图案都给人以移动的感觉。一直以来，仅仅是未用切线相连的小圆圈或严格垂直(辐射)的"阶梯纹"一直被用作一种图案的最基本元素的边框——前提是该图案有一个确定的结构。但所有图案的"移动"实际上都在其同心环带(通常有 4、5 或 7 条)内并与宇宙的一些运动相一致，这种运动又是以同心圆为特征。这些圆形环绕着中心太阳纹，但它们的移动轨迹并不是我们所知的与太阳同向(俗称"顺时针")，它实际上是逆时针移动。有时候，部分装饰图案会以逆时针方向移动，而另一部分又会以顺时针方向移动。只有少数一些鼓的鼓面和鼓身的装饰布局是完全顺时针的。据我所知，顺时针的装饰布局的鼓有桑根，4.07 鼓和云南石寨山的一只鼓(第 18 章)。在"斯德哥尔摩"，11.40+鼓上，苍鹭和船都是以逆时针方向移动，而像龙的"黄鼠狼"则以顺时针方向行进。

中央星纹位于几何图案和鸟纹的同心布局的中部位置，它的太阳特征似乎来源于亚洲早期的宗教和艺术观念。提及的某些奇怪图案与欧亚大陆彼岸的艺术品非常相似，多半都与"运动"有关。在浏览早期欧洲和西亚的艺术作品或藏品时，人们常常会联想到铜鼓装饰的某些部分。这种效果就是似曾相识(*déjà vu*)的感觉，是所有研究早期艺术的学者都熟知的。此外，中央的星纹是"一个非常古老的中国图案"(Karlgren 1942：8)。无论其最终的起源是哪，它都是东西方之间广泛的文化交流的一部分。在铜鼓历史的早期阶段(如果不是在最开始的时候)就出现了类似图案。长期以来,它们在不同地区的连续时期内都是鼓的装饰的基本要素。星纹和周围几何图案的最初含义似乎逐渐融入到了东南亚青铜时代的鼓所拥有的各种不同类型的象征意义。它们与太阳纹的关系在不同情况下有不同的诠释,此外,很有可能在某个时期某个地方,象征意义就被单纯的装饰和艺术功能所取代。

7.1.3　太阳纹与鼓面直径的关系　从对大约 30 个鼓面的测量推断得出:中央星纹的尺寸(直径)与鼓面直径的平均比率为 1∶4,最大比率为 1∶2.48(15.02+),最小比率为 1∶5.8(4.02+)。第一个比率与相对最大的星纹有关,第二个与相对最小的星纹有关,介于这两个极端比率之间的数据如下所示:

　　1∶2.48(清单编号 15.02+)、2.55(11.18+)、2.82(11.30+)、3.01(11.09,11.11+)/(11.40+、15.03)、3.48(11.10+)、3.5(15.06+)、3.66(2.05+、2.08+)、3.75(2.12+)、3.83(11.20+、14.01+)、3.92(11.23+)、3.96(13.10+)、4.0(11.35)、4.15(2.11+)、4.23(11.26)、4.3(11.04)、4.41(11.03+)、4.5(0.01、2.03+)、4.52(11.28+、15.01+)、4.55(6.01+)、4.58(5.01+)、4.83(4.05+)、5.0(2.16+)、5.7(2.05+)、5.8(4.02+)。

　　鼓面越大,星纹与其整体尺寸相比就越小,同心圆圈和纹带的数量和重要性也越大。

7.1.4　同心纹带　通常,同心圆是从中心算起的,研究这方面的学者曾分别计算每一条纹带。我则不喜欢这样,因有些区域会包含几条纹带(如 = oo =),它们要比小细节更重要。对于黑格尔 IV 型鼓来说,使用连续编号的方法更容易一些。

　　应从鼓面边缘根据星纹的方向来观察同心纹带。这样,图像纹、飞鸟等图案就处于正确的位置。然而,也有一些例外情况,这时要从相反的方向来观察这些(坐着的,顺时针方向的)鸟纹。

7.1.5　太阳光芒　在黑格尔(1902)所观察的 144 只各种类型的鼓中,大多数(118 个)是 12 芒,一个有 6 芒,八个有 8 芒,四个有 10 芒,还有两个是 14 芒的。德格罗特(1898)认为鼓的铸造者喜欢 12(2×6),因为这样更容易把圆周的半径分为六等分。此外,把圆分为八等分也更容易。这不能成为原因。

　　我的编码清单和目录仅限于是黑格尔 I 型鼓以及东南亚大陆和岛屿的鼓,再加上少数的云南和中国南部的鼓。我还加了一些与鼓面图案有关的青铜缸(*thap*)盖子(第 17 章 3.2 节)。

　　清单中并没有记录所有鼓的这个细节,接下来的调查也不是很全面。它涉及了目录中的编号,这些编号也反映在编码清单上,以下清单中的铜鼓是根据芒数排列的。

4 芒,大波那遗址(云南;第 18 章)

7 芒,青铜缸盖子(Le Van Lan 1963:图版 VI)

8 芒,11.10+- 11.11+- 11.36 - 13.02+-一只云南鼓(第 18 章)

9 芒,一只云南鼓—一只盆(Le Van Lan 1963:图版 VII)

10 芒, 0.01 - 2.05+- 2.06+- 2.08+- 11.02 - 11.03+- 11.12 - 11.18+- 11.23+-13.01- 13.13 - 15.01+- 15.03 - 15.06+

11 芒,Leiden 1364:1 和 2(中国南方)

12 芒,2.07 - 2.11+- 2.12+- 2.13 - 2.14 - 2.19 - 4.02+- 4.03+- 4.04 - 4.05+-4.06+- 4.07 - 6.01+- 7.01 - 7.03 - 7.05+- 7.06 - 11.04 - 11.05 - 11.07 - 11.08+-11.09 - 11.15 - 11.16 - 11.17 - 11.19 - 11.22 - 11.31 - 11.47+- 12.01+- 12.04 -13.04 - 13.06 - 13.09 - 13.12 - 13.14 - 13.16 - 14.01+- 15.02 - 16.03 -"威尔切克II"(Wilcxzek II)(中国南方)—伦敦维多利亚和艾尔伯特博物馆。

14 芒,2.16+- 4.06+- 11.26 - 11.28+- 11.30+- 11.32 - 11.39 - 11.40+- 13.03 -13.17

16 芒,2.03+- 5.01+- 11.21 - 11.43 - 11.46

20 - 22 芒(如没有更多的话),11.20 +(小型鼓,Goloubew 1929:图版VIIID);

20 芒,玉缕的一个青铜缸盖子(第 17 章 3.2 节)。

因此,在东南亚不同地区总数约为 80 的黑格尔 I 型鼓中,有超过半数(43)的鼓有 12 芒(译者按:原书有误,铜鼓的数量与前不符),5 只 8 芒,1 只 9 芒,14只 10 芒,2 只 11 芒,10 只 14 芒,5 只 16 芒,1 只 20 - 22 芒。

注意,群岛佩砧型鼓 0.02+、3.01+和 3.04+是 8 芒的,2.09+是 12 芒的。阿洛岛的一只早期莫科鼓有星纹(8 芒),但构造不一样(第 21 章 7 节)。

12 芒的鼓一般常见于黑格尔 III 及 IV 型鼓上(Bezacier 1972)。在黑格尔 IV型的鼓面,芒线像针一样穿透了头两条环绕着它们的晕圈(Sørensen 1979b)。几何图案里的"阶梯"纹(代码为＝)也可看作是放射状的元素。

7.1.6　间辐图案　太阳纹的芒线间布满了"间辐的"或"围绕太阳的"图案以及黑格尔的"联锁图案(Zwischenzackenmuster)"。[3]

从一般的意义而言,间辐图案主要有四种类型,在图 5 中表示为 V、//、A和%,分别代表 V 形图案、斜线、A 形的 V 形图案和"孔雀羽毛",通常简化为"咖啡豆"（Sørensen）。有时会有两种类型的图案在相同的一个鼓面上交替出现。某些 V 和 A 或 V 和//有时会并排出现。这些是标准的几何图案。但"孔雀羽毛"（%、% 1 - 5）则不会这样结合出现，除了巴生鼓，15.01+（% 2 + V3）。

　　由于缺乏更替类型，较简单的 V 和//图案属于纯粹的几何图案。图案 A 在形态上居于 V 和%图案之间，它们出现在一些较复杂的几何图案中。图案%仅出现在装饰更加精美的鼓及其常规类型上。

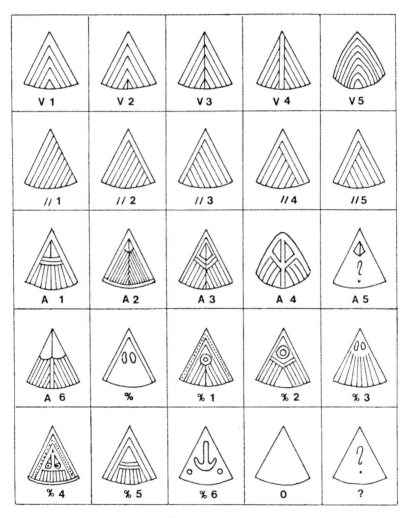

图 5　间辐图案

　　图案%的一个有趣变型出现在佩砧型鼓面上，尤其是佩砧"月亮"3.01+鼓。这八个间辐区域都包含有一个半球形凸起，周围是 4 个同心圆，从未装饰的双面凸的背景中突出来。每个角落的剩余空间则填满了弯曲的影线。大致看上去，与孔雀的羽毛相似，甚至比黑格尔Ⅰ型鼓面上的羽饰更像孔雀羽毛。在莱顿的佩砧型鼓面 0.02+ 上，八个间辐图案中仅有四个有相似的凸起。佩砧型贝比特拉（Babitra）鼓面 3.04+ 上饰有虚线的同心圆而不是凸起，更像是三宝垄鼓 2.12+ 和巴生鼓面 15.01+ 上的 %1 和 %2 图案。在坦努列者 2.09+ 上，仅有小扁豆状的空间和影线，但没有球形凸起。黑格尔Ⅰ型和佩砧型鼓的"孔雀羽毛"图案极有可能来源相同，每种鼓以不同方式发展了这种图案，但这种最终来源与孔雀羽毛是否有任何关系仍令人怀疑；这种相似之处相当模糊，极可能是因为事后的想法而出现或出于为图案命名的需要而被考古学家采用。[4]

间辐图案的分布为：

V1 　　　0.01－2.08+－11.10+－11.11+－13.09－15.06+－16.01

V1+V2 　15.02+

V1+//4 　11.40+

V1+A2 　2.05+

V1+A3 　11.23+

V2+A3 　11.04

V3+%2 　15.01+

V3+A1 　14.01+

V3+A4 　15.03

V4+A3 　11.03+

V4+A4 　2.11+

// 1 　　13.02+

// 2+I// 3　青铜缸盖子（图 17［译者按：应为图 15］）

// 4+// 3　12.01+－玉缕的青铜缸盖子

A1－4 　　如上，与 V 变体相结合

A5 　　　6.01+

% 　　　（未特别指出的 A 图案或"孔雀羽毛"）2.06+－2.07－2.13－2.16+－4.03+－4.05+－4.06+－4.07－7.01－7.05+－13.06

% 1 　　2.12+

% 2+V 3 见：V3+% 2

% 3 　　5.01+

% 4 　　11.20+－11.28+－11.30+

% 5	4.02+－11.47+
% 6	13.17
?	4.04－7.06－13.04－13.10+

0(未装饰的)2.14－"盆"(图版 22.03)

7.2　图像纹

7.2.1　一些重要铜鼓上的图像纹　四只东京鼓——"维也纳",11.47+、"穆力",11.28+、黄河,11.21、玉缕,11.30+,以及卡布南,2.06+、桑根,4.02+之所以与众不同是因为它们鼓面装饰里有引人注目的装饰"图像"("具象的")场景。与饰有极度复杂图案的桑根鼓相比,东京鼓的风格相当地自然简朴,更易于描绘。卡布南鼓,2.06+是一面严重腐蚀了的东京鼓,如"穆力",11.28+。让我们从较简朴类型的最大的一种鼓即玉缕,11.30+鼓说起。它最先被巴门特(Parmentier 1918)和戈鹭波(Goloubew 1929)描述,此后一直在图像纹的阐述中发挥着重要的作用。在编码清单中,玉缕鼓被列在 GFHSn：5 之下。只要情况允许,我们可以随时从玉缕鼓转到这一类型的其他鼓。桑根,4.02+鼓需要特殊对待,并将在本节末尾部分讨论。现在,我们主要讨论的是鼓面上的图像纹,包括羽人(m£ ,后来发展为羽纹£££、££m、££[m])、"房屋"、"平台"、正在脱稻穗的"打谷人"和正在用"嘘声"赶鸟的人。鼓身上部分的图像纹包括船只,将在第 8 章 1 节讨论。

鼓面图像纹呈双边对称。含有图像纹的纹带可平分为二,每份基本上都有相同的场景。因此,我们可以只描绘一半,同时注意另一半上偶尔的偏差即可。这样,我们得决定从哪开始。巴门特(Parmentier 1918)在他的描述中选择的起点基本上位于鼓身外部两个可见的接缝处的一处。要比较这几只鼓,最好在图像纹本身内寻找一处公认的分界线的位置。在各种不同的东京鼓里,这些装饰的布局也不尽相同。因此,我建议我们对场景的观察从较中立的元素开始,即从朝远离站台方向行走的羽人(m£)群中的一个开始,站台位于凹脊山墙顶的一座房子(编码为 HI)的右侧。在玉缕鼓中,这种队列包括 7 人(站台的位置在"穆力"11.28+鼓中稍有不同)。

与纹带的每个半区中的 H 型房子相配对的是有凸形屋脊线的房子或小屋,它的编码为 O。对某些古老的器物甚至某些年代较近的器物上的类似图像做进一步研究发现,这两种房子在与之有关的人们的宗教和社会观念中有着举足轻重的地位(第 7 章 3.3 节)。

在房子之间行走或跳舞的羽人是以常规方式移动,即以逆时针方向移动。因此,如果我们按照这样来描述他们的队列(cortège),我们就要以同样方向行进,从队列末端开始描述然后渐渐赶上整个队伍直到队列中的第一个人。以此方式,我们可以对某些部分不做描述,只有描述到队列的第一个人时,我们才返回并重新审视他所引领的队列。

在如下图表中,曾在开始提及的 6 只鼓的纹带的主要元素已概述过。平分的两半都有记载,并以一致编码表示。鼓依次以尺寸从小到大记录;d 为直径。

图 6   玉缕鼓(11.30+)上的舞者及乐师

卡布南,2.06+   m£   / O I / 打谷人   / H I / platf (4) /

直径 63.9   m£   / ? /?   / H II / platf (4) //

"维也纳"   m£ (4) /O I /m£ (4)   / H I / platf (2) /

直径 64   m£ (4) /O II /m£ (4)   / H II / platf (2) //

"穆力"   m£ (4) /O I /m£ (4)   / platf (4)/ H I //

直径 78   m£ (3) /O II /m£ (3)   / platf (4) / H II / pound //

黄河   m£ (7) /O I / pound   / H I/ platf (4) /

直径 78   m£ (7) /O II / pound   / H II / platf (4) //

玉缕   m£ (7) /O I / shoo / pound   / H I / platf (4) /

直径 79   m£ (7) /O II / shoo / pound   / H II / platf (4) //

桑根,4.02+   £ £(m) /O I / £ £(m) / pound (1)

                                         / H I /

直径 116   £ £(m) /O II / £ £(m)   / H II //

与前面五只鼓相比,桑根 4.02 +鼓表现出明显的风格化。因而编码组

GFHBScn 中增加了 cn 并且羽纹用 $\pounds\pounds$(m) 来表示,包含着对人像的联想。风格化的趋势主导了中国南部的黑格尔 I 型鼓和同一地区的黑格尔 IV 型鼓。包括 GFHBSI‐IIIc 和 cn 在内的东南亚的许多其他鼓中也出现了此趋势。我们将在第 7 章 4 节中转入此主题。

无论在人物和事件的排序中处于什么位置,以房子 OI 的方向行进的羽人都排在了清单的前面。我们将以出现的先后顺序来观察图像带的各个部分。

7.2.2　鸟羽战士、舞者、乐师　在玉缕鼓的图案场景中,其中七个羽人在一半的纹带上,六个羽人在另一半的饰带(m$\pounds$)上。如果士兵也如此的话,那么他们一般也是正在奏乐或者跳舞(图 6)。引导队列的"领头人"拿着一把饰有羽毛或流苏的矛,矛呈水平方向,十分突出。他的右手拿着一把两齿叉,而其跟随者同样也(用右手)拿着类似物品,他们的左手则拿着一根稍弯曲的木棍。细节不是很清楚,有很多不一致的说法。其他鼓提供了一些额外信息。我们也许期待有一些乐器,如"敲击棒""打击乐器"(cliquettes)和凯恩(khène)或克莱迪(kledi),也就是用葫芦和芦苇制成的口琴(已知源于中国,中南半岛和婆罗洲[加里曼丹岛])——从早期到现代。这些乐器同样也出现在婆罗浮屠的几个浮雕上。[5]而其他的东京鼓,大多更加风格化,展现了更多的细节。[6]注意玉缕鼓士兵的头饰,它与向后转的鸟头相似。

黄河鼓,11.21 的六个人物图像中有四个拿着矛,第五个在演奏着克莱迪。他们的膝盖都是弯曲的,显然是在跳舞,"穆力"鼓上的队列包含两部分;在第一个半区,每部分都由 3 个人组成,在第二个半区中则有 4 人(11.28+)。这些组群都被 O 型房子分开,这些房子被有机地融合在与士兵相关的节庆中。"维也纳"鼓(11.47+)也出现了类似的装饰:两个四人的队列。

7.2.3　O 型房子　在 O 型房子的凸形屋脊的两端,有一个较大的"眼形"装饰,与编码中提到的单眼很相似。墙上的装饰看起来像羽毛(实际上,羽毛遍及整个装饰带),极可能用以代表叶片。房子位于柱子之上,柱子底部是石头(外边的柱子)或位于锚状基座之上(中间的柱子)。

建筑的前部分(也是画面中出现的唯一部分)被分成三个垂直的部分。侧面部分被七个虚线圆圈覆盖。据推测,这些可能代表的是一套垂直悬挂的锣。在锣侧面的中间部分有一个人(这次没有羽毛装饰),他手里拿着 2 根演奏乐器的棍子。这部分生动的纹带很像图版 22.07(第 7 章 3.3 节)中加里曼丹岛的竹筒画上的图案。人们也许会好奇,设计这个图案的工匠是不是特地在墙上留了个缺口让大家可以窥见屋内的情景(采用了一种"X 射线"的方法,与 4.02+的设计者是一样的做法）。如果这种猜测不正确的话，我们一定能得出这样的结论：乐师站在房子的空地上敲锣，锣就悬挂于外墙上（Goloubew 1940 曾这样认为，除了刚刚提到的乐师，路过房子的舞者们也用他们的棍子敲锣——这种演奏音乐的方式颇令人迷惑）。

桑根鼓，4.02+及黄河鼓，11.21（仅它们的 O 型房屋的屋顶上出现了鸟）为我们将其与玉缕鼓类比提供了很大帮助。此外，我们从"穆力"鼓，11.28+及"维也纳"鼓，11.47+中得出了一种印象：它们的铸造者对圆圈背后的寓意也是模棱两可的。它们的 O 型房子是完全关闭的，墙壁被一排排的切线相连的单眼纹覆盖着。O 型房子和假定的铜锣已被风格化为纯粹的装饰图案（这让人想到早期欧洲的史前图案，如公元前 9 世纪的《考古手册》[*Handbuch der Archäologie* II, 1954：图版 55]中的所示图解）。这些装饰图案和成套的锣之间也许会相互影响，这在铜鼓制造时代的日常生活中是为人熟知的。

4.02+鼓的这种情况稍后将在本章讨论。

7.2.4　用嘘声赶鸟　在 O 型房的右侧，站着一个面对着房子的长头发的人（女人？）。他的头上无羽饰，但其下半身有羽毛和眼纹。他挥动着双手，显然是用嘘声赶走飞在房子上方的犀鸟。

这种情形使人想到在葬礼时加里曼丹岛的达雅克人驱赶对亡灵有敌意的鸟的情形（第 7 章 3.3 节）。类似情景没有发生在其他鼓上，但在黄河，11.21 鼓和卡布南，2.06+鼓上，有鸟从正在打谷人的头顶上飞过的情形，然而在桑根，4.02+鼓上却没有此情况。我们还想起在几个鼓上和陶欣（Dào Thinh）的青铜缸上有鸟在船只上空飞过的情形（图 14[译者按：应为图 15]）。

7.2.5　舂米　两个人拿着长长的棍子正在舂一个烧杯型的研钵的米，他们都饰有羽毛或流苏（表明舂米活动的仪式特征）。左边人的装束与捕鸟者的一模一样；另一个人则缠着一小截腰布（？），头发扎成一个结。[7]

在黄河，11.21 鼓（有两个舂米人及鸟）和"穆力"，11.28+鼓（有两个舂米人，无鸟）中，以及可能在卡布南，2.06+上也有"舂米人"。在桑根，4.02+鼓上的 H 型房子的左侧也有人在舂米（无鸟饰），但这可能是房子内部及其周围情景的一部分。Ling 1955 认为，舂米者看起来与歌曲和音乐有关联（这种说法只用于偶尔的参考）。

7.2.6　H 型房子　H 型山墙屋顶的凸出末端上饰有三根羽毛（来自鸟头）的圆圈。屋顶的末端用杆子支撑着。在东南亚大陆和印度尼西亚群岛的一些地区（如在苏拉威西的托拉雅族地区），这种类型的房子很常见。屋顶的倾斜面悬挂着流苏。支撑屋顶的杆子呈倾斜状态。屋顶的凸出部分遮住了左边被挖开的木块和右边的研钵。房子的整面侧墙都缺失了,这样就能以"射线"的角度看见房子的内部。两个长头发的人占据了房子的中心,半坐半躺着,膝盖伸直。他们正在打着手势,或更像是用鼓槌一起敲击着鼓。位于右侧拐角的人正在敲打着一种鼓(与东京船只上的乐器很相似;图9A)。一只公鸡和一只孔雀(在纹带的第二半部分仅有一只孔雀)正栖息在屋顶上。

图7 穆力鼓(11.28+)上的 H 型房屋

图8 广雄 I 鼓(11.36)上的 H 型房屋

在黄河,11.21 鼓中,屋顶上仅有一只鸟,屋内有两个坐着的人,第三个人站在他们中间(Goloubew 1940:图 11)。敲鼓人(玉缕鼓上的击鼓人则位于右边拐角处)则位于屋顶凸出的部分之下,在屋外的右侧。

"穆力"鼓，11.28+基本上与玉缕鼓相似。屋顶上仅有一只体形庞大的鸟——孔雀。房内是两个坐着的人，可能是乐师。

广雄I鼓，11.36上的房子明显为后期作品（目前并不充分的图解说明可参Goloubew 1940：图11），它在相同种类中属于高度风格化的一种。

在上文说明的东京鼓中，没有一只像桑根鼓，4.02+的装饰布局那样周密细致（第7章2.8-11节）。

7.2.7　高台　H型房屋的右侧是一个凸出的平台（与房子的尺寸相比，大得不合比例）。它要么是个独立的结构要么是和房子一起用于特殊的场合。有三人坐于平台上，第四个人则站着——这可能是因为工匠发觉空间不够了（这种估计错误的情况时有发生）。不管怎样，在纹带的另一半，四人都是坐着的（工匠已吸取了经验教训）。四人中有两人的头发松散地垂下来；没有一人饰有羽毛，与羽人相比，他们显然是来自一个不同但不一定更低级的生命领域。松散的头发和简单的服装表明他们是妇女或教士，也可能是进行特殊仪式的萨满教士。而羽毛，在村庄的庆祝节日中，在某些鼓上，似乎成为军事服装的一部分；或者，在不同情况下，成为前进或驾驶船只的有组织的幽灵团队的一部分（第7章3.4节）。

平台上的人正用长棍敲击着地面。在棍棒与地面接触的正下方是四个凸出的物体，它们的上表面几乎接触到了上方的地板。每个物体都被截头圆锥形的链环框住。圆锥与内部物体之间的区域点缀着一些圆点。这些球状物体可诠释为篮子或是铜鼓，后者看起来似乎更加合理。右边杆子上的节日流苏和圆形装饰物表明了平台上正在举行某种节日。[8]

巴门特（Parmentier 1918）把此情景解释为仪式性的脱谷活动，稻谷从地板的开口处掉落到下面的"篮子"里。如果位于平台下的物体是铜鼓，那么铜鼓顶部的人可能正用长棍在击鼓。一个更好的解释就是，通过在鼓正上方的地板上打谷来"祭祀"鼓。该部分描述的东京鼓纹带上的仪式与那些不久前曾记载的克伦人、拉梅特人和东南亚其他民族有关的仪式相似（第22章2-5节）。"祭祀"鼓的祭品可直接献给居于鼓中的神灵或暂居于鼓中的祖先的灵魂，也或者是两者兼有。

在黄河鼓，11.21中，平台贴近房子但并不与之相连。平台的地面与"铜鼓"的顶部之间的空间要大于在玉缕鼓中的情况。这可以成为支持"祭品论"而反对"击鼓"说法的观点（正如Goloubew 1940曾指出的一样）。

"穆力"鼓，11.28+展现了类似的平台，但平台位于房子的左侧（有四个端坐的人,其下方有四只"鼓")。"维也纳"鼓,11.47+提供的空间仅适合较小的平台,平台上只能容纳两个人和两只鼓。严重损坏的卡布南鼓,2.06+提供的信息则很少。据我了解,除了某些羽人的羽饰头饰和脚还可辨认之外(至少在一半的图像带上),还可见 O 型房子的幻影、两个舂米者(?)、一座 H 型房子(屋顶有两只鸟)和一个上面有四个人的平台,平台下方有四只鼓。虽然难以辨认,但 2.06+的 O 型房子更像程式化的"穆力"鼓和"维也纳"鼓上的图案(有切线连接的单眼纹),而不是像更自然风格的玉缕鼓和由乐师演奏的黄河铜锣套件。

桑根,4.02+鼓的图案场景虽然很精美,但并没有平台图案。

7.2.8　桑根鼓,4.02+　桑根,4.02+鼓要比上文讨论过的东京鼓大(直径116 厘米,高 83.5 厘米)。巧合的是,它得以保存完好。其图像带基本上是双边对称,就像东京鼓上的一样。图像带的每半边都包含有常见的 H 和 O 型房子。在 4.02+的 H I 型和 H II 型之间,及另一半的 O I 型和 O II 型之间,都有许多重要的细节变化。因此,必须分别讨论这四种房子。

7.2.9　桑根,4.02+;O I 型和 O II 型房子　4.02+的 O 型房子的特点是其由一个矩形框架支撑的驼形屋顶(图版 4.02b − c)。四根为一排的柱子形成了三角形的轮廓;它们的下端位于半圆的地基上。在地板下方的空间有动物图案(在印度尼西亚称之为在奎龙[kolong]):在两半图像带上都有两只鹿(?)和一些家禽。在 O II 型地面下的一只小动物可能是啮齿类动物。鉴于奎龙中的动物,我们不应高估 O 型房屋的神圣性。

和东京鼓的 O 型房子的一样,4.02+上的 O I 和 O II 的墙被垂直地分为五格。外面的部分覆盖着菱形图案,邻近部分则分布着两竖排的切线相连的单眼纹(在 O I 中每排有八个虚线圆,在 O II 中每排有六或七个)。中间部分分为三个方格,一个叠加于另一个之上。最下层的方格布满了圆点和菱形(在 O II 中仅有菱形)。中间的方格是一个人的上半身,他的双手抬起,仿佛在摆弄着虚线圆(如黄河,11.21 和玉缕,11.30+鼓上的那样,来源于成套的锣)。我们可以想象这个人是站在屏风下半部分的后面,因为他的腿从菱形图案中露了出来(看起来似乎是这样)。在 O I 中,顶部方格饰有叶子图案(一种风格化的海芋?),颇像四叶草。O II 的中间方格要么是腐蚀掉了要么一开始就是空白的。在此种情况下,乐师被给予更高的荣光:此刻他坐在最顶层的方格里(双手抬起,双腿分开,双膝伸直)。此外,他与演奏锣的人不再有任何联系;取而代之的是,他被一个古老的东南亚图案替代了:一个幽灵世界的人形图案,双腿大张地坐着(或者也许只是简单地双膝伸直,只是画面看起来如此呢?)。显然,高举着双手的人与虚线圆是模糊地连接着——4.02+鼓的铸造者(也许曾在越南北部生活过)一定在年代更早型的类似鼓面上见过此类图案,所以不再采用系列铜锣演奏者的想法。工匠把这个他即将要仿照的模型(或其他他所收藏的相似鼓)看作是一种"祖先木偶"。作为常见东南亚装饰目录中的一项遗产,它在今天的传统纺织品上仍然能见到,尤其是在印度尼西亚东部。双手高举、双膝弯曲站立或抬高双膝坐着的(另一种是双腿呈 W 形,以对应手臂的 M 形)侏儒是印度尼西亚古代艺术及其近期发展类型的显著特征。这种向上弯曲的图饰是一种很古老的图案;例如,它可能出现于新石器时代的中国,而后向东传播到澳大利亚和太平洋地区。[9]我们看到在"维也纳",11.47+和"穆力",11.28+鼓中,敲锣者已消失;因而套锣已变回其史前原型的模样,仅仅是一种装饰图案而已。工匠们不得已在房子之间设计了饰有羽毛的乐师和舞者们的队列,但他们并不完全欣赏其特色,在房子 O I 和 O II 上刻画敲锣者和其古怪动作的工匠也是一样。

7.2.10　桑根,4.02+鼓;H I 型房屋　注意,4.02 上 H 型的山墙顶的末端并不像东京鼓中的一样,它并不由垂直杆支撑着。

一个人正准备爬上一根有缺口的斜杆(房子的梯子),他后面的另一个人(不知是男或女?)正在舂沙漏形木头中的米,一只脚还靠在底座上。与房子里的人不同,这些在外面的人几乎(实际上)都裸露着身体;他们的腿形清晰可见。梯子上的人的头部呈奇怪的尖形(不知是头饰还是头发打成的结?)。

房子下方是各种动物:一头小象(?)、一对振翅的鸡、一只狂吠的狗,它们都是被大概地刻画出来。小象并非像看上去的那么不切实际,因为《蛮书》(Man-shu)(Luce 1961：43,73)实际上曾记载蛮人在过去某个时期曾饲养过此类动物用于耕地而不是用牛来耕地(注意东京鼓的房子下方没有动物;且刻画这些房子的方式根本没有再容纳动物的空间)。与房子等长分布的四根杆中的每一根都有一个柱基和柱头。与范德霍普(Van der Hoop 1941)不同的是,我没有看到任何木制或石制的防鼠圆盘。有一轮廓像刀的装饰悬挂于山形墙的凸出末端。另一雕刻装饰处于鞍状屋顶的中间,然后以弯曲的形式转向屋脊的末端。这很像中国汉朝浮雕上某些房子顶部的华盖图案(Heine-Geldern 1947)。徘徊于楼梯间的大型蜥蜴装饰也许就像雕刻于木头中并紧贴着房子山形墙的动物一样。而在山形墙的背面则有另一只头朝下的蜥蜴。

前面我们注意到的"X 射线"(或者说是"开口房")处理能够让我们对房子的内部有个全面的了解。紧挨着门背后是两个跪着的人;左边的人面对着另一人,他俯下身,似乎要用面部碰触他对面人的朝上的手指(图版4.02)。在被致敬的那个人的背后是另外两个跪着的人,他们在演奏音乐。左边的人正用一只棍子敲击着一只鼓(此鼓是一种比铜鼓更高的类型,不管怎样,在一间密闭的房子里打鼓实在是太嘈杂了)。另一人正在演奏克莱迪,房里还有更多的人:其中一人正跪在乐师的右侧,他双手举起,手掌向内(画面中该人旁边有条细斜线在房子下方延续,它与所描绘的景象并无联系)。另一人背对着其他人;他正从位于顶楼下端的架子上取东西(或往上放东西)。他是"沉默的附加物"。在左边还有更多的架子,顶楼本身被分为很多相似的隔断,里边有箱子或篮子,右侧的架子上有一捆稻谷,有个啮齿类动物正在吃稻谷(据Van der Hoop 1941,这"捆"稻谷可能是一只铜鼓,是预料会出现于屋内的物品,如第21章10节所指出的那样)。在对面的拐角,屋顶下有另一种家养动物,是某种壁虎。

描绘的景象有日常事件也有音乐相伴的礼仪接待。在这些图案中最突出的是屋内人的成套着装:修长的礼服、宽大的袖子、尖形头饰的发式,也许还有蓄着胡子的下巴。他们的坐姿与致敬的方式(包括"磕头")也颇有"异国风味",这是中国人或受到中国风俗影响的人们的方式。海涅格尔登(1947)指出,这种正式待客的方式与汉代浮雕上的情景相似,沙瓦纳(Chavannes 1909 – 1913)到中国北部考察后曾介绍过汉代浮雕。[10]中国对越南北部的影响已在其他地方(第16章4节)讨论。在本章中,只需提及桑根,4.02+鼓上HI型房子上的场景证明了此种鼓的铸造者和中国人不经常去到的国家之间也有直接联系就够了,如果这些地方的中国人不属于本地人口的话。因此这很自然会让人想到,发现于越南北部的鼓在许多方面与桑根鼓有相似之处,迟早那里的铜鼓的铸造工匠会构思出一种包含受中国人影响的生活图景的装饰来代替早期本地类型鼓上的常见图案,这种受中国影响的生活方式在自从基督时代开始后就为他们所熟知。

与桑根鼓上的图案同样有趣的相似物是石寨山鼓面的饰板(云南;图版16.01)所展现的滇绅士,他们穿着时髦,腰部佩剑,走在传统东山风格的饰有羽毛的勇士队列中。另一有趣的相似画面,是某些铜容器上的三维立体模型的房子,虽然风格不同,但与石寨山的图案也相似。在一个小房子里,在房子较低部分或阳台中可见一只小鼓,而房子之前有七只鼓,房子一侧有两只。在这儿,鼓是节日场景中必不可少的一部分(第18章)。

至于HI型房屋,如前所述,其本身就与汉代浮雕有诸多联系,然而其通常的外形和图案布局却更让人想到印度尼西亚人及与其在中南半岛的亲戚。用海涅格尔登(1947)的话来说："显然，这房子……指的是人的房子或具备其他用途，即用于集会、接待客人等。"（关于刻在加里曼丹岛竹筒上的房子和仪式场面及其与桑根鼓上的 H I 和 H II 图景的相似之处，见第 7 章 3.3 节）。

7.2.11　桑根,4.02+;H II 型房屋　H II 型房屋依然遵循着 H I 型房屋的大致样式（I 中紧贴山形墙的木蜥蜴，在 II 中已没有）。舂米人已不是很清晰；阶梯上的人坐在台阶上，就像一个看守人或只是在等待其他人从里边出来，或是正在下台阶（这样做有摔断脖子的风险）。房子的下方，有一对鹿和一只猪(？)正在争夺地盘。

房子内的布置与 I 型中的大同小异：一人正对着一个地位非常尊贵的人"磕头"，这位贵人旁边有个侍从，专门负责为他扇扇子。贵人背对着门，向几乎在房子中心的磕头人伸出了手。还有一个乐师在演奏着一种奇形怪状的乐器。第五个人正跪在乐师的身后，里面所有人的着装都与 I 型中的一样，且都是跪着，这样给人一种中国人的印象。沿着阁楼，还有相似的室内布置，如箱子、倒置的煮饭锅以及各种其他器具。左侧依然是必不可少的啮齿类动物。右侧是一捆稻谷(？)及一些对稻谷感兴趣的动物。

I 型和 II 型上的图案是否有联系呢？I 型中的情景看起来似乎是一个访问者的到来及其与某些重要人物的会面，而 II 型中则是他离开时的场景。此外，这些场景无需成为图像带主题必不可少的情景，在 I 型和 II 型间也不一定要有任何密切的联系。它们可能是鼓的制造者了解到某种流行的早期中国艺术类型而借鉴的图案而已（这种流行的艺术已经通过汉墓以更加具有纪念意义的形式保留在考古学记载中，Chavannes 1909 – 1913 对此进行过探讨）。许多国家的工匠们，不管是古代的还是现代的，都会把让他们觉得有趣的甚至庄严神圣的某些场景引用到他们的图案中。这种类型中的场面通常被称为"风俗画"。与房屋 I 型和 II 型中的人（为此，在房屋里边及下边增加的房子、花园以及同一鼓足上的固定场景中也有相似之处，见第 8 章 3.2 节的讨论）有着风趣的相似之处是"灵船"布景中意外地出现的外国人，这是由加里曼丹达雅克人画在木头上的：在划船的其他成员中可能有一个叼着烟斗的欧洲人（见第 8 章 1.7 节；图版 22.09）。

7.3　图像纹意义之变迁

7.3.1　日常生活场景　巴门特（Parmentier 1918）在他的关于东京鼓一篇较早的文章里认为，"穆力",11.28+;玉娄,11.30+和老挝,12.01+鼓上的图像纹表现了铜鼓铸造者的日常生活画面,描绘的是:"野蛮人的一生的生存状况,无论他是去打仗还是在自己的村庄做事。"如果巴门特能将东京鼓和近期在云南发现的鼓做个比较,他也许会接受,这些刻画在圆形物上的赶集者的情景便是赞成其说法的证据。另外,云南鼓上的图饰明显也与宗教仪式相关联。描绘在老挝鼓和"斯德哥尔摩",11.40+鼓上的较简单类型的船是由完全地"自然风格"的船员操作的独木舟,周围是逼真的鸟和动物图案,我们很容易就把它们当作某种日常生活的场景,比如是战船或竞赛船的场景,这些场景对于东南亚海岛的航海民族来说再熟悉不过了。然而,从整体上看,无论其朴素的起源会是什么,主要鼓的鼓面和鼓身上的图饰都不应该解释为简单的家庭场景。在较近期的少数民族群体中,图案本身和鼓的功能都不应沦为这种解释。

的确,图饰上的许多细节实际上都源于日常生活。例如,春米就是乡村生活的一个普遍性特征。然而,细心装饰的春米棒透露出一个事实,即春米或脱谷活动一定起到了某种典礼或仪式或节庆的目的。就这一点而言,黑格尔(Heger 1902)提到了一种暖房活动,一种启用新铜鼓的仪式(也见 Beaulieu 1945,他参考了 De Groot 1898,1901)。中国南岭(Nan shan mountains)南部的寮族(Lao)曾有过类似的仪式。Ling 1955 提出另一种可能性,即同样出自中国的某些丰收仪式(参考 ESEA 1979:128)。关于这一点,其他庆典也会有春米活动。

描画在鼓上的其他仪式让人想到中国人祭祀天地神(Tung-Chün),东方之王或太阳神时奏乐与舞蹈的节日,这些都在屈原的《九歌》中有描述,他是公元前 3 世纪后期在湖南的楚国大臣。屈原有一段时间被流放到边远地区,那儿居住着一些本土民族叫作蛮族、P'u、P'u Lao 和 Yueh-Lao(Ling 1955,不知其完整名字)。诗中对仪式的描绘如下:"弹竖琴,打铜鼓,撞编钟,敲杵棒,吹笛子,奏芦苇。舞动的巫师最气派:行走时他们头顶上的鸟似乎在轻轻摇晃,而当他们跳跃时,鸟也突然跃高了,他们载歌载舞,富有节奏感。当所有的舞者集合时,他们帽子上的鸟便飞向了天空。"这不禁令人感叹:这与东京鼓上描绘的景象如此相似!然而,没有必要把鼓上的情景与中国南部高地的人们直接相联系,越南北部的蛮族和其他民族与他们有着同样的仪式。

与描绘于鼓上的情景相似的情景,尤其是与桑根,4.02+鼓纹带中 H 型房屋中的人饰相似的情景,被发现于山东吴氏家族的墓中,"在那,中国所有传统的仪式都得到很好的保留"。这些墓的时间在公元 146 和 167 年之间:它们的浮雕中包含儒家的、历史的和道家的元素(Watson 1974)。其中有一浮雕与 4.02+鼓 H 型房屋里的布景很相似,刻画了一个过路人注意到正坐在屋子里的孔子并说道："坐着演奏音乐的那个人很勇敢。"

7.3.2 葬礼 戈鹭波(Goloubew 1942)描述了一个收藏在卢浮宫博物馆的中国花瓶(柯蒂斯花瓶)。它饰有节庆画面：人们正在献祭大米和酒,敲锣打鼓,敲打着"音乐石"和编钟,或正在表演仪式舞蹈。类似于鸟的神灵正飞跑过来接受他们的祭品。早期的时候戈鹭波(Goloubew 1929)就已经指出了东京鼓上的装饰布景和船只与加里曼丹岛达雅克族的葬礼或提瓦(*tiwah*)仪式有相似之处(见第 7 章 3.3 节、8 章 1.7 节)。进行提瓦仪式的目的是把亡灵从一切物质桎梏中解救出来,让他们进入灵界。

提瓦仪式的确有几个特征和场景与东京鼓和桑根,4.02+鼓上的布景有关联。我们可以将其大致与印度尼西亚西部的民族相比较。例如,H 型房子与南苏拉威西岛托拉雅族的有几分相似,达雅克人也有羽毛装饰的"勇士",奇异的头饰与印度尼西亚东部的各族也相似。饰带上的人使我们不由地将视线转移到"印度尼西亚"的风格上,但他们并不是原始的印度尼西亚人、"南岛语族"或新石器时代的人,而更可能是我们近期从群岛上了解到的印度尼西亚人的祖先和居住于陆地上的青铜时代的人们,在他们迁徙到东南亚岛屿之前,他们可能在越南北部居住了一段时间。

在 1929 的文章《关于东京和越南北部的青铜时代》(*L'Âge du Bronze au Tonkin et dans le Nord-Annam*)里,戈鹭波正确地指出了鼓上的装饰布景和提瓦仪式的相似之处。这些内容大多数在第 7 章 2.3 节中已谈到;这儿只要提出与上下文相关的几点就够了。小小的吊脚楼就是亡灵的神圣住所,里边摆满了祭品。村庄的全部成员拿着乐器聚集在逝者家中。有些人演奏口琴(*kledi*),其他人连续不断地敲击铜锣以驱赶鬼魂并宣告亡灵的解脱。女巫(*blians*)用嘘声驱赶企图窃取亡灵的鸟。人们把稻米脱粒后当作祭品使用。舞蹈和列队前进也是仪式的一部分。当典礼结束时,逝者乘上了特姆本泰伦(Tempon Telon)之船,即达雅克人的冥府渡神的船(见第 8 章 1.7 节)。

在清化省、和平省的芒人也有与提瓦类似的仪式"保存至今"(戈鹭波在其发表于 1940 年的最后的论文中有记录)。其中一个是关于他在和平省的潜心研究,描述如下(Karlgren 1942 年从《东山人》[*Le peuple de Dongso'n*] 翻译过来的)："家庭鼓处于场面极为壮观的队列之前,由几个穿着丧服的仆人抬着,还有几个手里拿着长长的羽毛的人护送着,男巫们尾随其后,这些人与玉缕鼓上的人非常相似。根据从当地收集的材料,据说在仪式期间,他们手中挥舞的羽毛和鼓的魔力之间存在着神秘的联系!"此外,从云南南部的哈尼族(Woni)了解到,据说在葬礼期间,来祭拜死者的人会敲打铜鼓并摇动手铃。他们把野鸡尾的羽毛粘在头上并手舞足蹈。他们被称作"驱魂人"(*ESEA* 1979:129,改编自 Soulié 1908)。

海涅格尔登(Heine-Geldern 1932 – 1933)引用了 Marshall 1922,1929 及 Mason 1866 谈到的在编甸、泰国、加里曼丹岛的敲锣打铜鼓的情况。在缅甸克伦人的葬礼过程中,人们会在铜鼓顶部放上肉和大米向死者献祭。这一切都表明,鼓已代替了祭坛或祖先牌位。其他研究者指出,在各种宗教里,人们把鸟当作亡灵;从他们的观点来看,这样就让人想到了把鸟装饰在鼓上(然而,这种与鸟的联系在太阳系中所起的特定作用则更明显,这种说法也更令人信服)。同样,鼓面上栩栩如生的图案呈逆时针的方向,时常与冥界的日常生活都是与活人世界相反的情况联系在一起。再者,鼓胸上的船只通常被认为是亡者之船,它们由羽人(在某个时候变成了羽饰)操控,这些羽人与鼓面上的"勇士"特别相似。

7.3.3 原始村庄和圣土 现在产生了一个问题,即当我们讨论某些装饰更加精美的鼓时,我们是否要继续讨论"日常生活的场景"(包括同样来自地球的葬礼场面)。东京鼓和桑根,4.02+鼓上的装饰图案包括一些有趣的细节,如房屋 H 和 O 型的凸出或凹陷的屋顶,似乎都指向不同的方向。有鞍状屋顶和圆形屋顶的两种根本不同的房子相互邻近,且房子内部及周围的随行人员都与加里曼丹岛某些部落的绘画和雕刻品有相似之处,这些已在朱博尔(Juynboll 1910)、勒拜尔(Loebèr 1911)、沃罗克拉格(Vroklage 1936:图 B13)及在图版 22.06 – 07 里都有图解。一些趣味横生的竹筒(用于仪式上的喝水、饮酒的管子,由于其上的装饰而有了象征意义)上雕刻的房屋图案与一些大型鼓上的房屋图案有着惊人的相似之处。竹子上的雕刻与东京鼓和桑根,4.02+鼓上的一模一样,如果到目前为止我们的解释依然正确的话,这一定与葬礼有关,然而其中还有一个更加本质的元素:通过某些象征性的细节来映射典礼后死者的来世,这些象征性细节大多体现在两种房子的相互邻近,这些房屋与金属鼓上的非常相似。这些场景不是对有竹筒的葬礼仪式的简单的特别说明,而是在精神层面上把活着的族群成员转移到了一个相当类似的族群上,这个族群以圣地中的圣村及其居民为代表。这个村落以两种不同类型的房子和用于仪式的房子为特点,是位于加里曼丹岛南部的恩加朱达雅克(Ngaju Dayak)的"原始村庄"(Primeval Village),名为巴图宁丹塔朗(Batu Nindan Tarong),这里是发源地,即在很久很久以前,第一批人类向地球扩散的地方,也是他们原本打算居住一生的地方。在他们死后,他们借助亡者之船落叶归根回到此村,即他们的圣地,这些将在另一章讨论(第 8 章 1.7 节;关于恩加朱及其宗教信仰和宇宙论,见 Schärer 1942,1946,1963)。

在讨论达雅克人绘画与雕刻的细节问题之前，我们应简要提及出现的情景图案，它们非常类似于东京及桑根鼓上的装饰图案及中国南部一面金属鼓上的图案（图版 22.04）。不管怎样，这些相似画面让我们想到了中国与铜鼓的早期民间艺术的联系以及加里曼丹岛上的神话学概念。

在莱顿的人种学国家博物馆里的一个竹筒上，装饰有重叠的条形图案；最上面部分布满了天上的神灵图案，最下面部分则饰有水冥届的代表人物（jatas），而这两部分之间是一座鞍状屋顶房子的横截面，这样能让我们能看到房子的内部。在格拉博斯基（Grabowsky 1892）关于某些达雅克部落的宗教研究的辅助内容下，勒拜尔（Loebèr 1911）已对这种复杂的图案细节进行过讨论。勒拜尔把竹子上的雕刻与葬礼仪式、安通王（Raja Ontong）节日，即"极乐之王"节日相联系，它与马哈塔拉（Mahatara）天堂，即天界神灵相距不远。在节庆的筹备期间，必须建造一个棚。欲知道更多细节，我推荐读者去阅读勒拜尔的论文，并查看图版 22.06 - 22.07 的图片以一窥究竟，并把刻画的场景与铜鼓上的图像带做个比较。例如，正在用嘘声驱赶犀鸟的长头发的人，地面上的动物及墙边的四足兽（它们是真的动物还是只是木雕而已呢？），正在脱谷子的人及房子内部奇怪的情景等等。除了房子内部及周围的活动情景以外，还有故事成分，也许是神话也许是其他类型，如船上有一对长头发的人（头发就像斗篷一样垂下来）（旁边还有一只猴子）。这些"演员"可能是男巫（blians）之类的人，房子内部也能看到他们，他们的附近是另一个场景：一群吵闹者正在粗暴地对待一个人。这个故事，不管是什么，与鼓上的场景相比较应是附加的。而作为达雅克图案及苏门答腊岛南部的船帆（第 8 章 1.7 节）的基本元素之一的生命之树也一样是附加上去的。总之，它们与鼓的象征意义是毫不相干的。

在雅加达国家博物馆的另一个竹子雕刻品上，某些细节如敲锣者被刻画得更加活灵活现（图版 22.07）。

从一个考古学家的观点来看，单单是达雅克的竹刻是不可能很古老的，尽管它明显代表了确实是年代久远的某一传统、神话及艺术（参阅先前讨论到的铜鼓及类似于中国人的说法）。表面上，它在几个世纪以前就存在于某些最初的印度尼西亚部落，即现在的越南北部。经过一段时间的发展，它变得价值不菲了，典型的是东京鼓上的图像带及其以全新的、最终的、基本的元素渗透在装饰中的后期类型。过去一定是较早期或更原始类型的民间艺术原型，在某个时期便传到了群岛并保留至今（或许是曾经，直到相对而言的最近），在加里曼丹岛南部和东南部的达雅克人中，依然有这种民间艺术原型。值得注意的是，从远古时代就有的并以古老的装饰而闻名于世的众多细节的铜鼓,以一种贵族的气节,在如此漫长的世纪里仍然保留着其受欢迎的、最初的模样。

7.3.4 全体性 要判断达雅克人竹管上房屋的横截面,还缺少了一个基本的东西,那就是圆形及鞍状屋顶房子类型,即 O 型和 H 型房屋的并置。尽管如此,这种结合实际上也出现在达雅克人的绘画中,虽然是另一种类型,但是起源于恩加朱人(Schärer 1946,1963)。

这两种类型的房子和作为一部分景色的生命之树是恩加朱人原始村庄的特征。它位于水蛇的后背,这条水蛇是生活在冥界和天届之间的水域。人们把这个起源的圣地和归宿地当作宇宙的中心。活人在世间的住所则反映了其通常的外观。二战后由谢雷尔发表的关于当地专家对神话世界的描绘再一次展现了其与铜鼓某些装饰图案有着惊人的相似之处,例如,其屋顶的形状、屋顶上的鸟、房子内部及周围的人与物的布局、锣等。人们把这两种房子当作宇宙全体性的代表性物品——以二元性表现出来的一体性(Oneness),这使得每种类型既保持了其个性又维持了二者的和谐性。鞍状屋顶房子的轮廓(横截面)与远古的山脉很相似,且在很多小细节上与天界相联系;而屋顶为圆形的房子则与冥界相关(据说其圆形"轮廓"反映了水蛇蜷曲的身体)。然而,这还不能成为显著的不同之处。在世界诞生之时,这样的房子就被指定为雌性;为把这种房子转化成宇宙圆满或全体性的象征,房子必须要补充雄性或与天界有关的成分。从一开始,雄性与雌性,天界与冥界,都是相辅相成的而并不是相互对立的。在恩加朱人的绘画中,也有两种房子,一种代表天界,另一种则代表冥界,这两种房子互为毗邻则反映了宇宙的全体性。而且,附加的生命之树增强了这种全体性,生命之树把最后的图案转化为一种象征。在东南亚,任何同类型元素都难以超越这种象征。在铜鼓上,另一种冥界的象征,即全体性的象征,同时也是以部分代表整体,已被添加到鼓身的船形图案里,作为鼓面装饰的一种补充,这种结合将会在关于船的意义的章节谈及(第 8 章 1.7 – 11 节)。

只要把铜鼓图案场景与达雅克的绘画及雕刻做个简单的比较,就能够建立"视觉内容"方面的显著关系。它们之间有许多联系和紧密相连的情景,这不能视为"巧合"或是"所有流行艺术都共有的特征",所以不可忽略。此外,关于加里曼丹岛图案的精神背景及象征含义,我们应考虑是所涉及民族的宗教及宇宙观协调一致发展变化的结果。然而,事实上,我们应该借用一个音乐术语如"持续的低音"或通奏低音(Basso continuo)来描述,它是各种重复性元素的背景,是东南亚历史上不同地方、不同时期融洽相处的少数民族群体之间相关图案的一种精神上的"家族关系"。这种精神背景不仅仅与个人的品位、鼓的铸造者及装饰图案设计者的能力有关，它具有更加深远的意义。

至于后续的装饰图案类型，首先是老挝，12.01+鼓及"斯德哥尔摩"，11.40+鼓的简单的独木舟图案，这两种鼓的鼓面并没有羽人装饰图案。其次是早期东京鼓上的羽饰场景和房屋图案（大致在第20章6节），其鼓身上有船只图案。再者，依然是一种基本类型系列的装饰，即饰有大致相同的图案，在风格上是传统主义的形式，但看起来却有点像自然主义风格的细节。最后是装饰图案完全传统化的设计（省去了房子等图案，却有船纹）。在所有这些特殊主题变化的背后，一定有某些特殊的想法。这些也许与日常生活和葬礼的场景有联系，这种联系导致了宇宙观及圣地生命观念的确立。而这些观念，在他们被识别为人物的整个过程中，与乍一看毫无变化的情景及"剧中角色"的原始的、不断变化的"含义"部分地相关联。在金属鼓的历史进程中所发生的一切，从某种程度来说也是装饰图案及船纹的历史（这些将在第8章1节中讨论），同时也是鼓的装饰及总体构造的其他方面的历史。实际上，它是一个通过广泛分布的鼓来展现自我历史的复杂而又精心策划的"家族"史。

7.3.5 生活中人之一面 我们是否有可能在某个特殊地方让青铜时代的人显现于眼前呢？而且不是通过他们所创造的东西如鼓及其相似物等从精神上来了解他们的思想、行为及信仰，而是要从客观实物上去了解他们。一个可能的做法是通过他们的作品，因为作品能自然地反映人类。比如，船甲板上的划桨人（自然主义风格），其至身体向前倾的划船者，有时也会出现在群岛某些鼓上的羽饰图案之间（图版4.02g）；还有饰带上的勇士、舞者、乐师（图6）以及云南鼓饰版上的"副官"（图版16.01）。然后，所有这些图饰场景迟早都以各自"个性化的"、默默无闻的方式转化成了标准化的、非历史的类型，并最终变成了纯粹的装饰图案（比如，后期东京鼓上的羽饰图£ε）。在我们看来，更加令人高兴的是，在标准化图饰间偶尔会出现一些场景：旁边有一条狗的人正在与老虎搏斗（图版4.02i‑j），一群猎人（图版7.05e），在桑根，4.02+鼓边缘处马厩里的人正在照料主人的大象及骑马的勇士（图版4.02m‑n）。甚至还有一个正在走向来世的"古代人"（抑或是他的灵魂？）（图版16.06）或是一个坐在亡者之船上的体形矮小的乘客，他满怀希望地在船舱里踱步，期待着能在目的地圣村里享受狂欢舞蹈。对于一个亡者来说，他似乎极富生命力（图9E）。在云南鼓、容器及一些绘画（图版16.03‑05）上的立体"戏剧"（图16）中，有许多赶集人、狂欢者及围观令人毛骨悚然的祭祀仪式的人。此外还有帕塞玛的巨石雕像，如母子雕像，而不是不代表普通人的全副武装的勇士(第13章5.1a节)。还有东南亚高地的山地民族和印度尼西亚东部的阿洛人。他们的确并不是青铜时代的人,而从历史的观点来看,他们是作为活生生的人在发挥着"死后"的作用(见第21-22章)。然而,正是这个死后的场景给我们提供了"社会现实"和依然有许多金属鼓存在的日常生活情景。且在日常生活中,人们"对铜鼓充满了憧憬",毫无疑问,铜鼓是他们内心生活中的一个不可或缺的部分(第21章10.8节)。

7.4 从"羽人"到"羽纹"

羽人(m£)并不是"鸟人",他们是身饰羽毛的普通人,例如在他们的头上装饰着一个倒挂的鸟头或在衣服上粘着羽毛。我们不应从许多国家了解到的那种装扮得像鸟一样的、有嘴有翅膀的舞者中寻找相似物,因此,他们并不是在表演"鸟类舞蹈"(Van Heekeren & Knuth 1967:118),不能直接与吴王阖闾(king Ho-lu of Wu)(公元前514-前495年)在首都集市上表演的"白鹤舞"相联系(Karlgren 1942:16)。

描画在铜鼓上的舞者和乐师都是普通的男性(也许如Quaritch Wales1957曾认为的那样"在某些鼓上也有可能是女性"),他们以羽毛为装饰,如今一些那伽(Naga)部落(Heine-Geldern 1932-1933;Parmentier 1918:图版VIII,与新几内亚的舞者作比较)、加里曼丹岛的达雅克人和台湾的一些部落(ESEA 1979:133-134;Ling 1955)仍在使用羽饰。对于羽人(上文就出现的这个词语虽不是很适合,但因目前缺乏一个更好的词语所以只能用它)参加的节庆,有各种说法。他们可能是全副武装的战士,刚刚打了一次胜仗正准备提着砍下的头颅回家? 或者他们更可能是图腾的舞者(戈鹭波)或萨满教徒(Quaritch Wales 1957:82-87;口琴、响板、锣"毫无疑问地也为狂欢渲染了氛围")。

一些以最自然主义的方式描画的羽人出现在鼓面无装饰的金属鼓上,这些金属鼓却饰有船的图案,船上的船员似乎是美国的印第安人,但更像是达雅克人和其他喜爱穿戴羽毛的部落。这些鼓是:老挝,12.01+;"纳尔逊",12.02;贝拉茨,13.02+及"斯德哥尔摩",11.40+。

从羽人(m£)过渡到羽饰(££)反映在两种不同趋势的鼓上。在我的编码中,它们分别表示为££m和££(m)。££m是示意性地表示为"羽人";££(m)则表示有人类痕迹的"羽毛图案(羽纹)"。在假设系列中(源于实际的样本),它们代表着"退化阶段",这种系列是通过两种方式由类型(n)而来。一种是通过对自然风格的抽象式处理(nc)形成££m；二是通过传统风格加上早期自然主义处理(nc)的痕迹形成££(m)，两种方式最终都导致羽饰图案(££)的产生。这种情形可以用下图式来表示：

$$m££$$
$$\diagup \qquad \diagdown$$
$$££m(nc) \qquad ££(m)(cn)$$
$$| \qquad\qquad |$$
$$££(c) \quad = \quad ££(c)$$

££m(nc)有可能处于自然和传统风格发展的中间阶段，也有可能是从传统风格闪回到自然图饰的类型，而这种自然图饰可以从早期发现的铜鼓上看到，目前为止这种鼓尚存于社会中。

具有 nc 风格特征的鼓是广雄 I, 11.36 鼓，鼓上的人、房子等尚依稀可辨，但已只剩下轮廓而已。

在饰有££(m)的鼓中，大多数图饰已转变为羽纹图；然而，在这当中仍有一些自然的特征，似乎要提醒观察者羽饰图案的来源，例如，桑根, 4.02+和 4.05+鼓。接下来(从风格的观点来看，如果允许我们按照时间先后顺序将鼓进行排列的话)是完全传统化(c)的阶段，整个开放的空间和高度都布满了无人的羽饰(££)。除了这些羽饰，我们也发现另一种不同类型的无人图案，它与旗帜很相似。这些都是中国黑格尔 IV 铜鼓装饰的特征(图版 22.01－22.05)。

虽然这些图案与人类没什么相似之处，它们是分开的，每一类似旗帜的图案都与左右两侧的图案相分隔，它们已没有个性，但却被列为无限系列中的无名图案。乍一看，这些图案似乎如此的自动化，就好像是系列化机械生产的一样：是用一个"旗帜"模分别烙印上去的(第 10 章 2 节，11 章 1.3 节)。

出现在传统羽纹图案之间的自然特征的图案有：桑根, 4.02+鼓上的房屋图案及坐于屋内和附近的人(有人指出这些场景是通过中国的木刻引入的；见第 11 章 1.3 节)。桑根, 4.05+鼓上也夹杂有羽饰的坐着的人物图案，类似于划船比赛的划桨人(第 6 章 4.5 节)。无论我们猜测他们在做什么，他们都与画面格格不入。在桑根, 4.02+鼓的鼓身 B 部分中，裸身的矮人与羽饰图案在前排部分已混为一体。在库尔, 7.05+鼓中，船上是穿了衣服的人像，他们与东京鼓的联系仍然是可以识别的。两种鼓上的船饰中都有奇怪的非人类的头。其中后者的人似乎是用一根木棍(*pikulan*)扛着某种大件物品。此外，在鬼船周围是自然主义风格的动物图案(也可参考:位于云南鼓饰板上的羽人之间的滇官员;图版16.01)。

高度传统(££)化的图饰与明显是早期的自然风格的图饰相混合,表明传统化并不意味着工匠失去对早期自然场景的控制,即"不再了解它们的含义"。从自然过渡到传统一定是工匠有意识的行为。工匠们对早期的场景图饰了如指掌,只要他们乐意,他们随时可以再回到原先的风格。然而,关于这一点,只要在这类鼓还事实存在可见的情况下,他们怎么可能忘记它们的意义呢?我们可能接受这样一种观点:在较晚时期,掌握只有纯粹羽纹图案或类似旗帜图案的人不再将其与东京鼓装饰上的在房子间活动的舞者和乐师相联系。然而第一次大转变(volte-face)一定是在工匠的煞费苦心的行为之下或其部分顾客的特殊要求下发生的。在我看来,从现实的人类图案转向无人类图案的原因,一定是因为工匠们确信人形图案与鼓的象征意义的总体思想不相协调。于是,羽人不再被放置于与人相关的情景中,即不再与勇士、舞者、乐师及在一个普通村庄中满是人的房子放在一起。那些行为像神灵的既不是萨满教徒也不是人类。在这个非自然主义的阶段,他们是真正的神灵——死人的灵魂及用灵船引导他们通向来世的神灵,他们有别于人类所以要如此描述。这不是艺术风格上的大变化,而是转变为另一种风格。

然而,这些将灵魂载去来世的船仍然清楚可辨(这与最近的鼓的情况截然不同),且船上的人员是自然主义的风格,我们先前一直在讨论。这也许暗示着人类在这个阶段化作了灵魂。

注释

1. Colani 1940 — Gühler 1944:26 - 27,根据 Quaritch Wales 1951 和 1957 的论述,中心的星纹并不是太阳而是北极星,这是曾影响东山文化的土耳其-鞑靼人(Turco-Tatars)和蒙古人(Mongols)的宇宙构造的天空中心(参考 Eliade 1951)。

2. 应提一下爪哇东部和巴厘岛人(原为晚期的印度爪哇人)用于盛圣水的奇特的"黄道带烧杯(zodiac beaker)"或青铜或黄铜的容器,它们的底部(内部)有 8 芒线星(太阳)纹。此名字来源于黄道带外部的图案(ENI IV 1921:860 - 863)。

3. Loewenstein 1956:图 19 — Heger 1902:图版 XXXI — Gühler 1944:图 7、14、18、21a。

4. 中国早期的 A 和 % 图案出现在马的前额装饰品上,时间是殷周时期不迟于公元前 950 年,这 8 芒线的每条径间线都被布满螺旋形图案的矩形一分为二。孔雀的"眼睛"简化为心形或花瓣形,在公元前 4 -前 3 世纪通常为四叶式饰于镜子的中心(Sickman 1971:475,编号 50)。

5. Goloubew 1929:图 15 = Kunst 1949:图 8(在斧头上有一个拿着"敲鼓棒"的人);关于克

莱迪(Kledi)：Bezacie 1972：169 — Goloubew 1929 — Harrisson 1964 — Janse 1958：60 — Kunst 1946,1968。

6. Bernatzik 1947：424‐430 — Goloubew ：399,图 7(译者按：Goloubew 后缺少年份,原书如此) — Heger 1902：图版 III、XXXIV 17 — Heine-Geldern 1947：6,编号 7。

7. Goloubew 1929：图 9,图版 XXX；关于春米：Colani *BEFEO* 36(1936)：图版 XXXVI、38(1938)：图版 LXXVII — Kidder 1959：85,图版 52 — Loewenstein 1934 — 闻宥 1957：图版 57。

8. 关于平台：Parmentier 1918 — Goloubew 1929：图版 XXX,1940：387、399 — Heger 1902：图版 III — Heine-Geldern 1933。

9. Gray 1949‐1950 — Van der Hoop 1949：图版 XXXVII(与 4.02+很相似)—Jager Gerlings 1952：第 4 章—Lommel 1962,人形姿势可能是想把人刻画为蹲着的状态,可参考 *en face*。此外,它还是由主题"不要脸的女人"演化而来,桑卡利亚(H. D. Sankalia)在 *Artibus Asiae* 23,1959 对此进行过谈论。又或者,它可以诠释为正在痛苦分娩的妇女(参考 Lommel 1962：图版 57‐58,澳大利亚和新几内亚绘画)。此图案更深远的历史也许与中国及东南亚山区的青蛙部落祖先有关联(Lommel 1962：图版 48‐68)。

10. Chavannes 1909‐1913：I,图版 XXIV‐XXVIII、XL、XLIII — Maspero, *RAA* 7(1931‐1932)：194,也请参考：中国鼓的房饰和行进队伍(闻宥 1957：图版 37 = 本书图版 22.04),周代晚期青铜器,Sickman & Soper 1971：图版 22；Kidder 1959：图版 89(产于中国但被日本收藏的一面镜子上的房屋图案)。

第 8 章
鼓 身 装 饰

8.1 船饰

8.1.1 船与铜鼓 本章我们将主要讨论刻画在数量相对庞大的鼓身上的船饰。然而,这不是鼓与船的唯一的联系。

在某些情况下,鼓和某种类型的船一同出现。例如:发现于马来半岛西岸的磅士朗的两只鼓 15.02+- 15.03 就是并排放置于一块木板上,这块木板看起来就像一只简单的独木舟而已,并没有人类的残骸,所以我给出的一种特殊的解释是,鼓是被刻意埋葬在靠近大海的地方(第 5 章 2.3 节)。还有发现于泰国北部翁巴洞穴的鼓,13.06 - 13.11,它们与船形的棺材关系密切(第 13 章 5.13a 节)。一般情况下,鼓是随主人一起下葬的,因为它们属于珍贵物品,无论是在活人世界还是在来世都代表着一定的身份地位。然而鼓与船的结合引起了额外的问题,即很可能是与"亡者之船"有关系,这将在下面讨论到。正是这种船,也许在开始并没有什么特别之处,但迟早在鼓的象征含义上发挥作用,经过一定的时间后,又有了另一种截然不同的含义,即成为"全体性"或"圣地生活"氛围的一部分,这种氛围以居住着幽灵的村庄结合物为代表,而由其他神灵操控的船只,则分别代表着天界和冥界(第 8 章 1.7 - 11 节)。死者在去来世的路途中有如此强烈的"全体性"和"神圣性"象征物的伴随,会被认为是一种好兆头。此外,除了这些应该还有更多的好兆头。我们即将讨论的刻画在鼓上的船,也许暗示着一种鼓与死人之间的联系。

雕刻在鼓上的船纹既有简单的独木舟,也有精细复杂的船,任何一种都有人操控,但较大的船也包含了一些有趣的随身物品。其中一些似乎与我们在本段讨论的主题密切相关。但在我们开始阐释之前，我们首先应明确一点：饰有简单独木舟的鼓，如老挝，12.01 鼓或"斯德哥尔摩"，11.40+及"贝拉茨"，13.02+鼓，它们不一定是鼓与船的最早类型。它们有可能是早期，或许也有可能是相当晚期的类型，我们需要考虑更多的特征（如鼓上有无蛙饰或其风格特征），而不仅仅是凭船饰图案的尺寸大小。它们也许是产自当地或属于"地方性的"版本，也许其铸造者并不知晓像东京人所使用的那种大型海运船，这种大型海运船图案也出现在特定地区的铜鼓上。

在船上的物品中，特别是玉缕，11.30+鼓和黄河，11.20+鼓，我们也许会发现有些像鼓的物品。如今我们了解到，在以前，可能是出于种种原因，人们有时会把铜鼓搬到船上。否则，这许多类型的鼓是如何到达遥远的岛屿的呢？在这些"流动的"鼓中，大多数为黑格尔 I 型的亚类，包括已知的小鼓和最大的鼓。如果说这样做是为了商业目的，那代价也未免太高太大了，因此，它们很可能是用于物物交换或作为货币来使用（第 5 章 8 节）。它们可能是用来激励划船者抓紧时间划船的——比如，在摩鹿加群岛的东部水域时常有此类活动。但换一个角度来说，任何普通的鼓都可以满足这个用途，而且比这种做法要好得多。玉缕，11.30+ 鼓和黄河，11.20+鼓上船饰中的鼓是放在一个平台或船中亭子下面的，因此不可能用于如前所述的用途。在相同的画面中，有另一只截然不同的鼓，船中的一个人正在用一根棍子狠狠地敲它。这只鼓放在一个架子上（参考图 17［译者按：应为图 15］陶欣青铜缸上右侧的船，一人正演奏着某种乐器以激励划船者）。

因此，无论什么时候发现于群岛的这种铜鼓，只要是被带到船上，肯定是另有其因的。铜鼓是珍贵而重要的物品，也可能是无价的传家之宝。其主人在出于某种原因，比如可能是逃避殃及国家的危险情况，必须要背井离乡去到一个遥远的地方如群岛去重新开始生活的时候，不得不把鼓带上了船。鉴于在那里发现的大量的鼓，当时一定有很多这样的难民船。在他们所携带的鼓中，有长久存放于家中的"古董"和一些相对较新的鼓，比如最近来自独立的东京的鼓。然而，我们也不应排除这样一种可能性，即在更早时期就有一些早期鼓已被带到了群岛上。鼓的流转可能经历了一段相对漫长的时间。同样，我们也许会想起到达群岛的瓷器制品，它也是在鼓的后面相继出现的。

事实上，上述谈及的被带上船的金属鼓来自大陆，然后流向了群岛的各个岛屿，最后，在某个历史进程中由当地人、欧洲的公务员、田野调查者等发现于某个地方。此外，我们不能胡乱猜测描画于鼓上的船及船上的人就是东京人及来自其他大陆国家的贵族的迁徙。例如，有些人把这种船解释为"亡者之船"。从某种程度来说,这的确有些相似。正在去往来世的亡灵也一样会带着他的鼓(比如在鼓葬的情况下,酋长们会与他们的鼓一起下葬)。位于亭子里的铜鼓可能是给死者带去来世的贵重财产,也可能是专为神灵而设的座位(鼓通常被认为是神灵的座位),或者是亡者的"替身"(可与雕像、巨石纪念碑等相比较)。在任何一种情形下,亭子都是为亡灵在去来世的旅途中所设置的临时栖息地。

8.1.2－8.1.5　铜鼓上所饰船纹

8.1.2　鼓上的船大约有 25 艘(30,若包括 GFBS? IIc 中的鼓,其鼓身已丢失,所以我们不能确定其上有没有船)。这些鼓出现在以下编目群之下：GSIn(1)、GSIIn(3)、GBSn(1)、GFHSn(7)、GFHBScn(1)、GFBSc 或 cn(11)和 GFBSIIIcn(1)。来自马来半岛的瓜拉丁加奴,15.05 鼓上也有依稀的船纹。此名单上不包括中国南部及云南的黑格尔 I 型铜鼓,也不包括有船纹痕迹的数目众多的黑格尔 IV 型鼓。

船通常以 6 只出现(有时是 4 只),围绕着鼓身上部(A 部)呈环形"移动"。大多数这些鼓有三种情况:一是鼓面上有图像带并有羽人或羽纹图案;二是船饰在鼓身 A 部分;三是在鼓身 B 部分的中心有类似于图像带的羽人或羽纹图案。除了这些平面图案之外,鼓面边缘通常会有蛙饰。东京鼓及某些其他鼓上没有蛙饰。船只图案有时会与纯粹的几何图案(GS)同时出现,或者与几何图案出现在鼓面,而与人形或动物图案一起出现时则出现在鼓身的中间部分(GBSn,来自泰国的"贝拉茨"鼓,13.02+)。这一切说明,所谓的图案组合没有绝对的固定规律。然而,也有某种情况,即有羽纹和蛙饰的,但没有鼓身的鼓面可能在其鼓身上有船饰。但我们又不能肯定这一点,因为有一些几乎完整的鼓,其鼓面上虽然有图像带但其鼓身上并没有船饰(2.13 鼓、11.13 鼓和 13.06 鼓)。在某只鼓(昆嵩,11.13)上也有蛙饰。因此,我个人在怀疑这 6 只鼓身已丢失的鼓是否有船饰时,我从中得出了一个它们的公式即:GFBSII。

图 9 是来自戈鹭波的关于黄河鼓的论文(Goloubew 1940),它将给予我们很大的帮助。图中描绘的是黄河,11.20+鼓(A)、玉缕,11.30+鼓(B)、老挝,12.01+鼓(C)及"穆力",11.28+鼓(D)上的船饰。三个东京鼓(A、B、D)不同于老挝鼓(C),船上的装备比老挝鼓的更加复杂。在第一组中,黄河鼓和玉缕鼓稍微不同于"穆力"鼓。老挝鼓船上根本没有随身物品,此外其舵手、划船者等都相对适度地饰有羽毛。东京鼓的羽人因其羽毛显得脱颖而出,羽毛飘动在风中,羽毛上可见一只眼(主要在 D"穆力"鼓中),其回头看的鸟头形尤其引人注目。

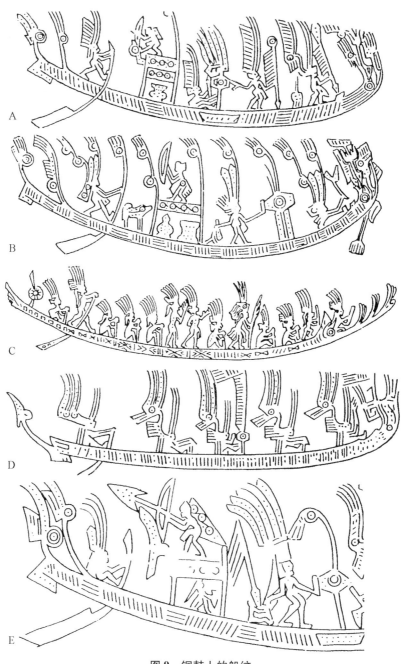

图 9 铜鼓上的船纹

A. 黄河, 11.20+鼓; B. 玉缕, 11.30+鼓; C. 老挝, 12.01+鼓; D. "穆力", 11.28+鼓; E. 黄河, 11.20+鼓

老挝的独木舟(C)是简单挖出来的船,而它却大得足以容下 13 人,船体的装饰,包括方格、直线及空竹形图案,都是经过精心雕刻出来的(其他船的也一样)。船首的形状是东南亚有名的裂口形船首,分为向前倾斜的短上翘(内)"齿"形和长向下(外)"齿"形,下齿被分为平行倾斜的、紧密排列的三段。其中有一位划船者位于上下"齿"之间,这种突出的船头对于水上航行来说太危险了,他们为出海航行造了更容易操控的船。在那种挖出来的独木舟中,下齿就是船体的一部分,为避免开裂而要一直保留着,因此,上齿就是船体的边缘部分。通过另一种构筑方式也可以建成这种类似形状的船首。[1]裂口形船首已成为漂亮装饰类型的起点,老挝鼓的船饰就属于这种。第一位划船者背后的单眼纹很像印度尼西亚、中国及其他船的风眼;它也同样出现在玉缕鼓和"穆力"鼓的船上。鸟嘴形的船首与风眼的结合给人以鸟头的印象。这种"头"在一些装饰精制的鼓(如桑根,4.02+鼓)和达雅克木板(图版 22.08-09[译者按:原书有误,和图版部分的名称对应不上])上,显得更加逼真。老挝鼓上船饰(C)的船尾雕刻比较一般,与残留的单眼羽毛一起,很像鸟尾巴的样子。

老挝鼓船上有 13 个船员:一个熟练驾船的舵手、八个划船者、两名舞者、一人手持长矛,还有一个拿着一根杆(或什么东西)站立着。

"斯德哥尔摩",11.40+鼓则稍微没有那么贴近自然:高耸着的船首雕刻得比较粗略,船上有四名划船者,最后一个的姿势很像舵手。

老挝船和"斯德哥尔摩"船可通过鸟饰和鱼饰来区分,老挝船是以逼真的手法描绘,而"斯德哥尔摩"船则是以概略手法描绘。请注意老挝鼓上曲线形的鱼饰、俯冲向上的苍鹭及"斯德哥尔摩"鼓上的鹈鹕(?)。

"贝拉茨",13.02+鼓展现了另一种不同类型的独木舟:呈月牙状,每端都有一个三重同心圆(Goloubew 1929:图版 XVII 的斧头很相似,本章后面将谈论)。奇怪的是,此舟与装饰在鼓身中部的垂直带饰融合在一起。这些纹带里面布满了大大的相切的圆形,与船上的切线很类似。船体上饰有 Z 字形图案(也即 N 字形)。鼓上有 6 只独木舟图案,其中 3 只的形状与前面描述的一致,另外 3 只的两端有尖尖,有 4 只独木舟相对大些(每只包含两名饰羽的划船者),两只较小(各仅有一名划桨人)。我认为把独木舟及船员看作"风格化"是不恰当的,似乎"粗略"才是正确的字眼。面板上垂直带饰之间的驼背公牛同样也是被粗略地描画,是用简单的(但却十分成功)漫画形式描绘出来的。也许我们不应该对小型鼓期望太高。"贝拉茨"鼓上的蛙饰已被证实是相对晚期时候的,由于其与主体鼓之间的极其微妙的联系,所以把"贝拉茨"鼓的工艺称为"地方性"也合情合理。

8.1.3 东京鼓上的船体稍微呈月牙形,饰有简单的水平和垂直条纹。[2]向上翻的船首看起来像鸟头,船尾像鸟尾。图 9A 和 B 反映了 C 的船尾上玫瑰花饰的原型(也许 A 和 B 也与 C 一样有相同的出发点)。D 的船尾像鸟的头部而不是尾部,但此头部与船首的在细节上截然不同。

A、B、D 的船首相当复杂:A 和 B 比较相像,尤其是在奇怪的细节上比较像。就如戈鹭波(Goloubew 1940)指出的那样,玉缕和黄河鼓,11.20+和 11.30+上的船的形状如同大大的鸟嘴,对着一两只鸟大张着嘴,似乎要俯冲至船首的上端。图 A、B 及戈鹭波(Goloubew 1940)的图 17,都证实了这种解释。此外,关于戈鹭波对这种奇怪布局的诠释,也有待人们去批评指正。戈鹭波曾正确地指出,A 和 B 船上的船员都忙得不可开交:勇士在跳舞,船中部站台上的人正在射箭,那些靠近船首坐着的人正得意洋洋地挥动着战斧,每只船上都有一名舵手。但是,船是如何前进的呢? 既没有船桨也没有划船者。为什么玉缕,11.30+鼓中驳船上的人敲打着位于他面前的架子上的鼓,这就难说了,因为划船者根本就不需要激励,船似乎在自身的动力驱动下前进。这就是加入鸟饰的原因(如戈鹭波所提出的那样):俯冲至船尾的鸟极可能是推动船前行的神秘力量。还有另一种解释是,经常在空中伴随着船只或栖息于鱼上的鸟已融入船首的纹饰中。

相同的鼓即 11.20+和 11.30+上的船员有着格外长的羽毛,且仅限于头上;"穆力"鼓的船员(D;11.28+)包括划船者、敲鼓人和一个拿着短柄小斧的人,对他们的描画则更显概略,"穆力"鼓的船(D)并未增加任何额外有趣的纹饰;另一方面,A 和 B 则包括我们已提到的铜瓶和铜鼓,它们都位于站台之下,站台之上站着一位正向后方射箭的弓箭手(在 B 中只有一只铜鼓)。在另一黄河鼓上,船上的弓箭手正拿着一支巨大的箭,可能是一种具有魔力的武器(图 9E)[3]。

那些蛙饰——如果确实是青蛙而不是两腿僵硬的狗的话——会在适当的时候(第9章6节)再次讨论。在饰有人像及重型大炮的站台之下有一个侏儒一直在跳舞。与甲板上的勇士相比较,这位身材矮小的舞者似乎属于另一种类别。而坐在船上的其他人也一样矮小,如蹲着的人,他似乎被长矛给降服了,(在某些黄河鼓的船上)他们位于站台的右侧,面对着船尾。[4]我们将在下一章中讨论这些人物图饰。

8.1.4 在单个的东京鼓的船饰上,没有一只船是与其他船完全如出一辙的。在图版 11.28+("穆力"鼓)上,敲鼓者的背后是一只伸长脖子的苍鹭。又一次出现这种情景(也许有人会这么说):鸟与船一起出现,就像之前苍鹭俯冲的情况一样。在船与船之间是一些苍鹭,要么嘴巴翘得老高要么低头向下,其中一只正在抓鱼。

"维也纳",11.47+鼓并未包括在图 9 内,其船饰基本上与前面所述的类型相似,但是描绘得更加粗略。其中一个有趣的特征是,一个类似萨满教的人饰(双手高举,披头散发)坐在一个台子上。画面中还有划船人、舵手及一个靠近船首而坐的人。苍鹭的存在使得海景的画面变得栩栩如生起来。

东林(Tung Lâm),11.45 鼓在 1934 年发现于当地的 *dinh*(一种越南的干栏式房子,具有各种社会和宗教功能)中,现仍在原地,鼓上有一种船饰与东京鼓的类型相同,它是介于"穆力"鼓和"维也纳"鼓之间的类型。

显然,东京鼓和老挝鼓都拥有大体相似的纹饰,然而也有个体差异性,它们只是在某些细节上有相似性。东林鼓的船饰与老挝鼓的相似,都是简单挖出来的独木舟。然而,其上的划船人想必是已受到那长长的羽毛带来的不便,佩戴方式已与之前的不同(和"穆力"鼓的船饰一样)。这种复杂的头饰更适合位于鼓身中部的勇士。

8.1.5 来自印度尼西亚群岛上有船饰的鼓有:卡布南,2.06+;桑根,4.02+至 4.06;萨雷尔,5.01+;罗蒂,6.01+;莱蒂,7.01 和库尔,7.05+至 7.06。在编码清单中,2.06+属于 GFHSn 组(与东京鼓一起),4.02+属于 GFHBScn 组,其他属于GFBS 组(应该还有更多类似的情况,现在都列在 GFBSII 组之下)。

在 2.06+和 4.02+鼓中,船饰与图像带是同时出现的,图像带里含有房子及类似于东京鼓的情景。库尔,7.05+鼓没有这样的图像带(仅有一只鼓上有££羽饰图案,却有一独立的饰带,上有狩猎场景,章节 8.3.1)。此外,在鼓身的上部还有一截部分保存完好的饰带,它靠近鼓面,在船饰的上方并与其等距离。

群岛鼓中记录的船饰详情的最重要来源之一是桑根,4.02+鼓,不幸的是,雅加达博物馆对此鼓的陈列方式无法让我们对它进行全面的调查。

4.02+鼓上船饰的外形就像一道弯弯的月牙。船体用水平线条表示,三条斜线以长方形的间距与这些水平线交叉。船首和船尾都被装饰成站立在险峻的斜梁顶端上的鸟头形,船首的鸟嘴弯曲且宽大,形成了扇形的肉垂(很像南苏拉威西的托拉雅族的房子正面的公鸡)。船尾的鸟头很像是犀鸟头,嘴巴上面有隆起部分。注意,这些形状如鸟头的船首,在船体的正面部分并没有眼睛(而在东京鼓的船饰中,船体上的眼睛与模糊的鸟形船首刚好形成配套)。

舵手(裸露着身体?)直直地站立着,他的一只脚正支撑着舵桨,左手随意地握着桨(右手也是很随意地向后指,几乎快触碰到雕刻的鸟头了)。非常奇怪的是,舵手和船员的脸都呈三角形(与该鼓鼓面上生动画面中的人一样)。对此,范德霍普(Van der Hoop 1941)认为他们有胡须的说法几乎讲不通。这可能与鸟有关(或许,船上的人和鸟都是亡灵世界的代表)。在其他与船饰有关的鼓上,还有脸型像鸟一样的人:如库尔,7.05+鼓。但他们与鸟的相似之处并不怎么引人注意。此外,这种情况当然不能说成是舵手,至少在桑根,4.03+鼓上的某些船饰中,不是舵手在操控船,而是由真正的鸟在控制船。其中有一种是一只公鸡(一种嘴巴较长的、有鸡冠和肉垂)或一只犀鸟之类的。另一种是钩形嘴的鸟,有点像鸬鹚。它们看起来都是明确的、自然的鸟,而不是有着鸟特征的人。4.02+船上的舵手有一副瘦削的脸孔(其类似鸟的特征似乎在1949年范德霍普的图版LXXVIII中就过分地强调过),这与莱蒂岛的木制祖先小雕像的脸孔相似。然而,这个的确是人类,是相当健壮的类型——而并不是我们预想的幽灵。他和他的船员,显然都是极富能耐的水手,他们得到许可去运送这些死者的灵魂。他们在那一堆神秘的羽饰中显得特别引人注目,那些羽饰是这些鼓上大多数船饰的特色。一旦他们真的变成了鸟,带着羽毛在操控船只,而在它们当中只有那么一点点像人类划桨者的样子,这种情况下,风格会再次发生变化。

4.02+船饰里自然主义与唯灵论共存的现象与我们前面谈论过的房子周围及内部的情景相关联,这些纹饰与该鼓鼓面图像带上的羽饰是并排出现的。

4.02+的船饰完全布满了££羽饰图案(图版4.02g-h),它们层层排列,一层位于另一层之上。它们是从东京鼓中饰羽毛的勇士发展而来的。在较低层的羽毛之间能看到四个裸露身体的人,他们的头、颈、手臂都埋入羽饰。其中三人只见侧面,左边第二个人与鼓面房屋 O II 型里的人有着相同的坐姿:双腿分开,双膝抬起,面向观众(参考 Adams 1977)。

船尾下方是一条大鱼,是以"X 型射线"手法刻画的,一只苍鹭正栖息于它的背上,啄着鱼头(第9章5节)。在这鱼鸟图案的右边是一只大螃蟹。鱼和蟹都以顺时针方向移动(而船是以逆时针方向移动)。船与船之间描画着各种动物和人的图案,从理性的角度来看,它们与船、海根本没有任何共性:一只拴在杆边的有鞍的马(图版4.02h);一个拿着剑,正在狗的狂吠下与一只老虎搏斗的人(第8章3.1节;图版4.02i-j)。此人穿着一件长外套,戴着一顶帽子。此外还有鹿、象、舞者、巨大的长腿鸟及另一只鹿(有一只鹿旁边有一只鸟:图版4.02k)。同样也请观察一下萨雷尔鼓上的鸟和鱼,图版5.01d。

有必要简单地说明一下群岛鼓上的其他船饰。桑根,4.05+鼓上的船饰有一个往上翘的船尾,舵手正坐着(图版4.05b)。我们已讨论过桑根,4.03+船尾上的鸟饰。

4.05+的船首和船尾的形状分别像鸟头和鸟尾。船中布满了羽饰,有一个人紧挨着舵手(与4.02+中的一样,他也是人类)站着。图版4.05c揭示了在同一鼓面上的一个有趣特点:在高度风格化的££图饰中,时不时会有一些稍微自然主义风格的图饰加入羽饰中。但它与更具自然主义风格的鼓上的饰有羽毛的勇士又没有相似之处。这些4.05+上的人正以划船者的姿势坐着,他们正用其过长的双腿和双臂竭尽全力地划船。在4.02+鼓面(以及越南北部的青铜器上:Janse 1958:图版40-2的容器,Bezacier 1972:图版Ⅴ-2的盆)的图像带上也有其他的划船者(但并没有如此卖力地划船)。在雅加达博物馆收藏的库尔7.05+鼓的两块大残片,分别是鼓面和部分鼓身。不幸的是,鼓身上部的大半已丢失,但两块残片依然刻画着一些细节:两艘船最终到达了瑞士的苏黎世大学的人种学学院(Steinmann 1941,1942)。鼓身A部分有饰带,部分得以保存了下来(雅加达博物馆;图版7.05e),其上有昂首阔步走着的鹿。其中一块苏黎世残片(图版7.05g-i)着重突出了一对芒线和三条鱼(其中一条以顺时针方向游动)。在船尾之后,有一只正在降落的鸟,脚先着地(并非像其他鼓上的鸟那样俯冲而下)。正如4.05+桑根鼓中的那样,船尾也是往上翘,一个体形较小的人正坐在或跪在突起的构造上,看起来像是一个舵手。船内布满了羽毛图案,时不时有羽人。难以理解的是,在船首的下方有一个相似的侏儒(船首已转变为鸟头形状),他双手高举,正碰触或拿着一根水平杆(一根扁担?)

罗蒂,6.01+鼓上的船饰非常模糊;然而虽然模糊,但还是看得出布满了羽毛饰物。在莱蒂,7.01+鼓的船纹之间有孔雀。

来自云南梁王山B鼓残片(见第18章)上的船与"穆力"鼓的非常相似(图9D)。它描画着一艘独木舟的船首,船上有两个划桨人,另一艘独木舟的船尾也有一名划桨者,而在这两艘船之间是一只鹳。划船者、船首和船尾的形状与"穆力"鼓上的非常接近,然而纹饰却不相同:云南鼓的装饰是切线圆,而"穆力"鼓的是条饰。

8.1.6　各类器物上所饰船纹　除了金属鼓上的船饰以外,青铜时代的其他物品上还有其他纹饰:

a. 在越南北部的陶欣和越溪发现的铜瓶或青铜缸(图14[译者按:应为图15]),这将在第17章3.2节中谈及。迄今为止出版的绘画资料表明,陶欣的铜瓶上有四个船纹,而在其他一个铜瓶上则有两个。陶欣的船饰与东京鼓上的船饰有着紧密的联系。其船饰上还有站立着的勇士(如玉缕鼓,11.30+和黄河鼓,

11.20+ 中的一样）、勇士头上的羽毛有点像"穆力"，11.28+鼓上的苍鹭的羽毛。这最后的评述只适合其中的一只船饰，另一只船的船员则更像老挝，12.01+鼓上的船员——它们并不是很引人注意：船上有划船人、一个舵手、一个鼓手、一个拿着短柄小斧的人。勇士的船有掠过头顶的鸟相伴。船与船之间是鸟和一些动物，而在两只船之间是一对面对面的鳄鱼，这在河内博物馆的一些斧头上也有。[5]

越溪铜瓶上的船纹并非特别像东京鼓或萨雷尔，5.01+鼓上的船纹。然而，虽然它有要变成羽饰的显著趋势（像桑根，4.02+鼓上的一样），因为在羽饰图里，这些划船者分别会以三三两两来排列，而这些饰有羽毛的划船者依然是类似于"穆力"，11.28+鼓上的划船者。再者，在越溪的铜瓶上，同样也有鸟在船的上方飞过。

b. 马勒雷（Malleret 1956）对收藏于金边博物馆里的青铜器上的一只极小的船（图版 22.14；第 17 章 3.2 节）进行过论述。"在两个半螺旋之间的中间区域中，我们可以从每一侧辨别划船手划船的信息。这是一个细长的独木舟，船头高高抬起，船员们有时似乎坐着，有时站立着，操纵着长桨。一方面，他们中的一个似乎只是象征性地被一个拉伸的弓所代表"（图版 22.14 没有出现船，且不够详细）。这些船与铜鼓上的有所不同。另外，人们认为它们与斧头上的月牙形船是"几乎相同的"，这将会在 c 中讨谈。金边器皿上的图像非常之粗略。

c. 越南北部的一些不对称的斧头（haches pédiformes）上饰有"羽人"，看起来像准备作战或正在跳着鬼舞的北美印第安人（Red Indians）（一个更直接、更适宜的类比为：加里曼丹岛的达雅克人）。[6]舞者们站立着的鞋形支架与船稍微有点相似。而在哈昂（Hà ông）的一斧头上的纹饰，则更像独木舟：在船首高高突起的船里有两个人（普通的人、双手举起在跳舞），他们位于一群鹿和其他动物的上方，显得比较显眼（这种图案布局也许是一种透视法）。[7]斧头的纹饰和铜鼓上的船饰有可能是源于同一种原型。否则，鼓一定是斧头的模型。鼓和斧头被认为差不多属于同一时期。第三把斧头（Goloubew 1929：图版 XVII）是明显的月牙形，这种情况下，它上面的装饰就被要求是一只长方形的独木舟；在此独木舟里有两人坐于其中，双臂上举。在这青铜月牙形斧头的每端都有一个环形记号，斧头座处还有另一环形记号。

加里曼丹岛的画板上的船、南苏门答腊岛的"船布"及形状像船的其他物品将在第 8 章 1.11 节中谈论。人们也许会认为，来自阿洛岛的一只雕刻于木头上的、布满了垂直的螺旋形饰物的船是鼓上££羽人控制的船的后期类型（Bodrogi 1971：66，改编自 Vatter 1932）。

8.1.7 - 8.1.12 船纹意义

8.1.7 船上既没有船桅也没有帆,同样也没有增加稳定性的舷外托架。然而,船附近的海鱼(还有动物界里其他各种奇怪的动物)表明它们处于海中。也没有什么东西表明这就是婆罗浮屠浮雕上闻名的船饰。然而,即使是在新石器时代到达群岛的早期印度尼西亚人,也一定知悉有帆的船,这才使得他们得以进行大量的海上航行。鉴于此,我们也许会期待金属时代也有类似的大船。然而,描画于铜鼓上的船纹不同于这种船,它们一定有某些不同的用途(前面提到的船是由某种魔力推动的说法被证明是不正确的,因为这些船上有划船者)。非常有趣的是,在此情况下,在印度尼西亚,更确切地说是在其东部,至少有一种类型的船,这种船与铜鼓上的船相似。这就是卡伊群岛和塔宁巴尔群岛的贝朗(bélang),它们是具有特定典礼用途的"公共物品"。这种由划船人控制前行的船有一根船桅,但仅用于悬挂旗帜。班达海岛民进行划船比赛时用的就是与这种船相似但更窄的船。这些船装饰得非常漂亮,船首形状如蛇或如犀鸟。划船人从船头排到了船尾,布满了整艘船。沃罗克拉格(Vroklage 1936)认为,使用此种船的文化与青铜时代的人们有某种历史联系。此外,印度尼西亚东部的房子构造、村庄的布局、社会组织结构和葬礼,都让人想到沃罗克拉格的"晚期巨石青铜时代"。无论这些观点有什么进一步的暗示,我们都清楚,即使是在今天,那些与铜鼓上尤其相似且没有帆的船是用于对整个群体来说是重要而特殊的场合。鼓上的犀鸟和贝朗上的蛇或犀鸟,不应该看作是"吉祥的动物"(沃罗克拉格)或"力量与敏捷的象征"(Goloubew 1929 及其他人),而是将天界与冥界联合的"全体性"的代表。在贝朗中,这种全体性似乎是指反映在人类群体上的"整个世界"。而且,谢雷尔对加里曼丹岛恩加朱达雅克人的宗教观念的调查已证明这一点(1946,1963,1975)。此外,加里曼丹岛木头上的绘画与我们某些铜鼓鼓面图像带上的房子有相同之处,在很多细节上包含了与鼓上大体相似的船饰。且这些达雅克船(下面将谈论)是普通的船,但在涉及全体性的宗教观念的场合里却有其特定的功能。

8.1.8 戈鹭波(Goloubew 1929)是第一个认为铜鼓上的船饰与婆罗洲西南部(加里曼丹岛)的达雅克部落(奥特达诺姆[Ot-danom]及奥洛恩加朱[Olo-ngaju])木板上的船纹相似的人。他提到,婆罗洲是如此的特别,以至于不应该给人造成这种印象,即铜鼓(及其铸造者)与后期印度尼西亚文化之间的历史关系仅限于这个特定地区。其他地区也为我们提供了不同类型的对比物。然而,与鼓上船纹相关的最有趣的材料却碰巧出现在达雅克人的绘画中——此外还有印度尼西亚东北部的贝朗及南苏门答腊岛的某些纺织品（第 8 章 1.11 节）。

达雅克人木板上的船纹代表着航行，这是达雅克人的冥府渡神（Charon）特姆本泰伦每隔 24 小时发出的用于将死者的灵魂摆渡到灵界的航行。[8] 在死者死亡 7 天后，画好的木板会放置在悼念屋内作为死者灵魂的临时栖息地，要不然，在葬礼仪式（提瓦）举行之前，亡魂就要一直处于流离失所之中。木板上的一只船纹展现了拖着一个竹筏（载着村庄里的亡魂）去天堂的画面。在某个人大病初愈后，也会向冥府渡神特姆本泰伦献上类似的木板。

用于摆渡亡灵的有两种船：第一种是巴纳马罗洪（*Banama rohong*），即特姆本泰伦本身的船，第二种是巴纳马廷冈（*Banama tingang*），即拖着竹筏的船。第一种船的船尾及船首都装饰着羽毛和叶子。为了清除一切阻碍，船的四周经常都是挂满了刀剑。此外，除了死者的"物质灵魂"（如头发、骨头及肉体）之外，那些献祭的动物及所有甲板上的值钱物品都会以某种形式出现在来世。舵手要么是特姆本泰伦本身，要么是他的助手罗豪（Rohau）。在船首，似乎还有一个叫浅井门腾（*Asai menteng*）之类的空气精灵（sylph）。船长及他的两个儿子也许都在船舱里。

第二种船，巴纳马廷冈，在船首饰有犀鸟的头、脖子和翅膀，在船尾饰有犀鸟的尾巴。竹筏上的村庄坐落在三座（或五座）小山丘之上（在第 7 章 3.3 节中已描述过村庄）。通常的情况是，第一种船常常是省略的，画面上只有第二种船，即拖着竹筏的船。第二种船没有船桨，但带着特姆本泰伦的长矛；在达雅克人的象征主义中，长矛代表着原本装饰得很好的生命之树。矛头的侧面有太阳和月亮纹饰。船货有锣、瓶、痰盂、旗帜、猎枪及其他武器。船体有三个水平部分：上部、下部（有不同类型的"木头"）和中部（有八到十一块"玛瑙石"）。

不同作者图解的船纹都与铜鼓画面有着惊人的相似之处——尤其是玉缕，11.30+鼓及黄河，11.20+鼓。事实上，要追踪一些类比物，我们就不得不把现代的船还原到其原型。鼓上船纹的平台（图版 22.09）已变成了船舱，铜鼓（如果还能称之为铜鼓的话）已被锣取代，屋顶上的弓箭手已进化为枪手，而且在船首和船尾多了很多枪。而舵手正抽着烟斗，在桑根鼓上（图版 4.02h）看起来与他的同事们都是悠然自得的神态。船尾飘着的三色旗帜也许既有宗教含义也有荷兰殖民统治的象征。有趣的是，黄河鼓和玉缕鼓及达雅克木板画中的"炮船"都看起来像战船。例如，向后射箭的弓箭手有时候会拿着明显巨大的箭头站在台子上射箭（图 9E）。也许台子的主要作用就是给船上的军人提供有利的战略位置。还有一些我们无法断定的情况，如某些鼓上有蹲着的人形图案。他们与饰有羽毛的勇士截然不同,也许只是与死人一起被送去来世的战俘或奴隶。此外,在台子的下面有个矮小的舞者:也许是船舱的乘客而不是俘虏。他是被粗略刻画的小人——但看起来不是什么有特殊意义的人。我们可以有充分的理由将其一起归入船上的人或"船舱"里的人。也许这位舞者是一个神灵——显然是个快乐无忧的神灵——是即将被运送去来世的逝者的灵魂,他的地位,也许与船上的神圣生命的官方代表相比,显得非常卑微,但比起他旁边的战俘,地位要高得多。请注意,这里并不像前面章节提到的那样在台子下面有代表灵魂的铜鼓。原来铜鼓的位置在这里已变成了舞者。这个"屋檐下的舞者"与老挝 12.01+船(图C)上的舞者也许有着千丝万缕的联系。后者也许根本就不是神灵们本身(在老挝鼓的情况中并没有神灵化,而是代表着普通的人类世界)而是应该诠释为玉缕鼓及黄河鼓的铸造者。

8.1.9 目前为止,达雅克木板画与精致铜鼓上的象征意义的比较中,最重要的成分就是各自当中的船纹和房屋纹。而这二者之间,毫无疑问,是有区别的。木板上的船和村庄的房子是刻画在一起的,船就在房子的后面。在那些有精致图案的金属鼓上,船是在鼓身上,而房子是在鼓面上。而且,基本的元素都刻画在有意义的情景中。达雅克似乎在其画面及作为基础的宗教概念中同样渲染出了古老的传统观念,这些传统观念与铜鼓上的图案场景及船只所展现出来的颇有几分相似性。当然,这其中依然是有很多不同的细节,或者更确切地说,这其中确实有大致的相似性,但不是从字面上就能直接将鼓翻译成木板或将木板翻译成鼓。青铜时代的船并不是完全与特姆本泰伦及其同伴的船相同。因此,即使都是属于青铜时代的船,它们也不尽相同,老挝鼓上的独木舟与"穆力"鼓上的不同,"穆力"鼓上的与桑根鼓上的也不相同。这些是历史长期发展带来的本质变化。金属鼓上的船纹,如老挝和"斯德哥尔摩"鼓上的,与那些仅仅有几何装饰的鼓相比就完全不同了,但是那些船纹旁边并没有"村庄"之类的图案。船与村庄的结合(且船与独木舟相比时,是不同的类型)首先出现在东京鼓上,再次是出现在桑根,4.02+鼓上的图像带和鼓身卜。在后者的情况中,房子画面之间的演员们、船上的船员及乘客都已完全变成了羽毛图案。这里一定是再次出现了"鼓人"信仰的关键性转变。在历史进程中,许多观念和它们的描绘方式都发生了变化,一般而言是由于当地的发展造成的,是在后期的当地化之前发生的,例如达雅克的绘画就是以木板画的形式发生的。

人形图案(如使用抽象化标签的羽人 m£)向幽灵££图案的转变完全符合对船的理解。这些船装载着各种角色的逝者的灵魂,他们已经变成了之前的幽灵形式。在这个关系上，我们也许可以将变成羽纹的羽人与爪哇皮影戏剧场（瓦杨木偶）中的风格化的英雄做个类比。这真的不仅仅是个类比，瓦杨木偶从来没有达到像££图案这样的风格化，再说它们二者之间是否有直接历史联系就更加不合理了。然而，££图案与瓦杨木偶背后的含义似乎很相似。而且，非常有意义的是，南苏门答腊岛上一些纺织品上描绘的船员有时候与瓦杨木偶的形状一样，这将在后面讨论到。

　　将逝者的灵魂与鸟相关联，"鼓人"既不是第一个也不是最后一个这么做的。可能出于某种不同的原因（第7章4节），一些早期主要鼓上的羽人获得了羽毛，但一旦把他们与葬礼相关联并转变成纯粹的羽毛图案时，鸟的翅膀和羽毛就很自然而然地与关于来世的说法相吻合了。此外，船与鸟的关联已事实存在于船首和船尾装饰着的犀鸟头和尾巴中，以及桑根，4.03+鼓上的鸟取代舵手的事实中。

　　就像某些鼓的鼓面上的房屋一样，当我们谈到船纹时，我们不应该满足于在所有观察船的情况中都将其普遍地诠释为"亡者之船"。这种诠释也许只针对某些类型的船——及某些类型的鼓——当船纹单独出现时，也许是象征其本身，也许是象征死亡，条件是要有足够的论据来支撑。老挝鼓及相关鼓上的船纹也许需要一个不同的诠释。这种诠释与某些"日常生活"的情景相关，虽然也有节庆的场景。然而，当我们将它们与房屋纹（在东京和一些其他主要鼓及达雅克的木板上也有）相提并论时，我们不应该忽略最重要的一方面，这一方面仍然出现在特姆本泰伦的船中，就像达雅克人自己所诠释的那样。在它们作为"亡者之船"的性能之内（这种性能是毋庸置疑的），这些船是主宰宇宙的最高准则的一部分。在宗教历史上，这种准则通常被称为"全体性"（又叫作"一体性""终极现实"），常常被拟人化为"至高神"，它是无需出现任何人形的。这个至高神是终极观念，位于主宰宇宙的表面二元论的背后。最终合一的信念是印度尼西亚宗教历史中最根本的一个特征。它包括天界和冥界，最终消除了这两个世界的对立及它们双双对照的多方面的关系。作为一个独立的元素，这个观点以各种形式反复出现在所有的新情况中。

　　就像谢雷尔（1946,1963）所研究的那样，这种至高神在恩加朱达雅克人的宗教生活中同样起着举足轻重的作用。马哈塔拉（Mahatala）是恩加朱天界的男神，贾塔（Jata）是冥界的女神，他们是死对头，同时也是至高统一的部分，这种统一只有通过结合各自的一些具体标志才能实现。马哈塔拉以犀鸟、长矛及匕首这些男性标志为象征。贾塔则以女性标志如水蛇、纺织品及罐（象征着太古的水）为代表。这些象征符号也一同出现在明显矛盾的结合中，如果不是不妥协实体的并列,而是实际上代表着这些符号背后的至高统一体。因此,例如,水蛇与犀鸟的结合(被称为犀鸟的水蛇)、长矛与纺织品的结合(做成了一面旗帜)或者是一只犀鸟与许多长矛、一条水蛇及一只罐的结合。[9]全体性和至高神的更加错综复杂的象征便是生命之树,其树干是一把长矛(两侧是太阳和月亮),其树叶是一块块 O 型的布,其果实是珠宝,其根部是一个罐。除了男性与女性及各种象征符号的结合,天界与冥界的一体性以及至高神的人物也会以一种单一符号来表现,这种单一符号原本就与宇宙的一面或另一面相连,这种单一的方式表现为,例如,一个罐、一只犀鸟、一把长矛——每种本身都代表着整体。

就像其他一切事物那样,人类也是全体性的一部分,尽管这里强调了男性、女性两方面。在死后,逝者都要归入全体性的一部分。换句话说,他进入了灵魂的村庄,这种村庄代表了全体性和可称为"圣命"的生存类型。女人的遗体要装入一个(雄)船形的棺材中,棺材上要装饰着犀鸟头;而男人的遗体要放入一个形状如(雌)蛇船的棺材内。所以,人生命背景中保留的元素在死后得到了强化和完善。

特姆本泰伦的船饰有蛇和犀鸟;或者有两艘船,每艘都有这些动物图案,每个图案都代表着全体性本身。

8.1.10　达雅克生命之树的完整形式很像包含了一棵树画面的印度尼西亚宗教艺术的各种各样的成分。例如,有 *kekayon*(或 *kayon*),也叫 *gunungan*(分别源于"*kayu*"[树]和"*gunung*"[山]),它是爪哇人皮影戏中的一种叶子形状的舞台道具。[10]它暗示着皮影戏的开始、结束与间歇部分,并营造了原本刻画了木偶演员所表演的故事的精神氛围。除了这棵树,*kekayon* 的装饰还与各种符号相结合,它们虽然表面不一致,但似乎都相互与 *kekayon* 及其象征意义的共同背景相关。这种背景已有不同的诠释,但在所有单个元素的背后,最终都是全体性的观念(要么与宇宙及看得见的世界相关联,要么与人类整体相关联)。当生命之树的图案装饰出现在船上,就像达雅克的木板画所呈现出的那样,这更加强化了一个事实,即被装饰的船也是全体性象征的一个部分。

8.1.11　我们也许会认为,对于达雅克木板上的船及某些青铜时代的铜鼓上的船来说,其与全体性和圣命的联系首先是来自它们与死亡的关系,即它们把逝者的灵魂运送到了最终目的地,即来世的特别"村庄"。生命的完整性在任何尘世的生存期间都没有达到,但在死后的精神世界却达到了,这个精神世界同时也是一切新生命的源头——人类的来源地及死后回归的地方。为了到达这片发源地,需通过船来运送他们的灵魂。在这片土地上可以找到生命之树。这也是树与亡者之船的紧密联系。它们都是全体性的象征，在来世及圣界会显其真身，这个圣界是生命持续增强和重生的地方。因此，全体性的象征符号在群体生命及个人生命的各个方面都发挥着重要的作用。

在与这些相关或仅仅是与任何人的特别功能有关（如酋长或军队将领）的仪式期间，所有关键场合的传统做法都是介绍某些神圣者及至高神或至高准则的代表，采用的方式是使用某些相关的象征性物品。而灵魂船就是这类物品中的一种；由于其功能，它变成了一艘圣船。在历史上，刻画在铜鼓上的船也许有着不同的功能：也许仅仅是一只船，也许是死亡的象征、全体性的象征、圣命的象征。在老挝船的情况及关系中，只要它们没有那方面的含义，我们就没必要引入象征性含义。由于对船的宗教意义的误解，人们也许会把它们当作某种情景的"风俗画"；或者是装饰的早期类型，这种装饰类型后来应用到了葬礼中，而这种葬礼与鼓有关，后来还与更广泛的宗教概念有关；也或者是某些地方的发展。不管怎样，毋庸置疑的是，人们迟早把这些船视为了与死亡相关的灵船，并在某个时期把它们看作是高等现实和全体性，这似乎是后期主要鼓本身的精神背景。

在本节的讨论中，我们主要关注船与生命之树之间的关系（就此来说，这种结合不仅仅局限于东南亚）。在本节中，铜鼓起到了意想不到的作用；它们的证据是绝对的否定性的，然而却有着很大的历史趣味。它是否定性的，是因为其上面没有生命之树的痕迹，要么作为一个独立的象征，要么与任何青铜时代铜鼓上的船纹相结合（在一些克伦人鼓上的植物装饰，有时也叫作"生命之树"，是完全另外一码事，参考 Heger 1902：图版 XXIX）。生命之树没有出现在同一时期的其他物品上。显然，东南亚青铜时代的传统没有包括任何生命之树。任何金属鼓与后来的达雅克绘画（为此，南苏门答腊的纺织品上也有，下面将会讨论）中的艺术及宗教观点之间的比较都不包含船纹中的生命之树。围绕着亡者之船和幽灵村庄的东山象征主义在某个时期开始与不同来源的生命之树的原本独立的概念相融合。这种融合当然很成功（生命之树在后期的印度尼西亚艺术中广受青睐），这无疑是由于这两种符号之间的相互适应性。一旦早期东山的灵魂船被加里曼丹岛和南苏门答腊岛的人们所接受，它们就可能会吸引生命之树的象征意义，这种象征主义在先前已被接纳（或在后期才出现）。[11]这也许发生在某个单独的地区，也许是在一个地区后再转移到另一个地区。另外一个同样的假设性解释是，通过某种外来影响，船与树的结合是作为一个实体引入到印度尼西亚，并最终植根于先前的关于船的象征意义的东山传统之上。[12]

8.1.12 在前面已提到过南苏门答腊岛的纺织品或确切地说是来自克鲁伊

及该地区南部区域的"船布"。引用这一主题的一位学者马蒂贝尔·吉丁格（Mattiebelle S. Gittinger 1974）的话来说："这种纺织品的名字来自它主要使用了一种船纹。从小船到大船,这种船图案在布中占据了主导地位。此外,其上还有丰富的全套的各种类型的马、象、驯鹿、鱼、龟、鸟、藏着礼物的树、人像、各种风格的房子、各种盛装及姿势的人、伞、旗帜以及许多我们无法描绘出的形状。通常,这些元素是用天然染料染成了深蓝色、黄色或红褐色。如今,这种纺织品不再用手工纺织出来,但在南苏门答腊岛还有一些样本,它们在人们的仪式生活中依然发挥着一定作用。从所有方面来看——无论是从它们的社会功能、技术精湛性还是图案的种类——这些纺织品都值得关注。"[13] 在一战和二战之前,许多有趣的物品是通过苏门答腊岛的商人在欧洲的纺织品和其他小件珍品鉴赏家中传播的,并最终陈列在博物馆中。

这种纺织品的主要材料为棉和丝绸;此外,有些布料上有金属包线、平箔带,有时候还有缝在表面的小圆镜。图案由连续和不连续补充纬线的方式在平织基础上织成。连续补充纬线就可以让布的两面出现同样的图案,反之则相反（Gittinger 1974）。吉丁格区分出了一种主要图案（*palepai* 或 *sesai balak*）,一种长达 3.5 米的窄长方形,另一种（*tampan*）是边长为 40－75 厘米的较小一些的长方形或正方形图案。*tampan* 不局限于某一阶层或级别的人使用。在过去,现在偶尔也有,"在家族和部族（*suku*）之间,作为过渡时期关系结交的见证物,必须要相互赠送礼物。其他时候,这种 *tampan* 的礼物也作为完成过渡时期的象征性物品"。

在斯坦曼对这一主题的研究中,他区分出了两种主要类型:一种是用于神圣目的的 *tampan*（在特殊时期会悬挂在墙上）;另一种是妇女节日盛装时候穿戴的织锦（*tapis*）,它又包含三种类型,其中一种包括了真正的"船布"（*tampan jung galuh*）,尺寸在 2－2.3 米×60－70 厘米。这种特别类型的 *tampan* 以前是用于婚礼仪式和成年礼等。只有达官贵人才能把它们悬挂在他们座椅的邻近位置。在讨论法律问题的时候,船布还会悬挂在公共大厅的墙壁上。装饰在这种纺织品上的船纹通常有着精致的外形、精美的船头和船尾,看起来像一棵树,有着三个弯曲树枝的桅杆,侧边是一两个人（或人的一部分）或像鸟的人。船中间是船舱,里边有一些人。

其中有很多细节与铜鼓和达雅克木板都相似。我们几乎没必要特别关注船布上作为桅杆的生命之树。过度华丽装饰的船尾像鸟的尾巴,为了对称,这或许在船头也是如此。像三叉戟的风格化的树,也许可与帕里亚塔（*parijāta*）相比较,帕里亚塔是东爪哇寺庙浮雕中的一种特殊的天堂树,它取代了东爪哇经典的印度爪哇艺术中的一种天堂树(*kalpavrksha*,很像圣诞树)的功能(分别参考 Bernet Kempers 1959：图版 279 及 144 - 148)。这种三叉戟形的树也许是天堂树的早期类型(不然就是生命之树),在公元 10 世纪之后,许多早期印度尼西亚的特征重现于东爪哇的艺术中,它也卷土重来。于是,在南苏门答腊岛的船布中,就留下了这个类似的早期类型,有点像三叉戟的原型。然而,这些纺织品上的树更加复杂,因为它们有好几对旁枝,有时还相互交错,令人眼花缭乱。一些树枝像水牛的角(Van der Hoop 1949：图版 CXXX)。类似的水牛角系列图案有时也出现在房屋的装饰图案中(如：苏拉威西南部的托拉雅族)。所有的这些都将我们巧妙地置于早期印度尼西亚文化历史之中。

南苏门答腊岛织物上的船已被诠释为亡者之船。这也许是部分正确的。然而以上总结性引用的信息表明,它们不仅仅是亡者之船。它们首先是圣命和全体性的象征——即使不是首要的(它们最初应该是亡者之船),也是第二象征,就如同铜鼓上的船纹的情况一样,织物在仪式着装、在婚礼、司法审判及其他公共性仪式中也具有某种象征功能。在司法审判的时候,船并没有提醒相关罪犯关于来世及不愉快的关联(例如,巴厘岛克隆贡[Klungkung]的地狱法庭的画面)。船布的作用是将法官的工作与圣命相关联。这些和其他象征性物品在各种场合都被随意地使用,这应当是因为它们就是一般意义上的"圣物"。在显示有精神支持的所有情况下,这些"圣物"可能都代表着"神圣性"。

注意,那种风格化的树偶尔会出现在大海的小岛上,靠近船而不是在船上,并在整个画面中处于主导地位。这里最重要的不是船与树相结合的方式,而是它们一同出现却彼此交相辉映的事实。有时,树上会出现鸟,被人骑着的象,或者在树(如果没有树的话就叫船桅)的两边出现马和鹿。在这一方面(仅限于这一方面),这些树与萨雷尔,5.01+鼓面边缘的情景相似。

斯坦曼(Steinmann 1939 - 1940)也提到了鸟和有着鸟头的人类。乍一看,这看起来与铜鼓船纹中的饰有羽毛的船员及桑根,4.03+鼓上作为舵手的鸟形成了一个有趣的类比。然而,这些例证并不能令人信服,因为那些人类的头更像是菱形而不像鸟的头。在一些少见的织锦上的人形则更加趣味横生。正如斯坦曼所描述的那样,这些织物的风格和纺织技艺与在早期中国艺术中发现的一个工序有相似之处："一种突出于背景的广泛的、大规模展开的主图案,后者由次级、较小的三角形或正方形螺旋和曲线构成"(这些织物上有绣花)。这个工序似乎广为流传,已应用在环太平洋地区的装饰艺术中,就像海涅格尔登(1934,1937)所指出的那样,它与商朝青铜艺术的类似特征相关联。看起来,这种工序曾应用到各种物品的制造中,如木头、金属及刺绣。同样,在佩砧型铜鼓的装饰中也出现了这个相似的工序(第 19 章 4 节)。

南苏门答腊岛船布的主要图案包括了很多刻画得栩栩如生的船,在虚线背景的衬托下更加彰显这些船的轮廓。这种做法与佩砧型图案的手法很相似,然而它们的图案本身却没有共同之处。从佩砧型鼓的鼓面来看,其装饰图案仅有曲线和圆形,没有任何花纹要素(即便是 3.01+ 及 3.03+ 鼓身上的头形也不能算作花纹)。

有时候,船纹会在布中出现两次,一次在上半部,一次在下半部。其中一只船是上下颠倒的,它要么是下半部的那只船(这样两艘船的龙骨就相互接触,宛如上面的船倒映在水中那样),要么是上半部的那只船(这样每艘船的龙骨都靠着布的边缘)。还有可能是船的倒影的位置往侧边偏移了,这样看起来就好像是倒影在船的下方一样。这两艘船也许还代表着两个不同的世界,即天界和冥界(或者是:天上的世界和地上的世界)。也许,这种重复仅仅是想强调象征的完整性。因为在纺织品中,尤其是那些有人类图案的纺织品中,可逆性是一种经常出现的现象。我们也许会把船纹的重复出现与主要鼓鼓面上的双边对称的图像带相联系,虽然这种背后的想法也许是相关的,但是结果是截然不同的。

船中的船员和乘客都是高度风格化的;他们的肩膀和膝盖都是棱角分明的,头部的形状怪异,看起来像小丑的帽子。新月形或角状的多余物从他们的脖子后面凸出来。一些人似乎是卷发而不是有着像鸟一样的头。这些人很像瓦扬木偶。他们与鼓上的羽毛图案有种确定而又难以理解的相似性:这种相似性只是感觉上像,实际上并不像。通常的解释是:逝者的灵魂(如果它们是灵魂的话)不过是对活人的夸张描述——就像房屋和花园出现在所有时期、所有文化中那样。鼓与纺织品之间有一定的关系(如果有的话,也没有我们有时候认为的那样强烈);至于画面中的细节,比起船布,达雅克木板画中的图案与铜鼓上的更为贴近。

之前已陈述过,船布让人想起了斯堪的纳维亚人的岩画和类似的船只图案(Steinmann 1939 - 1940; Heine-Geldern 1951; Riesenfeld 1955)。在南苏门答腊岛的纺织品及斯堪的纳维亚人的船纹中都共有的图案是:船体上的虚线方格及 Z 字形装饰(这些也出现在中国华南的某些黑格尔 I 型铜鼓上)。而且非常有趣的是,克鲁伊的船和斯堪的纳维亚人的岩画中的船都简略到大致画出船轮廓的上下线条而已,两者最终都以曲线结束(要么向外,要么向内)。就像苏门答腊岛的一些织物中的船纹一样,斯堪的纳维亚人的岩画中的船也有一艘倒置的船

（船的龙骨与"被倒影的"船相接触或在其不远的后面）。斯堪的纳维亚的青铜刀刃上有风格化的鸟头，与前面讨论过的苏门答腊岛织物上的相似。而且更重要的是，在斯堪的纳维亚的船上也有生命之树。

鉴于它们在社会和宗教生活方面的关系，我倾向于将达雅克木板画及苏门答腊岛的织物中的船、生命之树及额外的魔法宗教的物品，大致诠释为是在全体性及圣命的背景下产生的，而不仅仅是与死亡和来世相关。这种背景当然看起来与主要铜鼓的背景相关。然而，它们并不是如出一辙，它们之间有太多不同之处，最重要的是，在东南亚青铜时代的记录中并没有生命之树。如前所述，生命之树一定有它自己的历史渊源，与铜鼓中展现的东山文化是不相干的。

8.2 圆柱形鼓腰装饰

在黑格尔 I 型铜鼓的圆筒形的鼓腰即鼓身 B 部分的装饰详情中，涵盖了 30 种物品，许多鼓的鼓身已不见，而少数有鼓身的又花纹不详。

在黑格尔 I 型铜鼓中，其圆筒形鼓腰被垂直条分成了四边形（长方形）的饰板，这些垂直条由 4、5 个几何形带构成，共同形成了鼓（装饰）的大致图案。根据鼓的大小，有 4 块（"贝拉茨"，13.02+）面板的、有 8 块（通常的数字）的、有 10 块（巴巴坎，2.03+）。

（在 8 只鼓中）这些饰板是简单装饰的，或者包括一些图案如：一头公牛（"贝拉茨"，13.02+），在邻近的一块面板上有公牛与另一种图案交替出现的情景（非常奇怪的是，云南石寨山 M 24：42a 上有一个情景似乎是人们正围着五朔节花柱跳舞；《考古》1979：68）。有时还会有一只（"斯德哥尔摩"，11.40+）或两只（巴巴坎，2.03+；第 9 章 1 节中提到的"贪得无厌的鸟"）栖息的鸟。一方面，在这些图案中，除了风格上的相似性，用来装饰鼓面的花纹与用来装饰鼓身 B 部分的花纹之间无论如何也没有任何联系。另一方面，在鼓面图像带的勇士、舞者等与许多鼓腰面板上的图案又有着密切的关系。此外，作为出现的单个主角来说，面板内的一个或两个勇士（m£ ）就是它们的区别之处（已在第 6 章 4.5 节中讨论过），而鼓面上的羽人（m£ ）却只是舞者及乐师群中较活跃但匿名的成员而已，或者说，在当时那象征性的氛围中，他们也许可以代表一切（第 7 章 3 节、7 章 4 节）。然而，正因如此，鼓身 A 部分的船及鼓腰上的图像带、勇士绝对形成了相互协调的三位一体。

装饰有人像的面板包含了一个（"穆力"鼓，11.28+）或两个（黄河鼓，

11.20+)人,有时还有两个人与两只飞过头顶的鸟(苗门鼓,11.26)。迟早,羽人(m£)图案都会变成"羽饰"(££;来自越南北部的东京鼓、泰国及印度尼西亚群岛的鼓中有许多这样的情况)。这是自然主义的羽人图案正常过渡到传统化的结果(为此,最自然主义风格的舞者便出现在老挝鼓,12.01+;Goloubew 1940:图24)。有时候,在风格化的羽毛图案中,尤其是桑根,4.02+、4.05+及库尔,7.05+鼓中,也有一些自然主义的残留痕迹:££(m)。

事实上,像图版 4.02l 的情况中确实是羽毛图案布满整个空间,尽管如此,如果把它说成是杂乱无章的羽毛堆的话,也太过分了。相反,这些羽毛图案是高度系统化的设计,是事先策划好的 3×7 的斑点矩阵,它是航行的"里程碑"(参考第11 章 1.3 节关于这个矩阵的重要性及其布局的巧妙性)。

一些饰板被水平地分成了上部(包括鹿类图案;第 9 章 3 节)和下部(老挝鼓,12.01+布满了饰有羽毛的舞者;玉缕鼓,11.30+上的图案中没有鹿但使用 N图案来作为上部)。

尽管目前为止提到的所有金属鼓(除了那只云南鼓)都代表着某种传统,但一些石寨山的铜器,在图版 16.02 – 3 及 16.06 – 8 中有图例,却以截然不同的方法脱颖而出。鼓腰上是连续的饰带——两种不同的饰带,一种在另一种之上。

这些以全长环绕着鼓腰的饰带(像国内电影院的领跑者——老式的频闪仪,里外都反了)将会在第 18 章 5 节中讨论。"银幕"的长度给云南铜器铸造者更多引进生动画面的机会,而东山黑格尔 I 型鼓面的饰带则更加静态。云南人充分利用了这一有利时机,给观察者们带来了一次又一次的惊喜。

佩砧型鼓的创造者们注重鼓身 A 部分的头纹,他们局限于将鼓腰分成简单装饰面板的几何形条(佩砧"月亮"鼓,3.01+)。莫科鼓也有相似的花纹:在鼓身 Λ 部分有某种头纹;后期又在鼓身 C 部分有引人注目的图案。如果按照这样来估计的话,鼓腰必须留足空间以连接鼓身的这两个部分(图版 21.03)。

来自中国华南的黑格尔 I 型鼓(第 10 章 1 节;图版 17.01)有一种很强的风格化的图案或全副的几何图案。黑格尔 II 型和 III 型鼓是实用型的鼓,没有鼓腰(图版18.01、19.04);而有着 S 形外形的黑格尔 IV 型鼓同样如此(图版 20.01;第 10 章 2 节)。

8.3　次级场景

8.3.1　狩猎场景　在桑根,4.02+及库尔,7.05+鼓上有狩猎场景。无论是具体在哪种鼓上描绘的狩猎方法,我们都应该慎重的说其是否真实发生在群岛上。

显然,这两种鼓产于他处,也许是产于东京。然而,这并不能削减人们对其狩猎情景的兴趣。不幸的是,库尔鼓上的狩猎情景所在的图像带已严重腐蚀,在图像带之间可以看到翔鹭和另外一些倾斜的曲线(图版7.05e)。其上还有猎取老虎的弓箭手,这些老虎又正在围捕鹿,其他人正拿着长棍猎鹿,长棍上有一个环,可以抛起来套住鹿的头。[14]至今,这种猎鹿方法仍然在群岛的许多地方沿用,在中国汉朝时期就已有记载。而更近代的印度尼西亚猎人,如爪哇岛的猎人,曾经都是骑马狩猎者。在库尔鼓上的猎人则是步行的。

在库尔鼓的凸出的鼓身 A 部分,在船纹的上方,也可见到正在围捕鹿的老虎(图版7.05f)。我们从目前的现存残片来看,在雅加达及苏黎世博物馆收藏的鼓中,没有猎人图案。

在桑根,4.02+鼓凸出的鼓身上的两只船之间的情景是:一个人与一只狗和一只老虎搏斗的场景(图版4.02e‐f)。狗正犹豫不决该害怕还是勇敢。它的主人右手拿着一根短而尖的棍子,左手拿着一把圆形柄的剑。棍子也许是打算用来直直插入老虎的嘴巴以制服老虎的。这是后期一种常见的狩猎方法(如,在巴厘岛人的浮雕上描绘了一个人与一头熊的搏斗,在耶普鲁[Yeh Pulu][15])。

8.3.2　边缘情景　黑格尔Ⅰ型的鼓身下端(C)部分通常都是未装饰的。然而,也有一些例外,如桑根,4.03+鼓及库尔,7.06鼓上就有菱形。除了这个类似的图案,在另外一只桑根,4.03+鼓及一只萨雷尔,5.01+鼓上,还有动物图案的饰带,在4.02+上(图版4.02m‐p)则还有人物图案。在5.01+上的图案被树分开,其中一些树上还有栖息的鸟。

4.02+的边缘场景被柱子划分为20个部分,每根柱子都有柱基和柱头(关于柱子:Heine-Geldern 1947:176)。柱子之间有象和马(总共有3只)。一些动物旁边有人。与同一只鼓上的主要装饰——人相比较,动物的刻画比较粗略。马有着奇怪的耳朵和像熊一样的嘴巴;大象的耳朵和鼻子(一些有象牙)则更加糟糕。这些粗糙画及对腿部的幼稚素描无法给人以一种赏心悦目的印象,这完全不像是有艺术天赋的人用蜡或黏土做出的原图。而且看得出,这个"艺术家"对这种动物类型不熟悉。甚至一些人类侍从和像人一样的动物都被刻画得很天真,让人觉得很滑稽。当然这也保证了图案的布局空间,包括侍从伸手去摸大象的头部时的复杂表情也被刻画得惟妙惟肖。此外,除了头部的刻画,饰有马和勇士的部分一点也不简单。尽管4.02+及5.01+鼓的装饰风格是风格化的,但它们的边缘图案却是出乎意料的自然主义风格。

在范德霍普(Van der Hoop 1941)对雅加达博物馆列出的铜鼓目录中,他从某个特定的点开始对4.02+鼓的边缘图案进行描述,他是逆时针围绕着鼓身进行描述的。因为在那个时候,雅加达博物馆中陈列的桑根和其他鼓处于一个固定的位置,所以不可能进行全方位的观察。因此,我也不得不依据范德霍普的目录来描述无法实地观察到的部分边缘图案。在范德霍普所列的目录中,是按照如下顺序来描述的:

1. 一头大象及面对大象站着的、明显没穿衣服的人,他正附身向前。他的一只脚踩着柱子的底座,这根柱子将图案1和2分开;他的另一只脚则踩着一根倾斜的木棍,这根木棍刚刚从底座中抽出(我从这个拓片上没法看清楚这个场景的左侧)。

2. 一个走在大象前面的人(人的双脚都站在柱子的底座之上),一手抓着大象的一只耳朵(另一只手拿着一根棍子)。一个小矮人站在突出的站台上,这个站台在区分图案1和2的柱子之外,一只手叉腰,另一只手拿着棍子拍打大象的背。

3. 图版4.02n。一个骑马的人(马上有马鞍);这个人戴着一顶帽子,穿着长外套,佩戴着一把剑(剑呈水平状)。他一手握着马的缰绳,一手拿着一条向下的短鞭。[16]马的前面有另一个人,也穿着长外套,他的右手拿着一根棍子,左手拿着戟?(戟的刀刃呈水平放置,距离刀柄有些距离)。他头戴帽子或头盔(顶部有两个短圆筒状)。在骑马者背后的柱子上爬着一只大蜥蜴。[17]

4-12. 更多的象,鼓身上有个洞洞的部分刚好就是场景5-7和11。在场景9中,有个模糊的人,面对着大象;在场景11中,一个人正在爬上大象的头部(这头大象似乎有大长牙)。人的一只脚踩在突出的柱子上,另一只脚则踩在象的头上。他的一只手抓着象的耳朵,另一只手则靠着柱子。

13. 图版4.02m。与场景3的组合一样(或相似)。人戴着帽子、穿着外套,佩戴着剑,刚刚下马(或还没有骑上马),因此可以画在马头的下方。他的头上也有不确定的帽子还是头盔。请注意在场景14中,马前脚及大象尾巴上的斑点(与有羽饰的图像带不同的是,它并不是这些场景中共同的特征)。在场景13中,通过生殖器官的刻画,可以看出这些马通常都是种马。

14. 图版4.02p。一人正在爬上一头大象,一只脚踩着象牙,一只手揪着象耳朵。象的背上栖息着一只长尾巴的鸟,正用嘴巴啄着大象。大象有象牙。

15. 15-17;图版4.02o、p。一头大象。

16. 实际上与场景1一模一样:一人面对着大象。这里的大象似乎正用象鼻卷着一根木棍支撑着人。

17. 有马鞍的马(马鞍是粗略刻画的)正从一个食槽里吃东西。这匹马(种马)被拴在它前面柱子旁边的围栏上。

18 - 20. 更多的大象。

在本章中的前文中,我不止一次提到场景这个词,如"马戏团场景"。事实上,它们很令人质疑工匠是否故意要把图案刻画得如此滑稽。纵观这些来自图例的照片及拓片,我们感觉似乎是在参观马戏团动物园,或者可以说成是没那么滑稽的地方：某些富有的君主的马厩。

4.02+边缘场景所刻画的勇士与同一鼓面上刻画的 H 型房子里的人截然不同。在图版 4.02m 中面向马的人,"穿着一件长及膝盖的大衣,恰好在马屁股的周围,大衣的下摆如钟一样展开"。正如海涅格尔登 1947 年所指出的那样,这个人的着装和武器(以及骑马的那个人)"非常像是迦腻色迦(Kanishka)国王的雕塑及库什人钱币上的库什人"(参考第 16 章 5 节)。

萨雷尔,5.01+鼓身上的场景必须要借助迈耶(Meyer 1884)、范霍维尔(Van Hoevell 1904)及施尼特格尔(Schnitger 1943)所发表的照片来讨论。其中的主角是大象,刻画得非常粗糙,与桑根,4.02+鼓中的相比,它们更像是森林之王。象与象之间是树——棕榈树及交替出现的有根的光秃秃的树杈。树枝、树根或树的顶部有鸟在栖息或忙碌地啄着大象后面或下面的地面。一只大鸟正栖息在一头小象的后背,小象紧贴着母象。另外一只更大的鸟则把一条大象的尾巴像鱼一样叼在嘴里。所有萨雷尔鼓中刻画的大象,都有两条象牙(图版 5.01d)。

本质上不同风格的混合依然是一个问题。对于鼓的设计者而言,这似乎意味着他奇怪的不一致或反复无常。黑格尔(Heger 1902)和古勒(Gühler 1944)认为,在 5.01+的边缘场景是"后来增加的"(spätere Zusätze)；他们并不知道桑根,4.02+鼓上也有同样的特征。由于鼓的铸造是一气呵成的,在铸造好之后不可能再添加任何边缘图案,因此它们不可能是后来加上去的图案。此外,由于有两只鼓是"多变"的图案,而另有两只鼓远非是这种方式的复制品,所以这其中一定有某种程度的"现代主义"。这意味着要引进"额外的东西"、幽默的边缘场景以及"风俗画"片段,这些必须需要有幽默感的流行艺术家来处理。正如我们前面所指出的那样,一本正经与幽默滑稽是很容易混合的,这有助于鼓的创作者所传达的信息。

注释

1. C. Nooteboom, *De boomstamkano in Indonesië* (Leiden, 1932)：图版 17、19; *Gids in het*

volkenkundig museum, *Koloniaal Instituut XI: De Inlandsche scheepvaart*（n.d.）。

2. Goloubew 1929：34－36,图版 XXVI－XXVIII、XXXII；1940：391－393、404－406,图 15－19。

3. Goloubew 1940：391、404,图 16。"南方蛮人"以某些危险、有毒、魔力的箭头而闻名：Hirth 1904：221 及 Luce 1961：73。

4. Bezacier 1972：图 114 — Goloubew 1940：图 16、18。

5. Goloubew 1929：图 16,图版 XVIB－C — Bezacier 1972：图 56a－b（I.22.998）、57a－b（I.19.661）— *ESEA* 1979：142,图 15 斧头上的鳄鱼尾巴是独立的螺旋形,而瓶子上的则融合在一起。

6. 注释中特别提到了斧子。Goloubew 1929：图版 XVC — Bezacier 1972：图 56b 展现了一面刀刃,上面刻画着：在一只似狗的动物前面有两只鹿。

7. Parmentier 1918：17,图版 IXC — Janse 1958：图版 30 — *ESEA* 1979：155－156,图 14,第 142 页。

8. F. Grabowsky, *IAE* 1889：177－224；1892：130－132 — Wechel, *IAE* 1915：93－129 — Bezemer, *NION* 2（1917－1918）：170－190 — Tilema, *NION*, 1931－1932：131－132 — Steinmann 1937：122－137；1939：252－256；1939－1940：161－164；1942：73－81；1946 — Heine-Geldern 1966：191、202－208 — Wirz, *Archiv für Völkerkunde* 4（1949）：207－208。

9. Schärer 1945 — Bertling, *Heilig vaatwerk van Kalimantan*（《婆罗洲》）, in：*Indonesië* 3（1950）：485－511。

10. 关于 *kekayon*（*gunungan*）：Rassers, *BKI* 88（1931）：398ff — Bosch, *De Gouden Kiem*（1946）：202－213 = *The Golden Germ*（1954）— Hidding, *TBG* 71（1931）：623ff — Stutterheim, *Djawa* 6（1926）：333 ff — W. Aichele, *Djåwå* 8（1928）：18 ff — Bergema, *De Boom des Levens in Schrift en Historie*（1938）。

11. 森比林（Sembiring）（卡罗巴塔克［Karo-Batak］）模型船,代表着亡者之船,上面装饰着形状如树的船桅;船首站着一个拿着鸟枪的人：Steinmann 1939－1940：153、165 — M. Joustra, *TBG* 1902：541－556；*BKI* 74（1918）：618f — *JBG* VIII（1941）：图版反面 184。

12. J. Kunst 1954 曾指出印度尼西亚装饰图案与东欧民间艺术之间的联系。关于印度尼西亚的生命之树见 Van der Hoop1949：图版 CXXIX－CXXXII。

13. Steinmann 1937,1939,1939－1940—蒂尔曼（Tillmann）1939：16－19 — Van der Hoop1949：图版 CXXX、CXLV － Langewis & Wagner 1964 — 孔尼华（Von Koenigswald）在 *Südseestudien … F. Speiser*（1951）：27－50 — C.Op 't Land 在 *Kultuurpatronen*（德尔夫特民族志博物馆）10－11（1968－1969）：100－117 — Gittinger 1972,1974,1979。

14. 图版 7.05e 来自巴苏基（Basuki）的绘画;另外一幅画来自 Van der Hoop1949：图版 LXXa 的制图员。画完全不一样。Van Hoëvell 1890,1896 首先关注了画中"被猎人分离出来的马、老虎、山羊",他描绘得非常贴切。

15. Bernet Kempers 1978：138,图版 85。

16. Kunst 1954：图 39－40 在特兰斯卡斯皮亚（Transcaspia）的土库曼人（Turkoman）的纺织品上图解了一个有着相同姿势的骑马人（马是"灵魂之马"）。关于中南半岛的马：Heine-Geldern 1947：176－177。

17. 根据海涅格尔登（1947）,蜥蜴是 4.02+鼓面的 I 型房屋的一块木雕。在这种特别的背景下,这种解释是说得通的,蜥蜴只是马厩中一个居住者。

第 9 章
动 物 王 国

9.1　概览

在图像带上、飞鸟之间、鼓身 A 部分的船纹（旁边有鱼）下面及之间以及两种主要鼓（桑根,4.02+及萨雷尔,5.01+）的边缘场景中,都可以看到各种自然主义风格的四足兽和鸟。在某些鼓上是四足兽（"贝拉茨",13.02+）或鸟（巴巴坎,2.03+及"斯德哥尔摩",11.40+）,它们出现在鼓身 B 部分的矩形面板中。下面的清单并不是最详细的,但对那些对动物感兴趣的人来说也许有用。某些部分将会单独讨论。

鸟:苍鹭、鸬鹚、"凤凰"、犀鸟将会在"飞鸟"中讨论,见第 9 章 2 节的——"贪得无厌的"鸟（"永不满足"[*Nimmersatt*]）、*Tantalus leukogaster* 或 *leukocephalus*,爪哇语 *bango tong-tong*（?）,它们出现在巴巴坎,2.03+及"斯德哥尔摩",11.40+（也许在罗蒂的某种仪式斧上也有,第 17 章 3.2 节;图版 22.19）——在桑根,4.02+的船纹之间有高脚的鸟;在 4.02+的 H 型房子上,萨雷尔,5.01+,库尔,7.05+及莱蒂,7.01 的船纹之间,在洛坤府（Nakhon Sithamarat）（"曼谷 VII"）,13.16 的苍鹭之间有孔雀（在图版 22.12 及 22.14 的船上也有孔雀）——在 4.02+的 H 型和 O 型房子上有母鸡,在4.02+的 H 型房子的屋顶上有公鸡,在桑根,4.03+的船纹上有舵手。

公牛:"贝拉茨",12.02（鼓身）——在云南的铜器上公牛比较显眼（第 18 章）。

牛:在 4.02+的 O 型房子下,请参考"公牛"。

螃蟹（摩鹿加群岛的帝王蟹或 *mimi*, *Tachipleus* 或 *Carnicocorpius*）:在桑根,

4.02+,库尔,7.05+及 7.06 的船下方。

鹿:参考第 9 章 3 节(容器上的鹿,图版 22.12、22.14)。

狗:在 4.02+的 H I 型房子;在 4.02+的狩猎场景(第 8 章 3.1 节);在东山小鼓上(第 3 章 2.3 节);在玉缕,11.30+的船上(或青蛙?)。

大象:在桑根,4.02+的船之间;在 4.02+较近类型的房子下面;在 4.02+和萨雷尔,5.01+的边缘场景(在一个容器上:Malleret 1956;在一把东京戟上:Bezacier 1972:图 31)——在越南的东京有很多大象(Bezacier 1972:244),在中国南部也有(De Groot 1898)。

鱼:在 4.02+、5.01+、7.05+及老挝,12.01+的船下——在 7.05+船下一条芒线。参考:鸟和鱼,第 9 章 5 节。

青蛙:第 9 章 6 节。

马:在 4.02+的边缘场景及船之间。

"蜥蜴":见第 9 章 4 节——在桑根,4.02+的房子图案的里边及上边都有自然主义风格的蜥蜴:一只壁虎(也许是活着的也许是雕刻的),在同一只鼓的边缘场景。

猪(?):在 4.02+的 H 型房子 I 和 II 的下面。

啮齿动物:在 4.02+的 H 型房子 I 和 II 的里边。

蛇:没有出现在黑格尔或佩砧型鼓上,它们经常出现在云南艺术中(第18 章)。

老虎:在桑根,4.02+的两只船之间的狩猎场景中(图版 4.02i);在库尔7.05+中追踪鹿的老虎,见第 8 章 3.1 节(图版 7.05i[译者按:原书有误,图版 7.05i 中没有追踪鹿的老虎])。云南容器上的老虎(第 18 章 5 节)。在越南北部的戟上(Bezacier 1972:图 24、34[一只带着幼崽的母老虎])。

"黄鼠狼",见第 9 章 4 节。

注意:除了 5.01+边缘场景的树(第 8 章 3.2 节),黑格尔 I 型鼓并没有任何自然的或象征性的"植物"元素——甚至连生命之树也没有(第 7 章3.4 节、8 章1.10 节)。

9.2　飞鸟

所有黑格尔 I 型鼓面都有一条布满了飞鸟的饰带,这些飞鸟通常是白鹭(希罗迪亚斯·加泽特[Herodias Garzette L.])(图版 16.01,来自云南的鼓,实际上并不是一个例外,因为图例中的物体并不是一只鼓面而是一只青铜缸的盖子;第18章5节)。有时候会出现鹅(老挝,12.01 +?)或者可能是其他无冠的鸟(Bunker 1972;某种鹤?)。尽管如此,我用代码词"her(on)"来指代所有的这些鸟。它们形成了无头无尾的一个队列,呈逆时针移动(只有少数一些例外),在鼓面装饰的整体构成中形成了一个主要元素(第6章3.1节)。

动物环绕着太阳符号是一种古老的观念。首先出现在考古记载中的是四只苍鹭,它们庄严地环绕着一个万字符行走,每只鹭的嘴里都叼着一条鱼,这些鱼也许来自刻画着苍鹭的碗的边缘。这是发现于底格里斯河的萨迈拉(Samarra)的一只史前的碗(公元前第4世纪;Frankfort 1954：图1B；Roes 1946及 IPEK 1936 - 1937：85 - 105)。"太阳"(万字符)及鸟鱼区域都暗示着一种(逆时针的)运动,单个与整体的运动。东南亚鼓面同样也给人一种永动的印象,但其上面的中心太阳符号被画成了一个星纹。它们的区别是：万字符暗示着移动,而有着许多芒的星纹却没有这种移动的暗示。它可能根本就没打算绕轴旋转。

鸟围绕着某个中心元素的图案也出现在古时候的其他地方,例如,在早期的欧洲。这种圆形的图案向东扩散：通过中亚到远东,与许多其他装饰元素一起。戈鹭波(Goloubew 1932)指出它们曾出现在汉代的中国艺术中(参考 Karlgren 1942：4)。在东南亚,飞鸟是很明显的证据,就如这里我们所讨论的这种排列。它们在铜鼓的装饰上长期独占鳌头——这里指的是黑格尔I型铜鼓。其他类型,包括佩砧型鼓并没有这种飞鸟图案。但是所有的黑格尔I型铜鼓,自始至终,都突出飞鸟饰。即使是传统化的中国华南的黑格尔I型铜鼓,即便装饰图案已难以辨认,却依然可见飞鸟图案。事实上,它们看起来更像是鱼骨架,但是因为没人曾见过这些有血有肉的原型鹭的样子,所以无法质疑它们是否是原始的鹭(图版17.01)。在某个时期,印度尼西亚艺术的早期装饰也沿用了东山的飞鸟饰。飞鸟饰持续应用到纺织品中,非常奇怪的是,它们与很久以前的黑格尔I型铜鼓上的鹭很相似(Van der Hoop 1949：图版 LXXV 及 LXXVI："象征着死者的灵魂"；参考 JBGVII, 1940：171)。

在越南北部的早期历史中,除了飞鸟与太阳之间的古老的关系,在雄王朝与文郎国之间还存在着一种图腾的内涵(第16章2.2节),这种图腾动物便是(白)鹭和某种相关的鸟(Blang,Dang,与王朝及首都麇泠[Mêlinh]的名字有点相似,是以另一种鸟来命名的;Nguyên Phuc 1975：17 - 18)。

这些鹭总是被刻画成脖子和嘴巴往外伸展的样子。而它们的创造者们是需要根据几何风格来做出调整的。它们的身体、尾巴及翅膀一定要画成是从上往下看的样子,而头只见轮廓。就像黑格尔 I 型铜鼓随处可见的鹭纹一样,雕刻这种鹭纹一定有一种广泛使用的传统方法。鹭的一只翅膀向上,另一只向下(图版 4.02d)。尾巴呈三角形。翅膀止于一条与身体等距的直线(除了来自老挝 12.02 的"纳尔逊"鼓,其上的鹭翅膀止于一个尖角——正如前面论述的那样,这也许是因为他们是不同类型的鸟)。有时,冠上长长的羽毛会与翅膀交织在一起。嘴巴是直的或微微往上翘的(Goloubew 1932a:图 15,1940:图 5、13;Heger 1902:图版 XXXVII)。在班宇门宁,2.11+中的鸟嘴末端的小弯钩,表明其是鸬鹚而不是白鹭,这是记载中唯一的一只鸬鹚。非常奇怪的是,从来没有看到鸟的脚——除了在玉缕,11.30+和黄河,11.21 鼓上,这也表明这两种鼓更近的关系。

尽管在站立及栖息的鸟中常常能看到斑点(在肩膀处有接头标记,以此作为翅膀的起始点),但几乎所有的飞鸟都没有这样的标记(昆嵩,11.23+则是个例外)。即使是在玉缕鼓中也没有这种接头标记,玉缕鼓上有飞鸟与栖息的鸟交替出现,按理是应该有接头标记的。此外,在玉缕鼓和黄河鼓中,飞鸟实际上只在冠上而不是在身体上有一两个斑点。虽然黑格尔 I 型鼓上的鹭大都是风格化的(我会说是"以一种自然的方式"),老挝,12.01+鼓的铸造者却把它们塑造成了几乎"栩栩如生"的样子,努力保持了它们真鸟的样子(就像独木舟上的划船者及似黄鼠狼的四足兽一样活灵活现)。他把鸟刻画得像鹅——而事实上它们本应该就是鹅。

在东京的鼓,如玉缕,11.30+鼓上的鹭纹布局呈多样化,它们之间的间隔甚远以至于都能在往外伸展的嘴巴下面再加入栖息的鸟:一只鹈鹕、一只白鹭、一只"苏丹鸡"(poule Sultane [Porphyio Edwarsi]);在"曼谷 VII",13.16 中,有孔雀。在黄河,11.21 鼓上,飞鸟是奋力向前的,每只鸟的嘴都碰到了它前面那只鸟的翅膀。在黄河鼓上有 14 只鸟,在玉缕鼓及"穆力",11.28+上有 18 只,在老挝,12.01+上有不少于 30 只,体形都不小。很明昂,"穆力"鼓的铸造者在构造设计上是如此粗心大意以至于不够空间来放最后两排翔鹭。取而代之的是,他不得不将它们刻画成栖息的姿态以填补空白。毫无疑问,鹭的数量需要偶数,17 只是绝对不可能的,因此在 18 只上加了 2 只。在一些小型铜鼓上,鸟的数量则更少——4 或 6 只。

除了鹭,一些鼓各自的图像带中还有其他飞鸟:两个桑根,4.02+和 4.06+鼓;萨雷尔,5.01+及库尔,7.05+。所有的这些都是有着非常精致装饰的主要鼓。

比起有鹭纹的鼓，"无鹭纹"的鼓与中央星纹距离更近。换言之，花纹或羽纹是位于两条有着飞鸟纹的饰带之间（在桑根，4.02+鼓上还有倾斜的曲线）。其他的鸟以弯钩嘴为特征。

在4.02+中的"弯钩嘴"以逐渐变细的翅膀和两根长羽毛的尾巴为特征（每个都包括3根羽毛和1个斑点）。在4.06+中，尾巴羽毛更加长，都触碰到了下一只鸟的头。在萨雷尔，5.01+中，尾巴也一样很长，不同的是，下一只鸟的头紧贴着长尾巴的末端，在库尔，7.05+也一样。

4.02+中的"弯钩嘴"不可能是火烈鸟，原本从它们的嘴来看我们也许会这么认为。火烈鸟没有像鹭那样的长尾巴羽毛。这些"弯钩嘴"与更晚期的印度尼西亚装饰艺术中的神话凤凰相似。这种凤凰以长长的尾巴羽毛为特征（Van der Hoop 1949：图版 XCII - XCIV）。"这种图案起源于中国，只出现在受中国文化影响比较重的地方"。这是范德霍普对较近代的印度尼西亚艺术图案给出的评论，这个评论同样适用于铜鼓上。鉴于在 4.02+和7.05+上出现的中国元素，这里出现与中国文化相关的凤凰鸟一点也不足为奇。在我的编码清单中，我使用"凤凰"（phoen）而不是"弯钩嘴""火烈鸟"等词语。这样才能代表它们的本质特征。

玉缕，11.30+鼓有着自己独特的次要花纹布局。令人好奇的是，靠近这种花纹的饰带上也有鹭，但布满了鹿队列（不管怎样都是鹿类，参考下一节），这些鹿队列又分别被 6 只和 8 只飞翔的犀鸟分隔在了两处（Goloubew 1929，1932a，1940）。在玉缕的青铜缸盖子（参考第 17 章 3.2 节，青铜缸）上，28 只栖息的鸟取代了翔鹭，它们与黄河，11.21 上的鸬鹚相似。

在莱顿博物馆中的一个中国南部的（黑格尔 I 型）鼓（图版 17.03）上，苍鹭被刻画成"鬼鬼祟祟"的样子。

9.3 鹿和其他鹿科动物

在一些铜鼓上出现了各种自然主义风格的鹿：被猎人追逐的鹿（库尔，7.05+；章节 8.3.1）、被老虎潜近的鹿（图版 7.05f）、作为家畜的鹿（桑根，图版 4.02f 中的房子下面）以及在同一鼓上的船之间的大海中意外出现的鹿（图版 4.02k）、背上驮着一个小人的鹿。艺术家们通常把它们刻画成向后看的独特姿势。在老挝，12.01+的鼓身中部也有鹿，在垂直的面板中，舞者的上面以及鼓身 A 部分的船纹之间也有鹿（Goloubew 1929，1940；Janse，*BMFEA* 1942：

16）。在玉缕，11.29+ 上有两列鹿，它们被同一鼓面带中的类似的犀鸟队列（在第 9 章 2 节中已提及）分隔。在翁巴 89，13.09 上也有相似的鹿纹（Sørensen 1979a：94）。

然而，有一个关于这些"鹿"的问题。我们把它们称之为拉丁语中的 *Cervinae*（鹿亚科）是否正确呢？为了保险起见，我们还是把它们叫作 *Cervids*（鹿科动物）或 *Cervidae*（鹿类）吧（使用大类的名字）。那些在玉缕，11.30+ 上的是交替出现的雄鹿（有生殖器）。雌鹿有着像雄鹿一样的长成的鹿角，但它们的鹿角形状不同（Goloubew 1929，1940；Przyluski，*Journal asiatique* 1929：311 - 354；*RAA* 7，1932；Karlgren，*BMFEA* 1934，1942）。

对于铜鼓上出现的鹿科动物已有各种诠释：与武术、图腾主义、死亡崇拜、斯基泰人的圣鹿有关，并作为太阳的象征及太阳动物。后者出现在高加索山脉及鄂尔多斯地区的装饰中（Goloubew 1940；J. G. Andersson，*BMFEA* 1932：图版 XXVII）。戈鹭波曾在西亚寻找它们的起源，而它们却来自中亚。海涅格尔登（1951）赞同这个观点，认为鹿就是一种经典的装饰图案。在中国，鹿是一种有好兆头的"神奇动物"，它是神鹿（天鹿）（W. Willetts，*Chinese Art* I，1958：267）。基本上，各方面都有许多共同点。

在雅加达博物馆的一条青铜时代的项链中也有鹿头装饰（以及鸟头和马头）（Van der Hoop 1941：257，图版 XXVII）。一些东山的斧头上也有鹿纹和饰有羽毛的舞者（又是一同出现）或鹿与载人的船（Goloubew 1929：图版 XVI；Bezacier 1972：图 56；*ESEA* 1979：142，图 14）。鹿和孔雀出现在马都拉和金边的青铜容器上（图版 22.12、22.14；第 17 章 3.2 节）。

在印度尼西亚，鹿在祖先崇拜中起着一定作用，可以看看他们松巴岛的纺织品图案（Langewis & Wagner 1964；图版 5、35、54；Van der Hoop 1949：图版 LXXI）以及巴厘岛人巴塔拉毛斯帕希特（Batara Maospahit）木雕上的鹿头、某些血统可以追溯到东爪哇满者伯夷王朝（Majapahit）时期的祖先。鹿头装饰还出现在礼仪锉牙和黑牙时所使用到的铁容器上，这种仪式与社区新成员的入会有关，在仪式中要召唤祖先（Van der Hoop 1949：图版 LXX；Tillmann 1939）。鹿头还出现在东爪哇卡拉梅尔加（kāla-merga）装饰的"彩虹"图案中（Bernet Kempers 1959：图版 229、250 及参考书目）。

列车与鹿有关的象征关系并不能解释铜鼓上的鹿图案。关于铜鼓上的鹿纹，这样的罗列给我们提供了一定信息，不仅仅是"目前尚不清楚"。它让我们知道了曾使用鹿作为象征的古人的各种观念，这些古人的词汇还影响了铜鼓的铸造者。

9.4 潜行动物

象征性动物不会严格按照动物学的规律来。对于一只短腿的四足兽，人们经常不确定它是黄鼠狼还是蜥蜴，抑或是一种风格化的狐狸。例如，在"斯德哥尔摩"，11.40+鼓中就有这种情况。如果人们不怎么熟悉老挝，12.01+鼓上似黄鼠狼的动物，也许没有人会把鼓面上那只跳跃的四足兽称为黄鼠狼。在"斯德哥尔摩"上有 4 只这样逆时针移动的四足兽，与邻近饰带中的 6 只鹭的运动方向相反。它们长长的嘴、有角的身体、像变色龙一样的尾巴、蜷曲的身体，使得这种动物看起来像龙（根据他们的角，Karlgren 1942 将它们称为"鹿科动物"[cervids]；Bezacier 1972：290 "canidés：chiens sauvages ou loups"）。上翘的身体轮廓与某些中国的"吉祥动物"相似，东爪哇的艺术也借用这种动物图案来渲染一种神仙氛围（荷兰考古学家所谓的"懒散的动物"["dieren met flaporen"]：有着超级大耳朵的动物）。它还微微有点像蜥蜴或鳄鱼（如果它们本来就是的话），鼻子相像，身体末端有曲线，已在第 6 章 2.6 节第 13 号中讨论过。另外一个奇怪的说法是，这种似黄鼠狼的四足兽是某种动物与鸟的混合体出现在了通林，11.43 鼓上（Goloubew 1940：图 22）。

在老挝，12.01+鼓上的"黄鼠狼"出现在鼓身凸出部位的饰带中，在饰带的下面是船纹。这些船是独木舟，船员像逼真的划桨人，有羽毛装饰但不是遍布全身。这些"黄鼠狼"同样也是自然主义风格的四足兽，以这些鬼鬼祟祟的动物特有的鬼祟、起伏的方式匆匆地走着。这里没有任何理由将它们与蜥蜴相关联。而鼓的鼓面上却有蜥蜴，如在"斯德哥尔摩"鼓中，在这两种鼓中，这些动物都与飞鸟平行。10 只蜥蜴排成了 5 对，两两相对，尾巴与邻近的每对都平行。自然主义风格的蜥蜴几乎不像我们之前看到的在垂直的墙上玩耍及从天花板上倒挂下来的蜥蜴那样张开四肢躺着或背对着我们。或者，如果蜥蜴是一种微不足道的爬行动物，不足以成为一种象征符号，那这种象征地位就要给壁虎了，它作为一个守护神和算命先生的功绩是早已闻名遐迩了（我们在桑根，4.02+鼓面的 H 型房子及一处边缘场景中见到过壁虎）。

蜥蜴可能是一种常见的或花园版的蜈蚣，与苍鹭和宇宙的其他居民等距地环绕着太阳纹。谁知道有多少种早期的象征主义促成了这些鼓面并且为了适应东南亚的信仰被重新诠释和塑造过呢？（关于"纹章"版的潜近动物，"鳄鱼，饰面",见第 17 章 4 节)。

9.5 鸟-鱼组合

在桑根,4.02+船尾的下端(图版 4.02h)可以看到一个有趣的画面:一条大大的鱼背上驮着一只苍鹭。通过使用闻名遐迩的史前艺术和环太平洋艺术的"X-射线方法",工匠让我们得以看到鱼的内部。在船周围的海景画里,这是最适宜不过的场景了——鸟啄着鱼背上讨厌的寄生虫,既清除了寄生虫,也为自己找到了食物,类似的情况也出现在爪哇图案上水牛与稻鸟(sawah-bird)共栖的情景中。然而,其含义远不止此。船既是一种人造工具,也是鼓上的一种象征物。船周围刻画的动物也有某种程度的象征意义:一只正常不会出现于大海中的鹿,而人与老虎搏斗的场景也是一样很少见的(图版 4.02i-j)。在图版 4.02h 中,在同一位置刻画着鱼和鸟,它们即使不是典型的象征,也是非常古老的象征(Roes 1946)。早在公元前 2000 年近东(即中东)的陶器上就发现了这种图案,它也出现在伊朗的卢里斯坦(Luristan),这种陶器的制作是受到了伊朗文化的影响。在希腊历史的古典时期,在一只被鹰骑着的海豚的雕像上也出现了这种类似的图案。中亚干草原的斯基泰人和其他"居住者"借鉴了这种波斯(西南亚国家,现在的伊朗)图案并把它改编为他们的动物风格,且对其传播到远东起到了一定的促进作用。在波斯,鸟鱼图案是备受青睐的象征标志;一件阿契美尼德印章上显示国王周围环绕有骑鱼的鸟。鸟鱼图案从中亚传播到早期的德国艺术。早期的基督教徒把这种鸟诠释为鸽子(人类的灵魂),而把鱼(ichthys)诠释为救世主。在黑暗时代(欧洲中世纪的早期)(Dark Ages)发生了进一步的变化:"上帝来到这个世界并占有了我们的灵魂,就像一只鹰抓一条鱼那样轻而易举地把灵魂吸引了过去"。

根据罗斯(Roes 1946)对鸟鱼图的谈论,我已在此概述,鱼最初是象征(西亚)晚上隐藏于大海里的太阳,而鸟则象征着白昼的太阳,两者结合则是整个太阳天体的象征。

在桑根,4.02+鼓中,我们无需期待这些图饰与早期西亚和中亚神话有更多模模糊糊的联系。如果没有东南亚的青铜时代与欧亚联系的诸多例子,那么就根本没必要去研究鸟鱼图案的象征意义的问题,特别在是如库尔,7.05+鼓上的苍鹭,腿伸长,翅膀张开并俯身冲向大海(或者在老挝,12.01+鼓上的一只类似的鸟,Goloubew 1929;图版 XXXIIB)。

在中国的许多纪念碑上也有鸟鱼组合的图案（如由 Chavannes 1909－1913：图版 XIX 中图解的一根柱子上的浮雕，并由 Janse 1958：图 28 再次介绍）。

来自东南亚大陆的一些鼓（如东京鼓）也有另一种不同的鸟鱼组合图：同一种类的银鹭作为飞鸟饰于鼓面，嘴里叼着一条鱼（Goloubew 1929，1940）。站立的鸟没有像飞翔的鸟那样被风格化（戈鹭波猜测这两种图饰都与中国的艺术相关）。除了苍鹭之外，偶尔也有其他类似于鹈鹕的鸟。巴巴坎，2.03＋和"斯德哥尔摩"，11.40＋鼓上描画得"贪得无厌"的鸟嘴里总是没有叼鱼。就这点看来，食鱼图案没有出现在群岛的任何鼓上。此外，在施尼特格尔（Schnitger 1941）阐述的一根青铜长矛的头部也有这种图案，根据记载它来自阿泊加央（Apo Kayan）（加里曼丹岛）。

食鱼图案也是一种非常古老的图案，目前已知是来自公元前 4000 年的美索不达米亚人，4 只嘴里叼着鱼的苍鹭围绕着一个万字符，四周又环绕着鱼群（Frankfort 1954：图版 1B）。这之后，此图案从群岛的记载中消失，并在希腊的几何艺术里重新出现。通过哈尔斯塔特时代的艺术，它到达了欧洲的斯堪的纳维亚，在那里它与船饰一同出现于青铜刀刃上（Roes 1946）。

9.6　立体蛙饰

"Brekekex，ko-ax，ko-ax，

Brekekex，ko-ax，ko-ax，

We children of the fountain and the lake（我们是喷泉和湖泊的孩子），

Let us wake（让我们唤醒），

Our full choir-shout（我们的合唱），

Our symphony of clear-voiced song（我们清晰的交响曲）"。

这几句诗摘自阿里斯托芬（Aristophanes）的巴特拉乔伊（Batrachoi），即"青蛙"（在罗格斯[B. B. Rogers]的译文中）。在我的编码清单里我用缩写的字母 B 指代 Batrachii，表示某些铜鼓鼓面上的青蛙或蟾蜍装饰。Batrachii 是一个旧词，用于表示无尾类（Order of the *Anura*）或没有尾巴的两栖动物，包括蟾蜍和青蛙。因为立体的"青蛙"，有时也叫"蟾蜍"，所以不论是在关于这一主题的中国文章或现代文学中，这种矛盾的缩写形式正好符合需要。即使是生物学专家在给这种两栖动物命名时，也为到底该叫它蟾蜍还是青蛙而感到为难；这是因为林奈（Linnaeus）一开始把它们都叫作林蛙（*Rana*）。[1]在我看来，这些小塑像围绕着圆

形鼓面跳跃,看起来就像青蛙。据我了解,这是青蛙活动的风格而不是蟾蜍的。在用到"青蛙"时,我会再加一个不确定的括号写着"蟾蜍?",这样就可以取其大体的意思。

立体青蛙与翔鹭、羽人等的"运动"方向一致:通常是逆时针方向,偶尔也有顺时针方向。仅有一例在东山的一只小型鼓(高 10 厘米)上,青蛙是以一种截然不同的方式来雕刻的:头部向外,后肢向着中心(Goloubew 1929:图版 VIII D)。[2]

凸出的部分,如这种塑性的青蛙造型,会给铜鼓的铸造者带来额外的困难,是他们唯恐避之而不及的。因此,要添加蛙饰一定要有个正当的理由;而魔法和象征意义可以决定它们的出现(Meyer and Foy 1897;Heger 1902:XXIX;Bernet Kempers 1959:图版 20 等等)。

"立体的""塑性的"等这些形容词并非代表蛙饰就是实心的小塑像。它们的底部是敞开的,内部是中空的(详细情况请参考 Heger 1902:145)。要添加凸出部分又不能偏离整只鼓是一片式的铸造原则,这样产生的技术问题会在第 11 章 1.7 节中讨论。通常,蛙饰是位于鼓面装饰的最后区域,这样会在装饰图案里引起混乱。而这种情况却已得到避免,如在班宇门宁,2.11+;三宝垄,2.19;桑根,4.05+;罗蒂,6.01+和阿洛,6.02+上,它们被置于鼓面无装饰的外部边缘。

由于多种原因,蛙饰有可能会坏掉。在老挝北部,元克木人的蛙饰被认为是拥有此鼓的神灵的下属。有时会有邪恶的神灵来占据鼓,这种情况下,通过折断一只蛙饰并把它扔到森林里就可以驱赶出这个邪恶的神灵(Lundström & Tayanin 1981:81)。在许多地方的葬礼中,也许会折断一只蛙饰来代替一只完整的鼓来用作祭品(第 5 章 5 节,Frazer-Lu 1983)。或者,它们会由于腐朽而消失或被某个参观者当作纪念品拿走。

纵观本章节的讨论,读者会发现,一些鼓上饰有青蛙,而另一些却没有。在这明显的无序中又有一定规律。

黑格尔 II 型饰有 4 或 6 只青蛙,有时也有一只青蛙叠加于另一只背上的情形,也有一只上面重叠 3、4 只的情形,它们自下而上,尺寸依次递减,就像一个小型的金字塔。在黑格尔 III 型的"矮小"的鼓中,可区分出有蛙饰的"雄性"鼓及无蛙饰"雌性"鼓(第 3 章 1.3 节)。大概是出于实用目的,黑格尔 IV 型鼓上没有蛙饰,这种"中国"类型的鼓是批量生产的,省掉这些附加之物,生产工艺会更加简单。

饰有蛙饰的黑格尔 I 型鼓通常有四个实心小塑像(有一例外,即义安木村

[Lang Mun]，11.24 上只有三个）。偶尔在中国南部的黑格尔 I 型鼓上，在鼓面蛙饰间还有人骑马的塑像（图版 1.02；Heger 1902：144 - 148；Gühler 1944：51 - 54）。

鼓面上的青蛙（显然是正在交配）与陶欣青铜缸（图 17；第 17 章 3.2 节）顶部的交媾人像可能有联系。桩阳鼓（"曼谷 II"，13.13）上饰有 4 只蜗牛，而不是青蛙，这象征着雨。东山的一只小型鼓（高 6 厘米）的顶部饰有一只四足兽（是一只汪汪叫的狗？Goloubew 1929：12，图 2；Bezacier 1972：图 108）。

在黑格尔 I 型鼓中，巴厘岛东部岛屿的所有鼓上都饰有青蛙，而爪哇鼓上只有少数鼓饰有青蛙（2.11+ 和 2.19，分别来自班宇门宁和三宝垄，现在又发现了更多饰有青蛙的鼓）。东京、老挝和泰国的鼓上没有蛙饰（除了"贝拉茨"，13.02+鼓）。我们可以预想另一情况，因为印度尼西亚东部的鼓可能起源于越南北部地区，所以在一只石寨山鼓（出土于墓葬 M 10）上也有蛙饰。

除了东京鼓和泰国鼓（直径 77 - 86.5 厘米），所有的黑格尔 I 型鼓大小都在72.8 厘米或更大。但另一例外是北加浪岸鼓（爪哇岛，2.07），这是一只更加大型的鼓（直径为 80.5 厘米［译者按：原书有误，鼓的尺寸和铜鼓清单中的尺寸对应不上］），它的图案则像中等尺寸鼓的图案。另外，在马来半岛，一只磅士朗，15.02+ 的鼓上也饰有青蛙，尽管它的尺寸很小（直径约 45.5 厘米），这当然是出乎预料的。说得更复杂一些，"贝拉茨"鼓，13.02+ 在许多方面与老挝鼓、"斯德哥尔摩"鼓及巴巴坎，2.03+鼓相似，但不同之处是它饰有青蛙，尽管其尺寸比较小（直径 44 厘米）（青蛙的后腿膝盖处有个垂直穿刺的小圆洞）。

第 20 章 4 节已指出区分有蛙饰鼓和无蛙饰鼓的原则。首先是尺寸问题（已详述）。蛙饰实际上是大型鼓上三重装饰图案的一个要素。这些要素包括：图像带、船及作为第三个组成部分的立体青蛙。不同寻常的是，在东京鼓上没有蛙饰，但它与印度尼西亚东部的鼓是沿着相同的线条来装饰的（与青蛙是相配套的）。对于这种标准图案的变化，也许可以解释为：图像带和船上的羽化图案（m£）的自然主义风格（表现在"穆力"，11.28+ 及其相似的鼓上）开始由羽饰图（£££）及其神秘的风格所取代，而蛙饰则是在这之后才进入到装饰图案中的。

班宇门宁，2.11+鼓因其尺寸比中等的鼓要大得多（直径 80.5 厘米），所以可列为特殊鼓。然而它与直径约为 65 厘米的鼓所饰的几何图案几乎没有什么区别，它既没有图像带，也没有羽饰图案（由于鼓身已不在，我们无从知晓船纹的情况）。而此鼓的蛙饰使其成为一种独立的类型（G.ZL3 B）。

当坐于沟渠或池塘中，或等待降雨及准备享受倾盆大雨时，青蛙，特别是牛蛙的鸣叫声是出了名的。这些雨中喧闹的歌唱者和雨水本身与我们尤其是与那些住在有魔法氛围中的人是有紧密联系的。只要有雨,就会听到青蛙的鸣叫;只要青蛙鸣叫,就一定会有雨! 所以青蛙被誉为"雨的呼唤者"、"雷的呼唤者",也是月亮的象征(能让雨长久地下个不停)或者是俯冲入海的太阳的象征等。简言之:在任何依赖于水的农业地区都非常需要青蛙,因为它们是雨水的"制造者",也因此是万物孕育者的化身。因此,古代的中国人高度颂扬这个巴特拉乔伊的"乐声",如希腊的阿里斯托芬,及近代中国人会兴高采烈地把此描述为:"青蛙正在击鼓。"[3]此外,青蛙也是铜鼓的伙伴,铜鼓是另一种发出雷鸣般喧闹声的唤雨者(第 5 章 1 - 2 节)。正因如此,生育能力在任何意义上都意味着"福祉"。因此,与其他魔力物品相比(如第 16 章 4.6 节提到的雕像或铭文),青蛙含通常有吉祥的寓意。青蛙、龙、云是雨水和繁殖力的象征,也是好兆头的象征。因此,青蛙就像龙(即使转变为无害的蜥蜴或像黄鼠狼的四足兽)一样在铜鼓上也有着自己的地位——因其魔法性的缘故,它用于某些农业仪式或作为王室地位的象征,或者两者兼具。很难说哪一方面更重要。

前面已提到,有蛙饰的"雄性"鼓不同于没有蛙饰的"雌性"鼓,但要在另一种不同情况下来讨论。鼓与青蛙的象征意义也许还有更多联系:如部族祖先,像商朝或周朝的青铜器上的一个题有"子·青蛙"字样的铭文及一幅画所展示的那样,以及上缅甸的一个传统浮雕上所记载的那样(Karlgren, *BMFEA* 30, 1958:图版 37e;Lommel 1962:图版 48)。青蛙作为祖先就成为民间艺术中蜥蜴等的"竞争者"。[4]

注释

1. 关于这一问题,阿姆斯特丹的爬行动物学专家希勒尼乌斯(D. Hillenius)博士给我提了很好的建议。根据两篇宋朝的文章(公元 12 世纪,周去非和范成大所著),Davidson 1979:110 总结道:"依据中国的资料来源,几乎所有关于铜鼓的文章里的'青蛙'实际上就是'蟾蜍'(*Bufa vulgaris: chánchú*)。""蟾蜍是天父(Uncle of Heaven),也是该地区一种与雨相关的普遍符号。"我并不相信 12 世纪中国作家的意见在早期鼓上巴特拉乔伊生物特征方面是决定性。

2. 有少数青蛙不是按逆时针方向运动的,Heger 1902 描述的中国南部一些鼓上,4 只青蛙中偶尔有 1 或 2 只与其他反向。在桑根,4.07 鼓上,全部装饰都呈顺时针方向移动,青蛙也一定要遵守这一原则(青蛙已失踪,但毫无疑问的是它们脚部的位置仍在;前脚站得要比后脚开一些)。

3. Goloubew 1929(引用 Hirth) — Kaltenmark 1948:27 — R. Stein 1942(M. Granet)— *ESEA* 1979:131。

在刘恂的《岭表录异》（写于 889 至 904 年间）里，讲述了一个故事：一个牧童跟随一只呱呱叫的青蛙发现了蛮族族长的坟墓，墓里有一只铜鼓。青蛙一定是此鼓的灵魂，用以表示"呱呱叫"的词为鸣；注意，鸣鼓的含义为"使鼓发出声响"（Stein 1942 — De Groot 1898：340）。

4. 以下两种情况不同于目前我们提到的情形。

第一，在玉缕，11.30+鼓的船上的青蛙(?)，姿势就像个乘客；第二，在一只黑格尔 II 型鼓（黑格尔 1902 提到的"维也纳 XX"鼓）的内部，就在鼓面的下方，有两只小青蛙。对于为何添加这些青蛙现在仍无法解释。此外，云南一长矛头的浮雕上有一只非常与众不同的青蛙（Gray 1949‐1950：图版 9；Bunker 1972：图 14），而贝扎西尔阐述了一只在剑柄上的青蛙（Bezacier 1972：图 41‐42）。铜鼓上青蛙的姿势不同于文莱水壶上的青蛙（Van der Hoop 1949：图版 CIIa）。青蛙和鸟（在贝扎西尔的图 95‐96 中）不应与鼓相关，它们有一只可供悬挂的鼓耳。

第 10 章
一些相关装饰

10.1　中国南方黑格尔 I 型鼓装饰

关于中国南方黑格尔 I 型和 IV 型鼓,我们在本章节将做些评论。希望在未来关于中国南部铜鼓的研究中将有惊人的成果,近来的发现已有这种趋势。

在中国南方的黑格尔 I 型鼓中(关于黑格尔 I 型鼓的亚类,见第 3 章 1.1 节),太阳纹的芒并未穿过第一道晕圈(黑格尔 IV 型鼓的也一样;第 10 章 2 节)。图版 17.01 - 17.04 图示的多数鼓都有 12 芒的中央星纹;在图版 17.04 里(莱顿博物馆,编号 1362：2),星纹是 11 芒。

与黑格尔 IV 型鼓不同的是,中国南方的黑格尔 I 型的鼓饰中有青蛙,有时还与马或骑马者交替出现。只要有外围饰带的话,其要么无装饰,要么有装饰。

在黑格尔 I 型鼓饰中,有许多旧的几何图案(第 6 章 2.1 - 6 节),现在已发生了地方性变化。如(用黑格尔 I 型鼓的代号)：= 00 = ;N;matt;X 形曲线图案(双燕尾图,X 线条呈三重叠的);菱形。后面的图案或是一系列的菱形或被垂直分为两半,又重新排列为空竹形图案,双燕尾,包括两个顶尖水平相对的三角形(类似图案德语中被命名为"双燕尾图案"[Doppelvogelschwanzmuster])。

旋涡图案相当常见(关于旋涡和条纹图案:第 6 章 2.6 节,第 6 个)。在 Janse(图版 17.03)1958：图 27,2 中,有高度风格化的"四叶纹"(或旋涡纹)且已转变为四个螺纹状的矩形图案。

££图案已转变为像旗帜的图案。苍鹭依然是骨瘦如柴的样子;偶尔有更多自然主义风格的苍鹭,但不是飞翔着而是悄悄行走着(图版 17.03)。在 Janse 1958：图 27,2 中有青蛙图像,肚皮舒展。

除了船饰还有半月形的装饰填充图案。

10.2　黑格尔 IV 型鼓装饰

黑格尔 IV 型鼓的装饰(第 3 章 1.4 节)与黑格尔 I 型的微微有点相似,虽然这种相似只表现在整体轮廓和某些相关但以不同方向运动的图案上。但与黑格尔 I 型鼓的装饰相比时,首先我们应注意黑格尔 IV 型鼓装饰所产生的全面影响(图版 20.01 - 20.02)。

实际上,传统化的次要图案在整个同心带以完全相同且并不漂亮的形状反复出现是会令人产生审美疲劳的,出于一切实用的目的,这些完全相同的图饰有可能会千篇一律。的确,这其中有系列生产的强大要素,图案印章既用来打制单个的标志符号又是连续图案标准化的一部分。这种图案也许是一长串的菱形,包含了混合有 xx 组合的大块印记(xx 应理解为两个 x 或是两个半菱形间有一个完整的菱形),这样的结果是:xxxxxxxxxx(前提是 xx 部分要很小心地嵌入进去)。该种图案属于"传统式"的一种,但在这,传统式已转变为"惯例";没有现时的灵感可言,只是一种常规的方式。在细节上及漂亮形状上的创意幻想都早已荡然无存。就我们从其流散情况去了解它们来说,在制造铜鼓的其他地区,在不同时期不同地点都会有大批生产的情况,但也有商业制造生产的情况,而这样产生的铜鼓比黑格尔 IV 型鼓更耐人寻味。比如阿洛岛的莫科鼓(图版 21.06 - 21.10)的制造便采用了某种引人入胜的创新方法。

中央星纹通常是 12 芒,其芒像针,穿过前面两个晕圈(图版 20.01a),一种心形的双线图饰作为间辐;类似的心形图案也出现在饰带上。

连续的同心带饰既单独出现又像黑格尔 I 型鼓面的图案一样以组合形式出现,如 o＝£ £＝o 及螺旋线 o＝£ £＝o 螺旋线等。这些装饰带偶尔与较宽大的无装饰带交替出现。

黑格尔 I 型鼓的带点圆圈(内部有一个"o")已变为独立的同心圆并围绕着一个中心点。它们既没有切线相连接也没有清晰相连。

鼓面装饰上没有飞鸟("苍鹭"),突起的小疙瘩取代了小圆圈,有时它们排为两列,一列在鼓面,一列在鼓身上部分。最初开始采用这种装饰的工匠有可能是从钉子的头部得到灵感,钉子是用来把膜钉到(膜鸣)鼓上的(第 4 章 3 节,注释 10)。

有时候,曲线及其分开部分会包括一个 T 形图案,直立的和倒立的两种情况都会交替出现,甚至会出现完全相反的 T 形图案,它悬挂于一长方形的杯状图案之上(图版 20.03‑0.4a)。此外还有正方形的曲线图饰,包括一条垂直线条,一个水平的底座,右边是波浪线图案。

其他图案包括三个同心的矩形,都围绕着一条水平短线(图版 20.01a、20.02)。

图 10　黑格尔 IV 型鼓上的一些装饰图案

"羽纹图案"(££,第 7 章 4 节)并不比其他大多数图案表现得更好。它们已粗略地转化为"旗帜"形。例如,在其中一个角有一个 E 的矩形图饰,顶部是一个平卧的 S 形,并正对着分散的££图饰,Sørensen 1979b 曾对此进行过描述。

图版 20.04a(译者按:原书有误,不存在此图版编号)的第 5 区紧密排列的 v 形图案是一种钩形描影法。在同一鼓鼓身装饰里的 X 形图案也应用了类似的方法。单个的 X 形图饰中填充了条饰,这些条饰是通过图案印章盖印而成的(本章节已描述)。在图版 20.04b(译者按:原书有误,不存在此图版编号),这两种图案已分开,但相同的印模也被用于盖印系列的菱形曲线图案。如果使用正方形印章,一不小心就容易导致不规则的印纹。

最外层的饰带(在未装饰区内)稍微类似于佩砧"月亮"鼓面上的波浪线装饰(图版 3.01b‑d)。

除了在外形上发生变化的传统图案,还有新的图案,通常是从中国的艺术和手工艺借鉴而来,如龙、鱼及所谓的"钱币"图案(也出现在黑格尔 II 型;第 3 章 1.2 节),有时还有中国的汉字,其他图饰有长寿图、雷纹图及辫状图案。

至于黑格尔 IV 型的鼓身装饰,我们曾讨论过与黑格尔 I 型鼓(第 8 章 1 节)

相关的船饰在黑格尔 IV 型中已转化为单纯的装饰图案。我们在黑格尔 I 型中非常熟知的船员及周围海景已转变为半八角形或半圆形图案，且以不同的方式排列。相同图案不断地重复出现（这些图案有 20 种，排成一个圆形）。或者重复出现的是两套不同的图案，一种是正面的，另一种是反面的或颠倒的。其他成套图饰包含垂直相对的半个六角形，底部相对，与菱形交替出现（Heger 1902：图版 XXXV）。因此，这里有很多种可能性，所有的这些图案都可能是完全的装饰类型，部分是几何图案。任何与真船相似的情况都纯属巧合，且使用过这些图案的人以及"不加思索"就把它们饰于鼓面的人（我们宁愿这么说）已完全忘记了任何早期的联系类型，他们没有把这些图案饰于最初本来饰船纹的鼓胸上。显然，先前在鼓的象征意义上发挥着一定的作用的船饰，很久以前就失去了此作用。船不仅没有了外形且没有了含义。

在黑格尔 II 型鼓上有时也发现类似的简单的船饰；它们并没有出现在黑格尔 III 型鼓上，可能已由波浪线取代（这至少与水有一定的联系；De Beauclair 1945：19）。

鼓足部分（在黑格尔 I 型里通常未加装饰）饰有像印章一样的三角形图案，它里边又填充了各种各样的其他图案。

第11章
铜 鼓 铸 造

11.1　制模与浇铸[1]

11.1.1　引言　以下关于铜鼓的制模及铸造的论述都基于一个事实,即所有的黑格尔类型的鼓都是"一体式",是纯质的(第3章2.1节),显然这主要是由于其铸造者做成这样的缘故,他们无论何时何地都做着这种生意。像陶工一样,金属鼓的铸造者也是通过一种复杂的方法来铸鼓的,这种方法是通过一段长长的工序,包括一系列特别的阶段。然而,一旦金属鼓被制作为一体式的乐器,在最后的阶段里,它是"在铸模中"(in einem Guss)用"单一铸造"(monocast)的方式制作的,并且具有纯质性的特征。同时,铸造鼓应有一个蜡模包住的黏土核心形状,它将反映被要求的鼓形;还应有无装饰和立体装饰所需的装饰设备;在这些元素的基础上才能建立铸模。因此,失蜡法工序的筹备方法决定了最终的铸造(第11章1.2-5节)。

简而言之,铸造工序如下(另一方法将在另一段单独概述):

鼓是空心的,所以在准备铸造和实际铸造期间就要有一个(暂时的)核心以最后能形成鼓腔(第11章1.2节)。为减少黏土使用的重量,此核心最好也是空心的(参考第11章1.3节,关于黑格尔Ⅲ型鼓的铸造)。除了起到代替作用,此核心还可作为蜡模的基面(第11章1.3节),后来浇铸的金属又会取代它,换言之,金属壳最终就是鼓身。

在制造工序里,把蜡模做成形是最重要的步骤,虽然说它的主要作用是作为暂时的替代物,就如同黏土核心作为鼓腔一样。为了实现从零到纯质金属的奇异变形,蜡模在精心完成所有细节后要被裹入黏土块里(即用作后来的铸模的

"外壳模型"，第 11 章 1.4 节)，与作为内部模型的核心相对应，注意外壳模与核心之间的距离是通过金属立方体或塞子来保持的(第 11 章 1.5 节)。

为使蜡模熔化及使蜡和蒸汽通过黏土外壳上准备好的"导管"流出去(第 11 章 1.4 节)，必须给铸模加热。之后，将受热熔化的金属液体倒入鼓腔的剩余空间内。一旦金属液体冷却，将外壳铸模敲碎，露出来的就是鼓。核心也会被敲碎，无法再次利用。

整个工序可用法语概括为"cire perdue(失蜡法)"，意大利语为"cera perduta(失蜡)"，德语为"Verlorene Form(丢壳)"，英语为"lost wax(失蜡法)"。事实上，蜡肯定要从铸模里去除，但在青铜时期，蜂蜡是一种昂贵的商品，所以极可能会用于随后的铸造中。

除了各种类型的铸模(内模或核心、铸模或外壳模、某些装饰精美的鼓还有额外的印模，第 11 章 1.3 节、11 章 4 节、11 章 5 节)，金属鼓的铸造还需要那时期所有工匠的大部分用具，如用来烧制黏土物品的窑、用于熔化青铜的熔炉和坩埚、风箱、钳子等(关于青铜铸造者的用具，见第 16 章 2.2 节最后一段：关于越南南部发现的坡寺[Dôc Chùa])。

上面几段简略地说明了失蜡法的部分内容，第 11 章 1.2 - 7 节中将会详细谈论。本章 1.8 节对大型鼓的铸造做了个总的概述。第 11 章 3 节和 11 章 4 节也阐述了黑格尔 III 型和佩砧型鼓的其他铸造方法。

还应提及的是，为了铸造黑格尔 I 型鼓有时使用的一种方法(如：Van der Hoop 1938；但不同于 Goris 1952：图版 1.06；Marschall 1968：46 - 49)，其工序如下：

如上述所概括的过程一样，先要做一个黏土核心，上面覆盖着蜡，这样就形成了一个完完全全的蜡模。然而，蜡模要被包裹于黏土中(其内部正好与模的外层表面相反)。这样，这个黏土物就与前面所提到的"外壳"相对应，但其作用不同。与"外壳铸模"不同(外壳铸模是在铸造之后才能动)的是，黏土物在没有干的情况下就被分为两半(指鼓身)和单独的一片(对应的是鼓面)。这些模块从蜡模中脱离，现在可以刮掉蜡再进行利用。这些模块可以重新组装，用来包裹核心(中间用立方体来保持一定距离；第 11 章 1.5 节，这里不能用塞子)。空隙间倒入熔化的金属液(如前面提到的工序一样)。与外壳铸模不同的是，这些模块(在理论上看)不必打碎但可分开，因此可以再利用。

反对这种铸造黑格尔型铜鼓方法的主要观点为：不可能把鼓铸造为包括了凸出部分在内的一体式。即使有些鼓上没有青蛙装饰，却总会有鼓耳，这点就无法解释(第11章1.7节)。因此,唯一可行的方法是:要准备一个铸模,它允许铸造后有凸出部分且又不造成任何损坏,这样似乎可以制成(如前所述的)外壳模型,仅能用于一次性铸造,过后不得不敲碎。

然而,从把金属鼓鼓身分为两半的垂直脊线来看,这种解释令人怀疑。"铸缝"的出现只能解释为应用几块铸模的结果,而不是因为使用封闭的外壳铸模。然而,用于打制蜡模的形状和装饰的印模也可能导致类似的表层脊线(第11章1.8节)。黑格尔和佩砧型鼓表面的脊线可以解释为运用这种方法的结果。

谈到技术问题,有一个普遍告诫应当得到一致认同:应当用怀疑的态度来看待这种普遍性。金属鼓有许多类型及亚类型,从黑格尔I型到IV型、有佩砧型和云南型。理想地说,我们应该对每一种鼓都要单独仔细的考察。但这个要求无法落实。然而,为了实现这个目的,现实并不能阻止我们在技术细节上做个泛论。基于较简单类型的金属鼓做出的结论并不能真正帮助学者对装饰更加复杂的鼓的技术问题进行解释,反之亦然。即使从这一点来看,就不可能有泛论;但一些工序至少可以说明某些主要的技术问题。装饰精致、铸造极其复杂的鼓(如桑根,4.02+)也许会给我们提供各种各样的技术诀窍,但在一定程度上,这些诀窍也用在类似或稍微有些不同的金属鼓上。对于"如何铸造铜鼓"还是没有一个常用的方法,但有许多在不同情况下如何应对的提示,这些提示是在公认的传统和偶然的流行范围内产生的(例如,在第18章及第21章8节中的情况)。且其中的一些趋势是注定要变化。第11章1.8节中阐述大型鼓的铸造时,应当将这些考虑在内。

本章涉及技术层面的问题,在确定本章的最后版本之前,我有幸得以参考一位技术专家的评论和其大量的笔记,他是工程师施拉坎普(J. W. Schrakamp)先生(荷兰德里贝亨[Driebergen]),他非常热衷于考古及早期冶金术。基于这些信息和所得到的建议,我重新考虑了之前的某些观点并重写了一些基本的部分,不管好坏,但至少代表了我的观点,虽然不完全为我的朋友和建议者所认同。大部分的这些观点都源自对雅加达博物馆的一些大型鼓的多次观察,由于我在前面段落已提及的某些原因,这些观点也参考了适用于较简单的金属鼓所采用的极其复杂的工序。感谢施拉坎普先生对本章节主题探讨的兴趣(远远超出本章节的严格技术问题)及他的倾情奉献。

11.1.2 范芯 核心是蜡模的基础,也是浇铸后的鼓内腔的临时替代物。它由黏土或壤土制成,为了减轻其重量和所用的泥土量,它必须做成空心的。

陶钩使泥团在紧密贴合的轮廓量规(profile-gauge)前旋转,核心就是在陶钩上制作的。轮廓量规可反映鼓内部的双曲线的轮廓。下一步，在铺上制作蜡模所需的蜡层后，这个轮廓量规可以根据鼓外壳需要的蜡量来准确地为蜡层塑形。只需把它的位置移动几毫米就能将蜡层减少到金属壳所需的厚度。

某些鼓内部的水平脊线极可能是由于使用轮廓量规而产生的（Heger 1902：139）。

除了陶钧（水平旋转，让泥块垂直成形），制模人也使用木制轴，像"烤肉叉"那样旋转，其上面的空心核心就可以通过一个木制的圆盘在任一一边固定住（一边盖住开口底部，另一边支撑着穿刺的上部）。在将核心旋转起来之后（以正确的角度向地面旋转，而不是等距离的像陶钧上的泥块那样旋转），核心上部的表层就被填满并打磨平滑。使用木制轴，实际上也是近期采用的为黑格尔 III 型鼓铸模的方法（第 11 章 3 节）。在玉缕，11.30+鼓面内部出现的某些不规则性可以解释为是使用了木制轴的结果（Parmentier 1918：15；虽然对于这种不平坦性还有另一种解释，第 4 章 4.4 节）。

有人提出，核心有时会像木制的鞋楦那样被分成好几块，以便在拆出时不损坏，然后再使用，而不是一定要敲碎打烂。然而，核心通常就如鼓本身一样也有蜿蜒曲折的外形，其上部形状像"甜甜圈"或坐垫，这样要全部去除它们相当困难，所以不得不把它们敲成碎片，代价只是一些黏土而已。

11.1.3 蜡模及其装饰 包裹着核心的蜡模必须严格地与将要铸造的鼓面及鼓身完全吻合，包括无装饰和任何凸出的部分（第 11 章 1.7 节）。蜡层的厚度和蜡的用量依据鼓的大小而变化。蜡面的最初标尺（"零位"）会随着凹陷的（"空心的"；"零位以下"）和凸起的（"零位以上"）图案而明显波动起来。这些词指的是在金属鼓上的装饰图案的铸造期间，起初用蜡做成的图案转换成了青铜。要制成一体式的完全"纯质"的金属鼓，作为中间阶段的蜡模必须与之丝毫不差的对应。因为用于铸造的泥土外壳模型要直接与蜡模相吻合，其内部表面实际反映的是蜡模的形状和不规则性，这样模型显示的所有凸起的线条和凸出部分都被转化为凹陷的凹槽和鼓腔，相反，凹陷的雕刻和空心转化呈凸起的图案。

对于较简单的金属鼓，一旦原来的技术得到发展，那么制造也就有了规则性。对于装饰较精致的大型鼓，引进包括正反紧密结合的复杂的装饰图案则有许多困难。然而，人们确信制作精美的鼓是值得花大力气去做的，并结合采用传统的手工技术和新发展的技术，所以制造精致鼓的风险显然是人们欣然接受的。除了普通的类型，有时因为某个重要人物或场合，不得不制造特殊的类型。第

11 章 1.8 节将谈及的这种类型之一的桑根,4.02+鼓,它揭示了一种除了装饰的象征性质之外所采用的赏心悦目的审美创新的混合技术方法。

鉴于大型的铜鼓有着令人难以置信的薄壁,制作蜡模的工匠肯定技术高超且经验丰富。首先,覆盖核心的蜡层的标准尺必须允许引入凹陷的图案并能够承受住积累的脊线和凸出部分的张力从而形成凸出的图案。其次,金属鼓必须承受其自然用途时的打击与震动。尤其是鼓面及其中心浮雕必须要比鼓身重,这需要特别方式来测量。

一只鼓所需的青铜的量在某些鼓的重量表中有所显示(第 3 章 2.5 节),但并不完整,用于制作蜡模的蜂蜡的量必须基于金属鼓以立方厘米表示的体积才能计算出。除了重复使用的一部分之外,使用青铜是一种经济上的损耗;蜂蜡则可以在用于一只鼓后,还可以用于第二只、第三只。

蜂蜡大概要与自然树脂混合使用。这种方法一直沿用到最近的蜡染工序才停止,主要是为了避免过硬和易碎。和其他蜡制品一样,制作小塑像和模型,金属鼓的蜡的混合和准备都需要长久的实验和实践,也需比较结果(关于最近用于制作黑格尔 III 型鼓模型的混合物,见第 11 章 3 节)。蜡的表层要足够柔软(大概需用火稍微加热),这样才能用尖笔雕刻或用赤陶印模盖印。即使用尖笔所刻画的图变为青铜之后,图案也显示出蜡层的柔韧性,其表现在笔的钝端画出的线边界会有略微的凸起。蜡的混合物的温度不能太高(为适当地使其坚固),也不可太低(为防止弄碎)。这可以从我们的制作老式蜡烛的工匠那里学习(雕刻和雕塑印模的不规则表面可以通过铺开一些蜡以简化正在制作的装饰元素,其用法见第 11 章 1.8 节)。

11.1.4 铸模 关于反对选用石头来做成生产黑格尔 I 型金属鼓的铸模,有两种令人信服的理由。

第一个理由,任何铸模应耐高温,在铸造工序的过程中没有毁坏的风险。因此,石模不适合用于青铜铸造(石头的熔点远不及紫铜,紫铜的熔点比青铜还高;第 11 章 2.1 节)。而窑烧土更易盛装熔化的青铜。因此,不能把马纳巴石片,3.03+认为是铸模片,而应认为是印模的残片(第 11 章 4－5 节)。

第二个理由与一个事实有关,即黑格尔型金属鼓在很大程度上是"纯质的"(第 3 章 2.1 节),包括鼓面和鼓身的所有装饰及立体装饰在内。以单一铸造过程(如按照黑格尔类型鼓要求的那样)制造鼓的铸模应尽可能在每个细节上与鼓对应一致。这一原则也适用于立体装饰,包括无论何时都要小心对待的鼓耳和代表许多编码鼓特色的青蛙饰(第 9 章 6 节,11 章 1.7 节)。要把立体装饰囊括到所有的铸模中并在金属鼓的铸造及冷却后,要把成品从铸模里拿出来或把铸模从新制成的铜鼓里移开时,困难就由此而生了。在任何一种情况下,如果有不好处理的材料如石头,都无法满足要求。已证实,达到目的的唯一的方法就是使用黏土或壤土,首先是它们的柔韧性特征,在烧制时能耐高温,而且在铸造后可以敲掉及移除,并不会对昂贵的鼓造成任何损坏。

11.1.5　金属管及芯垫　为使核心牢牢贴合外模,保证在铸造过程中鼓的厚度不变,必须应用一些技巧。蜡层中会插入小的方块或短的青铜管,它们在铸造过程中会与金属液体熔合在一起。可以从外形和不同颜色判断出它们原来被放置的位置。再者,没有被完全吸收的金属液会流出并留下一些洞洞,通常会形成有规则的图案。在第 3 章 2.7 节中,已讨论了各种不同的洞洞,有故意戳的孔(出于魔法和象征意义背景下的“杀掉”鼓的目的),也有似乎是由于铸造失败而形成的方孔或圆孔——但不是铸造时就马上形成的(否则当时就会得到更正),也暗示着没有必要再去修正,因为这实际上并不影响鼓的音质。

除了小方块等,可用于插入核心和外模之间的由蜡层支撑的替代物还有:金属塞、木栓、钉子、念珠、“Fliegen”(德语;有时会用英语“dowels”[销子],指把两个表面连在一起而不分开的塞子),或者不管叫什么,都要从蜡模插入核心(这种情况下应该是在核心被烧制之前)。从蜡层凸出来的塞子的另一端必须要小心地被包裹在外壳模的黏土中(泰国佛教塑像的铸造也使用类似工序;Griswold 1954)。在铸造后,部分的塞子会与熔化的金属液体熔合,其末端也会和其他突出的金属部分(如内部有金属液的立体导管)将一同被移除。就像金属方块一样,塞子不能保证永久的抗腐蚀性;木栓也会在空气中化为乌有,在解决这些问题时,就要引进较少灰烬污染的物体。

规则的间距孔(数量庞大,如在萨雷尔,5.01+鼓中)总给人一种是出于技术层面的原因而产生的印象(也许“杀掉”就是一种更加天然的方式)。它们的存在依然是个谜。

在示意图中,对于这些洞洞是鲜有记载,而这些小洞洞也许能够告诉我们铜鼓冒险般的历史。

11.1.6　扁轮　在许多不同的金属鼓上,尤其是在黑格尔 I 型鼓上,都可见微微凸起的脊线,这些脊线从上到下垂直地分布在鼓身上,将鼓身从视觉上分割成了两半。虽然它们清楚可见,但它们的作用远不止象征性。事实上,它们仅仅是“伤疤”,是在鼓的铸模和铸造过程中由于技术操作而留下的烙印。除了垂直的脊线(在黑格尔 I 型鼓中有 2 条;在黑格尔 IV 型鼓中有 4 条),还有一条单独的水平脊线,横贯于鼓身的顶部并与鼓面相接。在鼓的其他部分还有更多不同类型的水平脊线,这里讨论的这条完全没有任何特色。

通常来说,金属物体上凸出的脊线有许多种解释。它们有可能是把先前分开铸造的部分焊接成为整体而产生的"缝线",在铜鼓的情况中,这种解释并不被接受,除非是这些脊线仅分布在鼓的外部表面。因此,根本就没有两部分金属合在一起而产生缝线(缝线是铜鼓铸造中应当避免产生的)的问题。另一种说法是,使用由两块或两块以上的铸模片。在第11章1节和本章其他地方使用的术语里,这种模指的是"铸模"或"印模"。实际上,熔化的金属在倒入由几个模块组成的铸模后会涌入邻近部分的缝隙里。在铸造金属鼓的实际过程中,分块的模只是个权宜之计,是很难接受的(第11章1.1节)。据我所知,块状模在铜鼓铸造中只用来部分地装饰蜡模(最终被裹在封闭的"外壳铸模"里;第11章1.4节)。印模块也会自动产生脊线,首先是在蜡上产生脊线,在倒入金属液体后,就会在青铜上产生脊线。

显然,黑格尔型铜鼓的铸造者们并不考虑消除这些脊线,无论是在蜡模上还是在金属鼓铸成后。鼓脊成为鼓的正常的一部分,从而有了自身的外形和特征。实际上,一旦蜡模被转换为金属,锉掉脊线将成为一道令人不愉快的工序,将违背铸造者的惯例与规矩。诚然,被垂直的鼓脊阻隔的鼓身装饰无论如何在完美性上会受到一定影响。但是在鼓铸造好后锉掉这些脊线只会更加烦人。记载中只有一例鼓的铸造者不嫌麻烦地磨平了鼓脊(在蜡模阶段);这是河内博物馆的一只黑格尔 III 型鼓(源于东京)。实际上,鼓腰的面板由于有一条垂直的脊线穿过所以没有装饰(如在玉缕,11.30+鼓那样)。任何制模者在面对规划得很好的装饰图案受到如此干扰时都不免会感到头痛。

11.1.7　三维题材　与鼓的铸造者遵循的一般工序一致("鼓是以整体制作",佩岵鼓等是例外),任何凸出装饰如青蛙和鼓耳本来就在本质上与鼓身的其他部分相连接。就如黑格尔(1902:137 和 144)和其他人曾提出了一种普遍看法那样:鼓耳等实际上是与鼓身一起铸造的,主要的问题不是这种观点正确与否,而是用什么方法铸造而成的(单单一种工序是不可能用于铸造各种类型的鼓)(关于产生的困难,参考:Van der Hoop 1938:74－77,1952;Goris & Dronkers 1952 及 Marschall 1968:47)。

从理论上说,立体装饰有三种铸造方法。其一是莫科鼓所用的铸造方法(第21章2节)(铸造青蛙等时,先单独铸造好,再把它们加入铸好的鼓上)。实际上,这种方法与早期的金属鼓毫无关联,因为那时的青铜焊接在技术上还是不可能的(第11章1.9节)。其他两种方法如下：

(1) 鼓耳和青蛙用蜡做成模型，要在鼓的其他部分的蜡模做好之前，先单个做好且直接放于蜡层顶部。乍一看，这种方法似乎是制造蜡模的正常方法(所以也是多年来我一直想亲眼看见的一种工序)。然而，从技术层面来看，却有几个难点：在铸模的制造过程中，用蜡做成的鼓耳模型太易碎。所提出的青蛙模型似乎可行，但在铸造和冷却过程中问题就产生了，因为青蛙的位置与鼓面表面的下端正好相反。所以，另一种方法对鼓来说才是一种可能的方法。

(2) 与上一种方法相同的是，立体部分用蜡来制模，然后通过简单的失蜡工序分别铸造出来。青铜蛙和鼓耳分别加入代表鼓面和鼓身的蜡层。此后，它们与蜡模一起被包裹在黏土里，然后放入铸模。它们将与倒入模型的熔化的青铜一样作为金属固体物加入铸造过程。这些固体金属或被熔化或与注入模型的金属融合，或者经历一种"浇注"(焊接的替代方式；第11章1.9节)。

对于单个的鼓还有许多问题和有待研究的地方(但要做详细研究不太容易)。不同作坊的铸造者有不同的想法和构思，并在此基础上付诸行动。

无论如何，有一个待解决的难题是，如何防止青蛙和鼓耳最终断掉或丢失。它们的蜡制手足应有适当的空间，以便到时转变为金属。然而，经常发生的情况是，一些鼓耳，特别是青蛙伸出去的脚趾并没有丢失，而是脚踝处断了或整个身躯不见了(此外，青蛙被折断也是出于一定的目的，如代替整只鼓来作为陪葬品；第5章5节)。

桑根，4.03+上的青蛙坐于小块金属板上，被认为既符合方法(1)也符合方法(2)；在任何一种情况下，在鼓面上让它们牢牢抓牢都会当作是明显的进步和提高。

另一例用蜡简单打制鼓耳模型的独特方法表现在玉缕，11.30+鼓上，其鼓耳是用5小块自然椰棕纤维做成模型然后盖印在泥模里并用青铜模仿普通鼓的扭绳辫状鼓耳(Parmentier 1918：图版IIIg)。

青蛙和鼓耳是在装饰鼓面以前或用蜡做成鼓身时或这之后才附上去的。许多鼓显示工匠似乎给立体装饰留下了一些凸出的位置。而另一些鼓上，装饰是连贯的，虽然有些部分被青蛙的足部中断了。有时因为青蛙被置于装饰区外，所以根本没有中断现象。

装饰被中断的鼓有：桑根，4.02+和4.06+；萨雷尔，5.01+；库尔，7.05+；"布鲁塞尔H 837"，11.03+；"贝拉茨"，13.02+；磅士朗a，15.02+；"Leiden 1364：1和2"；"威尔切克II"及黑格尔II型和III型。另一方面，在0.01鼓(起源未知)；班宇门宁,2.11+;三宝垄,2.19;桑根,4.05+;罗蒂,6.01+和阿洛,6.02+鼓上,青蛙被置于鼓面平坦的外缘,它对装饰图案没有任何影响。

在库尔,7.05+上所题的中国汉字(第 16 章 4.6 节)一定是在铸上青蛙前被印在鼓面的蜡层上的,因为题字被其中一只青蛙遮住了(这只青蛙已不在原地)。这些文字在浮雕里(是凸出来的)且一定是通过模块印制的,模块上是翻转凹陷的文字。

部分东京鼓的装饰与青蛙没有任何冲突或由简单图案来代替(用"//"而不是小圆圈;Parmentier 1918)。

在黑格尔 IV 型鼓(数量庞大)中,全部都没有蛙饰,因为蛙饰对于批量生产来说是一种费力的装饰。佩砧型鼓的装饰也没有包括青蛙及其象征含义。

11.1.8　大型鼓之铸造　从我们前面谈论的风格观点(第 6 章 4.2 节)来看,桑根,4.02+鼓是我们从技术层面考虑的装饰精美的金属鼓铸造的一个最好的例子。展于雅加达博物馆的闻名遐迩的桑根鼓是黑格尔 I 型鼓类型里装饰最复杂的鼓之一,也是这一类型中最大的鼓:鼓面直径 116 厘米,鼓身 A 部直径:121 厘米,C 部直径:119 厘米;鼓高 83.5 厘米,鼓身 A 部高: 28 厘米,B 部高:33 厘米,C 部高:21.5 厘米;鼓面厚度: 6 毫米,鼓身厚度: 3 毫米,鼓足厚度:16 毫米。

从技术方面看,此鼓因为其装饰而格外突出。其装饰有凸出的和凹陷的元素。它们在整个图案中和谐交替,基本上都紧贴着同心圆的传统图案,但要比相同类型的其他鼓更加精致(大流散中的"晚期东京鼓";第 14 章)。

以下是 4.02+图案的分析,凹陷图案在凸起图案下方的线条上:

12 ／ ％ 5)＝øø ＝ ／　　　　　　　　　　　　　　　　 ＝øø ＝ ／ B＿

　　　　凤凰(20)／　 ££(m);房子;春米人／ ZX ／ 鹭(20)／

A　 ＝øø ＝ ／

　　　　船:鸟、鱼、四足兽、情景 ／ ZX

B　　　　　　　 ＝ ø　ø＝

　 ZX ／ 8［££(m)］／ *vert*　 ZX

C matt／　　　 matt

　 边缘场景／

注意:突出鼓面装饰图形的同心圆及覆盖££(m)图案的斑点是凸出的。青蛙(在鼓面上的代号为 B)和连接鼓身 A 和 B 部分的鼓耳是"凸出的"。本来我们可以把几何图案(除了凹陷的曲线)归纳为凸出的图案,而把飞鸟(苍鹭和凤凰）、图像带和船纹（除了斑点）列为凹陷的图案。

桑根,4.02+在编码清单的分组是 GFHBScn：1。此鼓的任何详细说明（及类似种类的所有铜鼓）都与失蜡过程生产的青铜器蜡模的外形一致,最后的蜡模要确切地与要铸造的金属鼓相对应。此外,通过金属鼓表面的纸印,我们得以正确地了解到金属鼓铸造中用于包裹蜡模的"外壳铸模"（纸印或"拓片"与单纯的摹拓不同,它是用几张纤维纸制成,用刷子打湿后置于金属表面,干的内面就倒映出了鼓的表面图案,图案是相反的但比金属上的原图更清晰）。

首先是鼓面,中心的太阳纹尤其引人注目,围绕着它的是 27 个同心圆,也一样醒目,它们为饰于纹带间的图案提供了框架。立体青蛙是多数大型鼓的特色,同样也饰于大型鼓面的外缘。与低矮的浮雕图案一样,它们的凹凸程度不同,但必须与形成蜡模的基底的全部蜡层一起铸造。加热把蜡块去除后的铸造是通过一个连续的工序进行的（第 11 章 1.1 节）。在铸造之前,蜡模已经是一整块,与金属鼓一样是"单质的",这也是在倒入熔化的金属并冷却后的形状。这样经过一系列不同的工序并分几个阶段,就得到了符合人们要求的"单质"金属鼓。

核心或内模做成形之后就完全包裹在约 6 毫米厚的最初尺度的蜡层中。

在桑根鼓,4.02+上,一些几何图案（同心圆、小图案、太阳纹及其他稍微凸出的图案）似乎是通过印模制成的,印模是用软泥完全做好后再烧制而成的。印模平面表层（与即将做的鼓的鼓面是一样大的圆面）必须是一整块并要首先刻上大大的同心圆。这极可能是用尖笔刻成的。尖笔的一端细如丝,绕着印模旋转,或者与之相反,固定于模上一表面位置,用陶钩（鼓的打模人的器具之一）来旋转。固定位置在旋转过程保持不变,之后变换尖笔位置雕刻其他圆圈。在鼓面纸印的内侧出现形状很尖的小圆圈则证明了用尖笔在印模上雕刻凹线的做法。最后,印模被压入覆盖于核心的蜡面之后,同心圆与其他从下凹变为上凸（以及马上就会出现的从上凸变为下凹）的图案一样会再次变为上凸图案。

在蜡模上做成凸出图案的最容易的方法就是把它们刻于初始状态的印模的柔软表面,或用尖笔刻画（用于阶梯纹、切线和类似条纹）或用小印章用力按压出印（用于切线连接的小圆圈）。击打点、间幅图案及一些小球状浮雕（凸显于金属上）的相似物大概是在印模里挖空而成的。要简化在蜡模上塑造略凸浮雕的工序,一个好方法就是在盖印过程中把用于黏在蜡模上的一定量的蜡来填充印模的腹腔（即所有的孔和明显的下凹部位）。为了把各部分的蜡熔合在一起,在这个最后的工序中必须给蜡模稍微加热。

同时,为了填满同心圆之间敞开的空间,还要通过其他或某种方式添加其他图案。

目前为止,印模只有下凹图案,它们在蜡模上将被转变为上凸图案。然而没有理由认为一些在蜡里(而后在金属上)变为下凹图案的凸出图案就不应包括在印模里,如在同心圆之间的纹带上粘贴小块雕刻的泥土。制作印模的另一方法是雕刻蜡层(先用钝的尖笔刻出凸出的圆圈)。曲线、羽饰图、飞鸟都可用这种方法,它们都是下凹的(除了£ £[m])图案。事实上,像桑根,4.02+鼓面装饰似乎可以通过各种巧妙的相互作用的方法来完成,即通过赤土印模印压出凸显的图案,并在核心的蜡层上直接描画或雕刻下凹的图案。

与目前描述的工序类似但采用了两部分印模的一种工序,有可能是用于鼓身的装饰。鉴于鼓身的双曲线造型,这样的鼓模应由软泥制成。然而,泥块必须直接堆于蜡覆盖的核心之上,然后分为两半,其内侧的处理方法与鼓面模型的类似。此后,模块在烧制后被一块块地压入蜡层(关于黑格尔 IV 型鼓所用的小印章的使用,见第 10 章 2 节)。

鼓面上的飞鸟(苍鹭和凤凰)对于金属表面(及在先前的蜡模中)是下凹的。出现这种状况最可能的方法是用钝笔或尖笔把图案描画于蜡层里。通过对鸟的简单观察可得出,这些图饰是用凸印章用力压入蜡层而形成的。这样鸟饰才会完全一样。然而,实际上,虽然它们非常相似,但有些地方还是有区别。通过对另一只桑根,4.05+鼓饰中的 10 只苍鹭的测量发现,嘴尖到尾巴末端的长度为16.4 和 18.5 厘米,下翅的前侧到尾巴末端从 7.8 到 10 厘米不等。翅膀及后脑勺上的羽毛的数量也有变化。显然,每只鸟都是用手工一个个打模制成的。

羽饰图案£ £(m)最好从桑根,4.02+鼓身 B 部分的方格上研究。作为镶边的几何图案＝øø＝的部分有可能是被雕刻并用力敲入印模内的;下凹的曲线必须空心地描于蜡层之间和内部。羽饰图(自然主要图饰的£ £[m];图版 4.02l)显然是用钝笔描画于蜡模上,沿着线条产生了稍微凸显的边缘。另一方面,覆盖过羽饰图的斑点(第 6 章 2.6 节)在下凹图饰中作为凸出的小圆圈而比较突出。与 o 图案相似,斑点必须是如上所述的用印模压制而成,且要在加入羽饰之前。单眼纹在所有空间上有固定的间距,是根据在其他鼓上似乎很奇怪的非常简单的图案即一团羽毛而排列的。在鼓身 B 部分的面板上,有三排(位置上看是以直线排列的)七个等距离放置的单眼纹,每个小圆圈都与其对面的两个数字垂直耦合:

o o o o o o o

o o o o o o o

o o o o o o o

　　这样,凸出的单眼纹就形成有秩序的图来描画羽饰图。覆盖面更大(从一个房饰到另一座)的类似办法是鼓面图像带里以£(m)饰图为基础图案。这样就仅有两排垂直的斑点而不是三排(图版4.02b)。在鼓面和鼓身B部分面板的底部都可见小型自然风格的图饰(第7章4节)。

　　在房子H型I和II里边及周围的场景图饰,包括"中国人"(第7章2.10 - 11节、16章5节;图版4.02c,d),有可能是用分开的金属印模来印入蜡层中的(用现存的中国木刻板?;Heine-Geldern 1947)。

　　鼓身A部分的自然风格的船中的人形、鱼、鸟、四足兽等(图版4.02g - k)也许都是通过印模内部的泥条制成的。这些泥条被裁剪成与装饰图案相似的形状,并通过添加条纹或阴影来制作。

　　关于青蛙和鼓耳等立体装饰元素,见第11章1.7节。

　　11.1.9　后期修补　不管铸造鼓时如何小心谨慎或不管采取什么保护措施(所谓的保护,并不是把它们"安全地"放入土壤或森林里),要是没有那么用力敲击就好了,许多鼓还是都会产生腐烂的痕迹,其上的裂缝和洞洞迟早都需要妥善处理,只要这只古老的鼓仍被认为是祖先留下的宝贵遗产(也许会出于商业目的,这不同于近期修复的作品)。

　　修复主要是对古老的鼓的修修补补(如修补阿洛岛的早期莫科鼓)。修复的一个更专业的做法即所谓的"浇注"工序(给孔填充与原鼓所用的相同成分的金属熔液;这个修复工序不同于焊接,焊接用的是另一种金属,对于青铜来说这是一个难度相当大的技术,且显然,这种方法在早期的东南亚未被采用)。有时,鼓上严重腐蚀的部分会被"不熟练的人"通过雕刻来修复(相较于传统方面,修复的人考虑得更多的是商业方面,这主要是为了迎合那些不得不进口鼓的国家[贝林,15.06+和"曼谷III",13.14;Loewenstein 1955,1956])。

　　由于铸造失败或因年代久远的残酷现实而不得不处理的鼓有可能被重新用来铸造新鼓或其他金属物品。这必定会影响重新铸造的合金成分(第11章2.1节),并最终减少了群岛记载中鼓的数量。这就得出一个事实,即"鼓民族"一定拥有比本书涵盖的更多的金属鼓。

11.2　青铜合金

　　11.2.1　引言　在东南亚的历史上,"青铜"要比现代技术有着更加广泛的用处,这里的"青铜"指的是以铜和锡为主要成分的金属合金(铜最少占60%)(在

Brockhaus Enzyklopaedie III, 1967：311 的列表中）。在这一大致的定义范围内, 也许会有许多种变化的组合成分, 这些变化几乎不同于本章和表 IV 中的分析。[2]

已分析的东南亚铜鼓（比我们预计和期望的要少得多）通常把铅（Pb）作为含量第二的金属或是附加的主要成分（表 IV; 第 11 章 2.2 节）。还有含量较少的其他金属, 它们通常也被认为是"不纯物", 是提取铜或锡的原材料的自然成分, 还有"循环使用"的可能性。

这儿提出了一个问题, 一方面, 用于铸造青铜鼓的某部分金属是否是从废弃的、不得不放入熔炉的金属鼓和其他物品所提取出来的呢？这样就会影响到金属熔液的成分。另一方面, 一些青铜物品如阿洛岛的莫科鼓不论其外形保存得如何都有着昂贵的价值（第 21 章 6 节）。其他的一些鼓, 虽没有实际用途但仍被当作是历史宝贵的遗留物。它们被保存在寺庙里或其他神圣的地方, 放在树上、靠近池塘的地方或就放在"灌木丛"的某块地里。因此, 增加不完整的金属物品在后来的时期里经常发生, 目的是为了铸造佛像等。然而, 不能否认的是, 某些异物（*corpora aliena*）如中国的钱币, 就传播到了铸造铜鼓的民族如蛮族的铸造厂中（第 22 章 1 节）。例如, 已知在公元 378 年, 大量的铜钱通过广州从中国消失, 从而造成了限制措施的实行, 这些限制措施直到公元 10 世纪才解除。

对各种各样特色鼓做比较时要保持谨慎的另一个理由是, 因为分析对象有可能来自鼓的不同部分, 如鼓面或鼓身。此情况下不同之处是值得考虑的, 如表 IV 里 a 和 b 的分析那样（也请参考 Malleret 1954：642 - 643, 关于较晚期的佛像）。

从技术的观点来看, 对表中所列的混合物的更准确和更中立的叫法应为"金属"。因此, 某些考古学家在他们关于铜鼓的文章中也用这个词。黑格尔在 1891 - 1892 写了关于"旧青铜定音鼓"（Alte Bronzepaukcn）的文章, 在 1902 年又以《旧金属鼓》（Alte Metalltrommeln）这个更大的题目来发表。法国作者经常用的是"金属鼓"（tambours métalliques）而不是"青铜鼓"（tambours de bronze）（就是喜欢使用"鼓"[tambours de pluie]这一词）; 而在其他英语国家的同仁们则喜欢用"金属鼓"这一词。这可能是因为技术的缘故或是变化的结果（如同本书的作者一样经常变换措辞）。然而, 本书的作者认为, 亚洲早期历史上的"青铜"这一词的含义更加灵活, 可用于表示以铜为主要成分的包括了锡、铅、锡铅或（较后期）添加的金属锌在内的合金。这些在一定程度上（尤其是通过对合金的熔点的影响）对混合物产生了影响（用于表示紫铜和锌的合金的词是"黄铜", 锌的熔点为 419.4℃, 仅在关于莫科鼓的较早期的类型中有谈论; 第 21 章 2 节）。

为了论证上述内容，我要对那些直接涉及本章所提金属的人说，无论如何，要通过肉眼来区别与紫铜混合的各种"白金属"是很难的。例如，在印度尼西亚语中，"锡"叫作 timah 或 timah putih（"白的"），而 timah hitam（"黑的"）则是指"铅"（在爪哇语中叫作 timah budeng，"假的"）。Timah sari（"好的"）指"锌"。也有 timah wurung（"铋"）。对于使用它们的民族来说，这些都属于一个大家族的成员（同样参考：Marschall 1968：42－43）。有时，"黑"和"白"有可能会互换位置，锡是"黑"的，而铅为"白"的。与此类似的是，罗马人用 plumbum album（"白铅"）指"锡"，而用 plumbum nigrum（"黑铅"）指"铅"。此外应注意的是，印度尼西亚人似乎都可以"用嗅觉"区分出各种金属（第 21 章 4 节）。同样，锡和铅的特定重力（分别为 119 和 207）反映在矿石的重量上也许暗示着是时候有必要区分出哪个是哪个了。

一直以来，锡就是一种珍贵而稀少的材料。即使在印度尼西亚，在以锡矿闻名的邦加（Bangka）、勿里洞（Belitung）（勿里洞岛［Billiton］）和群岛西部的其他岛屿，锡矿在最近几个世纪才被开采。由于多种原因，东南亚早期的青铜铸造者更喜欢用铅而不是锡。

在紫铜里添加锡或铅对合金有多种影响。第一，这两种元素会明显降低铜的熔点（锡的熔点是 231.9℃，铅的熔点为 327.3℃，铜的熔点为 1 083.0℃），这是非常重要的，因为在铸造前，熔化金属的温度至少要高于 150℃的熔点，这样才能保证金属液体能流入整个模，从而顺畅地铸造。且较原始的坩埚的最大耐热度是 1 100 或 1 200℃，尽管使用了风箱供应的额外空气，这一事实也强调了低熔点的重要性（Schrakamp 1983）。

降低熔点并不能使合金的流动性更好。然而，添加铅则影响液体的流动。虽然这是一种不同的工序，但它是铸造工序中的一个重要的影响因素。流动性是金属构成的物理属性，金属混合会导致流动性的变化。实际上，"合金并非只是两种或两种以上液体金属的简单混合。金属合金有复杂的晶体结构，其物理属性并非组成部分的平均值"（Schrakamp 1983）。

虽然添加铅对于降低合金的熔点有利，也改善了合金的流动性（这对于制作精细复杂的图案也有利），但却影响了乐器的音质（即音质的清晰度）。而锡虽然对合金的流动性没有多大影响，但却增加了硬度而且不影响音质。这种硬度使得铜锡合金非常适合用于工具和武器具制造（Schrakamp 1983）。显然，青铜铸造者后来只能从熔化金属的独特性质来检测他们所用材料的特定属性。

对金属鼓及相关物品构成成分的最早论述是以所谓的"湿性"化学分析为

基础。这需要把从物品上得到大量样品材料融解于适当的化学品中以辨清各种成分并计算合金中每一种成分的含量。提取样品造成的损坏及后面工序的困难也许会减少对金属鼓进行材料分析的次数。实际上,黑格尔 1902 年出版的成分清单早在其印刷以前就已形成了分析表,这个分析表在很长一段时间以来都作为铜鼓研究的主要资料来源。近来的光谱分析法(起初用于工业,后来用于考古研究)很好地把小型样品(对物品的损坏几乎是看不见的)的使用与更加令人满意的结果结合起来。首先,从"燃烧"样品的光谱就能看出,所有的构成成分,包括用于分析的成分(定性分析)都可以推断出。其次,在方法改进后,也引进了定量分析手段(光谱化学分析)。再者,因为对被研究物品的损害较小,现在有可能从同一件物品的不同部位提取样品(见本节前部分)。魏纳(O. Werner 1972)发表了关于研究的现代方法及其对于亚洲艺术的影响的文章;然而不幸的是,在他的重要出版物所研究的许多样品中没有铜鼓或相关物品。

11.2.2　表 IV　黑格尔 I 型鼓的金属成分(按铜的含量从少到多排列)

铜鼓样本来源		主要成分(%)					次要成分(%)	合　计 (%)
		铜	锡	铅	铁	锌		
1 I.23.662.	b.	42.2	16.89	12.29	tr.	tr.		71.38
(3)	a.	48.0	11.0	23.5	0.3	0.5		81.1
2 广雄 I(11.36)	a.	45.8	13.1	20.7	0.6	1.7		82.1
(19)	b.	64.0	17.7	tr.	1.0	0.9		83.6
4 I.35.473	a.	49.3	15.1	6.4	1.2	0.8		72.8
(6)	b.	53.95	7.23	15.84	1.89	tr.		78.91
5 平富(11.02)	a.	50.8	12.34	11.88	0.35	9.92		85.29
(14)	b.	61.0	12.1	13.8	0.4	0.8		88.1
5a.I.163.168	a.	53.34	10.37	14.2	1.75	6.64		86.30
(7a)	b.	57.0	7.9	26.3	0.7	0.7		92.6
7 昆嵩(11.23+)	b.	54.4	19.1	12.0	0.4	0.9		86.8
(8)	a.	57.91	23.02	5.32	0.42	5.84		92.51
9 D.163.195	a.	58.6	6.6	24.1	0.5	1.2		91.0
10 D.163.180		59.0	6.7	27.8	0.4	1.0		94.7
11 "维尔切克 II"	a.	60.82	10.88	15.68	0.91+A1	0.38	div.*	98.27
	b.	66.97	11.98	17.27				96.22
12 D.163.163	a.	60.96	10.21	15.70	0.42	2.56		89.85

续　表

铜鼓样本来源	主要成分(%)					次要成分(%)	合　计(%)
	铜	锡	铅	铁	锌		
(13) 　　　　　　　b.	61.0	9.7	20.8	0.4	0.9		92.8
15 三宝垄(不详)	61.18	21.10	17.10	0.10		A1 0.10	93.58
16 同文县(11.15) 　b.	61.91	26.09	1.22	1.47	0.6		90.69
(25a) 　　　　　　a.	68.6	19.01	1.5	0.8	0.6		90.69
17 "维也纳"("哈斯")(17.01)	63.5	9.98	22.54	1.17	1.31		96.5
18 "古勒 I"(13.04)	63.6	16.3	19.7	—	—		99.6
20 贝林(15.06+) 　a.	65.1	7.5	18.3			div. 1.8	90.9
(26) 　　　　　　　b.	68.9	6.5	18.3			div. 2.8	96.5
21 越南(不详) 　　b.	65.1	12.0	3.1	0.4	0.5		81.1
(28) 　　　　　　　a.	69.85	12.96	2.39	1.47	0.96		87.63
22 乔达(11.18+)	66.2	9.9	19.5	0.3	1.2		97.1
24 巴生(15.01+) 　a.	67.8	9.4	21.0			div. 1.8	
(25) 　　　　　　　b.	68.2	9.3	20.4			div. 2.1	
27 库宁安(2.16+)	69.61	16.4	12.8	0.5		A1 0.07	99.38
29 库尔(7.05+)	71.3	12.7	15.82	—	0.22		
30 维也纳 XIII	71.71	—	—	—	0.22		
31 "维尔切克 I"	70.79	4.9	14.25	0.30		div. 9.41 B"7	99.65
32 I.18.423a.(11.41)	73.3	5.09	5.8	0.4	0.7		86.5
(33) 　　　　　　　b.	74.5	9.9	4.43	0.7	tr.		89.53
34 贝比特拉(3.04+)佩砧型	75.5	14.51	6.09	1.21		A1 0.44	97.31
35 梅布拉特(8.01+)	78.9	6.35	13.8				99.05
36 "维也纳"("吉列")11.47+	83.6	4.4	10.71				98.71
37 葛林芝(1.01)	84.04	11.55	3.94				99.53

11.2.3　表IV　注释　表IV是我对黑格尔I型鼓(和一个佩砧型鼓,34号)所做的分析表。在近来,也许会有更多的研究报告。一些单个鼓的参考文献已列入目录清单中。

此表也对从一只鼓的不同部位提取的不同样品做了比较,表示为 a 和 b,在一些情况下,一些区别则无从解释;再者,"总计"一栏表明仅有一些记载中的成分得到了分析。所以此表只是初步记录;做进一步研究将会有不同的结果。

某些次要成分被认为是铜矿或锡矿的不纯部分或自然成分。它们被用于它们出产的矿山附近的铸造厂里(或者它们只是覆盖在矿石上的一部分土壤),这也许可以表明所用矿石的位置——这是一种潜在的历史问题。除了那些"特例",表 IV 中关于黑格尔 I 型鼓的数据有如下变化:

铜　　42.20%–84.04%

锡　　4.40%–26.09%

铅　　1.22%–27.80%

表 IV 中锡的百分比(括号中为含量的数字):

4.4(36)、4.9(31)、5.09(32a)、6.35(35)、6.5(20b)、6.7(10)、7.23(4b)、7.5(20a)、7.9(5a 和 b)、9.3(24b)、9.4(24a)、9.7(12b)、9.9(22)、9.98(17)、10.21(12a)、10.37(5a)、10.88(11a)、11.0(1a)、11.55(37)、11.98(11b)、12.0(21b)、12.1(5b)、12.34(5a)、12.7(29)、12.96(21a)、13.1(2a)、14.51(34 佩砧型)、15.1(4a)、16.3(18)、16.4(27)、16.89(1b)、17.7(2b)、19.1(7b 和 16a)、21.10(15)、23.02(7a)、26.09(16b)。

(6 只黑格尔 IV 型鼓:9.19、9.86、10.76、11.17、12.28、12.46;Heger,1902)

铅的含量:1.22(16b)、1.5(16a)、2.39(21a)、3.1(21b)、3.94(37)、4.43(32b)、5.32(7a)、5.8(32a)、6.09(34)、6.4(4a)、11.88(5a)、12.0(7b)、12.29(1b)、12.8(27)、13.8(35)、14.0(5a)、14.25(31)、15.68(11a)、15.70(12a)、15.82(29)、17.10(15)、17.27(11b)、18.3(20a 和 b)、19.5(22)、19.7(18)、20.7(2a)、20.8(12b)、21.0(24a)、22.54(17)、23.5(1a)、24.1(9)、26.3(5a 和 b)、27.8(10)。

(8 只黑格尔 IV 型:3.78 – 14.8)

表 V 分析的是东南亚青铜时代的容器、钟、铃等。

11.2.4　表 V　青铜时代各种器物的构成成分

		铜	锡	铅	次　要　成　分
容器(见第 17 章 3.2 节;图版)					
70	葛林芝	92.8	7.2		
71	马都拉	63.4	15.2	2.83	铁,锌,铝,锰(tr.),磷 0.041,硫 0.61,镁 0.46,锑 0.82,硅 0.29,? 16.35

		铜	锡	铅	次　要　成　分
72	金边	71.8	23.56	2.3	铁 0.1,锌 1.5,铝 0.1,磷 0.06,有硫的踪迹,锑 0.1?0.2
注: 关于第 70 和 71 号,参考 Malleret 1956：323n					
钟					
75	金边	69.9	14.7	12.3	铁 0.1,锌 1.6(总计 100)
76	莫逊(Môt So'n)	78.8	13.4	0.1	铁 0.9,锌 1.4(总计 100)
77	霹雳州(Perak)	78.5	15.1	2.9	
78	日本(多塔库[dotaku]),参考 Gühler 1944	69	15.0	6.0	锑 8,镍 2
79	沙黄(Sa Huynh)(小钟)	74.8	14.7	—	
80	东京,近期	74.9	15.1	0.8	
81	老挝(小钟)	84.6	3.8	6.4	
环状物					
85	帕塞玛(Pasemah), Van der Hoop 1932：91	67.5	8.8	21.6	铁 0.4,锌 0.4,? 1.3
86	云南(手镯)	87.38	6.04	3.8	(总计 97.22)
87	耳环,爪哇中部的基杜尔山(Gunung Kidul), Van der Hoop 1935	98.1			
武器					
91	斧头,东山	55.2	17.3	15.3	
92	斧头,云南	83.21	12.81	1.74	铁 0.31(总计 98.07)
93	剑,云南	76.18	20.07	0.39	
其他					
95	花瓶,东山	57.2	16.1	19.3	铁 2.4,有金的踪迹
96	容器盖子,老挝, Colani 1935, I：68	62.4	2.3	28.8	

		铜	锡	铅	次 要 成 分
97	铲,巴厘岛的卡康	38.9	34.94	5.39	二氧化硅 16.6,铁 1.82,铝 3.1
98	葛林芝(Kerinci)铸造厂的废渣。Van der Hoop 1942	76.41	13.09	微量	二氧化硅 0.54

11.3 黑格尔 III 型鼓之铸造

在第 3 章 1.3 节已讨论过,黑格尔 III 型鼓直到 20 世纪初和 20 世纪 20 年代仍在生产,生产这些鼓的工匠们一般都是东南亚内陆的山地族,特别是掸族(见第 22 章 3 - 5 节)。所以,那时的人种学家及对此感兴趣的人(Heger 1902;Fischer 1903;Sachs 1915;图版 22 = 本书图版 19.02;Kenny 1924;Marshall[Lilly]1929)用拍照的形式(虽然没有预期的那样完整)来观察、描绘并记录此种类型的金属鼓的制造。幸运的是,弗雷泽路夫人(1983)最近一次在参观曼德勒(Mandalay)的铸造场中成功地拍摄了为商业目的新制的黑格尔 III 型鼓的制造过程(当然这种鼓也被克伦人用于庆祝新年;第 3 章 1.3 节)。

弗雷泽路夫人(1983)描述的工序仍然是"久远的方法"(虽然有一定变化,但前面已介绍过)。这种描述给我们提供了许多有趣的细节,也从总体上揭示了金属鼓的制模及铸造,虽然其中的一些通常的限制条件并不能随意地运用到其他鼓型的铸造。然而,只要我们仔细斟酌这些最近记载的引人注目的工序细节,我们就会大开眼界。以下仅仅概述了弗雷泽路夫人最近观察的主要观点。

空心的核心是用红泥和稻壳(比例为 2:1)混合制成的,当它足够硬时,把它放在车床上转动,并对其进行打磨、装饰和定形。有一处说明,表明核心以水平位置处于由木架支撑的木制轴上,由木制把手来转动。从照片上我们看到,在转动过程(为了给核心定形以适应蜡模层的大小),泥核底部敞开,就如同鼓面的中心。核心一定要由两个轮形孔的木制圆盘固定。此外,从图版 19.02 我们可推知,空核心的开口在工序开始时就已被一条无装饰的凸出框缠绕,且为了使核心贴住轮形木制圆盘,开口已被戳了四个洞来固定。之后,核心上方的洞必须被填充且围绕开口的框也要切掉。早在 20 世纪,Sachs 的掸族丁场就明显地表明,除了一对风箱外,还有最近从铸模拿出的一只待用的黑格尔 III 型鼓,以及从旋转轴取下的已完成的核心。这一解释似乎比 Sachs 的"浇注"铸模更好地回答了这种情况;图版 19.02 中未完成的物品更像是一只用蜡覆盖着的核心。

核心形成后被覆盖上两或三倍的泥土与粉状牛粪的混合物,用煮过的米作为胶水粘贴(下一步作为蜡模的黏合剂)。蜡化合物是用树脂(占比 10)、蜂蜡(占比 7)和天然油(占比 4)制成;把它碾平为均匀厚度,切成方块形,用另一种天然油黏合到泥土制的核心上。

作为鼓面和鼓身装饰的同心圆(稍微凸出)是用钝凿子刻成的。这就有个问题:正常情况下,用凿子雕刻的圆圈应是凹陷的,除非所用的凿子是空心的槽凿。雕刻工序最近已取代早期的工序,用的是印模(第 11 章 1 节)。实际上,在批量生产中(黑格尔 III 型鼓制造的特色之一),更推荐用印模来印制鼓面和鼓身的凸出的几何装饰,而不是重复的手工画圆。黑格尔 III 型鼓(图版 19.04)鼓身上的接缝正是来自早期类型的残留特征(并不是弗雷泽路夫人提出的是从黑格尔 I 型鼓模仿而来,也见第 11 章 1.6 节)。

依据弗雷泽路夫人的论文和照片,下凹图案,如小鸟和鱼,是由金属(铅)模子压印而成的,而重复的几何图案则是用小滚筒制成的。凸出的装饰用蜡条制成,被固定在蜡模上。这种凸出的装饰先单独用蜡或模型做好,然后再压入蜡的表面。

在鼓的整个表面会放置短蜡棒(最长为 5 厘米)以便给填充和直立管做准备(第 11 章 1.4 节)。在外壳模型形成以前,在蜡模上小心地铺上白泥条和稻壳。外壳模由泥层、稻壳和马粪构成。用小铁钉把核心和外壳模钉在一起(参考第 11 章 1.5 节)。然后把模放入泥砖窑烧制。通常,熔化的金属液是用陶瓷坩埚来倒入,陶瓷坩埚是由铜、铅、锡、锌以不同的比例混合而成。在倒入熔化的金属液之后,用泥土把模覆盖,让其慢慢冷却好几天,之后再敲碎模,清除金属鼓上的管子残留物即可。所得鼓的颜色(从黑到褐红到蓝绿色)取决于所用合金的组成部分。"鼓的价值主要取决于其金属含量、音质、图案工艺及仪式功效",给弗雷泽路夫人提供了最受欢迎的资料的曼德勒铸造地(前面已概述)一次可以制造 5 到 6 只鼓。

11.4　佩砧型鼓之铸造

和黑格尔 I 型鼓一样,我们不能直接使用佩砧鼓的铸造和制模过程的资料

（对于黑格尔 III 型鼓，我们能得到直接资料，因为近来仍在铸造此类型的鼓；第 11 章 3 节）。我们将不得不仔细观察它们本身，这样才能重新设想它们是以什么方法铸造而成的。然而对于佩砧类型，有一个发现于真实日期的特例（发现于 1931 年并在 1963 年有补充说明的）：四块软的火石模残片，上面有装饰的下凹图案，就像佩砧"月亮"，3.01+鼓身上的图案一样。模的大小（巴厘岛的马纳巴，3.03+与佩砧较近，这是以乌鸦飞来衡量的直线距离，而人走路则更加远、更加困难）已证实此模不可能与"月亮"鼓有任何紧密联系（模身的高度约 107.5 厘米，而在第 19 章 3 节提过，"月亮"鼓包括边缘在内的高度是 186.5 厘米）。再者，模的下凹图案的质量证实要比"月亮"鼓差远了。如前所述，马纳巴模应该是不能直接用于铸造金属鼓，而是作为"印模"把佩砧图案压印入鼓的蜡模中。与较早期的说法不同（范德霍普 1938 年的说法被戈里斯 1952 年的论文更正），佩砧型鼓极可能是通过失蜡工序制成（此工序在不同条件下有不同的铸品）。由于佩砧型鼓是青铜铸造者用传统方法制造而成的，这种传统方法明显不同于黑格尔 I 型鼓的工匠所用的方法，所以我们不应把黑格尔 I 型鼓与那些佩砧型鼓混为一谈，反之亦然。对于佩砧型鼓，我们也不能确定其蜡模定形及其他细节等所使用的确切方法。

黑格尔 I 型和佩砧型鼓之间最根本的不同之处是：与黑格尔 I 型不同，佩砧型鼓是由两块组成，而不是一块，即鼓身和鼓面，它们与"边缘"在某种程度上与鼓面相适应（第 19 章 3 节）。这两部分是单独铸造的并且必须在铸造前先做好两个蜡模。

分开的两部分是由黏土核心铸造而成，黏土核心支撑着蜡模，蜡模又由"外壳模"包裹着，这样就讲得通了（第 11 章 1.4 节）。但首先必须依据所需要的金属鼓的确切原型来打造并装饰蜡模。有如下方法：

a. 正如黑格尔 I 型鼓那样，先要打造一个空心的核心，其上覆盖着一层蜡。此最初模型用一个小装置装饰得像马纳巴，3.03+模一样。然后，移除印模则形成单独的鼓身、鼓面和边缘。鉴于佩砧"月亮"鼓面上的缝可知，大型鼓面可能还有分开的印模，或者一个特定的模块对应着一个象限的图案，要连续印四次才能完成。无论印模块和印迹在哪里交错，都会产生绝对不可消除的接缝（图版 3.01b－d）。

接下来，先前提到的用泥团外壳模把蜡模包裹之后，再添加常见的鼓耳或者还有一定的装饰图案。

b. 另一种方法，工序的起步是印模块，每一块的内侧都覆盖着蜡。对应着鼓身的两部分合为一块模,内部呈圆柱形并用蜡覆盖,外部用石头覆盖。蜡层上面覆盖泥块之后就成了模的核心。分别去除石印模块(留下缝),给蜡模加上鼓耳及必要的描画装饰,再把核心蜡模型像 a 中那样包裹于泥壳里。鼓面的处理与此类似。

如第 19 章 3 节所述,鼓面和边缘(单独或一起)通过沿着边缘的缝隙和鼓身顶端对应的凸出边缘与鼓身顶端黏合。保证精确黏合的一个最好的方法是首先铸鼓身,只有这样之后才把鼓面和边缘的蜡模压印在凸出边缘上。当然也有其他可能的做法。

大型鼓使用工序 b,它要比工序 a 更简单。工序 b 是把蜡涂抹在石印模上,工序 a 则把超重的石头模子本身作为特大号的印章。

佩砧"月亮"(图版 3.01a)3×3 的洞洞一定是奇形怪状的木钉留下的,可与黑格尔 I 型鼓上的圆形或方形孔做比较(第 11 章 1.5 节)。

毋庸置疑,本节概括的工序非常复杂。而关于这个主题,其他学者介绍的也一样,只是思路不同而已 (如 Nieuwenkamp 1908;Goris and Dronkers 1952;Soejono 1977a)。在一些黑格尔 I 型鼓及一些晚期类型中都饰有"凸形图案"和"凹形图案"(第 11 章 1.8 节),而佩砧型鼓的装饰(一旦到了铸造的后阶段)只有"凸形图案",这两种图案的对比并不复杂。所以,佩砧鼓的打模者只需采用到下凹(饰"凸形图案")的印模,也不需额外的更改。

莫科鼓,就像其祖先一样,并非是一体式铸造的鼓。鼓面和边缘及鼓身是通过某种方式如焊接连接到一起的。鼓身的水平部分有时用铆钉衔接。鼓耳是焊接上去的,关于使用包括早期莫科装饰元素的蜡块,请参考第 21 章 7 节;而关于莫科鼓的材料,请参考第 21 章 2 节。

11.5　考古发现的外范

铸模的类型各异。在本节,"铸模"指的是直接用于铸造、准备蜡模或给事先铺好的蜡层印上装饰图案的模(马纳巴,3.03+)。大多数那些模的制作都与武器或某些器械的铸造有关;马纳巴模是用于筹备(佩砧型)金属鼓的。

据报道,来自泰国东北部(农诺塔,大约公元前 2500 年;第 15 章 3 节)和靠近西贡的棉洞(Hang Gon)1(公元前 2500±250 年;Saurin 1968)的模是用于斧头的铸造。据猜测,那些直接用于铸造的完整的模是由斯科菲尔德(W. Schofield)在香港西部发现的(《新加坡 1938 年远东史前学者第三次会议论文集》,1940)。

罗斯普勒茨(Rothpletz 1951;Van der Hoop, *JBG* 6,1939:70)报道了在爪哇西部万隆地区(在日本人占领爪哇期间)发现的矛头(也可能是匕首)和斧头(斧柄一定是用手做成的模型;发现的模至少有 31 个,多数已碎为片状)的铸模。一些更早的发现物已有臂章的模。戈鹭波(Goloubew 1929;Bezacier 1972:142)对发现于越南北部班吉安(Ban Gian)的一个相当奇特的斧头的双壳赤陶模做了说明。范德霍普提到一块来自葛林芝的赤土陶器残片(1940a;1941:289,no. 3304及 Rothpletz 1951:100),也请参考哈里森(Harrisson 1964,1971)关于发现于马来西亚东部沙巴州的塔帕东一洞穴(普苏卢穆特[Pusu Lumut])里的砂岩模(直接用于铸造参 Marschall 1968:51)。

用于各种工具和武器的模与冯原文化相关(第 16 章 2.1 节)。一般来说,在越南北部"到处都可以找到许多用于制造斧、矛、刀的砂岩模具"(Nguyên Phuc Long 1955:55)。

最近,贝扎西尔(Bezacier)和戴维森(Davidson)报道了各种发现物(Bazacier 1972:142 - 143;Davidson 1979:105 - 106,也可参考 Le Van Lan 1963:图版 XV - 5)。从发现于越南北部的永富文化的"有段斧模"可得出如下结论:"当注意到此模和科拉尼于 1926 年报道的模里的金属残渣时,恩戈克(Ngoc)1965 得出结论,即石模不可能耐得住熔化的青铜(700°- 900°)或铜(1 050°- 1 330°)的温度,石模肯定会裂开。因此,倒入石制铸模肯定是熔点较低的金属如铅或锡。而在这种软金属的摹本里,一种耐烧制的一次性泥模才是用来做青铜铸件的。这种结论(依据戴维森)可信服,因为冯原文化遗址的陶瓷器皿的碎片是以大约 800°- 900°的温度烧制的,因此才容易耐住熔化青铜的温度。它也解释了大型青铜器物如鼓、青铜缸和铜桶(*thô*)的模的丢失,形成金属后,泥制模肯定会被打破。"(Davidson 1979)J. W. Schrakamp 1983 年在他的技术评论中指出,以 900℃"烧制"的模并不能保证它将耐得住相同温度的金属熔液。

注释

1. Barnard 1961(中国)— Fischer 1903:668 - 669(黑格尔 III 型)— Gowland 1977(日本)— Heger 1902:133 - 144 — Hodges 1970 — Van der Hoop 1938:74 - 78 — Huyser 1942 — Kenny 1924 — Krause 1903:840 — Kunstschätze aus china 1981 — Lo Hsiang-lin 1967 — Malleret 1952 — Marschall 1968:42 - 51,244 - 251 — Marschall 1929(黑格尔 III 型)— A. B. Meyer 1884:17 — Parmentier 1918:15 - 16,1922:358 — Rothpletz 1951(万隆)— Sachs 1915 — Schrakamp 1983 年手稿 — Sørensen 1979b(黑格尔 III 型);也见:Chochod 1909(安南)— Durand 1953(越南)— Griswold 1954(泰国)— Jacobson & Van Hasselt 1907(锣)—

Jasper & Pirngadie 1930 — Malleret 1952 — Rouffaer 1904：100 - 101（锣）— Scherman 1927（缅甸）— Shih 1971（中国）— Simbriger 1939：3 - 12 — Yetts 1929（中国）。

2. Yetts 1929 — Malleret 1952, 1954 — Griswold 1954 — Bezacier 1972：284 — Schrakamp 1983 年手稿。

第四部分

铜鼓之地域

第 12 章
铜鼓的起源：诞生地区之分布

在第 4 章 3 节中，我们已经讨论过铜鼓的系统性起源，即"萌芽期"的历史。与黑格尔 II、III 型及佩砧型相比较，黑格尔 I 型铜鼓似乎与众不同。但每种类型的铜鼓都有一个或几个原型。在后面的章节中，我们会探讨它们"后诞生期"历史的某些方面。这个"后诞生期"指的是它们作为有记录的金属鼓出现后的时期，这期间制造这种器物的想法落到了实处。我们将主要讨论黑格尔 I 型铜鼓。黑格尔 II、III 型铜鼓似乎更多具有地域性，这在前面的章节（第 3 章 1 节的 2 – 3 部分）已经概括性地讨论过了，而中国的黑格尔 IV 型铜鼓也已经探讨过（第 3 章 1 节的 4 部分）。显然，佩砧型铜鼓可能产于巴厘岛，之后向东传播，并在阿洛地区的莫科鼓有了新的发展（见第 19、21 章）。

所有这些非黑格尔 I 型铜鼓的历史都具有地方性或区域性。至于广泛分布的黑格尔 I 型铜鼓，其情况就不一样了。这类鼓的代表在中国南部和伊里安查亚（新几内亚西部）之间的许多地方都可以找到。我们需要讨论黑格尔 I 型铜鼓的分布问题，这样的分布以发现黑格尔 I 型铜鼓的地方为事实依据。尽管更多的是假设层面的，以铜鼓的散布作为动态背景，我们也需要探讨黑格尔 I 型铜鼓及不同名称下某些器物的历史传播。

在本章中，我们必须进一步回到过去——黑格尔 I 型铜鼓的"起源"，比如"诞生地"，或是"众多诞生地"。

黑格尔 I 型铜鼓的分布区域如此之广，以至于无法认为 I 型鼓只有一个发源地。仅凭其大小，以及其民族和历史的复杂性，都会自动令人不禁地产生各种疑问。例如，第一，它的历史起源于何处？是在这种假设性的"萌芽期"演变成第一个实实在在的金属鼓之后吗？其次它开始于何时？对于后一个问题我们会在接下来的章节中讨论。

事实上，黑格尔I型鼓只是铜鼓（虽然非常广泛）这个超级大家族中的一部分，而根据其装饰，黑格尔I型又可以分成几种亚型、许多"种类"。在第3章中关于形状和结构的内容、第24章中关于装饰种类的编码目录、第VI个图表中按照地理位置分成相同种类（见第13章3节），都证明了这种多样性。然而，所有这些亚型和装饰形成一种独特的主要类型，与其他黑格尔型明显不同，更别说佩砧型铜鼓的装饰形式，其根本就没有反映黑格尔I型的特征，也别说有着豪华三维装饰和人形饰的云南铜鼓了，云南铜鼓根本就不是黑格尔I型鼓那样的平面装饰，黑格尔I型铜鼓都是纯粹的几何造型和人纹带装饰。无论个体黑格尔I型鼓之间是怎样的千差万别，只要把它们放在一起，它们都属于一个大家庭。各种各样的亚型鼓之间是相互联系，有些联系更紧密——某些亚型还是从其他亚型发展而来的，它们之间的区别很小或逐渐变小；其他的亚型先后出现但没有直接联系。在后者这类例子中，不同之处可能存在于其他铜鼓没有的某些外来因素中：例如，一种异乎寻常的、"永不得满足"的鸟（Tatalus），只有从巴巴坎（Babakan）2.03+鼓和"斯德哥尔摩"11.40+鼓中看到。或者，在所有黑格尔I型类型中最重要的变化是，在更加精致的东京鼓、类似东京鼓和它们后裔中引进了人纹带和船纹（见第7章2-4节，第8章1-3节）。为了与以前的鼓一致，人们进行某些尝试并略有偏差，这些偏差便发展为地方类型，这些地方类型的分布有限（例如老挝的12.01+鼓、斯德哥尔摩的11.40+鼓似乎就属于这些类型）。另一方面，图像纹借鉴于某种易朽材料的民间艺术（如在木头上画画），在短暂的流行之后并没有停止，而是成为一个重要发展的起点，这种发展将一直延续到最后并形成了我们看到的铜鼓。一旦我们接受这样一个事实，即黑格尔I型鼓是一个遍布整个东南亚的广泛大家族，那么所产生的问题是：这一家族中最早的成员来自哪里？其发源地是在其最后出现的地方，即东南亚境内的某个地方吗？还是另有他处呢？

从铜鼓研究的早期开始（甚至在黑格尔分型以前），人们就普遍认为黑格尔I型鼓是最古老的鼓，这就回答了关于黑格尔I型鼓的起源问题的同时，又大体上揭示了铜鼓的起源。但这种观点值得怀疑。在起初铜鼓样品还不多时，较早的标本和后来的铜鼓搞混了也使人们观点变得模糊不清。一个显著的例子是围绕萨雷尔5.01+鼓的讨论，在第20章6节中当作一种"早期鼓"来讨论，然而它明显是一种较晚时期的铜鼓。1884年，迈耶（A. B. Meyer）提出反对中国是这种鼓以及铜鼓的发源地时提到，大象和孔雀都不是中国土生土长的。迈耶的观点应该被纠正,因为德格罗特(De Groot)认为这些动物是近代史早期中国动物群的一部分(译者注:本书作者认为近代史早期早到何时? 如果大象孔雀等在中国云南出现早于萨雷尔鼓出现的时间,那么德格罗特的观点是成立的,反之则有问题)。迈耶(Meyer)和夫瓦(W. Foy)(后者观点见于引用书目 Meyer & Foy 1897)都赞成发源地在东南亚大陆,迈耶认为在印度支那腹地,夫瓦认为在沿海地区,柬埔寨或占婆(Champa)地区。中国和越南北部后期的关系将在第 16 章 4节中讨论。

有人认为印度是铜鼓最早的"诞生地"之一,但这观点很快被否决了。现在,印度文化无疑影响着东南亚的一些地区,而且影响很深,持续很久。因此,有些学者,如施梅尔茨(Schmeltz 1896)和罗费尔(Rouffaer 1910, 1918)曾认为铜鼓起源和传播受印度影响。然而,印度教和佛教、印度艺术和文学的影响,远远晚于最早的铜鼓起源时间。而且印度本身从来没有和铜鼓相似的东西,最后不能不提的是,黑格尔 I 型和其他铜鼓的装饰图案与印度艺术的装饰图案与造型之间也没有任何联系。铜鼓起源同样与东南亚的印度-爪哇以及其他"印度化"的艺术类型之间没有任何联系。作为反对印度为发源地的另一个论据,最重要的铜鼓并不是在印度化群岛地区发现的,而是在它更东部的地区,那里几乎没有受到印度文化的影响。之后我们应该注意到情况已大有改变,因为最近 70 来年发现了以前未知的更多铜鼓。然而,爪哇鼓与在印度尼西亚东部发现的装饰更加精致的主要鼓之间仍有区别。这一区别将在第 13 章 5 节 1 - 8 部分讨论,不过该节只大致谈到了群岛地区的铜鼓历史,没有涉及发源地问题。

到目前为止,东京(越南北部)最有可能成为最早的黑格尔 I 型鼓诞生地,这类鼓还不能称之为"最早的鼓",在第 20 章 6 节中将会讨论到。东京位于中国南部与云南之间(见第 18 章)。这三个地方都是早期金属制品的中心。从纯粹的风格来看,云南是极为"特别"的,与其说它是事实上的先驱,还不如说它只是条旁门左道。云南发现的鼓形器物上的场景奇特,因此根本难以把它们当作黑格尔 I 型鼓的"起源"。另一方面,这种金属制品的特殊类型,即使被认为是敲边鼓的,也不能否定其重要性(见第 18 章)。然而,这无法使云南成为一般金属鼓的发源地,也不是黑格尔 I 型鼓的发源地。

红河使云南和东京很好地联系在一起——通常是从云南出发,翻山越岭,到达东京三角洲。然而,一些云南铜鼓中的东山文化特征似乎暗示从东京到云南由下游到上游的联系。东山艺术的一些其他特征显然没有包含在文化传播中。

中国华南、东京,或许迟早有一天也包括东京南部的周边海岸地区,这三个地区很可能是东山文化发源的主要地区,也是早期黑格尔Ⅰ型鼓向外扩散的中心地区。东南亚青铜(铁器)时代甚至其后很长一段时间,东京地区似乎诞生了黑格尔Ⅰ型鼓并一直保持了其传播。

认为东京是发源地的最重要的原因是：东京地处富饶的三角洲之中,四面环山,毗邻大海;靠近中国。当然邻近中国从许多方面来说这并不是个有利条件,但从文化历史方面来看,是具有举足轻重的意义的。还有它与周边山上居民的联系,有证据显示这些居民无论是在史前早期或者是近代,都具有冶金技能。此外,如果远距离与欧亚草原的联系对于东南亚青铜中心的历史确实产生作用的话(除了其他的作用因素外,这种联系很可能起过作用),那么中国华南、云南和东京则是欧亚路线的终点站,也是向东南延伸的起点站。更重要的是,东京处在一个典型的交汇处,即其处于草原路线、东南亚、大陆和跨海的最后一站的汇合点。

更加有趣的是,在东京——换一种说法是越南北部,已发现有大量的青铜时代(东山型)的器物,这些器物代表着黑格尔Ⅰ型鼓的不同亚型和不同的发展阶段。有一些类型来自发掘(如东山遗址及在最近几十年中发掘出的更多遗址),这种情况并不常出现。除了在越南北部确实出现了许多铜鼓,一些非常相似的鼓也出现在东南亚的其他地区。有理由相信绝大多数这些鼓都是直接或间接地来自越南北部。此外,在印度尼西亚的东部也发现了许多非常有趣的鼓(如桑根 4.02+;库尔 7.05+;萨雷尔 5.01+),这些鼓极似东京鼓(如玉缕,"穆力"等),代表着后期的发展,而迄今为止,很少在东京本地区发现过这种晚期风格鼓。然而,上述这些鼓有的有图像纹(4.02+)或鼓面上有汉字铭文(7.05+),表明它们的最终出处与中国有直接联系。鉴于这些鼓的总体东京化特征,它们的发源地除了东京地区以外,不可能是别处了。

与东京及其附属地区相比,东南亚大陆的其他地区在铜鼓向南传播的途中最多是第二和第三站。在某种程度上,他们自身也促进了东南亚青铜时代发展和传播。一些非凡的创作,如特大号的象铃和篮形的容器,都有力地证明了南部青铜铸造者的即兴创作。在海外,也发现有类似的容器(见第 17 章 3.2 节)。一旦器物和制造或引进它们的人们这类青铜时代的要素进一步向前发展,从大陆和马来西亚半岛到印尼群岛,再到整个巽他群岛和摩鹿加群岛,新的发展就开始了。开始于古代东亚,甚至先于东山文化的艺术风格转变成当地的艺术和工艺,在建筑及房屋装饰、纺织品、木雕、石雕(帕塞玛,图版 1.04,1.05)、有些金属制品上都有所体现。这些风格一起构成了早期印度尼西亚本土文化的主要特征。

越南北部和东南亚大陆其他地区的关系以及它们与印度尼西亚群岛之间的相互关系将在后面的章节中讨论。按时间顺序,它们主要属于后期,比关联"诞生地"的那些晚。作为一般类型的黑格尔 I 型鼓最终起源地而言,任何支持起源地是印尼群岛、反对东京和邻近国家的论据都黯然失色。这一点也适合东山文化的早期史及其后续在东南亚大陆和岛屿传播。然而,印尼群岛的情况又相当特别,尽管它涉及了东南亚青铜时代的某些特征,但它并没有局限于东山文化。

首先,在印尼的巴厘岛发现的铜鼓,与佩砧型鼓的某种类型存在一定的联系,例如,佩砧型"月亮"鼓,3.01+;好几个鼓面(3.02 和 3.04+);还有马纳巴(Manuaba)发现的铸模(印模)碎片(3.03+)。从所有这些来看,佩砧型鼓显然是在历史萌芽的某个时候产自巴厘岛当地,尽管在爪哇也发现了一两面这样的鼓。"月亮"鼓和其他鼓代表了一种与黑格尔 I 型鼓以及其他黑格尔型鼓有实质性区别的类型(见第 19 章)。既然在东南亚大陆都没有发现这些佩砧型鼓,那么,现有的发现应该让我们关注到印尼群岛是青铜时代器物之产地。一方面,如同我早些时候(1978:37–38)论述的那样:佩砧鼓在形状、装饰上与后来的巴厘岛艺术没有联系,因此,无法表明巴厘岛就是佩砧型鼓的发源地。另一方面,巴厘岛上发现像佩砧型"月亮"鼓这样出色的器物和普通佩砧鼓的可能性不输于其他任何地方。佩砧型鼓在阿洛莫科地区也有自己的后期型,它们铸造时间比较近,铸造地区为东爪哇的格雷西克(Gresik)及望加锡(Makassar)(见第 21 章 4 节)。

除了在巴厘岛的发现外,我们还应回想到各种各样的匕首类的铸模,这些铸模是在爪哇岛西部的万隆(Bandung)地区发现的,这也说明了当地有造鼓作坊(见第 11 章 5 节)。此外,分别来自爪哇岛和罗蒂的奇形怪状的礼仪用戟和斧(图版 22.17–20),马都拉(Madura)和葛林芝(Kerinci)的容器(图版 22.11–12)和一些小型古董都反映了在青铜时代一些集中发生的活动,这些活动实质上独立于东山文化传统,都该有自己时间顺序,只是或早或晚罢了。由于在中南半岛的南部也能找到类似的金属品(容器、钟和鼓等),所以我们不能把这些活动局限于岛内世界。

印尼群岛的黑格尔 I 型鼓与中南半岛北部地区和其他东南亚大陆地区的黑格尔 I 型鼓显然有着直接或间接的关系。在群岛内,最具民间艺术风格的鼓可能源自亚洲大陆。但是,据我们所知,这些民间艺术风格在印度尼西亚和太平洋地区的发展已达到登峰造极、炉火纯青的地步了。至于佩砧型鼓,只要没有反面的证据，我们就可以把它的制造归于巴厘本地。不管怎样，作为金属鼓，佩砧型源自之前早期的有腰型鼓，在装饰上运用了东亚的某些图案（见第 19 章）。另一方面，我们应该把黑格尔 I 型鼓的发源地定于北部以上，大约在东京地区内或其附近。

第 13 章
铜鼓的地理分布

13.1　引言

在空间方面,铜鼓有两个问题。一是静态方面:根据发现地点的分布;二是动态方面:铜鼓传播。

静态方面,在本章中用 2 个表(表 VI 和 VII)和一批简化地图(地图 1 和 2)来表示。借助这些,我们可以考察发现点的地理位置以及编码群在不同地区的传播。

动态方面(铜鼓产自哪里? 它们是怎样到达它们使用之地的? 是什么原因、通过什么方式传播的? 这种传播显而易见确实发生了)——大部分的这类问题有待进一步研究(见第 14 章)。

黑格尔 I 型鼓的分布最广,而且比其他任何铜鼓都流传得远,在谈论它之前,我们应该简要地指出黑格尔 I 至 IV 型以及一些其他类型的地埋位置。

13.2　地理上的类型和亚型

一旦制造铜鼓的想法被落实到实物,第一批标准类型就会适时的进一步发展(见第 3 章和 12 章)。在主要的黑格尔 I 型中又衍生了许多亚型,它们在尺寸和装饰上都相互有明显的区别。像这样的亚型已收录在以装饰区别为基础的组群编码表(见第 24 章)。在表 VI 和 VII 中,编码表按地理顺序重新排列和总结。这些图版说明整个东南亚地区都有各类型铜鼓的分布。

除了向南分布的亚型之外,还有来自中国华南和云南的黑格尔 I 型铜鼓,在

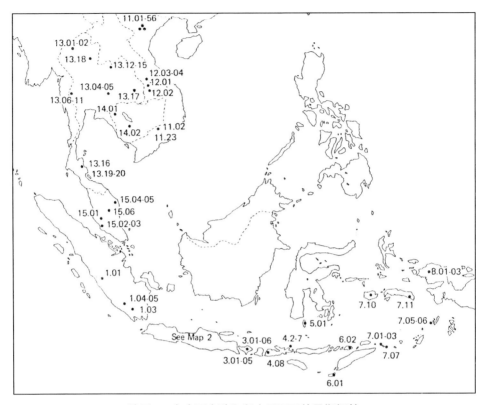

地图 1　东南亚大陆和印度尼西亚的早期铜鼓

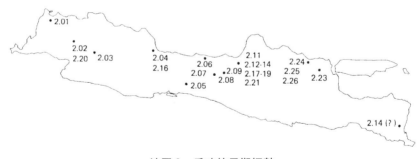

地图 2　爪哇的早期铜鼓

云南除了那些特定的鼓和鼓形容器外，那些特定器物都是用立体图案精心装饰的，他们有云南特色，与所有的其他类型相区别，见第 18 章。

除了黑格尔 I 型这个体系外，还有黑格尔 II 和 III 型（见第 3 章 1 节的 2－3 部分和第 22 章的 3－5 节）、自成体系的佩砧型及其在印度尼西亚东部阿洛群岛的延续（见第 19 和 21 章）。正如前面所说的那样，尽管黑格尔 I 型对黑格尔 II

型和 III 型的发展有一定的影响,但是黑格尔 II 和 III 与黑格尔 I 的起源还是有出入的,它们复杂的外形需要一种不同的解释(见第 3 章 2 节的第 4 部分,第 4 章 3 节)。中国华南的黑格尔 I 型鼓成为晚期东京鼓的一个地区分支,晚期东京鼓很有特色,其纹饰风格化和格式化,这可以从越南北部,甚至更多地从散布到印尼东部桑根、库尔等地的铜鼓发现便可以知道。黑格尔 IV 型可能起源于某一早期类型,该类型后来与黑格尔 I 相混合。IV 型鼓的历史本身就是一个故事,先前已简要地讨论过(见第 3 章 1.4 节)。

佩砧型鼓的情况就不一样了,其本身自成一个体系,这也说明较之于东山铜鼓,在东南亚,尤其在印度支那以及印度尼西亚群岛,有着更广泛的青铜时代传统。

黑格尔 I 型鼓的地理分布

13.3　表 VI　编码分组及其地理分布

G	Diëng, 2.08+ — Dông So'n A &B, 11.10+ & 11.11+; Giao Tât,11.18+ — Thung Yang, 13.14 — Tembeling, 15.06+
G.M[F]c	Bergota, 2.14
G.M+N	Pekalongan, 2.07
G.MI	Semarang, 2.12+
G.N	Ban Gaw, 13.01 — Kpg. Sungai Lang b, 15.03+
G.N+ZX	"David-Weill", 11.08+; Hanoi?, 11.19 — Nakhon Sithamarat, 13.16
G.spir birds n	Babakan, 2.03+
G.ZL1	Phu Duy, 11.35
G.ZL2	Dông So'n C, 11.12 — Battambang, 14.01+ Klang, 15.01+
G.ZL3	Banyumening, 2.11+
G.ZX	Kerinci, 1.01; Mersi 2.05+ — Ongbah G.D., 13.10+
GSIIn	Mieu Môn, 11.26; "Stockholm", 11.40+ — Laos, Ubon, 12.01+
GBSn	"Beelaerts", 11.23+
GFc	Bergota, 2.13 — Thung Yang, 13.12 & 13.13
GFBc	Kontum, 11.23+

GFHnc	Ongbah 86, 13.06
GFHsn	Kabunan, 2.06+；Hoàng Ha, 11.20+；"Moulié", 11.28+；Ngoc Lu, 11.30+；Thuong Lâm, 11.43；Van Trai, 11.46；"Vienna", 11.47+
GFHBScn	Sangeang, 4.02+
GFBSIcn, nc	Sangeang, 4.03+, 4.04, 4.05+, 4.06 — Roti, 6.01+；Leti, 7.01；Kur, 7.05+& 7.06 — Hûu Chung, 11.22 — "Gühler I", 13.04 — Ongbah 89, 13.09
GFBSIIc	?, 0.01；Sangeang, 4.07；Leti, 7.03 — "Brussels H 837", 11.03+ — "Coqui", 13.03 — Kpg. Sungai Lang a, 15.02+
GFBSIIIcn	Salayar, 5.01+

13.4　表 VII　个体铜鼓及地域性

这个表仅限于铜鼓清单中黑格尔 I 型（在东南亚岛屿部分，来自印度尼西亚群岛的佩砧型铜鼓和黑格尔 IV 型鼓被用中括号[ ]括起来。关于中国南部的黑格尔 I 型鼓，请看第 10 章 1 节；关于云南铜鼓，请看第 18 章）。

表中涉及的地区包括：11 北越；11a 南越—12 老挝—13 泰国—14 柬埔寨—15 东南亚沿海；15b 马来半岛（马来西亚西部）—1‑8 东南亚岛屿（印度尼西亚群岛）。

11 越南北部

11.01	Ban Lau
11.03+	"Burssels H 837"（GFBSIIc：2）
11.04	"Burssels H 838"（G.ZL3：1）
11.05	Côi So'n
11.06	Dan Nê
11.07	Dào Thinh
11.08+	"David-Weill"（G.N+ZX：1）
11.09	Dông Hieu
11.10+	Dông So'n A（G：2）
11.11+	Dông So'n B（G：4）
11.12	Dông So'n A（G.ZL2：o）

11.13	Dông So'n
11.14	Dông So'n(miniatures)
11.15 – 11.17	Dông Van
11.18+	Giao Tât（G：1）
11.19	Hanoi（？；G.N+ZX：2）
11.20+	Hoàng Ha（Hà Dông；GFHSn：4）
11.21	Hoàng Hoa（Thanh Hóa）
11.22	Hûu Chung（GFBSIc：4）
11.24	Lang Mun（Nghê An）
11.25	Lang Vac（Nghe Tinh）
11.26	Mieu Môn（GSIIn：1）
11.27	Mât So'n
11.28+	"Moulié"（GFHSn：3）
11.29	Ngoc Hà
11.30+	Ngoc Lu（GFHSn：5）
11.31	Ngoc Lu II
11.32	Nôn Công
11.33	Nui Nap
11.34	Nui Soi
11.35	Phu Duy（G.ZL1：1）
11.36	Quang Xuong I（GFHnc：1）
11.37	Quang Xuong II
11.38	Sông Da
11.39	So'n Tây
11.40+	"Stockholm"，Phú Xuyên（GSIIn：o）
11.41	（？；Thanh Hóa）
11.42	Thieu Duong
11.43	Thuong Lâm（Viên Noi：GFHSn：6）
11.44	Thuòng Tin
11.45	Tung Lâm（Hà Dông）
11.46	Van Trai（GFHSn：7）
11.47+	"Vienna"（"Gillet"；GFHSn：2）

11.48	Viêt Khê
11.49	Vin Ninh
11.50	Yên Tâp
11.51 – 11.53	（？；Thanh Hoá）

11a 越南南部

11.02	Thu Dau Môt（Binh Phu）
11.23+	Kontum（GFBc：1）

12 老挝

12.01+	Laos，Ubon（GSIIn：2）
12.02	"Nelson"
12.03 – 12.04	Savannakhet area

13 泰国

13.01	Ban Gaw（G.N：2）
13.02	"Beelaerts"（GBSn：1）
13.03	"Coqui"（GFBSIIc：3）
13.04	"Gühler I"（GFBSIc：3）
13.05	Khorat area，"Bangkok V"
13.06	Ongbah 86（GFHnc：2）
13.07	Ongbah 87
13.08	Ongbah 88
13.09	Ongbah 89（GFBSInc：2）
13.10+	Ongbah G.D.（G.ZX：1）
13.11	Ongbah，sixth drum
13.12 – 13.15	Thung Yang，"Bangkok I-IV"（13.12：GFc：2；13.13：GFc：3；13.14：G：8）
13.16	Nakhon Sithamarat，"Bangkok VII"（G.N+ZX：3）
13.17	Ubon，"Bangkok VI"（Nakorn Srithamarat）
13.18	N. Thailand
13.19	Ban Chieng

13.20　　　　　Nakorn Srithammarat

14 柬埔寨
14.01+　　　　Battambang（G.ZL2：L）
14.02　　　　　Tos-Tak，prov. Kampong Chnang

15 海上东南亚-15a 马来半岛
15.01+　　　　Klang. Bukit kuda（G.ZL2：2）
15.02+　　　　Kampong Sungai Lang a & b（GFBSIIc：1 & G.N：1）
15.04+－15.05　Kuala Trengganu
15.06+　　　　Tembeling（G：7）

1－8 东南亚岛屿（印度尼西亚群岛）
0.01　　　　　origin unknown
0.02　　　　　（Central Java?）Pejeng type

1 苏门答腊
1.1　　　　　　Kerinci（G.ZX：3）
1.03+　　　　　Lampong
1.04+　　　　　Batugajah，Pasemah（sculputure）
1.05+　　　　　Air Puar，Pasemah（sculputure）
1.06　　　　　Sumberjaya，Bengkulu
1.07－1.08　　Bengkulu
1.09　　　　　Nias（？）

2 爪哇岛
2.01　　　　　Banten（H IV）
2.02　　　　　Cibadak（miniature）
2.03+　　　　　Babakan（G.spir birds：1）
2.04　　　　　Majalengka
2.05+　　　　　Mersi（G.ZX：2）
2.06+　　　　　Kabunan（GFHSn：1）

2.07	Pekalongan（G.M+N：1）
2.08+	Diëng（G：6）
2.09+	Tanurejo（Pejeng type）
2.10	Borobudur?（H IV）
2.11+	Banyumening（G.ZL3B：1）
2.12+	Semarang（G.MI：1）
2.13－2.14	Bergota（GFc：1；G.M［F］c：1）
2.15	Macanputih（？）
2.16+	Kuningan，Taraja
2.17+－2.19	Semarang
2.20+	Bogor
2.21	Weleri（H IV）
2.22	Prajekan（？）
2.23	Kradenanrejo
2.24+	Guwoterus
2.25	Waleran
2.26	"East Java"

3 巴厘岛

3.01+	Pejeng "Moon"（Pejeng type）
3.02	Pondok，Paguyungan（Pejeng type）
3.03+	Manuaba（stone printing mould；Pejeng type）
3.04+	Bebitra（Pejeng type）
3.05+	Carangsari（佩砧型鼓形基座上的石像的残片）

4－8 东印度尼西亚

4.01－4.08	Sumbawa，Sangean
4.02+	Sangeang，"Makalamau"（GFHBScn：1）
4.03+	Sangeang，"Wairasinci"（GFBSIc：7a）
4.04	Sangeang（GFBSIc：5）
4.05+	Sangeang，"Saritasangi"（GFBSIcn：10）
4.06	Sangeang（GFBSIc：9）

4.07	Sangeang（GFBSIIc：6）
4.08+	Seran（desa），Sumbawa Besar
5.01+	Salayar（GFBSIIIcn：1）
5.02	Kalimantan，Barito（？）
6.01+	Roti（GFBSIc：1）
6.02+	Alor，Sey-Eng（desa），alternatively Kokar
7.01－7.11	Moluccas
7.01－7.03	Leti（7.01 GFBSIc：6；7.03 GFBSIIc：5）
7.04	Serua
7.05+－7.06	Kai Islands，Kur（GFBSIcn：8；GFBSIc：7）
7.07	Luang
7.08－7.09	somewhere in the Moluccas
7.10	Kayeli，Buru（？）
7.11	Seram
8.01+－8.03	Irian Jaya，Western New Guinea，Meybrat

13.5 注释表 VII（列表之后）

13.5.11 北越 根据越南考古学家（如何文晋）的最近估计,至 1980 年左右,北越大约有 70 面铜鼓（比铜鼓清单和表 VII,亚型 11 中的数目大得多）。从表 VII 中可能会得出这样的结论：在这些发现中,有不胜枚举的亚型（参考表 VI）。有纯粹的几何型,有的装饰简单,有的也有波浪纹和螺旋纹,也有更复杂的图案设计,包括人物饰带、船纹,有时还饰有青蛙。那些饰有人物饰带的鼓,如大型的东京鼓（11.20+,11.30+等）,通常是崇尚"自然主义的"（编码 n）；这些东京鼓上的羽人是某些人类（m£ ）。迄今为止,源于这些羽毛装饰的图案,仍占很小一部分。胡忠,11.22；"布鲁塞尔 H 837",11.03+的££装饰图案是一种"格式化"风格的象征。广雄 I,11.36（图 10；见第 7 章 2.6 节）则"风格自然,并用图解方式表达"（nc）。

尽管如此,北越非常盛行用风格化人物装饰图案来代替自然主义图案这一趋势。事实上,这一趋势可能是从北越传入中国华南的,并发展成为一种当地特色,就像华南的黑格尔 I 型（见第 10 章 1 节）和黑格尔 IV 型鼓一样。一些程式化装饰要么完全程式化要么还保留着些许自然主义细节,其最好的样品是在印度尼西亚群岛东部被发现的：如桑根，4.02+及4.05+鼓等。显然，这些鼓和其他相同种类的鼓最初都来自北越（见第16章5节），因此，这向我们提供了那里有传统化装饰存在的间接依据。除前面所涉及的铜鼓，还有一些程式化羽饰题材的铜器，如盆、青铜缸（thap）盖，"布鲁塞尔 H 863"，图版22.03，它们与其他青铜缸、足形斧头等上面的自然主义图案起反衬作用（见第17章3.2节）。

越南下面这些省份发现了黑格尔 I 型鼓：清化省、河东（包括河内）、河南、海防、和平、高平、老街、安沛、山西（So'n Tây）、北宁、海阳、南定以及义安（Nguyên Phuc Long 1975：75）。

在越南北部的芒人部落中有时也发现黑格尔 I 型铜鼓（见第22章2节）。

13.5.12　老挝　老挝鼓，12.01+与"斯德哥尔摩"，11.40+鼓几乎属于相同的种类，我们可能倾向于把它们称之为来自山区的"地方鼓"。然而，奇怪的是，它们与爪哇的巴巴坎，2.06+鼓有某些相似之处，尽管其差异很大，这样就让上面的倾向有点自相矛盾。

不久前，老挝北部曾是黑格尔 III 型鼓的部分分布区，这里聚居着一些山地民族如拉梅特人（见第22章4节）以及克木人和他们的亲属（见第22章5节）。

泰国翁巴（Ongbah），13.07鼓和一些其他的金属鼓可能源于老挝巴色（Pakse）周边一带的某个中心，包括老挝，12.01+；"纳尔逊"，12.02鼓以及附近的沙湾拿吉（Savannakhet），12.03鼓和12.04鼓。

13.5.13　泰国　泰国在北纬6度至20度之间，由北向南贯穿整个东南亚大陆。泰国北部、缅甸东部和老挝北部彼此相邻，如前所述，这就是我们发现黑格尔 III 型鼓的地方，但在铜鼓清单中没有包括。

北部的清迈大约在北纬19度、东经99度，以班戈（Ban Gaw），13.01和贝拉茨（Beelaerts），13.02+鼓为特征。在北部也有班清（Ban Chieng, 13.19）鼓。桩阳（Thung Yang），13.13－13.15鼓来自乌达腊迪（Uttaradit）（东经100度、北纬17－18度）。翁巴，13.06－13.10+和13.11鼓位于东经98度57分、北纬14度41分（见第13章5.13a）；素可泰（Sukhothai），13.04鼓位于东经102度、北纬17度；呵叻（Khorat），13.05鼓位于约东经102度、北纬15度（翁巴，13.07鼓，前面章节中已提到过）。

值得注意的是，14.01+和14.02鼓发现于柬埔寨境内的某处，而在过去的几个世纪里，这个地区又经历了多次殖民统治。

最南边（稍微超过北纬8度）的洛坤府（Nakhon Sithamarat, Nakorn Sri Thammarat）13.16，13.19，13.20鼓与北纬5度附近的瓜拉丁加奴（Kuala

Trengganu)15.04+和15.05+鼓交相辉映,而从北纬5度附近开始,它们都被马来西亚的西部边界所分隔。在1350年和1650年之间,素可泰王朝及其附属国,包括洛坤府都是阿瑜陀耶(Ayuthia)的一部分。

泰国的铜鼓显示出极大的多样性,其下可分多个组群:G组、有波浪形纹饰的G组、GBSn组(包括蛙饰,如"贝拉茨",13.02+鼓)、GFHnc组以及GFBSIc组。

13.5.13a　翁巴洞穴　铜鼓中转中心之一便是泰国,在位于桂河(Mae Khwae Noi)及桂亚河(Khwae Yai)之间的三塔关口(Three Pagoda Pass)附近,就像后来历史上那样,附近的铅矿有可能在史前贸易中扮演着一定的角色。迄今为止,并没有发现定居点的踪迹,但是,在上述两条河流之间的坎查纳普里(Kanchanapuri)山丘中的翁巴洞穴中,泰国-丹麦的第一和第二批(1960－1962年和1965－1966年)史前探险队发现了大量的墓葬,这表明那里肯定有人居住过。[1]有些埋葬很简单,有些又很复杂,有船形的木棺和丰富的陪葬家具,包括了三对铜鼓(Sørensen 1979a),这些将在后面讲到。这些发现反映出两个截然不同的社会阶级,一个是统治阶级和他们的亲属,而另外一个可能是与熟练的技工阶级有关的人(在一些墓葬中有木匠的工具)。在"二次葬"土壤层中,大约发现了90座船形木棺葬以及一些简单的墓葬,这些二次葬与早期的班高文化遗留相区分,如果不是这些地层经常被同时期的后续墓葬所破坏的话,它们很可能提供清晰的地层学序列。此外,在探险队员到达之前,当地的农民和寻宝人让情况变得更复杂,他们尤其喜欢去寻找木棺里面死者的随葬珠饰。

这个98米长的洞穴包括了两对门厅,其中一对在北入口的里面,而另一对的开口面向西南。一条很窄的通道把两对大厅连接起来,由于通道两边有许多极其美丽的钟乳石,因而这条通道又被称为"画廊"。在尚未出版的《泰国的考古挖掘》一书中的第四卷中有关于翁巴洞穴铜鼓的全部报告。最重要的是瑟伦森的(*AP* 1973)和(*ESEA* 1979)关于这一主题的文章,我的大部分信息是从它们当中获取的。

三对(或简单地说:六只?)铜鼓已被纳入在铜鼓清单13.06－13.11中,和OB 86－89,G. D.(省长之鼓,或者说五号鼓)和六号鼓相一致。五号鼓和六号鼓在泰国-丹麦第一探险队到来以前已被拿走了。1960年,北碧省(Kanchanaburi)省长向荷兰探险队队员范·希克伦展示了五号鼓。五号鼓被赠给北碧省的一座寺庙,直到1973年才被瑟伦森发现(Sørensen 1979a:84)。根据所掌握的资料,五号鼓和六号鼓的绝大部分还是完好无损的。六号鼓被送往曼谷,但不幸的是在运输途中丢失了。其他四面鼓基本都残缺了,在1960－1961年,瑟伦森和范·希克伦把这些残鼓带走了。它们都遭到极其严重的损坏。13.07 和 13.08 鼓的主要部分，包括鼓面和鼓身上部已丢失，因此，它们的装饰也无法确定。13.06 和 13.09 鼓已编入编码目录中，根据瑟伦森的描述，分别编为 GFHnc：2 和 GFBSInc：2，瑟伦森也费了很多心思去处理 OB G. D.，13.10+号鼓。我把它编为于 G.ZX：1；它有简单的几何装饰。这种鼓的鼓耳好像在史前时期就已经丢失了。OB 89，13.09 号鼓起初有四只蛙饰，但迄今为止，对于到底有多少幸存下来，并没有记载。在村民家中发现了一只铜青蛙，可能来源于这面鼓。

那些先前没有被拿走的鼓是由探险队员在木棺附近发现的，那些木棺外形像船，其实就是简单的独木舟，是用当地硬木树干制成的，两头都有风格化的动物头像（Sørensen 1973：图 3）。作为棺盖的木板，似乎偶尔也会用作独木舟。棺葬遍布整个岩洞，但是绝大多数都在最黑暗处。墓里有青铜器、珠饰和铁器工具。铜鼓与棺葬好像有联系，但铜鼓太大了，不可能放入木棺内。据说 OB 86 和 89 鼓在"画廊"里被发现时是倒扣放着的，里面装满了石头，OB 87 和 88 鼓是在二号厅的木棺群中发现的。除了我们所知道的这 6 面鼓以外，是否有其他鼓作为其余木棺的随葬品而放置于洞穴中，还很难下定论。就我们所知道的而言，是不可能有很多类似陪葬铜鼓的。如果其他重要人物棺木中有铜鼓，说明那里埋葬的是非常重要的人物：但是由于在探险队到达之前的人和寻宝者的随意行为，许多细节都只是传闻，完全不可信。

根据纹饰的差异，岩洞里埋藏着多种不同类型的鼓，OB G. D.，13.01+鼓属于几何图形鼓的范畴，但其设计不是完全简单那种，其上有一种菱形曲线，与梅西（[Mersi]，爪哇），2.05+鼓甚或葛林芝（Kerinci），1.01 鼓，以及 GFHS 和 GFSB 编码组群中许多复杂的鼓等类似，这表明，它们都属于铜鼓发展阶段的较晚时期。=o= 条纹在简单的几何纹铜鼓和复杂纹饰的铜鼓（GFBS 组）中都能见到。

OB 86，13.06 号鼓，编码为 GFHnc，其风格让人想起广雄，11.36 号鼓。这 2 种鼓都有图解式（££m）的羽人，因此用 nc 编号，意味着自然主义但是用图解式表达，显示时期稍晚点。

OB89，13.09 号鼓编码为 GFBSInc，属于范畴广泛的 GFBS 铜鼓组，该组大概有 16 面铜鼓，纹饰不同程度都程式化了，看起来时期晚点。

有趣的是，其中两面鼓，可能是一对，即 OB86，13.06 鼓和 OB 89，13.09 鼓。根据记载是在"非常靠近"木棺的地方发现的，木棺已在史前时期就被烧毁。根据碳十四测年，其年代为距今 2180±100 年（这里"今"字指公元 1950 年），或者在公元前 230±100 年，而根据瑟伦森的建议，有 2 个西格玛的更正，两边年份可再放宽 100 年：即公元前 430-30 年。[1]这给我们留下许多选择。此外，还有其他的不确定性。不管碳十四测年的时间是多少，其都是依据棺木（的炭）来测的，也许棺木做好后 X 年后才入埋，而且棺木可能在被埋 Y 年后才被烧毁。我完全同意瑟伦森的观点，即金属鼓在埋葬时一般都已经比较老，当然在翁巴鼓的情况中也是这样。一对鼓中，较新的那一面鼓的生产与埋葬之间的间隔为 25 年，它与较旧的那面鼓的生产时间的间隔也可为 25 年，这似乎是比较保守的估计，这增加了铜鼓本身年代的时间跨度。事实上，碳十四测定的年代只不过为我们提供了个鼓制造的最晚年代。瑟伦森倾向于强调"起源得靠多面早期铜鼓"，如罗蒂，6.01+鼓；桑根，4.02+鼓和库尔；7.05+鼓。然而，由于在我的编码分组中，那些铜鼓显示出程式化趋向，这些铜鼓年代似为较晚时期，因此翁巴鼓以及东印度尼西亚鼓都不算是"早期"鼓。由此而来翁巴 86 和 89 鼓的碳十四测定的年代可以解读在"公元前 2 世纪甚至 1 世纪"，要不也可以看成程式化风格开始较早。如果我们只能依赖于纹饰风格的话，那么我们的结论需要在更广泛的背景下考察。在这种情况下，单单一个碳十四年代无法向我们提供一个绝对的年代。至于翁巴鼓的一个相对年代表，瑟伦森提出如下顺序：OB 89、86、87 和 88，可惜后面两面鼓的鼓面已丢失，这使得推算出所有鼓的年代难上加难。

根据翁巴洞穴的发现，瑟伦森认为其翁巴社会顶点时期是在公元前 3 世纪的初期。随着时间的推移，翁巴鼓的准确年代已变得更加难以确定。瑟伦森认为"从目前的证据来看，无法确定其开始和结束的确切时间"，这种观点是正确的。我们应该继续探寻更多的信息。

13.5.14　柬埔寨　在第 16 章 3.13 节中已叙述过 14.01+和 14.02 两面铜鼓（译者按：原书有误，无第 16 章 3.13 节），只有一只被编码：G.ZL2。

13.5.15　靠海的东南亚　马来半岛位于东南亚大陆和群岛之间，这一地理位置很自然就引发这样一个问题：在促进早期的交往中，它起到了什么作用？在很长一段时间里，铜器的发现都局限在半岛的西海岸，这似乎利于沿泰国和马来西亚半岛海岸的陆路传播的说法。这些发现中有在巴生（Klang）发现的三只钟、在大约同一地方发现的一个鼓面（15.01+），以及在腹地发现的一面铜鼓（贝林［Tembeling］，15.06+鼓）。后来，在磅士朗（Kampong Sungai Lang）发现了两面鼓的残件（15.02+和 15.03）。在东海岸的瓜拉丁加奴市（Kuala Trengganu）附近的巴图伯克（Batu Burok）发现了两面铜鼓（15.04+和 15.05+），这改变了在马来半岛已知青铜时代出土物的分布地（后续又在泰国南部发现了铜鼓：洛坤府［Nakhon Sithamarat］，13.16 和 13.19-20）。

　　一方面,东南亚大陆和泛"沿海地区"岛屿部分的关系看上去相当近(例如,在海岸的任一边,除了金属鼓之外,还有图版 22.11‒12、14 中造型奇特的器物)。另一方面,大陆部分(马来西亚、柬埔寨以及印度支那南部)可能有一定特征的钟,这些钟到目前为止还没有在马来群岛发现过(见第 17 章 3.2 节)。然而,印度尼西亚在仪式武器的拥有方面是洋洋得意的,这些仪式武器都来自罗蒂岛(图版 22.18‒20),其中还有一种金属鼓:佩砧型铜鼓,唯印尼独有。然而,不管北边和西北对南边和西南部的影响关系有多近,我们应该看到其中相关的各方都有其自身特色和个性。

13.5.15a　马来半岛(马来西亚西部)　在马来西亚半岛发现的金属器物,包括一些铜鼓和残片大约在 1905 年开始有记录。[2]当时,在西海岸(雪兰莪州[Selangor]的瓜拉冷岳[Kuala Langat]地区)的巴生(Klang)[3]发现了三只饰有螺旋形、锯齿状图形的大铜钟。大约 20 年后的 1926 年,由于严重的洪涝灾害,一只高度腐蚀的铜碟在彭亨(Pahang)的贝林河(Sungai Tembeling)上的巴图帕西尔加拉姆(Batu Pasir Garam)露了出来。它最初被描述为一种礼仪用瓮的盖子,很久以后才被正确地认定为一面铜鼓的鼓面(贝林,15.06+鼓)。在 1944 年日占期间,在巴生(这个世纪早期已发现了钟的地方)东北部的布基特库达(Bukit Kuda)山上的施工过程中,又发现了另外一面金属鼓的碎片,包括一部分鼓面和一大块鼓身。这些碎片(巴生 15.01+;G.ZL2∶2)藏于雪兰莪州博物馆,尽管受到轰炸,它们侥幸得以幸存,现在藏于吉隆坡国家博物馆。

　　1964 年 6 月,又在离巴生 40 千米的磅士朗又有一个非常激动人心的发现(磅士朗 a,b 15.02+和 15.03 鼓)。这个地点是泥炭土壤覆盖了红树林泥层。1938 年,为种植橡胶树这个地区被首次清理过,大部分泥炭被清走。1964 年,为了种植咖啡豆,再一次被清理。一个小农场主偶然发现了一个直径约为 15 英尺,高为 3 英尺 6 英寸的土丘,它曾是圆的或半圆形的,当他试图削平这个土丘时,偶然发现了 2 个并排的金属碟,后来确认为铜鼓的鼓面。这些物品以及一些残片一起存放在附近的一个商店里,残片包括一块大的和无数小碎片。一位新闻记者报道了这一发现,后来一位马来西亚大学的人类学家看了它们,最后历史系的皮柯克(B. A. V. Peacock)也查看了这些器物。土丘的大部分已被削平,尽管如此,由皮柯克先生主导的挖掘仍然取得了非凡的成果(图11)。这些铜鼓原来都是倒置的,在土丘留下了明显的铜鼓印痕的下方有一块木板,看起来是一只独木舟的底部,长 6.6 英尺。很明显,在这块地方被沼泽森林覆盖以及泥炭层开始积累以前,土丘周围的土壤已在红树林泥土上面堆积起来了。在这个土丘中发现了这两面铜鼓,铜鼓都是放在木板上的(方位为东北-西南)。在土丘形成以前,10 多件陶器有可能是成堆的放置于铜鼓的周围(铜鼓内可能装有供品)。这些浅灰色的陶罐是经过精细打磨、再涂上一层树脂类的有机物后制作而成。在一只罐的下面,有一些很小的、不大透明的赤褐色的玻璃珠子,可能是作为装饰或奉献给鼓神的项链,这可与在加里曼丹的圣瓶手柄上挂着的古串珠相比较(Bertling 1950),或与某些佛教雕塑脖子上的项链相比较——正因为这样,在基督教国家里,项链是供奉给上帝母亲的。堆积在罐上面的泥土的重量也许是导致这些陶罐破碎的原因,可能在它们被埋下不久之后就被压碎了。

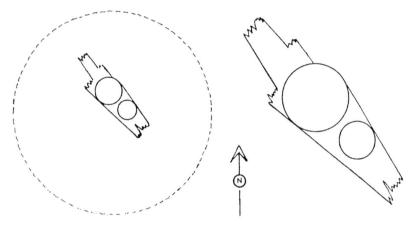

图 11　磅士朗鼓,15.02+- 15.03

这些鼓和器皿的埋葬肯定是经过精心策划而执行的。根据中国的记载(见第5章5节以及第22章1节),金属鼓有时是和它们的主人一起下葬的。在东山挖掘的坟墓中(见第16章2.4节,图14 - 15),铜鼓和其他的陪葬品都是紧靠在遗骨的旁边。在别处,如在三宝垄(Semarang)的贝戈塔(Bergota)墓地,铜鼓(2.13 及 2.14)是在坟墓的旁边被挖掘到的,但这些墓葬不一定是铜鼓的前主人的。在一定情况下,这可能有利于尸体的保存,但在其他情况下也不一定。类似磅士朗这样一个土丘长年覆盖在泥炭之下,你可能期望其中有些许遗骸的迹象。然而挖掘者们却找不到遗骸痕迹。鼓是倒立的,可能被用作装东西的容器,但是不管里边曾经装了什么,都已经毫无踪迹了。另一种可能是鼓丘是"象征或代替重要的部落成员来下葬的,这位重要的部落成员在海上捕鱼或贸易远行时失踪了"(Peacock 1965b)。换句话说,这可能是一个衣冠墓(一种与"海上魔法"

相关的不同解释在第 5 章 2.3 节中已经讨论过）。土丘不可能只是个埋藏价值不菲的铜器之所；埋葬这些鼓的仪式复杂、煞费苦心，因此明显也能反驳这种可能。这个地区的其他土丘也被人们注意到，但是到目前为止，仍没有新的资料能澄清这个情况。[4]

磅士朗 15.02+ 和 15.03 鼓面是中等尺寸的：大的直径超过 54.5 厘米，稍小于 18 英寸，小的直径不够 36 厘米，稍大于 14 英寸。大鼓的装饰比小鼓的更精致，在编码目录中，它们分别被编为 GFBSIIc：1 和 G.N：1。[5]在 15.02+ 鼓中，请注意青蛙、边框（见第 6 章 2.6 节）和用风格化、程式化方式处理的羽人纹（££）。也要注意 15.03 鼓中的辐射状的条纹。因为这些鼓的某些部分已经损毁，所以无法计算它们的高度。小鼓的鼓身上有不规则的小方洞图案，分成近乎交替的两排，类似的图案和设计也在其他的许多鼓中发现，但对这些图案的解释也各有千秋（见第 3 章 2.7 节）。

磅士朗土丘里的串珠，与从一些花岗岩石棺墓中出土的串珠属于同一类型，这些花岗岩石棺墓据说建于公元后第 4 世纪（Peacock 1965b）。放在两面金属鼓下面的木板样本，在三个不同的实验室中用放射性碳的方法测出的年代分别为：（1）距今 2 435±95 年；（2）距今 1 850±90 年；（3）距今 2 145±100 年。由于它们彼此之间相差太大，大家对这些年代日期的测算都有一定的保留意见，"所以这个重大发现的年代仍无法确定"（Peacock 1979，在 ESEA 第 213 页；Bastin 1971）[6]。同样地，土丘的地层学位置也无法表明其确切的年代。根据普尔（D. Poore）所说，红树泥土上面的泥炭层大约需要 700 至 900 年才能形成。

1964 年，几乎与磅士朗的发现同时，在半岛的东岸发现了一对一大一小的铜鼓，发现地靠近陆地仅 0.25 英里多一点，在巴图伯克一个沙滩或者说是凸起的海滩里的一块单独露出的石块脚下，海滩与海岸大致平行。巴图伯克坐落在瓜拉丁加奴市南边，鼓也以此为名：即瓜拉丁加奴 a、b 鼓，分别为 15.04+ 和 15.05+。

这些鼓藏在路面以下 2 英尺之处，一直都安然无恙。直到 1964 年，在路建施工中，被推土机挖出时损坏。这一地点已被彻底摧毁了，后来，在一位本地人购买的土方中仅发现了金属鼓的残片。一位附近的年轻人（马来的医生助理）开展了一系列自己的调查研究。他通过在路上挖掘，发现了第二面鼓面和一些零散的碎片，残片显然是小鼓的。直到一年后，即 1965 年 7 月，国立博物馆才知道这些，而当时这个发现地已被封锁在新路的钢筋混凝土之下了。

根据所掌握的信息,那两面鼓可能是一对(直径分别为 60 厘米多一点和 54.6厘米左右),在埋葬时是并排倒置的。因此,这种情况与磅士朗的情况基本一致。不幸的是,倒立起来的鼓身已被推土机削掉,仅剩下一些可供研究的碎片。

大的鼓面,15.04+已高度腐蚀,上面有一层厚厚的绿锈,但仍显示出某些非常有趣的细节。它的纹饰包含了一个有 12 芒的太阳纹,太阳纹周围是 8 个同心圆圈(15.04+):12)L o = L'/££/her/ZX/o =/−;这里没有关于其鼓身纹饰的资料。

第一圈纹饰中的带勾纹(L)中(见第 6 章 2.6 节)在第四圈中又再次出现。但后者更精致:带勾之间的空隙用十字架纹装饰,十字纹上面有向左右延伸的棱角(此外,在十字架中心有个小圆)。在第四圈纹饰中,有两个要素相互作用:逐渐消失的带勾纹和略微突出的十字纹。结果很有趣,但这并不能阻碍我们的认定 15.04+鼓的纹饰从艺术的角度看是相当蹩脚的,这里我斗胆不认同皮克先生的看法,他非常欣赏瓜拉丁加奴鼓。££图案无疑是风格化的,它指向了稍晚的年代,一个完全独立于审美价值或审美缺陷之外的年代。

小鼓,15.05+有 10 芒的太阳纹,由七条同心圆圈围绕:10///?) vøø/££/her/øv/−。

小鼓鼓身上半部分(A)饰有船纹,B、C 部分残片有把手,这些显示其风格与鼓面一致,因此应为同一个鼓的同一个部分,它们被编码如下:

A   øv;船

B   [££]Vert V ø V

hor   V O V

C   无装饰(?)

O 两个:O 和 V 都是相对大的。

与 15.02+的磅士朗鼓,尤其是东京鼓(如黄河鼓,11.20+)相比,15.05+鼓面上的££图案是非常直的,像旗帜或板条带,不像羽毛。这也许给人以一种(错误的)印象,即在££图案之间出现了房屋。在鼓身 A 部分的船纹中,相似的直线给人一种"有东西在航行"的感觉(同样是错误的)。B 部分方形空间中的££图案也有粗糙的棱角。很明显,这个船纹等图案的设计者是在试图复制一只他在别处曾见过的鼓,但他既不是巧夺天工的工匠,也不是杰出的模仿家。编码清单中的 15.05+鼓应含有 GFS,是新加入目录中的,由于信息的缺乏,当时本不应该这样编入的。目录中还应注明其风格,用 nc 表明是"自然主义的、图解式的";这样的样本在铜鼓清单中还有更多。它们通常有些粗糙；15.05+鼓就是很粗糙的。虽然发现地点已不幸被破坏，但是，这丝毫没有削减像瓜拉丁加奴市这些出土物的重要性。

就像磅士朗的小鼓，碎片也有方洞，比如在鼓身的下方和中间部分。没有任何人类或其他埋葬的蛛丝马迹，然而却有各种理由来认为这些鼓是用作容器的。器物内表上还清晰可见铁锈痕迹，铜绿上有粗糙编织的席子留下的印痕。此外，一只凹陷的铁矛头黏在大鼓面的内壁上。在发现鼓的地点附近，我们发现了大量已破碎的陶器。瓜拉丁加奴市的陶片是淡红褐色的夹砂泥质陶器；有些是黑色的拌有稻草之类东西的泥陶，这一种类在马来半岛的其他挖掘地点是从未出现过的。

几位专门研究马来半岛出土青铜器的学者已经注意到这样一个事实，根据原始采矿方法，当地是不可能有黄铜的。因此，要么是进口黄铜，然后与当地已有的锡和铅相混合，要么是引进在马来西亚西部发现的成品（勒文施泰因[Loewenstein]1955；特威迪[Tweedie]1957、1965；皮尔逊[Pearson]1962：32）。第二种可能看起来似乎是更合理的解决方法（请看第14章，关于流动的金属工匠）。

东南亚岛屿（印尼群岛）

数百年内各种各样不同的类型和亚型进入印度尼西亚群岛；除了可能是本地的佩砧型鼓及其派生型莫科鼓，以及刚引进的黑格尔Ⅳ样品以外，所有的鼓都属于普通的黑格尔Ⅰ型的范畴，它们可能是通过这样或那样的方法从东南亚大陆某些地区引进的（第14章）。

首先，这里有已加上标题的几何形纹饰的鼓：G – G.M[F]c – G.M+N – G.MI – G.ZL3 B – G.ZX（两件）。正如前面所说，2.03+的巴巴坎（Babakan）鼓（自然主义的神鸟）与12.01+的老挝鼓及11.40+的"斯德哥尔摩"鼓在某些细节上相似。

两种早期的东京型鼓抵达了爪哇岛，即2.06+的卡布南（Kabunan）鼓和2.20+的鲍哥尔（Bogor）鼓。在北越的东京鼓，以玉缕鼓11.30+和黄河鼓11.20+为代表；编码为GFHSn。

最具风格化的纹饰场景，包括略带自然主义风格的££纹，在印尼群岛东部地区出土的大部分鼓上都能见到，它们被归类为：GFc – GFHBScn – GFBSIc 或 cn（9件）– GFBSIIc（3件）– GFBSIIIcn。这种纹饰类型的鼓可能被看作是晚期的东京风格，应该是从东南亚大陆的北部地区抵达该群岛的。

13.5.1　苏门答腊岛

13.5.1a　帕塞玛地区　帕塞玛地区(卡布巴若·拉哈特[Kabupaten Lahat])形成了苏门答腊南部省份西边的部分多山地区。与它的省名印象相反的是,这个省在苏门答腊南部却只管辖了一个行政实体,尽管到目前为止它是最大的一个。它的周边有占碑(Jambi)、本库鲁(Bengkulu)和楠榜(Lampung)三个省。从地理角度来看,帕塞玛包含了一个广阔的高原,这个高原平均海拔在500–1000米,其中巴厘桑(Barisan)山脉形成整个苏门答腊西部的"骨干",古迈(Gumai)山脉在这个省的东边,它几乎成为高原和巨港(Palembang)低地之间不可逾越的分界岭。巴厘桑和古迈山脉之间,苏门答腊省从西北向东南方向绵延70千米。帕塞玛地区的首府帕加拉拉姆(Pagaralam),其海拔在710米左右。高原两边斜坡的梯度并不算陡峭。它几乎全部被高草所覆盖;只有峡谷两边才见森林(范德霍普 1932)。

高原主要以登波山(Gunung Dempo)及其火山顶为主,该火山顶高3150米,沿着背向大山脚(Bukit Barisan)高地的半山腰突起。来自山上的凝灰岩把高原分成西北和东南两个部分。西北高原(帕塞玛·勒巴尔[Pasemah Lebar],意为"宽广的帕塞玛")被认为是现在帕塞玛人最初的家园。也正是在这里,发现了大部分的巨石碑,按照考古学家的观点,正是这些巨石碑成为这个地区的特征。然而,近来,许多这些巨石碑或多或少都流向了别处,如巨港博物馆。

在登波山脚下是林藏河(Lintang)和来马当(Lematang)河的分水岭,这两条河都汇入巨港低地平原的穆苏河(Musu)。如乌鸦飞越过大山脚,帕塞玛跨越布基特库达,离本库鲁和西海岸并不远。尽管如此,进入高原的天然通道是东边的平原、穆西河(Musi)及来马当河。除了帕塞玛木地区,在一些附近地区也有类似的雕像。这就是为什么范德霍普用《南苏门答腊大石器遗存》作为其1932年博士论文题目的原因。然而,最具特征的遗址还是帕塞玛,因此,我们应坚持"帕塞玛雕像"之说,这在考古界已是家喻户晓的词了。[7]

从拉哈特(Lahat)进入帕塞玛地区,即通过以前的天然路线从主路到步行道,你会在进入时有一种"圣地"的感觉,由巨型石像守卫着。尤其是这种巨石碑,因为它那"强烈的动态、激动的风格"(Heine-Geldern 1945:149),自从奥利姆(olim)时代以来都一直激起当地人们的幻想和早期外国旅行者的好奇心。这里还有其他类型的巨石碑,基本上都是"静态"挺拔的石头、竖石纪念碑、石棚墓、石凳、石槽、有凹痕的石头以及可能同样有趣的其他遗迹。但没有一样——

至少保存得较好——像"动态的"石雕那样引人入胜、富有吸引力。此外，在目前讨论中，正是在这些动态的某个石雕中，我们发现了它与青铜时代世界的关系，而这也是我们一直在寻找的关系。我们看到石雕上的人（拟人）装备有短剑，有头盔、脚环等保护他们的东西，此外更奇特的是他们还扛着铜鼓，这就证明他们与某种青铜时代文化类型有联系。当地人们认为，这些石雕人像简直就是被大魔术师施了魔法由大活人变成的，这个大魔术师叫萨克蒂（Serunting Sakit），也叫利达·帕希特（Lidah Pait）或帕希特·利达（Pait Lidah），或"苦舌"（Bitter Tongue）。后来，当地人称这些雕像为巴都利达·帕希特（Batu Lidah Pait）（Westenenk，*OV* 1922；Van der Hoop 1932：4）：苦舌石雕。

至于帕塞玛雕像的创造，Van Heekeren 1958a：74 认为，艺术家首先要选择一块形状几乎和他脑海里的想象相似的石头。在一些例子中，可能是运用了这种方法。而在许多其他例子中，又可能是艺术家先看到一块石头再形成了这样的想法。巨石的天然形状可能会激起雕刻家的灵感，使它们在他的认知世界构思，这些主题可能是宗教上的、凶恶的或单纯的朴实画面——一个携带着小孩的妇女、一个在河面上漂游的男子。有时雕刻家从他的传统题材中创造了更花哨的群体：一名骑着水牛或大象的男子，一名戴着头盔的勇士或带着一个小孩或独自坐着，一名打蛇的男子，两只正在交配的老虎，下面的那只抓着公虎的头。题材上要处理的第一印象可能是"一头跪着的大象"，其次才是偶尔陪伴这类动物的人群里面的一个人，这就是巴都加耶巨石或"象石"，1.04+ 的得名。

瓦斯腾那克（L. C. Westenenk，*OV* 1922：31）曾描述过 1.04+的巴都加耶巨石，范德霍普（Van der hoop 1932：33－35，82－90，图版 89－96）的描述则更加具体，"象石"被搬去巨港博物馆之前是坐落于"巴都加耶曾经的村落中一个美丽的湖畔附近的竹林里"。

如前所说，雕刻家利用巨石的天然形状，"在脑海中构思了一个蛋形的东西"或者一块巨石（高 2.17 米）使他想起一头先下跪再起来的大象。整个石表上可见的景象都成了栩栩如生的浅浮雕供人欣赏。象的头、身、腿和尾巴是用非常巧妙的方法素描雕刻的；此外，在两位男子——或许我们应该说是一个被描绘了两次的男子？——试图骑上大象的一侧时，本就栩栩如生风格的帕塞玛雕像还加入了戏剧性的要素。鉴于这两位男子全副武装，穿着原先可能"闪闪发光的盔甲"，他们看起来是青铜时代具有一定头衔的军人，可能是首领或指挥官的随从参谋。两幅画面几乎完全相同。他们的衣服仅局限于腰布和腰带，就像和帕塞玛雕像中其他相似武装的军人一样。腰带上挂着一把宽刃短剑,长长的剑柄头上有一个倒鞋形鞍头,这仅在大象左边才能看见。男子脖子上有条粗大朴素的项环,头部几乎完全隐藏在尖顶的头盔后面。两人的小腿上都戴着或是一套环(分别为七个和十个)或是波状盔甲板,这些盔甲板是仿环形制成的(与在葛林芝[Kerinci]发现的一样,现存于雅加达博物馆;Van der Hoop 1940,1941:250,编号 2877 和图版 75;Van Heekeren 1958:图版 14)。这些装备的起源一定是青铜,它使我们本章中的雕像非常有趣。然而,更有趣的是一些细节,范德霍普在1931 年调查期间第一次注意到它,这些细节确切地打翻了对帕塞玛雕像诠释的天平,即从"可能是印度爪哇"时代变成了"青铜时代"和"东山"时代。屈膝在大象两边的人,双手抓住象耳,用一边肩带上吊着一只⋯⋯普通的黑格尔 I 型铜鼓(图版 1.04a),其中右手边的人用右肩,左手边的用左肩。

　　两人的区别在于某些细节上:右边的人(图版 1.04b)没有剑,而剑应佩戴在左边,因此,旁人无法看见,这一点雕刻家是明白的。此外,图版 1.04c 的人看起来靠后一点,而 1.04b 的人看起来靠前一点。尽管如此,这也不能排除这种可能性,即两幅画面的人为同一个人,或为勇士,为达到动作的最大限度,他首先被描刻在大象的一边,然后在另一边,只是姿势稍有不同而已。这就避免了视觉上的不可能性,如我们看到的剑的情况。

　　下一个问题来了,这两名全副武装的勇士在做什么呢(也可能是同一名勇士在一幅三维图形中交替全方位出现了两次)? 他们可能是指挥官的副官,准备爬上巨兽去击鼓召集步兵吗? 那样的话,为了避免金属撞击及两人同时从相反方向到达大象狭窄脖子上的怒吼,这里应该就一个人。从各方面来看,帕塞玛艺术家们非常有想象力,所以这样的雕刻家不应该想象不到这种布局会带来的不利效果。因此,唯一解释是,同时骑上象的人是同一个人。

　　这里还有几尊其他的雕像,雕像画面中仅仅刻有一人一象。这人可能骑着象,这种现象其实远不及骑牛那样普遍,抑或在梅冈山(Gunungmegang)的石像中,有人和象搏斗的情景(Westenenk, OV 1922;Van der hoop 1932:38,图版 121 - 122;Heine-Geldern 1934:图版 5,1935:图版 67)。"一男子正在与大象格斗。大象四脚朝天地躺在地上。人跨坐在大象后腿腹部上、左手抓着卷曲的象鼻"。关于人斗象搏斗主题的政治方面,请参阅 Peacock 1962。和人相比,大象显得极其渺小,因此,巴都加耶中大象与人相比也是一样小。有没有可能,巴都加耶的主题也是征服大象呢? 有这种可能性,那样的话,就有两个人参与了搏斗;另一方面,全副武装、还带了一面铜鼓与大象格斗,看起来并不是最容易取胜的方法。

我倾向于坚持我在本节前面的解释：副官准备爬上大象的背部，那两个画面是从两侧展示了他如何骑上去的。

关于这件事，可能还有更多细节。使情况复杂的是，象的后腿看起来有另外一只动物的头，它也许是神话中的怪物：长着大象的耳朵、野猪的长牙、水牛的口鼻。关注这些奇妙细节的当地人，把整个画面解释为一头大象带着它的幼崽（Van der Hoop 1932：35）。然而，这样的解释不能说明勇士想去征服大象的情况。额外的怪物给画面提供了更多幽灵般的成分，在艾尔普尔（Air Puar）雕像（1.05+）类似的画面中也许应能看到。

1933 年，帕塞玛地区的"统治者"冯克（H. W. Vonk）在艾尔普尔发现了1.05+的石雕。石头正面朝下，躺在离玛格穆拉克乌鲁（Marga Mulak Ulu）的艾尔普尔村落不远的小河边（Van Stein Callenfels 1934）。想必它现在还在那里。

石雕表面的中间部分刻着两个人，都是尖耳朵，他们抓着铜鼓的鼓耳。左边的人呈行走状，右手用绳子牵着一头水牛，水牛拴着鼻子。另一个人也牵着另外一头水牛，似乎手头牵着绳子和右边的角？他可能坐在水牛背上。两人（勇士？）面对面，或许是在一起抬铜鼓，或许是在为鼓的归属问题而争吵。还有更多的图像：一只张嘴露牙的狗和一只露上牙的鳄鱼（？），都在左右走动的样子。水牛的头都是正面像。至少可以这样说，绝大部分帕塞玛石雕的"勇士"脸上都表现出力量和决心。因此，艾尔普尔石雕人物凶神恶煞的面部表情无需暗示就是在格斗。许多细节没有显现出来；然而无论石雕画面展示的是什么活动，毫无疑问，活动的中心有一面铜鼓。相关的人物可能与冥界有一定的联系，他们在一群奇特的动物的陪伴下来到这里。

石雕不是三维雕塑，而是在一块石头的一面上的很浅的浮雕（并没有提及其尺寸）。

让我们来仔细探究一下帕塞玛雕像中的人像。我们第一次有机会如此直接近距离观察早期的、和真人一样高大的立体"鼓人"。或果真如此吗？我们有没有产生一种扭曲的印象，即这些石雕上的人物看起来就像苏门答腊南部的青铜时代的真人？

范德霍普有更好的机会去实地调查研究它们，根据他的描述，这些石雕人物都不高，但都肌肉发达，身材魁梧。通常前额稍微有点低并有点秃头；眉毛的轮廓常常是又浓又卷；眼大且非常凸，仅仅由两个半球来表示；鼻子短而塌，鼻翼两边很宽；颧骨通常明显；嘴巴大，嘴唇又粗又厚，唇两边和中间的一样厚；有几个人明显下巴前突；下颚很宽，两边异常突出；下巴有时前凸；脸形一般是宽而短；

头发因为头盔遮住很难看到(Van der hoop 1932：76－79)。

与其说雕像代表的是少数民族本身的写照,还不如说是代表人们幻想中的奇特图案,这些图案中的妖怪与某种精灵有关、骑着象和水牛,或与蛇及同一精神丛林里的其他动物搏斗。要找平行例子的话,我们自然而然就会想起后来不同时期的古爪哇寺庙大院的卫兵,他们都属于妖怪的类型,没有邪恶和危险的外表,但是却能使不受欢迎的来访者望而却步。从种族的观点出发,范德霍普和其他人坚决反对任何与东方黑人的特殊联系。这些妖怪与马来人和南洋人可能有一丁点相像,也许人们故意来搞怪刻画的。除了像爪哇的寺庙卫兵(仅仅是有点像),值得一提的还有在巴塔克(Batak)地区作为保卫领土的"突击部队"的石雕(halu balang)。然而,在不同情况下还有更多的相似石雕。

撇开妖怪造型,我们还能看到许多彪形大汉和同样强壮的妇女。时而,我们也会见到亲切的情景,例如一个躺着的人紧抱着一只槽、一男子利用一个中空的容器作为漂浮物在河中漂游。人与漂浮物的结合总是使我想起另一个人,我当时看见他正在拉哈特穿越来马当河,当时我正准备去帕塞玛的各地方。我看见那个人用一根竹子支撑着顺流而下。类似的情景肯定成了石雕的模型(范德霍普 1932：图版 68)。后来我自己在巨港博物馆看到了那尊雕像,它是和一些其他帕塞玛雕像一起进入博物馆的。对于石雕来说,这次转移收藏算有点糟糕,因为躺着漂游的人头部不知为何已被碰掉了。

另外一尊被移动的帕塞玛雕像勾画的是一位背上背着小孩的矮壮妇女(范德霍普,1932：图版 64－65)。她是坐着的。她很酷似印度尼西亚东部弗洛雷斯岛上的"安贝妈妈"(Mother Ambe)石像,后者其实为一名伪神话的妇女,她试图要逃出村庄,但在准备逃离时,她和孩子就变成了石头(Vroklage, *Cultureel Indië* 1, 1939：389－394；Adams 1977：94)。

帕塞玛雕像中,一些男人穿着像"披风"一样的衣服,衣服上有个洞,男人脑袋刚好可以钻过;有些人穿着短袍,在腋窝下一些部位把前后缝接在一起,但都是松松地垂至腰带处(Van der Hoop 1932：70－72)。为了能完全行动自如,身着格斗士盔甲的士兵,像 1.04＋巴都加耶雕像中的士兵一样,只穿及腰的衣服和腰带。其中有个例子(Van der Hoop1932：图版 21－22),头盔的顶部是两条互相垂直的管子,这使人回想起那些在 4.02＋桑根鼓边缘中像士兵一样的人(图版 4.02n)。

一些石棺墓的内壁上有彩绘。在特古鲁万吉(Tegurwangi)那里有许多其他的巨石遗存,其中已发现了 5 口石棺,范德霍普清理过"石棺 III"并看到了部分保护得不怎么好的画面,其线条为白色,混有石红色、黑色和赭黄色,这使人回想起一些帕塞玛雕像：看起来似乎是一位戴着头盔的男子坐在水牛上(Van der hoop 1932：47 - 52,图版 165 - 167；Van Heekeren 1958：70 - 73)。在石棺里出土的物品中,有各种各样的珠饰,一根圆头钝尖的金钉和一小块铜片。

在离帕加拉姆不远的丹戎阿拉(Tanjung Ara),德比(C. W. P. de Bie)从另一口石棺(TBG 72, 1932：625 - 635)中发现了一块有彩绘的石板,范德霍普后来对它进行了挖掘并把它运送到巴达维亚博物馆(JBG V, 1938：101,编号 3467；Van der hoop 1941：317,图版 111)。上面有像猴子一样的图案和一头水牛。

石棺和帕塞玛雕像可能都属于同一种文化并起源于同一时期(Heine-Geldern 1945：131 - 132)。海涅·戈尔登认为"石棺墓和密室坟墓的使用可能来源于中国,早在汉朝中国就有类似的墓"(Heine-Geldern 1934, 1945；Van Heekeren 1958：73)。正如海涅·戈尔登(Heine-Geldern 1934, 1935, 1945)指出的那样,"帕塞玛的雕像和中国霍去病将军墓的石碑风格上有很多相似之处,霍墓建于公元前 117 年,在山西省……最后,不管它们在风格上的迥异,本章前面提到的帕塞玛内墙上的画都会使我们想起同时期中国墓葬的装饰"(1935：315)[8]。

13.5.2 爪哇 到目前为止,爪哇已出土了大约 25 面铜鼓及一些碎片(其中包括两三面黑格尔 IV 型[2.01；2.10?；2.21]和一两面佩砧型鼓膜[0.02+；2.09+])。还有一只小型鼓(2.02)。来自普拉杰坎(Prajekan)2.22 的"鼓面(?)"可能是一个盖子之类的东西(和那些来自北越的一样,见第 17 章 3.2 节)。其他鼓或残片是属于黑格尔 I 型的。

根据编码鼓的目录(第 13 章 4 节,表 VII),基于其纹饰,以下鼓群在爪哇被发现：G - G.M[F]c - G.M+N - G.MI - G.Spir birds n(自然主义的神鸟)-G.ZL3 - G.ZX - GFc - GFHSn。

除了 2.06+的卡布南(Kabunan)鼓(GFHSn)和大概是最近才发现的一面鼓(2.20+鲍哥尔鼓)外,这些鼓中没有一个有画像区(例如,m£、房屋及船纹,而这些画像能使我们想起早期的东京鼓,如 11.28+的"穆力鼓")。爪哇的所有其他鼓都属于几何形鼓。不是所有的简单几何纹鼓都必须是"早期的",有一些肯定是"晚期的"(见第 20 章 6 节)。另一方面,这样的几何纹鼓量很大,但几乎完全没发现后期的、装饰更精致的、具有印度尼西亚东部特色的重要鼓

（GFBS,GFHS等）,因此爪哇及苏门答腊与群岛的东部相比较,爪哇和苏门答腊处于一个独立的地位。在印尼群岛东部简单几何纹鼓及装饰更精致的鼓都有发现。

一些来自爪哇的鼓上有立体装饰的青蛙：2.11+的班宇门宁（Banyumening）鼓；2.17+和2.19的三宝垄（Semarang）鼓及2.26的“东爪哇”鼓。在本章的地图2上显示了发现铜鼓和其残片的大多数位置。

爪哇西部：2.02的西巴达克鼓（Cibadek）,在离南部很远的苏加巫眉（Sukabumi）的西部。这是一种小型鼓（见第3章的2.3节；这种用作随葬品的东西很可能是当地产的,而不是外来引进的）。

2.03+的巴巴坎鼓,位于西爪哇展玉区（Cianjur）,帕杰特（Pacet）或西普拉（Ciputri）,巴巴坎（Babakan）（Van der Hoop 1941）。

2.16+的库宁安（Kuningan）鼓,位于井里汶（Cirebon）南部塔拉贾（Taraja）。

2.04的马加连卡（Majalengka）鼓。

2.20+的鲍哥尔鼓。

爪哇中部、北海岸、井里汶以东：

2.06+的卡布南鼓。

在河中的2.07北加浪岸（Pekalongan）鼓。

2.11+的班宇门宁鼓,位于辛根北（Singèn-lor）地区。

三宝垄,在兰杜萨里（Randusari）山上的当地公墓中有一连串的发现,发现地位于三宝垄古镇和坦迪（Tjandj）（2.12+至2.14）之间或镇的南部附近地区（2.17-2.19）；2.21的韦莱里（Weleri）鼓（黑格尔 IV 型）。

北部海岸腹地的山脉中：2.08+的迪昂（Diëng）鼓,格都特芒贡巴拉干坦努列者（Tanurejo）鼓2.09+（佩砧型）。

更靠南地方：苏卡拉加（Sukaraja）地区的2.05+梅西（Mersi）鼓,位于斯拉米特山（Mt Slamet）和普禾格多（Purwokerto）镇南部的班宇玛斯鼓（Banyumas）。

爪哇东部：

东爪哇　南梦安（Lamongan）　克登普林（Kedungpring）　克拉德纳雷乔（Kradenanrejo）,2.23。

东爪哇　杜班（Tuban）　蒙通（Montong）　古沃特鲁斯（Guwoterus）,2.24+。

东爪哇　杜班　伦赫尔（Rengel）　沃尔伦（Waleran）,2.25。

“东爪哇”2.26,据报道在杜班和格雷西克（Gresik）之间。

文多禾梭（Bondowoso）和西托邦多（Sitobondo）之间的普拉杰坎（鼓面？或

盖之类?），2.27。

在目录中,我会偶尔提到一些山脉,这样可以使读者更容易在爪哇地图上定位。据了解,在印度尼西亚人的观念中,山脉占有很重要的地位,大多数山脉都是火山。爪哇许多古迹都坐落在火山坡上,或者与火山有关。另一方面,爪哇有众多山脉,这些山脉与铜鼓的发现地点相距甚远,以致无法猜测它们之间有什么直接关系。尽管如此,像在迪昂高原的 2.08+ 的蓬塔瓦寺（Candi Puntadewa）鼓这种情况,又不能仅仅作为一个巧合而了之。群岛东部地区火山和铜鼓之间的联系在第 2 章 1 节的许多部分中已指出。

有可能把铜鼓带入群岛的商人或其他航海的人们肯定到过爪哇北岸,这是因为由于爪哇南部海岸的海上交通无法派上用场。然而,除了在三宝垄、杜班地区和一些其他靠海地点的发现外,绝大多数样品是来自离海甚远的地方。抵达最终目的地之前,不管什么原因或通过什么地方,一些鼓肯定经过长途跋涉,到了极南或极北山区。大多数情况下,这不能靠猜测解决,因为我们对其一无所知。

13.5.3－13.5.8 巴厘和印尼东部

小巽他岛的长链为铜鼓学者展开了一道道迷人的景色,这个长链从巴厘岛和龙目岛（Lombok）开始往东伸延,途经松巴哇岛（Sumbawa）、弗洛雷斯岛、胜巴岛（Sumba）、帝汶岛和不计其数的小岛,最终转入新几内亚地区和摩鹿加群岛附近的岛屿中。实际上,这里有两条地理结构链:非火山外弧和与之平行的火山内弧。外弧从缅甸的首都仰光西部的大陆出发,经过安达曼岛（Andaman）、尼科巴群岛（Nicobar）、尼亚斯岛（Nias）和苏门答腊西部的其他岛屿,偶尔消失,在一段很长的间隔后——受到爪哇、巴厘岛和龙目岛南部的阻隔——在胜巴岛和帝汶岛又再次出现,从这里开始,它又继续穿过塔宁巴尔群岛（Tanimbar）、卡伊群岛、塞兰岛（Seram）以及布鲁岛（Buru）。火山内弧经过苏门答腊岛、爪哇岛、巴厘岛、龙目岛、弗洛雷斯岛、索洛岛（Solor）、阿洛岛（Alor）、韦塔岛（Wetar）、罗芒岛（Romang）、达马尔岛（Damar）和塞鲁阿岛（Serua）,在塞鲁阿岛,它几乎向西折回——最后止于班达海（Banda Sea）中的卢西帕拉群岛（Luci Para Islands）。内弧是"火焰弧",这使印度尼西亚群岛成为火山研究的一个典型地区。仔细看一下我们铜鼓清单中第 3－4 及 6－7 部分就会发现,许多铜鼓是在小巽他和摩鹿加群岛地区的一些小岛上发现的,这些地区包括巴厘岛。迄今为止,铜鼓总数达到 25 个;根据近来的发现,这个数字以后可能会增加。

印度尼西亚以 3.01+ 的佩砧型铜鼓尤其是佩砧"月亮"鼓而脱颖而出。有一对鼓面起源于爪哇(2.09+)或者可能来自爪哇(0.02+),但它们显然是当地产物,毋庸置疑的是,鼓的主要中心是在巴厘岛上(见第 19 章)。

除了来自巴厘岛的佩砧型样本外,发现于爪哇东部的铜鼓属于黑格尔 I 型,更确切地说是属于那些以格式化图案为特征的亚群,这些图案包括£ £图,它们有时额外包括某些自然主义的特征,在铜鼓清单中出现的编码为:GFc;GFHBScn;GFBSIc 或 cn(9 件);GFBSIIc(3 件);GFBSIIIcn(1 件)。这种装饰类型被认为是"东京晚期型";所有这些鼓可能都是从东南亚大陆的北部来到群岛的。关于它们的散布,请看第 14 章。

在印度尼西亚东部,给人印象最深刻的主要铜鼓群来自松巴哇岛东北部小岛桑根岛,是 20 世纪 30 年代雅加达博物馆中收藏的。当时发现了 5 面大鼓(4.02+- 4.06+)和一鼓面(4.07)。编码目录中,它们的标题是:GFHBScn(4.02+);GFBSIc(4.03+- 4.06+);4.07 的鼓面也属于同一类。这些编码是基于程式化、风格化装饰风格,因此属于晚期,即前一段中提示过的铜鼓散布地区的"东京晚期型"。这尤其是指 4.02+鼓,其鼓身上面画像纹带、鼓面边缘和 C 部分中有"中国"要素。因此,在同样的 4.02+和 4.05+鼓(分别是图版 4.02 l 和 4.05 c的划船者)的羽人装饰中,更有自然主义风格的痕迹。这种类型的鼓可能来源于北越,而北越在生产这种鼓的时候,还在受中国的压迫,这些压迫导致当地的"贵族们"背井离乡到海外求生(见第 14 章)。如第 20 章 4.2 节中所陈述的一样,有所保留地说,公元第 3 个世纪也许是像 4.02+的桑根鼓的起源时期,基于同样的道理,7.05+的库尔鼓(那个在鼓膜上有中国刻字的铜鼓;见第 16 章 4.6 -4.7节)的起源时间也是这个时期。与其说桑根岛就是靠自身发展的高度发达的青铜铸造工艺中心(根据大量的个别类型,它确实在相当长一段时间内有这样的功能),还不如说,这个小岛是来自北部的"贵族们"一·次海洋航行的意外终点,"贵族们"登上小岛或因船只失事而登陆小岛。相似的事件可能导致了其他的金属鼓来到印度尼西亚东部。桑根鼓都不尽相同,但它们与贵族家庭的财产("族徽"之类)有莫大的关系。这些来自陆地上外部地区的到来者所选的路线可能跟早期商人等走过的一样。也许爪哇、苏门答腊和印尼东部出现的铜鼓早期类型跟这些人中的某些人有关。然而,没有必要单单根据其类型学而按历史的先后顺序去整理早期金属鼓及其到达群岛的日期。有的早期类型肯定是在它们生产后不久被引进的。但也有另外一个可能,由于这样或那样的原因,它们后来相当晚才被引进(参看第 14 和 20 章)。

在众多与印度尼西亚东部早期历史相关问题中,既有关于"其他"青铜时代风格的问题，也有通常的"上古艺术风格"问题（见第 17 章 5 节）。

注释

1. Sørensen 1973：166－168 区分翁巴洞穴历史的三个时期：（1）"平文化"（Hoabinhian）占领时期，又可细分为三个主要占领时期，历时大约 2000 年，介于公元前 9230±180 年和公元前 7400±140 年；（2）新石器时代的人们把这个山洞作为埋葬之所，这一点尚未确定；（3）山洞的第二个埋葬时期是在青铜或铁器时代。这个阶段开始不可能晚于公元前 300 年，然而，它的最终日期仍未确认。

　　瑟伦森（Sørensen）文中给出的碳十四年代无法让我们"断言它是否代表第二个埋葬阶段的开始还是结尾，或者只是个中间日期"。

2. 总体调查，包括地理介绍：B. A. V. Peacock 1979 — Bastin 1971：132－133 — Linehan 1928, 1951 — Loewenstein 1956 — Malleret 1956 — B. A. V. Peacock 1964, 1965a、b, 1966, 1967, 1979 — Sieveking 1956 — Sørensen 1979a — Tweedie 1965。

3. Linehan 1951 — Loewenstein 1956 — Malleret 1956 — Peacock 1965a、b, 1979：206, 这些钟中有一只被送到伦敦的大英博物馆，另一只在日本侵占期间丢失了。第三只贮藏在霹雳博物馆（Perak Museum）中，但是，现在却陈列在吉隆坡（Kuala Lumpur）的国立博物馆中。"这里有非常可靠的证据，证明这三只钟在出土时与四只典型的槽形铁器有紧密联系"（Peacock 1979, 参考：Sieveking 1956）。

4. 在一个已被严重破坏了的、部分还藏在村子里一间房子下面的土堆中，出土了两只铜碗、一些珠饰和一些有涂层的陶瓷碎片。

5. 瑟伦森关于 13.09 的翁巴 89 鼓的评论，与磅士朗 a（两者都属于 GFBS 群）相比，以及磅士朗 b 鼓与 13.01 的班戈（Ban Gaw）鼓（两者都是 G.N 组）相比，都与我的编码目录相符。

6. 除了木板和木舟不确定的碳十四测年时间以外，这个碳十四年代和鼓的年代之间不必有直接的联系，不论是以单个或是整体来看都是如此。

7. 总体看帕塞玛雕像：L. Ullmann, *Indisch Archief* 1－2（1850）：493－494 — E. P. Tombrink, *TBG* 19（1870）：1－45 — H. E. D. Engelhard, *NBG* 29（1891）：37－38 — Krom, *OV* 1914, bijl.T — L. C. Westenenk, *Djåwå* 1（1921）：5－11；*OV* 1922：31－37 — J. C. van Eerde, *Jaarverslag Koloniaal Instituut*（阿姆斯特丹）19, 1929 — Van der Hoop 1932 — Heine-Geldern 1934：9－14; 1935：312－316, 图版 64－69; 1945：149－150 — Van Heekeren 1958：63－79, 图版 27－31, 图 20－21 — J. L. Peacock 1962。

8. 在苏门答腊南部的土壤，发现了大量正宗的中国物品；全部或大多数这些物品都来自偶然的发现或无系统的挖掘。雅加达国立博物馆藏有：

　　来自巨港的科默林-胡努（Komering-hulu）的戈和一把拥有四角形横切面的中国斧（编号为 3259 和 3258；*JBG* V, 1938：66, 87）。

　　盖上有山饰的葛林芝泥质随葬罐；高 19 厘米（编号：3159；De Flines 1949：图版 l-c, 公元 1 世纪）；阿德希特曼（Adhyatman）1981：274, 图版 164（公元 3 世纪）。

　　做工粗糙的三脚泥质灰陶瓷，高 20 厘米。1938 年在葛林芝和上詹比（Upper Jambi）的边境地区的梅兰金河（Sungai Merangin）附近出土。上面题字的日期为公元前 45 年西汉王朝的汉元帝（刘奭）四年（编号：3309；*JBG* V, 1938：161, 图版）。

　　一个来自马来西亚里奥（Riau）省英德拉吉里（Indragiri）的关丹（Kuanfan）地区的陶瓷器皿。饰有皇冠图、两个汉人官吏（?）和疾驰的四足兽（编号为 3036；*JBG* V，1938：75，图版，时间大约在东汉结束时）。

　　关于苏门答腊南部引进的中国器皿及其用作中国人的随葬品，请参考：De Flines，*JBG* 1936 – 1938；J. C. Lamster，*TAG* 1937：20 – 27；Heine-Geldern 1945：142。

第 14 章
散　　布

14.1　流散的铜鼓

一般情况下,铜鼓是单面出土的,零零散散,但也有成群出土某一类型的,在大致的同一地方出现了两面或更多。这样成群的出现点可能是当地金属制品的中心,同时也是散布的起点。它们也许还是散布的停泊点,也许是中转站或终站,通过这些停泊点,铜鼓就自然而然地进入到那里。它们也许是单个到来,一面接着一面,中间可能会有间隔;它们也可能由商人或逃难者大批带来,这些商人或逃难者都是沿着通常的路线。在抵达之前,铜鼓的旅行也许是漫长而曲折的。

显然,一些金属鼓的最终到达点是贸易路线上的一个洞穴,这个洞穴曾是埋葬点(翁巴 15.06 +- 15.11)或神圣之地:墓地(三宝垄及贝戈塔[Bergota],2.12+- 2.19)、寺庙(迪昂 2.08+;佩砧 3.01+;马纳巴[Manuaba]3.03+)、树、池塘、山顶或任何其他铜鼓的最后栖息地,人们选择铜鼓到达的这些地方我们可以通过类比类似情形推测到。在任何鼓的自身历史早期,都可能有贸易(第 14 章 4 节)、迁徙或小群的逃难者(第 14 章 3 节),但这些只是模糊的推测,几乎没有任何事实依据。[1]很多铜鼓在其功能用完用尽后,过了好久被发掘出来,近年来出现在东南亚大陆(如翁巴 13.10+)或中国的佛教寺院内。铜鼓最后落在人们手上,他们有时对这些铜鼓的历险史或神话背景有所了解,但是自己实际上对铜鼓有关事实却浑然不知。

在那些可能对金属鼓的散布起着一定作用的因素中,下面的可能是最重要的,我们会在本章中的 2-5 节中讨论。

14.2　早期印尼人之迁移

早期的印度尼西亚人在公元前两三千年里陆陆续续地来到印尼群岛,他们是后来几百年定居于该地的大部分人的祖先。他们当中的第一批到来者是新石器时代移民的一部分。起初把这些铜鼓带向东南的蒙古人是农民和陶工,而不是金属工匠,但是,在某个时候,在中国华南和邻近国家的南洋人或早期印度尼西亚人也开始知晓冶金术的相关要素,并按他们自己的方法发展了冶金术(见第 16 章 2.1 节)。后来的移民给群岛带来了各种各样的技术,这些或早或晚成就了东山文化及"其他的"艺术作品(见第 17 章)。在整个东南亚,最发达的金属制品就是铜鼓。它们出现在东南亚大陆或岛屿的许多地区,究其原因,并不是一般意义上的少数民族迁移造成的,而是应该归结于不同的运输方式,主要以单个鼓或偶尔成群的方式出现。在发现和研究金属鼓的历史中,金属鼓的出现形式是在同一个发现地有多次发现。在这种联系中,我们应关注个别商人、流动的金属工匠和"难民",因为他们更有可能是铜鼓出现的原因,这些人将在后面的章节中讨论。

在海涅·戈尔登(Heine-Geldern)的一些出版物中提到了"小群商人和殖民者逐渐融入本地人口中,就如后期的印度殖民者"(Heine-Geldern 1945)。在这些金属工匠中,也许还包括了越南北部和中国华南的越人以及占族人的祖先,这些占族人是讲"印度尼西亚"语的人(Heine-Geldern 1933,1945)。鉴于黑格尔 I 型铜鼓的多样性和铜鼓传播的漫长,似乎非常有必要把它们迁移过程中的各种因素都考虑进来。

14.3　难民

任何金属鼓本身就是一件昂贵的东西;最宝贵的是那种以精美装饰和大尺寸而作为象征身份和地位的鼓。如果这种鼓的主人不得不逃生——逃避敌人、政治压迫或其他任何灾难——他肯定会被千叮万嘱要带上这件宝物和其他值钱的东西。例如,公元 1 世纪中叶中国征服越南北部后,就有可能发生这样的事情。东山和其他地方的酋长和其他贵族不甘屈服,就不得不背井离乡去别处另寻新家。他们当中有一些隐退到大山里,他们携带的鼓后来交给了山里的人。即使这些山里人与先前的东山文化没有任何关联,他们现在所持有的金属鼓也被认为是传统的传家宝。因此，11.28＋的"穆力"（Moulié）鼓就成为芒人首领的财产。除了那些在马援远征后不久就逃离东山的人以外，那里肯定还有反抗中国的领头人，他们后来也逃进了大山里，并在那里坚守了很长一段时间。东京直到公元939年一直是中国的殖民地；在这么漫长的时间里，他们肯定有各种理由逃离。同样地，据说最后一批占族国王也是逃进大山里去了。

一向都是靠海为生的东山人，也可能沿着大陆海岸及偏远地区逃向海外，这些地方是由于早期的商业关系而道听途说知晓的。早期旅行者去了苏门答腊和爪哇，他们带去了有着简单几何纹的铜鼓（例如2.03＋的巴巴坎［Babakan］鼓和2.12＋－2.19的三宝垄［Semarang］鼓）和两面早期的东京鼓（2.06＋的卡布南［Katunan］鼓和2.20＋的鲍哥尔鼓），而这些带着后期东京鼓的人却不像早期的旅行者那样，他们显然是避开了群岛的西部地区而向更东部行进，到达了小巽他岛和摩鹿如群岛，后期东京鼓例如桑根鼓，4.02＋，4.05＋，及其后续型库尔鼓，7.05＋，等等。他们之所以选择这条新路线的原因可能是这些地方不太受印度和中国商人等其他人的青睐，这些地方先前已发展成为独立的印度-爪哇人的沿海王国，这些王国不大关注别国来的"贵族"。不过，也许这帮带东京鼓的人只是在随意寻找一个新的目的地，就像许多前人或后人所做的那样。

他们在那些碰巧登陆的地方定居了下来并被当地居民接纳。或者，如果不幸的话，他们在海岸附近船只失事并葬身大海了，或被岛内的人虐待并被抢走了财产，其中包括了铜鼓。作为他们不幸的永久见证，鼓和其他贵重物品便留在岛上。从19世纪开始就有关于海盗登船和岛民杀死受困船员的记载。碰巧，这样的散布方式与海洋世界生物历史中动植物的"残骸和废弃物"着陆方式一样（华莱士［Wallace］，1869：161）。自然而然，这个不但适用于贵族们的遗物，也适用于所有海员，他们出于某种原因而带着了一面或多面鼓。

在印度尼西亚东部，也有类似的逃难行动发生，近期也有。根据当地的传说（之前已提到），班达人带着鼓（现已知是7.05＋和7.06的库尔鼓）从荷兰东印度公司逃到远离伊里安查亚（Irian Jaya）的卡伊群岛（Kai Islands）。在到达库尔后，他们继续前进，把鼓丢在了库尔。我们不知道他们到底是自愿把鼓留下或是被库尔人强迫的。

因此，这些鼓可能是能证明它们原主人曾到过这些岛屿的唯一实物。类似例子是葡萄牙人曾经在阿洛岛（Alor）上停留了一段时间。很久之后，直到1918年，在南部海岸发现了两把显然是葡萄牙人的枪，其中一把上面的日期是1699年（纽温坎普［Nieuwenkamp］1922，1925）。同样属于这种类型的是，19世纪印尼

东部某处一个首领徽记里有一只荷兰钟、一件被丢弃的英国水手的束腰上衣等
遗物。

在铜鼓历史中,至于海盗和战争的作用,这里有一面 7.01 的莱蒂鼓,据说是
从附近的莫阿岛(Moa)作为战利品掠夺而来的。戈鹭波(Goloubew 1932)认为,
苏门答腊南部帕塞玛巴都加耶石雕中所刻画的 1.04+鼓可能是海盗从印度支那
抢来的,例如那些曾进攻过越南东京(公元 767 年和 787 年)和占婆(Champa)
(公元 774 年)的海盗。有时这种情况在某些地方可能会发生。然而,群岛中没
有可靠证据说明任何帕塞玛鼓(我们只知有通过雕像知道其存在)和其他任何
鼓确实是通过远程掠夺而来的。

14.4 商人和流动的金属工

众所周知,某些类型的金属鼓(非黑格尔 I 型)是专门制作出来销售和出口
的。因此,一直到 19 世纪初掸族(Shans)还为克伦人(Karen)制作了黑格尔 III
型鼓,泰国北部的铸工还为老挝西北山区的拉梅特人(Lamet)制作这种鼓(第 22
章 3、4 节)。通过商业渠道,类似的黑格尔 III 型鼓抵达泰国曼谷的宫廷和寺院。
最近,大约在 1970 年,出人预料的是黑格尔 III 型鼓作为一种产于泰国北部和老
挝的商品重新出现在万象(Viengtiane)和曼谷并卖给了士兵、游客以及商人(第
3 章 1.3 节)。这些现代交易的鼓尽管采用传统工艺,并不像"古董"那样因为其
古老历史而有价值,而是有目的、系列生产的结果。作为古董出售的情况只出现
在最近的"机场艺术"类型中。中国华南的黑格尔 IV 型鼓的情况稍微有所不
同,它们是直到最近才大规模生产的(第 3 章 1.4 节)。

上述黑格尔 III 型鼓是被用作乐器和代表身份地位的物品,说明主人配得上
娶一个或多个妻子并有能力支付彩礼。其他金属鼓(如阿洛岛的莫科鼓)是作
为"鼓钱",其制作目的是圣礼和纯粹商用皆有,它们出产于某些金属品中心(主
要是在格雷西克及望加锡市;第 21 章 4-8 节)。

更大的、装饰精美的、更加昂贵的、通常来说较古老的铜鼓,如东京鼓(玉缕
鼓[Ngoc Lu]、穆力鼓、黄河鼓[Hoàng Ha]等)及其在印度尼西亚东部的同类,其
首当其冲的功能是音乐功能,附带有神奇的宗教和礼仪方面的功能。起初,在它
们的故土越南北部,它们的制造就是为了满足这些特殊目的。我们与其认为它
们是专门用来出口并卖到东部偏远的岛上(那里可能有类似的宗教或社会风
俗),不如说这些重要的鼓是由于它们自己的冒险漫游而到达了那些地方作为

最终目的地。

在早期的贸易及交通中，与我们所讨论的鼓的生产时间属于同一时期，这里没必要提到"古董"。对于近期的黑格尔 IV 型鼓来说，情况就不大一样了，这种鼓的一些样品被带到了爪哇岛（2.01、2.10？及 2.21）。中国的瓷器、东印度的陶器、荷兰的罐子和平底锅等诸如此类的东西是由商人带来的，这些样品可能也是以类似的方式抵达爪哇岛的。可以确知的是，在 16 世纪，像铜锣这样的金属品从马来半岛的帕塔尼（Patani）来到了班达（Banda）海，在那里它们又被分散到摩鹿加群岛的其他岛（Simbriger 1939：166）。除此之外可能还有更多其他的渠道。

关于黑格尔 I 型鼓在失去其内在价值后卖到群岛的利弊，请看第 5 章 8.4 节。

与贸易相关的方面，有时会提到流动的金属工（Heine-Geldern 1947, 1968；Bunker 1972：319），也会借鉴金属时代早期的史前欧洲和近东。的确，流动金属工有时也可能会有助于普通的铜鼓以及某些特殊类型鼓的代表性鼓的分布。对此，我们可以举例中国南方的云南，或者东南亚大陆的某些地方，都离越南北部这个主要的铜鼓散布中心不远。事实上，离铜鼓出发地的距离不应过远；靠海外的关系几乎是不可能的。此外，当地应有铸造金属品所需的原材料供应，以及对金属鼓的需求，其他地方满足不了这种需求，这个国家的金属工还得有过剩，这才造成了流动工匠的出现。换言之，正常的经济条件必须要得到满足。东南亚在东山文化时期，金属制造业已经成为当时文化背景的一部分，而史前欧洲和近东的情况则截然不同，在那里流动金属工的到来又平添了各种新的可能性。

14.5 当地产品

一方面，流动金属工可能曾使用过模型、坩埚和类似的工具，这些在东南亚一些地方出土过（第 11 章 5 节）。另一方面，可能是当地的金属工通过这样或那样的途径有了制造金属品和鼓的想法，要不然就是掌握了所需的制造技术。他们是通过什么方法、什么时候、从谁那里获得这些知识的呢，这很难下定论，但是，他们肯定在金属时代早期的某个时候就已获得了这种知识。由于各种原因以及本章别处所讨论的情况，在许多地方、越南北部、东南亚大陆的其他地方或在如印尼东部那么偏远的地方发现的大部分黑格尔 I 型鼓，即使不是全部，至少大部分可能都是舶来品。然而，在一些国家，当地或本地的金属工肯定已制造出了具有他们自己特色的产品，有佩砧型鼓（第 19 章），也有奇形怪状的容器（图

版 22.11－14）、爪哇的戟、罗蒂的礼仪用斧（图版 22.17－20）以及具有印尼某些
地方特色的其他物品。事实上，与这里提到过的容器相似甚至相同的器物都是
在群岛及印度支那南部发现的，这两个地方都属于东南亚'海'域，在文化或商
业上必定有联系，这导致了这些物品的传播。然而，我们尚无法确定这一区域的
哪个地方制造了这些产品。但是，很显然，除了东山文化之外，东南亚在青铜时
代就有其他金属制品中心，这些中心的产品可以与印度爪哇的青铜铸造中心和
工厂的产品相媲美，后者那里后来仍生产铜锣、波状刀短剑（krisses）和枪等。

注释

1. 曼特尔·胡德（Mantle Hood）的近期出版物（1980 年）太像一部"罗曼史"了，其中不同时期
和地区的资料混杂在一起，这对铜鼓传播研究做不了积极的贡献。此外，胡德作为一位音
乐专家，书中的观点主观性太强，作为一本远古历史故事看起来挺有吸引力，但它使忠实
的读者更加迷惑不解（挑剔点的读者会更难以接受）。

第五部分

铜鼓年代

第 15 章
东南亚青铜时代早期

15.1 简介

在整个人类早期历史中,有一条明显、连续的线索贯穿于其中,那就是制造工具的人(Homo faber),即人类乃是工具制造者。从通常的意义来说,是整个人类历史。史前和历史萌芽期的人们、早期的开拓者和他们精神意义上的后裔经过了整个连续发展的过程,其中的一段段的就像铁路线上的一个个主要站点。绝大多数是其他人,那些人在很晚抵达了离出发点很远的地方,他们经过的地方要么在主线上,要么在支线上。结果,这些人越过了一些车站和交汇处;然而,他们从经验中获益不浅,又得到了其他国家早期人们的技能。此外,不大可能只有一个出发点,在远离出发点的某处还有其他出发点。通常,发展不是单向的向一个终点站发展。然而,研究早期历史,包括东南亚史前史和历史萌芽期的学者们耗费了大量的时间才知道从不同的、非传统的角度去审视这些问题,而不是仅仅从欧洲和近东角度考虑。

人类使用原材料必定是从他们在自然中发现并得到它们时开始的,这些原材料包括木材、石头、骨头等诸如此类的东西。迟早这些材料会按照人类的意图发挥作用。这是一般规则,金属的加工也不例外。一般而言,最早的金属工得益于本地产有一坨坨的金属,如金、银、铜或陨铁,条件是它们当中任何一种正好在可以获取的范围内。它们更潜在的实用功用可能等了好久才被人发现。

自从公元前 5000 年以来,新石器时代聚居点如近东的埃及已出土了很小的黄铜饰品。这个时期正是"黄铜时代"(Chalcolithic)。在公元前 4000 年至 3000年间,一些最先进的地区取得巨大进步,包括近东(又是它)、泰国北部的山区

（本章我们会讨论）。人们发现金属、自然金属在加热到足够的温度时会液化，把液体注入任何形状的物品中，冷却后就会保持该物品的样子，而且会比之前更坚固。人们还发现，矿石在加热到一定程度也会产生同类型的液态金属，这类矿石是颜色很明显的石头。从矿石中提取金属并在提炼过程中充分运用它们的先天潜能，所有这些都最终导致了"冶金业"的出现。除了从矿物中提炼出来的或多或少的纯金属之外，当时的冶金学还按一定有利的比例混合成合金，如铜和锡或铜和铅（见第11章2节）。"青铜"——从狭窄的技术意义上说只包含有铜和锡合金作为主要成分，但是，从广义上说包括更多不同成分的混合物，因此世界各地有好多人从广义上以"青铜时代"来命名。此外，除了主要成分是铜以外，青铜通常还包含有少量的其他元素，可能是故意加入的，也可能是由于铜、锡等在不够纯的情况下意外混入的。有时这些混合元素会有很好的效果。纯铜、纯锡等元素混合起来是比较晚的时期了。

说到近东，青铜时代的开始时间可定于公元前3500年左右。与金属制造业同时出现的是"文明"的最重要特征，如城市生活、灌溉、轮车、航船、更舒适的房子、动物拉动的现代犁、陶钧（制陶用的转轮）、石头和砖块做的宫殿和寺庙、专业商人和手工艺者，以及社会的上层人士教士和国王。最后但同样重要的是文字的发明，对于许多人而言，这标志着史前时期的正式结束及有考古记载的历史的开始。然而，对于许多其他人而言，史前和历史之间的界限并不明显：那时他们本身也许还处于"文盲"或"半文盲"状态，但是他们的近邻或远邻可能已经能够写字了，这样这些邻居能够记载同时代那些"沉默的"人的信息。这种情况也许就是历史孕育时期，它代表了东南亚早期金属或青铜时代特征，也代表我们在这本书中说到的"铜鼓人"的特征。

如上所述，与近东相关的新发展，不可能在世界各地都会自然而然地发生。这需要特殊的条件，而在公元前3、4千年间的近东确实出现了这些条件。类似的条件——尽管有些差异——在公元前2000年和1000年初期，导致了中国北方伟大文明的兴起。除了自然而然的创造力，还应该与其他辐射中心有足够密切的联系，这种联系或是直接或是间接产生的。

"文明"并非作为一个整体来扩散的。青铜时代出现时并非处处方兴未艾。我们必须以开放的思维来调查和考虑当地的发现。文明当中的一些成分比其他成分更容易快速扩散，但是它们本身的许多因素代表了一定程度的进步，并会在适当的过程中为其他文化的复杂元素铺平道路，这些元素在世界各地早已存在。这种后来的激发无需起源于更早期的同一刺激物，其很可能来自一种截然不同的刺激物。

　　因此,关于金属加工,除了早期自身的创造力之外,通过欧亚草原,东南亚首先从亚洲西部地区第二、三级中心仅仅接收了青铜时代最易"输出"的元素。金属制造技术和各种装饰图案和风格都是这种联系的最早迹象。近东和其他地区获得的铜铁时代的其他技能——通常包括文字、城镇生活、石头建筑和都市化,是在后期通过不同的扩散中心进入到东南亚大陆和岛屿地区,这些扩散中心包括了中国、印度、伊斯兰教国家、欧洲和美洲的一些地区,它们以各种不同的方式加速并完成了"文明"的引进。

　　青铜铸造技术逐渐沿着许多部分踪迹可循的路线从不同的中心传递给了其他人。在某个时候,铁这种新材料最终取代了较早的青铜,用青铜来制造器皿、武器和工具更加昂贵,这种情况下,铁更受到形形色色消费者的青睐。青铜的使用最初仅局限于上层阶级,而且用处特殊。而铁——如果唾手可得的话——将是数量庞大,倘若加工方式正确,能生产出更坚固、更有弹性、更锋利的工具。只有在大约公元前 1400 年,近东山区一些地方才有了这种"正确的方式"。山民通常恰好也是金属工,例如在近东、古欧洲、泰国北部以及中国南部的腹地。在头几个世纪里,最初的铁匠一直严守着制铁秘密。只有到了公元前 1200 至 1000 年间,这个秘密才得以传播,并开启了近东铁器时代。从那时起,青铜和铁器大步前行,一起征服了整个古代世界。

　　青铜时代和铁器时代之间并没有明显的分界线,这就像在许多国家石器时代和早期金属时代之间的区分也不明显一样。在铁器时代,铜和铁并肩使用——为了特殊的用途——甚至还使用石头,比如家庭用具及灰泥制作方面,现在世界各地还在这样做。在过去,常用贵重的青铜和老式的石头来制作宗教用品。因为祖先使用过石头,石头就自带了上古的神秘色彩。而青铜特别适合做成复杂巧妙的形状和精美绝伦的纹饰,呈现出与众不同、超凡脱俗的外观。当通过失蜡法来铸造生产时(见第 11 章 1 节),用来制造最初模型的蜡,是一种几乎无法超越的柔韧介质。而人工制品最后还是要返璞归真,回归自然,大自然通常会在其上形成最美颜色的铜绿(见第 3 章 2.7 节)。

　　在世界上的一些地区,青铜时代开始得很晚很晚,晚到铁都已经出现了才到来,这样,青铜和铁器时代确实不存在明显的分界线。因此,在东南亚大陆和岛屿地区,铁器可能并不是其明显的特质,但是铜铁物一起发现,甚或同一件器物上铜铁皆有这种结合物也绝非异常,例如短剑的铜柄和铁刀。正如范·希克伦(Van Heekeren 1958)所说:在印度尼西亚从未发现过黄铜斧,人们认为那里可能没有经历过黄铜时代，即铜石并用时代，一个同时使用石器和铜器的阶段。我们甚至无法相信那里曾有过名副其实的青铜时代。青铜器常常和铁器一起出现，所以范·希克伦 1958 年的书最终命名为《印度尼西亚的铜—铁时代》。他的一些同辈的史前学家倾向于认为，铁的作用是无关紧要的，并因此保留类似"早期金属时代"这类术语。然而，把"早期"这个词跟铜鼓和一些斧头等（图版 22.17－20）这样的金属铸造和装饰的奇迹联系起来，换句话说，就是用早期这个词来形容东山文化及其他类似相当复杂的文化，很容易给人以错误印象。"早期"应是准确的"早期"，要么是按时间顺序要么是按类型，最好是二者兼具。因此东山文化及其相似的复杂文化完全不能用这个词来形容，因为它们都是青铜时代高度发展的典范（也适用于我 1959 在《古代印尼艺术》中"早期金属时代"的说法）。东南亚确实经历过早期金属时代（在第 15 章 2－3 节及第 16 章 2.1 节将讨论到），但是，它的早期金属时代远远早于东山文化和"其他的"青铜时代文化（第 17 章 1 节）。通常在冶金史中，这仅仅是一个晚期的、相对高度发展的阶段，虽然它与近东、印度河文化和中国商朝的青铜时代文明中最具代表性的文化毫不相干。

本书中，我更青睐于简单的"青铜时代"而不是过于细化的描述。我们姑且认为，"青铜时代"这个名称不仅包括了青铜（局限于某些基本功能），还包括了本书中偶尔会提及的石头、铁、陶器、木头和竹子。

15.2　中国南部的早期冶金术

中国——借林语堂的说法——可分为吃面条的北方人和吃米饭的南方人。这条界线是沿着秦岭由东向西以及沿着淮河从山脉至海岸成一条直线。第二种划分是从东北向西南，把干燥的西部与潮湿的东部区分出来。

新石器时代期间，这里有仰韶文化，随后（如果不是直接连续的话）是龙山文化和类似龙山文化（Longshanoid），这为北方早期青铜时代文明奠定了根基，这些文明包括了始于公元前 2 千年中期的商朝文明。仰韶人种植粟，而长江下游及淮河平原的人却种植水稻。在东南沿海地区还有第三大群体，他们的经济基础是块根作物（Chang 1977：410）。至少从公元前 5 千年开始，这三个群体就已存在了。我们尤其感兴趣的是南部的群体，包括沿着东南海岸和在云南山区的人们（Chang 1977）。

现在，关于著名的商朝青铜器（大约在公元前 1550－前 1030 年，随后是西周，大约在公元前 1030－前 771 年）的起源比之前更具争议性，以前，关于商朝冶金学暴发性的突然兴起的解释在西方普遍可寻。泰国北部山脉中一个非常早期的金属制造坊的发现（第 15 章 3 节）——尽管从年代上和地理上离商朝都甚远——开启了东亚冶金学是本地起源的一连串的回顾。最近的发现也表明，商朝兴起之前已经有更原始的青铜冶炼阶段。"问题不再是青铜冶炼是否始于中国北方本地，而是在哪里开始的？如何冶炼的"？所谓的"起源于本地"倒不一定与龙山人和兴起的商朝范围内的其他早期金属工匠之间没有联系。这样就反驳了那种中国冶金技术是西方通过欧亚草原进入中国影响而成的说法，当然我们不应太快将视线从这儿移开。不管怎样，东西关系不能看作是单向进行的。人们认为，商朝的影响也波及了中亚以及欧洲，在这个关系中我们已提及槽形斧和动物风格。

巴纳德（N. Barnard 1961）、索尔海姆（Solheim 1969：1973）、巴亚德（Bayard 1975）和其他学者指出了"从南至北的激发模式"的重要性，其始于早期的泰国北部并在中国南方地区持续了很久。例如，除了冶金学以外，一些极具商朝艺术（尤其是陶器而不是青铜器）特色的装饰元素和技术可能来自东亚初期的艺术风格，而北方和中国南部、东南亚以及太平洋的一些地区分享了这种艺术风格。因而，我们可以举例曾提到过的在木头或葫芦上雕刻面具及在湿黏土上印图案的技术，这些可能是商朝的金属加工业从更早的艺术风格中衍生而来的。作为数量少、方式间接的部分，这样的特征把商朝艺术和我们讨论的铜鼓连接起来。

尽管如此，当把我们的金属鼓与商朝的青铜器做比较时，就像进入了两个完全不同的世界，尽管两者都是模糊不清的青铜时代的一部分。一方面，无论是在装饰上还是在形状上，铜鼓和商朝容器都没有什么可比较之处。另一方面，金属鼓装饰的几何图案的一些纹饰也出现在商朝以前（新石器时代）和商朝初期的陶器上的曲形、螺旋形等图案中，尤其出现在中国华南的东部地区的"几何风格地平线"中（Chang 1977）。

遍布东亚和东南亚的各种各样的几何艺术风格是好几种青铜业的基础——例如，包括中国南部的淮文化和越南北部的东山文化。而且，除了青铜制造文化，它们还为东南亚及向东延伸的岛上世界的不同部落人民的艺术和手工艺的发展做出了重大贡献。

在中国南方的金属制造文化中，长江下游河谷的湖熟（Hu shu）文化可能利用了那些地区的更早期的实验成果，同时也可能受到了北方金属制造中心的影响。这种文化特征包括比如结合石器、陶瓷器、骨器和鹿角制品，以及青铜冶炼，冶炼生产出刀具、箭头和三足器。

长江中游地区的早期国家中也受到北方伟大文明影响，而且是唯一的影响，其中最著名的是楚国。楚文化遗址遍布淮河流域及太湖地区。楚国大约于东周（公元前 770 – 前 256 年）初期开始扩张，它拥有能与北方相媲美的城镇，以及装饰精致的坟墓，这些坟墓——尽管听起来就饶有兴趣——但没必要在此讨论。因此，在高度发达的金属工业产品中，这里只需提及"钟和铜鼓"就够了（Chang 1977）。

在东亚和东南亚，我们无论何时何地都可见到各种艺术风格，它们在特定的情况下来自不同的源头，例如这些源头可能是早期的部落文化、中国商周的伟大文明、欧亚草原，最终来源于近东或史前的欧洲，抑或源于作为贸易伙伴的邻国。一些刺激物和明显外来的要素也许来自史前或历史萌芽时某个时期。其他的则融入历史框架中的某种文化发展。"庞蒂克移民"就属于后者，它是由海涅·戈尔登（Heine-Geldern）在他发表的一系列文章中命名并提出来的。由于"庞蒂克移民"对东山文化、东南亚艺术和手工艺总体发展可能有影响，因此，它值得我们一探究竟（见第 15 章 4 节）。

15.3　泰国东北部的早期金属工

1965 – 1966 年，由泰国美术部和夏威夷大学组成的联合考古队在泰国东北部距离孔敬（Khon Kaen）府西北部大约 80 千米处的低地中的农诺塔（Non Nok Tha）小山上（孔敬省的富旺［Phu Wiang］区），完全出乎预料地发现了一个非常早期的青铜遗址。[1] 在这个遗址中发现了一只铸造铜斧用的双面砂岩模型，这引起了索尔海姆二世（Solheim II 1966）和巴亚德（Bayard 1968）进行了进一步的挖掘。正如巴亚德所说的那样，"就像泰国的大多数的其他开放性遗址那样，农诺塔土丘具有非常复杂且又难以解释的地层学特征，更加错综复杂的是，这个地方墓葬又高度集中（在 1966 年和 1968 年挖掘的 340 平方米内就出土了 205 个墓）以及有其他的文化干扰因素"（Bayard, *ESEA* 1979：17）。因此，挖掘的结果引发了广泛的讨论，尤其是那些涉及东南亚青铜生产早期阶段的重要问题。

据报道，在挖掘中，在贫瘠的土壤底部上面总共发现了 21 层覆盖层，其中，8 层有青铜（第 20 层最深）。在 19 或 20 层又发现了 4 只砂岩范。在几具骨架的手腕上发现了铜手镯。其中一个墓发现了一把槽形斧。第 21 层，即具有最早的青铜时期迹象的那层之下，很可能属于金属时代之前的时期。

在 *ESEA* 1979 中，根据碳十四测年及热释光测年的数据，评估并列出了农诺他土丘有 36 个不同的年代(第 18－20 页,由巴亚德著;第 39－41 页,由史密斯[R. B. Smith]著;第 500 页是供核对的清单或名册)。要想得到更详细的资料,建议读者参考通用出版物。在本章中,我们只限于史密斯的评论,他建议分为四个时期(每个时期的年代断定都有问题:早期 1－3;中期 1－3;中期 4－6;中期 7－8)。在讨论中,史密斯从中期 8 起向后讨论其年代;农诺稷(Non Nong Chik)的证据已囊括在内,本节的后面将会提到。

中期 7－8:年代为公元 180±80 年(农诺塔),公元前 170±75 年和公元前 390±76 年(农诺稷)。

中期 4－6:它没有严重的问题,在农诺塔年代断定中至关重要。"毫无疑问的是,这个时期中,青铜器已出现在该遗址,据推测,这些青铜器是在这里生产的而不是引进的"。中期 4－5 有 5 个碳十四年代:公元前 1840±110 年,公元前 1310±200 年,公元前 1230±120 年,公元前 1130±110 年和公元前 960±100 年。

农诺塔的中期 6 没有断代数据(根据巴亚德所述,它与公元前 1630±95 年和公元前 880±105 年的农诺稷第 7 层的年代基本一致)。农诺稷第 7 层有一些青铜器的踪迹。

根据目前所掌握的证据,"最迟到公元前 2000 年下半叶,在东南亚大陆这些地区的青铜器使用文化已很繁荣"(Smith:40)。

中期 1－3:这个时期的年代稍微模糊一点,刚好在上一个讨论的时期的前面一点点,"但是这也是一个使用青铜器的时期,我们可以把它开始的年代定在公元前 2300 年左右或更早一点"。这三个亚阶段的七个断代数据没法用,其他四个数据都在公元前 2300 年左右(公元前 2535±200 年,公元前 2350±150 年,公元前 2325±200 年和公元前 2290±90 年)。"然而,必须承认的是,在任何一个出版的证据中都无法明确证明其中哪个数据就是这些覆盖层中出土的青铜器的年代"(Smith:40)。

早期 1－3:据史密斯所述,早期的证据全部是令人迷惑不解的。但是,至少有个表面证据让人相信在公元前 3000 年上半叶,一种本质上为"新石器时代的文化占领了该遗址"。

当时,声称农诺塔遗址是目前为止在东南亚发现的最早青铜器遗址还是颇具争议的。格洛弗(I. C. Glover)在一篇关于农诺塔发现(*ESEA* 1979:176)的批判性文章中说,"由于葬坑的交错多样性,每一个葬坑的存放物都与其他葬坑及很薄的居住层相互干扰、相互混合,在此基础上,农诺塔遗址显然不可以声称是从碳十四测年推测出的认可的年代中的径向变化,而与随葬物本身联系不确定"。格洛弗严厉的批判可能是针对早期泰国东北部有了首批发现后出现的乐观看法,那些看法尤其受到一些不可信的观点的影响,这些观点把农诺塔遗址与青铜文化的较晚期类型如东山文化串起来了,我们将在后面讨论到东山文化。

除了农诺塔遗址之外,在同一地区的其他遗址也进行了挖掘活动,这些遗址"与农诺塔的中期有或明或暗的联系",其中一些遗址的早晚顺序还能够被绝对日期支持。这些遗址是：农诺稷,班清(Ban Chieng)和班高(Ban Kao)。

农诺稷(简要参照一下前面所述),与农诺塔有明显的关系,它位于农诺塔之南7千米处。农诺稷的一些断代数据与农诺塔的一些数据非常相近。在农诺稷遗址的几乎最底部出现了青铜碎片,这已被当作该地区是青铜器时期遗址的证据(Bayard, *ESEA* 1979：25 - 26)。

班清——位于乌多恩(Udorn)省的东部,是泰国美术部多次挖掘的对象,尼康·苏蒂拉格萨(Nikom Suthiragsa)在 ESEA 1979：42 - 52 中发表了 1972 年挖掘的概要。班清与农诺塔的关系非常明显,在班清出土了大量的独特的红白相间的陶器,在农诺塔也零星出土了类似却粗糙些的容器(在早期和中期 1 - 2 的随葬品中,Bayard, *ESEA* 1979：26)。班清的青铜工具与农诺塔的青铜工具很相似,在柄的使用上,都使用槽形柄而不是扭轴(Bayard l.c.)。

这里区分出了五个文化层,其中有(2)金属时代晚期(不包括铁器)和(3)金属时代早期(只有青铜工具)。这两个时期都集中出现了红白相间的陶器(始于 4 新石器时代晚期)。其热释光断代(公元前 4630 年、3570 年或 3590 年)还无法确定。一般而言,这被当作支持青铜器在这个地区出现得很早的证据(Bayard：27)。

班高——位于泰国的中西部——曾经由泰国—丹麦史前探险队进行过挖掘(瑟伦森 1962,1964)。虽然它的时期比农诺塔遗址(400 平方米内有 44 座坟,其中两座有铁器)的相对短一些,但是,它曾是一个活动场所,后来被用作墓地。放射性碳断代(公元前 1800 -前 1300 年)所指的是活动场所的年代,而不是埋葬的年代,这些埋葬是后期才有的,可能含有更早期的定居者残留的炭(Bayard, *ESEA* 1979)。在其附近地区可能有更早的活动场所(卢[Lu]遗址的碳十四测年为公元前 2550±100 年)。令人百思不得其解的是,班高没有出土青铜器,这被作为该地区青铜器出现较晚的证据(Bayard：28)。

在泰国中北部的角夏朗(Kok Charoen),在湄南河(Menam)平原东部边缘的矮矮的石灰石山区,竟然没有从埋葬处出土任何金属物。角夏朗的年代可能始于公元前 2000 年中期左右,因此,没有青铜器就显得非常奇怪,但是,这可能是由于山脉的阻隔,缺乏与东北地区的贸易联系(Bayard:27-28;关于角夏朗:Watson,*ESEA* 1979:52-62)。根据沃森的观点,"挖掘的出土物的显示,在其附近地方不大可能存在着先进的青铜冶炼"(角夏朗并不与农诺塔、班清在同一地区)。

非常有趣的是,在越南南部的西贡(Saigon)附近的棉洞(Hàng Gòn),发现了砂岩斧范,它们与在农诺塔发现的非常相似(Saurin 1963,1968)。公元前2120±250年这个碳十四年代"显然不是最权威的,但已经是可以接受的证据"(Bayard:31,n.7)。

1969年,索尔海姆把这种情况分别归纳为如下:"不管怎样,都有充分的证据说明东南亚中部有早期青铜加工业,在当地可能是从黄铜加工发展到青铜加工,加工技术或者是本地发明的,或者是从西方引进的。"他还指出,在农诺塔西北方大约135千米处有黄铜矿,其东部大约250千米处有锡矿(Solheim 1969:135)。他指的这个时期大概为公元前2300年或更早一点(Solheim 1968a,1969)。由于关于公元前3000年的泰国东北部的大致情况,我们知之甚少,以至于无法合理假设该地区是否有自发的冶金业的发展。它与中亚和史前欧洲最初的金属加工文明的接触可能起到了一定的作用。或者,也许是一些我们几乎一无所知的商朝之前的冶金业支流(第15章2节),在比迄今为止我们所怀疑的时期还要早的时候就已到达了更南的地区。

如前所述,尽管泰国东北部的金属加工的首次出现可能很重要,但是,考虑到铜鼓的起源,这里有更加迫切的问题:早期使用金属文化与2000年后的东山艺术的兴起之间有什么关系吗?从积极作用上看,这个问题已提出并解答,尽管当初提问和回答都有点糙。东南亚青铜时代的早期历史应该从根本上完完全全修改。东山文化根本就没有进入这段历史中(见第16章2.1-3节)。另一方面,坦率地说,泰国东北部早期使用铜鼓的文化和东山文化之间直接间接联系都没有。农诺塔遗址与公元前3000年(如果我们接受这个年代的话)的出土物及东山年代(见第20章)之间存在着巨大的缺口。这个缺口是东南亚最深处的其他地区再多的近来发现都无法填补的。此外,农诺塔的铜器(索尔海姆1968年进行了描述)与东山物品之间并没有什么真正的相似之处。最令人信服的也许是这个确凿的事实,即各种类型的黑格尔型、佩砧型和云南的青铜器都确信无疑地见证了它们各自的历史,它们各个情况也不尽相同,有的可能来源于假设,但是,无论如何,泰国东北部的金属工匠与东山文化的关系遥远而模糊,就像古代世界上任何地方金属工匠制造的产品之间的关系一样。公元前一千年和公元后头几百年实际上有几个比这些关系密切得多，它们影响了当时铜鼓文化发展。[2]

15.4 "庞蒂克式移民"

在史前的很长一段时间里，在欧亚大陆的中心，大草原的中心地带由与世界海洋相对应的旱地组成，这些旱地为东西方之间定期交流提供了条件。考古遗址难以置信的丰富及周边国家动荡不安的历史就是这些多元化交流的见证。但是，公元前 8 世纪期间，由于斯基泰人入侵俄罗斯南部，交流被暂时中断。在之后的几个世纪里，从欧洲和西亚到东亚和邻国的文化传递也停止了。因此，在中国和东南亚发现的公元前 1000 年下半叶期间的一切令人回忆起西方文化及他们在中亚的军事基地的特色物品，都很可能是在斯基泰人入侵之前就已经传入。

在欧洲和亚洲内陆的前斯基泰人早期，许多民族似乎已向东迁移，如基默里安人（Kimmerians）、色雷斯人（Thracians）、伊利里亚人（Illyrians）和俄国东部的其他民族。因为这种迁徙始于庞度斯（Pontus）或黑海周围的地区，海涅·戈尔登把它称之为"庞蒂克移民"。迁徙贯穿于整个亚洲内陆，到达中国南方，并从中国南方向各处分散开来。有一支人去了中国北方，在公元前 771 年，当时周朝的首都就是"受到了野蛮人的破坏"。另一支人进入了云南，也许是早在公元前 8 世纪，云南地区就已兴起了青铜时代文化（第 18 章 1 节），这一点仍然是根据海涅·戈尔登的研究，他在 1943 年和 1968 年间发表了一系列关于这一主题的文章，详见后面的参考文献。在适当的时候，向南方分流的人也向中国南方的沿海地区及印度支那的北方（东京和安南北部）扩散，那里在公元前 3、4 世纪或者可能更早，就可能已存在着重要的青铜文化中心，也即东山文化的开始（第 16 章 2.1 – 3 节）。

海涅·戈尔登（Heine-Geldern 1951）列出了下面这些前斯基泰人的东西，它们早在公元前 8 世纪就进入内蒙古、中国和东南亚，那之后交流就停止了，东西包括刀、匕首、槽形斧头、矛头、腰带扣、用作吊饰的小青铜像（后来才添加到清单的，基于苏门答腊班基南［Bankinang］的小雕像；图版 22.21 和第 17 章 3.2 节）、螺旋形饰品、线条纹、旋转纹、曲线纹、切线圆圈纹、阶梯纹以及其他初期哈尔斯塔特时代（Hallstatt）和希腊风格的几何图案（见第 6 章 2.6、3.1 节）、列队行进的鹿纹（鹿科动物；第 9 章 3 节）及有人形柄的短剑（第 17 章 3.2 节）。显然，不是所有海涅·戈尔登所列举的庞蒂克移民的物品都明确具有东南亚装饰风格的特征。

　　高本汉(Karlgren 1945)强烈反对海涅·戈尔登关于东山艺术与庞蒂克相关的观点。高本汉也相当反对詹斯(O. Janse)认为哈尔斯塔特与中国有关的论点(用高本汉的话叫"哈尔斯塔特时代初期-中国传奇")。根据高本汉的观点,淮河(周朝后期)艺术的影响令人满意地解释了东山装饰图案的起源。然而,由于周朝后期艺术受到了庞蒂克移民的影响,中国对东山艺术词汇的直接贡献根本不会妨碍本身就颇具吸引力的海涅·戈尔登理论。但是,淮(周朝后期)影响仍是个令人头痛的问题(第 16 章 4.1－2 节)(关于庞蒂克移民,也可参考杰特玛[Jettmar 1965,1972])。

　　当我们说起庞蒂克移民时,可能有这样一种印象,那只是在大约公元前 771 年的一次迁移。其实它包括了多次迁移,部分时间可能要比公元前 771 年早得多,只要是在斯基泰人入侵以前。因此,我们最好用复数表达庞蒂克移民,其开始时间则无从知晓。早期大量的几何图案,例如那些在冯原(Phùng Nguyên)文化时期(公元前 2000－1500 年,勾邦[Go Bong]时期的陶器)的几何图案,可能同样地与早期的庞蒂克移民有关系。

注释

1. Solheim 1967, 1968, 1969 —— Bayard 1975 —— 出自 *ESEA* 1979:Bayard, 15－32, Nikom Suthiragsa(p.42－52), I. R. Selimkhanov(p.33－38), R. B. Smith(p.39－41), W. Watson(p.53－62)和 Glover(p.175－176)所著。

2. 根据《民族乐器》(*Musikinstrumente der Völker* 1975:22),在班清出土的一面铜鼓(参照铜鼓的类别属于黑格尔 I 型鼓前型或原始型;第 3 章 2.4 节)含有一只有班清特色的彩陶器,迄今为止,其最早的标本年代是公元前 2860 年。根据这次奇特的发现(有"可靠的目击证人"证明),鼓和陶器肯定是一起下葬的,这只有在陶器和鼓同一时刻入土才会这样,不可能是其他方式。我把班清鼓编为 13.19 号。

第 16 章
越南北部和东山文化

16.1 越南北部地理与少数民族

16.1.1 引言：越南北部 越南从北到南包含了三个自然区域。在法属殖民地时期的考古研究将越南北部（Bac Bo）以及安南（Annam）北部（被北纬20度分开）被称为东京（Tonkin）。安南曾是个历时悠久的王国或帝国，其历史可以追溯到公元3世纪，直到近代它还保持着这样的地位。东京和安南这两个名字，去掉其政治意义，它们在考古记载中早已是家喻户晓的字眼，在本章中它们会与越南北部[1]一起出现。越南的最南部过去叫作交趾支那（Cochin-China）。

东京环抱着红河盆地，即东南部较低的东京三角洲以及较高的东京丘陵及山脉。安南则是狭窄的延伸在越南国家中部东海岸的片区。

与东京三角洲和邻近低地接壤的山脉都属于东南亚高地的一部分，东南亚高地无比巨大、人迹罕至，在西南和东南方向都有它们的分支和急流相伴。这一高地是越南北部、老挝、泰国、缅甸、云南和中国南部的地理中心。几个世纪以来，大约从早期史前时期开始，山地部落抑或是出于偏爱，抑或是出于需要在高地中定居。从外面进入越南沿海地区的人似乎对这些山脉并不感兴趣，他们最多会定居在"山居人"范围的地势较低的地区而已，把真正的山脉留给早期那些占有者，这些外来人后来则生活在平原上。

红河（在中国境内称为元江）发源于云南，穿山越岭，然后与黑河（Black River；Sông Da）一起到达三角洲。经过三角洲的还有明江（Clear River）以及其他汇入红河的河流，红河后来进入东京湾。三角洲的南边，还有另一条流入海湾的河流——马江（Sông Ma）。马江右边的河岸上有个东山村，是东山文化的代表地。从红河三角洲出发,我们来到了以考古遗留闻名的清化省(Thanh Hoa)。近来,林河(River Lam; Sông Ca)出现在考古记载中(见16章2.1节)。

早期的中国史料谈到过东京三角洲,叫作交趾(Jiazhi),是一个省府的名字,并把清化省以及邻近的国家叫作九真(S.-V. Cuu-chân)。这些名字来自南越国王于公元前180年左右建立的两个军事区域(见16章3节)。

红河流域向来都是从云南和邻近国家到东京地区的贸易和移民的主要通道,反之亦然。从广义上说,在历史的长河中,三角洲和中国南部之间的东北边境地区从来都不是"井水不犯河水"(正如乔治-科德斯[G.Coedès]所说)。这种说法是正确的,因为它涉及了汇入南海的西江这个河流体系,西江离广东和东京三角洲并不远。南岭山脉提供了一条更有效的文化边界,它把东京和中国华南的邻近地区从中国中心地区划分出来。自从史前时代开始,在亚洲这个地区的侵略和迁移总是向南的:从中国南部进入三角洲,从三角洲进入到北部安南,到占婆(印度支那古国),以及更南部的邻近国家。在历史中,那些越南人不停搬迁的主要原因是需要寻找住处及能种植农作物的地方,低地田园变得拥挤不堪后,不管北部还是中部的越南人都不喜欢周边山区那种活法(1972年Bezacier的论述)。

16.1.2 少数民族 公元前三千年,一支主要的原始族群——汉语为"骆越"(越南语为"Lac Viêt")跨越中国南部和越南之间的边境地区,然后逐渐向沿海的红河盆地、平原和三角洲扩张。骆越人显然成为后来越南北部所有居民的基本组成部分。骆越人是越人这个大族群的分支。从更广的环境来看,后期那些少数民族都被中国人称之为"南蛮"或"东南蛮人"或普遍意义上的蛮族。这些实际上已非常模糊,也无明显的区别,重要的是他们这些"蛮人"绝非中国人,而且有一些自己的特征。在中国的历史记载中,蛮族可能生活在山中,是不同历史时期中许多少数民族的祖先。另一方面,平原上的非中国人有时也被认为是蛮族人。在本书中,"蛮族"主要是指山地民族(见第22章1节)。

在历史上,前面提到的越人指的是那些居住在长江流域以南的沿海地区的人:即广西、广东、福建和浙江人。这时候越族还算不上中国人,他们居住在海边,扮演着中国长江以北地区和西江、红河流域的中间人角色,后者为中国长江以北提供了各种丰富的物产。

鉴于近来的考古发现(1954年以后),骆越族被认为是越南北部新石器时代晚期和青铜器时代早期文化(见第16章2.1节)以及该地区完全发展起来的东山文化(见第16章2.1-4节)的载体。除此之外,它们还被看作是晚期越南人的祖先(Nguyên Phuc Long 1975;Ha Van Tan 1980)。中国人高度评价骆越族,认为他们在鼓的制造方面技术娴熟，而鼓在骆越人的生活中扮演着重要的角色（Lo Hsiang-lin 1967）。实际上，这种信息所谈到的是更近的一个时期，大约在公元 1 世纪中叶左右，也谈到了伏波将军马援（Ma Yuan）和骆越族之间的关系（见第 16 章 4.1、4.3 节）。

迄今为止，我们可以这么认为，越南北部的青铜器时代开始于公元前 3000 年末期至公元前 2000 年上半叶。已出土的绝大部分武器和工具仍是石制的，因此，我们可以说这是在新石器时代晚期，那时已见到金属制品的曙光。但是，到了公元前 2000 年下半叶，金属制品就大量出现了。不管怎样，当时是青铜器时代早期（比近年来发现更早的 Maspero 1918 和 Aurousseau 1923：233 的发现，都表明了越南北部冶金业的开始）。

接下来的几个世纪，肯定有新石器时代的人，他们或者分散地住在山间，或者进入平原融入其他族群中。他们的子孙有时按一般的名称分类，如原始印度支那人和原始马来人（或者直接是印度尼西亚人，这个词令人迷惑，请看下文）。他们当中有一些是某些少数民族的祖先，如居住在山间的莫族（Moï），刚好与喜欢生活在平原和三角洲地区的骆越族和其他民族相反。越南和柬埔寨的莫族（Moï）与早期老挝的蒙-高棉人（Mon-khmer）人有一定的关系，蒙-高棉人曾经形成了一个强大的部落联盟。由于西边（泰国）以及东边（越南）人的侵略，在很靠后的时期他们不得不把山间作为他们的避难所。仍处原地的人与新来者相融合形成了老挝人社区（他们与泰国人有关联并说泰语），他们沦为了奴隶。

居住于越南北部平原与三角洲地区的少数民族，后来与新来者、蒙古侵略者、泰国人或芒人（Muong）相融合；在历史上，大约在公元前最后几个世纪，还与出现在那里的中国人相融合。这些混合也许就为安南人的出现奠定了基础（Janse 1944）。

相比之下，其他少数民族，如芒人、泰国黑人和白人及苗族（Meo）大概是从不远的过去（这个时间不确定），从他们北部山脉和高原家乡出发来到了这里。芒人过去和现在都生活在越南北部、红河以南的安南北部以及一些地区（Cuisinier 1948；见第 22 章 2 节）。有时，他们的语言被认为是安南语的古体形式。

在新石器时代和后来的青铜时代早期（公元前 3000 -前 2000 年），中国南部和越南北部的一些少数民族离开原先的居住地向海外迁移，他们沿着大陆东部的海岸线向更南部迁移，最后在群岛中众多岛屿上定居下来。在旧石器时代及中石器时代的一波波迁徙之后的民族，就是未来的"印度尼西亚人"，从人种上说是古蒙古人（Paleo-Mongoloid），从民族上说是原始马来人或早期的印度尼西亚人。从某方面说,他们与史前和历史萌芽期东南亚北部大陆的人有联系,这在先前已讨论过了。在这些去海外的人中,肯定有人把一些前东山文化的装饰元素以及图案原型带到了印度尼西亚,后来由高度发达的东山文化和加里曼丹(Kalimantan)的达雅克(Dayak)部落接管了这些装饰元素以及图案原型,并且沿用至近代,这可以解释第8章1.8节讨论到的某些东山("东京")铜鼓和达雅克绘画之间的相似性。

然而,过去和现在都一直生活在群岛中的印度尼西亚人的起源是非常复杂的。即使在史前或历史萌芽期,除了以上谈到的一波波迁徙的人,还包括了那些通过这种或那种方法把青铜时代的东山文化带入群岛的人(见第17章)。无论何时,最好不要把生活在越南北部的民族称作"印度尼西亚人"(就如它所暗示的意思及现在用法一样,它是对群岛原住民的称呼)。这个称呼也不能用在东山那些把死者埋入非中国式坟墓的人(见第16章2.3节)。

16.2 北越的青铜器时代

16.2.1 北越的青铜器时代早期 决定越南北部和邻近国家少数民族的迁移最终发生在史前和历史萌芽期。我们无需回顾远古到达北部谅山(Lang so'n)省的中国猿人(Sinanthropus)和距今 18500 和 11000 年之间的澳洲黑人(australoidnegroid)(也即南洋矮黑人[Negritos])以及他们的石制文化,他们也许在更近代的少数民族版图中占有较大分量,事实也确实如此,根据史前学家的观点,中石器时代的平文化(Mesolithic Hoabinhian)部落居住在清化省以南的黑河山区至新石器时代的北山文化(Bacsonian)之间(北山文化大约在距今10000至8000年间)。早在公元前3千年,就存在着几种新石器时代文化,如琼文(Quynh Van)文化和保卓(Bau Tró)文化(这两个都来自沿岸的贝丘遗址)、多笔(Da Bút)文化、禄(Hoa Lóc)文化和下龙湾(Ha Long)文化。下龙湾文化可能对金属制造略知一二(Ha Van Tan 1980:113–125)。

此后,同样地,在公元前3千年之初,一些来自中国南部的少数民族进入了越南北部,并在红河盆地内(包括沿海平原和三角洲)定居下来。他们带来了新石器时代晚期的文化,即冯原遗址(Phùng Nguyên)的早期阶段。将要提到的与越南早期青铜器时代密切相关的各种文化是以某个省份内的遗址命名的,如河内西北部的永富遗址(Vinh Phú),位于红河与明江的交汇处。然而,早期青铜器时代遗址所覆的地区更多,所涉及的文化有:冯原、铜豆(Dông Dâu)和扪丘(Gò

Mun)。这些文化持续贯穿于公元前 3000 年末到公元前 700 年间的历史（下列目录中有具体年代的来自 Ha Van Tan 1980；具体请参阅：Davidson，*ESEA* 1979：98‒124）。

在冯原遗址和铜豆遗址时期（公元前 3000 年末至公元前 2000 年末），已经开始有地方范围的金属铸造了，出现了曲线及更静态的几何形装饰图案。冯原文化和铜豆文化陶器上的曲线类型一眼就可以印证，而方形曲线则出现在扪丘文化时期（公元前 11‒前 8 世纪或公元前 7 世纪），这可能是前斯基泰人（pre-Scythian）“庞蒂克移民”（Pontic Migration）的结果（见第 15 章 4 节）。在这个阶段内的某些时候，东山艺术和文明必定已经形成。

冯原文化的时间大约在公元前 3000 年末至公元前 2000 年中期。这个典型遗址发现于 1959 年，在此后的 20 年间，在永富省、河北（Hà Bác）省、河山平（Hà So'n Binh）省和河内省共考查了三十多个遗址。根据出土陶器的装饰，区分出了三个次级阶段：

1. 鹅贡（Go Bông）早期（“前古典的”），独立的 S 形图案。

2. （“古典的”）中期。装饰遵从几何对称的“原则”；同心纹中间有波浪线；S 形的螺旋纹连在一起；富有特色的小尖纹（点线雕刻［pointillé］）；C 形卷线形成一条链、小圆圈和一种 OXO 形的系列图案（Ha Van Tan 1980：图版 5e, i）。也有交替出现的阴影线条的三角形（像一种向前后弯曲的条纹，或者两种颜色对角线交织在一起，就像爪哇近代篮子中的纹路那样，见 1949 年范德霍普［Van der Hoop］的插图说明：图版 I，c）。它是一种简单的图案，在加隆邦（Kalumpang）陶器碎片（Van der Hoop 1941：图版 106，苏拉威西［Sulawesi］西部）、爪哇的铜斧（Van Heekeren 1958：图 3）以及现代的印度尼西亚篮子中，都可以看到这种图案。铜鼓上的三角形图案和 N 形纹饰都是在此基础上演变而来的（见第 6 章 2.6 节第 10 条）。

在系列的纹饰中还有独立的 S 形螺旋纹（有棱角的类型）（Ha Van Tan 1980：图版 5k）。

3. 晚期（“最后的”“后古典的”）。“点线雕刻”的小尖纹是非常稀少的，取而代之的是等距离线条的图案，比如靠得很近的有八条波状线的条纹，或三条分开的线。这些线纹必须有梳子的帮助才能画得出来。

从这个阶段起有碳十四测年，年代为公元前 1380±100 年和 1455±100 年。

冯原文化时期已少量使用金属。鹅贡的金属废料证明是黄铜、锡、银的合金。类似的证据说明了许多地点是“从新石器时代过渡到黄铜时代

(chalcolithic)"。因而它们没法全面证实戴维森(Davidson, *ESEA* 1979：107)的论述："东山铜鼓上的几何纹饰和图案,都令人吃惊地出现在冯原和鹅贡陶器上",东山文化的装饰图案,只有些许出现。

铜豆(Dông Dâu),公元前 14 -前 12 世纪(碳十四测年为公元前 1120±100 年)。陶器的装饰包括波浪纹、8 字形螺旋纹等。首次出现在冯原文化晚期的等距梳状线纹是铜豆文化时期的典型特征。

有种不对称的斧头(类似东京鼓上的鸟羽战士)预示了东山文化的发现(第 17 章 3.2 节)。还有双壳类泥质或砂石范来生产斧头、锛子和箭头,这证明了铜豆时期的金属加工水平很高。所用的金属是八比二的铜锡合金,然而绝大多数成分仍是石头(Ha Van Tan 1980)。

扪丘文化,公元前 11 -前 8 世纪或前 7 世纪(碳十四测年为公元前 1095±120 年)。出土的陶器上的图案中,有角状的、四方形的和蜿蜒曲折形的,这种蜿蜒曲折形通常与欧亚草原的艺术装饰图案有关(见第 6 章 2.6 节 9 - 13 条及第 15 章 4 节)。到了现在,铜器明显比石器多,有鱼钩、斧头、镰刀、长矛头、箭头和手镯等。

这正是东山文化的起点,起源有据可查,但是发展起来却是爆炸性的。

16.2.2　东山文化　　先于东山文化的青铜时代早期文化主要局限于冯原文化区域(除了 1975 年在清化省发现的一些同时代的遗址)。东山文化的版图显然更大,从北部的黄连山省(Hoàng Liên So'n)一直延伸到南部的平治天(Binh Tri Thiên)省。在这幅员辽阔的区域中,有三个东山文化中心：红河盆地、马江和清化省内的楚河(River Chu)地区、林河地区。

在红河盆地,首先是三个主要遗址(Ha Van Tan 1980)。

越溪(Viêt Khê)的大墓地(位于海防省内)。这是个遗迹丰富的遗址,发现了大量不同的高质量的武器和工具。1961 年,该地挖掘了五个坟墓,墓中有船形的木棺(长 4.5 米,直径 0.5 米)。最大的一个墓出土了大约 100 件物品,有武器、铜桶(见第 17 章 3.2 节)、铃、2 面金属鼓(11.48)、1 只勺子(上面装饰有一个吹单簧管[khène]的人,Ha Van Tan 1980：图版 XLIV A)、漆器、织品和柳条制品(碳十四测年为：公元前 530±100 年;公元前 465±100 年;公元前 380±100 年)。

甘州(Châo Can)(河山平省内)。1974 年,墓地;八口船形木棺(长 1.80 - 2.30 米,直径 50 厘米)。足状的斧头依附在木杆上(He Van Tan 1980：图 8a - b;见第 17 章 3.2 节：斧子;碳十四测年为：公元前 375±60 年)。

鼎村(Làng Ca)(越池,在红河和明江的交汇处附近)。1976 - 1977 年,发现了 314 座墓,墓坑简单,有些显然是穷人的,而有一些却很丰富,有武器和不对称的斧头(碳十四测年为：公元前 285±40 年)。

最重要的发现是一位铜匠墓(或铜匠所需用具设备处)，里边有陶范，用于制作斧头、矛头；还有匕首、铃和一口直径为 1.5 米的坩埚(可容纳 12 千克黄铜)。

近年来在越南东山这个最初典型遗址的挖掘成果还没有公开详细地发布。何文晋(Ha Van Tan 1980：131–132)把东山的墓葬分为三个时期("中世纪"的标本不在考虑范围)：

1. 早期：公元前 1000 年上半叶。那时的铜器异常稀少，其中一些是对称的斧头。这个时期很可能与红河盆地的扪丘文化是同一时期的。

2. ("古典的")中期：公元前 1000 年下半叶。出现了各种不同类型的铜器，如足状斧头、匕首、铜桶(situlae)和金属鼓，这些都具有高度发达的东山文化的特征(见第 17 章 1–5 节)。

3. 晚期：大约在公元之初。墓葬品中有中国物品(例如那些从巴若[Pajot]墓挖掘出的物品)。

清化省的其他遗址也有这样的三个时期，有些遗址中还有一个更早的时期(公元前 2000 年)已经得到了确定。

在第 16 章 2.4 节中简要地概括了从 1924 年至 1940 年间东山遗址挖掘的成果。在清化省的拉宗(Lach Truong)港口有"占主导地位的拱形砖墓葬，其中一些墓葬的年代可追溯到公元前 3 世纪，但绝大多数可确定年代的墓葬时间是在公元 1 至 3 世纪"，关于其与楚文化的联系，请参阅 Janse 1972：199–230。

义静省(Nghê Tinh)的林河地区。20 世纪 70 年代的挖掘，东山文化和前东山文化。在汝川(Ru Tran)(居址和墓葬皆有)，石器和铜器并列出现。这些发现与东山文化最早的墓及扪丘文化可能是同一时期的，它们似乎与北部有着文化或商业上的联系(Ha Van Tan 1980：132–133)。

在 1972–1973 年，鼎村(Lang Vac)墓地发现了大约有 100 座墓葬。燕尾、对称的斧头(见第 17 章 3.2 节)让人想起印尼群岛发现的类似器物；有柄的、妇人形状的匕首和四面黑格尔 I 鼓(鼎村，11.25；Nguyên Phuc Long 1975：7，74 n.2；Ha Van Tan 1980：图 XLVI–XLVII)，也有小型的金属鼓(碳十四测年为：公元前 40±85 年)。

其中一只鼎村鼓，依据何文晋的插图可以解码为：

12/V1)·o/her／·vov·/–

A　·vov·/船

B　vert·øø/[公牛]

hor·vøv·

我无法说出图片上的所有细节。鼓面上和鼓身上的 o 和 ø 是不同的(可能来自两只不同的鼓)。这种鼓可以编入 GSIIn 组(还有"斯德哥尔摩"鼓,11.40+)。

作为越南北部这部分的一个附录,有必要简要备注关于越南南部的某些发现。

越南南部:越南考古学家的调查研究(1975 年)已经揭示了越南南部较低的同奈(Dông Nai)盆地新石器时代晚期和青铜时代有四个阶段(Ha Van Tan 1980:134 - 137)。在第三阶段,铜斧及铸范证明了金属制品的兴起。第四阶段代表了全面发达的青铜时代(晚期)。(坡寺[Dôc Chùa]:斧头、矛头、戟、铃铛、不胜枚举的铸范;碳十四测年为:公元前 1195±130 年)。斧头有夸张的边缘,与农诺塔(Non Nok Tha)(第 15 章)和老挝的琅勃拉邦(Luang Prabang)发现的某些类型非常相像。1924 年由巴门特(Parmentier)发现的沙黄文化(Sa Huynh)(铁器时代)在同奈盆地也有迹可寻(1973 年被绍林[Saurin]发现)。这与越南北部的东山文化有一定的关系。

16.2.3　文郎国和瓯骆王国　在越南北部青铜时代早期的主要人口是越族(Viêt, Yue)的一部分,他们从最初的栖息地——中国南部来到东京地区。青铜时代早期的越南的第一个王国——文郎国,建国于雄(Hùng)朝,雄朝起源于骆越族。雄王朝的首都是麋泠(Mè Linh)。以前这个王国的信息只能从后来的越南资料中获得(公元 8 - 10 世纪),最近学者们认为它与红河盆地冯原文化人们的后裔有关系,并与青铜时代后期阶段,包括早期的东山文化,也有关联。文郎王国可能建国于公元前 800 年左右,并随着被瓯越王国征服而告终(公元前 257 -前 208 年)。这一王国是由山上部落联盟组建而成,叫作瓯越(Âu Viêt),最初来自广西,后来主要在越南北部安营扎寨(后来的高平[Cao Bang]省)。公元前 258 年,他们的首领蜀泮(Thuc Phán)(后来成为新国王——安阳王[An duo'ng])征服了瓯越(文郎)的领土并建立一个新王国——瓯骆国(Âu Lac),以古螺城(Cô Loa)为首都(河内东北部的北宁[Bac Ninh]省)。瓯骆王国之后就是以赵佗(Triêu)为首的南越国(Nam Viet)(公元前 207 -前 111 年)(关于文郎国和瓯骆王国,请参阅:Bezacier 1972;Nguyên Phuc Long 1975;*Voix des tambours* 1983)。

汉朝推翻了南越国(公元前 111 年)并使之成为中国的交趾省(交州),请看第 16 章 3 节。

16.2.4　东山文化　东山文化是以东山遗址命名的,东山遗址位于清化省的马江右岸[2]。在全盛时期,青铜时代的遗址可能是"一个繁华的、护卫森严的贸易和文化中心",其最初的名字无从知晓,只知其受益于所处的位置——位于现存的贸易路线附近(Janse 1958)。它也可能是个村庄,其历史比那些1924 年以来所发现的遗存还悠久,那也证明了东山人群在秦朝和西汉时已与中国有来往[3]。

正如前面所述,公元前 111 年,东京和安南不得不接受中国的统治(见第16 章 3 节)。公元 40 年,征侧、征贰姐妹(Tru'ng Trac sisters)发起了一场叛乱,公元 43 年,著名的马援将军受命平息了这场叛乱(见第 16 章 4.3 节)。自那以后,东京成为中国的一个省。众所周知,马援的一支军队通过马江河谷一路前进,这样就不费吹灰之力摧毁了东山这个小村庄。又在某个适当的时期,也许只能是宋朝,东山这个地区又获重建(Janse 1958:17),之前的村庄发现于 1924 年。

在 1924 年开始调查研究之前的一段时间里,在清化省发现了大量的陶器及铜器古物,所有这些古物都是偶然发现的,关于在哪里发现的以及在什么样的环境下挖掘的,人们几乎一无所知。法国远东学院(Ecole Francaise d'Extreme-Orient, *BEFEO*)前院长鄂卢梭为此委托了一个叫巴若(L. Pajot)的人来负责调查[4],他是"对印度支那的过去以及当地人们的习俗有强烈兴趣的白手起家的人",他曾是个马戏团艺术家、水手、海关官员。四处漫游期间,他报道了东山村民在耕地时的发现。1924 – 1930 年间,巴若和一些当地村民收集了许多物品并有偿交给了法国远东学院,他自己也进行了许多挖掘。巴若只是法国远东学院的一位"合作者",绝不是一个受过专门训练的考古学家。他的挖掘是业余的(和当时的许多人一样),因此他受到了严厉地批评。据说他的发现要出一本特刊,但没有成功。1929 年,打算研究这些资料的艾莫尼尔(Aymonier)去世了。大约也在那时,戈鹭波(V. Goloubew)写了一篇最重要的论文,阐明了东山的发现以及东京和安南北部早期发现的重要性(包括玉缕鼓 11.30+)。一些巴若的笔记发表在 *BEFEO* 第 24 和 27 卷。其中一些想必是他发掘的墓葬布局的一些东西(本章中也复制了,见图 12、13),在贝扎西尔(Bezacier)1972 年发表物中第一次被公开。但是,关于 20 世纪 20 年代所进行的考古工作,依然疑问重重。

图 12　东山的"印尼墓"

1. 铜鼓　2. 残片　3. 微型鼓　4. 饰板　5. 头盖骨和骨头　6. 头盖骨

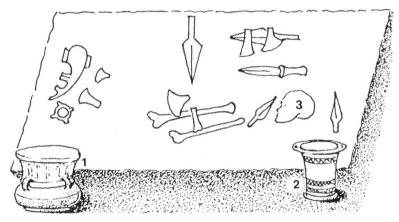

图 13　东山的"印尼墓"

1. 倒立的铜鼓　2. 铜桶　3. 头盖骨、骨头、分散的斧头及武器

　　在 1934 年末,当时的法国远东学院院长乔治-科德斯(G. Coedès)决定重新系统地挖掘,并授权于瑞典考古学家詹斯,詹斯曾从巴黎和斯德哥尔摩的收集品中专门研究了东京的发现。詹斯开展(并详细报道了)挖掘活动的三个时期:1935 年 1 至 3 月;1936 年后期到 1937 年末;1938 年的挖掘时间很短。[5]

　　1940 年,法国殖民时期的挖掘不得不停止,直到接下来的越南独立时期,越南考古学家才又重新开始挖掘(1961 年,1969 - 1970 年和 1976 年)。很明显,以前的东山遗址在各种情况下曾长期有人居住。200 座坟墓依然有迹可寻,它们(不考虑"中世纪"的墓)可以分为三个阶段,在第 16 章 2.2 节中简要概括了这三个阶段。在这部分中,我们仅限于更早期的挖掘成果,从历史的观点来看,其无论如何还是十分有趣的。20 世纪 20 年代中期以来,它们当中的一些挖掘在铜鼓的研究中占有举足轻重的一席之地。

东山的考古学遗存包括一个古老的居住点，其中有些零星的发现；一些经常提及的"印尼"坟墓（见第 16 章 1.2 节）；一些中国六朝或唐朝时期的中国砖墓和一座宋朝时的坟墓（Janse 1958）。这些坟墓是在居住址附近而不是一个单独的墓地发现的。因此用"墓地"（necropolis）这个常用词来描绘这些墓是错误的。大部分是在大约 55 - 60 厘米厚的肥沃灰黑泥层中发现的，"真正的考古地层"是位于砂石的上层（大约 75 厘米厚）和几乎是生土层的黏土下层之间。詹斯通过探方的方法首次确立了这些地层（1935 年）。灰黑泥层中最令人感兴趣的东西是"从汉朝起在印度支那发现的最古老的干栏式建筑遗物"以及某些"印尼"墓（Janse 1958：19，31）。

20 世纪 20 年代期间发现的非中国墓，与同一地区的早期中国砖墓截然不同，它们只是些简单的坑，直肢葬。贝扎西尔（Bezacier）用插图说明了（本章中的图 12 和图 13）巴若发现的墓葬（其表面上给人错觉，以为是完好无缺的坟墓，如此则有点过于乐观了），图中揭示了一些遗骨：两个墓中各有 1 个头盖骨，而第三个墓中则有 2 个头盖骨。不幸的是，这两个遗骨都不完整，无法对其进行研究。在那个有 2 个头盖骨的墓，读者可能会认为一个可能是男性，另一个可能是女性，但就是这个也无法下定论（在詹斯挖掘的"印尼"墓中，根本就没有遗骨[6]）。墓主的性别可以通过陪葬品的特征来判断。因此，在 20 世纪 20 年代的发现中，刀、短剑、矛头、斧头等说明墓主是男性，和坟墓有关的金属鼓也说明是墓主是男性（图 12、图 13 中分别有一只压碎了的金属鼓，这将会在后面讨论到）。对于某些正方形、长方形的装饰性饰板，有各种不同的解释，有人认为是盔甲套装的一部分（Goloubew 1929），也有人认为是女性服装的一部分。不管它们是什么，如果只因切线圆纹和"羽形图案"使人回想起某些金属鼓装饰，这些装饰图案都是非常有趣的（见第 7 章 4 节）。

非常可惜的是，巴若的挖掘很不系统，致使无法准确区分所出土的东西到底来自哪个墓。更可惜的是，因为那些东西中既有金属鼓又有中国硬币及其他东西，这些东西本来有可能为后来的学者研究东山墓葬及铜鼓的断代提供一个起点。

在最后的冲突之前（大约公元 43 年），越南北部与中国的关系最终为东山地区的考古研究提供了一个积极的刺激。然而，我们起初高估了它们在时间顺序方面的贡献。第一次在考古记载中，一些可能与东南亚青铜时代相关的器物被巴若在 20 世纪 20 年代发现，同时被发现的还有一些能够提供一定断代准确度的中国器物。例如,在东山发现的葬品中,有短暂的、过渡期的王莽时期(公元9-23年)的钱币,王莽篡夺了政权,并结束了之前的西汉王朝(公元前202年-公元9年)。这些硬币不可能在王莽时期之前被埋葬,因此,含有这些硬币的坟墓年代只能始于王莽篡汉时期或稍晚一些。但是,就如前面所说,无法确定这些硬币来自哪个墓。我们也无法知晓,它们是否与某个金属鼓一起出土。此外,也没有理由说所有的"印度尼西亚人的"埋葬及其类似墓开始于同一时期——公元1世纪上半叶左右。已确定年代的中国物品包括一面镜子(高本汉[Karlgren 1942]断定其年代为公元前1世纪;1960年汪德迈[Vandermeersch]断定其年代为西汉末,公元9年之前)、一只汉代扁壶形瓶子和一把剑(根据戈鹭波所说,不晚于公元2世纪早期;高本汉则认为更早,属于汉代之前的淮型)。这导致戈鹭波认为巴若发现的年代"不早于公元50年"。后来对东山、青铜时代和铜鼓年代的调查研究表明,东山出土物的年代不用太严谨,我们给它的年代也不应限定太细。后面我们将在更大背景下(第20章)讨论这一主题。

在詹斯20世纪30年代的挖掘中,他发现了一些墓及陪葬品,他称这些墓为"印尼"墓(这一名字后来也指更早期的非中国墓)。如前所述,这些陪葬品通常出土于灰黑层,深度在地表以下大约50厘米至1.5米不等。这些墓没有任何坟堆标记,如石头或砖块。这一点,即使以前有坟堆后来也会,早就被耕作而铲平,就像近代莫族墓上的木头建筑物由于长年自然力量而毁坏。在某些情况下,陪葬品明显还是原封不动的(但却没有遗骨)。

"大部分情况下,陪葬品包括了一些铜制武器,如矛、箭头和斧子;一些乐器,如鼓,钟,多为小型的,还有痰盂、铜桶,通常也是微型的,以及中国钱币,有时也有一把铁制的匕首或剑。这里还有大量裂开的石制和陶制的圆盘形物品,都产自当地及中国"。[7]"显然,裂片状圆盘形物品和铜制武器可以证明,'印尼'墓主要所属时期为之前的西汉时期及公元1世纪之初。其他物品如钱币、某种珠饰和陶器在'印尼'墓和砖墓中都有出现(Janse 1958)"。

墓1和墓2没受到破坏,它们坐落于山脚附近相当平坦的土地上,这些土地后来没有被开垦。1号墓陪葬品发现于地面以下60厘米至1.2米深的灰黑泥层中,长2.3米,宽约2米,然而,这些东西有的可能属于邻近的2号墓。

1号墓中的最重要发现是一只直径为44厘米,高31.5厘米的铜鼓[8](在我的铜鼓清单中为11.12号东山铜鼓)。根据发现者所说,入葬之前,铜鼓已被故意破坏,即"被杀死了"(参见第5章5节)。发现铜鼓时,其侧躺着,除此之外,还有一只铜盘,一些矛头、箭头、三只小型鼓和一只铜桶形的铜花瓶。

东山 C 鼓纹饰简单，不过比东山 A 和 B 鼓(11.10+及11.11+)复杂点，体现在相互交替的曲线纹和放射状纹饰，其中曲线纹靠近中央太阳纹。在我的编码目录中，它和马德望(Battambang)(柬埔寨,14.01+)鼓、巴生(Klang)(马来西亚半岛,15.01+)鼓同属于 G.ZL2 群。在东山 B 鼓上面有骨瘦如柴的苍鹭，表明其所属的时期更晚。

在位于地表以下 1 米多点的"印尼"2 号墓，除其他东西外，还出土了另一面铜鼓：东山 B 鼓(11.11+)，直径为 35 厘米，高 27 厘米。[9]鼓身的主要部分已支离破碎，显然，这只鼓也是被故意"杀死"的。就我们所知，这只鼓鼓面和鼓身上的纹饰是编码目录群 G(4)中最简单的一种。詹斯特别提到，在 1 号墓和 2 号墓中都发现有倒置的铜桶，两种情况很相似，都朝最南方，大约是死者头部所在地，"它们也许都用作枕头"。

我的铜鼓清单[10]只收了一面 20 世纪 20 年代巴若在没有良好控制的情况下发现的铜鼓，是东山 A(11.10+)鼓。东山 A 鼓的纹饰非常简单：G：2。由于其直径只有 33 厘米，高只有 27 厘米，所以和本书中所提到几乎所有的其他铜鼓相比，它显得异常小。另一方面，比起 20 世纪 20 年代发现的其他器物，它又显得异常大。后者大约有 20 个，都是微型鼓，高度在 4 至 10 厘米之间(Goloubew 1929：12-13,图版 7-8)。除了巴若的发现外，还有在詹斯的"印尼"1 号墓中发现的 3 面微型鼓，同时也发现了前面已提到的 11.12 东山 C 鼓。此外，詹斯还提到了来自东山的"好多微型鼓，大体分两种类型，一种是圆顶蘑菇形，一种是平顶蘑菇形"[11]。

由于各种原因，早期的东山文化挖掘不尽如人意，至少从铜鼓年代学而言是这样的。尽管如此，这些发掘还是展示出许多引人入胜的东西，其中一些在墓葬环境下，尤其是詹斯挖掘的"印尼"墓。相当晚才出版的巴若墓葬发掘布局，即使我们无法从中获悉各种陪葬品之间的关系，也可以使我们大体了解到陪葬逝者的是什么物品，这些死者除了一些头盖骨和骨头的碎片外，遗骸早已荡然无存。中国陪葬品也许是陪葬品的一部分，或者乐观一点说可以从某种角度提供绝对年代。但它们的实际用处也是微不足道的，因为迄今为止，我们无法确定它们应该与哪些墓和葬品有关联。泛泛而谈，这些来自中国的随葬品表明一些("一些"是泛指)墓的年代是大约公元 1 世纪上半叶。其他的可能晚些，另外的可能早出好几个世纪。所有这些可能代表着"印度尼西亚人"，即原始莫族人，在历史上，他们偶尔与中国人接触，这些中国人并逐渐定居于越南北部，在某个时期他们接管了越南并使越南北部成为中国的一个省份(见第 16 章 3 节)。公元 1 世纪中期左右成为临界点。到此为止意味着早期的本土东山文化已经走到了终点,其中就包括典型的东山遗址和其他类似遗址。随着东山文化的结束,铜鼓全盛期也自然终结,其终结涵盖了越南三角洲、北部沿海平原、东京和安南北部。象征中国政权特征的砖墓,最多有一些较小的铜器,不再有金属鼓(关于东山墓的 3 个分期,请看第 16 章 2.2 节)。

16.3　中国、北越的政治关系

公元前 221 年,秦始皇试图统一全中国,并渴望进一步控制更远的南部,于是决定征服越国。先后发动了两次远征,但只有在公元前 214 年才征服了富饶的广东。从那以后,在公元前 207 年,中国将领在南越自封为王,并成为汉朝(公元前 196 年)的一个附属国。他成为南越(公元前 207 -前 111 年)赵王朝的建立者。在跟中央政权发生争执后,他甚至打破了与中国徒有其表的关系并自己加冕为皇帝。其中一次中国企图命令他臣服但没得逞;不过汉朝派出使节要他丢掉"皇帝"称号,变回"国王"(公元前 179 年)。恰好当时的汉王朝有更迫切的事要解决,例如和"北方匈奴"的战争、中原与西方世界的关系以及通过南方的云南或缅甸,寻求一条联接中国和印度的可替代路线。因此,南越王能够无拘无束地把自己的统治强加于南方邻国骆王,在公元前 180 年左右,这确实发生了。虽然有些肤浅,但是中国化的第一步确实已经迈出。第一位赵王甚至把汉语引入东京(Coedès 1962:183)。

公元前 135 年趋势发生了变化,那一年南越和北方邻国福建的闽越之间爆发了战争,南越向中国求助。为勘察详情,中国派遣一位使者去南方。为了非汉人聚集的南方不同文化中心之间的内部交流,值得注意的是使者偶然发现了一条贸易路线,中国政权对这条贸易路线闻所未闻。此路线从四川一直延伸到西北部的长江盆地,途经贵州山脉,最后到达西江和广东,这为从中国腹地进入广东提供了新的可能性,后面很快证明这一点。

再后来,越国内部之间的更多矛盾为中国通过海路和新发现的陆路向南派遣部队提供了理由。公元前 111 年,广东和广西被并入中国的版图,南部和西南部的其他省份,如云南(见第 18 章)也随之被收归中国。因此,"南方海岸和富饶的西江河谷构成了一副完整的中国版图"(Fitzgerald 1976)。南越分为 9 个"管辖区",其中 2 个在越南北部(前面提过的交趾和九真:东京和清化省)。

这样,东京再也无法逃脱中国方面的直接干预,和另外那个南越国一样不得不接受中国的统治。这个时候(大约长 150 年),东京的地位或多或少是个殖民地或被保护国,这里少部分中国人与当地的土著居民骆或越族相融合,后者在公元前 2 世纪期间和更早的时候,骆越在红河三角洲和更靠南的地方和入侵的越族相混杂。山地民族如芒人(Muong)、克木人以及其他生活于平原和山脉之间的部落(或者迟早定居在那里的部落),大部分还没有强烈汉化。这样第二步,也是离吞并更重要的一步就实现了。因此,通常认为公元前 111 年是中越关系的转折点。

中国影响的冲击和大量中国移民的到来令骆王和国民越来越受挫,例如,汉语已成为官方交流的工具并且延续了两千年。越南语到近来还是用汉语拼音书写,只是发音不同而已。相对而言,用罗马化的"全国性的"拼写(同样令局外人迷惑不解)是一种现代发明。同我们本书谈的内容相比,这些中越关系变迁肯定是相当晚的事情。然而,其基础很早以前就已奠定。

公元 1 世纪上半叶是个决定性的时期,充满了戏剧性的变化。此外,中国正处于王莽篡汉时期(公元 9 - 23 年),王莽结束了西汉的统治。一些不想屈膝于他的达官贵族纷纷逃到他控制不到的东京和邻近的国家。在东京发现的中国墓要么属于这一时期要么属于东汉时期(公元 25 - 220 年)。这些墓中出土了各种各样的中国葬品——然而没有铜鼓。铜鼓作为当地显赫人物的陪葬品,都出土于非中国人的墓,这些墓中还出土了青铜时代的武器、装饰品以及其他作为身份象征的东西。在东山挖掘的"印尼"墓代表的就是这种当地文化,这些我们将会在下一节讨论。

对于金属鼓的重要性,和土著居民相联系的中国人开始只有一个模糊的概念。几个世纪后,中国史料把金属鼓的"渊源"和一位赫赫有名的人联系起来,这个人就是中国的马援将军。

马援于大约公元 1 世纪中叶进入越南北部,当时的东京和安南北部的形势让人无法忍受。公元 40 年,征侧、征贰姐妹发起反华叛乱。许多酋长都跟随她们的领导。马援,这位曾立下赫赫战功(第 16 章 4.3 节)、中国人眼中的"忠诚"大将军被派去平息这次危险的叛乱。马援于公元 43 年平息了这场叛乱。他曾获得"伏波将军"的称号,伏波,即降服波浪的意思,而波浪即指中国南方地区动荡不安的局势,在广西和广东,马援显示出了他出众的驯服能力。因为他在越南北部的征伐,接下来近 9 个世纪内的东京和安南北部地区变成了中国的省份,这一时期于公元 905 年结束。之后不久,公元 939 年,越南独立。

16.4　越南北部铜鼓注解

16.4.1　中国对越南北部的影响　在谈到中国对东南亚青铜时代艺术的影响时,我们应牢记以下几个方面:

1. 在中国领土范围内可能有多个不同的出发点。

2. 中国与东南亚之间很早期的联系,这些联系与环太平洋有紧密的关联,包括一些长距离的迁徙。

3. 被中国吞并以前中国华南和越南北部的联系。

4. 公元前 111 年吞并后至公元 43 年马援远征前的联系。

5. 马援之后公元 1 千年的绝大部分时间内中国与南方省份之间建立的联系。

6. 越南北部的民族与在东南亚大陆很活跃的中国定居者、移民和殖民者之间的联系。

虽然铜鼓的早期历史与前汉和西汉没有任何直接的关联,但他们似乎是同一时期的。后期的东山鼓和东山时期之后的金属鼓的年代可能都源于公元后5、6 世纪。有关蛮人铜鼓的信息及其用途主要来源于公元 1000 年下半叶(见第22 章 1 节)。关于马援这个颇具传奇色彩的人物与金属鼓关系的资料指的是公元 1 世纪中期的资料(在第 16 章 4.3 节中会讨论到),尽管这些资料可能是这个英雄年代之后好几个世纪才写的。

最后,我们不要忘记,边缘省份的中国人与某些优秀的铜鼓(如刻有汉字的7.05+的库尔鼓和4.02+的桑根鼓,这些将在第 16 章 4.6 节中讨论到)之间某些显然的联系不应解释为中国因素影响了印尼群岛的边远部分,铜鼓就是在印尼群岛这些地方发现的。显然,这里所指的这两种鼓(以及其他许多同一种类的样品)是从越南北部引进的。它们所包含的与中国人接触的种种痕迹最后实际上是指东京地区和周边国家的联系。

具有中国南方省份特征的黑格尔 I 鼓和 IV 鼓的华南变种,与其说是受到中国的影响,不如说是中国内部的产物。在那些例子中,中国华南是受到东山和附近山地民族的影响,而不是反过来华南影响东山文化等。

16.4.2　东山鼓和淮型鼓　前面部分提到过的淮文化风格,之所以被高本汉(Karlgren)称为淮型,高本汉是因其最具代表性的样本发现于长江北部的淮河盆地。淮型鼓于公元前 7 世纪中叶兴起,其基础是作为周朝中期艺术中的"高度发达类型"，而周朝中期艺术又融合了"新的浮夸的巴洛克艺术中古老而受人敬仰的元素"。[12]它与佩利奥（Pelliot）所说的新型，格鲁塞特（Grousset）和其他人所说的战国时期（公元前480－前222年），耶茨（Yetts）主张的中国艺术第三期，以及海涅·戈尔登（Heine-Geldern）及其他的学者认为的后周艺术[13]差不多相同或重叠。高本汉认为，一些东京鼓（所谓的"早期的"鼓，在第20章6节中讨论）的年代必定是在公元前3、4世纪，即淮型鼓的鼎盛时期，淮型艺术与东山鼓之间必定有某些直接的联系。不过海涅·戈尔登认为（在他的关于"庞蒂克移民"的文章中，第15章4节中已讨论过了）它们之间没有任何的直接关系，铜鼓纹饰中所用的某些图案和淮（后周）艺术之间的任何相似之处只是因为它们有着共同的起源，这将在"庞蒂克移民"术语中会有进一步的阐释。

高本汉（Karlgren 1942）谈到了下面这些图案：1. 中心的太阳纹（一种非常古老的中国图案，在淮艺术中常常可以找到，以圆形的内辐射为特征）；2. 虚线或粒状纹的线条，作为纹饰带的填补；3. 两股松散的辫状，这在淮艺术中极为普遍；4. 之字型条纹（即我编码中的Z）；5. 锯齿纹（在汉朝镜子上和汉朝以前的艺术中常常可见，然而汉朝以前的镜子上却没有），就因为这样，在许多装饰艺术中发现有大量的锯齿纹；6. 人字形或斜线纹（我的编码中写为"//"）；7. 双S形螺旋纹（还有旋转的螺旋纹或者旋纹变成曲线纹）；8. 切线圆纹（ø）（尽管在淮艺术中不太常见）；9. 逐渐褪去的S形螺旋纹（不规则纹）（图6）。根据高本汉的观点，这种特殊的螺旋纹类型是由淮艺术传播到东山文化的，最后由东山传播到婆罗洲达雅克斯（Borneo Dayaks）的装饰艺术中；10. 飞鸟纹（12.01+的老挝鼓上[14]）；11. 同心圆区域内排列的图案。

高本汉（Karlgren 1942：14－15）是这样陈述淮-东山关系的："我无论如何也不会认为早期的东山鼓是淮型鼓的直接产物。再一次强调，东京鼓和老挝鼓并不是非常早期的鼓。其实根本不是那样的。尽管它们有很强的相似性，有足够的不同之处来推翻这一解释。例如，鼓上完全没有很多其他基本的淮型元素，如交织的龙纹、点纹等，我在淮型艺术中也没有发现东山文化中的船纹。但是，早期的东山型和淮型有紧密的同源性，并且在很大程度上和同一种随身物品一起（如果允许我这样说的话）。用另外一种类比来说，虽然它们不是相同的语言，但是在很大程度上却有相同的词汇，东山语中的许多词汇是借来的淮语词。"正如我们所期盼的那样，高本汉这位伟大学者的观点是用一种最有趣的方式表达出来的。然而，正如海涅·戈尔登说的那样，最后的关系也许是共同起源理论而不是直接的联系（见第15章4节），换言之，两种"语言"中的部分词汇都衍生于一种更早期的起源——有点可能(假设不是很可能的话)衍生于装饰图案的远祖。早在这些部分词重现在淮文化和东山文化艺术之前,这些远祖图案已在东西方之间流动。这种远祖图案的承载者从古欧洲,然后又从中国商朝早期,甚至是中国商朝之前受到影响。即使我们赞成海涅·戈尔登,把中国及东南亚图案中远古元素的出现与公元前 8 世纪(或之前)的迁移联系在一起,这些元素应该放在很古远的背景下考量。在这种联系中,出现在东山鼓、淮艺术、早期的中国陶器和北越冯原遗址陶器上的某些图案(见第 16 章 2.1 节)都应该在这个背景下探讨。尤其是越南人的发现,为反对淮艺术对东山铜鼓影响的说法提供了额外的证据。[15]

16.4.3 马援 研究中国艺术的传统中国专家对"南蛮"之地的金属鼓并不太感兴趣。他们没有把这些鼓真正列入中国文化遗产的一部分。然而,这并不能阻止专家们把鼓的起源归功于从中国得到的灵感。[16]铜鼓的发明要么归功于公元 1 世纪中叶的著名人物马援,要么归功于另一位中国将军诸葛亮(公元181-234 年),诸葛亮其实与一只最早到达欧洲的金属鼓有关联,这只鼓是通过1883 年在阿姆斯特丹的展览抵达欧洲的(在那里,这只鼓被命名为 Tse-Coea-Li)。据说这两个征服者和文化英雄曾把铜鼓送给与他们接触的蛮族人,在中国南方的蛮族地区,人们长期在寺庙中供奉这两位英雄。通过赠送鼓给蛮族的酋长,中国人强调,这是受当时中国朝廷的委托。[17]还有一种不同的说法是,人们把一些鼓藏在某些河中,目的是为了借鼓发出的嘈杂声来吓走蛮人。[18]

据说马援在东京期间,还收到了当地骆越人的铜鼓,因此,骆越人必定早已拥有那种贵重的鼓了! 作为一位马方面的专家,马援把铜鼓溶化了,铸成一只非常完美的骏马雕像。回国后,他把这只马的铸像献给了皇帝。[19]其实这个故事从反面论证了马援并不是铜鼓的发明者。

另外一个中国记载《广东新语》[20]同样地强调了越族人、铜鼓和马援之间的联系。其记载中提到,越南北部的天气异常的潮湿,使得平常的皮革鼓经常被这种恶劣的气候所破坏,无法发出应有的声音。而马援用铜来制鼓就帮助越人解决了这个问题。铜鼓是按照皮革鼓的形状来制作的,但重量减轻了一点。

在 1900 年左右,中国史料得到出版并翻译,关于铜鼓和某些历史人物之间关系的信息被认为是建立完整编年史中很受欢迎的一步。即使几十年以后,戈鹭波(Goloubew 1929)仍把马援的英雄传奇作为支持关于早期铜鼓年代观点的论据,他认为早期铜鼓的年代最早在公元 1 世纪中后期(根据东山铜鼓的发现)[21]。这种认为铜鼓的起源年代很晚的论点当然被很多人给辩伪了。然而,多年以来,戈鹭波仍坚持他最初的观点。[22]

16.4.4 在东京的中国工匠? 除了铜鼓起源问题,戈鹭波还谈到了可供研究的东京鼓(Goloubew 1929,1932,1940)。虽然他承认其当地的起源,但是根据在东京的"印尼作坊"(当时已这样称呼了),他还是坚持中国工匠在生产与装饰方面发挥的重要作用。

"可以确定的是印尼部落从中国获得的工业启发。这是因为中国人教他们如何加工金属并把那些易烂材质的乐器和家用器物改造成有纹青铜器"(Goloubew 1929)。戈鹭波所想到的是一种蒙古人的铜鼓(正如俄国民族志学者所说的那样)。在玉缕鼓(11.30+)及类似的众所周知的样品鼓中,戈鹭波看到了"一个依靠冶金和中国艺术的工业,这个时期明显和东汉统治东京同时……"(Goloubew 1932)。[23]在这种联系中,戈鹭波谈到了黑格尔 I 型鼓和中国西汉时期的青铜器上的装饰图案,"例如梳齿、锯齿、交叉线纹、平的和斜的曲线纹等"。高本汉(Karlgren 1942)反对这种与汉朝青铜器的联系,并提出与淮型艺术(尤其是公元前 3、4 世纪)的联系,"我们必须警惕……被中国和印度支那官方交往叙述所误导"。根据高本汉的观点,东山(东京和清化地区)只不过是广阔区域中的一角,其最北部地区距中国淮型的大文化区域并不远,"而且有事实证明,在历史上汉朝征服印度支那以前,非官方的文化交流,包括思想和物质的交流,就已开始了。"

16.4.5 马援之后的铜鼓 对于铜鼓的用途最感兴趣的人也许是"贵族"。确切地说是那些品尝了公元 1 世纪中叶马援战役以及随后的政治状况苦果的人。来自中国的资料说,是马援给了他们金属鼓(见第 16 章 4.3 节),这是非常不可能的。为了寻找和平安宁,许多以前的贵族可能会离开文明中心,到内陆山区,或者沿海向南到海外去寻找和平。如 4.02+的桑根鼓和 7.05+的库尔鼓等铜鼓肯定也随着这些贵族一起离开它们的家乡,由于这些铜鼓具有中国的特征,它们可能生产于已中国化的北越。然而,东山文化器物仍然出现在越南北部墓葬中。在越南的砖墓中出土了大量的青铜器。东山的砖墓中没有出土任何铜鼓,这是事实(Janse 1958：63);然而,近来在其他一些遗址也发现了铜鼓,清化省的密山(Mât So'n),11.27 鼓和荣宁(Vinh Ninh),11.49 鼓;还可参考 *Voix des tambours*, 1983：46)。

像 4.02+的桑根鼓、5.01+的萨雷尔鼓(Salayar)、7.05+的库尔鼓和其他一些硕大的、装饰精美的鼓,它们的制造有力地证明了生产作坊的高标准,在伟大的金属鼓历史中,这看起来是后期的。几个世纪以来,没有迹象表明他们像黑格尔

IV 型铜鼓那样,仅仅根据一个僵硬的标准来机械重复生产铜鼓。这是一个活的传统,由能工巧匠来传承工艺,他们不仅从技术上,也从艺术角度都非常了解他们的工作,他们创造了一流的铜鼓,而且各有特色。这种类型的铜鼓代表着东南亚金属铸造历史的一个巅峰时期,由于这种鼓有着超大的尺寸和精致的装饰,与著名的"经典"东京鼓相比较,尽管它们在时间上也许晚了几个世纪,工艺上也许稍微有欠精致和完美,但是它们外形伟岸、纹饰复杂,并包含了"新奇巧妙的"细节,体现了奢华之风。它们无疑仍代表着铜鼓艺术顶峰,绝不是简单的衍生品。至于它们的年代,较为可信的应是公元后 1 - 4 世纪(见第 20 章 7 节)。

16.4.6 铜鼓上的汉字铭文 铜鼓上有题字是非常少见的现象。如有的话,也是用汉字写的,因此,一些被题字的鼓与靠近中国边境的越南北部地区有联系。中国的铜器铸造者经常在产品上写下年代或个人标记。因此,那些明显没有题字的东南亚铜鼓经常作为证明不是产自中国的一个论据,要不然,它们上面常常会有题字。

Meyer and Foy 1897,29 号鼓上有"长寿"及仙鹤的纹样(鹤象征着幸福和长寿)。这只鼓上还有被腐蚀了的龙纹痕迹(龙象征着云、雨和水)。

之前在端方收藏(巴门特提到过,Parmentier 1918:16 - 17)中的一只黑格尔 I 鼓上有题字,所指的年代是光武帝六年(公元 30 年)。现在,古代铜器常被认为是产于这个皇帝的统治时期(东汉的开国元君)。因此,他的名字出现在这只鼓上"让人严重怀疑是伪造"(更能加深这个怀疑的是,有个非常相似的鼓,叫作"Hsi I",可能是 Heger 1902:图版 XI,而该鼓上没有类似铭文)。

在伦敦南肯辛顿的维多利亚和艾尔伯特博物馆中另一只鼓(饰有仅剩骨架的飞鸟——看起来是来自中国华南的一只黑格尔 I 鼓)展示了一幅题字,该题字凹刻于突出的鼓面下方。它具有汉朝大字体的行书风格,刻着"建安四年八月十五日造"(公元 199 年,请看第 20 章 4.2 节)。

伦敦大英博物馆中的一只黑格尔 III 鼓是"在景兴统治四年的第七个月由张福所制",大约是公元 199 年(译者注: 如果是公元 199 年,还是建安年间,景兴年间,只有越南 18 世纪年号,此处存疑)。

饰有四龙交替纹饰的黑格尔"维也纳 XI"鼓(黑格尔 IV 鼓的一只,在他 1902 年的书中插图 XXVIII—插图 28 有说明)在从中心往外的第四条条纹中有 4 个汉语题字,其中一个题字是指"长寿"。这样,用这种方式所置的题字更容易被注意到(例如,中国镜子上的题字)。

1956 年巴索基(Basoeki)先生做出最有趣的一个发现,他发现雅加达博物馆中有一只来自库尔(卡伊群岛,图版7.05c)的鼓,其上有汉语题字,巴索基是印度尼西亚考古研究所史前研究队中的一员。题字位于鼓面边缘位置,鼓面边缘原本有三只立体蛙饰,其中一只青蛙已经丢失,而题字就位于这只丢失的青蛙之后的位置。之前青蛙的身体刚好盖住题字的中间部分,题字必须是刻于鼓和鼓面饰纹的蜡模中(之后再用常规的方法加上青蛙,见第11章1.7节)。在远离新几内亚西部的岛上出土了一面有汉语题字的鼓,就引起了许多有关鼓的起源和历史的有趣问题。然而,更有趣的是题字本身。这些迹象中最重要的是"*San-Chieh*"这个题字,它在佛教中指"三界"。

1956年12月17日,哈佛大学的杨联陞教授(L. S. Yang)在给我的朋友莱顿大学(Leiden University)教授胡瑟卫(A. F. P. Hulsewé)的一封信中,对我的一幅图片给出了诚挚的意见。外部条纹中的字好像是三界(San-chieh)(佛教术语),下面很可能有别的东西。内条纹中的文字好像是反的但还是同样的文字(当然,三界也可以反着写,还是同一个词),看起来像第二一广人 x(ti-erh Kuang jen x)(或许是广西[kuang-hsi])之类的东西(译者注：没有上下文,对于这个私人之间的信不能确定是哪些字,根据信的内容和韦氏音标与拼音之间的一般转换这里仅作推测;下面几个字类同)。当我第一次看到广人(kuang jen)时,我试着念然(jan)下面的文字为吴(wu)或子(tzu),我希望 x—广(x－kuang)是一个年号。但是这个字看起来不大像吴或者子,却像句(chü)字少了第三笔画。如果在三界下面有一个文字,那么它那看起来像个享(hsiang)字。也许这里共有八个文字(或假设是这样)。

三界 x　　　x(成对)

二广(erh-Kuang)　x

但这仅是假设而已,而且不是十分令人信服的假设,因为然(jen)这个字是很难用口语表达的(口语表达在这样的对联中应该用到)。另一个文字下面可能是西(hsi)吗?

16.4.7　佛教在东京　上面附录里,前面部分已提到过的7.05+的库尔鼓上的中国汉字,已被准确无误地解析为"三界"(专门的佛教用语),在这个前提下,我们面临着这面鼓和佛教之间有趣的关系,可能是晚期东京鼓的同一类型中的其他鼓。这也许也为我们提供了又一个证据,说明这种鼓的年代比较晚。在谈论像库尔7.05+鼓和大多数晚期东京鼓时,某些因素过度风格化了,我们可能会涉及"一个时代的终结"。

另一方面,尽管乍一看,中国汉语题字的佛教术语出现在东京鼓上可能令人惊讶,但对我们来说,并不是什么大惊小怪的事情。与中国登峰造极的佛教文化相比,东京在早期就已进入佛教世界。[24] 早在公元 3 世纪,东京就迎来了第一批佛教传教士,他们得到授权,可以宣传他们的宗教,建造寺院(先前道教和儒教已经被允许传进来)。正如许多其他国家一样,更早期的佛教传教活动是由商人引进的。由于那样,几个世纪以来,佛教是很易于传播的,无论是在国内还是国外,比起另一种重要的宗教——印度教要更容易传播,印度教在国外出现时通常要费许多口舌来解释。

在这批商人中,有一名男子,其祖籍世世代代都生活在印度,他来自亚洲伊朗中部的粟特人家庭。他去东京定居,他的儿子康僧会就是在那里出生,康僧会长大后成了一名非常著名的佛教传教者和作家。康僧会出生于公元 3 世纪早期,后来去了中国,公元 247 年到达中国首都。那里有大量的佛教学者(大乘佛教徒及禅宗)、老师和经文译者:印度人、印度斯基泰人以及中国人(他们为了躲避社会和政治动乱而逃离家园)。其中有一位佛教早期辩解书的作者,佛教辩解书还阐明佛教这种外来宗教是如何适应传统的中国思想的。这部著作写于公元 2 世纪末。

从中国出发到西方国家的南方路线,途经东京是抵达印度的最佳路线(中亚被封锁时,也是唯一的路线),所以中国朝圣者都选择这条道。为了准备前往朝拜佛教“圣地”之旅,他们会在东京停顿休整一下,早晚也经过其他的站如苏门答腊岛和爪哇岛。早期,东京以佛教研究和神殿著称,据说佛教还未在中国立足之前,东京已有 20 多座宝塔和 500 多名僧人。在公元 5 世纪中国需要僧人进一步传播佛教时,从东京引进僧人比从遥远的印度容易得多。

因此,如果关于三界的铭文能正确解读为佛教的话,那么我们可以认为,这些铭文是改造本地特色器物以适应新来佛教的一种尝试,这些器物在当地礼仪中具有宗教和社会功能。这是一种保守的尝试,至于成功与否,我们也无从知晓。同样地,类似神圣的乐器如膜质鼓、金属钟和铙钹,在佛教国家也是广泛使用。也许除了佛教典礼的常有物之外,对具有魔力和萨满功能的铜鼓没有迫切需要。

至于 7.05+的库尔鼓的年代——也是在同一前提下——我们可以加上简单的评论。这面鼓可能制于公元 3 世纪,不会太早,也不会太晚于这个时间节点(见第 20 章 7 节)。

16.5　印度支那与西方的早期接触

公元 1 世纪,叙利亚和埃及海域的东部地平线被相距甚远的托勒密的卡蒂加拉港（Ptolemy's Kattigara）分开。这个地方或者在东京，或者在交趾支那的西海岸。[25]就是在交趾支那西海岸地区湄公河三角洲西边的喔呎（Oc-eo），发现了可能是外商经常光顾的商业中心遗址，其中发现了印度和罗马的高档物品及两枚金币，一枚属于公元152年的安东尼乌斯·皮乌斯（Antonius Pius），另一枚属于马可·奥里利乌斯（Marcus Aurelius）（西方哲学家）。挖掘始于1944年，但是由于随后爆发的战事而终止。[26]西方的元素要归功于通过印度的渗透，而不是归功于与罗马帝国的任何直接接触。[27]本章中，与印度的联系无论如何都是最重要的。

在印度支那南部地区，公元1千年上半叶正好是扶南（Fu-Nan）王国时期。扶南的一个国王叫樊禅（Fan-Chan）（根据中国的记载）。他生活于公元3世纪中叶，与中国和印度有良好的关系。他派他的一个亲戚苏武作为大使到恒河平原（Gangetic plain）的穆伦达王国（Murunda）。这是公元225年以后的事情了。[28]回国时，苏武带回了一位穆伦达王国的特使，随从们带来了四匹"印度斯基泰人"的马作为礼物献给扶南的国王。穆伦达确定与中亚的印度斯基泰人（Yue-chin）的印度西北部分支库什人（Kushānas）有关。印度斯基泰人的马可能有库什人的马夫相随，这些马夫们穿着中亚的装束。[29]公元245年至250年之间（樊禅的继承者掌权时期），苏武和穆伦达的使团抵达扶南。那里，他们碰巧遇到了中国使团成员，后者是对应扶南派去中国的使团。两个大使团都是引人注目的。来自中国的使团描写了扶南，这是中国史料中对扶南最早的描述。后来，在公元285年至287年之间，扶南继续派使团到中国。

佩利奥、海涅·戈尔登（Heine-Geldern 1947）和戴迪耶（Deydier 1949）又提出了这样一个问题：被派遣到扶南的穆伦达王国大使和桑根的4.02+鼓边缘的战士－马匹之间可能有联系吗？骑士们确实非常像中亚人。如果是这样的话，桑根一定是为公元3世纪中叶的特殊事件而制作的，这事本身看起来也不无道理。另一方面，虽然记载中有一些来自柬埔寨的金属鼓（14.01+和14.02）和一些不同类型的重要铜器的发现（例如图版22.14中的容器，尽管它不一定是东山文化类型，见第17章3.2节），但是印度支那南部没有任何东西可以与4.02+的桑根鼓（编码GFHBScn：1）相媲美。另一方面，4.02+桑根鼓的装饰与东京鼓的传统和其"程式化"之后的鼓关系密切。4.02+鼓上图像带中的"中国人"场景可能与前面所指的中国使团有关，但这个说法就有点太离谱了。更可能的是，由于4.02+鼓上"中国人"场景与中亚战士、马的结合有其他解答，那就是桑根鼓来源于东京。

除了和桑根鼓有联系，东京应该被当作印度支那南部与西方一边，中国是另外一方两边之间的自然中转站。因为在公元 1 世纪，东京实际上是中国的殖民地，所以任何通过海上航行达到中国都要经过东京。在《后汉书》中有则有趣的记载，谈到在汉桓帝(公元 166 年)执政期间，来了一个"使团"(或者是几个商人假扮的?)，据说是"安东(An-tun)"(公元 138 - 161 年的安东尼乌斯·皮乌斯，在前面说到喔吥发现的一枚金币时提到过他)派来的。他们来自大秦国，即旧的罗马帝国。在抵达中国之前，他们肯定到东京港口进行过短暂的停留，当时的东京，即公元 2 世纪前后，外国商人是可以到达那里的。[30]

注释

1. 关于北越的历史：H. Maspero, *BEFEO* 1916 & 1918 — Aurousseau 1923 — Coedès 1962：13, 43 - 53 — Le Van Lan 1963 — Villiers 1965：235 - 257 — Bezacier (& Boisselier) 1972 — Nguyên Phuc Long 1975 — Fitzgerald 1976 — Davidson, in *ESEA* 1979 — Ha Van Tan 1980 — *Voix des tambours* 1983。

2. Goloubew 1929 — Janse 1958：14 - 17。

3. Janse 1958：31 — R. Pearson 1962—东山遗址出土了一些石器(然而，它们并不一定是新石器时期的，因为金属和石器可能一起出现)，也提到了竖石纪念碑的排列(Pajot 1927 — Colani 1935：107，注释—Pearson 1962：41 - 42)。

4. 关于 Pajot：Janse 1958：13，注释及 Bezacier 1972：83，注释。

5. Janse：1936，1947，1951，1958 — Le Van Lan 1963 — Bezacier 1982 年列出了越南更早的和近代的发现地点，Bezacier 1983(计划)确定了 1924 年至 1962 年间的挖掘地点。

　　东山的出土物现藏于河内博物馆，巴黎(吉美[Guimet]及赛努奇[Cernuschi])，布鲁塞尔，斯德哥尔摩博物馆以及马萨诸塞州的剑桥博物馆(皮博迪[Peabody]博物馆)中。

6. 詹斯(Janse 1958：34，注释，56)提到的仅有一些头骨碎片是铜桶中头盖骨的一部分和一根骨头，骨头黏在一团方孔钱(sapèques)上。这些骨头都保留了下来，因为它们浸透在这个铜器的金属盐中。

7. Janse 1958：34 - 35。"绝大部分铜器仅存在于砖墓中。后来的遗迹中从未发现过微型的物品。据记载，只有一座砖墓中既有武器又有乐器(一只淮型铜钟和一批矛头)"。发现的砖墓中，没有一个含有铜鼓。至于硬币，贝扎西尔(Bezacier 1972：229 - 230)上谈到了巴若的发现，并建立在巴若未出版笔记和发掘布局的基础上，贝扎西尔提到过吴苏(Wu-shu)方孔钱，这些方孔钱在北越曾长期使用(从公元前 118 年直至公元 7 世纪上半叶)，在这个地区东汉和六朝的坟墓中常有发现。贝扎西尔还提到了初次出现于公元前 3 世纪的半两钱币(pan leang)。此外，我们必须记住，微型鼓也可能作为一种可交换货币。至于裂片状环饰，Janse 1958：37 - 38 补充说"曾几次小堆地发现，似乎最初装在一个袋子里的"(或者也许是串在一起的，以至于可以解下个别环饰当钱用?)。

8. Janse 1936：图版 XII, 1958：36 - 38，图版 8 - 9,75。

9. Janse 1936：图版 XII, 1958：38,图版 10，图 11。

10. 我认为这只鼓是贝扎西尔 1972 年出版的平面图中的 2 组 5 号鼓(图 12)。据说 2 组 2 号鼓(图 13)已碎(11.10+鼓却没有)。从发表物看来，20 世纪 20 年代的记载中没有其他完整的鼓。

11. Janse 1958：36，63，图 4，图版 12(4)，14(29)，42(1)。

12. Karlgren 1936(*BMFEA* 8，1936：90，146；1937；1942) — Shang 1977：377－378(校译注：这里 Shang 应该是 Chang，张光直)。

13. Pelliot，*Toung-pao* 1924：225－259 — Heine-Geldern 1937 和别处— Janse 1934 — Chang 1977：377－378，410－412(关于淮地区更早的发现)。

14. 高本汉(Karlgren 1942：15)指出，在中国偶尔会出现"鸟人"，尽管"与早期鼓(东京鼓和老挝鼓)上的'鸟人'不同，甚至一点相似之处也没有，但创意和主题都完全一样"。然而，高本汉所提到的"白鹤"之舞看上去完全是另外一回事，这个白鹤之舞和大约公元前 500 年吴国国王阖闾女儿的葬礼相关。此外，铜鼓上的"鸟羽人"并不真的是鸟或鸟人，起初是饰有羽毛的战士、乐师及舞者，后来变成了妖怪而不是鸟。Karlgren，*BMFEA* 9，1937 也提到过鄂尔多斯地区艺术和汉朝艺术中一些动物图案上的眼睛纹。淮艺术和鄂尔多斯地区的艺术拥有一些图版 2、3、6 列出的相同图案。他认为鄂尔多斯地区可能得依靠中国。

15. Davidson 1979：107—"在汉朝开始以前，东山已给中国贡献了许多重要的新纹饰，这一点必须要考虑到"(Gray 1949－1950：140)。

16. Pelliot，*BEFEO* 2，1902：217－218"在自负的正统中国思想里任何发明都得归功于中国人" — De Groot 1898：343：根据十二世纪范成大的《桂海虞衡志》，蛮族以前用的鼓是马援留下来的(如 De Groot 所阐述的那样，对于这种建议，不必太认真考虑)。

17. Hirth 1896，参考 De Groot 1898：381－383("仅是胡乱的猜测") — Kaltenmark 1948：78。

18. Kaltenmark 1948：23。

19. De Groot 1898：334(记录在公元 5 世纪的材料中，即东汉以后的历史) — Gaspardone 1949：264 — Kaltenmark 1948：69；关于马援对越南文化的负面作用，请参阅 Nguyên Phuc Long 1975：94。

20. Kaltenmark 1948 — Bezacier 1972：211 等，至于骆越更早的描叙及以之命名的鼓，参阅 Heine-Geldern 1932：535－537；1937：197。

21. "真正'青铜时代'似乎要等到公元 1 世纪中叶才在蛮族之地清化省开始。这也许给了某些中国作者理由，认为金属鼓最初的制作正好与有名的和平缔造者马援同时"。

22. 耶茨(Yetts 1930)认为，铜鼓在中国的起源与这两位将军没有任何关系。他受到佩利奥的抨击，详见 Pelliot，*Toung-pao* 27，1930：384－386，也可参考 Bezacier 1972：222－223。

23. Coedès 1962：25(在考虑到了更早时代和其他方面的影响时)总结说："有理由认为在第 4 世纪的中国我们可以找到印度支那青铜艺术中东山鼓的装饰艺术起源。"

24. Coedès 1962：50(参考 Trân van Giap，*BEFEO* 第 32 期) — Zürcher 1959，1972 — Wright 1969 — Villiers 1965。

25. Pelliot，*Journal asiatique* 1921－1：141—格鲁塞特特(Grousett)，*Historire de l" Extrême —Orient*(巴黎：Geuthner，1929)I — Coedès 1962：62。

26. 马勒雷(Malleret)，《湄公河三角洲考古》，*EFEO* XLIII，1959－1960。

27. 惠勒(M. Wheeler)的《远离帝国边界的罗马》(*Rome beyond the Imperial Frontiers*)，佩利康丛书(Pelican Books) A 335，1955：204－205。

28. Pelliot，*BEFEO* 3(1903)：271，292，303 — Heine-Geldern 1947 — Coedès 1962：62。这个报道摘自公元 6 世纪的梁史。

29. 佩利奥首次向海涅·戈尔登提出这个建议(1947) —— Deydier 1949 —— Malleret 1956：325。
30. E. Chavannes, *Toung-pao* 1907：185 —— Coedès, *Journal Siam Society 1928*(21)：3：206 - 207；*ABIA* 1927(1929)：19。在《汉书》中也有一则故事：公元 120 年,一群来自大秦国(罗马帝国)的音乐家和杂技演员从缅甸出发,通过海路抵达中国。据说安东的"使团"是罗马帝国与中国首次(官方?)建交。

第 17 章
青铜时代艺术：东山艺术及其他

17.1　简介

借助出土的青铜器的显著特征，可以看到东山文化扩散的足迹从印度支那北部的中心点出发，遍布整个东南亚大陆和岛屿。不幸的是，绝大多数的这些铜器都是零星出土的，直至最近才开始有了系统性的挖掘（第 20 章 3 节）。

除了实实在在的青铜器，还有混合着其他元素的古代艺术风格的足迹，几个世纪以来，这种风格都颇具影响。这些足迹在印度尼西亚、美拉尼西亚（Melanesia）和太平洋都能见到，在太平洋远古时候远东和远西就相接触。

在发现的铜器中，有曾叫作东山文化"向导化石"的槽斧（socketed axe），还有矛头、匕首、臂镯、吊饰、小钟和大钟，这些大概都是大象饰品的一部分、一些人物和动物的小雕像、有着引人注目外形的大容器以及铜鼓。其中的一些将在后面单独讨论（见第 17 章 3.2 节）。这里还有非金属物品，如可以追溯到青铜时代或相当晚期的珠子（Van Heekeren 1958：40 - 42；Van der Sleen 1962）。

铜一直是非常稀少而又珍贵的材质，只有特殊的人士、宗教目的和非同一般的社会场合才会用到。巨大又壮观的青铜器的出现，不仅是社会阶级的象征，也是技术先进的证据。不幸的是，铜器也容易出于实用目的，例如制成硬币、铸成枪支，因此，许多古代铜器迟早被扔进熔炉，制成其他物品。千百年来，这已造成无法估量的损失。

东南亚青铜时代艺术的一个最显著特征（不只局限于东山艺术）是趋向于复杂的形式。"推进青铜时代的发展"可能是一个比较恰当的表述，它向我们展现了通过青铜铸造的方法可以制出什么来。例如，拿一些普通物品，如渔夫的篮子,把它"吹成"形状类同的大型青铜器皿(图版22.11－12,22.14)。这种超大的物品通常不能作为家庭用具。这样的大件铜器非常不实用还很脆弱,只能美其名曰"礼仪用品",事实证明这样的物品(如图版22.18－19中的"仪式斧")太大、太薄且又非常易碎。想必是社会或宗教的功能和财产过剩才催生了这种超大的炫富物品。

包括我们的铜鼓在内,一些引人注意的青铜器最终外形经常是由许多单独的("坚固的",第3章2.1节)金属片融合而成,这些金属片偶尔有些是用不同的原料做成的(金属刀刃和木板;带柳条纹手柄的木鼓及一块牛皮等等,见第4章3节)。尽管外形是完整无损地照搬了过来,但是在最后使用的原料上有个根本的转变,即变成了青铜。而精通地运用失蜡法(cire perdue)去克服制模和铸造的超大物体(比如铜鼓),以及制造极薄物品的困难,是东南亚青铜时代的一个显著特征。

铸铜者的审美观并不只满足于形状,他通过装点蜡模来增加一些装饰——用手在蜡上刻一些图案印在其他蜡模上(见第11章1.3节)。事实上,由于独具特色的装饰图案,大多数与东山艺术有关的器物体现了这种关系。几何图案和相当"静止的"表现手法是东山型的一般特征。在一些例子中没有这些特征、主要的图案是更多动态、柔和(例如在佩砧型鼓和罗蒂斧上的图案,图版22.18－20),或者一些线纹已被三维小雕像所代替(如云南艺术),这表明在东南亚青铜时代,有两种或多种"其他的"风格和文化。类似的,更近代的民族艺术风格也会有不同风格。这也许是不同文化和艺术风格之间相互作用的结果,可能是对早期发展的回忆,也可能是受到中国的影响(如周朝后期),甚或后来受印度和欧洲艺术的影响。

17.2 从地理上看青铜时代的发现

对于东南亚青铜时代器物,例如东山文化或其他器物的研究,将我们从中国华南(以云南为特别关注点,见第18章)和北越(见第16－17章),一直带到老挝、泰国、柬埔寨、南越、马来半岛以及印度尼西亚群岛、新几内亚西部和伊里安查亚。关于铜鼓方面,其地域上广阔分布在第13、14章中已详细地讨论过了。本章就没有必要再详尽地列出各种不同的青铜时代发现地点了。本章主要讨论那些与铜鼓有关的发现。

下面按地理位置排列简要概述这些发现。一些种类将在后面的章节中单独讲到。

北越（请参照 Le Van Lan 1963 — Bezacier 1972 — Nguyên Phuc Long 1975 — *ESEA* 1979）；"斧头"：工具、武器和信物（见第 17 章 3.2a 节）；匕首、短戈（见第 17 章 3.2b 节）；钟；容器：铜桶和水桶（见第 17 章 3.2c 节）；青铜缸（见第 17 章 3.2d 节），"盆"（出处同前）；微型雕像；装饰品；11.01 - 11.53 铜鼓。

南越（请看 Ha Van Tan 1980：135 - 136，图 10）：斧头和矛头，微型雕像，铸范（碳十四测年日期大约在公元前 1195±130 年，见第 16 章 2.2 节），11.02 和 11.23+ 的铜鼓。

老挝：12.01+- 12.04 铜鼓。

泰国：13.01 - 13.20 铜鼓。

柬埔寨：容器（见第 17 章 3.2e 节，图版 22.14），14.01+- 14.02 铜鼓。

马来半岛（马来西亚西部）：斧头，钟，15.01 - 15.06 铜鼓（见第 13 章 5.15a 节）。

印度尼西亚群岛（Van der Hoop 1938，1941 — Van Heekeren 1958）。

苏门答腊：斧头，容器（葛林芝［Kerinci］，见第 17 章 3.2e 节，图版 22.11a - b）；微型雕像（邦基南［Bangkinang］；图版 22.21）；1.01 - 1.08 铜鼓；在帕塞玛还有 1.04+的巴都加耶（Batugajah）石雕和 1.05+的艾尔普尔铜鼓、头盔、剑等（见第 13 章 5.1a 节）。

爪哇（"铜斧分布最密集的地方，尤其是爪哇西部，在那里发现最多斧头"，Soejono 1972）："斧头"：工具、武器（宽刃戟，见第 17 章 3.2a 节）；矛头、匕首（见第 17 章 3.2d 节）；铸范（见第 11 章 5 节）；微型雕像；饰品；2.01 - 2.21 的铜鼓（2.09+是佩砧型，0.09 也是，它们的发源地不明，但可能来自爪哇，见第 19 章 1 节）。相对近期的 2.01、2.10（？）和 2.21 是黑格尔 IV 型鼓。

马都拉（Madura）：斧头，容器（见第 17 章 3.2e 节，图版 22.12）。

巴厘岛：[1]斧头、农业工具、小铲子、矛头、鱼钩；饰品（项链的一部分，饰有马首、鸟儿和鹿，一个带扣、小铜钟，一只用螺旋形铜制成的护指套）；铜鼓（佩砧型）：3.01+- 3.02，3.04+；3.03+是一面鼓的印范一些部分；3.05+石雕，石雕基座是铜鼓像形状。

松巴哇：4.01 和 4.08+铜鼓。

胜巴（Sumba）。[2]

桑根：4.02+- 4.07 铜鼓。

加里曼丹岛、婆罗洲（Berneo）：5.02（？）鼓残片。

沙巴(Sabah)，北婆罗洲(位于马来西亚东部)：塔帕东(Tapadong)普苏卢穆特(Puru Lumut)一个洞穴的铜斧，旁边有一只用来铸造一种不同青铜工具的砂岩铸范(Harrisson 1971)。

苏拉威西岛(Sulawesi)(西里伯斯岛[Celebes])：斧头，一只大号斧(像容器一样)(图版 22.15 - 16)。

萨雷尔(Salayar)：斧头，5.01+铜鼓。

萨布(Sabu,Sawu)：一只巨型"短棒"信物(图版 22.13)。

罗蒂：象征性的礼仪斧(图版 22.18 - 20)，6.01+铜鼓。

阿洛、潘塔尔岛(Pantar)、普拉(Pura)：6.02+铜鼓，莫科(相对较近期，见第 21 章)。

弗洛雷斯岛(Flores)：匕首(见第 17 章 3.2b 节)，莫科(见第 21 章)，"青铜船"(Adams 1977)。

东帝汶岛(East Timor)：莫科(见第 21 章)。

塞鲁阿(Serua)：7.04 铜鼓。

莱蒂岛(Leti)：7.01 - 7.03 铜鼓。

摩鹿加群岛(Moluccas)：7.08 - 7.11 铜鼓。

伊里安查亚(Irian Jaya)(新几内亚西部)：斧头，匕首，8.01+- 8.03 铜鼓。[3]

17.3 几种青铜时代艺术类型

17.3.1 青铜时代艺术类型 这里主要阐述了东山艺术和黑格 I 型铜鼓之间的关系，关于这个主题的详细情况，请参阅：Bezacier 1972 和 Nguyên Phuc Long 1975。

17.3.2a "斧头"：工具、武器和信物 青铜工具和武器通常被"铜斧"(或者说斧头)这个词代替了。这么列举的话，我们可能会发现青铜工具其实能轻松叫作斧子(斧头)，虽然我们不知道这个斧头到底是用来砍树的还是用来像东京金属鼓上面勇士挥舞的斧头那样砍人头的。不管怎样，它们是战士装备的一部分。其他形态相似但轮廓相异的工具肯定有不同的用途：扁斧、凿子、锄头和铲子等等。后来，所有这些都被铁具给取代了。根据苏约诺(Soejono)对印度尼西亚"铜斧"的分类，图 14 中的斧有 I 型和 II 型，木匠的工具为 III 型，农具为IV - VI 型。VII 和 VIII 型是代表那些有着惊人外形的爪哇戟和有着更引人注目外形的罗蒂岛礼仪武器(图版 22.18 - 20)。其中一些不同类型的"斧子"和用具非常小,小到只能作为陪葬明器。其他的非常大,如望加锡市(Makassar)的斧形容器(它或许是超大尺寸的容器型斧子? 见图版 22.15 - 16)。鉴于它有 70 多厘米高,所以不会有什么实用性,只是一种"信物",属于象征性的一种物品。类似的,罗蒂斧可能也是信物。平均长度超过 130 厘米的超大戟(有点像"倒放的镰刀")可能有礼仪或身份的功能,就像爪哇后期历史中的皇族人士所拿的旗帜。

除了罗蒂斧以外(在适当时会分析它的外形),所有的"斧"和其他工具,不管是东南亚大陆北部还是印度尼西亚群岛的,在外形上都有一个共同特征:轴(和刀刃连成一片)是空心的,并附有木柄,看起来很像一只鞋。这个通常被称为空"槽"的底座,横截面或者是长方形的,或者是圆形的,或者是透镜形。这种"槽形斧"叫作"schoenkijl"(荷兰语)、"hache à douille"(法语)、Tüllenbeil(德语)、Kapak corong(印尼语;斧"Kapak";漏斗"corong")[4]。

苏约诺(R. P. Soejono 1972:图 16)在印度尼西亚铜具的分类中仅限于柄和刀刃的显著形状。本章中,除了外形不同之外(例如对称和不对称),还考虑到斧头饰纹的某些基本要素。这些要素可向我们提供斧与铜鼓之间的相互参照性(例如北越黑格尔 I 型铜鼓;印尼群岛则是佩砧型铜鼓)。

古代欧洲的槽形斧头是青铜时代晚期的重要特征,其年代在公元前 1300 -前 1250 年初(Childe 1954)。在一些亚洲国家,如西亚和印度,从未用过这种斧。在中国,槽斧一般与新石器时代的陶器及西周中期至汉朝早期的物品一同出现,即公元前 8 -前 3 世纪(Riesenfeld 1955)。在泰国北部发现的一只槽形斧和公元前 2500 年前的一些其他物品,暗示出一种更加复杂的模式(Solheim 1968;第 15 章 3 节)。在东亚和东南亚,商朝之前的底层百姓曾使用过槽形鼓。后来,公元前 8 -前 7 世纪的"庞蒂克式迁徙"刺激了槽形鼓的使用(见第 15 章 4 节)。不管怎样槽形斧头最后抵达了东南亚,并在那里发展为青铜(铁器)时代的一个典型特征(图 14)。

本章节中,我只局限在北越及印度尼西亚群岛,北越是东南亚青铜器的主要中心和扩散的出发点,而印度尼西亚群岛是东山文化影响的终到站,东山文化在此扎根并有了新发展,与"其他的"文化风格并肩齐驱。

在北越(Le Van Lan 1963;Bezacier 1972),斧子可分为两种主要种类:对称斧和非对称斧。在此,我主要讨论后者,非对称斧又有两种主要类型。一种是简单版,以东京鼓上勇士所持的斧为代表(斧头用侧枝固定在柄上[Goloubew 1929:图 4],这与 Ha Van Tan 1980:130,图版 8a - b 中展示的在甘州发现的斧子截然不同,在甘州发现的一面非对称型斧头绑在一个直柄上,直柄尽头是拐杖

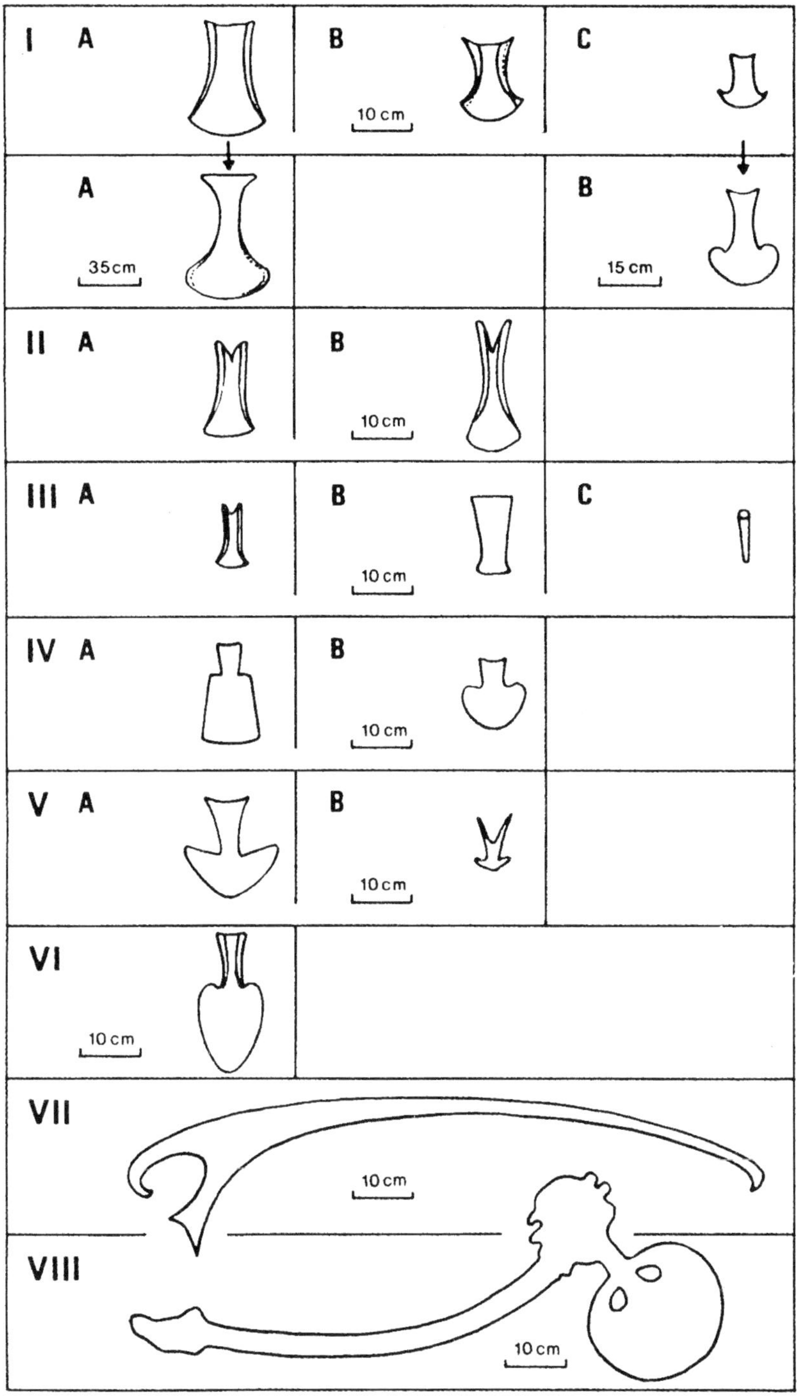

图 14　印度尼西亚的铜斧类型，出自 R. P. Soejono 1972

形）。这种简单版的非对称斧头出现在青铜时代,最早在铜豆文化和扪丘文化时期(见第 16 章 2.1 节)。第二种类型是明显为"足状"或"鞋状"、装饰精美的礼仪武器(与其说像鞋不如说像一只齐踝的袜子)。像这种情况,例如爪哇的戟和罗蒂的斧,就没有什么夸张的了。"足状"斧代表的是北越特征。云南斧头有时候会与北越斧相对比,但它其实是完全不同的(Bezacier 1972,第 18 章 4 节)。

"足状"斧上的装饰令每一个铜鼓爱好者都很吃惊,因为其羽人饰、鹿饰和船中的人与东京鼓上的某些纹饰非常相似(Goloubew 1929：图版 XVI — Le Van Lan 1963 — Bezacier 1972：图 55 - 59 — *ESEA* 1979：142)。

当然也有不同之处,在足状斧的柄上,我们看到了卷着尾巴的"面对面的鳄鱼",这将在第 17 章 4 节中讨论。装饰斧或者说"战斧"上出现这种"徽章图案"(如果那就是所谓的爬行动物的话)可能有个堂而皇之的理由。羽人、鹿等为自然风格。因此,从风格角度来看,这些斧与东京鼓之间有着千丝万缕的联系。值得注意的是,黑格尔 I 型铜鼓遍布整个东南亚大陆和岛屿,足形斧却没有。由于这样或那样的原因,足形斧成为一种地方性的武器。甚至作为销往海外的"古董",它们都不和铜鼓竞争(关于"古董"鼓,请看第 5 章 8.4 节)。

一把带刃的、新月形的、两边都有环的斧头,使制造者有感而发,用浮雕的线条在其两边饰上装有囚犯的船纹(Goloubew 1929：图版 XVII；Bezacier 1972：图 61,见第 8 章 1.6 节)。

印度尼西亚不流行不对称斧头的简单版,偶尔发现的一些样品其稍微倾斜的斧刃也不是故意那么制造的。另一方面,那里经常发现一些对称斧头。这种类型中最有趣的是有不同燕尾类型的斧头(图 14,IIA、B、III A、V B 类;斧两边要么直要么弯,柄端基本分叉,斧刃偶尔是扇形)。

燕尾形斧头曾在鼎村(越南北部的义静省,Ha Van Tan 1980：133 - 134,见第 16 章 2.2 节)出土过。

至于非对称斧、爪哇戟从未在其他东南亚、大陆或岛屿出现过(图 14,VII 类型)。这些戟以其硕大的外形而显得格外突出(刃的长度不等,大刃平均长度在133.7 厘米,小刃均长约 37 厘米)。

这些戟的柄上通常饰有几何图案,如 S 形的螺旋纹(Van der Hoop 1941：190 -193,图版 57)。螺旋纹是用一种与东山艺术中常见的静态线纹完全不同的风格装饰。S 线非常平滑流畅并与作为背景的第二层线纹相映衬,这种风格让人想起佩砧型"月亮"鼓面上风格(3.01+)。哈伊泽(Huyser 1931 - 1932：图版

23 - 24)曾恰当得指出,f 形图案的使用是佩砣型鼓的特色(见第 19 章 5 节,图版 3.01e)。因此,我们完全有理由把这些奇特的戟与群岛中其他青铜时代的出土物联系在一起,群岛中包括了佩砣型鼓和一些其他物品(本节中讨论)。在这种背景下,有意思的是爪哇出土了一面佩砣型鼓面(2.09+),也有可能还有一面 0.02+(不知其起源)铜鼓。这些戟不仅出土于爪哇西部(绝大多数是在西部发现的),还出土于爪哇中部和东部(北加浪岸[Pekalonga];泗水市的哲帕拉-南望 [Jepara-Rembang, Surabaya])。

　　爪哇礼仪戟的戟柄外延较宽,稍微有点凹,可能是为了适合木柄那扁平或圆盘形的尾端。莱顿博物馆(Leiden Museum)中的一只铜戟(Juynboll 1909: 194 页插图)一目了然地展示了戟和木柄是怎样结合的,在莱顿戟中,这个戟、柄结合变成了一整块金属武器。爪哇东部发现一把类似的武器一边有一幅鸟浮雕(神话中的公鸡之类?),鸟爪中有一把相似的斧(图版 22.17;Stutterheim 1936 — Van der Hoop 1941:图版 58 — Bernet Kempers 1959:图版 7 — Van Heekeren 1958:图 6)。这只鸟所持的斧,其斧刃可能象征着闪电,一般是雷鸟所持(许多情况中都出现过鸟和斧:Riesenfeld 1955:图版 IX,商朝;Schnitger 1941;Rose 1939 - 1940)。这不属于铜鼓艺术词汇的范畴,比较适合"其他的"艺术类别。在一把罗蒂斧上发现了一只相似的持斧鸟,这把罗蒂斧将在后面章节中讨论到。

　　鸟的武器外形(和前面所提过的莱顿戟上一样)很像爪哇的一个整片式铁砍刀(kudi),其铸造方法与波状刀短剑(krisses)的铸造方法相似,都是运用陨铁(meteor iron, pamor)。铁砍刀是爪哇的一种有魔力倾向的武器。它起源于历史时期,但看起来像是从一种更早、更古老的武器演变而来的。它的一个主要特征是其不对称的"驼峰形"外形。此外,古代爪哇的魔术武器中还有更多这种类似的外形(Stutterheim 1936)。

　　与那些在刃和柄之间有个圆形节的戟相比(例如雷鸟爪中的那把戟,图版 22.17),另一种礼仪武器又横空出世了。那就是来自罗蒂岛的有着奇特外形的斧(图版 22.18 - 20)。这种类型有三种样式,不幸的是,其中一种样式已被 1931 年在巴黎举行"殖民地展览"期间的一场大火毁坏了(Teillers 1910:图版 7 - 9 — Van der Hoop 1941:图版 59 - 60 — Bernet Kempers 1959:图版 11 — Van Heekeren 1958:图 7 — Soejono 1972:图版 20 和 a - c)。1875 年,罗蒂斧在罗蒂岛北部的兰杜(Landu)出土,之后捐献给了位于雅加达的国家博物馆(编号为 1441 和 1442)。1441 号的最大长度为 89 厘米,宽度约为 51.3 厘米,最厚为 7 毫米。鉴于其厚度很大、锋利的刃、超大尺寸和奇特的外形，这类物品显然不适于任何实用性的目的。即使是作为"礼仪武器"的一般称呼也非常不适用。它们更像是信物，也许象征着某种神灵（在大洋洲，人们有时把这种类似的物品称为"魔斧"）。事实上，罗蒂斧的刃上有一幅弯肘的、有着扇形头饰的拟人图，这样的人物图曾与某些巴布亚（Papua）部落的人物及代表农业女神德威·斯里（Dewi Sri）（Covarrubias 1937）的慈利（cili）木偶相媲美。那把上面有两只犀鸟抓着一把斧的斧子已被毁掉了（让人想起图版 22.17 这个鸟；Schnitger 1941 ——Riesenfeld 1955：图 91）。如果第一把罗蒂斧与农业和多产的关系是真的话，那么第二把斧可能与雷-电-雨之神有关。斧刃和柄的装饰还有其他细节，本章中无法面面俱到地提及。还得指出，从形态学的观点出发，罗蒂斧的圆形斧刃代替了图版 22.17 中鸟的宽刃斧。这种复杂形状的整片式铜器的存在说明一定有更早期的"集合体"，包括有石头或金属盘和木柄，其形状使两者很容易接合。在罗蒂斧的原始类型中，其接合方法与爪哇戟不同。从圆盘边缘突出的齿状物也许可以解释这一目的。

在这种联系中，应特别提一下伊里安查亚出土的两个铜碟（看起来像斧刃）（Galis & Van der Hoop 1956 —— Galis 1960 —— Soejono 1972：图 3）。铜盘上有短齿，也许短齿原来是附在木柄上的：一种可能是柄在刃的上方，另一种可能是刃嵌入在柄的碟片状末端上，这样和前面章节中所说的罗蒂斧的原始类型有某些相似之处。另外，还有第三种可能性：碟可能是像罗蒂斧的器物的残留，即斧刃脱离了斧子。加利认可第一种方案，范德霍普赞成第三种，我倾向于第二种可能性。

到目前为止，除了所讲的作为信物的斧以外，槽形斧家族中还有一种令人费解的斧也很值得一提（图版 22.15 - 16 —— Van der Hoop 1941：图版 54 —— Van Heekeren 1958：图 4 —— Bernet Kempers 1959：图版 9 —— Soejono 1972：图版 4 及 a - b）。它是在 1932 或 1933 年从望加锡（即现在的乌戎潘当[Ujungpandang]）一位拍卖者手中获得的，至于它的出处则无从考证（据推测是在南西里伯斯岛[South Celebes]的南苏拉威西[Sulawesi Selatan]）。它现在藏于雅加达博物馆，编号为 1839。此物的形状如一个巨大的对称斧头，有一条直的柄端（可以向上翻转；"刃"的边缘突出，可能是作为固定柄在底座上的齿状物，抑或是铸造时留下的，目的同样是为了固定）。尺寸大小：高 70.5 厘米，刃宽及口宽均为 28.8 厘米，开口处最厚，是 8.3 厘米，斧体最薄处约为 4 毫米。由于它基本上是空心的，在形状上与青铜容器（图版 22.11 - 12，22.14）相似，有人甚至怀疑是否可以把它叫作巨型斧(一般不用这么大的斧)、容器形斧或斧形容器。像罗蒂斧一样,它可能代表着某种超自然物、神灵或祖先,抑或者一些宗教理念,和铜鼓一样,只是方式不同罢了。在装饰上,它和东山铜鼓没有任何特别的联系。另一方面,其装饰的主要元素包含了面具型脸、波浪纹、螺旋纹(环绕一个圆花饰丛或四个轮辐的太阳轮)以及其他让人回想起佩砧"月亮"型铜鼓(见第 19 章 4-5 节)的装饰。这里,我们又一次遇到了(不同于东山文化的)其他型。

同样属于"其他型"的还有来自小巽他岛(Lesser Sunda Island)(苏姆塔[Sumta]和帝汶之间的弗洛雷斯岛南部)西萨布(West Sabu)凯拉(Kaila)的铜器(图版 22.13;Bintarti 1981)。与其说它是件名副其实的工具,还不如说它是件扁平的棍状信物。1971 年,一位当地农民发现了它,并把其当作传家宝,爱不释手(雅加达国家研究中心仿制了一件)。

在农民发现这只铜器的前一晚,他做了个梦,一位老人来到他面前,好像告诉了他在哪里能找到那件铜器。第二天早上,他去了老人所指的那个地方,在干涸的小河边椰子树下,他挖了起来,果然发现一只与众不同的铜器(Bintarti,在引文中)。发现者把这个器物的手柄弄碎了,一些碎片似乎已丢失。手柄加刃的总长约为 70 厘米,刃的中心部分有一副浮雕,描绘出一张脸,有着圆圆的眼睛、大大的嘴巴和两排整齐的牙齿(图版 22.13b)。除了"面具"上有些细节不同,刀刃两边的纹饰非常相似。

17.3.2b 匕首 戈鹭波(Goloubew 1929:图 18c 和图版 XIX B)和贝扎西尔(Bezacier 1972:114-119,图 45a-b)用图解说明了北越的东山匕首,它那拟人形的刀柄,使人回想起后来印度尼西亚的波状刀短剑,而冯·德考尔(Von Dewall 1972:353;1979:148-154,图在 143 页)则举例说明了云南的东山匕首。最后提到的冯·德考尔区分了匕首和短剑中的各种类型,它们"在整个地区都大量盛行"。

据报道,群岛还出土了两三把不同类型的匕首:东爪哇普拉杰坎(Prajekan)一面铁刃,附在饰有切线圆的铜柄上(Van Heekeren 1958:39,图版 11);一把弗洛雷斯岛的匕首(Verhoeven & Heine-Geldern 1954;Van Heekeren 1958:43,图 17);圣塔尼湖(Lake Sentani)和伊里安查亚一把在铁刃上的椴树柄(德布鲁恩[De Bruyn]1959:图版 3.3)。这些样本中都没有明确的东山特征。

万隆(Bandung)地区的铸模要么用来铸造匕首,要么制矛头(Rothplet 1951:96,99)。

巴都加耶雕像中勇士所持的是短剑而不是匕首(Janse 1947:图版 136a),详见本章中的图版 1.04c。

17.3.2c　铜桶和"水桶"　圆筒状的、桶状的、圆锥形的和烧杯形的,这些不同形状的铜容器曾以拉丁语 situlae(铜桶)的名字进入群岛的考古记载中。越南语是 thô(Le Van Lan 1963 — Bezacier 1972)。

铜桶可以有多种用途,如随葬死去的战士(作为随葬品,特用于死后用食器)、用来温酒、用作研钵(后来被当成生殖和再生的象征)。微型样本作为明器代替实际物品,抑或作为钱币来流通(像微型铜鼓就曾被这样用过,见第 3 章 2.3 节)。换言之,我们并不知其真正的用途(上述说法来自 Goloubew 1929;Loewe 1968;Davidson 1979)。

铜桶起源的年代不一,上至东山晚期,中国的砖墓中没有发现铜桶。除了北越,其他任何遗址都没有它们的踪迹。提起砖墓,我们应把铜桶这一术语局限于那些在开口和足部都有突起水平边的容器。与上述铜桶基本相似、但没有突起部分的圆柱形桶经常用也叫铜桶,但认为是"水桶"较恰当一些(虽然是较高级的一种)(1983 年的《铜鼓之音》[*La voix des tambours*]中举例说明了其中两只,"布鲁塞尔 H.856 和 857")。和其他铜桶正好相反,在砖墓中经常发现水桶,但其时间可能比东山墓中的桶较晚些。

从插图中可以看出铜桶的装饰非常简单。那些水桶的装饰由几何纹饰组成,如：= ø = ,øø,=ø=(分成三条水平纹带,Goloubew 1929：图 10 和图版 XXII D — Bezacier 1972：图 65)。或者,像布鲁塞尔博物馆其中的一个样本上有三个水平区：

1. ∕ ø ∕ = ∕ ZX ∕ = _2. ∕ ZX ∕ _3. ∕ = ∕

每条条纹带都被两条等距离的平行棱分开,这里只用简单的∕表示,第一条和最后一条之前有三条棱。

詹斯举例说明了一只巨大的、装饰精致的"水桶",有饰耳,被长耳朵、长着四只脚、外形像狗一样的动物支撑着(某私人收藏,1958：图版 40)。装饰分为四个区域：(1) V ∕ ZX　ø ∕ (三条棱);(2) £££(m),包括一些坐姿的人像(如第 7 章 4 节中 4.05+桑根鼓中的"划船者")(三条棱);(3) 上部：坐着的鸟;下部：鹿(三条棱);(4) ZX。

还有饰有"东山型"纹饰的其他类型"容器",如来自陶欣(Dào Thinh)的一只大腹便便的罐子(有耳和盖;Le Van Lan 1963：183,图 2)：一只仓促的鹈鹕(嘴中有鱼)、一只鹿、一条像鳄鱼的动物,罐子的肩上有·O·纹饰。

17.3.2d　青铜缸　在装饰上,与铜鼓的关系非常密切的是青铜缸(Thaps),

它是一种只出现于后法兰西时期北越考古记载中的容器(除了在云南发现一只好像是青铜缸的盖子外,别处都没有;图版 16.01,第 18 章 4.5 节)(Le Van Lan 1963 — Bezacier 1972 — Davidson 1979：110)。在 1975 年,记载中大约有 30 只这样的青铜缸。跟铜桶(thô)一样,青铜缸(thaps)也有大小各类尺寸,一般认为是火化瓮或装人头的容器(Davidson,在引文中)。它们装饰的某些部分证明了青铜缸和人死后观念的关系,这些观念能使人回想起铜鼓的精神层次背景。在这种关系中,应特别注意下面三种样本(Le Van Lan 1963；Bezacier 1972)。

A. 来自陶欣的青铜缸(直径 75 厘米,高 81 厘米,图 15)。容器身上的装饰被空白带分成三个平行区域。

1. v ø ø v / ZX / ø ø v /(像人字形图案)。

2. 船,两条相对的鳄鱼(见第 17 章 4 节),动物,鱼,鸟儿在其上飞。

ø(人字形图案,和前一只的"移动"方向相反)ø

3. v ø ø v / ZX / v ø ø v。

船上的囚犯用自然风格体现。几何区域中的锯齿纹(V)属于针状型。对望的鳄鱼纹不应是船饰的一部分(Nguyên Phuc Long 1975：94),而是附属图案,类似某些铜鼓上的船纹和动物纹,例如 4.02+桑根铜鼓,鼓面：12(?)/VI) o o ZX o o /苍鹭和栖鸟/·o o·/_。四幅立体人物把苍鹭与条纹之间连起来,人物刚好平分鼓面,每一幅图中都有一对交媾的人(长 8 厘米)。这可能与繁殖和新生有关。交配的两个人物也可能与黑格尔 III 型鼓上交配的青蛙有点细微的关系(第 9 章 6 节)。青铜缸盖子上的小人像,一个完全压在另一个上,头朝向中央的太阳纹(Bezacier 1972：157；Le Van Lan 1963：图版 XXVI 2；Nguyên Phuc Long 1975：图 183)。

盖子上有两只水平的耳,和容器上部的耳相对应,是为了固定盖子的。

B. 没有盖子的越溪(Viêt khê)青铜缸(直径 24 厘米,高 28 厘米)。青铜缸的一边有一只耳。有三条纹饰带,间隔很近：

1. · = o / 鹿 / o = · /

2. 挤满羽人图(£££[m]；cn)的船,羽人站立着并完全填满条纹 / o /

3. = o / 鹿 / o = · /

关于船饰,请看第 8 章 1.6 节——我不知道为何把鹿看作"鹿人(hommes cervidés)","半人(mi-hommes)半四足兽(鹿?)(mi-quadrupedes[cervidss])"(Nguyên Phuc Long 1975：95)。

C. 来自万盛(Van Thang)的青铜缸,无盖(直径 30 厘米,高 38.8 厘米)。青

图 15 越南北部陶欣的"青铜缸"

铜缸的一边有一只耳,空白地带把饰纹分为三个区域。

1. o v/鹈鹕/ v o / _ 2. o / 鹈鹕 / o / _ 3. v / ZX / o /

除了(或多或少)完整的青铜缸外,还有大量好像属于同一种类的物品。首先是玉缕(Ngoc Lu)的"铜锣"(河内博物馆 D 166. 123 — 巴门特〔H. Parmentier〕,1918：图版 I B - C),其实是一只青铜缸的盖子(Bezacier 1972：157)。它是一个圆锥形物体,两边有一对耳朵(直径 35)。其饰纹归结为如下：

20)//2 + // 3)ø ø / 坐鸟(嘴里叼着鱼的鹈鹕?;合计 28 只)/ ø ø / -

河内博物馆中四只所谓的"盆子"(三只来自清化省,另一只不知来源——Le Van Lan 1963:图版 VII 和 Bezacier 1972:图版 V)和布鲁塞尔两件相似的东西("五十周年纪念"[Cinquentenaire],图版 22.03)看起来也是某种东西的盖子,或是青铜缸的或是其他物品的盖子,用来保护宗教仪式上的食物。"底部"(如果是盆的话)的羽人饰图、鸟纹和太阳纹不大会是上下倒置的。人物和鸟都应该是用脚站立着的。

河内盖子的饰纹是：

7) £££(18) / 无苍鹭/ _,另外一只盖子上有：

8) _ / £££/骨瘦如柴的苍鹭 (7) / _。

羽人纹带有时被射线纹分成各个隔间,每个隔间中都有个简单的羽人图或其他一些三眼羽毛(Le Van Lan 1963:图版 VII)。

布鲁塞尔的一只"盆子"(H 863,来自清化省;图版 22.03,直径 39.7,高14.4)装饰部位有两只极小的耳(使其成为青铜缸的盖子)。饰纹是：

6) £££/ 苍鹭(?)/(内壁有两条鱼;其他物品中也有面对面两条鱼,例如：Bezacier 1972:图 73 - 74)。

云南的石寨山也出土了稍微有点圆锥形的物品,曾被叫作"鼓面"和"铜锣"(图版 16.01)。实际上,它似乎是青铜缸盖子的另一种样本(见第 18 章 4 - 5 节)。太阳纹、径间图案鸟纹、船纹和羽纹图案等的结合,使得青铜缸成为像铜鼓一样的礼仪物品。虽然它们的实用功能不尽相同,青铜缸是罐子,铜鼓最初是乐器,但是它们的象征意义与同一精神背景有关：死亡和身后、生与死的双重观、全体性与神圣生命(见第 7 章 3.4 节)。

17.3.2e 铜容器、铜簋变成花瓶 1922 年,在苏门答腊詹比省西部的葛林芝(克里西湖[Lake Kerici]以南的门多波傈傈[Mendopo Lolo])发现了第一件奇异类型的铜容器,它的外形像个大花瓶或烧瓶,但又显然是个袋形篮子后裔。直至那时,东南亚的青铜时代仍没有发现这种铜容器。随后在适当的时期,又出现了两件同类的容器,同样有趣、美观,更令人赏心悦目。

葛林芝容器(图版 22.11,雅加达博物馆,编号 1443,最大高度为 50.8 厘米,宽 37 厘米,横截面 10 厘米,请参阅 F. D. K. Bosch, *OV* 1922:65 - 66;Van der hoop 1941:251,图版 74;Van Heekeren 1958:34,图版 8;Bernet Kempers 1959:图版 10)。

30 年后的 1951 年,在爪哇东北部的马都拉(Madura)岛发现了第二件像篮子一样的铜容器,其形状更大,装饰更精致,当时是在山邦(Sampang)摄政时期,是在巴尤提斯(Banyuates)的阿塞姆贾兰(Asemjaran)的稻田耕作时发现的,参看图版 22.12(雅加达博物馆 6060 号,高 76 厘米,包括底部环手柄在内的高度为 90厘米,宽 54 厘米,容器开口处宽 41 厘米。请参阅 Van Heekeren 1958：35,图版14 和 *ABIA* 16,1958：图版 LXXX；Bernet Kempers 1959：图版 12 以及第 11 章：化学分析)。

当时并不知道,即在早几年的 1948 年,在离柬埔寨(Kampuchea)首都金边(Phnom Penh)不远的干丹省(Kandal)发现了另一件样本,其实际用途和马都拉的这件一模一样(金边博物馆,高 56 厘米,最大宽度为 20 厘米,横截面 15 厘米,壁的厚度 6 毫米)。请参考 Malleret 1956：308‑327；格罗利耶(Groslier),《印第安腹地民族熔炉中的艺术》(*Hinter-indien*)*Kunst im Schmelztiegel der Rassen*,荷兰语翻译,1962：33,彩图。本书中为图版 22.14)。

马勒雷(Malleret)1956 年发表了一篇文章,标题为《柬埔寨、马来西亚和印度尼西亚常见的青铜器》(*objects de bronze communs au Canbodge*, *à la Malaysie et à l'Indonésie*),诸多论题中他讨论到了本节中所涉及的三件铜容器。

尽管这些铜瓶与之前谈到的望加锡象征斧(图版 22.15‑16；第 17 章 3.2a节)在形状和装饰上有很大的差异,但是这两种类型的容器之间似乎存在着一定的联系(尽管很远),每一种类型都以自己的方式代表着青铜时代艺术的"另类"风格。

三只像篮子一样的容器无疑是非金属物品向金属物品转变的样本,在质变中还保留着原型的一般外形和以前一些基本用途。它们的原型想必是树枝条编成的容器,如袋状的篮子,类似于印度尼西亚"徒步"渔夫著名的凯皮斯(kepis)口袋,他们沿着海岸划船,边划边拾捡鱼和海鲜,放入随身携带的像狩猎袋一样的篮子里。至于它们的一般形状,这种篮子及其后裔与中国的壶形花瓶一样,基本特征是:腹低、肩斜、颈长、壶口微微外扩且窄小,"侧面有一对环耳"(Willetts 1958：146‑147)。中国的烧瓶和碗形瓶似乎也有相似的发展过程,其原型都是从非陶器和非金属器物开始的,这使我们回想起像篮子一样的花瓶(与渔夫及其特殊物品区分开来)。

壶形花瓶(*Hu* vases)的环耳在袋形花瓶中的对应物是金属的辫状环耳,最具代表性的是马都拉瓶(图版 22.12；在金边的容器上只能见到部分的把手,葛林芝容器上几乎没有,它们分别是图版 22.14 和 22.11)。变成金属的辫状环耳显然是为了让绳子穿过环耳并可以把它们吊起来。

篮子原来缠结的表面已被完好地复制在葛林芝容器中。其他样品中没有出现过这样的表面。另一方面，三者都有同样宽大的、双螺旋形条纹饰：完整时是S形，平分时是倒转J形，在相同的一般类型中，容器的一边上所有图案中间有个方形贴片，有"针脚"边界线标记。学者已指出欧洲的史前艺术和中国艺术中有类似纹饰——"相似，但实际做法却大不同"（Karlgren 1951；Malleret 1956）。这些图案可能起源于篮子作品（如 Goloubew 1929，戈鹭波用图解说明了加里曼丹的篮子，图 10a；都是之字形的编法）。另一方面，不论有没有枝条编织的背景，变宽的 S 形和双重螺旋形纹将来会带来意想不到的变化。拉马罗萨克（Paramg Rusak）纹饰中已有现代版。"一个最有名的蜡染图案……主要是在爪哇中部，但也在其他地方……只允许出现在贵族穿的衣服上"。换言之，拉马罗萨克是"贵族专有"图案之一，此外，"在其历史中，它是最神圣、最神秘的"图案，一直保留着极为神圣、毋庸置疑的特征，而其他"贵族专有"图案在很久以前就失去了原来的神圣寓意（Rouffaer，*ENI* I, 1917：202，关于拉马罗萨克纹饰，请参考 Van der Hoop 1949：图版 XV－XVIII；Huyser, *NION* 12：1928：335）。它除了在蜡染纺织品上的作用外，类似于拉马罗萨克的图案，在木雕上也出现过（例如在帝汶和伊里安查亚之间的东南岛，用来装饰帆船的杆）。有没有理由说拥有图案的青铜时代容器具有某种神圣的功能呢？这种图案也许是拉马罗萨克图案具有象征意义的背景。这些容器的尺寸说明了它们的象征功能，无论在什么情况下，都指出了其魔术的、宗教的以及社会的特征。拉马罗萨克纹饰，这种特别重要的图案，不管其原型的外表如何，在完的象征主义中都可能有它自己的功能。在这种关系下，有个非常奇妙的细节，即在葛林芝容器上有个圆圆的 T 形图案（尤其在贝尼特·肯珀斯的画中非常明显，Bernet Kempers 1959：图版 10），其寓意更加令人半信半疑（Malleret 1956：319 320），不容小觑。在一些爪哇斧和罗蒂斧（图版 22.17a－b，22.18－20）上也有类似的图案，上面这种图案变成了雷鸟爪中的武器（见第 17 章 3.2 节的亚型"斧"）。圆圆的 T 形图案及螺旋形的环形图案可能与云和闪电之间有联系（使人回想起某些东亚的图案以及它们与天象的联系）。现在，在"海上魔法"的这一例子中（见第 5 章 2.3 节），这不应该仅仅是个"凭空猜测的解释"。

葛林芝容器上（图版 22.11）的人字形锯齿纹（后期印度尼西亚手工艺品中的印章[tumpals]就是早期的例子），已经在马都拉和金边的样品转变成了三角形纹，附有设计精巧的孔雀纹（在容器口边）和鹿纹（在颈上）。这两种都是陆地上的动物，和大海和鱼类没有特殊的联系，就像偶尔出现的小象纹和爬行动物纹也和大海、鱼没啥关系一样。另一方面，篮子变成花瓶的形状后，上面有一些小纹饰，如一艘载有人的小船或像螃蟹一样的图案（Malleret 1964），这些图案刚好与打鱼人的气氛相吻合。然而，这种与打鱼人篮子的明确联系使人疑惑：所涉及的容器显然是日常用品的"纪念"版本，变成某种纪念品，这些纪念品在某种"航海魔法"中能起作用，这种"航海魔法"与第 5 章 2.3 节中所讲到的相似。青铜时代的人们既是水手，又是当地的渔民。像篮子一样的容器——在与之前提到的一样得谨慎点——似乎暗示着一些祈祷或魔术活动，以便能取得海上航行的有利条件（如预示着好的天气）或者让渔民能有一次大大的收获。这种类型的铜容器可能是船上魔术装备的一部分（在看到一些铜鼓上的船纹时，我们就会这么想）。如果容器的制作者能在他们的作品上留下题字的话，他们可能会留下神奇的铭文，如与气象相关的"一路顺风"字样，或者给渔船命名为"好望号"。

17.4　装饰图案

在黑格尔 I 型金属鼓上发现的东山文化风格，包括几何形等图案，在第 6 至 9 章中已列出并讨论过，黑格尔 III 和 IV 鼓在第 3 章 1.3 和 10.2 节中分别讨论。佩砧型铜鼓上的非东山型图案会在第 19 和 21 章中讲到（莫科）。然而，仍有一些出现在各种类型的铜器上但不在铜鼓上的"额外图案"，它们在本章中占有一席之地，应该在当前的章节中讨论。

可能会出现这样一个问题（在这里提出仅仅是为了便于后面的讨论），是什么原因使得其中的一些图案，没有像我们期望的那样成为铜鼓装饰的一部分呢？还有一个问题是，除了本节中讨论的细节即位于船纹之间的面对面鳄鱼以外，像在青铜缸（第 17 章 3.2d 节）这样的例子中，从什么时候开始，物品的装饰与金属鼓的装饰有明确的密切关系呢？

17.4.1　正面的鳄鱼　一些金属鼓上的"爬行动物"（第 9 章 4 节）最近被越南的考古学家确认为"鳄鱼龙"，甲龙（jia long）（中文称之为蛟龙，越南语称之为 giao long），一种代表着骆族或越族部落的图腾动物。据说，"百越"部落交趾（Jiazhi）（越南语为 Giao-chi）的命名就是从这种图腾派生而来的（Nguyên Phuc Long 1975：91 - 94，图 173 - 176）。在本章中描述的物体上（但不是在金属鼓上）发现的"纹章"，是由两条垂直摆放的面对面鳄鱼组成的：它们的脚相触，尾巴要么成螺旋状分开要么平行，请看陶欣（Dào Thinh）青铜缸（图 14，阮福龙

[Nguyên Phuc Long]曾错误地认为鳄鱼是船饰的一部分——实际上,应该把它们和金属鼓如 4.02+桑根鼓上船纹之间的四足兽等相比较)。在一块饰板上也发现了类似的鳄鱼(在它的四角：Le Van Lan 1963：图版 XX；Bezacier 1972：图 49b,81)。饰板上鳄鱼头被一条曲纹拱起；因此,图案的上半部分令人想起晚期东南亚艺术中的鹿弧图,这与宗教象征主义的整体性观念有关(Bernet Kempers 1959：图版 229 及正文)。

17.4.2　多头怪兽　一种奇特的图案(不是在金属鼓上发现的)中包含有多头(三个或五个头)怪兽,不可思议地让人想起了过去常出现在欧洲的一些城堡中的"鬼",它们穿着衬衫或寿衣在子夜游荡,吓唬城堡中的人。这种妖怪也出现在某些中国、东山及云南的(Bunker 1972：303 - 304)短戈之类的武器上(Parmentier 1918：图版 IX A - B,1922：图版 XXII A；Bezacier 1972：91 - 97,图 22 - 24；*ESEA*,1979：图在 142 页)。

说到"鬼",与其说它像青蛙、蟾蜍(Janse 1931；Gray 1949 - 1950)或蜥蜴(1931 年詹斯提到的安德森[Andersson]的说法),不如说它像人(拟人化)(Karlgren 1942：图版 19 - 20),就像印度尼西亚纺织品和类似的大洋洲幻想作品中图案的"怪兽"一样(请参 Schuster 1951 及 Ch'en Ch'i-lu, in：*Early Chinese art … pacific basin* 1972)。作为先祖人物和精神向导,这些"鬼"与铜鼓上灵船中之人类别不同。

17.5　古老艺术类型

许多稍微懂点近代或"亚近代"印度尼西亚艺术和手工艺的人,都会赞叹有纹纺织品的丰富性、独创性和美观性、传统木雕的风格魅力以及铜锣、波状刀短剑、瓦扬(wayang)木偶的外形结构严谨等等。任何与印度尼西亚文化有关的博物馆和私人收藏都从各方面证明了印度尼西亚艺术的博大精深。[5]即使是当今时代,在传统文化中心或偏僻的、直到近来还与世隔绝的岛屿和高原上,这些美丽之物仍用于一些欢快或悲伤的场合。除了那些继承本地传统的当代人之外,还有看得见的早期生活方式的记忆,这种生活方式起源于当代人的祖先,他们与传统更近,并创造了那些房子、巨石纪念碑、礼仪武器和工具。他们是最早来到岛屿的人,并把这里当成了家园,他们从谁也不知道多远的地方、多遥远的时代来到这里,他们带来了传统,并把这些传统变成了适应本地新环境和现今历史、观点和价值观的地方性生活方式。

"谁知道？多远的地方和多遥远的时代以前？"。确确实实，当我们赞美完了印度尼西亚工艺世界后，我们得再谨慎对待考古学家或民族学家探究的世界。想要解释所涉及人的起源、民族关系及个体历史时，通常得出的结论只能是个模糊的"谁知道？"。纺织品、波状刀短剑、铜锣、房子等的结构、制作和装饰已经形成一项艰巨的调查课题，尽管如此，鉴于这些课题的紧迫性和重要性，这样的调查其实还太少。许多手工艺还展现出晚期但仍是活态的形式，它们还需实地观察和研究。但是，如果不了解它们历史最重要的方面，谁也不能真正明白这些，不论年轻的一代对它们是如何诠释的，这些历史仍是当今观点和惯例的精神背景一部分。这种过去的历史是祖先在神话中给出的表述，还需要现代考古学家和有历史头脑的民族学家去重新构建。

在当前背景中，我们讨论东南亚铜鼓应该限制在一些总体性特征内，这些特征就给我们进一步探讨提供了框架，尽管这个框架有所不足。

一方面，关于印尼艺术风格，海涅·戈尔登（Heine-Geldern）主要论述当然概括和简化了最重要的艺术类型。[6]另一方面，许多问题都会接踵而至，如当时使用了什么技术、涉及的人来自哪里以及巨石纪念碑的诸多秘密等。然而，这些都不是我们在此需首要考虑的问题。

至于青铜时代或铜铁时代对后期古旧风格的影响，人们应充分考虑到"其他的"艺术类型，这类"其他的"艺术形成了一个更广泛的青铜时代一部分（例如有代表性的佩砧型铜鼓、类似篮子的铜容器、萨布的象征棒和罗蒂的礼仪斧等，这些都在第 17 章 3.2 节中讨论）。其中一些可能起源于中国南部，中国南部是商朝之前的中转站，后来，在早期中国艺术的某些阶段及印度尼西亚、大洋洲艺术中都出现过这些元素。看起来其他的史前风格后来又影响了一些在印度尼西亚东部和大洋洲相对近期的风格。

谈到印尼艺术风格中青铜时代的后续影响，通常人们很容易快速想到"东山"和"东山文化"。有些学者比其他人都知道人们最初命名"东山文化"时，从来都不是把它当作青铜时代的唯一代表。即使这样，这些学者还是在类似托拉雅（Toraja）民族的房屋装饰中去寻找惊人的东山文化因素。就我看来，托拉雅民族的房屋装饰和我所注意到的东山铜鼓上几何图案之间没有必然的联系。某些岛屿文化近期公认地从国外引进了铁器。除此之外，没有证据显示这种岛屿文化知道冶金学或者以任何方式接收过青铜器物。在这样的情况下，描述该文化时，我们不应该把一种东山文化中没有的图案硬套在"东山风格"题材下（东山文化纹饰特点本书有列举）；这种岛屿文化图案明显来源于木条织品、木雕等装饰。不然,研究者就会仅仅满足于并不存在的相互参照,也剥夺了他寻求更合理解释的可能性。

目前,关于青铜时代其他风格的任何解释都是模棱两可且差强人意,这是事实。这样的话同样适用于附近大洋洲和更远的太平洋文化辐射区。好的是,我们有 1937 年海涅·戈尔登的文章,舒斯特和里森菲尔德等的出版物提到的几例偶然发现,以及太平洋区中国艺术的三本书(这些第 25 章参考文献都提及)。在这种情况下,除了东山风格外,就确实不可避免得需要介绍其他的影响因素。尽管东山文化具有一些明显的风格特点,特别是严格的几何特征,它并不是解决所有青铜时代问题的万灵丹。甚至就连具有更加复杂人物或动物纹饰带的金属鼓也不仅仅局限于那些东山鼓。显然,它们成了其他一些族群艺术特点一部分,这些族群起源更久远,但是在制造铜鼓的时候还存在。后来一些“最初的达雅克人”移民把它们带到了加里曼丹岛;[7]这些艺术上的图案被嵌入到一些东京鼓装饰上,一些东京鼓作为舶来品出现在群岛其他地方。其中一些鼓及其用途抵达了苏门答腊南部,与其他东山文化风格——其实是东山文化元素一起奠定了当地衍生艺术——也即帕塞玛巨石的基础(第 13 章 5.1a 节)。

这其中肯定有许多影响,一些类似迁移,有些是偶尔接触,我们自觉接受这些影响带来的结果并历史地评估它,但是,我们并不知晓其根源。似乎曾有过带来“生命之树”的“影响”(不管这种影响代表什么),“生命之树”在古代和近代印度尼西亚艺术许多流派中都是一种最重要的题材。就我看来,生命之树并没有出现在东山艺术中(见第 8 章 1.7 节)。

正如海涅·戈尔登所指出的那样,还要考虑中国的影响,如周朝后期(淮,第 15 章 2 节和第 16 章 4.1 节)对加里曼丹岛和弗洛雷斯岛恩加达人(Ngada)艺术的影响。在苏门答腊南部和中部,发现了一些可以证明早期贸易的中国器物,如不同时期的汉朝陶器(见第 13 章 5.1a 节)。此外,海涅·戈尔登还指出一些帕塞玛雕像和中国浮雕之间有相似之处(见第 13 章 5.1a 节)。

在新石器时代晚期或金属时代早期的旧风格中,巨石雕刻、木雕等的一些特征也许可以解释为个体艺术倾向,或者是古人或其直属后代对象征意义、祖先崇拜、安葬习俗、宇宙论以及任何进入他们世界中的事物观念的改变。

富有创造性的人们不仅仅是那些最先到来的人,他们带着自己的船只和口袋而来,里边装满了他们的传统、手工艺品和物质财富。那些后来的人继承了这些传统并因地制宜发展了丰富多彩的习俗,他们以自己的方式贡献了创造力。在共同文化遗产的基础上,“本地天才”(有时这样叫)为群岛绝大多数居民生产了富有本地特色的器物。其他的当地变种也许受到"外来因素""印度期之前""伊斯兰之前"直至最后的殖民和后殖民时期等影响。

印度尼西亚中部和东部有纹纺织品中以一些共有背景作为基础,包括许多古旧题材和通常图案,其中有些题材和图案可能借鉴了青铜时代艺术,包括东山文化影响。虽然这里面一些历史关系已经有人去研究,但是还需更多的证据来做跨文化的比较。迄今为止,对这些历史问题的研究和厘清还寥寥无几。

晚期的艺术、雕刻、建筑、印度支那、穆斯林和"年轻的马来"文化中仍保留有一些远古的艺术趋势和创作。很久很久以后,类似的远古趋势和一时消失的传统又重新出现在艺术品上。因此,中部和东部爪哇的阶梯式寺院和独石雕像(巨石和小型皆有)就是这些远古艺术的天才儿女,而且学者也把这些寺院和石雕放在远古背景下研究。

还有一些金属品,从不同方面使人回想起古代的手工艺品及其用途,例如,黄铜或铁制船形容器,它们都用在传统背景下,如用来填充并涂黑年轻人的牙齿。有时学者们讨论青铜器时代也涉及这些器物,但是它们是近代才生产的。一些"青铜样子的"小雕像(材质是某种黄铜合金)虽然与一般的艺术(如印度-爪哇)样式不符,但是却也成了所谓的"民族学"民间艺术奇妙剧单一部分。一些物品很可能用于生育魔法及类似目的(爪哇;Bernet Kempers 1959:图版 292 - 293);其他的也可能有类似的背景,如最近在小巽他岛发现的"妇女和儿童"和"正在编织的妇女和儿童"小雕像(Adams 1977)。

因此,这里还有许多呕待解决的问题。我们得通过进一步认识青铜时代文化以及调查早期印度尼西亚文化诸多其他方面才办得到。

注释

1. 巴厘岛：Van der Hoop 1941；Van Heekeren 1955,1958 — Soejono 1977a, 1977b：10 - 24；Bernet Kempers 1978。
2. 胜巴：梅俣俣(Melolo)公墓(东胜巴)。范·希克伦(Van Heekeren 1956,1959：85 - 89,1972：191 - 198)还不确定是否把梅俣俣出土物归因于青铜时代("精致的陶器")或新石器时代("没有任何金属的迹象")。1972 年,他选择了后者。的确,梅俣俣瓮的装饰与东山图案不相同。梅俣俣的发现也许是和加隆邦发现(苏拉威西岛西部)平行的例子,但是梅俣俣器物另有编织迹象。
3. 伊里安查亚：De Bruyn 1959 & 1962 — Galis 1956, 1968 - 1969 — Feuilletau De Bruyn 1955 — Marschall 1968：38 - 39 — Van der Sande 1904, 1907 — Tichelman 1953,1963。
4. 槽形斧：Goloubew 1929 — Van der Hoop 1941：184 - 201,图版 51 - 60 — Childe 1954, 1956 — Riesenfeld 1955 — Van Heekeren 1958：8 - 11,图版 1 - 3,图 2 - 7 — Le Van Lan

1963：图 14 - 24 — Soejono1972 — Bezacier 1972 — Von Dewall 1979：154 - 160。

5. 在本章中，"古老/古旧的"（archaic）应被理解为"实质上并未受到印度文化艺术的影响"（长期以来，群岛西部地区曾受到其深刻影响），也未被伊斯兰教和欧洲的影响所左右。因此，古老风格基本上被认为是史前、"印度教"之前和穆斯林之前的，尽管代表古老的物品在年代上从某种程度来说是近代的。

　　参考文献（第 25 章）：Badner 1972 — Bodrogi 1971 — *Early Chinese Art* 1972 — Fraser 1972 — Gittinger 1974，1976，1979 — Golson 1972 — Heine-Geldern 1937，1949，1966 — Van der Hoop 1949 — Jager Gerlings 1952 — Kaudern 1938, 1944 — Langewis & Wagner 1964 — Loebèr 1916 — Lommel 1962 — Schuster 1951a & b — Tichelman 1939 以及 W. Stöhr, W. Marschall 等的《古代的印度尼西亚艺术》，日内瓦 Geneve，《博物馆艺术与历史》— F. A. Wagner，《印度尼西亚》（*Kunst der Welt*），Baden-Baden 1959。

6. 海涅·戈尔登早在 20 世纪 30 年代就开始发表印度尼西亚古代风格作品，一直持续到 1966 年。他的观点对于试图筛选出关于东南亚史前史和艺术史大范围材料的当代考古学家和民族学家有莫大的帮助。当时，海涅·戈尔登是首批划出主要发展阶段及关系的人之一。他的一些观点，尤其是那些关于东亚、太平洋地区、美洲之间长距离联系说法曾受到抨击，但是，他作为先驱构建了许多关于史前艺术史的观点，至今仍备受关注。

　　在他的许多出版物中（1934，1937，1945，1949，1966），海涅·戈尔登追踪并描述了两种风格明显甚至截然相反的艺术风格：一种较早的"纪念碑式的"风格和一种后期"装饰性的"风格。后者可追溯到青铜时代，也是本书的主题。这两种主要的艺术风格与一波波人的到来都有联系，在公元前 2000 年和公元后 2000 年的时间里，这些人对印度尼西亚群岛的少数民族结构做出了一定的贡献。

　　"纪念碑式的"风格主要是雕刻和纪念碑风格，它没有那种纯粹的装饰图案，而是把超自然象征符号就那么并列在一起。这种"纪念碑式的"风格主要出现在缅甸西部的阿萨姆邦（Assam）山区和印度尼西亚苏拉威西岛（西里伯斯岛）托拉雅乡村的部分地区，在那里，它与青铜时代后期的影响相混合，还夹杂了一点尼亚斯岛的"稍微复杂的"版本（关于托拉雅的巨石，请参阅 Kaudern 1938，1944）。"除此之外，纪念碑大量零散的特征和题材仍继续存在于其他风格更盛行的许多地区"，"在远古时候，我们讨论的这种风格必定盛行于几乎整个东南亚大陆及岛屿地区"（Heine-Geldern 1966）。

7. 在新石器时代晚和金属时代早期，在东京或其邻近国家似乎生活着某些部落，他们的后裔最迟于公元前 1000 年期间离开了家园。后来他们抵达了印度尼西亚群岛的某些岛屿。这里面必定有加里曼丹岛（婆罗洲）达雅克部落的祖先——我们称之为"最早的达雅克人"（请看第 7 章 3.3 节）。

　　以上这个结论可从相对近代制作的达雅克木刻绘画、竹筒绘画等（图版 22.06 - 22.09；第 7 章 3.3 节，第 8 章 1.8 节）与东京鼓（如玉缕鼓 11.30+ 和穆力鼓 11.28+ 等）和相当靠后（东京晚期）铜鼓上有房屋和船饰场景之间的相似之处可以得出。东京晚期鼓迟早出现在群岛地区（如 4.02+ 的桑根鼓及饰有船纹但无房子稍为没那么壮观的鼓）。东京金属鼓上的人纹和船纹最初应该来源于最早的达雅克人，那时，达雅克人仍居住在越南北部地区（请看第 8 章 1.7 - 11 节），另外一种可能是，那些一直生活在北部而没有跨海出去的最期达雅克人，给了铜鼓铸造者灵感。我们所提到的早期东京部落的生活条件与晚期达雅克人的生活条件必定非常相似，因此，就像加里曼丹岛易烂器物上所刻画的一样，早期东京部落一定知道列队的武士、舞者、房子、船只等场景,这些场景在被装饰到金属鼓之前一定已经在越南北部存在了。从他们当中分流出来最早的达雅兑人,带着制作这种绘画的传统,最后抵达了加里曼丹岛并生活在那,几百年来一直创作了这种民间艺术。在东京,这种传统多半没有得以延续下来,早期的样品也自然不复存在了。但是,这些场景的铜器版本仍然能在东京型铜鼓上见得到。类似场景的青铜版本在云南青铜容器顶端的三维"戏剧"中可以见到,不过风格截然不同了(见第18章;图16)。

第 18 章
与云南的联系

18.1 历史

18.1.1 在西汉统治期间(公元前 202 年‒公元 8 年),长江流域以南地区居住着各种"南方蛮人"(即广义上的蛮人)。在他们当中,对于宗主国来说,沿海省份的南越无论如何都是最重要的。几乎从建国时起,他们的国王(有时他们也称自己为"皇帝")都是由汉王朝认可的。首先,他是"无国界的君主(Lords without the Pale)"之一(即帝国边界之外),是唯一一个汉朝接受的"蛮"人(Watson 1970)。然而另一方面,"西南蛮人"(云南人)的情况和东南部则有着天壤之别。[1]有些生活在云南中部即滇池以西地区的人们,过着游牧生活。其他的都是农民:滇池周边的滇人、滇池以北及以东地区的人,这是根据伟大的历史学家司马迁所说的(大约公元前 145 ‒前 90 年)。

18.1.2 新石器时代期间,淡水软体动物的残骸堆积成贝丘,中间夹杂着碎片及堆积的石斧。在发现这些贝丘的晚期滇文化主要中心,当时也许曾是个湖中之岛,或较之现在更靠近湖岸边(Von Dewall 1967)。新石器时代之后,又来了后来滇人的祖先,那时他们过着游牧生活,但是定居下来后成为农业人口。在他们历史任何时候中,其民族成分可能都相当复杂。Haskins 1963 提到了北边是原始通古斯人(proto-Tungusic)、西北边是原始土耳其人(proto-Turkic)、西边是原始西藏人(proto-Tibetan)、南边是原始泰国(proto-Thai)(越)人。其中一些民族作为河、海生活的人,与印度尼西亚和大洋洲有关系,曾在周朝后期(大约公元前 480 ‒前 221 年)在中国住过。东南边的民族"实际上并不是现在与中国自身有关的文化一部分",但是"今天很多看起来很典型的中国文化可能来源于这些民族"。

18.1.3 正如其他"蛮人"一样，由于受到欧亚大草原（例如那些与"庞蒂克式移民"有关地方，第 15 章 4 节）、中国中部及更早的东南亚冶金学（第 15 章 3 节）的刺激，滇族发展了自己的青铜文化。[2]根据云南众多不同的地理及生态情况，当地的青铜时代也许会有各种铜石并用（黄铜时代）因素。在云南处于青铜时代的鼎盛时期，各种类型的金属制品之间确实大不同。这种发展的出现可能无需中国的影响，然而，肯定是在与中国中部建立直接关系之后才达到了最后的阶段。在这方面，数百年来，云南都以丰富的铜、锡、铅锌储备而独树一帜，这些储备早在汉朝就对冶金业有贡献（Loewenstein 1955）。

云南和楚国早期就有联系（第 15 章 2 节）。一位中国的将军，他是一位生活在大约公元前 600 年楚王的后代，在公元前 339 –前 329 年之间曾征服过云南。他定居在那里并自封为王。因此，公元前 2 世纪，滇王声称他是楚国后裔。司马迁以及某些现代中国学者都接受这个故事；沃森（Watson 1970）认为它"明显有可疑之处"。只有石寨山的少数器物能反映出这种早期的联系，那些器物让人们想起以前云南与周朝晚期的关系。

18.1.4 公元前 2 世纪末，南方的越族开始反叛宗主国中国，滇族也加入他们的行列。他们的联合无济于事，中国首先打败了越族，然后击垮了滇族（公元前 109 年）。然而，这并没有导致滇族首领统治的结束，反而产生了"滇王国"的短暂繁荣昌盛。当时，汉王朝的政策似乎是利用环绕其周围的缓冲国来防止外敌入侵（例如中亚大草原的游牧民族），以此为目的，他们在这些缓冲国设立了"国王"。在南越叛乱之后，滇族获得了这一任务，然而，军事情况一好转，这一任务就结束了。自那以后，西南边的缓冲国失去了其实质意义，此外，随着动荡不安的滇王国本身叛乱不断增加（公元前 86 年和公元前 83 年），中国政府加强了对滇国的控制。公元前 81 年左右，滇族不再是中国王朝的一部分（Watson 1970）。

18.2 考古记录

18.2.1 在滇王国考古发现中心有一处墓场，坐落在小小的石寨山上，即"石林山"，位于晋宁县滇池之东的湖岸上，距晋宁县不远。首府昆明位于滇池之北、石寨山往北 112 千米处。

石寨山发掘之前，大约在 1947 年，一小批青铜器物被 N. D. Fraser 收购，这批收购现藏于伦敦的大英博物馆(Gray 1949－1950；Watson 1963)。据说这些器物来自石寨山旁边的一个山丘：梁王山。在 1955－1960 年之间,作为这批收购的后续,又对石寨山的 50 座坟墓进行了挖掘。在中国的最初报道中,石寨山的墓被编号为 M(3 号等等),这将在本章中谈论到。接下来是更进一步的发现。

这些挖掘中的第一阶段共挖掘了大约 20 座葬品丰富的"富人"墓葬,它们显然与滇王国和上层阶级有关。进一步的挖掘又发现了一些配备相对简单的"穷人"墓,里面有青铜武器、槽形斧、犁头等,随葬品把这些墓和"战士-农民"联系起来(Von Dewall 1967,1972)。迄今为止,没有发现与这片墓地相关的居住址。

除了石寨山的发现外,在滇池以西也发现了其他有墓地的遗址,例如 1964 年在大理东南部的大波那(Dapona)以及距离滇池以西大约 20 千米处的安宁县太极山。西边的墓随葬品与石寨山"皇家"坟墓中的陪葬品有所不同,它们主要与石寨山那些"战士-农民"墓有密切联系。

18.2.2　一方面,石寨山的发现展示了其与中国艺术的许多阶段有着千丝万缕的联系,与中亚草原艺术以及邻国的当代青铜时代产品也有联系。说得更直截了当一点就是：一小部分来自云南的青铜器显示出受到过东山文化影响的迹象,甚至可能是从一个东山文化中心引进的。另一方面,迄今为止,最重要的发现显示出其本身显著的个体特征,这些特征让它们与其他东南亚青铜时代风格不同。这些独一无二的石寨山青铜器被认为是 20 世纪 50 年代以来东南亚最有意思的发现之一。然而,它们的重要性取决于这种高度个性化的风格,而不是取决于它对当代风格,尤其是对铜鼓制造产生的任何影响(它们有时被假定有这种影响)。在本章中,云南作为研究对象主要是因为它跟本书主题有关联。

冯·德瓦尔(Von Dewall 1967)把滇王国地区的墓葬分为三类：

第一类：石寨山随葬丰富的王公贵族墓,里面有金制品、马具、汉代钱币和一些进口物品(镜子、漆器等等)。特别有趣的是"装贝壳容器"(特意为这个用途改造过的铜鼓、外形不同用于收集这些神奇物品的容器)。

第二类：随葬相对朴实的墓葬,里面也有第一类墓中一些价值不菲的东西——然而,没有铜鼓。

第三类：前面所提到的"战士-农民"墓。

在第一类墓中,冯·德瓦尔记载了 10 座保存完好的墓和 13 座保存得不怎么好的墓;第二类墓中,分别记载了 11 座和 16 座;在第三类墓中,分别记载了 14

座和 3 座。

18.3　年代顺序

首先,这里出现了一个问题:在埋葬时,这些鼓是否在相对近期才制造的(Watson 1970),还是在下葬的很早以前就已存在了呢(Sørensen 1979a)？就我的观点来看,瑟伦森(Sørensen)正确地指出,这些鼓是已被"杀掉了的",要么通过挖走中心的太阳纹,要么拿走整个鼓面并用一面装饰不同的圆盘来取代鼓面。这样"杀掉"(第 5 章 5 节)证明了一个事实:鼓被认为是有魔力的,因此,必定是非常古老的。况且,这些鼓制作时候不是为了马上随葬的目的,它们为了下葬还得改造外形,这个事实更说明了鼓在随葬逝者之前早已存在。除了那些可能是成品的随葬品如微型鼓以外(并不是真正意义上的鼓,而是象征性的明器),出自陪葬品中的所有鼓都给人以一种古董的印象(第 5 章 5 节及第 13 章 5.13a节)。在云南,和所有其他的情况一样,与墓葬有关的"绝对"年代只不过为我们提供了一个问题颇多的随葬铜鼓的最晚年代。这自然而然也适用于滇王国墓葬的年代。

石寨山的墓葬可追溯到大致的西汉时期,但并不是贯穿于整个西汉。这个时期大约为公元前 150 –公元前 80 年。公元前 150 –前 120 年间,"是以四川商人为媒介与中国非法贸易时期"(Pirazzoli-T'Serstevens 1979),对滇王国王子们而言,公元前 80 年前后几年是灭顶之时。瑟伦森(Sørensen 1979a)通过参考大约公元前 175 –公元前 25 年间有确定年代的东西(硬币、镜子和皇家印章)在整个时间跨度的位置,扩大了这一时期的范围。他认为那些有铜鼓陪葬品的、出土丰盛的墓葬大概时间为公元前 100 年左右(如我们刚才所见的一样,这个年代解决不了铜鼓啥时候生产这个问题)。根据瑟伦森的说法,绝大多数出土物的年代大约在公元前 125 –前 75 年(这里还是有上面关于随葬鼓的年代问题)。在滇王国,铜鼓的使用大约在公元前 80 –前 25 年就画上了句号。

18.4　云南与东山文化

18.4.1　有时候,人们认为云南是铜鼓尤其是黑格尔 I 型鼓的摇篮和扩散中心。瑟伦森和其他人都反对这一说法,我完全赞同这种反对的观点。是的,在相对较短的时间里,云南产生了令人叹为观止的不同类型的铜器,包括一些金属鼓和奇形怪状、装饰精致的容器。自从三十年前被发现以来,云南的艺术和工艺就备受青睐。另一方面,不可否认的是,所有这些有趣的发现(除去一些像黑格尔I型鼓的金属鼓及残品)与在东南亚其他地方发现的各种铜鼓及黑格尔I型鼓有着本质的区别。云南可能并不是一般铜鼓的最初发源地之一,它更可能是其他金属制品的地方性中心之一,在这里某种铜器铸造得以高度个性化大爆发,这种个性化在其他国家没有出现。越南北部和其他地方东山型青铜文化的发展与云南相比本质上是不同的。

东山文化黑格尔I型鼓没有三维装饰物,其他黑格尔类型鼓也同样没有。在黑格尔III型铜鼓上,有立体的蛙饰和某些微型的动物雕像则是例外,不符合这一般规则。青铜铸造其他类别(像佩砧型铜鼓、罗蒂斧等)有它们自身独树一帜的风格,基本上不同于静态的东山鼓及动态的云南鼓。青铜时代世界及其余绪有各种个体文化,有些文化无论在空间上还是在时间上都颇具影响力,其他的则更具地方性。关于后者,云南的青铜艺术在各方面都是一个杰出的代表。从本质上来说,它是一种有少数民族背景、历史、个性特征的地方艺术。云南艺术正是结合了这些特点,才从其他艺术中脱颖而出。这其中有一些向内的联系,外来的如中国和中亚的联系;向外的联系,没有特别明细,比如通过红河到达越南,也可能是通过湄公河到达印度支那南部(Coedès 1962:11;Heine-Gelden 1945)。东京的联系可能是内向外向性都有(第16章1.1节)。然而,在谈到云南和东京的联系时,我们不该局限于鼓和容器,还有其他一些物品,或者东京云南都有,或者仅出现在东京,不出现在云南,或者仅出现在云南,不出现在东京。

18.4.2 贝扎西尔(Bezacier 1972:141)指出,东京鼓装饰中,非对称斧头很有特点,让人想起一些铜鼓图案(第17章3.2节),但是就这些斧头饰方面,东京和云南"根本没有共同点"。此外,滇钟和东山钟外形也有着天壤之别。除了一些剑和戟之外,沃森(Watson 1970)指出一些具有滇艺术特征的艺术图案(因为受到来自西部大草原的非中国因素影响)却并没有出现在东山文化的场景中:如"斗兽"、"救人的猴子"(猴子正拉着一只正在攻击勇士的老虎的尾巴)、饰板上的蛇等等(请参考 Bunker 1972;Pirazzoli-T'Serstevens 1979:126)。一些铜鼓和零散物品(图8[译者按:原书有误,图8中并没有此处正文提到的内容])上出现了有意思的口风琴——笙(kledi, sheng),在云南器物上也有,但造型非常不同,它看起来就像某种原始得多的葫芦形哨子,没有东南亚乐器的芦管(Bunker 1972:305;来自墓葬 M16:4 和 17:23 中的器物)。

18.4.3 在滇国,曾有一位国王(即使从时间上来说比较短)——与宫廷和贵族们一起,赐予青铜铸造者特殊的机会,除了在首都生产青铜器之外,也在其他制造中心做工(Sørensen 1979a)。在滇王出现以前,该地就可能已经有作坊了;也有可能受到沿着红河而来的东京影响,因为红河是云南与外界关联的渠道之一。事实上,后面讨论到的类似东山型铜鼓和残片,也能证明这些联系在滇王国历史中存在过。滇国王子们可能有时也利用来到他们国家的流动金属工的服务;或者,云南的青铜铸造者也会模仿到达云南的东京型鼓,就像这些鼓迟早会到达其他国家那样。

18.5 云南的铜鼓

18.5.1　在关于铜鼓的书中,铜鼓理应排在其他一切器物前面。然而,从一般的观点来看,云南那些装贝壳的有趣容器着实更加有趣,这些容器的盖子是可移动的,上面有微型的三维雕像(3-6厘米高)。我们偶尔也在一个单独的背景中讨论这些铜鼓和有趣的容器。这时候容器盖子上塑造的情感"剧"正好也包含了铜鼓用途的信息,需要我们关注。此外,三维场景为我们提供了材料证明云南型金属器很多地方与我们迄今为止所见到的青铜时代其他艺术品大相径庭。不管怎样,云南这些器物上有着明显的情感因素,远超任何可能的近似例子。

容器与铜鼓之间有一种渗透作用。这里有几个铜鼓变成容器的例子。换个说法,即乐器意义上的金属"鼓"已经变成了圆柱形容器意义上的"鼓"(第4章3节)。所以,一些专门研究云南金属器的学者把他们所遇到的主要青铜器都称为"鼓"(有时还警告读者,除非特别注明,否则不应把"鼓"当作乐器;Bunker 1972)。

装过贝壳(有时被发现时确实装有这类宝物)的铜鼓已被"杀掉了"(如本章前面所述):鼓面被割开,加了一个新盖子(或外加的盖子)(其装饰和普通的容器一样)。此外,鼓身根部最初的开口已闭合了。在有"回收"这个概念之前(avant la lettre),看起来把废弃的铜鼓当作某种回收过程一部分还挺合理的。然而,整个过程太间接了以至于这不仅仅是个节约问题。把鼓倒过来,可能是件更加简单得多的事情。正如我们在不同背景中所见到的那样,从宗教或魔法的观点出发,把鼓倒过来可能是非常危险的举措(第5章2节)。用"杀掉"鼓这个办法就不用把鼓倒置了。当然,也可能有其他考虑。贝壳容器不仅仅是用来装某种象征钱币的钱罐。它们更像是一种聚宝盆,把金属鼓与贝壳的魔力结合起来。为了能和其他随葬品一起进入神灵世界,增加死者的权力,金属鼓必须要被

"杀掉"以摆脱尘世的桎梏。为此,可能就有许多"杀掉"(和不被"杀掉")鼓的理由。有些容器确实未遭此劫——没有被杀掉。然而,"杀鼓"以便让其摆脱自然桎梏似乎也是其他地方的做法之一。

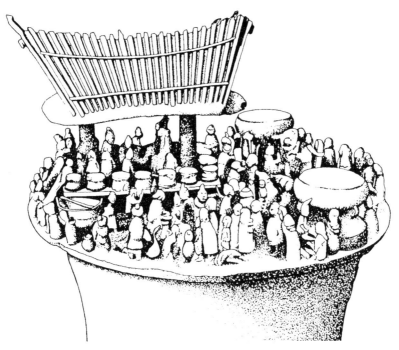

图 16　云南的一个鼓形器皿的盖子(石寨山 M 12.26)

18.5.2　盖子上所描写的一些情景在我们讨论范围内尤其趣味横生,因为它们包含有作为舞台道具的微型铜鼓,这些舞台道具在"戏剧"中扮演部分角色或作为一位或多位"演员"的专用物。

例如,有一个非常拥挤的场景,由不少于 127 个人像组成,都挤在一小鼓面空间里(M 12∶26,直径 32 厘米)。在形成戏剧"幕布"的马鞍亭子的前面和两边,排列着 16 至 18 只铜鼓(亭子高 17.5 厘米,图 16)。亭子是一间开放的吊脚楼。这部分的场景使人想起了"窥视秀",在 4.02+桑跟鼓和它的东京祖型鼓上展示出来的是 H 型房子。这两个场景之间无需任何直接的联系(桑根鼓比较晚,肯定没有),它们之间的关联在于有一个共同的原始祖型,这个祖型在东南亚后裔可能最初就是线条风格(也请看第 7 章 2.10-11 节中论及和图版 22.06和 07 中描画的竹管上的房子);在云南则变成了适应本地艺术观念的三维版本。除了正常尺寸的鼓之外(和盖子上周围的人像相比较),在亭子左边和右边分别立着一面明显超大的鼓。它们可能在房子前面进行的典礼中有某些特殊功能（这个盖子下面的容器有三只脚，两只虎形手柄：*ESEA* 1979：图版 VIa）。

ESEA 1979，图版 VId 和 e 中图示类似的房子。场景包括有舞者和鼓手（M 6：22，M 3：64，也请看 M 13：239）。

在 M 12：26（过于拥挤的那只）上所描绘的"戏剧"好像是一种人祭。在 M 20：4 中也发现有相似的事件（也是在一个很小的空间，直径为 30 厘米），这里聚集有大约 50 个人（其中 40 个在原位上，其他的虽然已掉了位置，但是还可以复位）。中间有一根柱子，柱子上支撑着一只老虎，由两条大蛇包围着（大蛇经常出现在云南艺术中）。祭祀活动已全面开展。受害者被绑在一块板上，另外一人也被绑着，跪在地上。一名妇女（女酋长或女神？）高高地坐在一把椅子上。柱子的后面有更多坐着的人像，在人像群的远端有两面大鼓，令人想起 M 12：26 中的情景（Watson 1960：图版 123）。刚才描述的是黑格尔 I 型铜鼓上可移动的盖子，这种鼓已经变成了贝壳容器。

在这个完全相同的鼓 M 20：4 中，有一种趣味横生的细节，即狩猎场景，位于鼓身中部（关于狩猎场景：见第 8 章 3.1 节）。他们一行七人，拿着矛、斧子、弓箭等武器，在追赶一个野人样的人。与这有些相似的装饰在 M 20：2 身上也有（这次是四脚容器，不是上头说的那面鼓）（直径 24.8，高 25.5）。除了两只形态如虎、垂直摆放的鼓耳外，还有三个云纹区，框住了一对纹饰带，饰带上有四只正在跟踪猎物的老虎。

三维戏剧中还有更多令人震撼的残忍场景：粗糙描绘的厮杀、人祭，或各种搏斗场景——动物与动物之间、人与动物之间，还有容器盖子正中马背上的骑士他们不得不抵御对面步兵的进攻，而步兵们内部也在搏斗，这些步兵们都放置在盖子边缘。类似的场景，令人回想起欧洲中世纪的骑士。云南人民之间、滇人与其他人之间和北部或西北部"野蛮人"之间的战争之中和之后，人们一定对这些场景记得清清楚楚。在其中一个墓中，出土了一个印章，上面有"西部胜利"的字样。还有某些场景（在 M 13：67 中也有一个三角形的铜板，上面有象形图案；Bunker 1972：图 3）似乎描绘了从战争中掠夺而来的战利品和俘虏：男人、女人及家畜。在那些日子里，一定有许多厮杀、许多残忍、许多镇压，既发生在统治者与被统治者之间，又发生在"少数民族"之间（此处也许是"主体人群"之间，而不是被统治阶级之间）。创作出这些动态场景的艺术家们似乎很喜欢把这种事件以一种粗线条方式描绘出来，并在三维技术上全力以赴。这样，我们就对动荡时期及远非和平社会的事情有一个触目惊心、栩栩如生的印象。其他东南亚的

"铜鼓人"当然也有他们自己的问题,但即使有,在铜鼓装饰上对生死问题的思考也与云南容器盖上的不一样。后者的戏剧场面从技术层面和气氛上都不相同。

18.5.3　很明显制作石寨山铜器的人非常喜欢把一个中心人物放置在其他全部的人物中间,这种场景充满戏剧化。除了之前描述的柱子场景(M 20∶4),还有被 4 头公牛包围了的马背上的骑士(骑士被镀金;M 10∶35,这是一个有两只虎形柄的容器)、在跪着的男人和编织的女人之间坐在王位上的女人(M 20∶3;Watson 1960∶图版 123)、一头被 6 头公牛包围的公牛(M 20∶2)以及类似的场景,如 M 13∶356(Bunker 1972∶图 2)。有时候,中心图像会在铜鼓上凸起(如 M 20∶2 中的公牛)或被三个不同尺寸、相互叠放的鼓所取代。也有礼仪标准的柄尖装饰,包括了一个鼓形的底座,上面有动物、人像或鸟饰(《报告》:图版90)。那些叠放的鼓让我们想起了石寨山墓中也有类似一套套的铜鼓。这也许是一种通过倍增的方式来增强魔力。

在列举前面的发现中,其中一个坟墓 M 20 被经常提及。这确实是最重要的发现地之一,这个墓葬挖掘者们提供了数量惊人的器物。在平面图中(图 17),这些器物被分成了 90 多种,其中一些是零散品。学者有时把这个墓跟云南土著部落某个女酋长联系起来(Watson 1960∶31 – 32)。M 20 中有一件奇怪的物品,第 5 号器物,它是一件全方位铜像,是一个跪着的妇女,手持一根棍子,位于鼓的最顶部。乍一看,该人物雕像似乎在打鼓(正如之前第 4 章 4.2 – 3 节所述,这并不是打鼓的最佳姿势)。实际上,该妇女想必是个随从,只不过她所在的位置颇具欺骗性;在其他墓中也出土了类似的两尺高的雕像,手持棍子、遮阳伞或类似的东西(M 6∶121;M 13∶227;M 17∶5),人们认为他们的特征为"非汉化"(Haskins 1963)。

18.5.4　石寨山的黑格尔 I 型鼓的数量并不多。然而,从这种类型的铜鼓在如上提及的戏剧中所起的作用来看(总是通过他们的外形来识别),那时一定还有多得多的黑格尔 I 型鼓。至于实际发现的黑格尔 I 型鼓的美学优点,说实话,其中一些质量顶多是中等而已(包括经常备受赞扬的 M 12∶1"鼓面",图版16.01,实际上,它并不是一个鼓面,之后我们会讨论到它)。然而,其中确实有一些绝对令人惊叹的样本,如 M 12∶1(M 12∶1a 为第二个盖子的鼓;图版 16.02 –16.04)和 M 12∶2(图版 16.05 – 16.08),它们毋庸置疑地形成了自己的一个类别。我们甚至没必要过多关注基于《1959 年报告》中的插图得出的负面印象(这份报告出版的是水墨拓片,这种拓片并不能详细展示装饰的细节)。而且,还有其他国家或地区的黑格尔Ⅰ型鼓看起来也不是伟大的艺术品。为此,在云南的新发现在任何时刻都可能扭转局面;我们已经面对了这个特别地区的各种惊喜。然而,从目前的情况来看,我们也许可以安全地下结论说,与云南外形奢华、装饰考究的容器相比较,黑格尔Ⅰ型鼓的严格几何外形及装饰是一种截然不同的艺术词汇与表现。此外,M 12∶1 及 M 12∶2 鼓上的动物及人物图像(它们自身已经是杰作)让我们知道,已经消逝很久的那些易烂材质上的素描和雕塑有多神奇。

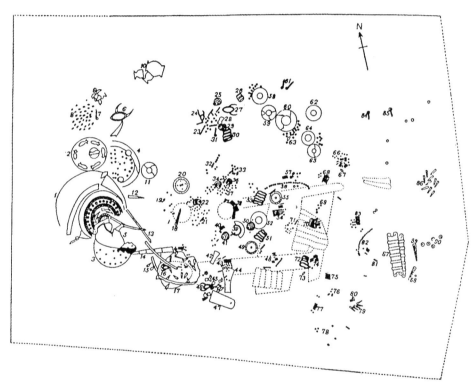

图 17　云南石寨山 M 20 的底部平面图

　　东京之外东南亚各地区发现的大部分铜鼓,都在某种程度上与东京鼓相当类似,体现在某些装饰细节上的风格或"语法",或者是因为它们都遵循相同的艺术趋势(例如从自然主义走向程式化传统),不过云南鼓与东京鼓之间的关系显著不同。东南亚风格相近性似乎是由于个别铜鼓的迁徙或流离四方的工匠带来的(工匠流动的原因也许是各种各样的)。云南鼓则明显不同。甚至当它们在设计上肤浅地看来相同(正如黑格尔Ⅰ型鼓上所编制的锯齿形 v 和圆圈纹 o 那样),它们之间也有不同之处:云南鼓齿形和圆圈都更大一些,也远没那么精致。那些专精于黑格尔 I 型鼓的云南工匠们似乎大致知道这种装饰类型,但是他们并不精通它的风格。另一方面,我们不能责怪他们不去尝试。黑格尔 I 型鼓种类繁多,在我们所知道的鼓中,用途非常广泛。

18.5.5　本章中将要讨论到的黑格尔 I 型鼓的样本来自《1959 年报告》,发现于云南晋宁、藏于大英博物馆,还有来自黄增庆和李伟卿 1964 年和 1979 年分别在《考古》上发表的文章。黑格尔 I 型鼓有许多亚型,可能它们在地区和年代上都有所不同。这些亚型包括了大理东南部大波那鼓、发现于一口铜棺内部的铜鼓、一面大体像铜钟的鼓(鼓身 B 和 C 部分完整向下倾斜),后者由于其迥异的外形,令人想起了黑格尔 I 型初型,这在之前的第 3 章 1 节中讨论过。然而,大波那这面鼓不能称之为蹲形鼓(像黑格尔 I 型鼓的初型那样)。"蹲"是指云南的其他黑格尔 I 型鼓。然而,这些鼓的装饰太精致,不能视为黑格尔 I 型鼓的初型;它们是相对早期的黑格尔 I 型鼓:介于纯几何形和早期精致类型之间。至于编码的目录:离 GS 组不远,在鼓身 B 部分的方格中有几何形船和不经常出现的羽人。GS 组("斯德哥尔摩"11.40+鼓;老挝 12.01+鼓等)在某种程度上给人以一种地方性风格的印象,云南黑格尔 I 型鼓也是如此(尽管是以一种不同的方式)。

需要注意的是,除了 M 10∶3 这面小型鼓(直径为 12 厘米),所有云南的黑格尔 I 型鼓都没有蛙饰。

其中一些黑格尔 I 型鼓已被"杀掉"并有了第二个盖子,盖子上装饰有之前提到的戏剧画面:战斗场面(M 6∶1,两面完全一样的鼓中一面,装满了贝壳并叠放)、正在编织的人们(M 20∶3)及柱子情景(M 20∶4)。鼓身 B 部分看起来像分成了方格。

两个更近的发现(在 1979《考古》中插图中的两面铜鼓 M 24∶42a 及 M 24∶36)表明,鼓面 B 部分的方格中填充图案不一致,例如一头公牛和一只鸟,间之以看起来不大协调似乎是 4、5 个人围着五月柱(M 24∶42a)跳舞的场景。在 24∶36 中有一个羽人,有着精致的发式和羽化盾牌。羽人本身刻画风格自然,呈划船者姿势(这令我们想起了桑根 4.05+鼓上类似的"旱地上的划船者")。

至今为止,云南鼓的装饰中没有提到船饰。事实上,有几面铜鼓是有这样的装饰的:

石寨山 M 1∶58(《考古》1979∶67 中仅仅展示了一部分):一艘有 3 个划船者的船、鸟(划船者头戴薄薄的羽毛)。在鼓身 B 部分有一个人,要么是在跳舞要么是在跑步(这个人也许是某个场景一部分,包括了那艘小船? 这个场景横跨两个鼓耳之间鼓身 B 部分的整个半边)。几何形图案:vov 和 //。

M 14:1:一个纯粹的几何纹鼓面(直径 41 厘米),包括一个 10 芒太阳纹及 4 只鹭鸟,一条 vov 饰带,vov 饰带重现在鼓身。鼓面没有图像纹饰,但是根据《报告》图版 125－126 鼓身有船纹;根据沃森(Watson 1970),有 4 个人物,其中 2 个是划船的羽人;船的尾部令人想起东京鼓上的船纹(第 8 章 1 节;图 9)。在 B 部分,有一个羽人,手持一把战斧和一个盾,身后跟着一个随从。鼓身长方形纹饰格里的人(用 F 表示)、船、伴随鼓面缺失的图像纹,这几者结合可以归结为一个代码公式:G [F] S n。

M 20:1(《考古》,1956):一套两面铜鼓,都装满了贝壳,上面那面鼓已被压碎了,下面那面鼓除了鼓足有一些损坏之外,还算完整。

下面鼓的布局与 M 14:1 相关,鼓面上没有图像纹饰(奇怪的是,太阳纹是 9 条芒,非常特殊)。在 A 部分有船纹,B 部分也有其他的船纹(以及羽人和公牛)。因此,这面鼓的编码公式与 M 14:1 一样,为 G [F] S n:

9／V 1)v o v／her(4)与栖息的鸟交替(野鸭?)(顺时针移动到无脚鹭鸟,鸭蹼朝向太阳纹)／v o v／_

A:v o v／(6)只船,船中坐着 2 或 4 个人(人的发式为马尾)、船头船尾上方有飞鸟。

B:两种画面布满了鼓腰的两半,中间以斜线 // 分割开,下面是 v o v。

在每个场景中,在任一边、两条船之间都有羽人(内有 2 个人及 2 只飞鸟),在长角公牛的背上中间有一只鸟。

石寨山残片(《文物》,1964:44,图 1、2;Bunker 1972:311－312)。十多片碎片中有两片上面有独木舟一样的小船、划船者为两个一排,每个人的发式都有一片薄薄的羽毛。

在 1947 年为大英博物馆征集的藏品中也许来源于梁王山丘(第 18 章 2 节;Gray 1949－1950;Watson 1963),这些物品是一个鼓身上部的碎片,上面有 2 艘船;还有掰成两半的一大部分鼓面。前面那个鼓肯定比后面这个鼓大,而且纹饰也不一样(梁王山丘的发现包括了某些形状奇特的有纹武器,如戈、钟以及容器的碎片。其装饰图案中有蛙、蜥蜴及举着双手、腿呈 W 形的人,这些在第 7 章 2.9 节中已讨论过)。

鼓身残片(长度为 28－30 厘米)上的装饰图案有:在锯齿形状(有点点的三角形)之间有切线纹及有点点的双圆圈纹,形成了 v Ø v 图案,其下方还有一条船纹饰带。独木舟的雕刻部分及羽人划船者的出现与穆力 11.28+鼓(编码为 GFHSn：3)非常相似。由于没有鼓面(也没有鼓身的 B 部分),这二者之间的关系我们只能论述至此。

梁王山鼓面的直径大约为 31 厘米,其装饰图案也许可以编码为这样: 12／V 1)·(绳子样)／her (4)／·v·v·(·绳子样,v 有点的三角形)／_, 这就使该面鼓编码归为纯几何群 G(这是一个小巧、装饰简单但不一定古老的鼓)。这个鼓面在某种程度上与东山 A 11.10+鼓(G：2)很相似;鹭鸟让人想起了东京型鼓,东京型鼓以水平纹和斜条带纹,有时候还有高脚为特征。但它与东山鼓的一个最大的不同之处是东山鼓在锯齿纹 vv 中没有切线圆圈。

18.5.6　在千奇百怪的云南铜器中,符合本章主题的最后一批铜器是 M 12：1 及 M 12：2 鼓。它们也许是最后的两种鼓,但也是非凡的云南黑格尔Ⅰ型鼓(《云南博物馆 1959 年报告》[*Report Yunnan Museum 1959*];Von Dewall 1972, 插图)。

M 12：1 铜器是一个"双盖"、鼓形的贝壳容器。它原来的鼓面(直径 50 厘米;图版 16.04)已遭到破坏,取而代之的是一个不同类型的盖子,但它的两条同心饰带仍然展现出一副令人陶醉的画面:一群牧民正安详地赶着牧群,牧群中有多毛山羊(内圈)、绵羊和猪(外圈)。牧民们(分别有 4 个和 3 个在圆圈中)及其大狗、牧群看起来都不紧不慢地走着——非常悠然自得的样子。在空中或动物的背上,还有一些鸟。这是一副悠闲的乡村生活情景,在野外,但离家不远。在同一面鼓的鼓身中部,"家"被描绘为一副宁静的乡村生活画面,画面涵盖了整个鼓身中部(《报告》:图版 123;在本书图版 16.02 及 16.03 也部分可见)。画面中,可以看到妇女们头顶空篮子,准备去装堆成了蜂窝状的稻谷。她们的手中还有圆环状的手垫,用来承垫装满后的重篮。其他妇女们则头顶着稻谷桶朝着另一个方向走去。她们中的第一批到达了一座密闭的房子,房子有一个鞍状屋顶,这明显是一个谷仓。还可以看到那位坐在楼梯顶部的主管(如果那个小人是的话)、家禽、小鸡以及谷仓后自娱自乐的一个小女孩。整个画面都在某种程度上让人想起了另外一个乡村生活的情景;相似,只是活动不同而已。事实上, M12：1 有东京鼓饰带的著名图像,编码为 FH,即人物和房子;这里也有像排队行走一样的活动,即在 H 型房子与 O 型"道具"之间移动(在东京鼓上是房子,这里是稻谷堆)。制鼓者也许从未见过真正的东京鼓(不然他会把人物图做得更相似一些),但是曾经见过并欣赏这种画面细节的人想必向他描绘过这样的画面,包括房子、穿梭于蜂窝状与鞍状屋顶之间的人们,并要求他来装点类似的场景。制造 M 12∶1 鼓的人,本身也是个艺术家,他得到的信息描绘了一个人物传统,与他自己的经验太不一样了,通过想象,他把这个信息转化成了一幅他听说过但从未见过的乡村生活场景。他是多么厉害啊! 这就是青铜上狂野戏剧世界中的乡村式浪漫一刻。

在《报告》图版 124 中,还有另一种"游行": 牧民们安详地赶着一群公牛和马。如果不是说明文字写着 M 12∶2(其中的场景不是很相衬),M 12∶1(鼓身的 A 部分?)也许是其出处的最好猜测。现在,在《文物》1964 - 12∶46 中,在最近的云南出土物中,也有马背上的"骑士"队伍,后面有一些步行的随从、一条狗,空中还有鹭鸟和孔雀。

回到 M 12∶1 鼓,我们来看一下那个不那么紧的盖子,用来盖贝壳容器(以前是鼓)(图版 16.01)。乍一看,这非常像一面受到东京鼓的启发(又想到了它)而仿制的、粗糙的鼓盖子。然而,其实是不一样的。如果它真的是一个鼓面,这将会成为铜鼓记载中唯一一只没有飞鸟的器物,但是这一点如何发生的呢? 这个问题并不存在(例如"也许是它的制造者并不精通飞鸟装饰传统")。这个稍微有点圆锥形的物体几乎不可能成为一个鼓面,它更不像有人偶尔建议的那样是个铜锣(Bunker 1972)。它更像是我们在讨论东山艺术青铜缸的盖子的相应版本(其中一些东山文化青铜缸也因此在先前被当作锣或盆;第 17 章 3.2 节)。飞鸟装饰传统并不适合这类物体(中心的圆点也许并不是打击乐器的凸点,而是盖子的圆锥形中心;它还有两个手柄,这在青铜缸的盖子中比较常见)。

尽管如此,M 12∶1(额外的盖子)与黑格尔 I 型鼓面之间还有明显的风格关系。前者用黑格尔 I 型装饰的编码,可诠释为:

8 / V 1)v 螺旋形 v / 无装饰带/ m£ ╱ v 螺旋形 v / _

这里的螺旋形与老挝 12.01+、巴巴坎 2.03+鼓、通林(Thong Lâm)11.43 鼓(第 6 章 2.6 节图 4)类型是一样的。从每条螺旋形的后面都迸射出一个小芽尖,与圆圈本身的方向相反。

那些完全用自然主义风格描绘出来的羽人(m£)图案,占据了极大的图像带(与通常的黑格尔 I 型鼓羽人图案相比较)。而且,非常奇怪的是,游行中的主角看起来像某种(滇人)军官,他身着军装,腰间别着一把长剑。他没有羽毛装饰,看起来不是特别重要。然而,他一定是这次游行的领导者。由于他的在场,让他和他的同伴看起来与"象征性的"羽人截然不同,那些羽人只是某种一直皆有的、"典型"仪式的演员罢了。正如这块盖子的制造者所期望的那样,他们是活灵活现的人物,尽管他们是有"羽毛",但是有个真正的兵士陪在旁边,这位兵士可能是一位中士或中尉,就像现实生活中的那样。

在铜板中还有某些"古旧"元素,让整个装饰给人以一种原始的(或我们之前描述它的时候所说的"粗糙的")印象。我们不能据此认为它是金属制品的早期类型。不是这样的,光是布局中包括人物纹饰带(后面还有"复杂的"图案)就表明或多或少这是一个"经典"的黑格尔Ⅰ型,云南工匠或多或少地仿制了它。就像原来的鼓接收这块饰板作为第二个盖子那样,它的制造者尝试了一种新型的装饰,这种装饰是从东京鼓传到了他的家乡。这里,制鼓者再次创造了他自己的东京型版本,而东京型对他来说是很陌生的。毋庸置疑,从考古学的观点来看,这种结果是非常耐人寻味的,但是很明显的是,制造者本身并不是个艺术家,只是个能力差得多的工匠,所以他的作品并没有像这面鼓下面压着的那面那样令人震撼。

比起之前描述的"乡村风格的"鼓,M 12:2(与 M 12:1 出自同一个墓;图版 16.05‐16.08)在装饰图案上更加耐人寻味。铜板的某些部分已丢失,但其上许多有趣的情景依然可见。鼓面上有两条同心人纹饰带,中心是一个 16 芒太阳纹。饰带上的演员似乎是妇女:内圈总共有 9 位。在这个复杂的仪式中(两条饰带上)的演员们都穿着某种上衣。其中,有 3 个妇女手捧花瓶、2 个站在一个大罐的两边。更加有趣的是内部圆圈的对面半部分:中间清清楚楚有一面铜鼓(图版 16.07),两边各有一些舞者,戴着手镯、敲着手鼓、跪着或盘腿坐着——这是一个栩栩如生的场景,其中的细节并不是很清晰。

在外部的圆圈有更多的妇女(12 个,但肯定不止这个数),她们在安静地跳舞,双手伸展、舞姿优雅。

在一个关于贵州中部和东部苗族的记载中,De Beauclair 1956 告诉过我们:这些人使用铜鼓来贮存粮食,或用来存放糯米酿的甜酒。另外一段来自《隋书》的记载:当一面铜鼓做好了之后,它会被陈列在主人的院子里,主人会备以美酒并邀请亲朋好友来祝贺(ESEA 1979:128)。大致的氛围与 M 12:2 鼓面场景相似。然而,鼓身中部周围的人纹饰带描述的情况也许不同(图版 16.06,16.08)。在这个饰带上(M 12:1 的稻谷搬运者的对应版)是一列行进的男人,抬着担架,其上有人,架上每个椅子一个人,要么是老人、病人、或死人——总之是无法行走或骑马的人。空中飞着鹭鸟或其他的鸟。还有一些狗,有的小、有的超级大(这与 M 12:1 伴随牧民的狗很相似)。

注释

1. Gray 1949‐1950—《云南博物馆 1959 年报告》(*Report Yunnan Museum*) — Watson 1960,

1961,1963,1970 — Pearson 1962 — Von Dewall 1967,1972 — Bunker 1972 — Pirazzoli-T' Serstevens, *ESEA* 1979：125 – 136 — Sørensen, *ESEA* 1979（参考编辑：11） — Haskins 1963 —《文物》1964：41 – 49。

2. 关于越南北部早期的铜鼓发现（剑川海门口；公元前 1150±90 年）：Bayard, *ESEA* 1979：29 – 30。

第 19 章
佩砧型铜鼓

19.1　考古记录

　　佩砧型鼓的历史基本上就是一面伟大铜鼓的历史：确切的说就是佩砧"月亮鼓",3.01+,这里"伟大"还包含好几层意思。在此类型的少数鼓中,"月亮鼓"几乎是唯一完整保存下来的鼓,其他留存的只是些鼓面,没有鼓身。还有一些石模断片,用于打造与"月亮鼓"同类型的另一个鼓(当然完美程度远远赶不上"月亮鼓")。此外,这种无论是在数量上还是在地域分布上都很有限的类型却衍生出大量后期产品。这种衍生型就是阿洛岛莫科鼓,其过去仍然有点模糊不清。但是,不可否认,对于拥有这些鼓的人、对于没有莫科鼓但是挖空心思也要拥有它们的人来说,这些鼓价值连城。把它们看得这么贵重是当地人那么做的,而不是由任何历史或考古记载的(第 21 章)。在这章里我们还是会偶尔提及莫科鼓。

　　巧的是公元 1700 年稍前一点考古记载上出现的最早釜型鼓就是这面佩砧"月亮鼓",3.01+,后来证明是游离于黑格尔 I‐IV 鼓之外的类型。到目前有记载的这类异型鼓代表还有：

　　出土于庞多克(Pondok)(位于巴厘岛巴容佩古扬安［Peguyangan, Badung, Bali］)的一些鼓身断片 3.02。

　　出土于贝比特拉(Bebitra)(位于巴厘岛吉安雅［Gianyar, Bali］)的一个鼓面,3.04+。

　　出土于坦努列者(Tanurejo)(中爪哇特芒贡巴拉干［Parakan, Temanggung, Central Java］)的一个鼓面,2.09+。

莱顿民族学博物馆的一个鼓面，0.02+，其来源尚未可知。有段时间它曾属于海牙皇家珍宝馆一部分，在 1883 年被运到莱顿古物博物馆，古物博物馆 1903 年被民族学博物馆接管。有观点认为它有可能起源于巴厘岛，大多数其他佩砧型鼓都来自那里，但这种观点现在不大灵光了，因为在 19 世纪的大部分期间，与巴厘岛的政治关系不怎么牢靠，从而没法在那里获得这种古物。即使在巴达维亚博物馆，1888 年以前也没有巴厘人的古董。由于这些原因，鼓面 2.09+来自爪哇似乎最有可能。

观察一下上面提到的鼓面并与佩砧"月亮鼓"鼓面做比较，读者将知道它们毫无疑问是属于一种类型。

除了佩砧型鼓面以外，有一石头印范的四块断片（第 11 章 1.3 节，第 11 章 5 节），3.03+，来自马纳巴（Manuaba）（位于巴厘岛吉安雅[Giangar，Bali]）。此外还有一个有趣的石雕，只剩下基座上一个坐着的人下边部分，基座造型其灵感一定来源一面四耳高鼓，石雕见本书图版 3.05，基座高 35 厘米，1975 年发现于卡兰萨里康宁普塞神庙（Pura Puseh Kanging，Carangsari）的考古遗迹，看起来这个石雕是印度-巴厘祭礼中一件青铜器时代器物的石雕版。

"月亮鼓"，3.01+，鼓面直径 160 厘米，鼓身 A 部直径 110 厘米，鼓高 186.5 厘米，是迄今为止佩砧型乃至所有铜鼓里最大的一只鼓。残留的鼓面贝比特拉，3.04+（直径 64 厘米）；坦努列者，2.09+（直径 51.5 厘米）和"莱顿"，0.02+（直径 55 厘米）则表明佩砧型也有中型鼓的存在。马纳巴印范，3.03+则是来铸造一面直径 100 厘米、高 107.5 厘米的鼓身用的，那将是一面"大型"鼓，介于"超大型"佩砧"月亮鼓"和前面所述的中型鼓面之间。

黑格尔 I 型鼓遍布整个东南亚，与之相反，佩砧型仅发现于印尼的少数地方：即巴厘岛四个地点和爪哇一两处（目前暂不考虑阿洛地区的莫科鼓）。黑格尔 II-IV 型和富有云南特色的青铜艺术在不同程度上也受地理限制。也许巴厘代表了佩砧型的摇篮，要是大多数这类型鼓都发现在那里的话，证明巴厘是佩砧型摇篮更有力的一个论据是上面那个印范块，范块确切地说明巴厘岛曾是一个青铜铸造中心。巴厘石棺里面发现的青铜器件尽管大小和重要性都比不上铜鼓，也可以看作巴厘是佩砧鼓摇篮的例证（Soejono 1977a，b）。如果这种推论正确的话，一些鼓（0.02+和 2.09+）一定是从巴厘外销到爪哇的，我们没有理由颠倒这种关系（偶尔一些学者就这么认为，例如 Foy 1903）。佩砧鼓外形和装饰与后期巴厘艺术没有联系，有更多的证据显示巴厘文化历史早期阶段区别于印度-巴厘及后期巴厘时期。因此我们不应把巴厘文化看作是一种"一成不变发展"现象。在历史进程中总会有一些群体自力更生就成为一方重镇——历经兴起、繁荣、衰落。佩砧风格和印度——巴厘或者后来的艺术缺乏联系揭示了时间的差距和文化传统的变化。史前过程中这种变化更多：旧石器时代、新石器时代之后人们就定居于海滨。可能在早期的石棺被雕刻后某段时间内也发生了进一步变化。然而，那样的话，巨石使用者后代在一段时间内是与印度-巴厘社会同时代的。另一方面，没有迹象表明佩砧风格的青铜铸造同时并存于印度教化的早期王国中，那里一些寺庙发现的青铜像比较粗糙，风格不同。在佩砧这个伟大王国的中心，"月亮鼓"看起来是被作为庄严的古董保存下来，并且与一般的（印度教和佛教）宗教和艺术风格相隔离。"月亮鼓"的铸造可能远远早于那些铭文最初提到的王国（公元9世纪末）；外部资料中提到一些偏远岛屿文化有点像印度文明，而"月亮鼓"也比资料中提到的最早例子久远（Bernet Kempers 1978）。关于佩砧型鼓的年代记载我们最多只能推测到这一步，这甚至比黑格尔I的年代更是模糊，或者可以说：关于佩砧鼓，我们的认识还是一团乱麻。

佩砧鼓与群岛（除了巴厘）发现的黑格尔I型鼓之间，可以说关系不怎么近。这两种鼓一般外形相当不同，它们装饰图案的技术和风格更是如此。外表上的任何联系都应该从铜鼓诞生时的"地下盘根错节"方面解释（而不是后来有关联）（第4章3节）。

19.2 佩砧型铜鼓家族亚类型

根据其尺寸大小，佩砧型鼓可以分为四种亚类型。

特大型：佩砧"月亮鼓"，3.01+（直径160厘米/鼓身110厘米，高186.5厘米）

大型：马纳巴鼓，3.03+（鼓身直径大约100厘米，高107.5厘米）

中型：2.09+（直径51.5厘米），0.02+（直径55厘米），3.04+（直径64厘米，高未知）

小型：阿洛岛的莫科鼓及其理论上的原型，上溯至"老式的莫科鼓"，例如雅加达博物馆4950号（图版22.01；直径63.2厘米，高61.8厘米）；莫科邦爪哇努拉（pung jawa nura），阿姆斯特丹热带博物馆（图版22.06；直径36.5厘米，高63厘米）

袖珍型：阿洛岛的莫科鼓（直径3.2厘米，高5.1厘米，参考第3章2.3节探

讨的袖珍型）

依据鼓面直径,亚型 1-4 可以从大至小按如下顺序排列：160 厘米-100 厘米-54 厘米-36 厘米(平均数)；减少到更小的 9-6-3-2(厘米)。

与黑格尔 I 鼓一样(第 3 章 2.2 节)，佩砧鼓面大小与其装饰之间有一定的联系,鼓越小可装饰的面积就越小。对于小型鼓,工匠受到一定的限制。铸造一面真正的大鼓需要熟练的设计师。就"月亮鼓",3.01+而言,装饰的工匠面对挑战处理得很好,效果极佳。的确,鼓面上的精巧图案需要最熟练的技术。这面鼓,尺寸超大,"可以秒杀所有鼓",是为某些特殊场合而铸造。这样的超大尺寸提供了把几个图案结合在一起的可能,以前也许这个机会从未有过。天才的灵感加必要的运气,让佩砧"月亮鼓"尽善尽美。

跟大型黑格尔 I 型鼓一样,佩砧"月亮鼓"不大可能是佩砧型工艺和艺术的祖型,也不是佩砧鼓"家族"中一个典型的基本亚型。它太杰出了。中等大小的铜鼓或相对稍小的鼓(与早期莫科鼓属同一级别)就可能充当了这种角色。大体来说,中型鼓鼓面约是特大型或大型鼓的三分之一到二分之一,又是早期莫科鼓的一倍半大。这样的中型鼓似乎可以接受为基本类型,它既可以放大为"月亮鼓"或马纳巴(Manuaba)块范那样,或者相反地,被缩小为更容易处理的比例,铸成一面莫科鼓,其尺寸对于手鼓很理想。此外,这些中等鼓鼓面非常适合装饰"过渡性"纹饰：一个主要的图案由旋钮和圆圈组成(下面就会谈论这点),其背景是大体交错进行的点线纹(图 19；第 19 章 4 节)。这种组合勉强有点像"月亮鼓"的整体图案。三种中等大小鼓面在细节上彼此不同,背景图案中点线纹或多或少有明显区分。而早期莫科鼓却没有此背景。此外,某些古老的莫科鼓上"头纹"已简化为面具的轮廓(就像最先开始的样子,不过总是有面部的基本要素)。中型鼓上也有头饰；马纳巴(manuaba)块范,3.03+肯定就是这样。把所有这些证据连起来看,把一个类似中型鼓面的亚型当作佩砧基本类型似乎是合情合理的。从基本型开始,"月亮鼓"的铸造者达到了尺寸与完美的极致。当然,青铜时代发展过程中,人们也感到有必要铸造这个祖型下小一点的版本,这就诞生了来自阿洛的"莫科老鼓"的祖型,这个祖型是我们假设的,但这种假设不会是异想天开,一定是在某个时候它们到了阿洛某个地方。早期的莫科鼓自有其发展史。与假设的祖型相比,这些"早期"莫科鼓无疑已是"后期",而更后期"额外的"莫科鼓(除了阿洛之外,也来自其余各地)从东爪哇、望加锡(Makassar)等地引进到印尼东部(第 21 章 8 节)。这些"额外的"莫科鼓自身履历也是一部传奇。

上面这些观察可以如下图所示：

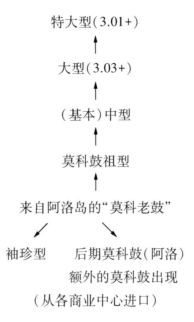

与黑格尔 I 鼓一样,从年代次序看,这个佩砧型鼓谱并非一脉相承发展而来——箭头连线在这里可让我们更谨慎点。对鼓面装饰详加讨论将会让我们看到设计者在传统图案框架之内自由发挥的例子。

19.3　形状与结构

本章将要讨论的佩砧型鼓特色之处正好与黑格尔 I 型鼓大相径庭,包括:1. 鼓腰部位较长;2. 它们是全金属鼓,但并非整块同时制作;3. 鼓面大于鼓身;4. 四个鼓耳等距分布于鼓身周边;5. 鼓面装饰完成不同于所有的黑格尔型鼓;6. 鼓身装饰中"头像"或"面具"颇为醒目;7. 从技术角度看,整个装饰完全是"阳纹"的。

1. 黑格尔 I 型和佩砧型鼓(佩砧"月亮鼓"上最是有名,3.01+)都有鼓腰,然而每一类型都有其自身萌芽期。对于黑格尔 I 型鼓,其祖型可能是一面鼓或架子上放置的类似锣的乐器;而对于佩砧鼓,其原型更像是蒂法(*tifa*)形的手鼓,鼓身是木制的,鼓的一端用薄膜封盖,另一端敞开(第 4 章 3 节;图版 22.01–02),与蒂法的联系使得佩砧型鼓的腰部更明显,后来的莫科鼓据此而来,腰部也很明显,而佩砧"月亮鼓",3.01+鼓身相对厚实,所以后来的莫科鼓不是从"月亮鼓"那演化而成。最重要的是鼓高与鼓身直径之比。鼓身上部:A 部分(高 67 厘米)稍微凸出;B 部分(高 39.5 厘米)是圆柱体,腰部不十分明显;C 部分是钟形。鼓身上部(实际上是"袖口"部位)直径为 110 厘米。

2. 以上描述的蒂法变形为金属鼓是模仿全金属乐器的一般模型而来。这与黑格尔鼓发生的情形相似,然而在这种情况下结果并非是一气呵成的乐器,鼓面(和"袖口")和鼓身制模和浇筑并非整块进行,而是分开制作。

佩砧鼓及其类似蒂法的祖型之间的主要区别(迄今为止尚未解释)是其突出得多的鼓面(鼓面大于鼓身),这一点在蒂法鼓膜上看不到。

"袖口"是鼓面与鼓身顶部的过渡区域。鼓面和袖口如同大学教授的老式环形帽。把袖口与鼓身连接的最简单方法是把鼓身顶部直接套入袖口,然而佩砧鼓的工匠则用另一种更加复杂的工序。在贝比特拉(Bebitra)鼓面边缘袖口环形底部有个凹槽(图 18;3.04+),此凹槽有 1 厘米深。它一定是与凸出的边缘相对应,突出于鼓身顶端,这个安排与木匠连接木板的方式相似。莱顿鼓面袖口损坏程度太严重,无法详述。

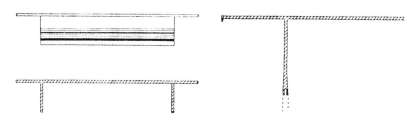

图 18　巴厘岛贝比特拉鼓,3.04+的鼓面及边缘

通过对佩砧"月亮鼓"的观察,苏约诺(R. P. Soejono)认出固定鼓身与袖口的一个类似方法(1977a):"在这可看出鼓身上方的突出部已被浇铸进鼓顶部(指的是鼓面)凹槽,鼓顶与鼓身先是分开的(袖口)。"另外一种工序稍有不同,可能更方便点:铸造鼓面边缘之后再制作凹槽的蜡印,蜡印再固定于鼓身的蜡制原型里。

同样的,一些莫科老鼓上也有某种袖口(图版 21.01－21.03,21.07)

袖口适合于鼓身的轮廓,鼓身总是由一圈叠加的棱条围绕着袖口装饰:3.01+(袖口高度大约 21 厘米)有 11 棱条,每条高约 1 厘米;3.04+(图 18;高 11.5厘米)有 7 条棱条,厚度各有不同。

为了把袖口与鼓身紧贴,鼓身必须以垂直方向放置(悬挂),让鼓面边缘(tympan-cum-cuff)的重量得以完全压在鼓身顶部。

注意黑格尔 II 型和 III 型鼓的装饰是叠积的圈纹,这与佩砧袖口纹饰相似,然而,这些圆圈纹并不与真正的袖口联合,黑格尔 II 型和 III 型鼓在地理位置上相距太远,所以很难跟佩砧型有直接联系。

3. 佩砧型鼓面非常醒目地从鼓身(袖口)延伸出去(突出部分)。"月亮鼓"(图版 3.01a)有一 25 厘米宽的凸出部分(把 160 厘米宽的鼓面与 110 厘米宽的袖口隔开)。只剩鼓面的例子有:"莱顿",0.02+,鼓面直径 58.5 厘米,突出部分约 6 厘米;坦努列者(Tanurejo),2.09+,鼓面直径 51.5 厘米,突出部分 3.5 厘米;贝比特拉(Bebitra),3.04+,鼓面 64.9 厘米,突出部分 8 厘米。

据黑格尔(Heger 1902)文章,在黑格尔 I 鼓中最宽的突出部分是 2.8 – 4 厘米。

在雅加达博物馆的一些莫科鼓(4950 – 4952)中我们分别发现 36.2 厘米(鼓面)/4.2 厘米(突出部位);37.5 厘米/4 厘米和 32 厘米/1 厘米。

鼓面(3.01+)的突出部分边缘直接下垂 2.7 厘米。3.04+鼓的弯曲度非常轻微。

4. 佩砧"月亮鼓"和莫科鼓,不管老鼓还是新鼓都有四只鼓耳。鼓耳拱起于鼓身 A、B 部分分界线之上,在形状、造型及位置上都不同于黑格尔 I 鼓(图版3.01f)。它们不是两两排列,但平均分布于鼓身四周。鼓耳中间部分宽得多。3.01+鼓鼓耳似乎是早期木制鼓柳编鼓耳的金属模仿版(Nieuwenkamp 1908)。

为了让鼓和鼓身上"头像"正确摆放,"月亮"这种鼓需要垂直悬挂鼓身,鼓面拉起来,鼓不与地面接触。对于这个特别大的鼓面,它远远超过鼓身,得用水平(或稍微倾斜)的绳子支撑。它现在的姿势是横卧在那个阁楼,这是不正确的;另一个解释是也许现在这个姿势揭示的是它偶尔在特殊场合使用后很久没用过了。

上面第五和第六个特点指的是鼓面及鼓身的装饰,包括"头像",需要另起一章说明。

19.4　鼓面装饰

纽温坎普(Nieuwenkamp 1980)的论文探讨了佩砧"月亮鼓"3.01+,不过他只探讨了鼓面图案的四分之一。既然鼓面这四个部分基本相同,我自己把他的精彩绘图弄成四份放在一起,以便更好地看看纹饰整体布局(图版3.01b)。这个图案可能看起来非常复杂,但其中却有一个确定的规律。

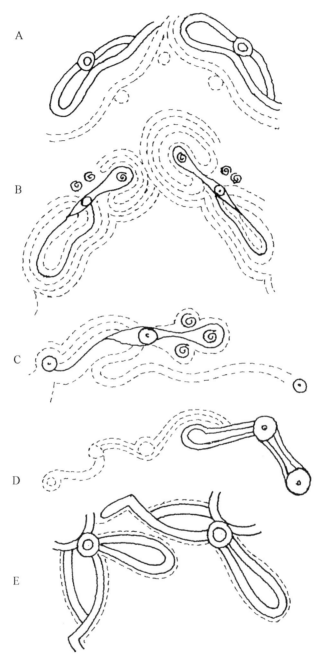

图 19　佩砧型鼓面图案：**A.** 贝比特拉（**Bebitra**），**3.04+**
B. "莱顿"，**0.02+**　**C.** 坦努列者（**Tanurejo**），**2.09+**
D. 佩砧"月亮鼓"，**3.01+**　**E.** 阿洛岛的早期莫科鼓

　　首先,从技术上看,桑根鼓 4.02+等图案也相当复杂,它们非常巧妙地把阴线和阳线结合起来(第 6 章 4 节,第 11 章 1.8 节),与之相反,佩砣型鼓的铸造者只用了阳纹。这些阳纹一定是用有着相同阴纹图案的印模做成的(第 11 章 1.3 节)。

　　和所有的黑格尔型鼓一样,佩砣鼓面(以图版 3.01b 为代表)中心是太阳纹。不过,与黑格尔 I 不同,佩砣型和黑格尔 II－IV 型铜鼓上的太阳纹并没有围绕一个明显的凸起用于击打。太阳纹表面是平的(在 3.01+只有 5 毫米高)。在 3.01+,0.02+和 3.04+鼓上,太阳纹有八条芒;2.09+则有 12 条。

　　在无凸黑格尔型鼓上,中心这块凸起已不再出现于太阳纹表面。在佩砣鼓 3.01+上,这块凸起变成稍稍小点的球形或"旋钮"纹,分布在鼓面一些地方。在 3.01+鼓上有 8 个这样的"旋钮"纹,围绕着中心形成一个圆圈,圆圈外紧跟着一个大的纹饰带,里面有 16 个更小的球状或"旋钮"纹,纹饰带中再间以波浪纹。或者我们可以把鼓面装饰划为四个分区,每一个分区内有三个大小各异的旋钮纹,还有一个"虚拟"旋钮——这个"虚拟"纹饰是旋钮残余,我们可以想象它的存在,尽管事实上它没在鼓面上。此外,在第二或中间圆圈之外的图案轴上还有四个更大的旋钮装饰,这样就形成了衍生型旋钮装饰的"太阳纹系统":8 个大型的,16(14+2)个较小型的和四个中等型的旋钮纹饰,然而鼓面最中心的凸起已经消失得无影无踪。

　　佩砣"月亮鼓",3.01+,这么大的尺寸需要精心装饰起来,而且也为这样的装饰提供了足够的机会。其他的佩砣型鼓面尺寸小点,并且也做了相应的装饰。"莱顿"鼓面,0.02+,有八个放射状纹饰带,其中四个有一个凸起;在"月亮鼓"的漩涡纹图案中还有四个旋钮装饰(其中一个与部分鼓面一起不见了)。坦努列者(Tanurejo)鼓面,2.09+,没有包括任何的放射状纹饰带内旋钮装饰;在漩涡纹带中却有八个旋钮纹。在贝比特拉(Bebitra)鼓面,3.04+,所有的旋钮装饰都已转变为同心圆圈,老式的莫科鼓也发现有此类的转变(如图版 21.05)。这个分析的大体意思由图 19 可看得出。

　　除了黑格尔 IV 型,其他金属鼓上几乎没发现有旋钮装饰,钟上的乳钉纹是中国艺术一个有名的特征。一些来自群岛的史前器物上发现了形状各异的旋钮饰(如南苏门答腊的手镯)(Van der Hoop 1941:图版 70;Van Heekeren 1958:图版 9)。

　　伦敦大英博物馆里有一只青铜碗,时间是公元前八世纪,地点是美索不达米亚的尼姆鲁德(Nimrud),碗中心饰有一个太阳纹,七芒,七个放射状纹饰带旋钮装饰,其外圈还有 21 个旋钮纹,这样的设计与佩砧型鼓"太阳纹系统"相类似 (*Handbuch der Archäologie I*,1939,图版 195)。

　　佩砧型鼓面大的纹饰区中的旋钮形纹并非是该型铜鼓唯一特征;它们只是整个图案的一部分。在 3.01+鼓面上,第三圈中型-大型圆球纹由 4 个旋钮纹构成,"绥带"把它们与其紧挨着的图纹带清晰地连接一起,一半"绥带"的每一条都引向一个真正的旋钮,另一半"绥带"只不过虚引至上面提到的虚拟旋钮。旋钮装饰的终端。这种特色图案有可能来源某种真正的绥带,以前的膜质 (membranophone)鼓上的震动碟板需要固定,于是采取这个招数,绥带那时有实际用途。3.01+上的绥带与某些军服和粗呢外套上的绥带很像。这一定是国际上通用的方法,用来把两个松弛部分绑在一起。在其他的佩砧型鼓面,旋钮和绥带纹发展成为更加丰富多彩的图案。

　　可能我们也值得把佩砧"月亮鼓"(图版 3.01b)和桑根鼓(图版 4.02a)等上面的放射图案做个比较。它们有许多的共同点,在某些细节上也有区别,尤其是总体气氛上不一样。在这两只鼓中我们都发现一种"孔雀羽毛"图(图 5,用代号%、%1 和%2 标记)。4.02+及其相关类型上的"咖啡豆"类似于一个真正的孔雀羽毛上的肾脏形眼睛中心(当然,最初设计这个图案的人脑海中不一定早就有这个造型)。此外这些"咖啡豆"图案也被放置于更多的羽毛图案中。在 4.02+鼓,"孔雀羽饰"的基本要素都照顾到了,尽管这些图饰已转化为严格的几何图饰,与黑格尔 I 型的装饰风格一致。对这个图案需做更多说明:桑根鼓 (Sangeang)鼓面上,直线纹填充了放射状空间,这些线纹乃是一个向外辐射运动的开端,在几何纹饰布局中,还有更多的辐射状梯子形纹饰填充(图版 4.02a)。我们一旦同意佩砧"月亮鼓"和桑根鼓 4.02+之间有一定的相似度,我们就得指出它们在细节上是绝对不同的。除了双叠的"咖啡豆",我们还注意到"月亮鼓"上明显的旋钮装饰,每一旋钮纹都被置于双凸透镜或杏仁核的菱形中,菱形起着框架作用,旋钮纹与太阳纹密切相关。在每一对凸透镜之间都有一面短的扇形填充。这里,孔雀羽饰的基本要素再次被表现出来,不过风格更活泼、带有较浓的印象主义和"毕加索式"(Picassoesque)色彩。这样的结果产生的是一种拼贴作品,由羽饰和旋钮形"眼睛"组成,它们在一个圆圈里往复重叠,永无止境。因为它们摇来摇去的动作,"月亮鼓"上的羽饰模糊了从太阳纹中心开始向外的发散,而非导向一幅圆圈和直线纹构成的几何布局。如果它们真指向什么布局的话,其结果就是一幅大纹饰区占统治地位的鼓面设计,纹饰区内填满旋转和迂回波动。

最初一些民间艺术图案上有羽状线条和眼睛纹（ocelli），它们跟孔雀羽饰之类或多或少有点联系，桑根（一般也包括"东京"）鼓和"月亮鼓"上的映射图案区可能就是分别从这些民间图案那边发展而来。因为能把黑格尔鼓和佩砧型鼓连在一起的具体细节极少，所以认为它们之间关系很远听起来比认为它们直接相互影响更为合理。"月亮鼓"的设计者似乎完全忘记了映射图案背后的孔雀羽饰。

其他佩砧型鼓面显示有"月亮鼓"的特征。例如贝比特拉（Bebitra），3.04+上双凸透镜框架、眼睛纹和"断头羽毛"几方面结合起来。围绕太阳纹的圆圈切穿了透镜镜片。现在同心圆代替了旋钮纹。

在"莱顿"鼓面，0.02+，旋钮成了凸起的"乳钉"，与斜线条一起填充于圆圈之内，这与 3.01+鼓身头像眼睛周围的纹饰相似（图版 3.01e）。一共有四个乳钉纹，乳钉纹之间是素面，再也没有镜片纹了。拨浪鼓（dancing-rattle）上也发现类似乳钉纹，由范德霍普（Van der Hoop）发表，参见 *TBG* 78，1938。

坦努列者（Tanurejo）鼓面，2.09+饰有 12 个映射状透镜镜片（镂空的），被羽毛残片分开。

上面讨论的纹饰布局在一老式莫科鼓（图版 21.05，第 21 章 7 节）上变成一个高度简化的残留版，其上有八角太阳纹（形状如大写的 M）和三重叠的直线，鼓面中心部位有一个十字架，这提醒我们佩砧型鼓一定是在单个块范的帮助下装饰的，这个块范按印到蜡模上面，连续四次。此外还有旋钮加圆圈图案及虚线构成的波浪形背景，从而再次把这面莫科鼓与最早期的佩砧鼓联系起来（图19E）。

把"月亮鼓"鼓面看作一个整体，我们可以了解到几个装饰层级。其中一些浮雕非常突出；其他的更多是视觉上而不是实质性的，它们的图案仅通过高度之不同而肤浅地显示出来。最显著的是绕着太阳纹中心的八个明显的旋钮装饰。旋转区第二个漩涡纹带内球形装饰没有那么令人印象深刻，不过还是显得鼓鼓囊囊的。第三区或外区的四个球状饰因为其尺寸和凸起的绶带显得较清晰。

鼓面整个装饰布局的背景是设计流畅的漩涡纹和曲线纹，它们稍收缩于旋钮纹、绶带和环饰这三层装饰之后。虚线填满的圆圈把它们严格地限制在适当的空间内，其结果就是一幅有趣的整体图案，图案里各个因素位置设计合理、层次井然有序。

像佩砧"月亮鼓"这样，把某个器物全身秩序分得井井有条这一点在亚细亚早期艺术中并不罕见，包括中国商周青铜器、南苏门答腊岛织品（第 8 章 1.11

节），再到太平洋地区远东一些装饰风格（Heine-Geldern 1937）。"月亮鼓"鼓面有两大要素，即旋钮加绶带图和波浪纹背景。当分开研究这两大要素时，其装饰优点更加明显（图版 3.01c,d）。一切表明最初这两要素是彼此独立的题材。在此情况下对其他佩砧鼓面和一些早期莫科鼓的分析是必要的。

重复的波浪线和"不完全"的漩涡纹构成了旋钮和绶带纹的背景图案，这个给人一种印象是它们只不过是并排放置的漩涡纹。然而，这个布局里面也自有规律可循。

佩砧型鼓面的宽广区分为四个相同的部分，其中每个部分以旋钮或小圆作为中心，旋钮或小圆圈向外两边扩散成环纹：一环是圆的，另一环呈尖形（图19A－E）。环纹由线条或条带组成。我们在讨论"枯瘦"版时可以称呼这个为旋钮加环纹图案，它与"月亮鼓"上的旋钮加绶带纹相呼应（图 19D）。

除了这个形状特别（在本书也是唯一的）的图案，同一个纹饰区内还有另一关键因素，是填满折号的双层线条（条带纹）。这些条带纹与第一种图案形状大体相同，填充着鼓面空隙。现在我们把话题转向波浪图案。

在"莱顿"0.02+（图 19B），旋钮加环纹紧接着周遭的额外条带纹。条带纹中的一个线条实际上是尖形环纹的延伸，尖形环纹是空的。另一端的环纹包含一个小小的螺旋纹，旋钮上面另有两个螺旋纹。还有其他两个螺旋形装饰被置予球状物之上。"莱顿"鼓面上环纹中，圆形环顶和尖形环顶正好面对它们的搭配对象（图 19B 反映了两个圆环顶端的面对面情形），坦努列者（Tanurejo），2.09+上的所有环纹（图 19C）都是圆端朝右，尖端朝左。除了圆环内的螺旋纹，环外面两边还有额外两个螺旋纹。从尖环纹放射出来线条状延伸装饰形成一个优美的曲度，这让旋钮显得不单调。

贝比特拉（Bebitra）鼓面，3.04+上的环纹（图 19A）看起来一个环跟着另外一个环在"走"，圆形环端向左走向。内部没有螺旋纹。这样，我们看见，在一个很有特色的传统之内有各种装饰选择，波浪纹也有类似情形。

再回到"月亮鼓"3.01+（图 19D）。这里不再是其他鼓面上的环纹而是绶带，绶带小得多，但是它们轮廓显著，因而在鼓上格外醒目，好像它们是浮雕做的那种感觉。其中一个绶带素面；它的搭档连接着波浪纹内的小旋钮。每对绶带的中心旋钮都对应外圈四个中等大小的旋钮。

旋钮加环纹图案周边的空隙由优美的波浪状条带纹填充，条带纹里塞满了折线或圆点。它们的主要功能是要充实铜鼓主要题材。在图 19A－D，它们是用虚线表示。

贝比特拉（Bebitra）鼓,3.04+因为装饰比较平坦看起来有点难以辨认。但如果只关注主要线条的话,图案就相当简单:条带纹在环纹和第二批旋钮纹之间穿过,在两个环纹之间呈锐角会合(图19A),这块和其他鼓面,除了3.01+,环纹是纹饰大区的主角。在"月亮鼓"(图19D),则是另一个情形,细小的缓带清晰而突出,但经过高明技术处理的波浪图才是主要的因素。波浪纹没有分为四个分开的图案并附属于缓带。这里波浪纹已发展为完整的图案。就这样,出现在贝比特拉(Bebitra)鼓3.04+左边的圆圈上简单曲线以精致得多的方式装饰在"月亮鼓"上。然而,我们应把波浪纹区放置在圆圈纹外观察:在图19D里曲线在圆圈之下(而不是上方)穿过。为与A图相对应,我们需要把它倒放。旋钮纹恰好在装饰大区中间,这强调了周边波浪线的重要性。旋钮纹也是旋钮加缓带题材一部分;在贝比特拉(Bebitra)鼓(A)里,剩下的旋钮在每一个四分之一区都有两个:曲线把旋钮与其对应旋钮连接起来,接下来向环形旋钮方向移动。同一曲线的另一端直接连接缓带图案开口的一端(图版3.04)。

所有这些条带纹两倍或三倍豪华地复制成惊人的(但却严格系统化的)一系列漩涡状纹饰。简而言之:如同其他鼓面作为主要装饰的纽带加环饰一样,这里旋钮加缓带题材尺寸上是减小了,但同时因为其可塑性而更加明显突出。在3.01+中,中型鼓面的二级装饰包括小旋钮,由一系列曲线环绕,在整个图饰中已被提高到重要高度。因为第一种装饰中包括第二种装饰一部分旋钮纹,从而让这两种图案有机结合起来,这同时也让它们和背景线条的呼应相得益彰。这几层进一步加深了纹饰的连贯性,而线纹把鼓面一些纹饰与中心太阳纹直接联合起来更加强了这一点。只有艺术大师才能创造出这样的图案。

某些老式莫科鼓反映了一些佩砧鼓的基本装饰要素,这样也证明了莫科鼓和古典佩砧类型的关系。阿姆斯特丹热带博物馆有一面鼓值得一提,最初是纽温坎普(Nieuwenkampon)1918年在阿洛岛获取的(图版21.05和图19E)。它清晰地展现了旋钮加环纹图案,尽管是一个非常简单的版本。饰有这个特别图案的莫科鼓一定非常古老,或者是非常古老传统的后期代表作,这个传统被人忠实地继承着。中型佩砧鼓也饰有相同图案,它们与佩砧"月亮鼓"几乎没有直接的联系,"月亮鼓"上旋钮加环形(或者说缓带)这一题材变化太剧烈了。

19.5 佩砧"月亮鼓"鼓身装饰

与佩砧"月亮鼓"鼓面的豪华相比,其鼓身装饰则简单而利索(图版3.01a,

e)，除了围绕轴口（前面谈过）的线条，还有几何图案，包括 f 形人纹，这一点在探讨造鼓者的艺术语言时已论及（见第 6 章 2.3 节）。几何图案对于黑格尔鼓比较陌生，但却是佩砧鼓的特征；它周边是双层的锯齿纹，与印尼民间艺术中的印章（tumpals）纹稍有联系。这幅图案在一个水平位置三次出现，包括鼓身 A 的中间上半部，也即鼓耳以上位置；B 底部及 C 部的下边部分。在垂直方位也出现，B 部分在"头像"和鼓耳下方（一共有八次）。在一些古老的莫科鼓，图版 21.01 和 21.02 也发现了类似图案，不过已经被简化，斜线纹带两边是梯状纹。

一些马纳巴（Manuaba）印范残片，3.03+展示了相同的 vvfvv 装饰。现在应铸范而作的阴纹板意味着浇筑出来的是阳纹：一个在 A 部分头顶以上，一个在鼓身 B 部分（有垂直的和水平的），在图版 3.01e 的头像以下部位单一的 V 形纹在这已由 VV 所代替。

"月亮鼓"的鼓身饰有八个简略头像，或者说类似面具的面部图。鼓耳之间的四个空隙都有一对这样的图饰。这个有趣的装饰让人偶尔给它起个"有头鼓"的绰号，3.01+。头像处于鼓耳 A 部分下半边，其上是几何图案带，下边是单一的锯齿纹。

马纳巴（Manuaba）印范一个残片，3.03+展现了一张类似面具的面部，其雕刻粗糙，但类型却与 3.01+上尤其相似。这块印范上，标识面部的线条中仅可见到嘴巴旁类似于胡须的条纹。围绕着眼睛的阴线框已被简略为一个拱形或螺旋纹开端，这个纹饰仅部分地包围着眼珠。类似的阴线较宽的饰带（最初的辫状物？）沿着脸庞从眉毛处垂下来，切断了底部纹饰带（在此是双层 VV 图案），这儿肯定有两个头像，因为把它们连接一起的线条剩余部分在头像的右边尚可看得见。

阿洛岛一些古老的莫科鼓上饰以高度风格化但仍能辨出是佩砧型头像的版本，同样在鼓身 A 部分，要么与 3.01+一样处于相同的位置（图版 21.01，21.03；甚至更加简略），要么在这个区域稍微高点的位置垂下来像一个三角须；眼睛仍在那里（图版 21.04）。某些后期莫科鼓的三角形"卡拉"（kāla）和"巴特曼"（Bartmann）头像（图版 21.09 等），不能当作是佩砧型头像的直接后裔（"额外的"莫科鼓上装饰参见第 21 章 8 节）。

在考古学和民族学范畴有多种器物上面饰有眼睛、头像、半身像和木偶，这些与佩砧型头像差不多类似。头部共同的特点即两个眼睛、一个鼻子和一个嘴巴等都不足以拿来对比。当然也有一些明显的特征可以让我们这样对比。首先望加锡（Makassar）的超大型斧头上的人头（图版 22.15－16；第 17 章 3.2 节），其表情与佩砧型面部相似。不过眼睛倒有些不同,望加锡人像眼睛是杏仁形(amygdaloid)而不是圆形的。在人像反面的装饰图案中有锯齿纹;紧接着 S 形螺旋纹的重复线条与佩砧型鼓面相似(图版 3.01b - d)。除此之外,二者纹饰是不同的。尽管如此,看起来它们还是有点联系,这样的关系要比在其他例子上明显得多。这当然为将来研究东山文化以外的青铜时代现象开辟了新篇章。

在巴厘岛的石棺和该岛某些青铜器的关系方面,有些学者指出一些石棺上的旋钮装饰有人脸,有的人脸还挺“滑稽”(Soejono 1977b)。很难说这些是否与祖先崇拜有关,还是要拿来驱邪避怪等。从石器到金属器其中相差甚远,从风格上看它们之间没有任何相似之处。然而这不能就让我们否认它们之间有一定的关系存在。爪哇罗蒂和其他岛屿(第 17 章 3.2 节;图版 22.13,22.20),甚至遥远的伊里安查亚(新儿内亚西部;见第 13 章 5.8 节)许多青铜器上有类似面部的纹饰,其中一些被解释为“强调这些器物的个性”。很多地方的槽形鼓和蒂法(tifas)上也发现有头像、面部之类的图案。

第 20 章
铜 鼓 的 年 代

20.1 引言

就明确的年代顺序而言,迄今为止讨论的所有铜鼓时空问题,都得打上问号或通向偏门,迟早会走向死胡同。然而,大部分的这些问题都以某种方式形成了空间或时间的通常模式。而本章的主题,并不是为这些问题提供直接的答案,而是展开了一张广博的时间网络,在这张网中,我们的铜鼓似乎漂移于其中而不能建立绝对年代来成为时代序列的坐标。这种局势的形成有诸多原因:这是一幅高度复杂的画面,里面大多交错纷杂,跨越了多个国家,历经了漫长的时间。

首先,对于中亚、东亚的早期铜鼓铸造,一般都疑惑重重,东南亚更甚。发现和研究带来足够高水平的金属铸造是任何金属鼓的先决条件。铜鼓到底是在世界的哪里、何时开始铸造的呢(见第 15 章)?

第二,第一批金属鼓是以何种方式、何时出现的呢? 换言之,作为金属鼓其发展史是怎样的,"萌芽期"的历史又是如何呢?

第三,一旦最早的铜鼓出现了,就会在形式、结构、装饰、功能上有各种各样的变异(关于铜鼓的形态学,请参阅第 3 章和第 20 章 4 节)。

为此,我们不得不接受这样一个事实,即金属鼓不仅仅只有一种,而是有各种类型:由黑格尔确立的主要类型(见第 3 章 1 节)、云南鼓及其所谓的"鼓"(第 18 章)、佩砧型鼓(第 19 章)及其后裔莫科鼓(mokos)(第 21 章)。这些器物都有各自的发展渠道,有些甚至有自己的早期原型。因此,我们不能把铜鼓的演变当作一条直线型、单向型,甚至不止一个家谱代表整个铜鼓历史发展,也许还有着地下灌木丛,在我们不大了解的过去连接了各个家谱的根。然而,一旦个体树作为独立类型成型,这些类型、亚型及个体鼓就应该在它们现有状态下进行研究:现在它们已经是金属鼓了。我们也许能区分它们发展的早期及晚期阶段或在不同方面的相互影响、相互参照的某些痕迹。然而,通常很难界定这些相似性是否为直接联系还是共同类型学祖先所导致的结果。某些联系也许建立在历史的基础上,但即使是在这种情况下给出的诠释通常也仅仅是假设而已。

之前已花费了大量文笔讨论了金属鼓的各个方面,比如其"坚固"性、一片式实体(第 3 章 2.1 节)以及其制作者为保护这一本质特征所采取的预防措施(第 11 章),因此,再在本章强调有必要区分这些鼓的外形、结构、装饰方面的历史发展似乎不合逻辑。然而,外形、结构(形态学)和装饰(某些个体鼓在纹饰上以其巨大影响力把它们的"坚固性"展现给外部世界)在成为我们所知的最终类型和亚型之前,明显经历了不同的发展途径。鉴于此,在铜鼓历史进程中,一旦其类型被创作出来,它们的外形并没有发生实质性的改变,例如黑格尔 I 型鼓的外形,仅仅是其装饰图案有着自己独特的历史。

铜鼓装饰的历史(同时也是出现在某些其他金属品及非金属物品上图案的历史,见第 6 章 2.6 节及第 17 章)可以追溯到遥远的过去,时间上远远早于第一批金属鼓的出现,空间上也可能源自非常遥远的一些国家。这个论述首先是指几何图案与个体几何图案标准化结合的情况,而几何图案尽管不是所有铜鼓的特征,但所有黑格尔 I 型鼓都具有的(而其他的黑格尔类型鼓,尤其是佩砧型鼓,在装饰图案上显著不同)。那些几何图案的一部分似乎起源于欧亚草原带及其内陆,也许是欧洲,也许是西亚,也许是中国,也许是欧亚草原本身(第 14 章)。在这些图案中,有流动的曲线型,也有静态得多的小圆圈纹、点纹、条纹及三角形(第 6 章 3.1 节)。最终,这两种纹饰类别都传到了史前和历史萌芽期的北越新石器晚期或青铜时代早期类型陶器上(第 16 章 2.1 节)。也许是因为公元前 1000 年早期斯基泰人之前的某些"庞蒂克式移民"(第 15 章 4 节),其他图案到达了中国、云南和北越。除了这些来自中亚草原的图案,也许还有来自中国南部的因素、影响和灵感(周朝后期、汉朝早期;第 15 章 2 节及第 16 章 4.1 节)。另一方面,起初除了这些来自外部的影响因素,还有其他各种元素很明显形成了早期东南亚艺术词汇的一部分,如"人物纹"、船纹、鸟纹、青蛙纹以及其他动物纹,它们后来决定了铜鼓装饰及其象征意义的特色特征(见本章中的第 6 节)。

20.2　书面及口述信息

中国的资料一般主要谈及铜鼓的早期起源以及观察到的蛮人在公元 1000 年下半叶还在使用铜鼓时的一些用法（分别见于第 16 章 4.3 节及第 22 章 1 节）。就如之前所述的那样，任何关于铜鼓与公元 1 世纪中叶征服越南北部的马援以及同样有名的三国（公元 220 - 265）政治家、军事家诸葛亮（他成为中国民间足智多谋的象征）的说法，都不过是传说而已。

早期的著作，如司马迁的《史记》（公元前 2 世纪）描述了中国南方的某些部落。但是"南蛮"这一词是在公元前 221 年中国华南被征服后才出现的。

除了这些中国的记载，也可以参考越南传统文学（Nguyễn Phuc Long 1975：53 - 54）。

印度尼西亚东部关于当地一些金属鼓的故事（如第 2 章 1 节 1890 这一小节提到的库尔 7.05+、7.06 鼓）要么显然不正确要么仅仅指的是近来历史。

在第 3 章 1.2 - 4 节及第 22 章 2 - 5 节概括了从目击者方面得来的当代少数民族中黑格尔 II、III 及 IV 型鼓及其用途信息。类似的，第 21 章提及了来自阿洛及其附近岛屿的莫科鼓。大部分的这些信息对民族学而不是历史学更有用（除了弗洛雷斯岛上莫科鼓的某些历史资料；第 21 章 9.3 节）。

20.3　个别铜鼓之间接证据

20.3.1　大部分早期铜鼓的发现都出于偶然（第 2 章 1.2 节）。1954 年之后在北越的勘察让天平倾斜，看起来东南亚这个部分——也即北越——大体上是黑格尔 I 型铜鼓的发源地。在此之前，只有几次有组织的挖掘带来了一些金属鼓及其相关器物（第 16 - 17 章）。不幸的是，即使是在这样系统性的挖掘下，原来的遗址早已被商业利益的驱使或一些技术项目而挖掘过了（翁巴洞穴，第 13 章 5.13a 节；马来半岛，第 13 章 5.15a 节）。同样，代表东山文化的东山遗址也是一样，20 世纪 20 年代开始的正式挖掘之前就有乱糟糟的挖掘，甚至在最初官方发掘也被后来发掘者批评，而这种批评颇有道理（见第 16 章 3 节）。我们对那些个体铜鼓以前的历险一无所知，它们在洞穴和墓葬中结束了自己的使命，数百年来长眠于此，直到后来又被形形色色的探寻者折腾得到处散布，这就是黑格尔 I 型铜鼓历史的主要特点（第 14 章）。

在东南亚大陆,一些铜鼓的发现点是在寺院或其他神圣的地方,例如在群岛,可能是它们在很久以前或相对近期才到达这些群岛。即使一面铜鼓或残片从一个很久都一成不变的地方出土(如 2.08+的迪昂鼓面,在 1865 年出土于爪哇中部当地寺庙的附近地区;或者 3.01+的佩砧"月亮"鼓,在 17 世纪下半叶首次被报道,出土于巴厘岛佩砧帕拉帕纳塔兰萨西[Pura Panataran Sasih]),而且一直在原地,我们也不能据此认为这些器物就起源于那里。在印度-爪哇或印度-巴厘"经典"时期之前或之间的任何时候,人们可能喜欢把这些受崇敬的古董或者外形奇特的器物放到一个神圣的地方,在那里这些器物与周遭那种充满了虔诚和魔力的特殊气氛相吻合。这种放置也许发生在多个世纪以前,但是这些物品本身也许年代更久远。即使作为最晚年代来断代,器物发现点本身也是非常模糊的。

20.3.2　在相对很少的例子中,铜鼓出土时或多或少与一些材料如木、碳有较近联系,这些材料可以通过放射性碳或其他方法来测定其年代,但这样的测年结果迄今为止并不完全可靠。例如,对翁巴 86 和 89 号,即 13.06 和 13.09 鼓的碳十四测年为大约公元前 230±100 年,这个结果来源于其中的一块木头,而这两面鼓的日期也许会更早(也许会更晚,见第 13 章 5.13a 节)。这两面鼓是根据其装饰来编号的,日期也许会完全不同。再如,来自马来半岛 15.02+和 15.03+磅士朗鼓的木头,编号分别为 GFBSIIc：1 及 G.N：1。奇怪的是,仅仅这一块木头就有 3 个非常不同的碳十四测年日期:距今 2435±95 年、1850±90 年、2145±100 年。

20.4　直接来自铜鼓的证据

20.4.1　列出的证据　在极少数铜鼓上的铭文也许可以归类在"间接证据"下,因为它们代表着某些"附加物"。另一方面,它们也许与鼓本身有些较近的关系。无论如何,铭文与鼓确实有物理上联系,因此,我将它们归类到本节中讨论。然而它们又与其他标准如形式、结构(尺寸、形状及外观)及技术方面不一样。装饰在判断金属鼓年代续列中的重要性在这个背景下是显而易见的,初步的年代序列结果列在表 VIII 中。

20.4.2　铭文　在第 16 章 4.6 节中,我们提到了一些鼓上的铭文,如在鼓面边缘位置的铭文。不幸的是,有铭铜鼓极少。在把它们作为证据来介绍之前,它们的真实性先得是毋庸置疑的。名字、日期等信息不应该在铸鼓时间之后;偶尔就有人这么干,目的是让鼓显得比实际的古老。换言之,在任何情况下,鼓不应该被"作伪",铜鼓本身也不能是赝品。

最佳的有铭铜鼓的例子莫过于一面中国华南的黑格尔 I 型鼓上的铭文,这面鼓现藏于南肯辛顿的维多利亚和艾尔伯特博物馆(编号 205 - 1899,来自 S. Bushell 的收藏;1902 年在黑格尔鼓的清单上编号为 11)。正如前面所述(第 16 章 4.2 节),这面鼓属于黑格尔 I 型中国南方型,其特征是其上面极其简化的飞鸟。在鼓面凸起部位下方——即内壁——有大大的汉字铭文,写着"建安四年八月十五日造",其对应的时间为公元 199 年。[1]

如果没有日期,也会有其他指向结论的东西,例如古文字学迹象标志,或者就因为铭文是汉字这个事实。来自东印度尼西亚一个鼓(库尔 7.05+鼓)鼓面上的汉字铭文表明这个鼓是从越南东京经过长途跋涉后到达了印尼那么靠东的地方(像大多数群岛上的黑格尔 I 型鼓那样,如果不是全部的话)。这一事实加上一个似乎是佛教术语,说明其日期大约在公元第 3 世纪(见第 16 章 4.7 节)。桑根 4.02+鼓中没有任何汉字铭文,但边缘纹饰带中的印度斯基泰人,再加上鼓面的人或动物带上有"中国风"(chinoiseries),同样显示出这面鼓的东京起源,其时代也是公元第 3 世纪中期或更早(见第 16 章 5 节)。

20.4.3　外形及结构　金属鼓的外形结构方面——偶尔也可以用来推测其年代——在第 3 章 2 节中已经讨论过。这里只是在大致的背景下讨论之前得出的一些结论。

20.4.4　尺寸　在第 3 章 2.2 节中,我们仅仅通过一把卷尺在尺寸的基础上区分了 5 种黑格尔 I 型鼓:小型(直径 20 - 40 厘米),较小型(直径 40 - 60 厘米),中型(直径 60 - 70 厘米),大型(直径 70 - 100 厘米),超大型(直径超过 100 厘米,最大为 130 厘米)。

如我们所预期,表 VIII(本章后面将会讨论到)中的一些小型鼓可以列入一个较早时期(如 1 号和 2 号)。这个表格来自编码表,根据的是鼓的装饰和某些风格方面的因素。碰巧的是,在这个表格中,小号编码里非常简单的几何纹鼓,其铜鼓也非常小。这并不出奇,因为尺寸太小的鼓无法满足更加复杂的纹饰。在表格的另一端,有一些超大("车-轮")的鼓面,如来自桑根的 4.02+鼓及"晚期东京"鼓等。从风格方面的观点来看,这些鼓明显属于晚期,大约在公元 40 - 52 年间。

我们确实不能低估尺寸顺序里包含的一定程度的"年代事实"。另一方面,正如前面所述,我们也不能按照从小到大的尺寸把它们排成一条直线来推测其年代。尺寸的大小与装饰图案的不断复杂联系起来可以为我们提供一个年代上的准绳(虽然要小心谨慎点)。另一方面,"小"与"简单的装饰"又告诉我们一个不同的故事。小的、装饰简单的铜鼓可能年代较早,但为什么不可以是稍晚点或者就是相当晚的时期呢(可能是为了各种实用原因就是那么造的),或介于早晚期之间呢? 在整个历史上,小(再加以装饰一般)的铜鼓也许是为中产阶级首领及其相当的阶层而造的。这就与黑格尔 IV 型不一样,因为有商业含义,后者任何时候都是中等尺寸。黑格尔 I 型鼓得适应所有的社会-宗教用途、适合所有人——当然这些人还是社会精英阶层。

即使是中大型鼓(及超大型鼓),我们也不能仅仅以尺寸为准绳。制造某些超大型的鼓也许仅仅是为了某些"特殊人物",目的是为了打破尺寸和成本方面的常规。

这些因素都应该考虑到并且得经过历史、风格等方面各种考量和检验。表 I(尺寸)与表 VIII(年代顺序)的明显关联可以部分解释为表 VIII 主要建立在装饰复杂程度的不断增加基础之上的(纹饰又与尺寸密切相关)。

20.4.5　形状及轮廓　金属鼓的形状或型式取决于其轮廓(以第 3 章 2.4 节中的鼓面和鼓身 A、B、C 部为例,轮廓用曲线和直径来表现)。鼓的轮廓首先决定了它是黑格尔主要类型还是佩砧型鼓的某一类型。然而,事实上,一旦这些主要类型的最初创造者已经根据形式、结构及外观做出了决定,被选好的这个类型就基本稳定下来。例如在一些黑格尔 I 型鼓中,它们的轮廓显著不同(班清 13.18 鼓;乔达 11.18+鼓鼓身 B、C 部分一同向下倾斜),人们会感觉很有必要引入一种单独的亚型(例如叫作"黑格尔 I 型原型"或某种"地方型"变种)。然而,在试图区分黑格尔 I 的不同亚型时,人们通常回归到以装饰作为一种可靠的衡量标准(在编码清单及其基本原则中已说明,见第 6 章 2.1－6 节)。

尽管如此,我们也不能马上忘记,黑格尔 I 型鼓的总体纹饰中也有某些不同之处,就像第 3 章 2.4 节及图 1 所指出的那样,主要区别在于鼓身三部分 A、B、C 的位置,这三部分以铜鼓曲线和或多或少的斜线为衬托,而这些曲线和斜线又决定了铜鼓的整体轮廓。这种线条纹在图 1a 中是从上至下显著向外倾斜的,鼓面的下方与中部没有明显的分界线;在图 1b 中是微微倾斜的曲线;在图 1c 中中部则是垂直直线。第四种(版本 d)是内倾的直线。

版本 c 是 GFHSn 组及其衍生的 BFBSc 组和 GFHBScn 组中装饰精美的铜鼓(如经典的东京鼓)一个特征。这些的代表为表 VIII 中的编号 10－15 及 35－52。第四种只有一种实际样本,即 11.28+的穆力鼓。

在表 VIII 中，轮廓的四种类型（迄今为止我能从原物或相片上识别出来的）由以下编号为代表：a 为 19 号；b 为 4、6 - 8、29、37 号；c 为 1、9 - 11、13 - 14、22、28、33、35、43、49 - 52 号；d 为 12 号。

如前所述，在鼓耳的形状和年代顺序之间的关系中，还有许多问题需要探讨，比我在第 3 章 2.6 节及本章中的内容要多得多。

20.4.6　青铜铸造的技术方面　这个课题已在第 11 章中讨论过了，加以现代研究手段，未来的研究将会在年代学方面有更清晰认识。

20.4.7　装饰　铜鼓纹饰的框架及其后来的不断丰富化把我们从简单的几何装饰（包括最基本的飞鸟纹）带至更复杂的几何图案（曲线和螺旋纹），再后来带来了鼓面上的人或动物纹饰带和鼓身上的船纹。这两种装饰或许都源自早期的民间艺术类型。拥有这类复杂装饰的鼓通常叫作"东京"鼓，如 11.30+玉缕鼓、11.28+"穆力鼓"等（"晚期的东京鼓"）（然而，即使"早期的东京鼓"一般也不能被认为是"最早的金属鼓"；见第 20 章第 6 节）。

无论是小号鼓或中号鼓，我们都不应该把装饰简单点的"几何纹"鼓的类型仅限于金属鼓历史上的最早时期，也不能仅限于晚期，那时候图案和风格日益僵化和贫乏，也失去了有时被叫作"富有创造力的"人或动物纹。僵化（"风格化""程式化"）当然是铜鼓发展最后阶段最显著的特征，但是，这也不应该与那种特殊的"几何图案"风格混淆。所有类型（虽然绝大多数是黑格尔 I 型鼓）、所有尺寸、所有时期、所有地方的鼓装饰中都有几何图案，这些几何图案自然本身就有点"僵化"，这个得承认（见第 6 章 3.1 节）。可是，不需要进一步说明，这些几何纹所谓的"僵化性"不能认定是代表早期鼓还是晚期鼓。然而，这种更深层次的说明偶尔可能源于一般几何图案中的飞鸟风格（第 6 章 3.1 节及第 9 章 2 节）。在风格上，这些"鹭鸟"图案有"自然主义的"（n），也有"程式化的"（c）；显然，拥有这些图案的鼓可能分别认定为"早期""稍晚期"或"晚期"，有可能把曲线和螺旋纹（与其他方面一起）的出现视为后期的一个特征。

装饰更丰富的铜鼓上人或动物造型（包括人纹带和船纹）类型多种多样，根据其真实的内容（包括几个世纪以来"描画的人物"的出现顺序），这种多样性可被暂时认为是年代顺序的不同阶段。这些类型在编码清单（第 24 章）上为：从 GS 组至 GFHBS 组。除了人纹带和船纹视觉内容之外，我们还可以一起考虑其风格演变来联系年代顺序，这些风格发展后期甚至可以叫作"萎缩期（involution）"，正如我们所注意到的飞鸟图案风格一样，从"自然主义"发展到"程式化风格"（第 7 章 2 - 4 节，第 20 章 5 节）。

以风格为基础,上述这些特点及类似的因素被用于建立一个黑格尔 I 型鼓年代顺序的暂时标准(表 VIII,第 20 章 7.1 - 4 节)。

20.4.8 立体蛙饰 蛙饰(或蟾蜍?;第 9 章 6 节)大体上是后期鼓的一种迹象(就黑格尔 I 型鼓而言,还有大尺寸、复杂的饰纹和传统的风格加以佐证)。表 VIII(第 20 章 7.2 节)仅仅包括了两面铜鼓,这两面鼓在形式上结合了自然主义的代码元素(自然主义 n 或自然主义与传统主义的结合体 nc),其上伴随着蛙饰(用 B 表示)。它们是 9 号 13.02 +"贝拉茨(Beelaerts)"鼓,GBSn:1 和 18 号 13.09 翁巴 89 鼓,编号 GFBSnc:2。除此之外,在表 VIII 中,编号为 34 之前的鼓都没有蛙饰,34 号之后的鼓都有蛙饰。这个观察适合表后半部分全部系列的 20 只鼓。

20.5 装饰框架及其后续的增加

与诸如《阿拉伯之夜》这样的著名框架故事相比,铜鼓的装饰史可看作一个"框架"。这个特别的框架是两面的:一面是显性的(视觉明显的纹饰),另一面是隐蔽的(精神层面或象征主义)。即使是我们假设的铜鼓雏形,除了其实际用途也一定有某种象征意义。这些雏形可能是一个下面有基座的铜鼓,或者像佩砧型铜鼓这样,其祖型是个有腰的木鼓(第 4 章 3 节;图版 22.01 - 02)。这种象征主义可能在铜鼓祖型的外形上找到了表达方式,然后迟早也出现在纹饰中——要么是圆形,适合木制品种;要么是扁平的,如有魔力的蒙古鼓种,其鼓面被漆画且有装饰。

犹如我们从现存鼓那里了解到的那样,装饰框架的发展演变可能始于相对简单的图案构成,虽然这些图案在外观上不尽相同,但是在象征的背景方面有足够的一致性,都能与记录中最初的铜鼓一般背景相吻合。后来其他纹饰也加入这个框架,共同构成了早期铜鼓的常用纹饰。在那些新增的纹饰中,有一些与当时使用的图案并没有什么本质上的区别,基本上还是几何图案(包括偶尔的人或动物元素,例如远古时期,美索不达米亚早期艺术以来,飞鸟图案都一直是"几何纹"词汇的一部分)。然而,其他的纹饰却差异甚大。在通常情况下,金属鼓布局中的这些新元素,包括装饰更复杂铜鼓上的人或动物纹饰带似乎起源于一种截然不同的民间艺术,如陶器的装饰和木头上的彩绘画,这些陶器或木头与金属鼓的用途可能不大一样。可是,这些纹饰被鼓的铸造者所掌握,一定是有缘由的。使用鼓的人们可能追随着某种新的潮流或趋势,并请人铸造了新鼓,这样的新鼓就要有新的装饰要素来搭配才行。人们可能从其他艺术及象征性资源中选取了这些纹饰，也可能源于民间艺术，既有他们自己的，也有历史发展过程中他们熟知的其他宗教艺术类型。比较贴近的意义容易被采纳到铜鼓象征意义中去；可能还有其他器物的一些象征含义也渗透进来，铜鼓从这些原始器物中汲取了纹饰图案，尽管那些纹饰图案最初对于金属鼓使用背景来说还是很陌生的。本段中经常出现"可能"这个词，这反映了一个事实，即在铜鼓装饰的假想史中，有许多细节还是建立在猜测的基础之上。

上面谈到的框架使人想起比讲框架故事还更有趣的爪哇岛后期皮影戏中拜山塑(gunungan)或树木(kekayon)的设计。这座叶子形状的戏剧道具包括了一些基本的元素，随着时间的推移，这些元素又慢慢吸收了各种其他的元素，如山、门、怪物、鸟等等，这些因素刚好吻合了爪哇岛文化——拜山塑——这个重要成分的一般概念。

在黑格尔Ⅰ型家族及其派生金属鼓中，其装饰的起始阶段基本上是几何图案(包括前面所提到的飞鸟)。这个主题上的几何图案及其变异，以及曲线和螺旋纹，最终都包含在了鹭纹区(关于飞鸟及其与太阳系的象征主义关系，见第9章2节)。

早期的几何图案在每面鼓上都不尽相同。一些鼓上的几何图形与邻国某种艺术品上的相同，例如中国的镜子。在东山的斧头、容器、陶器等上面也可能找到这种几何图案。铜鼓也和一些截然不同的装饰品共享一些后期图案，这些装饰品例如加里曼丹岛(婆罗洲)上的达雅克部落人的木画：船、勇士、舞者、音乐表演、节日庆典、屋里屋外的情景等，在编码群 GS、GBS、GFH、GFHBS 和 GFBS 中都可以找到许多结合之处。与其说这些鼓与它们相比较的东西直接相关，还不如说它们有着共同的起源。较之金属鼓，达雅克木画出现的时间要晚得多，而且是出现在一个完全不同的国度里。

船纹和鼓上人或动物纹带一些元素的共同起源可能来自某种宗教性质的民间艺术。显然，这种民间艺术与逐渐发展的或者说更加复杂的功能及象征意义有着完美的结合。一旦它们结合起来，各种人或动物纹场景就经历了创新和拓展(例如 4.02+桑根鼓和 5.01+萨雷尔鼓鼓身下部边缘上的图案，在第8章3.2节中已讨论过了)。此外，人或动物纹本身也显示出了中国少数民族的影响力，这种影响是在鼓的发展后期形成于东京(应是公元1世纪，如果不是更晚的话)。因此，4.02+桑根鼓中的 H 型房屋里的"中国式场景"以及其他饶有兴趣的主题，如奇禽怪兽、骏马、大象等作为自然表现的纹饰被添加到铜鼓上早期更抽象表达的动物纹饰中。

的确,通过引进一些更为复杂的几何图案,例如闻名遐迩的欧亚传统艺术的早期类型、东南亚青铜时代邻国艺术中精致的曲线和螺旋纹,最初相当简单的几何纹得到了不同程度的充实。除了最初就是几何纹的一部分翔鹭纹之外,在早期阶段,鼓的装饰中还出现了一些其他鸟类,偶尔还会有四足兽(例如鹈鹕、"馋嘴鸟(Nimmersatt)"、像龙的蜥蜴和其他"爬行动物")。不过这些鸟和四足兽可能只是某区域内的临时演员,而不像鹭鸟纹、羽人纹等那样成为纹饰团队的永久成员长久装点铜鼓。

几何图案在本质上是非常程式化的。首先,它们仅由圆圈、短线、V形齿或三角形构成。曲线和螺旋纹则是千变万化,需要进一步地详细分析(在第6章2.6节中已讨论)。可是,要想给纯几何纹的装饰加上自然主义或传统主义的编码几乎是不可能的。但是,总会有飞鸟图案,也即风格化的鹭鸟,它们始终如一地伴随着标准化了的圆圈和线纹等。从自然主义的翔鹭到极度简化的鸟纹,这种鸟在每面铜鼓上都不尽相同,这给人以一种印象,即这些鸟如果不是机器生产的话,则是通过烙印匆忙地画上去的(见第11章2节)。它们反映出一个总体趋势,从"自然风格"到"程式化",中间有些过渡版本,这在从羽人纹到羽毛图案的过渡中(m£ 到££,££m及££[m])有更加明显地反映,这种过渡使得人或动物纹和船纹历史更具动态。翔鹭自身循序渐进的风格化可能在风格上提供了相关年代顺序的基础。然而,仅仅根据我们所掌握的图片和绘画(并没有覆盖整个考古记载)去发现其中的区别以及根据这些区别来整理出铜鼓的年代顺序,是远远不够的,也不可靠。我们应该关注那些确实能够给大体日期提供线索的例子。

金属鼓呈现出的一般趋势是自然主义为开端,后来适当时期就过渡到一种更风格化、更"程式化"的对鸟,换言之,后者变成了鼓面装饰最基本的、恒定的纹饰,因此也最最传神的特征。这个先前的假设是从自然主义的人物图(m£)发展到鸟羽图(££),最后发展到中国华南鼓上极度简化的飞鸟纹(图版17.04)。晚期金属鼓中同一类别"X射线形的"翔鹭也是描绘飞鸟这一纹饰发展的最后一站。

最初一定是自然风格的飞鸟和人类,后来变成了如此简化的版本,就凭这个现象我们就不能把那些憨憨的、毫无生机的生物当成金属鼓纹饰演化的开端。然而,我们也不应把前面关于自然风格图案早于程式化图案的说法延伸成另外一种说法,即自然主义图案总是比其他所有鼓要"更古老"。我的陈述(这也是我不同于其他论述这个题目的学者之处）仅适用于那些饰有人或动物纹和有人操控的船纹的鼓。也有某些其他的鼓，时间上必定更早。这把我们带入了所谓的"最早鼓之谜"。

20.6 "最早鼓"之谜

黑格尔在 1902 年的著作中，简洁地表述了黑格尔 I 型鼓及其整体装饰的发展情况。"它以最原始形式开始，以最风格化方式结束"。首先，让我们来看一下黑格尔引言后的目录。目录中所列的鼓远比我们所期望的少得多。在组成黑格尔 H I 目录并按年代顺序排列的鼓中，35 只鼓中有 25 只是来自中国华南、相对较晚的鼓，根本不可能在通用意义上代表 I 型鼓。其余的 10 只鼓包括了两只来自东京或东京附近的鼓：11.28+"穆力"鼓（Moulie）（包括在我的铜鼓清单中）和 11.47+"维也纳"鼓。接下来的是 5.01+萨雷尔鼓和 6.01+罗蒂鼓，之后是一长串的中国南方器物，7 只印尼鼓和 5 只中国华南鼓（序号为 26 的 3.01+佩砧"月亮"鼓不属于黑格尔 I 型的范畴，所以它不应被包括在内）。从风格方面来看，两只东京鼓（11.28+和 11.47+）与最早的两只印尼鼓（5.01+和 6.01+）之间有着巨大的差异。因此，在黑格尔的年代顺序表中，东京鼓之后的鼓也应该存在着同样巨大的差异。在那个年代顺序表的后面部分，有几只来自印尼的鼓，它们属于"几何纹饰"鼓，这些几何纹或者简单或者复杂，或者属于我编码目录中的GFBSIc 类别。这样看的话，黑格尔 I 型鼓的发源也同样是爆发性的，这样的爆发没啥问题，毕竟文化的发展就这样。自那以后，后期鼓的装饰从最初的自然主义风格过渡到"程式化"风格（一边是自然主义的东京鼓，另一边是程式化风格的萨雷尔鼓和罗蒂鼓）。这样，早期的发展后来退化或者萎缩化（devolution and involution）了。

迄今为止，黑格尔所发表的观点都是正确的，当然，也有一些异议或保留意见。首先，从自然主义到程式化的萎缩限于一些群体的铜鼓，在我的编码目录术语中，这些群体包含 F FH 和 S 要素，分别是人或动物纹、人或动物纹加额外的房屋纹、船纹和一些其他的栩栩如生的情景。黑格尔曾试图把他的"规则"扩大到几何纹饰的鼓（没有人或动物纹带、船纹等）并声称那些鼓要比东京鼓晚得多，这个尝试长期以来都成为把鼓按年代顺序排列的一大障碍。我们现在就要详细讨论到，几何纹鼓可能比东京鼓早得多，可能是同一时期的，或者也可能晚得多，各种可能性都应考虑到。装饰图案从最初的自然主义逐步过渡到风格化风格，与那些本质上就比较程式化然后无论何时都显得程式化的几何图案大不一样。在这里我们足以说,几何图案自古就很方便地用来装饰陶器、金属制品等,这些图案一定是很早就进入了东南亚的青铜时代。当我们分析既饰有几何图案又饰有人物或动物图案的金属鼓时,我们有很好的理由假定几何图案要早于人物或动物纹;几何纹可能比人物或动物图案出现得早。诚然,当饰有纯几何图案的鼓与其他部分饰有几何图案、部分饰有人物或动物图案鼓(如东京鼓)相比较时,有一定可能是纯几何图案的鼓要更古老。各种情况表明,"最早的鼓"在风格上和技术上并不是最复杂的,而是非常简单的器物,只有简朴的几何纹装饰。

几何图案可能来自其他古代民族的装饰范畴。飞鸟纹已被当作首批铜鼓所使用的特别图案的组成部分。这种几何纹一直延续了多个世纪,直到最后一面鼓的铸造。此后,非几何纹,尤其是人或动物纹、船纹迟早都会被引进,一般的几何纹设计和各种几何图案,包括通常的＝00＝版本、曲线、螺旋纹等继续成为所有黑格尔Ⅰ型鼓装饰的标准配置。其他"铜鼓家族"拥有它们自己主要装饰配置;黑格尔Ⅰ型鼓换了它一些纹饰库存,但显然还延续着其千古传统的主要装饰。很长时间之内,严格的几何纹鼓与一些装饰更复杂的大鼓一定同时存在,这些大鼓上总体上是几何纹设计,间以人物或动物图案,后者始于"自然主义风格",然后迟早以完全抽象的一团条纹和曲线纹结束,这些条纹和曲线纹使人依稀想到早期鼓上面的"勇士"和船纹。至于那些装饰细节以 F、FH、S 等为编码的铜鼓,我们也许希望至少能得出一个基本的相互年代顺序;在纯几何纹鼓的情况中,我们急需外来因素。通过器物本身及其装饰得出的信息,我们经常无法确定它们的时间是否属于非常古老、中年还是非常年轻。这在讨论鼓的尺寸时所遇到的问题是同样的。合理的推测是,最早的鼓直径应该不大。第一次铸造金属鼓时,铸造者肯定不会马上就开始铸造直径为 80 厘米或 100 厘米的鼓(同样,这里我们不讨论微型鼓,它们的年代也不在本章的讨论范围内,请参考第 3 章 2.3节)。只有在青铜铸造者渐渐达到完美技术水准时他们才会尝试去制作"大鼓",这些鼓需要大量金属液、非凡的技术和复杂图案。但是,也没必要将全部的中号鼓与真正早期鼓相联系。长期以来,只要人们对黑格尔Ⅰ型鼓有需求,小号鼓肯定会作为大号鼓的替代品,因为一般只有那些最重要的部落首领才会使用大号鼓。次要头目就需要一些没有那么昂贵的鼓;指挥官或副官需要携带更便宜、轻便、易操控的中、小号鼓来指挥战士(如 1.04+帕塞玛巴都加耶浮雕中的战士那样)。

20 世纪 20 年代在东山发现的一面小号金属鼓(11.10+)充分说明我们要小

心谨慎。根据东山出土物的大致环境（据 1930 年左右的记载），这面小号、完全是几何纹的铜鼓可追溯到公元 1 世纪（这个时期很明显是东京青铜时代晚期）。基于几何纹铜鼓肯定是"早期"、所有其他鼓必定是"晚期"的说法，戈鹭波（Goloubew 1929）得出这样一个结论，一般的铜鼓，包括那时已知的东京鼓，应该与这面小号东山鼓都属于同一时期，即公元 50 年左右（这个日期与传说中发明铜鼓的日期相吻合，见第 16 章 4.3 节）。不幸的是，戈鹭波这样的年代推算给金属鼓的断代造成了很大的困惑（见第 16 章 2.4 节）。

同样的，1938 年，范·斯坦·卡伦费尔斯（Van Stein Callenfels）提出的四个阶段并没有为铜鼓的年代顺序研究做出贡献。他的四个阶段分别是：第一阶段由东京鼓和 12.01+ 老挝鼓为代表，其特征是羽人纹（m£）和一些动物纹（公元前 600 –前 500 年）；第二阶段，羽饰（£宀）代替了自然主义的人物纹（伴随出现的船纹比鸟羽人纹保持了更长的自然风格外观），第二阶段跨越的年代为公元前 400 –前 300 年；第三阶段（公元前 100 年–"印度时期"）是纯几何纹饰时期；第四阶段（从大约公元后 100 年起）以小号鼓为主要特征。范·斯坦·卡伦费尔斯的一个论据为："既然东京和安南北部青铜时代有小号铜鼓和几何纹鼓，其存在时间在公元后 100 年左右，那么，拥有羽饰的鼓以及更近时期拥有日常生活场景的铜鼓肯定更加古老。"

迄今为止，卡伦费尔斯（Callenfels）的论据几乎没有一点说服力。他认为的年代被完全认为是"空穴来风"（Marschall 1968）；他对第三、四阶段的界定方法只是基于早期的误解。然而，继戈鹭波和范·斯坦·卡伦费尔斯之后，许多学者都大体采用这样一个观点：以人物或动物纹为"主要模式"（Hauptmuster）的铜鼓首先出现，这些纹饰后来被带有飞鸟的几何纹所取代，并形成一种主要的新图案。由于这个发展模式只是部分正确，所以它更加令人混淆；正如本章所陈述的一样，这个模式应仅限于东京鼓及其后裔，而东京鼓并不是"最古老的鼓"。此外，几何纹鼓的情况应从更加动态的观点去看待。而且无论如何，黑格尔 I 型鼓的家谱绝不可能是单单一条直线能勾画出来的。根据戈鹭波的观点（1940），这里有两种同时代但不同类的早期型，其中一类型是老挝鼓（12.01+ 和 12.02）的祖先，另一类（X）则是东京鼓的祖先，排列如下：

X

—————————————————————————老挝鼓原型

玉缕鼓 11.30+　黄河鼓 11.20+　"穆力鼓"11.28+　"维也纳鼓"11.47+

戈鹭波所分类的四种主要东京鼓的顺序是建立在某些风格差异基础之上

的。尽管如此,1956 年,勒文施泰因(Loewenstein)正确地指出,"东京鼓之间太相像了,以至于不能准确地判断出孰先孰后"。事实上,虽然 1 号鼓可能在某些细节方面排在 2 号鼓之前,但是,2 号鼓可能在其他方面会先于 1 号鼓。再者,鼓的装饰图案有一半是相互对应的,而另一半却不同,因而 11.30+和 11.20+鼓上的飞鸟纹是露出双脚的,羽冠上露出一只眼或双眼,而 11.28+和 11.47+鼓的飞鸟纹则并非如此。11.30+和 11.20+鼓上人物或动物纹中的 O 型房屋(有铜锣)描绘得非常清晰(还有一位铜锣手);而 11.28+和 11.47+鼓上的铜锣纹却被相切圆图案所代替。另一方面,11.20+黄河鼓和 11.30+玉缕鼓在一些细节上有区别,如鸟羽人(m£)装备上的鸟头,尤其是回首的鸟头。再次,11.20+鼓上游行中的参与者都是"栩栩如生的生物",他们欢快地行进着(更贴切地说是在跳着舞),这要比 11.30+鼓中要轻松活泼得多。在 11.30+鼓中,人物一个紧挨着一个地跟随着前面的人,每个人都几乎一模一样,有着相同的姿势,拿着同样的乐器。11.30+鼓上的头饰是过度风格化的三角形器具,充其量是残余的鸟头。另一方面,同样的 11.30+鼓(更具体地说是玉缕鼓)并不总是像我刚才所概略的那样单调乏味。与 11.20+(黄河)鼓和一些其他鼓相比,玉缕鼓翔鹭纹更自然得多,也远远不像黄河鼓那么太注重装饰性。此外,玉缕鼓翔鹭纹还伴随有其他鸟类纹,这些鸟类纹填补了翔鹭鸟嘴下面的空白。同样地,玉缕鼓额外的图像带中还有更多种类——鹿和犀鸟,按不同的数量排列:十只鹿—六只犀鸟—十只鹿—八只犀鸟。事实上,根本就没法区分出玉缕鼓和黄河鼓哪个更自然,哪个更程式化,其他的东京鼓同样也无法区分出来。正如前面所述,我们不应把所有的铜鼓按一单行线排列。即使有像刚才所讨论的那些细节,铸造东京鼓的工匠也是按当时流行的传统来加上个人的想法。认识到每一面铜鼓上的个人特色要比追求固定的时间顺序重要得多,而这种时间顺序在现实中显然是不存在的。

20.7 年代排序之法:表 VIII

20.7.1 引言 表 VIII 不应被看作为一个简单的、直线排列的图表,可能有更多的群组比编码表中纹饰组的亚型多(第 24 章)。在这个图表中,我们尽力为某些方面提供一个年代顺序的维度,例如纹饰的逐渐扩展,从自然主义风格到程式化风格的转变等。这应该会产生部分年代顺序的框架,然后再考量其他特征,如尺寸、轮廓、蛙饰、翔鹭的形状和一些新装饰图案(如漩涡花饰、栏杆等)的出现。

自然主义向程式化转变方面,在年代顺序表中我们可能安全地把那些容易被识别的自然主义图案放到程式化风格之前,这些容易识别的自然主义图案也许是羽毛装饰的战士,正载歌载舞等,而程序化风格图案却几乎无法从一大堆混乱的羽毛中区分开来。是的,纯粹地从理论上来说,人们也许可以认为先有程式化风格,后才有自然主义,例如先开始于一种"墙纸"图案,然后后来的人从那里面看出了人物、房屋等因素(正如我们年轻时经常做的一样,其实墙纸仍然是那种风格的墙纸,我们却在一堆杂乱的线条中发现了"人脸"图案)。但是,在铜鼓的情况中,图案从自然主义到程式化风格的过渡好像有更多的"方法"。况且,在后来及最晚期鼓上风格化体现的最后阶段出现骨瘦如柴的翔鹭和已变成"旗帜"的羽人。这些后来的鼓代表了从自然主义向程式化风格,而肯定不是从程式化风格向自然主义演变的逻辑结果。

像东京鼓那样饰有自然主义图案的鼓,与饰有程式化图案的鼓相比,显然在目录中应该属于更早的鼓。正如本章中的前面部分(第20章6节)所述,这仍然不能给我们理由把东京鼓(如11.28+"穆力"鼓和11.30+玉缕鼓等)当作一般意义上的"最早的鼓"。编码为 G、G.N、G.XX 等上没有额外人纹或动物纹图案,是纯几何纹饰,我们有理由认为这些早于编码为 GFHS,GFBS 等纹饰复杂的鼓。正如前面第20章4.7节中所述,我们不应错误地下结论,所有纯几何图案的鼓都应放在目录的前面。有些鼓在尺寸上较小,所以必须要这样简单装饰。有些稍微大点但还是"较小"的鼓或中号鼓,装饰上可能也因尺寸不够得简单点,这些较小或者中号鼓也可能整个东山文化时期都为了中级首领使用而铸造,包括任何时候——早期,晚点(同时和饰有自然风格人纹或动物纹场景的大鼓并列),晚得多的时期等(见第20章4.4节)。除了尺寸方面的因素外,可能还有其他许多原因导致鼓上的装饰为纯几何纹、人纹动物纹场景、船纹等有着一些特指象征性的因素。

一方面,从自然主义时期开始的早期几何纹鼓有时相当难辨认,因为几何图案总是那样风格化的。另一方面,这种图案中的翔鹭纹可以是自然主义的,也可以是程式化的,因而向我们提供了该如何放置它们的标准(条件是我们经常据以做判断的插图足以让我们来做这种放置)。因此,在一些情况中,"骨瘦如柴的"(指翔鹭纹)应该加入此目录中,作为后期鼓中一些纯几何纹鼓年代顺序放置的理由。

20.7.2　表 VIII　年代排序之法　n(自然主义)

在纯几何图案的情况中,翔鹭纹或者是自然主义的或者是稍微风格化的。

1. G：2　　　　　　　　东山 A，11.10+　　　　　　　越南北部

2. G：6　　　　　　　　迪昂，2.08+　　　　　　　　　爪哇

3. G.ZL1：1　　　　　　富都（Phu Duy），11.35　　　越南北部

4. G.spir birds n：1　　巴巴坎，2.03+　　　　　　　　爪哇

5. GSIn　　　　　　　　石寨山　　　　　　　　　　　　云南

6. GSIIn：0　　　　　　"斯德哥尔摩"，11.40+　　　　越南北部

7. GSIIn：1　　　　　　苗门（Mieu Môn），11.26　　　越南北部

8. GSIIn：2　　　　　　老挝，12.01+　　　　　　　　　老挝

9. GBSn：1　　　　　　贝拉茨，13.02+　　　　　　　　泰国

10. GFHSn：1　　　　　卡布南，2.06+　　　　　　　　爪哇

11. GFHSn：2　　　　　"维也纳"，11.47+　　　　　　越南北部

12. GFHSn：3　　　　　"穆力"，11.28+　　　　　　　越南北部

13. GFHSn：4　　　　　黄河，11.20+　　　　　　　　　越南北部

14. GFHSn：5　　　　　玉缕，11.30+　　　　　　　　　越南北部

15. GFHSn：6　　　　　通林（Thuong Lâm），11.43　越南北部

nc（结构化的自然主义）

16. GFHnc：1　　　　　广雄（Quang Xuong），11.36　越南北部

17. GFHnc：2　　　　　翁巴 86，13.06　　　　　　　　泰国

18. GFBSnc：2　　　　翁巴 89，13.09　　　　　　　　泰国

c（程式化，风格化）

在纯几何图案的情况中，翔鹭纹显然是风格化的，偶尔是"骨骼纹"（编号为33,34 和 48 号）

19. G：1　　　　　　　乔达，11.18+　　　　　　　　越南北部

20. G：7　　　　　　　贝林（Tembeling），15.06+　　马来半岛

21. G.M［F］c：1　　　贝戈塔，2.14　　　　　　　　　爪哇

22. G.MI：1　　　　　　三宝垄，2.12+　　　　　　　　爪哇

23. G.N：1（栏杆）　　磅士朗鼓 b，15.03+　　　　　马来半岛

24. G.N+ZX：1（马车）　"大卫-威尔"（David-Weill），11.08+　越南北部

25. G.N+ZX：2（马车）　河内，11.19　　　　　　　　　越南北部

26. G.ZL2：1　　　　　马德望（Battambang），14.01+　柬埔寨

27. G.ZL2：2　　　　　巴生，15.01+　　　　　　　　马来半岛

28. G.ZX：1	翁巴，13.10+	泰国
29. G.ZX：2	梅西（Mersi），2.05+	爪哇
30. GFc：1	贝戈塔，2.13	爪哇
31. GFc：2	桩阳（Thung Yang）（曼谷 I），13.12	泰国
32. GFc：3	桩阳（Thung Yang）（曼谷 II），13.13	泰国
33. G：4（骨骼）	东山 B，11.11+	越南北部
34. G.ZL3B：1（骨骼）	班宇门宁（Banyumening），2.11+	爪哇
34a. GFBc：1（马车）	昆嵩（Kontum），11.23+	越南南部
35. GFBSIc：1	罗蒂，6.01+	印尼沿海（O.Ind）
36. GFBSIc：3	古勒（Gühler）I，13.04	泰国
37. GFBSIc：4（马车）	胡忠（Hūu Chung），11.22	越南北部
38. GFBSIc：5	桑根，4.04	东印度尼西亚
39. GFBSIc：6	莱蒂，7.01	东印度尼西亚
40. GFBSIc：7	库尔，7.06	东印度尼西亚
41. GFBSIc：7a	桑根，4.03+	东印度尼西亚
42. GFBSIc：9	桑根，4.06+	东印度尼西亚
43. GFBSIc：10	桑根，4.05+	东印度尼西亚
44. GFBSIIc：1（马车）	磅士朗鼓 a，15.02+	马来半岛
45. GFBSIIc：2（栏杆）	"布鲁塞尔 H 837"，11.03+	越南北部
46. GFBSIIc：4	未知，0.01	印度尼西亚
47. GFBSIIc：5	莱蒂，7.03	东印度尼西亚
48. GFBSIIc：3	（马车，骨骼）科奎（Coqui），13.03	泰国

cn（程式化、风格化的；还带有自然主义因素的）

49. GFBScn：1	桑根，4.02+	东印度尼西亚
50. GFBSIcn：8	库尔，7.05+	东印度尼西亚
51. GFBSIcn：10	桑根，4.05+	东印度尼西亚
52. GFBSIIIcn：1	萨雷尔，5.01+	东印度尼西亚

20.7.3　表 VIII　注释

图表中所涉及的数字。

1. 11.10+东山 A 鼓，参考第 16 章 3 节。

5. 关于云南，见第 18 章。石寨山古墓的年代大约在公元前 150 −前 80 年，索伦森（Sørensen）认为是公元前 175 −前 25 年。停止使用金属鼓的时间大约在公元前 80 -前 25 年之间。自成一类的云南铜鼓肯定是先前长期发展的结果;个别鼓在埋葬时已相当古老了且被重复使用过。

9. 范·希克伦(Van Heekeren 1970)暂时确定 13.02+"贝拉茨"鼓的年代为"大约公元前 100 年"(这个时间可能有点太晚了)。请注意其上面的自然主义图案,这里还与蛙饰相结合。

11 - 14. 关于"早期东京鼓"的年代顺序,请参考第 20 章 6 节:主要东京鼓代表了"古典风范"的顶峰;在黑格尔 I 型鼓中,它们并不是通常意义上的"最早的鼓"。

17 - 18. 并于翁巴鼓,请参考第 13 章 5.13a 节。13.06 OB(翁巴)86 号鼓和 13.09 OB 89 号鼓是在非常靠近木棺的地方发现的(木棺的碳十四测年为公元前 430 -前 30 年,也请参考 20 章 3.1 节)。木棺埋葬时候本身的年代并不确定,而鼓可能是在埋葬前 20 - 50 年就已经铸造了。鼓的装饰(编码为 GFHnc,OB 86 以及 GFBSnc,OB 89)说明它们的铸造日期稍迟一些,大约在公元前 2 世纪或甚至是公元前 1 世纪(这个估计的日期通常有所保留)。

19 - 52. "后期的东京鼓"和"散布的"黑格尔 I 型鼓。关于公元 1 世纪之后的晚期东京鼓,请参考第 16 章 5 节。

28. 请参考上面注释 17 - 18。

33. 东山 B 鼓:第 16 章 3 节。这面鼓是在生土之上一层黑色土壤中发现的,黑土壤层形成于汉朝时期,大约在公元纪年开始之时。

34. 请注意蛙饰的出现;2.11+相对大一点(直径 80.5 厘米);翔鹭都是骨瘦如柴的,说明其时间上属于稍晚期。

44. 磅士朗 a 鼓,请参考第 13 章 5.15a 节及第 20 章 7.2 节。

49. 桑根 4.02+鼓,见第 16 章 5 节;它可能铸造于公元 3 世纪中期,或公元 2 -3 世纪?(关于边缘场景的含义,请看第 8 章 3.2 节和第 16 章 5 节)。

50. 库尔 7.05+鼓;关于狩猎场景:第 8 章 3.1 节;关于汉字铭文:第 16 章4.6 节和第 20 章 4.2 节,其年代大约是公元 300 年。

52. 萨雷尔 5.01+鼓:公元 2 - 3 世纪?关于边缘场景,请参考第 8 章 3.2 节。

20.7.4　近来越南的分类　基于直径和高度的比率以及轮廓和装饰,越南考古学家近来在黑格尔 I 型鼓内确定了五个连续阶段(Nguyên Phuc Long 1975)。这个结果令人回想起更早期的分类(也请参考第 20 章 4 节)。

1. 最早的阶段,中等型:直径对高度比率在 1.21 和 1.30 之间。鼓身 A 部分和 B 部分的高度相当,B 部分成一个直的圆柱形(见第 3 章 2.4 节,图 1)。装饰也属于"早期东京鼓"的大致类型（在我的编码中为 GFHS；11.30+玉缕鼓等；关于东京鼓是金属鼓的最早种类，我持怀疑态度，请参考第 20 章 6 节）。

2. 蹲型：直径对高度比在 1.35 和 1.50 之间。鼓身 B 部分的高度超过 A 部分的高度，B 部分是截短的圆锥形并稍微有点凹（第 3 章 2.4 节，图 1）。装饰和第一阶段的一样，例如 11.26 苗门（Mieu Môn）鼓。

3. 苗条型：直高比率在 1 和 1.20 之间。鼓身 B 部分比 A 部分高。装饰没有第一阶段的复杂。第三阶段可能起源于第一阶段：没有人物或动物纹带。例如富都 11.35 鼓（我的编码为 G. ZL 1）。

4. 晚期、更加风格化阶段；有蛙饰。例如昆嵩 11.23+鼓。

5. 更晚期、黑格尔 I 型鼓的最后阶段或黑格尔 I 型和 IV 型之间的中间阶段。11.15－11.17 同文县（Dông Van）鼓。

注释

1. Koop1924：图版 62－63 — Loewenstein1956：34－35 — S. W. Bushell，维多利亚和艾尔伯特博物馆，I（1924）：91，图 166。鼓的装饰可编码为（直径 64 厘米；高 39 厘米）：12 ／ ％）N（波浪线）／ =oo= ／ N（……）／ X 双燕尾 ／ N（……）／ ££／ N（……）／ 骨瘦如柴的鹭鸟 ／ =oo= ／ 菱形 ／ 菱形 ／ N／ N（……）／ B（4）（无水平纹带）

   鼓身：A N （……）／ =oo= ／ 半球形"船形图案"／ 倒置的相同图案

   B 高度风格化的££／ N（……）matt ／ N（……）／ =oo=

   C N（……）

   N（……）／ matt ／ N（……）。

第六部分

余绪

第 21 章
阿洛岛的莫科鼓

21.1　阿洛群岛

阿洛岛位于东努沙登加拉(Nusatenggara Timur)省(群岛东南部)东部,和科莫多(Komodo)岛、弗洛雷斯岛、阿多纳雷(Adonare)岛、龙布陵(Lomblen)岛和潘塔尔岛[1]成一条线。阿洛这个名称是当地人们以该岛主要地区("阿洛本地")的称呼而命名的。后者又叫乌姆拜(Ombai),在旧地图上仍可找到这个名字。阿洛岛与潘塔尔岛(如特瑞翁[Tereweng]岛、普拉岛、特尔纳特岛[Ternate]、鳄鱼岛[Pulau Buaya])被一个海峡分开,作为主要大岛,阿洛岛与潘塔尔岛以及海峡中一些小岛一起组成了阿洛群岛。群岛是火山岛,潘塔尔岛还有个活火山,在阿洛岛和普拉岛上还会有一些火山爆发。

出于管理目的,阿洛群岛和帝汶岛总是联系在一块。大岛位于帝汶岛中部之北,在二战前这里曾是荷兰和葡萄牙在帝汶岛上的分界线。狭窄的乌姆拜海峡把阿洛岛从帝汶岛的前葡萄牙统治范围内分离出来。阿洛群岛曾是"帝汶岛及其附属岛屿"的一部分(1929 年以后首先是弗洛雷斯岛的一部分,但 1937 年 9 月之后,则是一个单独的阿洛岛分支,卡拉巴希[Kalabahi]为其首都,而帝汶岛的首都是古邦[Kupang])。

在 16 世纪早期,阿洛岛引起了首批探访该地区的欧洲人注意(首先开始于 1522 年,是一个意大利人皮加费塔[Pigafetta])。之后不久,葡萄牙人开始与索洛岛(Solor)和帝汶岛之间有商业往来,同时还有基督教的传教。1641 年马六甲(Malaka)陷落以后,葡萄牙在印度尼西亚不再扮演什么角色,即使这样这些商业关系还一直延续着。荷兰与葡萄牙在 1641 年签订了协议之后,葡萄牙(刚刚从西班牙那里获得独立）还频繁地干涉岛内事务,这些岛屿又刚好是在他们最后的殖民地附近,即葡萄牙东帝汶及西帝汶北海岸的飞地,尤库西(Uikusi)或奥库西(Occusi)。1848 年,这一飞地上的当地酋长(raja)干涉了阿洛岛上地方统治者之间的矛盾。当时,虽然绝大部分阿洛岛领土已由当地的次要酋长来统治,阿洛岛仍然被认为是荷属东印度的一部分。荷兰人几乎没有访问过阿洛群岛。为了防止矛盾加深,1860 年左右荷兰及其对手达成了一些协议,不过这些协议最后并未成功。与此同时,阿洛岛内部的矛盾依然持续不断。早在 19 世纪末,一位叫慕利门(J. W. Meulemans)的荷兰官员(头衔为"地方小官"[posthouder],即被派遣到边远地区的次级公务员)来到了该地区(与莫科地区有关)。之后,在 20 世纪的头 20 年里,直至 1918 年,岛上逐渐平静了下来。许多半独立的酋长是从沿海居民中挑选出来的,这些居民形成岛民中的穆斯林群众。酋长的数量及统治范围那些年来都有了变化。因此,在 1918 年,当画家、探险家纽温坎普(Nieuwenkamp)访问阿洛岛时,阿洛大岛已被分割为五个酋长割据地(例如"阿洛岛"和库伊[Kui]),而潘塔尔岛则由三个酋长割据地组成,其中包括巴努萨(Barnusa)(部分古老的莫科鼓发源地)。在 20 世纪 30 年代末,当科拉杜博伊斯(Cora Du Bois)还在阿洛岛的时候,岛的主要部分已被分为四个酋长割据地;那时,潘塔尔岛和普拉岛被纳入"阿洛本地"。

在二战之前,荷兰政府在首都卡拉巴希(Kalabahi)由一个负责人、一位中尉军衔的军官和一名军医为代表。1890 年后的五十年里,这个官员小团体中的一些成员对岛上的科学研究贡献良多;他们的名字将会被经常提到。一些官员(Meulemans 和 W. Muller)收集了莫科鼓,其他人向研究者提供资料和指导。一位医生(D. Brouwer 1935)写了一本关于阿洛岛人身体特征的书。一些荷兰和非荷兰的专家做了许多文化人类学的研究工作,如瓦特(E. Vatter)(1928 - 1929)、科拉杜博伊斯(Cora Du Bois 1938 - 1939)、尼科尔斯派尔(M. M. Nicolspeyer)(1938 - 1939 年间花了三个月)和近来(1974 - 1976 年)的两位语言学家斯泰因豪尔(Steinhauer)和斯托霍夫(W. A. L. Stokhof)。这两位语言学家和前面的人类学家一样,是不会对神秘的莫科鼓熟视无睹的。斯泰因豪尔主要在普拉岛上研究,而斯托霍夫则主要在阿洛岛中部的沃伊西卡(Woisika)地区进行研究。斯泰因豪尔于 1983 年返回阿洛岛。20 世纪 80 年代,雅加达国家考古研究中心史前史部门的宾塔尔蒂(D. D. Bintarti)访问了弗洛雷斯岛、索洛岛和阿洛岛。由于她的研究,许多莫科鼓都得到原地拍照和研究。

大多数把莫科鼓当作艺术和工业产品(与商业有关)的资料都来自罗费尔

(Rouffaer)(在 1910 年访问过阿洛岛)、纽温坎普(Nieuwenkamp)(1918 年两次访问过阿洛岛)和 20 世纪二三十年代荷兰的一位印度尼西亚金属作品的鉴赏家哈伊泽(Huyser)。[2]

21.2　莫科鼓简介

和佩砧鼓一样,阿洛岛的莫科鼓也是有腰铜鼓这种基本类型。因此,它们能清晰让人想起东印度尼西亚和伊里安查亚的蒂法(tifa)鼓。在公认的古老金属鼓中,我们偶尔会发现一些完全相同的装饰要素,例如 3.01+佩砧"月亮"鼓及其同类(见第 19 章 4 节,图 19)。更令人吃惊的是一些鼓身装饰中残留的"头纹"(图版 21.01－21.04)。

莫科鼓鼓面通常是平的或者稍微有点凸,无任何装饰,然而,也有一些例外:一朵简单的四瓣花(有时作为格雷西克莫科鼓制造者的标记,见第 21 章 8 节),边缘的四颗太阳纹靠近鼓的边缘、表面有很多同心圆。鼓面的中心偶尔还会有一些更加错综复杂的圆圈装饰(Huyser 1931－1932:图版 3、5)。微型莫科鼓(Van der Hoop 1941:图版 65)有一些浮雕装饰。一些早期莫科鼓上的复杂图案让人想起佩砧型鼓(第 19 章 4 节,图版 21.05 及图 19E)。

莫科鼓鼓身上部通常有四只耳,耳的下部位于 A 和 B 部分的分界线。看起来鼓耳和鼓身是分开浇铸的(这与 Evans 1918 年的说法截然相反)。鼓耳可以是实心的或有孔的。这些鼓耳在鼓身上是等距离分布的,这一点与黑格尔型鼓不同,却和 3.01+佩砧"月亮"鼓相同。由于莫科鼓要比"月亮"鼓小得多,所以它们的鼓耳也就不那么引人注意,每一只鼓耳都由简单的金属条构成,而不像"月亮"鼓的鼓耳那样是由粗大的金属条做成的。一些年代久远的莫科鼓鼓耳已丢失;不过这些丢失的鼓耳,对莫科鼓的价值问题不大。

莫科八耳鼓(*Moko tilu buto*)(阿洛山民的方言称之为 *iting sua*)和其他类型铜鼓不一样,因为它们有八只鼓耳。Du Bois 1944, 1961:398 提到了一面"八耳望加锡莫科鼓"。在莫科八耳鼓类型中,四只大耳是位于四只小耳之上的。在雅加达博物馆中的一面微型莫科鼓上只有三只耳;在穆勒(Muller)的目录中,一只编号为 15 的鼓只有一只鼓耳,而 19 号鼓(莫科普提赫鼓[putih])根本就没有鼓耳。

早期的莫科鼓,如雅加达博物馆中的那些史前收藏,都是用青铜铸造的,后期的莫科鼓则是由黄铜铸造的。研究者曾对一只莱顿的莫科鼓进行过成分分析,结果为：铅 4.6%、铜 51.9%、锌 43.2%、杂质 0.3%(Schmeltz 1902 – 1904)。

至于鼓的一些信息如尺寸将在本章中第 6 部分中谈论到。

关于莫科鼓的铸造,请参考第 11 章 4 节。

21.3　考古记录

在 1851 年出版的关于索洛岛、阿洛岛及一些其他岛屿文章中,一位名叫巴伦·范·林登(D. W. C. Baron Van Lijnden)的帝汶居民曾提到"一种黄铜鼓或钹、形如痰盂、有盖子的莫科鼓"。据我们所知,这是在民族学和考古学记载中首次提到莫科鼓。巴达维亚协会(Batavia Society)会刊丛书《巴达维亚艺术与科学协会会刊》(NBG 1871)再次提到莫科这个术语(môko malei),尽管丛书没有提到阿洛岛型的金属鼓,这是来自罗蒂的 6.01 + 铜鼓的本地名字。[3]然而,之后的 1880 年,莫科鼓这一名字却突然"闻名遐迩"了。

事实上,一位喜欢收集各种奇鸟异虫的收藏家,来自安特卫普的科尔夫斯(A.Colfs)在 1880 年 7 月 16 日的期刊中这样写道"我看到了这些有名的莫科鼓,它们看起来像黄铜花瓶,上面有装饰,看起来都一样;其上有四只鼓耳。这些鼓被当作古董保存,能贵到 1 000 卢比。当地人开宴会时,他们拿出来炫耀并把这些器物当作手鼓来伴歌伴舞"(Colfs 1888,由 Vorderman 编辑)。文章中最有趣的部分是这样一则信息：早在 1880 年,莫科的现金价值就已等同于最近通货膨胀时的价格。在一则标记中,沃德曼(Vorderman)确认了作为古董的莫科鼓价值很高,他的部分资料来源于一位有着当地经历的神父,名叫勒科克·阿曼德维尔(C. J. le Cocq d'Armandville)(1846 – 1896 年,《荷兰东印度百科全书》ENI I, 1917：496)。

有一段时间巴达维亚博物馆和莱顿博物馆都没有阿洛岛人的莫科鼓。1894 年,莱顿博物馆从"地方小官"慕利门(Meulemans)那里获得了第一面莫科鼓(编号 1016：17;图版 21.08)。这件器物的名字为 wulu pikul 或 mokko pikul,这令人回想起后面目录中的莫科 piku、pikul 等。进一步的资料说明,这些物品是"整个地区用于交换的东西,宴会和典礼场合也拿出来展示。无论是平原还是山区的人都使用这些物品"。慕利门还被告知说,它们的发祥地是东爪哇的格雷西克,那里引进了多种尺寸的莫科鼓。虽然绝大部分资料(就如科尔夫斯说的那样)是基本正确的,但是有关格雷西克的资料却不尽然。不是所有的莫科鼓都来自东爪哇,只有下面一些将要讨论的"额外"莫科鼓来自东爪哇,甚至可能不包括所有这些相当晚才铸造的莫科鼓。即使对于这些鼓,甚至还有更多的资料来源。

慕利门也送了一只莫科鼓给巴达维亚博物馆《巴达维亚艺术与科学协会会刊》(*NBG* 1900)。在访问阿洛岛期间,罗费尔(Rouffaer)成功地购买了三只莫科鼓:*mako jawa nura*、*mako tamahè liman* 和 *mako piku*(Rouffaer 1910)。他估计这三只莫科鼓的年代不过六七十年而已,然而,其中有一只似乎古老得多。事实上后来这面鼓从博物馆的民族学收藏转移到了史前史收藏部。[4]

把莫科鼓当作"痰盂"的说法很快就更正了过来。许多作者都指出了它们和铜鼓的相似之处。在1910年(在纽温坎普[Nieuwenkamp]1908年发表了佩砧"月亮"3.01+鼓的叙述之后),罗费尔把他送给巴达维亚博物馆的一面鼓命名为 *mako jawa nura*,这个名字令人回想起爪哇就是它的发祥地,即它是爪哇的"曾曾曾孙",就那时而言,它已经是闻名遐迩的"有头鼓"了。在罗费尔访问阿洛岛8年之后,纽温坎普才有机会亲自观摩到莫科鼓。另一面莫科鼓上的装饰与罗费尔送给巴达维亚博物馆的那面一样,酷似于佩砧"月亮"鼓上的装饰,基于此,他完全赞成罗费尔关于佩砧"月亮"鼓和一些古老的莫科鼓之间是有联系的结论。根据"阿洛本地"的酋长所说,这面莫科鼓是莫科邦爪哇努拉(*moko pung Jawa nurah*)鼓,在纽温坎普的目录中(下面将会讨论到),价值为30－50卢比(荷兰盾)。在1918年,纽温坎普买下这面鼓并珍藏起来。现在,这面鼓收藏于阿姆斯特丹热带博物馆(图版21.05)。事实上,后来绝大部分佩砧"月亮"3.01+鼓和古老的莫科鼓之间的比较都是建立在现藏于阿姆斯特丹和雅加达这2个博物馆的莫科邦爪哇努拉鼓(Huyser 1931－1932, A. J. Bernet Kempers 1978:28－37)。1919年,纽温坎普极谨慎地总结道:我也可能倾向于把佩砧鼓叫作巨型莫科鼓。鉴于第19章2节中所提到的后来发现,以及佩砧型鼓及其亚型的大致分类,现在可以谈论莫科鼓的细节问题了。然而,罗费尔和纽温坎普1910－1919年所得出的结论,无论是过去还是现在,在本质上都依然是正确的。

21.4 新旧莫科鼓

从广义上来说,莫科鼓有两种主要类型:古老的(早期的)莫科鼓,据说出土于森林中;新的莫科鼓(本章中是指"额外的"莫科鼓以避免"赝品"这一说法)。后者据说是从遥远的地方引进来的,就像它们的名字所暗示的那样,很可能是从爪哇或望加锡市引进的。

我们没有理由把那些明显很古老的莫科青铜鼓(新的莫科鼓是黄铜造的)归于青铜时代。一方面,一些据称非常古老的莫科鼓和主要来自巴厘岛的佩砧型鼓（第 19 章）装饰之间的确有相似之处。迄今为止，在阿洛岛上却没有发现与莫科鼓明显有关联的佩砧型鼓。另一方面，青铜时代原始莫科鼓也许是通过这种或那种途经抵达印度尼西亚东部，就像一些黑格尔 I 型铜鼓那样。只在一个岛上发现有莫科鼓（除了少许例外，见第 21 章 9 节），要是其他什么都没有发生过的话，它们在这座岛上的历史也许与在群岛任一处出土的其他铜鼓一样没什么区别：它们可能变成让人好奇的古董，令人敬畏或恐惧，被放在一些合适的地方，如山顶上。可是，由于这样或那样的原因，莫科鼓碰巧在阿洛岛人的社会中展现了其用武之地。可能部分原因是由于它们比巨大的黑格尔 I 型鼓更易于携带。也许是因为它们的数量更多。不管怎样，就像中国的陶器、中等尺寸的青铜枪（lilas）以及群岛上其他地方的古物一样，古老的莫科鼓迟早也作为聘礼的一部分。即便如此，阿洛岛人可能会根据价值把莫科鼓分成几个类型，而且后来和现在还在这样区分，只不过后者区分的程度细得多。

除了作为聘礼之外，莫科鼓是否还有别的用途呢，如部分礼仪用、部分商用（如果不是完全的商业用途的话），这个问题我们还不太清楚。然而，在适当时候，阿洛岛以及其他国家的人就觉得有必要把它们当作一种货币形式。由于荷兰东印度公司的经济政策，群岛部分地区出现了官方的货币流通。尽管有这些官方货币，在巴厘岛和龙目岛，本地贸易还使用过各种交易手段，如中国的硬币、荷兰东印度公司发行过的过时的杜伊特（duits）、铜锣、青铜枪、瓷器、贝壳，由于这些东西的古董性、神奇性、材质和稀少性等，所以它们都备受欢迎。还有一种截然不同的货币：一定数量的肉豆蔻、肉豆蔻干皮或丁香。

大体上，这就是先由东印度公司控制、后由荷兰东印度政府统治的"外部省份"的情况，这种情况一直持续到 1900 年。对于当地而言，这种情况是受到外来因素而改变的。为了从当地的贸易中获取更大的利润或支付工钱，当地的货币可能要有所增加。这种由第三者介入的货币实验就是先前所提到的"额外"莫科鼓的到来，由部分华人、布吉斯人（Buginese）、欧洲人（第 21 章 8 节）向阿洛岛引进的成千上万只额外的莫科鼓，正是利用金属鼓作为商业货币流通的铁证。在阿洛岛，这么多额外货币的输入，给当地的人们以及欲维持货币稳定的中央政府带来了货币问题。

21.5 1914 年的货币改革

在 20 世纪初，荷兰政府采取了多项措施来改善群岛上部分地区的货币情况,其中之一就是 1914 年阿洛岛的货币改革。银子和铜币被引入流通中:除了偿还 1913 - 1914 年拖欠的税款(为了尽可能收回流通中的莫科鼓)和用作聘礼之外(根据当地习俗,除了猪、山羊、纺织品和食物外,聘礼中必须包括一只或多只莫科鼓),莫科鼓不再当作货币流通(第 21 章 10 节)。为支付结清税款,共有 1300 多只莫科鼓被上缴。这项措施不但没有对大批有趣但不一定是古董的莫科鼓起到保护作用,反而使它们全部遭到破坏。这些莫科鼓或者沉没在卡波拉湾(in der Kabola-bucht versenk)(就像瓦特所说的那样)或者被运去古邦压扁并作为废料来出售。继首批的 1 300 只莫科鼓之后,另外 300 只莫科鼓也遭受了相同的待遇。这真是个让人痛心的话题——即使从金钱的角度来看,也是很可惜的! 我的信息来自纽温坎普和瓦特的叙述,他们可能从杜克鲁(Du Croo)1916年论文或从穆勒(Muller)中尉那里获得这些资料。做出这个决定的政府官员肯定是深信莫科鼓是分文不值的赝品。这个人的政策令人回想起一些政府雇员和筑路工人在 19 世纪期间的做法,他们居然利用古老的爪哇纪念碑上的石头去铺路或修建灌溉工程。

此外,1914 年的货币改革还包括禁止外界向阿洛岛输入莫科鼓及禁止在商业交易中使用莫科鼓。有个偷偷违反禁令的例子,1918 年,在卡拉巴希的一个军事指挥官的办公室,纽温坎普有幸考察到一只非常稀少的莫科鼓(马来塔纳[Melahi tanah],价值在 1 000 盾)和其他被扣押的莫科鼓(指挥官是穆勒中尉,他对莫科鼓的研究深感兴趣)。

在两年灾难后的 1916 年,"阿洛本地"(整个阿洛岛地区的一部分)的莫科鼓有 2164 只。有人可能会想,在那种特殊的情况下,那么多只莫科鼓是如何找到安全的藏身之处呢? 在其他地区和岛上,应该还有更多莫科鼓得以幸存下来。当然类似于"整个岛上约有两万只莫科鼓"的说法可能过于夸张(Cora Du Bois 1944),但是,在 20 世纪之初,岛上肯定有数千只莫科鼓。

21.6　莫科鼓清单

21.6.1　阿洛岛人评价莫科鼓的方法可以从情感价值延伸到货币价值。在他们与这些最宝贵财产的关系中形成了一个体系,它支配着人们的宗教和社会生活、梦想和经济。莫科地区最早的民族学记载(之前已引用)曾提到,无论是完好无损还是破碎但给拼接成一个过得去的完整鼓,[5]这些昂贵的莫科鼓都价值不菲。后来研究者们在当地专家的帮助下记载了这些价值。虽然在命名中有地方差异,但在模式上还是很相似的。尽管不是所有的村里人都能记住全部的目录,对于绝大部分人来说,有关这些体系的一般观念乃是他们传统背景的一部分。不管怎样,这是实地调查者从人们的日常生活中得出的印象。

根据在卡拉巴希所得的资料,首先为我们提供全部目录的人中有穆勒中尉（Muller 1920）和纽温坎普（Nieuwenkamp 1918）。[6]

Muller：莫科鼓	卢比	Nieuwenkamp：莫科鼓	卢比
1. *melahi tanah*	1000.-	*melahi tanah*	1000.-
2. *Oli Melahi*	700.-	*oli melahi*	700.-
3. *Tanah pung*	250－500.-	*pung*	300.-
4. *Jawah-tanah*	300.-	*Jawah-tanah*	300.-
5. *Wanja-tanah*	150.-	*Wanja-tanah*	150.-
6. *Makassar tanah*	150.-		
7. *Jawah nurah tanah*	100.-	*Jawah nurah tanah*	65.-
8. *Mele tanah*	75.-	*Mele tènah*	75.-
9. *Mele-tanah molo dekka*	50.-	*Mele-tènah molo dekka*	50.-
10. *Jawah bukamahi*	50.-	*Jawah bukamahi*	50.-
11. *pung Jawah nurah*	30－50.-	*pung Jawah nurah*	30－50.-
12. *temahe-lima*	30.-	*temahé-lima*	20－30.-
13. *Kiri*	20.-		
14. *pung baru*	20－30.-		
15. *Jawah nurah tanah*	20.-	*Jawah nurah tènah*	20.-
16. *tilu buto*	20.-	*tilu buto*	20.-
17. *bunga-kelawi*	15.-	*bunga-kelawi*	15.-
18. *Makassar kawa-goi*	10.-	*Makassar kawa-goi*	10.-
19. *putih*	10.-	*putih*	10.-
20. *Olimelehi baru*	10.-	*oli melehi baru*	10.-
21. *tukaha（of tukar）*	5－10.-	*tuka*	5－10.-
22. *pikul*	3－5.-	*pikul*	3－5.-
23. *batah*	1.50－3.-	*batah*	1.50－3.-

在穆勒的目录中,类型 1、8、9、12、17 之间有联系。类型 1（M. *melahi tanah*,价值 1 000 卢比）包括一些价值极高、非常罕见的莫科鼓,这些鼓都是传家宝,酋长们有时还用它们作聘礼（近来——从 1920 年的形势来看——还用

于非常重要的交易）。类型 8 的莫科鼓（*M. Mele tanah*）是类型 1 的仿制品，比类型 9 的莫科鼓好，常用作聘礼。除了可以当作聘礼之外，类型 9 的莫科鼓还可以用作物物交换。类型 12 的莫科鼓是爪哇人仿制类型 9 的莫科鼓而做成的，也用作物物交换。正如其名所示，类型 17 的莫科鼓（*M. bunga-kelawi*）都饰以"各种花卉"图案，它们与类型 1 和 8 的莫科鼓相似，不过 17 型鼓的上部分及鼓耳之间有头饰。

在穆勒的目录中，类型 2 和 20 的莫科鼓（*M. Oli Melahi* 和 *M. Olimelehi baru*）同样有关联。类型 20 的莫科鼓是类型 2 的便宜仿制品，用作物物交换。类型 3、7、11、14、15 的莫科鼓之间也有联系。根据穆勒所言，类型 3 的莫科鼓（*M. tanah pung*）经常出现在巴努萨（根据传说，首批莫科鼓即发现于此）。这些被用作聘礼并被当传家宝的莫科鼓，令人回想起佩砧型鼓（图版 3.01）。类型 7 的莫科鼓（*M. Jawah nurah tanah*）的装饰也相似，也用作聘礼。类型 11 的莫科鼓（*M. pung Jawa nurah*）和类型 3 很相像；类型 14 的莫科鼓（*M. pung baru*）也一样是用作物物交换。类型 15（*M. Jawah nurah tanah*）与类型 3 的一般类型唯一不同在于类型 15 只有一只鼓耳。

Muller 目录中类型 18 莫科鼓（*M. Makassar kawa-goi*）包括了类型 6 莫科鼓（*M. Makassar tanah*）的粗糙仿制品。

绝大部分类型的莫科鼓有四只耳：类型 16 有八只耳，类型 15 只有一只，类型 19 一只也没有。

21.6.2　纽温坎普对其考察的一些莫科鼓给出了一些尺寸数据：高 30 厘米（23 号）；高 36.5 厘米，直径 43.5 厘米（中部的直径为 9 厘米，轮廓惊人！5 号）；高 40 厘米，直径 20.5 厘米（4 号）；高 40 厘米（22 号）；高 50 厘米，直径 28（10 号）；高 59 厘米，直径 36.5 厘米（1 号）。如果没有另外的说明，直径为鼓面直径。鼓面稍微宽过鼓身（有时只超过 1 厘米，4 号）。

纽温坎普和穆勒所给出的描述大多数是指同一个器物，这让上述类型的装饰特征归类如下：

动物：类型 1、8、9、12

鸟和马：类型 4

虎和蛇：类型 12

虎、猪和鸡：类型 5

长方形饰内的虎和狮子：类型 5

花和花环：类型 1、17、22、23

头纹(佩砧型及其衍生类型)：类型 3、7、11、14、15

头纹(不同的类型)：类型 1、8、9、12(都是连续四个头)、17(8 个头：4 个在耳与耳之间，另外四个在耳的上方)

头(菱形框内的装饰)：类型 2、20

平行的隆起线，环绕在未装饰的鼓身上：类型 6、8

三角形，鼓身下部的顶点朝上，上部的顶点朝下：类型 10

一些明显的装饰图案，如头、皇家盾徽(Royal Coat of Arms)、"舞偶"和"王子与鹦鹉"，在以上目录中未提到，将在下面进一步讨论。

即使是穆勒与纽温坎普所给出的装饰图案目录和清单——尽管是基于早期的一系列研究并有一个阿洛岛酋长的专家支持——也是不够完整的。况且，类型的分类还受到当地术语差异性的极大阻碍(穆勒和纽温坎普使用的术语基本相同，都是在卡拉巴希编辑的目录，这一情况是比较乐观的)。源于不同资料和地点的其他目录是由瓦特(Vatter)、科拉杜博伊斯(Cora Du Bois)和斯托霍夫(Stokhof)提供。

21.6.3　瓦特的目录(1932)很短：

奥利马拉哈(*Olimalahä*)	120.-卢比
库伊莫拉(*Kuilmolä*)	130.-
马尔莱(*Mal-läi*)	80.-
米利塔纳(*Mili-tana*)	3 000.-
乌尔塔(*Ult'a*)	80.-

已经出土的莫科塔纳鼓价值在 3 000 卢比，科拉杜博伊斯(1938)：货币单位是卢比(=fls.)：

伊奇拉(*Itkira*)	1 000 及以上	曼宁毛克(*Maningmauk*)	10.-
爪哇(*Jawa*)	500 及以上	塔玛米亚(*Tamamia*)	8.-
望加锡(*Makassar*)	130 及以上	希克比(*Hiekbui*)	6.-
阿菲佩(*Afuipe*)	70.-	塔万塔玛(*Tawantama*)	5.-
艾玛拉(*Aimala*)	65.-	皮基(*Piki*)	5.-
费哈瓦(*Fehawa*)	30.-	卡巴利(*Kabali*)	3.-
叶卡辛(*Yekasing*)	25.-	法塔法(*Fatafa*)	2.5-
卡瓦塔卡(*Kawataka*)	15.-	萨拉卡(*Salaka*)	2.-
科尔马雷(*Kolmale*)	13.-	拉辛塔法(*Lasingtafa*)	1.-

在研究期间，杜博伊斯(Du Bois)住在阿提梅朗村(Atimelang)。莫科地区的

货币价值"在 20 世纪 20 年代初开始稳定,其货币价值是比 1938 年便宜了大约一倍。因此,要想获得 1938 年莫科鼓的现金价格,需要把列出的价值减少一半"。杜博伊斯的目录是不完整的,莫科伊奇拉和科尔马雷鼓的价值也只是个大概的数字。"然而,相对价值间的次序是准确的"。1938 年,2 卢比等价于 1 美元(Du Bois 1944, 1961:23,注释)。

就 1918－1920 年的目录和杜博伊斯的目录而言,高档次莫科鼓,价格都异常地高,因此,有人只花几卢比就能买到莫科鼓是令人难以置信。然而,这样的交易确实存在。在 1918－1920 年目录最后的莫科巴塔(batah)鼓就是这样,正如其名所示,"便宜得要命",价值不超过一巴塔,即一磅槟榔的钱就能买到这只鼓(a well-chewed quid of sirih)!

斯托霍夫(Stokhof 1977)给出一个广泛的目录,包括沃伊西卡地区(阿洛岛中部)的 16 种莫科鼓(总共有 54 种类型和亚型),并把它们按照大约的价值排列。然而,各种类型的现金价值却没有明确。下面的目录仅包括 16 种主要类型(用简化的拼写来表示):

1. 马来塔纳(*'dia gen fi' ning*)(也称为:*Malay Tanah*)

2. 科马莱(*kol'malay*)(*'ulu malay*)(*Tanah*)

3. 雅瓦(*'yawa*)(*Tanah*)

4. 望加锡(*maka'sera*)(*M. Makasar*)

5. 艾玛拉(*ay'mala*)

6. 佩格瓦(*'pe ga'wâ*)

7. 迪塔根(*'dita gen*)(*na'moling*)(*Malay serani*)

8. 司皮根屋亚瓦(*si'pi gen 'wuy ya'wâ*)

9. 巴如(*'barul*)

10. 卡坦阿斯(*ka'tâng a'suy*)(*ka'tâng a'si*)

11. 科塔(*'kotta*)

12. 塔米(*'tawmi*)

13. 卡坦米(*ka'tângmi*)

14. 皮基(*'piku'*)

15. 根布塔(*'geng 'bûta*)

16. 未玛基丁(*'wayma ki'ding*)

善于观察的读者可能会认出这些词:雅瓦(*Yawa*)、望加锡(*Makassar*)和马来(*Melahi, Malay*)以及杜博伊斯使用的一些名字(艾玛拉、费哈瓦、科尔马雷和

皮基），尽管它们的拼写有所不同。

"在莫科鼓(mokko)的交换中,遵循以下规则:一只莫科鼓等价于三只次一级的莫科鼓,例如,一只雅瓦鼓等价于两只望加锡鼓加上一只艾玛拉鼓,一只望加锡鼓等价于两只艾玛拉鼓加上一只佩格瓦鼓等"(Stokhof 1977)。

在沃伊西卡,一些莫科鼓有着当地的名字,其他的都是以印度尼西亚名字来命名。年轻的一代人都不再知晓它们的价值,况且,它们的价值还处于不断变动的状态之中。即使是由老人来判断一些莫科鼓的名字和价值,不同的人,结果也会相差甚远。莫科鼓的价格受到莫科鼓本身诸多方面的影响,比如它们的历史和名声、情感价值、礼仪功能和神奇的力量等。一个社区所拥有的莫科鼓数量也会影响它们的价值。它们的保存状况通常不会影响其价值评估。

21.7　早期的莫科鼓及其装饰

莫科鼓的名字及其相关的价格都和莫科鼓的"等级制度"相对应。当地的人们认定了两种主要类型:一是莫科塔纳鼓,据推测是在土壤或森林中发现的;二是莫科巴鲁(*baru*)鼓,即新的、从别处引进的莫科鼓——东爪哇的格雷西克、偶尔是望加锡或其他更牵强的"马来"地区。

纽温坎普把他目录中的前 6 种类型归结为莫科塔纳鼓(1919 年)。其中的前 5 种类型和穆勒所给出的前五种类型一致,类型 6 是爪哇努拉塔纳(*Jawa nurah tanah*)(穆勒的目录中是类型 7;其类型 6 为望加锡塔纳鼓)。下一个最重要的类型似乎是诺洛德卡(*nolo dekka*),新的、"额外"莫科鼓的"首批运送品"。即便是从爪哇、望加锡引进的莫科鼓及通常称为"马来"的莫科鼓,可能迟早会消失或隐藏在森林中,它们或将出土于土壤之中或发现于森林之中,并因为它们在整个系统中的地位而被识别出来。因此,它们的出土之处便成了它们的名字。

早期的出土物当然包括了富有传奇色彩或者历史意义的"原始"莫科鼓,这些鼓由潘塔尔岛上巴努萨毛塔(Mauta)和图巴尔(Tubal)村民发现。杜博伊斯中尉在 1916 年的报告中首次进行了描述,后来,纽温坎普、穆勒和瓦特都反复引用了这个说法。报告中指出,上述村民是在山上狩猎时发现了莫科鼓。他们的猎犬对着一件奇怪的东西狂吠,而这件东西就是一只金属鼓。后来,在同一地区发现了更多的莫科鼓。

1918 年,在纽温坎普访问潘塔尔岛期间,在布兰格梅朗(Blangmérang)村庄

里的巴努萨酋长声称他拥有首批发现中的五只鼓。它们已被破坏得面目全非了
（如前所述,这并没有削减它们的价值）。根据穆勒(Muller 1920)的说法,首批
潘塔尔岛的出土物（当时的价值在 250－500 卢比之间）据说是其目录中的类型
3——莫科塔纳邦(tanah pung)鼓。巴努萨酋长的莫科鼓实际上属于同一类型。
这些鼓鼓身上的装饰以及偶尔在鼓面的装饰都和佩砧"月亮"鼓及其近亲鼓上
的装饰是一样的。在穆勒的目录中,这些莫科鼓的亚型都以下面几种为特征:
类型 3(*Moko tanah pung*,价值 250－500 卢比)、类型 7(*M. Jawah nurah tanah*,价
值 100 卢比)、类型 11(*M. pung Jawah nurah*, 价值 30－50 卢比)、类型 14
(*M. pung baru*,价值 20－30 卢比)和类型 15(*M. Jawah nurah tanah*,价值 20
卢比)。

　　纽温坎普的目录稍微有别于穆勒:纽温坎普称呼为莫科 *M. pung* 鼓（价值
300 卢比)而不是莫科 *M. tanah pung* 鼓（类型 3);他重视价值 65 卢比的类型 7
莫科鼓且不把类型 14(*M. pung baru*)囊括进他的目录。在类型 15 中,他使用
tènah 来代替 *tanah*。奇怪的是,他对类型 7 和 15 上的称呼却相同（拼写稍微
有点不同而已),尽管装饰上都有实质性不同（在类型 15 的莫科鼓中,鼓身下
半部有一条风格化的枝叶纹带。这个鼓另外一个特别的地方是它只有一只
鼓耳)。

　　所有上面提到的莫科鼓,与我们所知的佩砧 3.01+和 3.03+鼓题材相比,都
有简化的、过度风格化的变化。大部分像佩砧型的莫科鼓,或有一张平平的鼓
面,或鼓面饰有同心线圈（图版 21.02),或同心线圈再加一个四瓣花（图版
21.03)。据我所知,这些鼓中只有两只与佩砧型鼓面纹饰不同。

　　下面名为 *pung* 或 *nurah* 的五种早期类型莫科鼓引起了我的注意。我并不
知道这些名字的含义,名为 *pung* 的鼓没有出现在 1977 年斯托霍夫的目录中。
根据斯泰因豪尔(Steinhauer)（来自个人信息)古邦马来(*Kupang Malay*)中的
pung 等同于 *punya*。

　　Λ. 雅加达博物馆,4950（罗费尔 1910 年在阿洛收购: *Màko jawa nura*;图版
21.01)。青铜鼓鼓面（从鼓身伸出 42 毫米)直径为 36.2 厘米;下部边直径 28.4
厘米,高 61.8 厘米。鼓面上纹饰稍微有别于佩砧型的图案(Van der Hoop 1941:
图版 67－68)。

　　B. 雅加达博物馆,4951(Alor 1916－1917)。青铜器,三只鼓耳和鼓身的下
半部已丢失。鼓面直径为 37.5 厘米（从鼓身伸出 40 毫米),残片高 45.5 厘米
(Van der Hoop 1941: 224)。

C. 雅加达博物馆，4951（Alor 1916 - 1917）。青铜器，鼓身下半部的一半和四只鼓耳已丢失。"安格斯"（Anguss）已修补了许多地方。最初的鼓面已被另一只莫科鼓上未装饰的鼓面（素面）所取代（由"安格斯"固定在鼓身上）。鼓面直径为 32 厘米，残片高为 60 厘米；（鼓面）厚度为 2 毫米、（鼓身）1 毫米（Van der Hoop 1941：224;没有插图）。大体上，其装饰和 A、B 上的一样。

D. 雅加达博物馆，4933（Alor 1916 - 1917;Van der Hoop 1949：图版 XLIIe）。装饰和 A 上的装饰基本相同。因此，如 A - C 一样，接缝处遍布整个鼓身。这只面目全非的鼓由其他鼓的残片勉强拼凑而成。四只鼓耳已丢失，鼓身上部的直径大约为 28 厘米，高为 57.1 厘米。

E. 莱顿博物馆，2271：23 号（阿洛岛，由雷夫博肯克鲁格[Rev. A. Boeken Kruger]牧师提供，Kalabahi 1933：图版 21.02）。青铜。据说是莫科棕榈树板（*cap pohon lontar*）："棕榈"型（*lontar palm*）（不在目录中）。在一片神圣的森林中，这只鼓长期受人尊敬，令人敬畏。鼓面直径为 20 厘米，高 36 厘米。鼓面上有同心圆。

F. 阿姆斯特丹热带博物馆，3879：3（阿洛岛，先前是范·肯彭[C. J. van Kempen]的收藏品;图版 21.03）。鼓面直径 34 厘米，下部边缘直径 37 厘米，高 56 厘米。与碗形的上部和下部相比，鼓身的中部明显为腰形。鼓面上有同心圆纹和一朵四瓣花纹。

G. 阿姆斯特丹热带博物馆 77：15（阿洛岛，先前为纽温坎普所拥有;图版 21.05）。根据"阿洛本地"酋长所述，此鼓为莫科 *pung jawah nurah*，Muller 目录中的类型 11，价值 30 - 50 卢比。鼓面直径为 36.5 厘米（从鼓身伸出 42 毫米），高为 63 厘米。虽然部分鼓面边缘已脱落，但是却保存了下来。鼓面的装饰图案与佩砧型的稍微有点不同（参考 A）。

H - I. 纽温坎普对两个类似于莫科鼓上残留的头纹素描（Nieuwenkamp 1925）。

纽温坎普博物馆，伊丹（Edam）;现在的代尔夫特（Delft）努斯纳拉（Nusanara）博物馆（图版 21.04;Huyser 1931 - 1932：图版 56;Malaien 1924：图 204）。

K. 先前为纽温坎普所拥有，现在何处不确定，可能在鹿特丹（Rotterdam）博物馆，那是纽温坎普处理他以前收藏品的三个地方之一;他只保留着一只莫科鼓，即上面的 G，藏于伊丹博物馆。他对莫科鼓的大量绘画也藏于同一博物馆中，其中一些藏在代尔夫特。

1924 年在玛莱恩,图 205 的莫科鼓中,其装饰细节无法辨认(K 不真正属于这一类)。它只有一只鼓耳,鼓身下部上有一枝叶纹带(因此它应是穆勒目录中的类型 15 的莫科 *Jawah nurah tenah* 鼓,价值 20 卢比)。

第 19 章 4 节(图 19)讨论佩砧型鼓鼓面时,已经研究过很少的一些装饰精致的莫科鼓鼓面,它们以 A 和 G 为代表。据我们从 3.01+"月亮"鼓和 3.03+马纳巴印范中所知,*pung* 和 *nurah* 型莫科鼓身上的装饰、残留的头,也与佩砧型上的一致;这种联系已在第 19 章 5 节中讨论过了。

上面所列出的 A 到 K 莫科鼓上的头饰,比佩砧"月亮"鼓上的更风格化。然而,这些头纹还是有点像人脸,其特大的、凝视着的眼睛令我们想起不同背景里面具装饰的避邪去病功能。这里也隐约有一张三角形或椭圆形的嘴巴,或者更像一种既是鼻子又是嘴巴的东西。在 H 中(纽温坎普的详细素描之一),嘴巴在图案的最底端;在 I 中,嘴巴又被连接头部的线条和三角形(印纹)覆盖了。E(图版 21.02)是唯一一个与双头传统不一样的鼓;嘴巴的缺失再一次加强了这样一种印象,即最初的头已转变为纯粹的装饰图案。事实上,意指眼睛的同心圆也被螺旋纹所取代。从螺旋纹中垂下的线条不再暗示着脸的轮廓,在某种程度上,它们只是与垂直的几何纹有关。

在 F 和 G 中(图版 21.03,21.04),像人脸的可能性是非常小的。凝视的眼睛仍在,穿过猫头鹰一样嘴巴(人下巴的残余部分)的垂直线条也还在。这个趋于向三角形发展的装饰图案让人想起了爪哇艺术中的印章,在其他莫科鼓的头像图案中也有三角形。在 F 和 J 鼓这里,三角形图案取得胜利。在 G(图版 21.04)中,这种纯装饰功能的脸形看起来最清晰、最明显。G 中有两排依稀可辨的头:一排在鼓身上部,另一排在下部,位于上部的头都是倒置的。

和头纹一样,莫科鼓几何纹让人想起佩砧型 3.01+鼓及马纳巴鼓残片 3.03+。图案或者是像马纳巴那样刻印在泥芯上的蜡层里,或者是和 F、G(图版 21.03,21.04)一样,事先制好蜡模,再笨拙地把蜡模黏在下面的蜡层上。

如同黑格尔 I 型鼓和佩砧型鼓那样,莫科鼓身上的几何纹也可根据其基本成分进行分类,这样,要识别早期的莫科鼓彼此之间的细节就容易些。

用于这一用途的符号为:

)和))　　水平环绕鼓身的凸起线。

=　环绕鼓身的梯状纹,"梯级"垂直或者非常靠近(如图版 21.01)或者更像方格形(如图版 21.02),方格形内可能有圆点(如图版 21.02)。

//　　　向后倾斜的平行斜线;在 F 和 G 中,他们类似于剖面线。

// fw 向前倾斜的相似斜线。

V 锯齿状、三角形、印章形。

鉴于其简单的纹饰类型,其装饰结果算不上引人注目;不过这里依然暗示着有某种个人风格：

) = // =)　　　　　　F(图版 21.03),G,I

)) = // =))　　　　　　A(图版 21.01),B

))=)//) =))　　　　　　D

)) v)//) v)　　　　　　　H

//fw //　　// fw　　　　　　G(　//　剖面线)

= //　　=　　　　　　　E(有圆点方格形)

除了 F 和 G(它们在许多方面都是非典型的)之外,鼓身的三个部位上都有几何图案。此外,在鼓身中部,一条从主要水平纹中分离出来的短线条纹共出现了四次。除了稍微改变一下常用图案并给额外的"脸"配上滑稽的猫头鹰似表情之外,使用几何图案的艺术家几乎不可能太哗众取宠。艺术家也有可能采用如 G 中一样前倾或后倾的交叉斜线,从而创造出一种稍微更生动的印象。

一些类型(或许只是相当少的几只?)上饰有鸟纹和其他动物纹,或含有鸟纹和动物纹的场景。[7] 老虎纹、狮子纹等(甚至还包括马纹,在 1917 年以前,阿洛岛上不知道有马这种动物)也许可以从莫科鼓起源于国外这个角度来解释。然而,这种鼓却不是真正古老或早期的莫科鼓。"额外的"莫科鼓装饰中还有更加有趣的特征,这将在下面讨论。

21.8　"额外的"莫科鼓及其装饰

21.8.1　阿洛岛本地人认为,一些"早期"莫科鼓的名字显示着它们的发源地,例如爪哇、望加锡或一些"马来"地区。至于爪哇,科尔布鲁格(J. H. F. Kohlbrugge 1902)(当时他是印尼泗水市的一名医生,后来成为荷兰乌特勒克[Utrecht]的民族学教授)已经证实,直到近代(19 世纪末 20 世纪初),莫科鼓一直由爪哇东部著名的工业艺术中心格雷西克生产。它们过去常常由布吉斯商人订购,他们也使用其他地方的金属制品(如长期以锣厂著称的望加锡市和三宝垄市)。20 世纪初,莫科鼓有时还是按订单生产的;1914 年的货币改革则彻底终止了这种商业生产(第 21 章 5 节)。

　　无论他们是什么民族,订购"额外"莫科鼓的人肯定是有趣的设计者。用"足智多谋"要比"富有创造力"更能形容他们。从他们投放于世界(肯定是个非常有限的世界)的产品来看,我们只能说他们从各种各样的途径获得了灵感。例如,他们肯定意识到某种"头纹"是一种重要的莫科鼓图案,值得模仿或用来交换与之类似的东西。有时候,起初绝对线性的头纹也被一种称之为卡拉(Kāla)的头纹所取代,这种卡拉头令人想起一种明显是吉祥物的怪物,这种怪物放置在公元 9 世纪左右爪哇中部许多寺庙入口处上方。听起来有点像天方夜谭,但是,我们可不可以说胡子脸像"巴特曼(Bartmann)"型欧洲莱茵兰(Rhineland)罐子上著名的装饰图案(哈伊泽[Huyser]于 1931 - 1932 年用图解说明了其上的各种"头"纹)呢? 那些订购这些头纹莫科鼓的人肯定熟悉这种罐子,但他们为何不被那些罐子装饰所启发呢? "巴特曼"罐子(荷兰语为"Baardmannetjes")是二战前不久在古老的巴达维亚挖掘出土的。[8]源于德国的其他罐子可能是为了给荷兰殖民地的人以及在那里工作的德国人使用而被引入群岛(De Flines 1949:55 - 56,图版 95)。

　　阿姆斯特丹热带研究所中一只莫科鼓上引人注目的图案也受到罐子及其类似器物的影响。这只有趣的鼓之前被范·肯彭(1872 - 1955 年)(先前曾提到过,他是一名公务员)收藏。[9]这个图案(分别在鼓身的上部和下部出现了四次;图版 21.06),肯定是英国皇家盾徽,配有狮子和独角兽图案。这个图案可能是从官文文件或展示王位的插图上复制过来的,它也与 19 世纪早期英国王位的空缺有点关联。引进这幅图案的人可能是在帝汶地区的英国商人(19 世纪中叶曾有不少英国商人在帝汶地区)。迄今为止,金属铸造工准备模型的最简易之法就是利用有皇家盾徽浮雕图案的东西直接选印。在 19 世纪期间,"皇家石瓷器"器皿也是用那种方法刻印的。鉴于此,它们不一定是产自英国,例如,它们可能产于波兰。[10]目前为止,我所见的图例罐子在外形上太小,所以无法提供原型用于直接复制。也可能有大一点的器皿;从那方面寻求解决的方法好像合情合理,而不是考虑手工建模的图案。

　　同样地,在阿姆斯特丹热带博物馆和范·肯彭的收藏中,有一只莫科鼓,上面饰有旧爪哇文学艺术著名的图案。在这个鼓上,我倾向于把它当作是模型上的烙印图案,制造者肯定是熟悉印度爪哇铜盘(talam)那样的装饰图案,就像施图特海姆(Stutterheim 1940)复制的那个一样。在莫科鼓的下半部分(与铜盘上的装饰图案一样),一位年轻女子正坐在一棵树下,读着鹦鹉送来的信,鹦鹉是一只经验丰富的爱情信使,就在少女的脚边(图版 21.07)。在东爪哇帕纳塔兰古老的阶梯上（公元 1375 年）浮雕中，也发现了类似的图案。这是一幅浪漫的图案，很值得在莫科鼓及其他鼓上模仿。

21.8.2　就像前面所讨论的一样，莫科鼓给我们一种独一无二的印象。事实上，可能因为它们奇特的装饰，像肯彭、纽温坎普等其他最初的收藏家们就选择了它们。因为明显是"古董"，所以其他莫科鼓也引起了他们的注意，很值得带回家收藏，这些鼓最终进到博物馆中。但是，即使是其他那些已插图说明的莫科鼓——只是曾经出自岛上的成千上万莫科鼓中的少数一些，且其中一些仍在岛上——也不能简单地看成毫无自身特色的"批量"货就不管不顾了。即使装饰中的一些标准化图案也有细节上的差异，且其中总会有手工元素在内。

我们不应该把莫科鼓一些器物再称为通常意义的"赝品"，正如前面所述，我更喜欢称之为"额外的"莫科鼓。制造大量的、无疑是早期作品的复制品轻而易举。可是，这会导致阿洛岛市场上真正赝品的泛滥。谁会被这种便宜的假货所迷惑呢？阿洛人是绝对不会的，他们知道新旧莫科鼓装饰之不同，能易如反掌地区分新旧莫科鼓（第 21 章 10 节）。大批生产"额外"莫科鼓的商人肯定非常清楚地意识到这种情况，并找到了一种与众不同的、困难重重却最终还是非常成功的方式。在其他特点方面，他们寻找能令人回忆起早期装饰的图案，但这些装饰图案也具有自身独特的特点和吸引力。

因此，一些古代印度尼西亚的装饰图案就为现代化版本奠定了基础。在皇家盾徽的例子中，我们可能会想起天堂树，两侧都有各种动物、鸟类或人类，这些题材频繁出现在印度尼西亚艺术中，例如印度爪哇人的装饰品中、瓦扬剧院的拜山塑或树木中，而且还出现在纺织品纹饰中（第 8 章 1.11 节）。在莫科鼓身上部或下部（或两处都有），还发现了一些风格化的人像图，这些人像以四个为一组的形式出现（图版 21.08，21.10）。

这些风格化的人像刻画天真，制成了平浮雕，像木偶人一样屈膝成坐或蹲状，双手举起至头部。这样通常给人的印象就是牵线木偶：膝盖弯曲成 90 度，双臂自然下垂，因此产生了一幅垂直对称的图画。平坦的胸部和偶尔有外生殖器迹象显示着他们是男人，这在东印度尼西亚纺织品中非常出名，常被认为是那里人的祖先。[11]上举的双手或触摸到木偶的卷发，或拿着新月状卷轴。蹲的姿势会引起各种多少有点牵强附会的联想（Schmeltz 1902‑1904；Evans 1918；Huyser 1931‑1932）。这个姿势也许是当地死者蹲式造型的变体，死者这些造型按本地传统，要么按胎儿的姿势来埋葬，要么是为了防止他们给活人作祟。要么弯曲的腿表明是处于站立和下蹲之间的某一动作,暗示着他们还"活着"（Lommel 1962）。纺织品上所谓的"舞者"经常被加上一个光环或角状类的饰品,从而来强调祖先的魔力。莫科鼓上似乎也有新月状特征,通常是东南亚古代象征主义的一部分。在印度爪哇艺术中,这些品质形成了一道象征彩虹的"鹿拱门"（Bernet Kempers 1959：77,图版229）；它是用来突出某些重要人物的一种光环。

奇怪的是,穆勒和纽温坎普在他们的目录中只字未提到"舞偶"。1894年,慕利门曾捐赠一只饰有"舞者"的莫科鼓给莱顿博物馆（图版21.08,21.10）,他形容其为一只莫科皮基（pikul）鼓；皮基这名字在1918年和1920年的目录中相当有特点,是指一只小奥科（oko）鼓,高40厘米,只饰有花环,价值3-5卢比,这肯定是不同的类型。尤其有趣的是,这种饰有风格化人像图的莫科鼓,居然在沙巴、弗洛雷斯岛、东帝汶地区发现了,换言之,是在直接与望加锡市统治者有联系的地区发现的（第21章9节）。我倾向于把那类装饰与望加锡地区联系起来,因为它似乎是"额外"莫科鼓的来源地之一。

还有一种异常简单的图案（尺寸比例相当不合人意）是鼓身上部和下部都有的圆盘和新月的重叠（一个太阳和一个月亮）。

21.9 阿洛岛之外的重要发现

21.9.1 阿洛岛是莫科鼓的真正产地,可是在记载中,也有一些莫科鼓却来自他处。在霹雳州立博物馆中,有一块可能是铜鼓的残片（来自马来西亚西部彭亨[Pahang]的贝林地区,也是15.06+鼓面的发源地）,它与莫科鼓的更早期类型有关（Sieveking 1956：图26-27）。如果这是正确的话（残片太小了,不能确定）,那么某只早期莫科鼓（或莫科鼓的原型）肯定到过马来半岛。在北婆罗洲,我们发现了三只更新型的莫科鼓；一只是埃文斯（Evans）于1915年在沙巴州坦帕苏克（Tempasuk）地区孔乌鲁（Koung Ulu）村庄中获得的（现在藏于剑桥考古与民族学博物馆；鼓面直径23.6厘米,鼓足直径20.4厘米,高36.7厘米。Bastin 1971：图版Ⅱ）。[12]在沙巴博物馆的伍理（G. C. Woolley）收藏中有一只类似的莫科鼓,是1924年在马来西亚的丹南（Tenom）购买的（直径28厘米,高53厘米。Bastin 1971：图版Ⅰ）。[13]1969年,沙巴博物馆从亚庇市（Kota Kinabalu）东北部伊纳南（Inanam）一个杜顺人（Dusun）那里获得了另外一只莫科鼓,非常类似于埃文斯获得的一面（Bastin 1971：图版Ⅲ）。此外,根据埃文斯的观点,杜顺人的民间传说提到了至少七只黄铜鼓（Evans 1953：458）。

三只确切来自婆罗洲的莫科鼓，其总体外形和阿洛岛的莫科鼓很相近。婆罗洲三只鼓鼓身下部分别饰有四幅人像，这也在阿洛鼓上出现（图版 21.08，21.10）。如此而言，没有理由不让我们认为婆罗洲和阿洛岛的莫科鼓出自同一作坊或手工中心（比如，很可能是望加锡市地区）。非常有趣的是，完全相同的人像图出现在弗洛雷斯岛上的两只莫科鼓上（后面将进一步讨论），这两只鼓最初来自果阿（Goa），即来自望加锡地区。

在阿洛岛以西的弗洛雷斯岛上出现了几只莫科鼓。虽然，这里距离莫科鼓的中心并不太远，弗洛雷斯岛和阿洛岛的莫科鼓之间却没有任何直接的联系。

早在 1888 年，沃德曼（Colfs：101）提到了弗洛雷斯岛北岸、里姆（Rium）以东托多（Todo）地区的一些莫科鼓。其中一只同样来自弗洛雷斯岛的微型鼓，在 1929 年纳入了雅加达博物馆的民族收藏。范贝克姆（W. van Bekkum 1950）讨论了中心山脉以北、芒加莱（Manggarai）东部（弗洛雷斯岛以西）两处村庄（Kampung）地区的四只莫科鼓；两只在莱德－里尔（Léde-Liur，即伦邦 [Rembong]）村庄，另外两只在泰奥（Těo）村庄（拜廷 [Biting]）。1941 年，Vroklage 描述了弗洛雷斯岛东部（梁卡米 [Riang Kamië]）的另一只莫科鼓。

根据当地的传说，芒加莱的三只莫科鼓曾是一位果阿王子所赐的礼物，而第四只则是一位比马（Bima）（松巴哇岛东部）统治者所赠送的礼物。这把我们直接带入到东印度尼西亚的政治史。

21.9.2 在 17 世纪早期，果阿统治者（1605 年以来一直居住在望加锡市的穆斯林人）征服了西里伯斯岛的大部分海岸地区及周边岛屿。[14]绝大多数布吉斯人和其他居民被迫接受伊斯兰教。后来比马（松巴哇岛东部）也俯首称臣（1616－1626 年之间）；[15]比马的编年史具体说明了统治者系列（直至 1917 年——也是《荷兰东印度百科全书》[ENI]上讲到这个题目文章的日期——包括的统治者不少于 50 人，前 7 位是传说中的，30 位印度教徒，23 位回教徒）。起初，在果阿和比马的王室家族之间经常通婚。但是一场望加锡与荷兰之间发生的冲突改变了政治情况。1667 年，根据《邦加雅（Bungaya）条约》（由斯佩尔曼 [Speelman] 协商的"邦加条约"[Bongaais Tractaat]），果阿王子接受荷兰东印度公司权威。此外，与荷兰的冲突（1924 年以来）也迫使比马接受荷兰的霸权地位（1667 年）。尽管如此，长期适应了在小巽他岛工作的望加锡人和布吉斯商人在政治情况改变以后仍继续在那里工作。对于来自西里伯斯岛海岸的人们来说，小巽他岛和摩鹿加群岛就算不"肥沃富饶"，也是"有利可图"的，因此永远不会让人忽视。

　　显然,果阿和其南面的附属国之间的分裂局面既不直接也不是无可回头的。1727 年,比马统治者的一个儿子娶了果阿王子之女为妻。这样,历史上一段时期内,果阿与弗洛雷斯岛是有关联的(弗洛雷斯岛向果阿进献供品,而弗洛雷斯岛以东的索洛岛和阿洛岛却是特尔纳特岛苏丹[Sultan]的进贡者,后者是果阿在群岛东部的死对头)。比马新郎官 1727 年从果阿人的岳父那里获得了弗洛雷斯岛西部的芒加莱作为结婚礼物。然而,1759 年,果阿人再次到来并夺回了芒加莱的所有权,但在荷兰帮助下,又被比马人驱逐出去。从那以后,比马长期统治着芒加莱,各自相安无事,直到 1929 年左右,比马苏丹放弃了其对芒加莱的主权,后来芒加莱并入了弗洛雷斯岛的一部分。[16]

　　1947 年,在莱德-里尔村庄,传教士范贝克姆(W. Van Bekkum)记载了两只鼓(1951 年出版:图版 1–4;每只鼓面的直径大约为 23.5 厘米,高约 42.5 厘米)。两只鼓都由家庭(wa'ung)法官(adak)所拥有。在以前果阿统治芒加莱时,这个家庭的人曾被任命为莱德-里尔和周边村庄的管理者,负责征税和解决诉讼案件。和这个家庭法官一样,那里还有一个更古老的家庭,即 wa'ung dor,代表着莱德-里尔的土地主管。这个古老的家庭来自伯朗村庄(Belang),位于莱德-里尔以西拜廷。两位来自这两个家庭的“长老”对鼓的历史都非常熟悉,一位叫维拉(Wira),另一位叫列贝(Lebé)。来自家庭法官的维拉,是鼓的“保管者”。其中一只鼓是果阿酋长授予提乌(Tiwu)的,提乌是维拉的早期先祖,维拉是第九代保管者。提乌收到鼓的同时还收到一面旗帜(bandéra),旗帜的旗杆1947 年时仍在。两样东西都是果阿委任官职的身份象征,也可以抵销莱德-里尔和附属国人民的进贡。这种交易形式类似于那些互赠礼物的例子,在相关各方建立契约时需要互赠礼物。在芒加莱的情况中,臣服人民的代表要进贡象征性的贡品,以此作为海外统治者的交换条件,其目的很相似,都是为了加强政治上的盟约关系。象征性的贡品——其现金价值是可以忽略的——从芒加莱村庄到果阿,贡品包括纯粹是神奇和象征性的东西,例如,一只羽毛异常的鸡、一只同样引人注目的多毛山羊、红色的根茎、饰有图案的纺织品、竹筒中已经舂好的大米,但是没有奴隶(后来,比马人要求进贡奴隶)。

　　21.9.3　在莱德-里尔的果阿鼓鼓耳已丢失(比马版鼓鼓耳也一样);鼓身上有裂缝,看起来已被岁月摧残得破败不堪。这确实是只相当古旧的鼓,它的历史曾经是家喻户晓的,首先是因为它的保管者。这面鼓以前的保管者以及这只鼓拥有者家庭其他成员的名字排列如下(保管者的名字是用斜体字书写并有编号;s.=儿子)

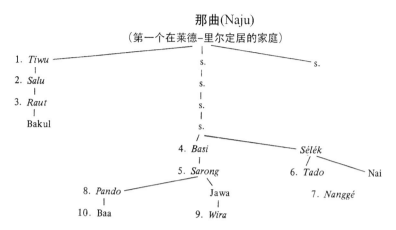

第 3 代保管者劳特（Raut）并没有把鼓传给巴库（Bakul），因为巴库当时还只是个小孩（后来他离开了村庄）。第 4 代保管者巴锡（Basi）也没有把鼓传给他的弟弟塞莱克（Sélék），因为后者已经去过世了。鼓于是传给了萨隆（Sarong）（第 5 代），后又传给了塔多（Tado）（第 6 代）和楠格（Nanggé）（第 7 代）。塔多的弟弟奈伊（Nai）已经去世了，楠格成为最年长的人选。楠格又把鼓传给潘多（Pando）（第 8 代）（由于贾瓦［Jawa］已经去世了）之后又传给维拉（第 9 代），维拉曾是村庄的酋长（直到 1947 年——范贝克姆写那篇文章之时——维拉还是一位离退的酋长）。1947 年以后，据说将来的保管者是潘多的儿子巴阿（Baa）。

在所有铜鼓的历史中，这个有着 9 位"持有者"的序列清单可以说是独一无二的。1947 年，这个时间距离果阿人最后从弗洛雷斯岛被驱赶出来（随后的统治者是比马人）已接近 200 年。果阿酋长赠鼓给比马人的时间，肯定是果阿人在芒加莱短暂统治的最后时期（大约在 1760 年）或在 1727 年以前，即比马首次与西弗洛雷斯岛建交之前。这些时间中的任一个都足够满足这 9 位保管者的顺序了，这些保管者只会到死时才把鼓传给下一位继承者。由于持有者在接受祖传之宝这种重要使命时不能太年轻（在巴库的例子中已证实），所以，一位继承者保管鼓的时间就不能假定为太长。另一方面，同样的保管者名单也适用于莱德-里尔的另一只鼓，这只鼓是在果阿人被赶出芒加莱之后（1757 年之后不久）由比马人送的。可是，由于鼓是由比马统治者送给萨隆的父亲巴锡（第 4 代）的，所以，第二只鼓名单不全。在果阿鼓作为礼物赠送之后，巴锡的前面还有三位保管者。果阿人被迫让位于比马人之后，比马人把鼓赠送给巴锡是为了回报他显出尊重。作为礼物，巴锡带着 80 多个奴隶去了比马，因此他得到这只鼓作为回馈。

这应发生于 1759 年之后不久。在 1759 年之前,果阿人最后出现在芒加莱的时间是在 1727 年左右。巴锡的三位前辈可能刚好填补了一段大约 30 年的空白(也许有更长的一段时间)。因此,果阿鼓抵达莱德-里尔的年代可能是 18 世纪早期,一些相关的莫科鼓装饰与莱德-里尔鼓纹饰非常相似,所以时间也差不多在这个点。比马鼓的年代可追溯到 1760 年左右,或者更早(假设它在被送给芒加莱酋长时不是崭新的)。断定这些年代是建立在当地的传统之上,并由果阿-比马-芒加莱关系的官方历史来确认。但是,依据这些传统是站得住脚的。

在芒加莱果阿被击败以后,莱德-里尔的果阿鼓就再也没有人击打过(尽管如此,据说 1947 年的一个家庭聚会中还用了这两只鼓进行演奏)。

附近一个名叫姆巴瓦尔(Mbawar)的村庄,根据姆巴瓦尔居民说法,果阿鼓在去莱德-里尔之前曾是他们的所有物(途径另一个村庄,名叫波索[Poso])。姆巴瓦尔曾是一个举足轻重的村庄,作为它重要性的证据是展出了一只巨锣(直径 72 厘米)。

果阿鼓装饰中最有趣的要素是鼓身上的小木偶(和婆罗洲鼓上的木偶非常相似);四只在鼓身上部,另外四只在鼓身下部(交替有"花"弧)。比马鼓上有着类似的弧和稍微有点像怪物头的钻石形图案。

泰奥村庄(莱德-里尔西部的拜廷)两只鼓都来自果阿。1947 年,范贝克姆查看这两只鼓时,从村里 5 位老人那里获得了资料,一只鼓大约 32 厘米高(直径 27.5 厘米),另一只 59 厘米高(直径 30 厘米)。与莱德-里尔鼓不同的是,泰奥莫科鼓仍有鼓耳。小鼓上又重新出现了举手屈膝的小木偶(鼓身下部;鼓身上部饰有角形玫瑰花环)。大鼓上的装饰却截然不同。根据资料提供者所言,鼓身的上部有:一只公鸡、一条鸡冠蛇、一只像野公鸡的鸟、一头猪、一匹马(马上骑者正赶这头猪去集市)、一只山精拉着一头狮子;下部有:一头鹿、一条水牛、一条蛇、一只等待猎食的卧狮(?)、一条野狗、一条食人鳄鱼。

两只鼓最初都是送给一位名叫古龙阿美布桑(Gurung Amé Busung)的人,他不是泰奥人,而是附近的朗格(Rangké)人。他是果阿的代表("法官"),头衔为克朗(Keraéng);正是因为克朗这个头衔,他才有资格接收这两只鼓。古龙阿美布桑与泰奥的一位土地管理者的女儿结了婚;他带着鼓和一些其他礼仪用品一起搬到了泰奥。后来他回到了朗格,把鼓留给了他在泰奥的后代们。鼓的保管者排列如下(1947):

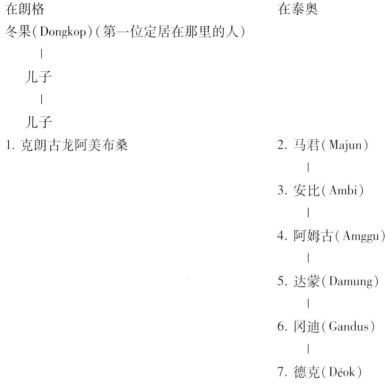

在朗格   在泰奥

冬果（Dongkop）（第一位定居在那里的人）

| 儿子

| 儿子

1. 克朗古龙阿美布桑   2. 马君（Majun）

                                              3. 安比（Ambi）

                                              4. 阿姆古（Amggu）

                                              5. 达蒙（Damung）

                                              6. 冈迪（Gandus）

                                              7. 德克（Déok）

1947 年，鼓保存在德克的家里；德克是范贝克姆的资料提供者之一。

在鼓被取出家门或使用之前，必须要先杀一只鸡来拜祭祖先。只有在一些节日场合才能打鼓，届时要宰杀五头或更多的水牛。

据说果阿人要求铜鼓附属各种各样的贡品，如彩席、加兰木（garan wood）制成的舂米工具和粗尾巴的狗。同样，没有奴隶。

泰奥鼓由当地的土地管理员持有。它们的地位有别于土地管理员所持木制鼓的地位。

至 1947 年，泰奥鼓已经连续由 7 个人持有。像莱德-里尔的果阿鼓一样，也许在 18 世纪早期的果阿时期，它们被送给首位保管者古龙阿美布桑。前面段落中已具体叙述了一些鼓的纹饰细节。

范贝克姆不能确定在芒加莱其他地方是否可以找到更多的鼓。看起来有可能也有其他鼓的存在。迄今为止，鼓的发现都出于偶然。将来有更幸运的发现也是很有可能的。因此，甚至就在写这个章节时，有人告诉了我两只来自东帝汶岛、荷兰私藏的莫科鼓。其中一只莫科鼓鼓身上部饰有与婆罗洲、弗洛雷斯岛鼓上同种类型的木偶。[17]果阿利用鼓来加强联系的政策，可能比我们迄今为止所知道的几个当地例子要多得多。婆罗洲的鼓就属于这一种。[18]

21.10　丰富的莫科鼓：生活和精神层面的莫科鼓

21.10.1　莫科鼓在阿洛人物质与精神层面起了极为重要的作用,大部分有关这些作用的资料都来自纽温坎普(Nieuwenkamp 1919,1922,1925)、1928－1929 年瓦特的文章(1932 年出版)、1938 年 Cora Du Bois 的作品(发表于 1944、1961 年)、1974－1976 年斯托霍夫(发表于 1977 年)等的观点。文中所给出的日期是指作者及调查的年代。

在民族学文章中,虽然人们的传统生活方式已根本性改变或完全消失了,但是一般用现在时来叙述这些生活方式。我放弃了这个惯例做法。所使用的一些资料都是 40 至 100 年前的,观察者所记录的许多事实已不再存在了。在二战期间和之后,很多情况已发生了变化,例如科拉杜博伊斯的观察(1938)应该指的是 20 世纪 30 年代的情况。另一方面,大部分斯托霍夫的观察(1974－1976)在我写作的时候仍然是有效的。但是谁知道这一情况会持续多久呢? 即使是在这种情况中,我想还是用过去时比较好。读者应明智地补充到:这期间情况变化与否都有可能。

21.10.2　如果莫科鼓不是由金属制成并很沉重的话,它们其实更像有腰膜质乐器而不是像黑格尔 I 型铜鼓。和蒂法鼓一样,莫科鼓是用手掌拍击来演奏的(1922、1932[译者按:原书此处缺了作者信息])。可是,这在现存的记忆中并不经常发生。莫科鼓只出现在特殊的场面:宴会中向人展示或用来伴舞(Colfs 1888;Vatter 1928－1929);或当人们出村迎接重要访客时,常有锣和莫科鼓相随,有时也只有锣或者锣和竹笛(1932、1938[译者按:原书此处缺了作者信息])。因此,那些古老的莫科鼓不管怎样都不会用来演奏。

21.10.3　阿洛中部的人们只要把手放在鼓面上然后再嗅一嗅他们的手掌就能分辨得出真正古老的莫科鼓和仿制品,这是件很有趣的事(Nieuwenkamp 1919,1922,1925—Vatter 1932:239,源于 Du Croo 1916)。"看见他们蹲在一只古老的鼓旁,极度欢喜地凝视着、爱抚着、闻嗅着,这是何等奇妙的情景"。金属物品——尤其是古老的金属品——的确拥有一些特性,虽然这些特性不为我们所注意,但是对它们敏感的人却能认出这些特性。金属品有其独特的气味和味道,以黄铜为例,它摸起来较暖和。它们可能会发出独特的气味,这主要取决于它们被人亲密接触的方式,以及这些鼓被人摸来摸去这一事实本身。习惯于与各种金属品打交道的艺术家能告诉我们更多这方面情况。眼瞎的金属工是非常有价值的资料提供者。其他熟悉与各类金属打交道的人也一样：一位助祭在靠近铜币之前就能算出他的"银子"，或某个人当街咬一口硬币就能辨别真假。本章节后面会讨论更经济、更商业的方面，所以这里不再啰嗦。稍微有点湿的手以及嘴巴一部分引起的氧化有可能帮助刺激不同金属物品的自然属性，不管这些金属属性为何物。

21.10.4 拥有莫科鼓并不仅是个人的事。一只古老且价值不菲的莫科鼓通常为一个家庭或整个村庄共同拥有，他们提供了服务，比如他们为一位酋长或富商建造了一艘大船，作为回报，就获得这样一件宝贝（1919，1922[译者按：原书此处缺了作者信息]）。

即使只是暂时拥有莫科鼓也是荣誉的标志。它们可以使主人变成"富裕"之人。例如，瓦特（Vatter 1932）举例说明了卡波拉（Kabola）半岛东部一位腰缠万贯的酋长所拥有的五只莫科鼓，估计总价值为 3 500 卢比（第 21 章 6.3 节）。最珍贵的是莫科米利塔纳鼓，价值为 3 000 卢比。"其中之一……尤其是受人尊敬的，几乎神圣的'地上莫科鼓'或'莫科塔纳鼓'，也被认为是死者灵魂所住之地"。

拥有一些低档次莫科鼓的人总想换一只更大的（Stokhof 1977：43）。拥有一只或多只莫科鼓的人并不仅局限于富人和显要人物。这种鼓也可能发现于最不起眼的小屋之中，上面积满了灰尘，整个屋子黑乎乎的。例如，1918 年，纽温坎普在离卡拉巴希 15 千米处的一座小村庄中发现了莫科鼓；他在一间屋子里发现了 3 只，另一间屋子里发现的莫科鼓不少于 11 只。他在那里购买了一只莫科提卢布托（*tilu buto*）鼓（"八耳"型鼓，价值 20 卢比）。

拥有莫科鼓要比拥有其他任何东西更令人感到"幸福"，那是无论男女都梦寐以求的。

21.10.5 莫科鼓的最佳存放点以前是阁楼（位于客厅顶上和金字塔形的屋顶之间），与粮食和其他贵重物品放在一起。因为阁楼只有一个入口，要用梯子才能上去，且屋顶又没有开口，所以可以防止小偷。莫科鼓和锣是分开放的，一般放在梯子的右边。存放莫科鼓的房子可以用作社区庆典的活动场所。这些房子都处于村子的宗教中心：广场内有舞蹈房、祭室和石碑（1922，1925[译者按：原书此处缺了作者信息]；Vatter 1932：图版 5）。

有时也有可能需要为莫科鼓找个安全的藏身之地（也许在早期，士兵会来追收所欠税款），或者像下列情况：F 这个人他所拥有的莫科鼓遇到了麻烦，为了安全起见，他会把宝贝藏在高高的草丛中；一星期后，F 所信任的一个他父亲的老朋友又把莫科鼓藏在一个连 F 都不知道的地方。这位老朋友自己也藏有一些莫科鼓在那里。"当一个人找到一个藏莫科鼓的好地方时,他是不会让任何人知道的"。

21.10.6　莫科鼓在婚约中占有重要位置。即使在 1914 年货币改革之后,官方仍允许它们作为聘礼和嫁妆的一部分(1919[译者按:原书此处缺了作者信息])。然而,纽温坎普提到,即便是有这个目的,这其中也没有出现过真正昂贵的莫科鼓,因为阿洛没有任何姑娘的价值能与它们相媲美(1919:333)。聘礼所需的莫科鼓数量通常是回礼的三倍。交易中至少要有一只莫科鼓。

科拉杜博伊斯(1938 年在阿提梅朗村)所描绘的情况中,主要有三种聘礼类型,对应三种嫁妆类型。第一类是由锣和莫科鼓组成。请注意,在这个背景下人们经常把锣和莫科鼓相提并论。在科拉杜博伊斯(Du Bois 1961:557)所列出的词汇联系表中,和"锣"所对应的就是"莫科鼓"。

订婚约时,男方还要给女方父亲一只价值 3 至 5 卢比(当时是荷兰盾)的莫科鼓。

从理论上说,聘礼由以下几项构成:阿菲佩莫科鼓、哈瓦塔卡(*Hawataka*)莫科鼓、科尔马雷(*Kolmale*)莫科鼓、曼宁毛克(*Maningmauk*)莫科鼓、塔玛米亚(*Tamamia*)莫科鼓和皮基(*Piki*)莫科鼓,总价值在 121 卢比(Du Bois 的目录中已具体说明,本章中的 6.3 节)。嫁妆包括(也是从理论上说):两只曼宁毛克莫科鼓、塔玛米亚莫科鼓、皮基莫科鼓、卡巴利和法塔法(*Fatafa*)莫科鼓,总价值 38.5 卢比。

1976 年,沃伊西卡(位于阿洛岛中部)人迎娶妻子的四种方式中最流行的就是送聘礼,聘礼主要包括莫科鼓和锣。

Du Bois 的书中包含下列婚姻交易及莫科鼓例子。K 的丈夫用两只莫科鼓得到了她。一段时间之后她离开了他,因为他吃光了她种的所有玉米。男人要求取回聘礼;由于他吃光了她的全部粮食,他只能得回一只塔玛米亚莫科鼓(价值 8 卢比)。其他例子中的聘礼是一只塔玛米亚莫科鼓;给女方兄弟一只曼宁毛克莫科鼓和一只锣,一只哈瓦塔卡莫科鼓(15 卢比)。——"T 的哥哥送了一只皮基莫科鼓给她作为嫁妆;我们用它为 T 的婆婆买了件寿衣"。

未来的新郎官可能会说"赐给我莫科鼓"而不是说"赐给我婚姻"。另一方面,女方家则"要求男方提供锣和莫科鼓"(用于为女方订婚)。女方家庭的一位成员可以利用所收到的聘礼来给自己买一位妻子(1938[译者按:原书此处缺了作者信息])。

有一次,几个人同时对未来新郎官的曼宁毛克莫科鼓感兴趣,他们把这件宝物撕成两半。争夺中的最终胜利者必须收下所有的残片。

某些聘礼会要求大型的莫科鼓。一份特丰厚的聘礼相当于三只总价为80美元的莫科鼓（1938年的价值为160卢比）。

21.10.7　在儿童游戏和思想中扮演重要角色的莫科鼓

科拉杜博伊斯的叙述，在他还是个六七岁的小男孩时，被他的父母亲派去一位亲戚家取一只莫科鼓。父亲给他弓箭和树皮盾。这个男孩就进入一种精神状态——按照惯例，当拿到价值不菲的莫科鼓及类似物进入一个村庄时——他要像一位成年人那样跳着挑战性的舞蹈并扛着物体。然后，他的父亲说："他是个富有的人。"男孩感到非常自豪，整天到处吹嘘他所做的一切。

还有一个时候是一些女孩子在玩耍，其中一位扮演成"女人们的酋长"，她打算购买一只艾玛拉（Aimala）莫科鼓（1938年左右的价值为65卢比）。为了帮助她买到艾玛拉莫科鼓，其他女孩们则敲打竹子并称之为艾玛拉莫科鼓。（关于儿童绘画中的莫科鼓，参考Du Bois 1961：568）。

21.10.8　阿洛人做的梦真是多（1938［译者按：原书此处缺了作者信息］）。

有人可能会在半夜醒来，往火里加块木材，然后开始告诉一位家里成员刚做的梦。他们经常做梦，不做梦须有相当好的理由，例如因为整夜跳舞而根本没有合眼。梦可能会涉及酋长或一些村里人，集中于各种各样的事。次日，他们会清楚地记得自己所做的梦并成为逸闻趣事的谈资。在1938－1939年期间，科拉杜博伊斯非常注重阿洛人的这一生活方式，她经常通过先问她的8位访谈对象（他们会向她提供自传）昨晚做了什么梦来作为开场白。这样的访谈会得出一个详细的回复，开头是："昨晚我梦到……"要是访谈以"昨晚没有做梦"开头的话就不是个好兆头。而让我们感兴趣的是莫科鼓在所述梦中的显著作用。在一个社会和宗教生活如此注重这些东西的社会，这倒不是太让人吃惊。然而，真正令我们关注的是，莫科鼓在男人和女人梦中都那么显著地出现。某些影响阿提梅朗村民（Atimelang）（科拉杜博伊斯在这些人中生活和工作过）生活的一些经历会在他们的梦中反复出现，比如1918年的绥靖战争、同年的流感瘟疫、"饥荒时期"、对士兵上门来收税的恐惧等。即使做梦者按标准的模式来解读自己的梦，不少梦的解读还是值得一阅的，这也会让人知道他们的思维方式。这些模式包括对所梦见的莫科鼓和锣的诠释，鼓和锣既是梦中的器物，又是象征性语言的重要元素。这里又一次把锣和莫科鼓相提并论。

所梦见的锣可能是指姑娘的灵魂。如果一位妇女梦见不能找到某只锣，这意味她的祖先并不打算让她的一个孩子生病。可是，如果在同一个梦中她的丈夫成功地找到那只锣,他的祖先就要让她的孩子饱受病痛之苦。如果梦见了两只锣和莫科鼓,就会有两个小孩生病。梦见买到一只锣暗示着好运将至,卖锣则意味着疾病的来临。带水进屋必须要诠释成"给一只莫科鼓作为嫁妆"。一位妇女梦去到很远的地方,那儿她丈夫的一位远亲家给了她几捆玉米、一只锣和一只曼宁毛克莫科鼓。回来后,丈夫对她说:把锣和莫科鼓放在阁楼里(藏锣和莫科鼓的正确地方)。这个梦意味着这位妇女那一年将会大丰收。还是这位妇女,她梦见"供奉一只爪哇莫科鼓"(利用宴会期间带回去的祭品)。看见水灾(banjir)意味着"锣和莫科鼓";从管中取水意味着"有多少根管子就能收到多少只莫科鼓"。另一个梦中"我们现在买了只大锣;我们已经把一只曼宁毛克莫科鼓支付给了他人",则又一次明确地提到了莫科鼓。或者梦到从天而降的球状大圆石撞击在山的一边,一直滚到做梦者的对面才停住,老人说这是个好兆头,意味着做梦者将要买只贵重的莫科鼓。

　　小龙虾和鳗鱼象征着锣:好兆头。鳗鱼与鸟相伴(围巾的标志)意味着"我想也许有人要死了,我会为死者带去寿衣、锣和莫科鼓"(即为死者举办丧宴)。有人梦见用一只莫科鼓去为他的岳母买了条围巾作为礼物(在洞房之夜以前)。有人还梦到给莫科鼓买药和布匹。与科拉杜博伊斯相关的记录:我梦见科拉杜博伊斯的父母来这里,每个人都提锣携鼓地出来迎接他们(迎客的常见方式)。锣不发出一点声音(意味着"没有人死去")。此外,人们正在搬运水泥袋,修建一座房子(意味着"科拉杜博伊斯打算买一只莫科鼓"),采集石头(意味着"科拉杜博伊斯正在筹钱买一只莫科鼓")。

注释

1. 关于阿洛:《荷兰东印度百科全书》(*ENI*) I(1917):31‒32;V(1927):12‒13;VII(1935):1373‒1375 —— D. Brouwer, *Bijdrage tot de anthropologie der Alor-eilanden*.阿姆斯特丹(1935) —— Du Bois 1944,1961 —— Nicolspeyer 1940 —— Nieuwenkamp 1919,1922b,1925 —— Steinhauer & Stokhof 1976 —— Stokhof 1977,1984 —— Vatter 1932。

2. 关于莫科鼓:Alor and Pantar 1914:91‒92,97 —— Bastin 1971 —— Van Bekkum 1950 —— Bernet Kempers 1959:图版 15,1978:28‒37—Birket-Smith 1946:图版 120 —— Colfs 1888 —— Van Dalen(参考:Huyser 1931:229,232) —— Du Bois 1944,1961 —— *ENI* I(1917):31‒32;V(1927):12‒13(同一题目下"阿洛") —— Evans 1916 —— Goslings 1927 —— Harrisson 1966,1971 —— Van Heekeren 1958:17,图版 5b —— Heger 1902:17 注释 —— Van der Hoop 1941:222,图版 65,67‒68 —— Huyser 1931‒1932 —— Kohlbrugge 1902:34,208 —— Kunst 1949:21,图版 13 —— Van Lijnden 1851 —— Malaien 1924 —— Meulemans 1900 —— Muller 1983 —— *Masikinstrumente der Völker* 1975:26‒27,图版 16‒21(维也纳 H. L. Diamond 收藏

中的九只莫科鼓）— Nicolspeyer 1940 — Nieuwenkamp 1906, 1919, 1922b, 1925：31 - 32,
34 - 36, 148 - 158 — Rouffaer 1900, 1910, 1918 — Schmeltz 1902 - 1904 — Van Stein
Callenfels 1925 — Steinhauer & Stokhof 1976 — Stokhof 1977：39 - 43 — Vatter 1932：233,
238 - 239, 268 - 269, 282, 285, 图版 61, 2 — Vroklage 1941：156 - 166。

3. *moko* 及 *mokko*（有时写作 *màko* 或 *muko*）的词源学并不确定（Rouffaer 1900：300, 1910,
1918：307 - 308 — Du Bois 1944, 1961：23）。Rouffaer 指出，莫科鼓和用来打碎石头的大
锤 很 相 似（参 考 J. C. G. Jonker，《罗 蒂 语 - 荷 兰 语 辞 典》[*Rottineesh-Hollandsch
Woordenboek*]，莱顿，1908）。*moko* 及 *mako* 也出现在（弗洛雷斯岛、英德 [Endeh] 地区）一
个用葫芦制成的采水瓶上（莱顿博物馆的目录 XVII, 1924：27）。对这个词的解释中，最
大胆的说法就是 Rouffaer 的说法（但不被真正接受），他认为这个词来自爪哇，即卡瓦
（*kawah*）（*tambra gomuka*）（古爪哇语里面的牛头釜，地狱那里用来蒸煮作恶之人釜，1918，
291 - 292, 307 - 308）。爪哇和巴厘的金属釜可能都是用于残酷的刑罚，就像荷兰人蒸煮
伪币制造者那样（至今仍悬挂在代芬特尔 [Deventer]"德瓦赫" [De Waag] 外墙上的大锅
就是证据；参考：Rouffaer）。*muka* 或 *moko* 可能是受到一些鼓上头饰（*mukha*）的启示（不
过只是佩砧型鼓）。

  除了 *moko*（这样看，它原本不是本地的词语）这一叫法之外，还有一些当地的名字，例如阿
洛岛中部沃伊西卡语中的"*wayma*"（Stokhof 1977）。"阿洛岛和潘塔尔岛"语词汇末尾包括了
wulu（阿洛语）、*bani*（库伊 [Kui] 语）和 *sasau*（科拉纳 [Kolana] 语）这 3 个词作为种类。

4. 雅加达博物馆，4950（21.01）。现在雅加达史前收藏中的其他莫科鼓是：1428，一只微型
鼓（高 51 毫米，鼓面直径 32 毫米）；由 C.C.F.M. Le Roux 赠送：Van der Hoop 1941：223, 图
版 65；Van Heekeren 1958：图版 5b）；来自阿洛岛的 4951 - 4953，由南帝汶的助理常驻官
（Ass.-Resident）赠送，1916 - 1917（译者按：原书此处缺了作者信息）；4954a - b，有两块残
片，没有具体说明。

  莱顿收藏了 9 只莫科鼓。阿姆斯特丹的热带博物馆大约有 20 只，其中包括了一些杰
出的鼓来自 Nieuwenkamp 和前常驻官（Resident C. J. van Kempen）的收藏。Nieuwenkamp
的一只莫科鼓（图版 21.04）藏于代尔夫特的努桑塔拉（Nusantara）博物馆。鹿特丹的"土
地与民族博物馆（Museum van Land- en Volkenkunde）"只有少量的几只莫科鼓（暂时无法
研究）。在贾斯汀努斯·范·纳索博物馆（Justinus van Nassau Museum）有两只莫科鼓。
私人收藏的莫科鼓（不一定很古老）数量及其现在位置还是个未知数。

5. Nieuwenkamp 1919 & 1925；Stokhof 1977：40。

6. Nieuwenkamp 1919 及 Muller（1920 年寄给斯巴若 [C. Spat] 的一封信、目录和照片，都收藏
于布雷达 [Breda] 的贾斯汀努斯·范·纳索博物馆）都从同一个信息源得到资料，这个人
是"阿洛本地"的酋长，在 Nieuwenkamp 访问该岛之后不久就被杀死了。

  和莫科鼓这一名字一起出版的照片和绘画令人受益匪浅。Nieuwenkamp 1922：78, 图
版 7，举例说明了一只瓦尼亚泰纳（*Wanja tenah*）鼓（图录 5）、一只爪哇塔纳（*Jawah-tanah*）
鼓（图录 4）和爪哇布卡马希（*bukamahi*）鼓（图录 10）。根据 Nieuwenkamp 所说，图录 4 可
能是阿洛岛仅有的一只鼓，由阿洛本地酋长所有 — Huyser 1931 - 1932：232（参考页 281 -
282），图版 9 - 10 描述了 Meulemans 1900 年左右所拍的一张照片，还做了各类描述。
Meulemans 给图例说明的莫科鼓起的名字是：*Múkko Mangkasar tanah；M. wanda tanah；M.
Jawa tanah；M. male ei* 和 *M. Mangkasar*（新仿造）；*M. pikul；M. bata — katélema；M. bata*（值

得一提的是 Meulemans 也生活于卡拉巴希)。与 Muller 分类中的类型 6、8 一样,*M. Mangkasar tanah*(一种早期类型)平平的鼓身上有平行的隆起。

这些名单之外,还有 7 种类型的短目录,由 Va Dalen 编制并被 Huyser 1931－1932: 338－339 引用:价值 1 100 卢比的马拉希(*Malahi*)、价值 10 卢比的凡达(*Fanda*)和乌里马勒(*Uli male*)、价值 2 000 卢比的廷格拉(*Tingela*)、价值 15 卢比的威玛迈辛(*Waima maisin*)、价值 15 卢比的欧桑-欧桑(*Osang-osang*)和价值 15 卢比的马卡萨帕(*Makassar pah*)。Va Dalen 解释其中一些鼓的名字时要么跟发现它们的祖先相关联,要么跟形状和装饰的细节联系起来。

7. Van Bekkum 1950:图版 6－8 — Huyser 1931－1932,图版 12,56,58—阿姆斯特丹热带博物馆 77/17(蛇和老虎)—Muller 的照片、布雷达博物馆 23 号(马和鸟?)—Nieuwenkamp 1922:78(提到了马的引进),图版 7。

8. W. B. Honey,《中世纪末至 1815 年的欧洲陶瓷艺术》,伦敦,1949 — E. W. van Orsoy de Flines,载于《荷兰东印度群岛考古报告(*Rapporten Oudheidkundigen Dienst in Ned.-Indië*)》,1940。巴达维亚 1941:27,30,图版 31 — Adhyatman 1981:图版 394。

9. M. Penkala(当时是棉兰[Medan]东苏门答腊的省长)把他的收藏给 Van Stein Callenfels 欣赏(*OV* 1925:20,图版 8－9)。同样的莫科鼓 Huyser 1931－1932 年给了插图。

10. M. Penkala,《欧洲的陶器》— Schiedam 1980:图 57－68 — R. Grzadziela,《波兰陶器(*FaJanse polskie*)》;Sanok 1983:32(Freudenreich 1880－1918);Adhyatman 1981:图版 341 显示了一个石器罐子(*tempayan*),罐身上的两条"龙"之间饰有盾徽,图案虽然和图版 21.06 上的有点相似,但不尽相同。

11. Van der Hoop 1949:图版 XXXVIII, XL, CXLV — Jager Gerlings 1952—垂直的对称图:Langewis 和 Wagner 1964(各种莫科鼓来自婆罗洲西部、胜巴岛东部、西里伯斯岛北部)。

12. Evans 1918(来自同一个地区的另一只鼓也引起了他的关注,Evans 1953:458 注释)— Harrisson 1971:259。

13. Harrisson 1966;1971:211,图版 46。

14. *ENI*, s.vv. Bima (I:307－308;V:219);Flores (I:715－718;VII:1366);Gowa (I:811－815);Manggarai (II:667) — R. A. Kern, in:F. W. Stapel (ed.), *Geschiedenis van Ned.Indië* I (1938):350－365 — J. Noorduyn, *Een achttiende-eeuwse kroniek van Wadj'* (The Hague:Smits,1955):93－107。

15. R. A. Kern, l.c.:357.

16. *ENI* II:667;VII:1366.

17. 最近刚刚收藏的来自于东帝汶的金属鼓前主人说帝汶莫科鼓是当地制造的,当地还有一些莫科鼓是用金子做的。Huyser(1931－1932:279 注释)曾提到银制的莫科鼓(1925 年"分组导航公司"[Paketvaart Maatschappij]发表的一本导游书列举过),他还曾讲到金制的莫科鼓、"中国白银"(一种铜镍合金)的莫科鼓。一些合金也许让人产生了制造这种鼓的想法。

18. 在 1603 或 1605 年,塔罗(Tallo')王子卡兰马托瓦亚(Karaeng ma'towaya),当时也是果阿的省长(也是果阿王子的姐夫),皈依了伊斯兰教。果阿王子也这样。那以后发生了一系列征服,包括婆罗洲东岸。而卡兰马托瓦亚在 1616－1626 间征服了比马,可能正因为这样,他也把伊斯兰教带到这个地方(Kern, l.c.:349,356－357)。从 17 世纪之后,望加锡与东婆罗洲通过联姻保持了关系。这也许是本节开头部分探讨过的黄铜鼓出现的缘由。

第 22 章
东南亚高山地区

22.1 有关蛮人或"南蛮"的解释

在本书中的某些章节中经常出现"南蛮"这个词,换个说法就是各个蛮人部落。他们或者以这个统称出现,或者以较近期的少数民族名称出现,如莫伊族(Moï)、芒族(Muong)、黎族(Li)、僚族(Liao)、越族(Yue)、苗族(Miau-tze)等等。中国的历史书记载了其中这些部落及其早期历史,这些资料现在已被许多人总结归纳,他们是:德格罗特(De Groot 1898,1901);赫斯(Hirth 1904);康德谟(Kaltenmark 1948);德博克莱尔(De Beauclair 1956,1970);凌(Ling 1955);卢斯(Luce 1961);罗香林(Lo Hsiang-lin 1967);皮拉佐利-塞尔斯蒂文斯(Pirazzoli-T'Serstevens 1979);[1]戴维森(Davidson 1979)。在这些总结的资料中,可以找到许多关于蛮人使用过铜鼓的信息。现代旅行家、民族学家、政府雇员等也提供很多信息,都涉及黑格尔 II 型(芒族和黑格尔 III 型、掸族[Shan]、克伦族、拉梅特族[Lamet]以及克木族[Kammu])鼓的近代使用情况,后面第 22 章2 – 5节还会对其进一步讨论。一般来说,我们对于黑格尔类型鼓的早期历史知之不多。

中国关于金属鼓(见第 4 章 2.2 节)的资料,要么是百科全书,要么是中国南部地区及其邻近国家的民族学研究成果。

其中,一些资料与铜鼓的起源有关(先前在第 16 章 4.3 节中已讨论过),有的涉及一些为大家所熟知的古老的金属鼓,还有的与一些新旧铜鼓的当代使用情况有关。本书相关章节已经涉及其中大部分信息。这一章会简略地提到。

在蛮族及相关的山地民族的社会和宗教生活中,铜鼓扮演着一个极其重要的角色。时至今日,在这些山地民族的生活中,他们依然保持这一习俗。中国人知道铜鼓对于蛮族人很重要,可他们不愿把这些鼓当成中国经典历史遗产的一部分。然而,在他们眼中,中国和这种鼓之间存在某种联系,因为他们认为是名将马援公元 43 年征服蛮人国家后把鼓赐给了当地的人民,也就是现在的北越。提出这个大胆说法的文献写于 12 世纪。这本书记载,蛮族人偶尔也会把马援给当地留下的鼓挪作他用(De Groot 1898)。正如我们在前面(第 12 章)所讨论的那样,一些学者(例如戈鹭波[Goloubew])对中国人的这种说法很感兴趣。然而其他学者则把鼓的发明归功于一些山地民族(Heger 1890;Parmentier 1922;Heine-Geldern 1932 - 1933)。事实上,我们对黑格尔 I 型鼓的早期历史不怎么了解;而对于近来东南亚高地的山民和中国南部人民所使用的那些黑格尔 II - IV 型鼓,我们知道得更少。汉人史料提及的一些鼓可能与黑格尔 III 或 IV 的原型有关(第 3 章 1.2 - 4 节)。从另一个方面来说,在中国史料记载之前,可能由于各种各样的原因(第 5 章 5 节),金属鼓已被埋藏了很长一段时间,后来又被后期的蛮族发现,并视为古老而神圣的器物。那种鼓可能是黑格尔 I 型鼓,在中国南部被发现,属于中国南部版;要是在北越被发现的话,又或者是更早期的东京鼓。举例来说吧,11 至 12 世纪宋代的文献中提到一种鼓,上面装饰着穿着盔甲的勇士(De Groot 1898:346)。这样的描述好像与我们从黑格尔 I 型鼓上图像带上看到的羽人(mﻝ)装饰很类似。后来这些人纹被换成了羽毛状的题材(££),然后就这样在中国南部持续了多个世纪,羽人图案变得更加难以识别。宋代文献所谈到的这面鼓肯定是货真价实的"古董"。这一点也不足为怪,因为此类发现一定已屡见不鲜,而且到现在越南北部也仍有发现。

公元 900 年左右一个文献是这样描述蛮族鼓:"这种鼓的中间部分有鼓腰……鼓身布满了装饰图案,有动物、鱼类、花卉以及植物。当敲击它的时候,这种鼓就会发出一种非常悠扬的声音。"(De Groot 1898)在一个蛮族首领的墓葬中发现一只鼓,鼓面上装饰着浮雕图案和金属蛙。另一只鼓上则有骑马之人等人纹、花卉和青蛙。既然黑格尔 IV 型鼓上不会有蛙饰图案,这只鼓肯定是一个古董,是黑格尔 I 型鼓的中国华南版。

陆游(1125 - 1210)曾这样描写鼓:在他那个时期,蛮族在战争中仍然使用鼓,在祭祀时也会用到鼓。他说这种类型的鼓当然不会给皇宫的收藏丢脸。另一方面,他不是很理解,为什么自从梁朝(502 - 557)以后那些鼓就具有如此高的价值(原文叙述如下:"此铜鼓南蛮至今用之于战阵、祭享,初非古物,实不足辱秘府之藏。然自梁时已珍贵之如此,不知何取也。")。后来,中国的鉴赏家们逐渐意识到这种金属制品的地位,例如戴维森(Davidson 1979)提到的两位宋代学者周去非(1178 年)和范成大(约 1175 年)。

下面一则故事描绘了蛮族首领与鼓的关系(De Groot 1898)：在 1573 年,贵州和广西境内有 60 多座城池被攻破,有 30 多个部落酋长要么被捕入狱要么被杀,缴获了 93 只"诸葛鼓"(第 16 章 4.3 节),每只都有一个黄铜釜或铁釜。一个被捕的酋长泪流满面地说道："鼓声传得最远的是最好的鼓,价值 1 000 头牛。要是谁有 2 - 3 只鼓,就可以自称为'王'。如果在山顶上打鼓,所有的蛮人都会跑来集中。现在,这一切都成为过去!"(原文叙述如下："有声响者为上上鼓,易牛千头……藏至二三面者,即得雄视一方,僭称王号。每出劫,击鼓高山,诸蛮顷刻云集……")和铜鼓一样,这些鼓身上也装饰有符号和图案。但大釜又有什么用处呢? 据说,这些大釜形如炊具,大得足够装下一整头牛。德格罗特认为它们是用来给集合的战士煮食物吃的。或许他是对的：一只部队——一只鼓和一个特大的饭锅。又或者,如果大锅不是如此的巨大就好了! 那样我们就可以设想：这种鼓和大锅之间有个人的联系,就好比在印度尼西亚群岛发现的某些鼓总是和陶器、茶碟、脸盆等之类的东西联系在一起那样。

据德格罗特所说,用鼓来召集战士的资料最早始于公元 6 世纪。

酋长和他的鼓之间的关系就像中国的皇帝与他的三脚大鼎的关系一样重要(Kaltenmark 1948：26)。

《隋书》有段话如此记载俚獠部落(Beauclair 1956；*ESEA* 1979：128)：在新鼓做好之后,主人就会把它陈列在自家的院子里,然后准备好美酒佳肴并邀请亲朋好友。富贵的宾客们带上金银大钗来敲鼓,这些大钗专门为此而做,之后会赠送给主人(原文叙述如下：诸獠皆然。并铸铜为大鼓,初成,悬于庭中,置酒以招同类。来者有豪富子女,则以金银为大钗,执以叩鼓,竟乃留遗主人)。黑格尔(1902)曾尝试解释这种庆祝活动中人们带着东京鼓游行的原因(第 7 章 3.1 节)。德博克莱尔提到了来自贵州中部和东部的苗族人,他们近来用铜鼓来做容器,将糯米制成甜酒。显然,东京鼓的人纹图案与新鼓的庆祝毫无联系。可能有更多的饮酒作乐场面装饰于鼓上,比如石寨山 M 12：2 鼓面上(图版 16.05,第 18 章 5.5 节)就有饮酒和跳舞场面。

在贵州西部的仲家(Zhongjia)人那里(来自中国文献和民族学研究,参阅：德博克莱尔),人们把鼓保存在村里长老家房子上部,鼓上用女人的衣服将它盖住,以防止它不翼而飞了(*ESEA* 1979：129)。

在各种场合中人们都要敲鼓,比如召集民众(东谢[Dongxie]人)、生病(獠人用此来抚慰魂魄)、葬礼(贵州的黑苗[Hei Mhao])、缅怀(蛮族用以追悼亡灵；

布依族［Po-yi］）、新年宴会及各种节日庆典,同时还吹号或鸣笛。

中国人远征(如马援和诸葛亮,见第 16 章 4.3 节)后铜鼓作为战利品离开了蛮人国。过了好久之后,在公元 6 世纪铜鼓和其他珍宝从僚族地区被运到中国的朝廷,或者可以说是进贡,又或者说是礼赠(公元 48,966,990,1012 年;De Groot 1898)。在 1068 年和 1078 年之间,广西的某个地区送给中央朝廷 17 只旧鼓(译者注:这句是作者误,实为"熙宁元年至元丰元年,横州共获［出土］古铜鼓一十七",见于《宋史·五行志》)。

鼓也用作容器,用来盛酒、粮食、银币(参阅:古勒［Gühler］之鼓的故事,第 5 章 5 节)。在云南,人们用它来盛装贝壳(18 章 5.1 节)。

鼓也用作奖赏(东谢人也用健牛、马作奖赏)。

蛮族部落开始制作金属鼓的历史可能与中国南部和东南亚高地使用过的各种黑格尔型鼓历史大致一致,换句话说,这两种鼓的历史都可追溯至远古时期。迄今为止,黑格尔 I、II、III 和 IV 型鼓的起源问题已在相关的篇章中讨论过了(第 3 章 1.1－4 节)。黑格尔 I 型鼓遍及东南亚大陆地区及附近岛屿,但最后还是销声匿迹了。黑格尔 II、III 和 IV 分布虽然有限,但是它们比黑格尔 I 型鼓的存在多了好些世纪。直到 20 世初,人们还会制作黑格尔 III 型鼓,甚至在二战之前亦没有停止,到 20 世纪 70 年代早期,因为用作商业买卖黑格尔 III 型再次得以复苏。黑格尔 IV 型鼓经历了批量生产的时期,一直持续到 19 世纪初或更长一些的时间,据说其最后的一个样品可追溯到 20 世纪 40 年代中期(第 3 章 1.3 节,1.4 节)。当然不是所有这些鼓都跟蛮人青铜工匠有关系。

22.2　芒人及其铜鼓

芒族(Muong)是越南北部和安南北部的少数民族部落之一,居住在红河的南边。以下关于他们使用铜鼓的一些记载(主要是黑格尔 II 型;偶尔有黑格尔 I 型)来自库西尼尔(Jeanne Cuisinier)的报告,出版于 1948 年(页 445－451,图版 XXX－XXXI)。

人们在葬礼上使用金属鼓,有时在婚礼上也使用,而且只限于领主家族,农民从来都不曾拥有,更谈不上使用,即便是村子里是最富有的、地位与众不同的农民都不能拥有铜鼓。即使在贵族当中,也仅限于最高等级的贵族才能使用。库西尼尔还写道:现在(1948 年),在领主家族的首领当中,再也找不到那些铜鼓;有些鼓已经被卖掉,或是在那个家族颠沛流离的时候被藏了起来,而且永远无法找到了。其他的或者早已烂得不成样了，或成为主人死后的陪葬品。一般的金属鼓为黑格尔 II 型（Cuisinier 1948：图版 XXXI‑4）。她的图版 XXX‑1 是一只黑格尔 I 型鼓；"穆力鼓"11.28+也一样，它是由一个芒族酋长的遗孀送给一个法国人的。

在酋长的尸体入殓之前，家人会将鼓从尸体上方的屋顶悬垂下来。这会持续相当长的一段时间；向死者供奉食物之时，人们就会敲鼓（Coedès 1962：25）。

正如库西尼尔（Cuisinier 1948：447）所指出的那样，对于芒族人拥有的铜鼓年代，我们不应估计过长。直到 19 世纪初，安南人（Annamite）的铸造厂仍在生产这种铜鼓。其中一些鼓有被人敲打过的痕迹（以及由于自然的原因而被腐蚀），这些铜鼓的使用时间可能贯穿了那一时期甚至更长时间。从另一个方面来看，它们的年代难以与东山铜鼓相媲美。库西尼尔（Cuisinier 1948：447‑448）记载，根据芒族人的传统，奕阳（Yit Yang）国王的两个姐妹发现了一只金属鼓，它先是浮到海面上，然后漂到了沙滩上。国王命人将鼓带到皇宫里，然后召集全国的工匠，让工匠们按照这只鼓做了 1 960 件复制品。王国里每个家族首领都分到了一只鼓。在首领死了之后，人们就会在他的葬礼上使用这只铜鼓。"在向亡灵供奉祭品的过程中，往往需要击鼓传递如下信息：愿地下的亡灵来到地面上，愿上天的逝者回到家族的祭坛上，看亲人们在燃香，供奉大米、白酒等供品，听祭司给众人讲述有关家族的古老传说。人们定期将大米和白酒作为供品置于祭坛上，通过这种方式将过去与未来联结在一起"。在某些地区，哀悼之时不敲鼓，在婚礼上则敲敲打打，这和泰国人的习俗差不多。

有些人的家里（或是泰国人，或是芒族人）有两只或更多的铜鼓。这些鼓摆放在祠堂里，以防止失窃或损坏。人们逐渐效仿这种新做法。其他鼓有的藏在山洞里，有的在树下公然摆放，有的被埋在地里，用时再挖出来。这些鼓埋得很浅，刮风下雨就很容易暴露在空气中。若他们的鼓面碰巧被路人发现，则会被视为不祥之兆：邻居家某个人要死了。

对待鼓的方式各地而异，比如举行某种仪式时，人们才将鼓从它的藏身之处抬出来，或者，当鼓暂放在祠堂的时候，人们会给它们摆上供品。鼓神不喜欢自己的躯体被随便移来移去。办葬礼时要做好充分的准备，对鼓要毕恭毕敬，还要不断敲击它，不能草率行事，以免冒犯了鼓神。

酋长已故的消息通常以击鼓的方式告知族人（如果有的话就用金属鼓，要不然就用一面大膜质鼓）。偶尔也会用到锣：锣点节奏非常特别，先慢敲 3 下，然后快敲 12 下，再慢敲 3 下，所有的情况都是这样敲，又或者对贵族和普通人则采用不同的节奏。人们敲完鼓之后,有时也会放炮,炮是从别处专门为这个场面借来的(死者家属需提供火药——火药越多,放的炮越多)。人们可以招魂、驱鬼或者祭拜亡灵:世界各地制造喧闹气氛的方法可真多。

22.3　克伦人和掸族人帮他们铸造的铜鼓

克伦人居住在北纬19°左右的海岸,在伊洛瓦底江(Irrawaddy)与锡唐河(Sittang)的河谷,以及整个丹那沙林(Tenasserim)地区,从北纬10°往上穿过泰国边界的山丘,直到北纬21°的掸族高原。在泰国,克伦人主要居住在缅甸边境大约北纬12°的地方,然后往北往东到湄公河地区(Le Bar 1964)。他们紧挨着苗族和倮倮(Lolo)族,是东南亚大陆最大的山地民族。他们有许多民族称呼及语言学名字,主要的族群是斯高(Sgaw)(也称为金耶[Kanyaw])和匹朴(Pwp)(这两个族群都是平原居民)、帕欧(Pa-O,东孚[Taunghu])及卡音尼(Kayin-ni)("红色克伦人";克伦尼;1948年后的缅甸语称之为卡耶[Kayah])。根据他们的服饰,在泰国的克伦人通常分为红色克伦人和白色克伦人。克伦语通常纳入汉藏语系,因此克伦语的位置不大明确,它们与藏-缅语(Tibeto-Bruman)的关系也模糊不清。

克伦人也许是从中国南方(云南,或途经云南)移居到缅甸去的。克伦人的风俗与云南人中非汉传统有着千丝万缕的联系。后来他们在缅甸中部平原地区定居了下来;可能13世纪一些记载指的就是他们。不久,他们就把先前的黑格尔 III 型铜鼓给改造自用了。19世纪以前的克伦人历史在很大程度上只能猜测。在那之后就有了来自旅行者和传教士的记录。正是多亏了这些人,我们才得以了解到早期克伦人或掸人对铜鼓的使用情况。称为"克伦"鼓是因为它们被克伦人使用;而称为"掸人"鼓是则因为它们是由掸族人铸造的(亦见第3章1.3节)。

克伦人自己认为他们的铜鼓来源于先古时候。据他们传说,第一批鼓碰巧是由一群猴子留下来的,这群猴子拿着铜鼓并准备用于陪葬同伴。它们被一个叫蒲貌桃(Pu Maw Taw)的老人发现后就一哄而散地逃走了,留下两只鼓,一金一银。还有一只白色的鼓因掉进池塘里而不见了(*ESEA* 1979:130)。

在缅甸,黑格尔 III 型铜鼓被叫作 *kyee-zee* 或 *pa-zee*(第4章2.2节)或一个双关语 *pa-see*,"骑蛙",这种叫法来自鼓面上的立体蛙饰。哪个克伦人拥有这样的金属鼓就可以称作富人,而但凡有钱人都想把钱换作铜鼓。某个村子的鼓比别的村子多，就会遭到别的村子的嫉妒，他们对鼓的索取往往成为部落之间战争的导火索。1858 年，奥莱利（O'Riley）（第一个到内比都［Taungu］即缅甸首都的地区长官；由马歇尔［Marshall］于 1929 年提到）这样说道："鼓被偷走，或借给别的部落没有归还，均会导致部落之间的仇恨，而且会代代延续下去，直到亏欠的部落交出一个人或拿出一个鼓（kyedzei）来补偿丢失的鼓，要不然，部落间的仇恨就会永远存在。在边远地区，人们甚至用鼓来交换小孩。在祭祀的场合或准备突袭事宜时，人们会敲打铜鼓，用以激奋人心。"

"在所有的集会当中，人们会拿出铜鼓来敲奏；当人们听到高山幽谷传来的鼓声回音之时，会把它当作是神灵的许可。他们在喝了一种米酒后变得很疯狂、激动，接着就会出现最狂野的场面"（O'Riley 1858；De Groot 1898：366）。

梅森（F. Mason 1868）说，那些鼓相当于防止农作物收成不好和饥荒买的保险，因为在困难时期可以随时变卖它们并用来购买食物（Fraser-Lu 1983）。

克伦人能把"热"鼓（kō）和"冷"鼓区别出来，"热"鼓用于对死者的膜拜，"冷"鼓则用于其他目的。"热"鼓从来不放在屋子里，而是藏在丛林中。"只有发生灾难时，或家庭里的某个成员生病时，人们才会把鼓抬出来挂在屋子里敲"（Marshall 1929）。

正如我们之前所看到的（第 3 章 1.3 节），肯尼（Kenny 1924）认出了"高"鼓和"短"鼓，克伦人则把后者分为"公"鼓和"母"鼓（分别对应有蛙和无蛙）。在本章中，这些早期亚型值得再多加讨论。根据克伦人的说法，"公"和"母"鼓的"父母"居住在一个洞穴里，这个洞穴在距离克伦尼（Karenni）首府莱考（Laikaw）以南 12 英里处的沼泽地里。在那儿，有一条河流消失于这个洞穴中；在风和日丽之时，就能听到一种奇怪的金属敲击声，克伦人说这是神灵在敲鼓（Marshall 1922,1929；Heine-Geldern 1932）。

后期黑格尔 III 型鼓的铸造者们对掸族或克伦鼓古老类型的起源问题都胸有成竹。据说它们是由神灵造的。"每只鼓都是神灵在人间的栖息之所，通常被视为不祥之物。红色克伦人……非常害怕对这些锣进行品头论足、使用它们或做出任何有可能激怒住在其中的神灵的举动"（Kenny 1924）。

本地的能手能认出新旧鼓之间的区别——当然是用他们自己的方法。也许，他们所使用的一些名字并不是特指某个铜鼓的类别，只是每种鼓的个性化名字，具有重要价值，就像印度尼西亚东部的桑根人给他们的鼓取名一样（4.02+，4.03+及 4.05+），其中一个名字为 Yersu，意为"（锐利）之音"，用于肯尼（1924）所知道的一种较短小的鼓。

缅甸人告诉马歇尔一种实用可行的确定鼓年代的办法,就是根据它们保存状态而定。这种办法的术语有: *Ka Paw*("苍蝇可以由这些洞钻进钻出")、*Na Ti*("不再有鼓耳")、*Gaw Ple*("你甚至用绳子都把它们绑不起来")——(看起来缅甸语很有特色,两个字来就能表达一个完整的句子)。

鼓的音质会引起人们特殊的关注。古老的鼓极有价值,尤其是当它们声音洪亮深远时。克伦人"给 10 只不同种类的鼓安上了独特的名字,他们假装根据声音来区别鼓;音质最差的只卖 100 卢比,最好的可卖到 1 000 卢比"(Mason 1868)。一个质量较次的鼓仅售得 30 到 100 卢比。梅森还写道,"当人们敲打一只好鼓时,克伦人认为它发出的声音会使人的心灵得到慰藉,女人们则会为失去的朋友而哭泣或为分离的友人而伤感"。

克伦人是在较近的时期从掸族金属匠那儿获得鼓的。这一情况在早一些时候可能有所不同,直到 20 世纪 20 年代,人们还对早期情况记忆犹新。马歇尔(1929)说:"据猜测,这些鼓是从居住在'本地之外的地方'(即东边或北边地区)的一些部落手中得到的。大部人认为克伦人首次获得的最古老铜鼓来自玉人(Yu)。"一首诗歌把铜鼓说成战利品,诗歌这样写道"如果我们能够耐心等待时机,就能把鼓从玉人手中夺过来"(Kenny 1924)。玉人应该居住在云南地区(Taw Sein Ko)。或者,鼓与瓦卡莎(Wakawtha)人或斯瓦(Swa)人有关系。这个名不见经传的部落曾与克伦人有过贸易往来;克伦人先将货物藏在一个隐蔽的地点,然后再回去拿鼓,而鼓的价值必须要与所交换的货物相当(根据《克伦词库(*Karen Thesaurus*)》,1848)。在较近的时期里,掸人可能充当了铜鼓提供者角色。克伦人讲的一些造鼓鬼魂的故事和人们对这类秘密行为的记忆估计有关联。

关于掸族人铸造黑格尔 III 型鼓方面,参见第 11 章 3 节;近代商业性生产,参见第 3 章 1.3 节。

22.4　拉梅特人及其铜鼓

拉梅特人(Lamet)是山地民族,人数并不多,是南亚语系(Austroasiatic)孟-高棉语(Mon-Khmer)族,住在老挝的最西北方向。他们住在位于缅甸-泰国-中国的三角地带,过着刀耕火种(swidden cultivators)的生活。当地热带森林茂密,山丘林立,是典型的季风气候,雨季和旱季界限分明。虽然交通不便,但当地人还是建立了与其他民族的联系(Le Bar 1964: 117 - 119)。

过去，在拉梅特人宗教和社会生活中拥有铜鼓是非常重要的。在 1936－1938 年间，瑞士民族学家伊兹科维茨（K. G. Izikowitz）研究了这一文化。他在研究报告中指向一段较近的历史，即在二战前不久。然而，他的报告却反映了古老的情景和社会宗教概念，其中穿插了铜鼓及其使用的有趣事实。经作者同意，以下注释摘自伊兹科维茨教授著作，讲了拉梅特族人（1951）。

拉梅特人受到缅甸人、芒人（Mon）和其他邻近民族的影响，特别是前面章节讨论过的泰国北部克伦族部落。他们沿用克伦人对铜鼓的叫法（Klō），所以他们的鼓肯定是来源于泰国北部，要不作为传家宝这些鼓早就属于他们：这些鼓肯定不是由拉梅特人自己铸造的。起初他们从尼昂（Niang）人那儿买下这些鼓，可能尼昂人就是鼓的铸造者。尼昂人可能是克伦族的一个部落，居住在孟基姆（Muong Kiem），从泰国的清迈（Chiengmai）步行到那儿需要 4 天的时间。

拉梅特人的鼓是黑格尔 III 型的代表（伊兹科维茨报告中写成 IV 型，很明显是个印刷错误）。

拉梅特人的社会、宗教生活取决于是否拥有铜鼓、水牛和其他贵重物件。这些东西的价值不仅仅在于它们能值多少钱，也不在于它们有多实用，更重要的是它们在婚礼和祭祖宴会中所扮演的角色。聘礼通常是鼓、水牛等诸如此类的东西。过去，年轻人喜欢跑到泰国的柚木林和种植园里找工作，想在那儿发大财，然后才有钱向克伦人买铜鼓。有个年轻的拉梅特人在那工作了很久，据说赚了一大笔钱，手里有不少铜鼓。据说还有其他人积攒了多达一百只铜鼓。获得鼓的另一种方法是囤积大米，越多越好，大米可以用来交换鼓。如果谁有几头水牛和几只鼓，他就可以用这些东西来买一个老婆，随后可以再买一个二老婆，这样就可以保证足够的劳动力进行农业生产，取得好的收成，然后又能够再买更多的铜鼓。女方也会带来些值钱的嫁妆，价值同样昂贵，但种类不同。男方的物件"勇武"，而女方带来的东西看起来则属"阴柔"。在实际生活中，水牛没有什么重要经济价值，只是在宗教节日时用来屠宰，或者是新娘聘礼的一部分，又或者用来交换铜鼓。一只铜鼓值四头水牛，一头水牛价值约 30 皮亚斯特（piastres，一种货币单位），在 1937 年为 300 法郎，相当于"一年工作后的结余"！可是，一个人富裕与否光有一只鼓还不够，不论鼓的价值多大。拉梅特人认为富人（即 lem）至少得有两只鼓，此外还要有五六头水牛。lem 属于拉梅特有头有脸的人物，在社会上具有举足轻重的地位。当某人得到 lem 这个头衔时，村子里和他地位相当的族人就会以他的名义举办宴会，会上宣布授予他这一头衔。每个拉梅特人都对这个头衔梦寐以求，这就激励他们要去得到更多鼓和水牛，为他的家人谋求幸福生活,期盼来年有个好收成。

购鼓之后要举行几场仪式,其中之一包括如下内容:给鼓身上的蛙饰系上棉绳(一种叫图克蒂[tuktî]的仪式,偶尔会重复举行),接着给鼓面中心的太阳纹黏上羽毛和血,同时还要念魔咒和祈祷,祈盼主人能获得更多的鼓和水牛。

伊兹科维茨进一步阐述到,当水稻成熟之时,人们要祭祀各种掌管农作物生长的神灵。那些没有拜祭祖先的人要在当年举行的仪式上把自己的铜鼓拿出来敲(如果他们有鼓的话)。供奉鼓神的时候,人们把羽毛蘸上鸡血后黏在鼓身上,然后再举行上述的图克蒂仪式。拉梅特人相信祖宗的魂魄听到铜鼓声后就愿意到田地里的窝棚。只有富人才能通过他的鼓来影响收成。某些仪式是用来驱赶危险的妖灵,其他仪式则是为谷仓召唤"谷神"。首先,人们在窝棚附近修建神龛,即"谷神"的居所。在神龛的屋檐下有一个竹子做的小平台,平台上摆放着一个铜鼓的模型或象征物、一只锣、一只装满泥土的谷篓(象征米满到溢出了筐)以及木制硬币。

祭拜祖先的节日同时也是展示家族所拥有的奢侈品和珍藏之物之时。在某次祭祀祖先的节日中,最少挂了 5 只铜鼓和几个特大的锣。这些东西都是传家之宝。在祭祀之后(不巧,伊兹科维茨没见证到这些),几个妇人和小孩不停地敲锣打鼓。这种音乐会持续一整天。节日过后,这些鼓重新埋入树林里某个隐蔽的地方。实际上,当鼓闲置不用之时,它们会被埋入某个秘密的地点,只有一家之主才知道。它可能在树林的深处,只有在诸如祭祀祖先的节日、丰收时节还有婚礼等场合,这些鼓才能重见天日。

一家之主过世后,儿子们就平分家产。如果死者只有一只锣却没有后嗣,人们会不停地敲锣直到它碎为止,然后把碎片放在坟墓之上。如果是铜鼓,也是一样做。倘若死者子多鼓少,鼓就由后辈共同继承。当儿子们有足够的钱时会再买几只鼓(通常他们也这样做),他们就可以平分遗产了。但不管怎么样,儿子们最好不要变卖父辈的鼓和锣。

二战前夕,即大约 50 年前,老挝北部的拉梅特山地人还沿袭着这一习俗。

22.5　克木人及其铜鼓

克木族(Kammu)是老挝北部最重要的部落之一(与越南东京西面山麓上的Khmu 人或 Tsa Khmu 人有关联;Roux 1927)。在克木人和克木人的社会,黑格尔III 型铜鼓扮演着重要的角色。和芒族人的情况一样(第 22 章 2 节),除了一些

黑格尔 III 型鼓以及黑格尔 I 型鼓碎片有史料记载,克木人手中的鼓还装饰有
"花朵、鸟儿、星星和美丽的海饰"图案,这些图案很明显就是黑格尔 I 型鼓的纹
饰(Roux 1927：171)。作者还提到了"一只鼓,鼓上有 7 只叠压的青蛙"。

这些族人的名字很容易令人混淆,据勒鲁所说,他们称自己为克木人,可在
老挝他们被叫作卡喀穆(Kha Khmu)人(瑞典隆德[Lund]的民族学家们使用克
木族这一称呼)。在泰国,它叫作 Tsa Mung Sen。"Kha"和"Tsa"与安南的莫族
(Moï)相对应,即"森林居民"。在老挝,他们通常被称为 P'u Ting,即"山地民
族",通常居住在平原和真正山脉之间的地带,那儿也是"让人生畏的苗族"居
住地。

以下资料摘自《克木锣和鼓 I》(*Kammu gong and drums I*),作者是伦德斯特
伦(H. Lundström)及丹荣·塔亚宁(Damrong Tayanin 1981)。

铜鼓是元克木人(Yuan Kammu)最有价值的乐器(隆德专家的术语称为"釜
形锣"、"克木铜鼓(*yàan*)");它也是财富的象征。在克木族语中,*yàan* 这个词
与 *ya.ng*(克伦语)和 *ya.ng dae.ng*(泰语)很相似。克木族人普遍认为铜鼓
(*yàan*)购于缅甸,出自当地的卢瓦(Lwà)族人之手。在老挝的元(Yuan)地区有
个卢瓦族的村子。老人们说,铜鼓是很久以前一位克木文化英雄在离拉梅特村
庄不远的一个洞穴里铸造的。传说其中一些铜鼓依然在那里。据说,这些早期
的铜鼓及洞穴都被下了咒,从来没有人见过它们(在缅甸的克伦人中也有类似
的传说)。事实上,铜鼓及其他宝藏通常都是被埋葬、丢进河里或藏进洞穴,这
样做是为了在战争时保护它们或的确是因为它们已被下了咒。

克木族人根据铜鼓所用的材料、尺寸及装饰对其进行分类。那些用均匀的
黄铜和"银"(锡?)铸造、表面泛着铜绿、敲打的时候会发出柔和悠远的鼓声,这
类的铜鼓叫作"古老型",即使它们是近期制造的也属于此类。由 25% 的"银"和
75% 的黄铜制成的铜鼓属于"最新型",表面略呈灰色,声音较清脆。除了古老型
和新型的铜鼓,还有中间型铜鼓。

根据尺寸的大小(以手掌宽度来计算直径),至少有四种类型：六、七、八和
九个手掌大小的,或直径大约为 65、76、87 和 98 厘米的。

在鼓面外围的四个地方装饰有立体的青蛙。每处可能有 1 只青蛙,或 2、3
只重叠的青蛙。铜鼓可以据此分类。中间型和新型鼓上通常有三个象纹装饰,
鼓身还垂直地饰有"象的粪便"(黑格尔 III 型鼓的常用装饰,图版 19.04)。在古
老的铜鼓上,也有这些装饰物,只不过那时候还有蝉、稻花等等。根据装饰物
(或尺寸加型号,或来源)来分类,至少有 7 种铜鼓。一种明显有腰类型(直径大

约为 65 厘米)的鼓被称为"母鼓"。人们认为每只铜鼓都有"灵魂(*hrmaal*)"、"力量(*pkùn*)"及"运气(*bùn*)"。由于它强大的"力量",所以人们应该敬畏它。一只有好"运气"的鼓(只有时间长了才能知道)会给它的主人带来丰收、健康、财富及许多孩子。"厄运"鼓则会令主人诸事不顺,如果是这样的话,主人最好处理掉它。

铜鼓与某些最终占有鼓的幽灵(*róoy yàk*)之间也有密切的关系,因为这些鼓是金属做的,金属是从矿山挖掘出来的,而矿山是幽灵的领地。幽灵只是让人们保管铜鼓,而那些铜鼓依然受到它们的直接控制,在这种情况下可以说是被下了咒。而在最古老的鼓中,这种危险最大。可能还有其他幽灵占有这些鼓,这些幽灵大都与这种古老的、贵重的器物相关联,比如,它们可能是 *róoy rwàay* 或"虎之幽灵"。这样的幽灵也可能支配鼓的主人,这会导致他周围的人生病或死去。同样,这种情况下,鼓主人应该尽快摆脱掉这只鼓,以防止旧鼓给整个家族带来危险并克死他们。解决这些问题的另外一种不同方法就是弄到一些器物,这些器物拥有能够把人们从幽灵那里拯救出来的力量。例如,一只没有任何装饰的鼓,换言之,鼓被"遗忘"装饰或"未起作用"。这样,坏幽灵也会忘却它邪恶的目的。

铜鼓装饰的象征意义和农业联系甚密。在克木族人的传说中,青蛙或蟾蜍和天气之间也存着某种联系,可是邻近民族及元克木族人却不这么认为,他们并没有用鼓来求雨。鼓面上的青蛙据说代表着拥有这面铜鼓的幽灵,或者说占有这面鼓,如果这个幽灵邪恶的话。驱赶它的最好的办法就是把青蛙掰掉并扔到树林里,应该向西面扔,即太阳下山的方向,这样就能够一劳永逸地把恶灵除掉。

铜鼓和锣(据报道是来自缅甸)都是相当有价值的物品。最老的铜鼓估价约 200 头水牛(换句话说,它是无价之宝);最新的鼓约值 2 头水牛。排在铜鼓之后是又大又古老的锣、然后是较小型的锣。锣常被当作钱来用;铜鼓则很少这样用,除非要偿还大笔的债务,或把它当作购牛的资本,这是近期的做法。铜鼓不作为聘礼,但据说还可作嫁妆。早期,锣可用人的头发购得;约一个世纪前,一面铜鼓也发生了类似情况。古老的铜鼓代代相传,被整个家族中随便使用。可并不是每个家族都有铜鼓。当然有的家族可能拥有至少两只铜鼓,富有的则有 10 只或更多。一个克木族人的村子大概有 6 到 50 只鼓。一般来说,铜鼓可以自由买卖和继承,然而,铜鼓最好是留在家族里。在某些祭典上,人们要把全部的铜鼓摆到祖先的神灵前,以此来证明它们还在那儿,没有丢失。偶然,也会出现铜鼓属于个人私有财产的情况,它可能是祖辈的遗物,也可能是这个人购买的。

在没有祭典的时候，人们把铜鼓存放在森林里平坦的地方，下边垫着三根木头或三块石头。它们不会被埋进土里，因为潮湿的土壤会损坏鼓的音质。通常会在存放处围起一道篱笆。尽管如此，怪异的事情时有发生，这会被看作对鼓的主人或家族的不祥征兆。比如，在存放好的鼓里发现了水，这样会导致全家人"流泪"。一年中的大部分时间里，铜鼓都是无人看管的，即便如此，极少有人胆敢去偷它。锣则挂在族人共享的房间或树林里。

人们从来不会因为纯粹地娱乐而敲打铜鼓，只有十分重要的仪式才会用到它。一般是由鼓所属的家族成员来敲，这样祖先才会显灵。敲打铜鼓是为了召唤这些神灵。该家族中的任何一人都可以敲打铜鼓：男人、女人，甚至小孩。

举行葬礼之时，男人们会去树林里把家族里所有的铜鼓都抬回来。在回去的路上，他们会在高处稍作停留，击鼓通知其他人。亲戚们甚至能识别出某个特殊乐器的鼓声，并猜到是谁过世了。归途中可以直接用手来敲鼓。回到村子后，人们则把铜鼓悬挂在死者房子楼梯下的架子上，然后再次敲打好让左邻右舍都知道这个消息。

葬礼于第二或第三天举行。头天守夜时人们会唱歌，偶尔也敲鼓，某些歌曲用来引导死者灵魂进入逝者安息之地，这个时候不能敲鼓。遗体被抬出时，鼓声震天。人们通常从鼓的底部刮下一块，把它和死者一起埋葬。这一习俗在泰国也有（Yupho 1960）。自然而然，这让人想起之前我们对鼓身或鼓面上洞孔的解释（第 3 章 2.7 节）。然而，克木人自己却从不将刮削物与洞孔的成因联系在一起。有时，某个有钱人的铜鼓会被砸烂并放在他的坟上（拉梅特人偶尔也会这样做）。葬礼过后，人们会把一只铜鼓抬进屋，放在原来停尸的位置。接下来十天内的每一餐，人们都会在鼓面上摆放供品，那时是横着摆，鼓就相当于一个祭坛。供品是给死者的亡灵的，现在则变成了先祖灵魂。其他在典礼中用过的铜鼓则抬到族人共有房间里接受淘米水的供奉，过后再把铜鼓抬到树林里的贮存处。第一个铜鼓在经过这样由族人共有房屋淘米水供奉后也回到贮存处。

除了葬礼，在宰牛仪式或建造房屋的宴会中也会用到铜鼓。在购买铜鼓之前，买主会精挑细选，或在他自己村子周围的林子里敲，或在卖主村子的公共房屋里敲。他还要进行远距离的声音检测，比如，半小时的路程。要想提高旧乐器的质量，还可以将它翻新一下。成交之后，铜鼓的灵魂会得到一次祭祀，即将母鸡血涂抹在中间的太阳纹和动物图案上，羽毛沾满了血。

宰牛仪式的目的在于安抚祖先的神灵或向其求助；或在葬礼的第一或第二年的纪念日，用来结束与葬礼有关的种种禁忌。它涉及的虽然只是某个家庭，但当地所有同宗的家族成员都要在现场。据说祖先的神灵要把水牛吃掉,并聆听铜鼓的声响。人们把鼓抬到那户人家的起居室内摆上一二十天,时不时敲打一番,尤其是在水牛祭典的那一天敲打,那时人们将水牛血涂到铜鼓之上用以加强它灵魂的力量。

在建房子的宴会上也要敲铜鼓,这时就不祭祀祖先了。在欢庆的二三十天里,人们经常敲鼓,还会有血和羽毛的供品以及祈祷。在各种场合里,敲铜鼓的方式各不相同,如"丧事"和"喜事","热"和"冷"事等,见第 4 章 4.3 节。

注释

1. 皮拉佐利-塞尔斯蒂文斯(Pirazzoli-T'Serstevens)引用的资料有:《隋书》《蛮书》《新唐书·南蛮传》《云南通志》《杜少先文集》。所收集的信息大部分都与德格罗特(De Groot 1898,1901)分别用荷兰语和德文发表的一致。

第 23 章
铜鼓清单(黑格尔 I 型)

23.1 简介

这个铜鼓清单仅限于黑格尔 I 型金属鼓,不包括中国华南的黑格尔 I 型鼓(第 3 章 1.1 节)。清单中 1‒8 节列的是印度尼西亚群岛发现的铜鼓,而这个群岛构成了本书的起始及核心部分,当然 1‒8 节着墨稍微多点,还包括了一些黑格尔 IV 型鼓轮廓和所有的佩砧型鼓。

以印尼群岛为出发点,我很久以前就开始列这个铜鼓清单,用的是与上面所提同样的章节安排,请见下面部分:

起源未知—1. 苏门答腊岛—2. 爪哇岛—3. 巴厘岛—4. 小巽他岛:东南部岛屿、西部岛屿(西努沙登加拉[Nusatenggara Barat])—5. 婆罗洲和西里伯斯(加里曼丹及苏拉威西岛)—6. 东南部岛屿,东部(东努沙登加拉)—7. 摩鹿加群岛(马鲁古群岛[Maluku])—8. 新几内亚西部(伊里安查亚)—9‒10. 留空—11. 东南亚大陆(越南)—12. 老挝—13. 泰国—14. 柬埔寨—15. 马来半岛。

铜鼓清单包含了个体金属鼓的详细信息,如直径、高度、厚度,一般是用厘米作为单位,重量(参考第 3 章 2.5 节)、轮廓(参考第 3 章 2.4 节及图 1)、孔洞(perforations)(参考第 3 章 2.7 节)、化学分析(参考第 11 章 2 节及表 IV)。关于铜鼓装饰的编码群,参考第 6 章 2.1‒6 节及第 24 章。清单还包括铜鼓的出土环境及当前所在地方。参考书目的信息是基于第 25 章的参考书目,缩写为:/本书章节。

在之前所有的章节中,个别铜鼓用到了本清单中的编号;为了让参考看起来不是那么"死板",前面文字章节中通常先说"鼓名"再加上编号(鼓名通常为最早的出土点或以一些知名的收藏者来命名)。读者会发现,本书图版中的金属鼓在前面正文章节和这个"铜鼓清单"中编号后面有个+,这些图版编号是根据清单中的编号来编的。

23.2　铜鼓清单(黑格尔 I 型)

0.01　起源未知

鼓面—直径 75(译者注:原文没有计量单位,根据上下文应为厘米)。

GFBSIIc:4

雅加达博物馆 3003 — Van der Hoop 1941:201 — Bernet Kempers 1959:图版 21。

0.02+　起源未知(可能是中爪哇;第 19 章 1 节)

佩砧型—鼓面及部分鼓身,已损坏—直径 58.5,高 3 - 4.5(译者注:原文没有计量单位,根据上下文应为厘米)(Leemans)。

莱顿国家民族学博物馆 1403/2885(以前的皇家珍宝馆[Kon. Kabinet van Zeldzaamheden],编号 1883) — Leemans 1885:no. 299a — Foy 1903 — Juynboll 1909:158 - 159,插图 — Huyser 1931:226, 285, 309 - 310,图版 1, 21 — Bernet Kempers 1978:27 - 35,图版 11,19/本书章节:第 2 章 1.3 节,1911—第 7 章 1.6 节—第 19 章。

0.03　起源未知

碎片

雅加达博物馆 5295 — Van der Hoop 1941:201。

1　苏门答腊岛

1.01　葛林芝(Kerinci)—达诺加当(Danaugadang),南苏门答腊葛林芝　湖南部 1936 年由本斯先生(Messrs Bense)及伯格曼(Bergman)发现。

鼓面,碎片—直径 70.8(估量)—化学成分 37。

G.ZX:3

雅加达博物馆 2876 — JBG 4(1937):103 - 104 — Van der Hoop 1941:202 - 202,1940b:图版 LXXX — Van Heekeren 1958:20 /本书章节:第 2 章 1.3

节,1936。

1.02　南苏门答腊,1937 年于雅加达获取;根据卖主所述,它发现于土壤中,大致在科塔-阿贡(Kota-agung)(兰蓬[Lampong])与苏欧(Suoh)(本库鲁的克鲁伊[Krui, Bengkulu])之间。

碎片(鼓面;鼓身的上面部分及两只鼓耳已丢失)—直径(下面部分)36.8,高 18.7。

雅加达博物馆 3257(a°1937)　— JBG 5(1938):66,87 — Van der Hoop 1941:203 /本书章节:第 2 章 1.3 节,1937。

1.03+　南苏门答腊,兰蓬(参考 1.02)

鼓身及鼓面已损坏,粗略地擦亮过,直径 55(鼓身 C 部分直径 58.5),高 43.5,有穿孔,大部分穿孔为方格形,已用铜填充,轮廓 c。

雅加达博物馆 3372 — JBG 5(1938):66, 95 — Van der Hoop 1941:202 - 203 — Van Heekeren 1958:21 /本书章节:第 2 章 1.3 节,1937—第 3 章 2.4 节。

1.04+　南苏门答腊帕塞玛的巴都加耶

巴都加耶巨石纪念碑上的铜鼓图案。

石头的长度为 2.17 米—轮廓 b。

巨港,巴达鲁丁(Badarudin)博物馆 — Westenenk 1921, 1922 — Van der Hoop 1932:34 - 35, 82 - 95,图版 89 - 95 — Van Heekeren 1958:76 - 77,图版 30 — Heine-Geldern 1935:314 - 315, 1945:149 /本书章节:第 2 章 1.3 节,1931—第 5 章 1 节—第 13 章 5.1a 节

1.05+　南苏门答腊帕塞玛的艾尔普尔(Air Puar)

艾尔普尔巨石纪念碑上的铜鼓图案(Van Heekeren:艾尔普尔),位于南苏门答腊帕塞玛的玛格穆拉克乌鲁(Marga Mulak Ulu),由冯克(H. W. Vonk)在 1933 年发现,轮廓 b。

也许还在原地 — Vonk &Van Stein Callenfels 1934 — Van Heekeren 1958:77,图版 31 /本书章节:第 2 章 1.3 节,1933—第 3 章 2.4 节—第 5 章 6 节—第 13 章 5.1a 节

1.06　本库鲁的苏班贾亚(Sumberjaya)

"不重要的鼓残片",1924 年拉瑙湖(Lake of Ranau)附近公路建设时发现。

Van Heekeren 1958：21。

1.07　本库鲁?

圆形残片,上面有 10 芒太阳纹——在竖直摆放的一小圈石头当中。

(残片)直径 29。

Van Heekeren 1958：21。

1.08　本库鲁

残片,"铜鼓的中心部分……装饰有 4 条垂直的、上有鱼骨形的饰带,还有 1 条水平的饰带,上面有小圆圈和阶梯纹"。

Van Heekeren 1958：21。

1.09　尼亚斯岛

"一只大大的铜鼓",提到与尼亚斯岛西格塔(Sigata)那边的葬礼相关。

Richter 1905(参考《殖民地周刊》[Koloniaal Weekblad] 2 – 13/本书章节：第 13 章 5 节)。

2　爪哇岛

2.01　西爪哇的万丹(Banten)(根据卖主所述,也许是从中国华南引进的)。

黑格尔 IV 型,鼓身与鼓面均已损坏,4 只鼓耳中的 1 只已丢失,直径 47.3 (鼓身的下面部分直径为 46.8),高 27.3,在鼓身靠近鼓面地方有 4 个圆形的孔洞。

雅加达博物馆 4365(a°1940) — JBG 8 (1941)：53 – 54,57 — Van der Hoop 1941：203 – 204 — Van Heekeren 1958：20 /本书章节：第 2 章 1.3 节,1940

2.02　西爪哇鲍哥尔(Bogor)的西巴达克(Cibadak)

微型铜鼓,装饰(水平线纹、垂直线纹)与黑格尔 I 型不一样,鼓耳呈交叉置放,直径 8.6,高 9.1。

雅加达博物馆 1422 (a° 1929) — OV 1929：157,图版 40 — Van Stein

Callenfels 1937：图版 IXV — Van der Hoop 1941：204,图版 65 — Van Heekeren 1959：图版 5 /本书章节：第 2 章 1.3 节,1929—第 3 章 2.3 节—第 3 章 2.6 节—第 5 章 3.4 节。

2.03+ 西爪哇展玉区(Cianjur),帕杰特(Pacet)或西普拉(Ciputri),巴巴坎 (Babakan)村庄

铜鼓,4 块碎片。鼓面有大约三分之一已丢失,整个鼓身有条裂缝,1904 年人们耕作时发现,大约花费了 20 卢比买下。

直径 65,高 47.5,鼓面厚度 6 毫米,鼓身厚度 5 毫米,鼓身的下面部分稍微重于其他部分,轮廓 b。

G.Spir birds n：1

雅加达博物馆 1829(早期编号为 4763, a°1904) — *NBG* 1904：101,114 — Hazeu 1910：82‑85 — Gouloubew 1929：44‑45, 1940：389,图 12B — Van der Hoop 1941：204‑205, 1949：图版 IVa, Xa — Bernet Kempers 1959：图版 14, 21‑22 — Van Heekeren 1954：615, ill;1958：19,图 8A /本书章节：第 2 章 1.3 节,1904—第 3 章 2.4 节—第 6 章 2.5 节—第 9 章 1 节。

2.04 (根据卖主所述)西爪哇井里汶(Cirebon)的马加连卡(Majalengka)。碎片为鼓身的下面部分,无装饰。

雅加达博物馆 4541(a°1940)— JBG 8(1941)：68 — Van der Hoop 1941：204。

2.05+ 中爪哇的班宇玛斯(Banyumas)、苏卡拉加区(Sukaraja)的梅西 (Mersi)村。

损害严重(尤其是鼓身),直径 64.5,高 51.3,(鼓身)厚度 2 毫米,鼓足部分的厚度为 8 毫米,轮廓 b。

G.ZX：2

雅加达博物馆 1830(早期编号为 1071c, a° 1899)— *NBG* 1899：125—黑格尔,1902：47 — ROD 1914：54 — Van der Hoop 1941：207‑208 — Bernet Kempers 1959：图版 21 — Van Heekeren 1954b：40,插图;1958：图 8c, 9 — Loewenstein 1956：24‑25,图 11‑12/本书章节：第 2 章 1.3 节,1899—第 3 章 2.4 节—第 6 章 4.6 节。

2.06+　中爪哇北加浪岸(Pekalongan)佩玛朗(Pemalang)地区的卡布南村(Kabunan),部分装饰已磨损。

直径 63.9(鼓身 C 部分直径 68.2),高 48.2,鼓身厚 3.5(下面部分没有更重),轮廓 c。

GFHSn：1

雅加达博物馆 1827(早期编号为 5059 和 1070b,a° 1909) — *NBG* 1909：199;1910：52,XXXIII‑XXXIV — Van der Hoop 1941：205‑206/本书章节：第 2 章 1.3 节,1909—第 3 章 2.4 节—第 6 章 2.5 节—第 6 章 4.6 节—第 7 章 2.1 节—第 7 章 2.4 节,5 节—第 8 章 1.5 节。

2.07　发现于爪哇中北部卡布巴若(Kabupaten)北加浪岸一条河中。

鼓面加上鼓身残片,已破损。直径：75.8‑76.2。

G.M+N：1

雅加达博物馆 3002(早期编号为 4347、1071d,a° 1899) — *NBG* 1899：216,1900：50,1901,附录 X：CCVIII,1071 号 — Van der Hoop 1941：207 — Van Heekeren 1958：19/本书章节：第 2 章 1.2 节,1899—第 6 章 2.5 节。

2.08+　中爪哇巴格伦(Bagelen)的迪昂(Diëng)。

鼓面,残片。1865 年由范金斯伯根(J. van Kinsbergen)在迪昂高原上蓬塔瓦寺(Candi Puntadewa)附近发现。

直径(估计值)大约为 47.5(残片的最大直径为 43),厚 2 毫米。鼓面有 3 个圆孔。

G：6

雅加达博物馆 4947(早期编号为 3053、1071a,a° 1865)— *NBG* 1865：25 — Meyer and Foy：图版 II‑2 — Groeneveldt 1887：256 — Heger 1902：48,图版 XXXVII‑15 — Van der Hoop 1941：212/本书章节：第 2 章 1.2 节,1865—第 5 章 7.2 节。

2.09+　中爪哇格都特芒贡(Temanggung)巴拉干(Parakan)坦努列者(Tanurejo)。
鼓面及一块鼓身的小残片("袖口处"),佩砧型。

直径 51.5(鼓面突出鼓身 3.5 厘米),厚 3 毫米。

雅加达博物馆 1785(早期编号为 5172、1071g,a° 1911) — *NBG* 1911：40,

62 — ROD 1914：290 — Van der Hoop 1938：图版 64,1941：212 - 213,图版 66 — Goris 1952：图版 1.05 — Bernet Kempers 1959：图版 16,1978：34,图版 13/本书章节：第 2 章 1.3 节,1911—第 7 章 1.6 节—第 19 章。

2.10 "婆罗浮屠（Borobudur）（？）",1899 年购于阿姆斯特丹的一次拍卖会,据说其来自婆罗浮屠,如果真来自爪哇的话,它可能是近来某个时期从中国引进的,黑格尔 IV 型。

鼓面直径 49（鼓身 A 部分：51,C：48.5）；高 27,重 12.75 千克。

莱顿国家民族学博物馆 1236/1 — Heger 1902：104 - 105 /本书章节：第 2 章 1.3 节,1940。

2.11+ 中爪哇北部卡布巴若三宝垄、辛根北（Singen-lor）（区）班宇门宁（Banyumening）村（以 10 卢比买到）。

鼓面（从鼓身上粗糙地切下来）直径 80.5（形状不规则）,厚 6 毫米。

G.ZL3B：1

雅加达博物馆 1832（早期编号为 3315、1071d,a° 1887）— NBG 1887：82 - 83,LXI — Meyer and Foy 1890：3a,图版 II - 1 — Heger 1902：47,图版 XXXVI - 3, XXXVII - 13 - 14/ROD 1914：169 — Van der Hoop 1941：209 - 210 — Van Heekeren 1958：10,图 10 — Bernet Kempers 1959：图版 21 — Loewenstein 1956：27,图 14/本书章节：第 2 章 1.3 节,1887—第 6 章 2.5 节—第 6 章 4.3 节—第 6 章 4.6 节。

2.12+ 三宝垄镇以南,中爪哇北部（以大约 18 卢比购得）,在靠近中央太阳纹之处有裂缝。

鼓面直径 59.9（鼓身 C 部 65）,高 48.6；厚 2 毫米（鼓身；下面部分厚 5 毫米）,重 37.5 千克。有很多穿孔,孔中已用铜填满,轮廓 c。

G.MI：1

雅加达博物馆 1831（早期编号为 1071d,a° 1883）— NBG 1883：58 - 59（给的尺寸大小不准确）,1892：87 — Meyer 1884：17,图版 17 - 6 — Meyer and Foy 1890：2b,图版 1 — Groeneveldt 1887：256 — Heger 1902：46 - 47 — ROD 1914：167 — Van der Hoop 1932；图版 96；1941,208 - 209,图 69 — Van Heekeren 1954b：40, ill；1958：18, 图 8,图版 4 — Bernet Kempers 1959：图版 13 —

Loewenstein 1956：24,图 11,13/本书章节：第 2 章 1.2 节,1883—第 3 章 2.4 节—第 3 章 2.5 节—第 5 章 5 节。

2.13　贝戈塔(Bergota),原住民的墓地,位于中爪哇北部三宝垄镇南面(在三宝垄镇与"坦迪"[Tjandi]山之间的兰杜萨里山区;与 2.14 鼓一起购买,共花费 12.5 荷兰盾),在 1909 年发现于一座墓附近的土壤中。

9 块残片,(最初)直径 62.4,鼓面厚 3 毫米(鼓身厚为 2 - 3 毫米)。

GFc：1

雅加达博物馆 1712(早期编号为 5003、1070a,a° 1909) — Hazeu, *NBG* 1909：144,166,CIX - CXII — ROD 1914：168 — Van der Hoop 1941：210 - 221/本书章节：第 2 章 1.3 节,1909—第 5 章 5 节。

2.14　贝戈塔(见上面 2.13 鼓,也包括了 2.13 鼓的残片)

16 块残片,直径 60.3,鼓面和鼓身厚 3 毫米(鼓身下面部分达到 7 毫米)。

G.M[F]c：1

雅加达博物馆 4946(早期编号为 5004、1071f,a° 1909) — *NBG* 1909：144,166,CXII - CXIV — Van der Hoop 1941：211 - 212。

2.15　东爪哇巴纽旺宜(Banyuwangi)拉格甘普(Ragajampi)的马坎普蒂(Macanputih)。

"黄铜器……锤打得很薄……由于年代久远已破旧不堪,烂成了两半……应该能盛 2 夸脱容量"(这对于一只鼓来说太少了)。

Hageman, BKI 72 (1916) — Rouffaer 1918：309。

2.16+　西爪哇井里汶塔拉贾(Taraja)的库宁安

1962 年由库宁安的摄政王(Bupati)作为礼物送给考古所,直径 69.2,高 54.2,厚 3 毫米,化学分析 27,有 14 芒;装饰已严重腐蚀/本书章节：第 2 章 1.3 节,1962。

2.17+　三宝垄,位于中爪哇北部

鼓面,1960 年购买,直径大约为 77,有蛙饰

迪恩高原(Dieng Plateau)802/本书章节：第 2 章 1.3 节,1960。

2.18 三宝垄,位于中爪哇北部

残片,1960 年购买。

高 37.2,厚 2 毫米。

迪恩高原 801。

2.19 三宝垄,位于中爪哇北部

鼓面,1960 年购买。

高 80,厚 7 毫米,有 12 芒,4 蛙饰。

迪恩高原 803。

2.20+ 西爪哇的鲍哥尔

1974 年由斯莱特(Slittery)夫人在雅加达捐赠。

直径 69.7,高 49,厚 2 毫米;在鼓面及鼓身 A 部分有洞,鼓身 C 部分已丢失;无蛙饰,在饰带上有房屋纹。

巨港 Palembang

2.21 韦莱里(Weleri),位于中爪哇北部的三宝垄

黑格尔 IV 型,1975 年从雅加达的一个古董商人那里购得(来源地信息由卖主提供)。

直径 48.8,高 26.8,厚 2－4 毫米;鼓身已损毁。

巨港 — Bintarti 1980：82－88,图版/本书章节：第 2 章 1.3 节,1940,1975。

2.22 普拉杰坎(Prajekan),位于东爪哇的文多禾梭(Bondowoso)与西托邦多(Sitobondo)之间。

鼓面残片(?)。1955 年与其他青铜器一起出土。

"中心装饰有一个 8 芒太阳纹,太阳纹呈浅浮雕,周围有 3 个同心圆"(Van Heekeren 1958：39－40)。

2.23 东爪哇南梦安(Lamongan)卡布巴若(Kabupat)克登普林(Kedungpring)卡马特(Kecamat)的克拉德纳雷乔村(1982 年)。

那时收藏在印尼泗水市博物馆。

2.24+　1977 年于东爪哇的杜班卡布巴若蒙通(Montong)卡马特的古沃特鲁斯(村)。

直径大约 16(？)，更像是一只小型鼓而不是微型鼓，轮廓 c。

2.25　1981 年于东爪哇的杜班卡布巴若伦赫尔(Rengel)卡马特的沃尔伦(Waleran)村。

鼓身(A 部分已严重损坏)及一些鼓面残片。

2.26　"东爪哇"

这是一只很大的金属鼓(直径 139，高 101，是现存最大的一只鼓)。我本人于 1983 年 11 月在纽约一家美术馆见到。据报道，最初是由能干人士在东爪哇的杜班与格雷西克(Gresik)之间看到的，然后在 1982 年见于雅加达的艺术交易商的工作室。当时，该鼓已处于支离破碎的状态；那以后一定得到了极大的修复。

根据鼓的装饰，它被编码为 GFBSIc：11。

12 / A3) N / =ØØ= / ZX / £££ 鹭(4)，涡卷饰，准备猎食的四足兽正在向后张望；鹭(4)，涡卷饰，狗 / ZX / =ØØ= / B (4)_

鼓身 A 部　水平 V 形纹，=ØØ=；船纹

鼓身 B 部　水平 ZX；[£££]；垂直的 V 形纹 =Ø ZX Ø=V 形纹

鼓身 C 部　无装饰

Ø(·)(两个)，涡卷饰包含了 2 排各 6 个圆圈，相互叠加并框住。

注意：动物图案呈顺时针"转动"。

3　巴厘岛

关于佩砧型鼓面，请参考 0.02+鼓(起源未知，可能是中爪哇)及 2.09+鼓(爪哇的坦努列者)。

3.01+　佩砧、帕那塔蓝-萨希寺(Pura Panataran Sasih)。巴厘岛中部的吉安雅(Gianyar)县的因塔兰佩砧(Intaran-Pejeng)村。

佩砧型铜鼓，所谓的佩砧"月亮鼓"。

直径 160(鼓面从鼓身上面"袖口"处外突 25 厘米，鼓面与鼓身形成一体，在鼓面周围还有一条往下走的边缘，大约为 2.7 厘米)，高 186.5，厚度"不过几

毫米"。

鼓身 C 部的一大块已丢失,在"袖口"及其中一只鼓耳上有轻微破损痕迹。鼓身 C 部有三处各有三个相同图案,图案造型奇特,也许是用销钉凿出来的,后面不得不用金属物来代替。

现在原地;放在一个塔式的亭子里(图版 3.01a - f)—Rumphius 1705, book III,vii: fol. 207 — F. A. Liefrinck,由 R. van Eck 提到,"从巴厘岛出发(Schetsen van het eiland Bali)",《荷兰东印度杂志(*Tijdschr. Ned.-Indië*)》1988 — I: 130 - 131 — Rouffaer 1900: 284 - 293 — Heger 1902: 47 — Nieuwenkamp 1908: 319 - 338,图版 6(纽温坎普最初的图描现藏于荷兰纽温坎普博物馆)— Huyser 1932: 301 - 311,图 23 — Bernet Kempers 1956: 64 - 71, 1938: 23 - 39 — Van Heekeren 1958: 21,图版 11/本书章节:第 2 章 1.1 节—第 2 章 1.3 节,1875,1906—第 3 章 2.7 节 a,b—第 4 章 4.3 节—第 5 章 7.2 节—第 6 章 1 节—第 6 章 4.2 节—第 7 章 1.6 节—第 11 章 4 节—第 12 章—第 19 章。

3.02 巴厘岛南部巴容(Badung)佩古扬安(Peguyangan)的庞多克(Pondok)

鼓面边缘残片及部分鼓身"袖口"部分(见 3.01+鼓)。鼓面边缘装饰有 3 条平行线及一个 E 图案,后者装饰有 5 条等距线条。无任何突出的鼓面边缘存留。属于佩砧型,直径("袖口")算起来大约为 40.8。

雅加达博物馆 1459 — Van der Hoop 1941: 213。

3.03 + 马纳巴(Manuaba),普拉村庄(普拉达拉姆[Pura dalam], Van Heekeren 1955)。离巴厘中部吉安雅县特拉嘎河(Telaga Waja)北部的德格拉朗(Tegalalang)不远。

四块软石印范残片,用于制作佩砧型鼓的蜡膜(第 11 章 4 节,第 19 章 11 节)。前 3 块残片在 1931 年由施皮斯(W. Spies)发现、考古所克吕克(K. C. Crucq)识别出,第 4 块残片较小,由考古机构的苏约诺(R. P. Soejono)1963 年发现。

根据克吕克的说法,范可能有 110 厘米高,鼓足部分的周长预估有 242.5。苏约诺计算出该范的总高度为 107.5(这个估算没有包括"袖口"部分,"袖口"和鼓身是一个整体,但这里没有任何"袖口"痕迹)。鼓身 A、B、C 部分的直径分别为 98、83、100。

尚在原地—范德霍普(Van der Hoop: 88 - 89)引用过,由克吕克详细描述过,参考:1938: 77 — Goris 1952: 179,图版 1.06 — Bernet Kedmpers 1956: 68 -

71,图版 11;1978:28,38 – 39,图版 21 — Van Heekeren 1955:5,1958:22 – 24 — Soejono 1977a:137 – 138,图 3/本书章节:第 2 章 1.3 节,1931—第 5 章 7.2 节—第 11 章 4,5 节—第 19 章。

3.04+　巴厘中部吉安雅县的贝比特拉(Bebitra)

鼓面及"袖口"。佩砧型。

1962 年考古所得到消息,"一只圆形的青铜器"在贝比特拉的普里君王官邸内,随后捐给了考古所。

直径大约为 10(鼓面超出鼓身部分 8 厘米,袖口仍然与鼓面相连),高约 10 厘米,厚约 7 毫米,袖口高约 11.5(装饰有 7 条环绕的凸条花纹)。袖口下面部分稍微加厚,加厚处有一条 1 厘米深的槽在袖口周边(第 19 章 3 节)。

雅加达国立研究中心,编号 0634 — Soejono 1977a:127, 137 – 140, 142,图版 1,图 1 – 2;1977b:图版 127 — Bernet Kempers 1978:28,图版 12,19a/本书章节:第 2 章 1.3 节,1962—第 7 章 1.6 节—第 19 章。

3.05+　巴厘南部巴容卡布巴若(Kabupaten Badung)槟城区(Kecamatan Petang)的卡兰萨里(Carangsari)康宁的普塞神庙(Pura Puseh, Kangin)。

石雕的下面部分,在一个佩砧型鼓形状的底座之上(可见 4 只鼓耳)。

石雕残余部分总高 49 厘米(鼓形部分高 35 厘米),直径 32 厘米。

1975 年由吉安雅县的考古所发现。

仍在原地 — I Wayan Widia 1980:236, 244,图版 244 /本书章节:第 19 章 1 节。

4　小巽他岛

东南部岛屿,西部(西努沙登加拉[Nusatenggara Barat])。

4.01　松巴哇岛

铜鼓?"一只铜鼓或一面巨大的锣,是桑巴(Sambau)(松巴哇岛)的苏丹在危险时候召唤族人用的"。

H. E. D. Engelhard, *BKI* 4 – 8 (1884):392(上面引文出处)。范霍维尔(Van Hoevëll)否认这只鼓的存在(1904:157)。

4.02+　松巴哇岛东北部的桑根(阿比山[Gunung Api])

铜鼓,当地人称为"马卡拉茂(Makalamau)"。1937 年,在一些老墓里发现 4.02+、4.03+及 4.05+鼓,老墓离一个以前的村庄遗址不远。

鼓面直径约 116(鼓身 A 部分直径：121),高 83.5(A：28,B：33,C：21.5),鼓面厚 6 毫米,鼓身厚 3 毫米,鼓身下部厚 16 毫米,轮廓 c。

GFHBScn：1

鼓身上有 3 道裂缝;4 只青蛙中已丢失了 2 只。

雅加达博物馆 3364(a° 1937) — *JBG* 5,1938：66‐94 — Van der Hoop 1941：213‐217,图版 62‐63;1949：图版 LXIVa,LXXVIIIa — Heine-Geldern 1947：167‐179 — Deydier 1949：53‐56 — Bernet Kempers 1959：图版 17‐19 — Van Heekeren 1958：24‐26,图版 6‐7,图 12/本书章节：第 2 章 1.3 节, 1937—第 3 章 3.2 节—第 3 章 2.4 节—第 5 章 2.1 节,2 节—第 6 章 10 节—第 6 章 2.5 节—第 6 章 4.1—6 节—第 7 章 2.1 节—第 7 章 2.4 节—第 7 章 2.8 节—第 11 章—第 7 章 3.1 节—第 8 章 1.5 节—第 8 章 3.1‐2 节—第 9 章 2 节—第 9 章 5 节—第 11 章 1.8 节—第 16 章 4.1 节—第 16 章 5 节。

4.03+　桑根,参考 4.02 鼓

铜鼓,当地人称之为"外萨瑞斯(Waisarinci)"。

直径 101(形状不规则),高 73,鼓身厚度 2 毫米(鼓足部分更重)。鼓身 B 有部分损坏,(鼓身)有穿孔。

GFBSIc：7a

雅加达博物馆 3365(a° 1937)— *JBG* 5,1938：94 — Van der Hoop 1941：217‐218 — Van Heekeren 1958：26‐27/本书章节：第 8 章 1.5 节—第 8 章 1.11 节—第 8 章 3.2 节—第 11 章 1.7 节。

4.04　桑根,参考 4.02

铜鼓,在两个相连的小山之间挖到。鼓足部分已丢失。

直径 83.5,高(碎片)47。

GFBSIc：5

雅加达博物馆 3366(a° 1937) — *JGB* 5,1938：94 — Van der Hoop 1941：218‐219 — Van Heekeren 1958：27。

4.05+　桑根,参考 4.02

铜鼓,当地人称之为"萨里塔桑吉(Saritasangi)"。

鼓耳和三分之一的鼓身已丢失。

直径 115.5,高 86.5,鼓身厚 4 毫米,鼓足最厚达到 13 毫米;(鼓身)有穿孔,轮廓 c。

GFBSIcn：10

雅加达博物馆 3367(a° 1937) — *JBG* 5,1938：66,94 — Van der Hoop 1941：219-220,图版 64;1949：图版 XIXa, CI b — Bernet Kempers 1959：图版 20 — Van Heekeren 1958：27-28/本书章节：第 3 章 2.4 节—第 6 章 4.6 节—第 8 章 1.5 节—第 11 章 1.8 节。

4.06+　桑根,参考 4.02

大半的鼓身及一只鼓耳已丢失(有残片遗留)。

直径 114.7,高 86.8;鼓面厚 5 毫米、鼓身厚 4 毫米、鼓足厚达 14 毫米,轮廓 c。

GFBSIc：9

雅加达博物馆 3368(a° 1937) — *JGB* 5,1938：66,95 — Van der Hoop 1941：220-221 — Van Heekeren 1958：28/本书章节：第 3 章 2.4 节。

4.07　桑根,参考 4.02

鼓面,已磨损。

直径 103.6,厚 6 毫米。

GFBSIIc：6

雅加达博物馆 4938(a° 1937) — Van der Hoop 1941：221-222 — Van Heekeren 1958：28/本书章节：第 7 章 1.2 节。

4.08+　塞兰(Seran)(村庄),西努沙登加拉卡布巴若坦松巴哇(Kabupaten Sumbawa Besar)塞特拉克区。首次发现于 1938 年,1972 年考古所苏卡托(Sukarto)提及。

直径 A：51,B：35,C：53;高 40。

龙目岛的马塔兰(Mataram)博物馆 — Sukarto 1974。

5　婆罗洲（加里曼丹）及西里伯斯（苏拉威西岛）

5.01+　萨雷尔，南苏拉威西岛的东南部岛屿。马他拉朗（Matalalang），普塔邦根村（Desa Bontobangung），凯卡姆（Kecam）。邦托哈鲁（Bontoharu），卡布巴若（Kabupat）。南苏拉威西省的萨雷尔。

在 1860－1963 年间发现于普塔邦根（Putabangun），并带到了马他拉朗的摄政家里（在鼓的附近还发现了一个近代的黄铜盆；开口处的直径 80，底部直径为 56，高 55 —— Van Hoëvell 1904：157；参见：*NBG* 1883，36－37，114）（根据哈迪穆尔约诺［Hadimuljono］1982：3，发现点叫作帕潘洛厄［Papanlohea］，位于前邦托邦王国［Kerajaan Bontobangung］）。

鼓面直径 126（鼓身 C 部直径 138；直径 126 厘米这个数字是由迈耶［Meyer］在 *NBG* 1884：114 及 Van Hoevëll 1904：157 准确给出的，由哈迪穆尔约诺 1983 年确认过；参考 Heger 1902：28 注释。1938 年范德霍普及 1958 年范·希克伦量出的数据分别是 165、102.6，都是不准确的），高 92，厚约 2 毫米，"鼓声浑厚而悦耳"（*NBG* 1883），许多穿孔（图版 5.01a），轮廓 c，重约 100 千克。

GFBSIIIcn：1

还在原地（马他拉朗）— *NBG* 1864：10；5.9.1882；1883：36－37，114－115 — H. D. E. Engelhard, *BKI* 4－8，1884：392－393 — Meyer 1884：15,20,图版 16,图 1－7（来源于 C. Ribbe）— De Groot 1898：358－363 — Heger 1902：27－29,图版 VI, XXXIV, XXXVIII — Van Hoëvell 1904：155－157,两幅图版（Latupu 素描；参见本书图版 5.01c－d）— Foy 1904：301 — A. Grubauer Unter Kopfjägern in Central-Celebes (1913)：8 — Goloubew 1929：45－46 注释；1940：402,图 12F — Karlgreen 1942：2,图 1,图版 8 — Van Stein Callenfels, *Cultureel Indië* 7（《印度文化 7》）(1945)：190－196 — *OV* 1949：21 — Schnitger 1943：21 — Heine-Geldern 1947, 1952 — Van Heekeren 1958：33－34 — Bezacier 1972：3 — Hadimuljono e.a. 1982（*NBG* 1883：14 提到的 6 幅素描都转到巴达维亚考古所去了；*TBG* 79,1939：176,66 号）/本书章节：第 2 章 1.2 节—第 3 章 2.4 节,5 节—第 3 章 2.7 节—第 5 章 4 节—第 5 章 7.2 节—第 6 章 2.5 节—第 6 章 2.6 节—第 6 章 4.2 节—第 6 章 4.6 节。

5.02　加里曼丹的下巴里托河（Lower Barito）

残片（?）。施尼特格尔（Schnitger）1943：145 偶尔提到过。

6 东南部岛屿,东部(东努沙登加拉)

6.01+ 罗蒂(帝汶西南部岛屿)

鼓身下部大部分及一只鼓耳已丢失(另外 3 只鼓耳也严重损坏)。另有 13 块残片。1871 年由范德奇斯(J. A. van der Chijs)从罗蒂岛带来,源于"洛莱(Lôlè)附近的前英戈伊(Ing-go-oi)村庄遗址"。

直径 72.8,高(包括额外的残片在内)59;鼓面厚 3 毫米,鼓身厚 2 毫米;有穿孔,轮廓 c。

GFBSIc:1

雅加达博物馆 1828(早期编号为 1070,a° 1871)— *NBG* 1871:60 以及大体是 B 部分,1892:87 — Groeneveldt 1887:256 — Meyer 1884:16,图版 19 — Meyer-Foy 1890:2,图版 1 — Heger 1902:29－30,图版 XXXII－2 — Van der Hoop 1941:226－227 — Loewenstein 1956:29,图 16 — Van Heekeren 1958:28－29 /本书章节:第 2 章 1.3 节,1875—第 3 章 2.4 节—第 6 章 4.6 节。

6.02+ 世英(Sey-Eng)(村),或科卡(Kokar),阿洛地区(Kabupaten Alor)的西北亚罗尔区(Kacamatan Alor Barang Laut)(1972;"1977";"发现于大井[Ooi]附近的一个小村庄")。

荷兰海姆斯泰德(Heemstede)沃尔夫夫人(M. A. Wolff)提供的照片(照片源自阿洛的阿当牧师[Rev. Adang])。

在原地— Stokhof 1977:64,注释 16/本书章节:第 2 章 1.3 节,1972。

关于阿洛及邻近地区的莫科鼓,参考第 21 章。

7 摩鹿加群岛(马鲁古群岛)

7.01 莱蒂岛,帝汶东北岛屿,蓝旁尔村(kampung Luluhélé)

鼓面及鼓身残片。里诺(Rinnooy)(1881)、范霍维尔(1890)曾描述过这只鼓;1917 年被火给破损了,1918 年由纽温坎普购买,后来 1937 年由雅加达博物馆收藏。

直径 96－98(形状不规则),高 69;鼓面厚 3.5 毫米,鼓身厚 2 毫米,鼓足最厚至 10 毫米;鼓身有穿孔。

GFBSIc:6

雅加达博物馆 3578（a° 1937）— N. Rinnooy, *NBG* 1881：18 - 19 — Meyer 1884：图版 17 - 5 — Van Hoëvell 1890：210 - 212 — Heger 1902：48 — Rouffaer 1910：121 - 122 — Nieuwenkamp 1923：103 — Malaien 1924：xvl, 图 209 - 210 — Nieuwenkamp 1925：22, 39 - 40, 43 — *JBG* 6（1939）：69 - 70 — Van der Hoop 1941：227 - 228, 1949：图版 LXXXVIII - Van Heekeren 1958：30 - 31/本书章节：第 2 章 1.3 节,1881 & 1918—第 5 章 7.2 节—第 8 章 1.5 节。

7.02 莱蒂岛,（见 7.01 鼓）,塔普勒旺村（kampung Tapuléwang）
鼓面,环状残片；上有 2 只蛙饰,蛙长 11.5,还有一小块鼓身残片。
鲁法尔（1910：121 - 122）、纽温坎普（1918）曾考察过,那时仍在原地（Nieuwenkamp 1919：818 - 819, 1925：39 - 43）/本书章节：第 2 章 1.3 节,1918。

7.03 莱蒂岛,（见 7.01 鼓）,塔普勒旺村
鼓面,碎片尚存大半鼓面,上有一只已损坏的青蛙,另一残片还有另一只青蛙（长 13.5）。第 3 只青蛙由凯芬贝尔特（R. W. F. Kyfenbelt）牧师在纽温坎普访问东帝汶岛（Timor Kupang）之前就赠送给了纽温坎普。直径 89。
GFBSIIc：5
除了第 3 只青蛙,都在原地 — Nieuwenkamp 1919：818ff；1925：22, 39 - 43 — Malaien 1924：211（青蛙放在一面中国鼓上）/本书章节：第 2 章 1.3 节,1918。

7.04 塞鲁阿（Serua）,班达海的一个岛屿,东经 130°,南纬 6°
铜鼓。大约在 1625 年被特尔纳特岛省长破坏/本书章节：第 2 章 1.1 节—第 5 章 7.2 节。

7.05+ 库尔、卡伊群岛,在新几内亚（伊里安查亚）之外,距离沃卡村（kampung Warkar）不远（先前在希里特村［Hirit］附近；*ENI* II 1918：368 - 369）。
严重损坏。鼓面上有一方块缺失。鼓身的上部已坏（一些残片收藏在瑞士苏黎世大学民族学研究所）。四只蛙饰中三只已丢失。鼓面上有中国汉字的铭文,其位置原来有一只青蛙装饰,现已丢失。
直径 113.5,高可能为 87；鼓面厚 4 毫米、鼓身厚 3 毫米、鼓足厚达 12 毫米,轮廓 c,鼓身有穿孔,化学成分分析 29。

GFBSIc：8

雅加达博物馆 1907(a° 1935);残片在苏黎世— Riedel 1886：376,图版 XXXV - 3 — Van Hoevell 1890：153 - 155 — Heger 1902：48 — Richter 1905：194 注释 — Rouffaer 1918：306,注释 369 — *JBG* III 1936：146,155 — Van der Hoop 1941：228 - 230, 1949：图版 LXXa — Van Heekeren 1954a：624 - 625, 1954b：37 - 38 — Steinmann 1941：157 - 161, 1942：24 — Schnitger, Onze Aarde 1937：281 — Van Heekeren 1958：31 - 33, 1958a：LXXXVI/本书章节：第 2 章 1.2 - 3 节,1890 &1935—第 6 章 2.5 节—第 8 章 1.5 节—第 8 章 3.1 节—第 11 章 1.7 节—第 16 章 4.1 节—第 16 章 4.6 节,7 节。

7.06　库尔,卡伊群岛(见 7.05)

鼓面及 11 块鼓身残片。

直径 100.7,高?;厚 5 毫米(鼓面)、4 毫米(鼓身)、13 毫米(鼓足),3 只蛙饰已损毁。

GFBSIc：7

雅加达博物馆 1908(a° 1935)— Van der Hoop 1941：230 - 231/本书章节：第 2 章 1.2 - 3 节,1890 & 1935—第 8 章 3.2 节。

7.07　卢昂岛(Luang, Luwang),帝汶东塞马塔岛(Sermata)群岛之一

鼓身残片(中部及 A、C 部位残余部分,在 1715 年左右被第一次考察到)(Barchewitz 1730)。

(残片)直径 91,(残片)高 91;厚 2 毫米。

在原地(?)— Barchewitz 1730：311 - 313,315 — *NBG* 1880：52,69;1881：17;1882：19;1883：114 - 115 — Riedel 1886：316 — Meyer 1884：16b,图版 17 - 1 - 2 — Rouffaer 1900：294 - 295,1918：307 — De Vries, *TAG* 2 - xvii (1900)— Heger 1902：48 — Nieuwenkamp 1925：67,他没去过原地 — Van Heekeren 1958：29 - 30。

7.08　起源于摩鹿加群岛的某个地方?

17 世纪末由伦菲斯(Rumphius)送给意大利的托斯卡纳大公(Grand Duke of Tuscany)/本书章节：第 2 章 1.1 节。

7.09　起源于摩鹿加群岛的某个地方？

由伦菲斯（见 7.08 鼓）送给柏林门泽尔（Chr. Menzel）博士／本书章节：第 2 章 1.1 节。

7.10　布鲁岛的卡耶利（Kayeli）

铜鼓（？）

Richter 1905：193 - 193，注释 64，提及杜培瑞（Duperrey），《贝壳的旅行（*Voyage de La Coquille*）》，1826：图版 39（一面鼓，看起来有点像铜鼓，挂在一个架子上），也被 Rouffaer 1918：306 提到，但是我自己没能找到杜培瑞的书。

7.11　东塞兰卡塔罗卡（Kataloka，East Seram 或 Ceram）

Van Heekeren 1958：18，注释 38：“最近发现了一面美丽的铜鼓……”（到 1983 年时当地人还很敬畏这面铜鼓，不让博物馆的人收藏）／本书章节：第 2 章 1.3 节，1957。

8　新几内亚西部（伊里安查亚）

8.01+　鸟头半岛（天堂半岛［Semenanjung Cenderawasih］）

鼓面，残片。中心部分，已严重腐蚀。1957 - 1958 年由埃尔姆贝里（J. E. Elmberg）在梅布拉特（Meybrat，Meyprat）人中发现。被当地人称之为 Bo-ri（“力量之物”）。1968 年此名字又被埃尔姆贝里改称为 Po-ri（“源泉之物”）。

残片直径最大为 59.5，太阳纹直径 20.9；边缘厚 2 毫米，中心部分稍微偏厚。

在原地 — Elmberg 1959：70 - 80；1968：125 - 126,136,210,229,236。一块鼓面的外围边缘（8.01 - 8.03 鼓）移除“一些小而平、不规则的金属块，它们被梅布拉特人当作护身符……金属被称为 Frä，这是一个用于魔力石头的术语，这个术语从来不会用于铁上，一些金属块呈现出不含铁的、黄-灰色裂缝，表明是最近才断裂的”。埃尔姆贝里以交换方式共获得了 3 块这样的金属块；化学成分分析 35／本书章节：第 2 章 1.3 节，1957。

8.02+　鸟头半岛，见 8.01+

鼓面、残片。鼓面中间段，已严重损坏。当地人称之为“波索那尼（Bo so napi）”，即“古物之母”。1968 年被改名为“Po-so-(n)api”即“老妈之坚硬而古老物件",这是一个用于描绘中国古董平板的用语。

残片直径约55.8、太阳纹直径16.2;大体厚度为8.01(原文没有计量单位,根据上下文应是毫米——译者注)。

在原地("在河岸上一个枯死的硬木空树干里")— Elmberg 1959:70-80,图版2;1968:236,图版34/参见8.01+。

8.03 鸟头半岛,见8.01+及8.02+;8.03被发现于梅布拉特人中,位置是在本地另外一个不同方向。

鼓面。当地人称之为"Tuni"即"联接大师"。

Elmberg 1968:236/见8.01+

东南亚大陆

11 越南

平富(Binh Phu),11.02和昆嵩(Kontum)省,11.23+,起源于越南南部;其他器物均来自越南北部。

11.01 班劳(Ban Lau),老挝(Lao ay)(1959)

ESEA 1979:215。

11.02 平富,越南南部的图都岛(Thudau Môt),距离西贡不远(1924)。

直径46,高31,成分分析5,14。

10 芒、(4只)鸟纹。

河内博物馆 — *BEFEO* 24(1924):643 — Le Van Lan 1963:191,200 — Bezacier 1972:245 — Nguyên Phuc Long 1975:75。

11.03+ "布鲁塞尔 H 837",来自清化省

鼓面直径54,有孔

GFBSIIc:2

布鲁塞尔,皇家艺术历史博物馆(五十周年纪念)(Musées Royaux d'Art et d'Historire〔Cinquentenaire〕),以前是胡特(Huet)收藏(1952)。

11.04　"布鲁塞尔 H 838"，来自清化省

直径 61。

G.ZL3∶1

布鲁塞尔，与 11.03 鼓一样。

11.05　南定（Nam Dinh）的独山（Côi So'n）

三只鼓（1910 年左右丢失，一只在 1959 年重新找到）。

直径 60，高 49，12 芒。

南定 — Bezacier 1972∶293

11.06　清化省安定（Yen Dinh）的丹泥（Dan Nê）

残片，发现于一座"东山类型的坟墓"。

BEFEO 36∶588，601 — Bezacier 1972∶294 — Dan Ne 11.55。

11.07　安沛（Yèn Bái）的陶欣（Dào Thinh）

直径 50，高?;12 芒。

Bezacier 1972∶295。

11.08+　"大卫-威尔（David-Weill）"，来自清化省

鼓面。河内获得，"发现于清化省"。

直径 30.2。

G.N+ZX∶1

大卫-威尔收藏 — Janse 1958∶65，图 27－1，图版 86a — Vandermeersch 1956∶图版 I — Bezacier 1972∶294。

11.09　义安（Nghê An）的同响（Dông Hieu）（1959）

直径 89，高?;12 芒

义安文化局 — Le Van Lan 1963∶191 — Bezacier 1971∶293 — *ESEA* 1979∶510。

11.10+　清化省东山 A（1924－1927）

直径 31.5（鼓身 C 部 33），高 27.5，轮廓 c

G：2

河内博物馆 I. 19306 — Goloubew 1929：12,图版 VII — Karlgren 1942：7,图版 10/本书章节：第 3 章 2.2 节—第 3 章 2.4 节—第 9 章 2 节—第 16 章 2.4 节。

11.11+　清化省东山 B(1934－1939)。出土于"印尼 2 号墓",出土深度为 1.15 米

鼓面。轻微损坏,仍然与鼓身上面部分相连;鼓身的大半部分都成了碎片。

直径 35.6,高 27(A：10,B：11,C：6),轮廓 b,鼓身 B 部位下面破碎成弧形。

G：4

巴黎切尔努斯基(Cernuschi)博物馆,8006 — Janse 1936：图版 XIIc;1958：38－39,图版 10,图 11 — Loewenstein 1956：20,图版 9/本书章节：第 3 章 2.4 节—第 16 章 2.4 节。

11.12　清化省的东山 C(1934－1939),出土于"印尼 1 号墓"

鼓在下葬前已被故意"杀死";由巴黎梅尔西埃(R. Mercier)修复

G.ZL2：0

巴黎赛努奇博物馆,8644 — Janse 1936：图版 XIIIb;1958：38,图版 8－9,75 /本书章节：第 3 章 2.4 节—第 16 章 2.4 节。

11.13　清化省的东山(1961－1962)

5 只鼓。

Le Van Lan 1963：189/本书章节：第 8 章 1.2 节—第 16 章 2.4 节。

11.14　东山挖掘出了一大批微型鼓(1924－1927 年大约有 20 只,Goloubew 1929：12－13,图版 VIII,直径在 6.3－12.5 毫米之间,高 4.2－10 毫米之间)。在 1934－1939 年间,"出土了许多鼓……主要有 2 种类型,一种是圆顶的蘑菇形……另一种是平顶型……最小的鼓高度为 2.5 厘米,通常为实心金属鼓,素面"(Janse 1958：63,图版 12,14,16)。

11.15　高平省的同文县 I(1938)

直径 52,高 33,12 芒,化学成分分析 16,25a;轮廓为 S 形。

河内博物馆 I.27.952 — Bezacier 1972：289, 292 — Nguyên Phuc Long 1975：

图 169V — Le Van Lan 1963：图版 XXIV

11.16　高平省的同文县 II(1938)
直径 60,高 36;12 芒。
河内博物馆 I.27.951。

11.17　高平省的同文县 III(1938)
直径 52,高 30;12 芒。
河内博物馆 I.27.953。

11.18+　乔达(Giao Tât),北宁省顺成(Thuan Thânh)金山(Kim So'n)
鼓面直径 22(鼓身 A：26,C：28);高 18;马勒雷(Malleret 1954)分析,轮廓 a
(黑格尔 I 型祖型)。
　　G：1
河内博物馆 I.3.347(D.163.175)— Parmentier 1922：355, 360 - 361,图
40 — Bezacier 1972：290,注释 I/本书章节：第 3 章 1.3 节。

11.19　河内(?)(1956)
鼓面,1956 年购于一个古董商人。边缘有三分之一已脱落。
直径 32
12 芒、鹭、涡卷饰。
G.N+ZX：2
河内博物馆 I.29.995 — Vandermeersch 1956：图版 I;1960：69 - 71,图版
LXXI — Le Van Lan 1963：190 和注释 11 — Bezacier 1972：292/本书章节：第 3
章 2.4 节。

11.20+　黄河,河东(Hà Dông)(1937)。在黄河村附近挖运河时候发现的
鼓面直径 78(鼓身 A：84,C：80),高 61.5;轮廓 c。
GFHSn：4
河内博物馆 D. 163.206 — Goloubew 1940：383 - 409 — Vandermeersch
1956：图版 IV - V — Le Van Lan 1963：190/本书章节：第 2 章 2.2 节—第 3 章
2.4 节—第 5 章 1 节—第 5 章 6 节—第 8 章 1.2 - 3 节—第 6 章 2.5 节—第 7 章

2.1 - 7 节—第 9 章 2 节。

11.21　清化省的黄河(1971)

一大块残片,属于广雄 I 型。

Le Van Lan 1963：197。

11.22　海阳(Hai Duong)的胡忠(Huu Chung)(1961)

鼓面直径 82(鼓身 A：90.2,B：72/83.5,C：98.5);高 67(A：20.5,B：29.5,C：17);轮廓 b。

GFBSIc：4

海阳文化局— Le Van Lan 1963：191,图版 XXI — ESEA 1979：110, 511/本书章节：第 3 章 2.4 节。

11.23+　昆嵩省,越南南部(达格劳[Dak Glao])(1923)

鼓面(已丢失了一块三角片),鼓身是残片。发现于昆嵩省的达格劳河。

直径 34,高 24;成分分析 7 - 8。

GFBc：1

河内博物馆 I.9514(D.163.171)— Parmentier 1922：355,357 - 359,图版 XXIII — Janse 1958：图版 86 — Le Van Lan 1963：191 — Bezacier 1972：247,293,345 — Nguyên Phuc Long 1975：75/本书章节：第 6 章 2.5 节—第 9 章 2 节。

11.24　木村(Lang Mun)、义安(Nghê An)(1971)

3 只鼓：I. 直径 50,高 40;饰有 4 只青蛙—II? —III. 直径 40,高 30;饰有 3 只青蛙。

ESEA 1979：119,注释 35。

11.25　鼎村(Lang Vac),义省(义安;1972 - 1973)

四只鼓(2 大 2 小)。郎瓦公墓

大一些的鼓,直径 55,高 50。

ESEA 1979：119,注释 35 — Ha Van Tan 1980：134,图版 XLVI - XLVII — Nguyên Phuc Long 1975：74,注释 2/本书章节：第 16 章 2.2 节。

11.26　苗门(Mieu Môn)，河东(1961)

鼓面直径72(鼓身A：86，B：62/76，C：85)；高约48(A：20，B：22，C：8)。

GSIIn：1

河内博物馆 61.3.564 — Le Van Lan 1963：190，图版 XXIII — Bezacier 1972：291 — *ESEA* 1979：119，511("有可能和……通林鼓是同一个鼓")/本书章节：第3章2.4节。

11.27　密山(Mât So'n)，清化省(1959)，在一座汉代砖墓

清化省文化厅。

11.28+　"穆力"，芒国(Muong)

由一个芒族酋长的遗孀赠送给芒省副省长穆力(E. Moulié)，可能来自和平省(Hoà Binh)。1889年送至巴黎的世界博览会，展览结束后消失，60年出现在军事博物馆荣民院(Musee de l'Armee, les Invalider)的仓库，1953年借展于巴黎吉美博物馆。

鼓面直径78(鼓身A：86，C：70)，高61(A、B、C分别为24、25、12)，穿孔，轮廓d。

GFHSn：3

巴黎吉美博物馆，P 243 — Heger 1902：20‐25，图版 I‐V，XXXIV‐17 — Goloubew 1929：各节；1940：各节— Heine-Geldern 1932 — Karlgren 1942 — 闻宥 1957：图版 14‐16 — Deneck 1955：66‐67 — Bezacier 1972：292 — Nguyên Phuc Long 1975：92，"黑河铜鼓(Tambour de Song Da)"/本书章节：第2章2.2节—第3章2.2节—第3章2.4节—第3章2.7a节—第4章4.2节—第5章1节—第6章2.5节—第6章4.5节—第7章2.1‐3节—第7章2.5‐7节—第8章1.2‐3节。

义安，见木村(Lang Mun)，鼎村(Lang Vac)。

11.29　河内省的玉缕(Ngoc Hà)(1924)

鼓面，发现于2米深土壤中。

鸟纹(4只)。

Parmetier 1932：178 — Bezacier 1972：292。

11.30+ 玉缕,河南(Hà Nam)省(1903),在玉缕村的一座寺庙里

鼓面直径79(鼓身A:86.5,C:80),高63(A、B、C分别为24、25、12),穿孔,轮廓c。

GFHSn:5

河内博物馆 D.6214.21 (D. 163.161)— Parmentier 1918:4‑16,图版 III‑IV — Goloubew 1929:各节,图版 I‑II, XXVI‑XXVII, XXX;1940:397 及各节 — Heine-Geldern 1932‑1933:523 — Karlgren 1942:图版 3‑4 *ABIA*, 1930(1932):图版 III(鼓面)— 闻宥 1957:图版 XIX — Le Van Lan 1963:190, 图版 XXII/本书章节:第 2 章 2.2 节—第 3 章 2.4 节—第 3 章 2.6 节—第 4 章 4.4 节—第 5 章 1 节—第 5 章 6 节—第 6 章 4.3 节—第 7 章 2.1‑9 节—第 8 章 1.1‑3 节—第 9 章 2‑3 节—第 11 章 1.7 节。

11.31 玉缕 II(1936)

直径(?),高 38;12 芒,鹭(4 只)。

河内博物馆 I.26.391 — *BEFEO* 36:607 — Bezacier 1972:293。

11.32 清化省的农贡(Nôn Cong)

直径 60,高 38,12 芒。

河内博物馆.I26.406 — *BEFEO* 34:746 — Bezacier 1972:293。

11.33 清化省的纳山(Nui Nap)(1961‑1962)

ESEA 1979:510。

11.34 清化省的磊山(Nui Soi)(1961‑1962)

ESEA 1979:510。

11.35 河东(Hà Dông)的富都(Phu Duy)(1959),发现深度为 1.8 米

鼓面直径 53(鼓身A:60,B:42.5,C:56),高 43(鼓身A:16.2,B:17.3,C:10.5),轮廓 c。

G.ZL1:1

河东文化厅 — Le Van Lan 1963:190,图版 XXIII‑2/本书章节:第 3 章 2.4节。

富川（Phú Xuyên），参见"斯德哥尔摩"，11.40+。

11.36　清化省的广雄 I

直径 65，高 44；马勒雷分析，1954。

GFHnc：1

河内博物馆 I.25.966（D. 163.177）—— *BEFEO* 34：746 —— Goloubew 1940：4.01，图 11（房屋纹）；409，相异之处在 25D（战士）/本书章节：第 6 章 2.5 节——第 7 章 2.6 节。

11.37　清化省的广雄 II

直径 37，高 30，8 芒。

河内博物馆 I.23.757。

11.38　和平省的沱江（红河）（Sông Da）（1928），离棚集（Cho Bò）不远

直径 78，高 61（或：直径 74，高 48），12 芒。

河内博物馆 I.23.696 —— Bezacier 1972：292。

11.39　山西（So'n Tay）？（1923）

直径 59，高 39.5；14 芒、鸟、人、船纹。

河内博物馆 D.163.167（Bezacier 1972：293；现在西贡博物馆）。

11.40+　"斯德哥尔摩"，河东的福川（Phú Xuyên）

在挖掘运河时发现的（大约在 1907 年）。由安德森通过戈鹭波（Goloubew）办公室为斯德哥尔摩博物馆从河内福川（de Phú Xuyên）"三惠（tri-huyen）"的遗媚那买到。

直径 53 - 54，高 42，轮廓 b。

GSIIn：0

斯德哥尔摩的东亚博物馆（Ostasiatiska Museet）（远东古物博物馆）—— *BEFEO* 1937：607 —— Karlgren 1942：图版 6 - 7 —— Le Van Lan 1963：196 —— Bezacier 1972：291 注释/本书章节：第 2 章 2.2 节——第 3 章 2.2 节——第 3 章 2.4 节——第 3 章 2.6 节——第 6 章 2.5 节——第 7 章 1.2 节——第 7 章 3.1 节——第 8 章 1.2 节——第 9 章 1 节——第 9 章 4 节——第 13 章 6.11 节。

11.41　清化省的某个地方？

鼓面。

战士、鸟纹，成分分析 32–33。

河内博物馆 I.18.423 — Parmentier 1932：178。

11.42　清化省的绍阳（Thieu Duong）（1961–1962）

2 只鼓。

Le Van Lan 1963：189 — *ESEA* 1979：510。

11.43　远内（Viên Noi）通林（1934）

发现于一社交中心（中心建于柱子之上）。见 11.26 苗门（Mieu Mon）鼓

GFHSn：6

BEFEO 1934：746，图版 XXI；1936：599 — Bezacier 1972：291/本书章节：第 9 章 4 节。

11.44　河东省的常信（Thuòng Tin）（1961）

直径 15，高 14.5；鹭（4 只）

河内博物馆 61.3.563 — Bezacier 1972：291

11.45　东林（Tung Lam）（塔）。发现于 50 厘米的深度（1932 年）

直径 52，高 38。

河内博物馆 I.23.415 — Bezacier 1972：290/本书章节：第 8 章 1.4 节。

11.46　范特拉（Văn Trai）（1937）

鼓身 C 部直径 84，高 61.5。

GFHSn：7

河内博物馆 1.27.377 — *BEFEO* 37：603，607 — Bezacier 1972：291。

11.47+　"维也纳"（"吉列"［Gillet］）

"据说几个世纪以来一直由梅奥（Meau）酋长的家族拥有，据称鼓来自贵州南部"（Bernatzik 1947：482），但是鼓来源于中国南部这个说法不大站得住脚，因为它与"东京"鼓太像了（"穆力鼓"，11.28+等）。1902 年，11.47+鼓由河内的吉

列拥有(它的前主人是德雷尔[Dreher]先生)。1907 年,它被维也纳博物馆从巴黎的巴塞特(L.Basset)收购。在很长一段时间内,报道都称"吉列"鼓已丢失,直到后来才发现原来它就是"维也纳"鼓。

直径 64,高 52.5,重(黑格尔)40 千克,轮廓 c。

GFHSn：2

维也纳民族学博物馆,83 - 624("越南北部,公元前 4 - 3 世纪")— Heger 1902：25 - 27,图版 XXXVI：2, 51 — Vroklage 1936：741ff.,图版 D18(反面)- 19 — Loewenstein 1934：99 - 101,图版 6 - 7 — Karlgren 1942 — Bernatzik 1947：482 — Goloubew 1940：398, 400, 402 — Schnitger 1943：图版 IIIb — Musikmstrumente der Völker 1975：21, 23,图版 7 - 13 — Nguyên Phuc Long 1975：92 - 93("红河铜鼓"[Tambour de Sông Hông])/本书章节：第 2 章 2.2 节—第 3 章 2.4 节—第 3 章 2.5 节—第 5 章 1 节—第 7 章 2.1 - 3 节—第 8 章 1.4 节。

11.48　海防(Hai Phòng)的越溪(Viêt Khê)(1961),在一座墓中发现了 2 只鼓。

海防省 — Le Van Lan 1963：190。

11.49　清化省永乐(Vinh Lôc)的荣宁(Vinh Ninh)(1963),在一座汉代的砖墓中。

清化省文化厅 — *ESEA* 1979：510

11.50　河南的安集(Yèn Tâp)
由南定(Nam Dingh)前任"省长"(tong-doc)赠送给安集村庄(1877?)。
直径 65,高 53;12 芒、鸟(2 条带)。
仍在村庄里 — *BEFEO* 37：607 — Bezacier 1972：291,注释 1。

11.51　清化省的某处?
河内博物馆 I.22.461 — Le van Lan 1963：189 — Bezacier 1972：294。

11.52　清化省的某处?
河内博物馆 I.25.529 — Le van Lan 1963：189 — Bezacier 1972：294。

11.53　清化省的某处?

河内博物馆 I.22.457 — Le van Lan 1963:189 — Bezacier 1972:294。

11.54　越南某处?

鼓面直径 74(鼓身 C 部直径:67),高 50;12 芒,4 只青蛙。

比利时玛丽蒙皇家博物馆(Musée royal de Mariemont),以前的华洛克(Warocuqé)收藏 —《铜鼓之音》(*Voix des tambours*)1983:45－46,53－54,图版 27(与来自清化省的铜鼓传统相符,是东山 II－III 型;"大越时期,约公元 10 世纪")

11.55　清化省的丹泥。 "在清化省的西面,在丹泥村……是东山(青铜鼓的山)……在此山附近的山谷中,被称为非凡器物",这个省位于边界,在 1799 年,清化省长在一次军事行动中拜访过这座庙并询问了这个以山名命名的鼓相关信息,但没有文字及口头的记载。1800 年,这位省长又注意到另外一面金属鼓(直径 75,高 56);1802 年他让人把鼓运到这家寺庙并以之供奉给寺庙保护神。所有这些事件都记录在寺庙内这面金属鼓旁边的一块木牌上(1804 年)(这只鼓在本书中记录为丹泥 11.55 鼓)(*BEFEO* 33,1933:347－348;《铜鼓之音》1983:36,57,也参见丹泥鼓,11.06)。

11.56　北宁省, 河内东北部的古螺城。在骆越王国前首都的安阳(An Duong)寺附近(第 16 章 2.3 节):一些金属鼓、漆成蓝色(《铜鼓之音》1983:41)。

12　老挝

12.01+　老挝(又称为"优邦"[U-Bong]或"欧本"[Oubon])。在老挝南部的稻田(去往泰国乌汶[Ubon]的路上)。由博斯(M. Bosc)1924 年送到河内博物馆,戈鹭波(Goloubew 1929)把它称之为"老挝鼓"(tambour du Laos),曾于 1941 年被人误认为与"纳尔逊"鼓(Nelson)是同一面。

直径 86.5,高 58,轮廓 b。

GSIIn:2

河内博物馆 I.17.849(D 163－166 — D.6143.6)。后交给柬埔寨金边博物

馆，（参考 Bezacier 1972：199，295，57 号）— Goloubew 1929：43，图版 XXII，图 20；1940：404，408 — Parmentier 1932：172 — Loewenstein 1956：13 - 15，29 - 30 — Le Van Lan 1963：196 — *ESEA* 1979：513/本书章节：第 3 章 2.4 节—第 6 章 2.5 节—第 8 章 1.2 节—第 9 章 4 节—第 13 章 5.12 节。

12.02 "纳尔逊"鼓，起源未知

以它曾经的主人纳尔逊为命名（居住在老挝的巴色[Paksé]）。帕尔芒捷在得到一张照片后对它进行过描述（1932）。戈鹭波（Goloubew 1940）曾把它当作"老挝"12.01+一模一样的鼓（实际上不一样，同中见异，比如它在船纹下面没有四足兽纹）。

直径（由帕尔芒捷估计）约 110。目前位置不详 — Parmentier 1932：172 - 173，图版 X — Loewenstein 1956：13 - 15，28 - 30/本书章节：第 13 章 5.12 节。

12.03 老挝南部的沙湾拿吉（Savannakhet）地区

12.03 及 12.04 都来自沙湾拿吉地区，在沙湾拿吉以北 40 千米处，距离班会华桑（Ban Houei Huasang）不远。其装饰已严重腐蚀掉。

直径 97，高 65；厚 3 毫米。

12 芒，鹭；鼓身 A 部饰有船纹；B."一个垂直划线的双重区域，邻近的小区域看起来是素面的。大的纹带看上去顶部缩小了…通过内饰交叉条纹的三角纹带让大区域显得顶部变小"（可能是 GSII 组），"发现于前地区专员马尔普奇（M. Malpuech）先生退休的地方"（1932）— Parmentier 1932：173 - 174。

12.04 老挝南部的沙湾拿吉地区，见 12.03 鼓

直径 78，高 50；12 芒。

"还留在警察局"（Resté au Commissariat）（1932）— Parmentier 1932：173 - 174。

13 泰国

13.01 清迈的班戈

由于密集的敲打，鼓的装饰已模糊不清。除了鼓面有一些轻微裂痕及鼓足部分有点变形之外，整体保存较好。

G.N：2

Sørensen 1973；1976；1979a：85，97。

13.02+　"贝拉茨"（Beelaerts）（1961）

从清迈的一家小商店买到的（泰国西北部）。

直径 44（鼓身 C 部：49），高 29.3，轮廓 c。

GBSn：1

荷兰布洛克兰的贝拉茨（Jonkheer J. Beelaerts van Blokland）收藏 — Van Heekeren 1970/本书章节：第 3 章 2.4 节—第 6 章 2.5 节—第 6 章 2.6 节—第 8 章 1.2 节。

13.03　泰国南部的"科奎（Coqui）"鼓

鼓面。

直径 66。

GFBSIIc：3

曼谷的科奎（W. P. Coqui）收藏 — Gühler 1944：34‑35，53，图版 IV‑I/本书章节：第 6 章 2.6 节。

13.04　素可泰（Sukhotai）的"古勒（Gühler）I"（约 1924 年）

从土壤中挖掘出，已严重腐蚀。

鼓面直径 77（鼓身 A：80，C：80），高 53（分别为 18、20、15），重 44.8 千克，成分分析 18。

GFBSIc：3

本书章节：第 5 章 5 节。

13.05　呵叻（Khorat）地区，"曼谷 V"

鼓面。据说是在距离呵叻东北部大约 50 千米处的皮迈（Pi mai），鼓足已丢失。

直径 66（鼓身 A：68），高？（鼓身 A 高：11，B：18，C：已丢失）；12 芒、鹭、无羽人图案及蛙饰。

曼谷国家博物馆 — Gühler 1944：30 — Loewenstein 1956：22。

13.06 翁巴 86,翁巴洞穴,北碧府（Kanchanaburi）（1960－1962,1965－1966;东经 98°57″,北纬 14°41″）

严重破损,1960－1962 年由泰国–丹麦史前考古队首次发现,1965－1966 年得到进一步研究。

直径 66.5－67,高 53.5。

GFHnc：2

Sørensen 1979a：93。在 13.06 及 13.09 鼓发现点附近一个船形棺的碳十四测年日期为公元前 230±100 年/本书章节：第 6 章 2.5 节—第 8 章 1.1 节—第 13 章 5.13a 节。

13.07 翁巴 87,见 13.06

残片、鼓面及鼓身 A 部分已不在,早期挖掘者发现它的时候是倒扣放置的。

直径（估计值）约 60;残片高 35.4、总高（估计值）约 50。只有鼓身 B 部分的装饰还存在（纯几何形）。

Sørensen 1979a/本书章节：第 13 章 5.12 节。

13.08 翁巴 88,见 13.06

残片。

直径约 58;残片高 40.3、通高（估计值）约 50;装饰为纯几何形/参考 13.06。

13.09 翁巴 89,见 13.06

已严重破损。

直径约 74,高 59.5。

GFBSInc：2/见 13.06。

13.10+ 翁巴（"省长之鼓"）

鼓面直径 62.4（鼓身 A 直径：64,B：49.5/55,C：64.5）,高 44.3（鼓身 A：14,B：18.7,C：11.5）;厚（鼓面）5 毫米、鼓身 A 部分为 2 毫米。鼓耳已丢失,鼓身 A 部分有 2 处轻微破损;轮廓 c。

Sørensen,1979a：78－97/本书章节：第 3 章 2.4 节。

13.11 翁巴,第 6 只鼓

据报道保存完好。

目前位置不知—来自瑟伦森的信（P. Sørensen 17. 4. 1979）— Van
Heekeren 1963。

13.12　桩阳(Thung Yang)，"曼谷 I"

直径 70(鼓面;鼓身 A：77,C：71),高 52(鼓身 A：18,B：23,C：11)。

GFc：2

曼谷国家博物馆 — Parmentier 1932：175 — Gühler 1944：28‑29。

13.13　桩阳,"曼谷 II"

鼓面直径 70(鼓身直径 A：75,C：70),高 53(鼓身 A：19,B：22,C：11)。

GFc：3

参见上面 13.12 鼓/本书章节：第 6 章 2.5 节。

13.14　桩阳,程逸府(乌达腊迪[Uttaradit]),"曼谷 III"

鼓面直径 62(鼓身直径 A：64,C：61),高 42。

G：8

参见上面 13.12 鼓及 Loewenstein 1956：20/本书章节：第 11 章 1.9 节。

13.15　桩阳,"曼谷 IV"

鼓面直径 48(鼓身直径 A：50,C：52);高 41(鼓身 A：14,B：17,C：10)。

10 芒,装饰已完全磨损,无蛙饰。

曼谷国家博物馆 — Gühler 1944：29。

13.16　那空是贪玛呅(洛坤)(Nakhon Sithamarat/Nakorn Srithammarat),"曼谷 VII"

鼓面。发现于一条运河中(东经 8°,北纬 9°)。

直径 43。

G.N+ZX：3(有一些不规则性)

曼谷国家博物馆 — Gühler 1944：34 — Loewenstein 1956：20/本书第 17 章。

13.17　乌汶,"曼谷 VI"

鼓面直径 64(鼓身直径 A：70,C：67),高 52(A：20,B：21,C：11)。

14 芒、装饰几乎全部磨损,无蛙饰。

曼谷国家博物馆 — Parmentier 1932：176 — Gühler 1944：30/本书章节：第 6 章 2.6 节。

13.18　泰国北部

"1973 年,在泰国北部发现了一只新鼓"(来自瑟伦森的信,17.4.1979)。

Sørensen, Lampang Reports 1976。

13.19　泰国东北部的班清

报道称该鼓出土时与另一块漆陶片紧密相连(陶片在鼓内)。

"黑格尔 I 型祖型",轮廓 a

Musikinstrumente der Völker 1975：22 — 班清总体情况可参考 *ESEA* 1979：42 -52/本书章节：第 3 章 1 节—第 3 章 2.4 节。

13.20　那空是贪玛叻(洛坤),也见 13.16

"大约 1968 年(？),在那空是贪玛叻的南部,一个偶然情况下出土了 2 只铜鼓和一些与铁器相关的壮观青铜'高脚杯',这些青铜器据说跟南部半岛典型器物类型很相像(尼科姆·苏泰拉格萨[Nikom Suthiragsa],个人间交流)。然而,目前没有更牢靠的资料"(B. A. V. Peacock 1979：203)。

14　柬埔寨

14.01+　马德望(Battambang)省,金边旺西(Thnom Mong Ru'sei)村

鼓面。

直径 62。

G.ZL2：1

金边博物馆 E 696(阿尔伯特·萨劳特博物馆[Mus. Albert Sarraut]) — Parmentier 1932：176 — Loewenstein 1956：20。

14.02　托德(Tos-Tak),唐宝(Tang-Ploch),磅清扬(Kompong Chhang)省

直径约 67,高 35。

10 ///几何纹 / ££m /？/ 几何纹/鼓身饰几何纹。

金边博物馆 E 695 — Parmentier 1932：176。

15 马来半岛

15.01+ 巴生(Klang)布基特库达(Bukit Kuda)，雪兰莪州(Selangor)(1944)

残片：不到一半的鼓面及部分鼓身。由日本人 1944 年在雪兰莪州巴生东部的布基特库达发现。这些残片首先带到了雪兰莪州博物馆(博物馆后来被轰炸)，1949 年又找到它们，再转藏到吉隆坡国家博物馆。

(残片)直径 40 - 50？(Loewenstein；Linehan 35.6)，有穿孔。

G.ZL2：2

吉隆坡国家博物馆(内加拉博物馆[Mizium Negara])— Linehan 1951：1 - 8，22 - 25 — Loewenstein 1956：15 - 19，22，图版 2，图 7/本书章节：第 13 章 5.15a 节。

15.02+ 雪兰莪州的瓜拉冷岳(Kuala Langat)地区的磅士朗 a、b

15.03 (1964)

1964 年,在平整地皮的时候,人们在磅士朗万津(Banting)附近的一个土堆里发现了 2 只鼓,都已严重破损。两只鼓鼓面、一只鼓的鼓身上部及一些残片还可以保存起来。

a. (15.02+)直径刚超过 45.5。

b. (15.03)直径不够 36,有穿孔。

a. GFBSIIc：1 — b. GN：1

吉隆坡国家博物馆(内加拉博物馆)— B. A. V. Peacock 1964,1965a - b，1979/本书章节：第 5 章 2.2 节—第 5 章 4 节—第 6 章 2.5 节—第 8 章 1.1 节—第 13 章 5.15a 节。

15.04+ 瓜拉丁加奴(Kuala Trengganu)(1964)a、b

15.05+ 两只鼓,一大一小,1964 年出土于瓜拉丁加奴南部的巴图伯克

（Batu Burok），位于马来半岛的东海岸。只有鼓面及一些残片保存下来。

　　a.（15.04+）直径刚好超过 60，有穿孔。

　　b.（15.05+）直径约 54.6，有穿孔。

　　吉隆坡国家博物馆（内加拉博物馆）— B. A. V. Peacock 1964，1966a，1979/本书章节：第 5 章 2.2 节—第 8 章 1.2 节—第 13 章 5.15a 节。

　　15.06+　彭亨的贝林（Tembeling）河（1926）

　　鼓面，残片。发现于彭亨巴图帕西尔加拉姆（Batu Pasir Garam）的贝林河洪水大爆发之后，鼓面的大半部分保存下来，尽管有一些裂缝。“部分装饰后来被一个粗糙之手给重新刻画过”（Loewenstein 1955）。

　　直径 61（莱恩汉说是 69，可能并不准确）；成分分析 20，26。

　　G：7

　　新加坡国家（拉弗尔斯［Raffles］）博物馆，36.547 — Linehan 1928：66－67；1951：1－8，22－26，图版 3 — Loewenstein 1956：15，图版 1 和图 6/本书章节：第11 章 1.9 节–第 13 章 5.15a 节。

第 24 章
编　码　表

为便于读者理解,以第一条编码为例对各编码组成说明如下:

Giao Tât(乔达),N. V.(越南北部)(图版 11.18):此处乔达是发现地点,越南北部是国别(区域)。

d. 22;h. 18(测量数据 d. 直径 22;h. 鼓高 18,厘米为单位)。

10 / V1):鼓面中心 10 芒/倒 V 字形纹饰,在鼓面晕圈内;her (4) (c) / vv /:翔鹭(4 只)/锯齿纹/锯齿纹/。

A vv:A 和下面 B 是鼓身 A 部分和 B 部分,这里 A 锯齿纹(或双排锯齿纹)。

B *hor & vert* vv〔 〕:B 部分 *hor & vert* vv 等个体图案,hor 水平方向排列的图案加 vert 垂直排列图案,再加〔 〕方格纹。

其余图案组成、个体纹饰解释等,请参见第六章 2.3 - 2.6 节。

——译者

几何图案

G 简单几何图案

1. 乔达,越南北部(11.18+)

d. 22;h. 18

10 / V1)　　　　　　　　　　　　　her (4) (c) / vv / _

A vv

B *hor & vert* vv〔 〕

2. 东山 A,越南北部(11.10+)

d. 31.5; h. 27.5

8 ／ V 1) ø ／   her（4）（n）／ = = ／_ =

A =

B =   ø（·）

4. 东山 B,越南北部(11.11+)

d. 35.6; h.27

8 ／V1) = ø ／   her（4）（c） ／ =ø=／_（skeletal）

A ø =

B ／／ ø =

                                               ø（·）, tymp. double, mantle single

6. 迪昂,爪哇(2.08+)

tympan only：d. 47.5（est.）

10 ／ V1) = oo = ／   her（n）／ =o = ／（broken）

7. 贝林,马来半岛(15.06+)

tympan only：d. 61

10 ／ V1) = oo = ／   her(4)（c)／ =o = ／_

                                               o（double）

8. 桩阳,"曼谷 III",泰国(13.14)

d.62; h.42

12）? ／   her（8）／ ? ／_

B［ ］

G……复杂几何图案(*G.M — G.M+N — G.MI — G.N — G.N+ZX — G.spir birds — G.ZL — G.ZX*)

G.M［*F*]*c*

1. 贝戈塔,爪哇(2.14)

fragment：d. 60.3; h. ?

12 ／ o ） ＝ ø ＝ ／ M ／   her（c）／ø＝ ／＿

A ø ＝ ）））

B 8 ［￡￡］；hor ø ＝ （?）；*vert //*

G.M+N

l. 北加浪岸,爪哇(2.07)

tympan only：d. 75.8－76.2

12 ／ ％ ） ＝ oo ＝ ／ M ／ N   her ／ ＝ oo ＝ ／＿

0（・）

G.MI

1. 三宝垄,爪哇(2.12+)

d. 59.9；h. 48.6

12 ／ ％ l ） ・ ø MI ø ・ ／   her（c）／ ＝ ø MI ø ＝／＿

A ＝ø＝

B8 ［ ］；*// ø //*

ø（・）

G.N

l. 磅士朗 b,马来半岛(15.03+)

tympan and fragm.：d. 36

10） Nø ／   her（c），radial bars ／ ＝ø＝ ）＿

A（fragm.）＝ø＝

ø（・）（double）

2. 班戈,泰国(13.01)

d. 49.6；h. 41

10 ／ ％ 3 ） ？／ N ／ ？？？？   （her ?）／ ＝ø＝ ／ ＿

A＝o＝；three horizontal lines

B 8 ［ ］；*hor ＝o＝* ；under the handles *vert // //*

o（・），in A and B：（double）

G.N+ZX

l. "大卫＝威尔",越南北部(11.08+)

tympan only：d. 30.2

12／V 3 + % 3 ）Nøø = ／ ZX　　　　　her（6）（c）, cartouches（2）
　　　　　　　　　　　　　　　　　　　／ =（no _）

2. 河内,越南北部(11.19)

tympan only：32

l 2 / V 3+ % 3) ·N·øø · / ZX / .. /
　　　　　　　　　　　　　her（8）（c）, cartouches（2）／
　　　　　　　　　　　　　pearls（no_）

3. "洛坤府"（"曼谷 VI"）,泰国(13.16)

tympan only：d. 43

12 / % 6）Nøø = ／ ZX ／　　　　her（6）, peacocks（4）／ =øø = /_

G.spir birds n

1. 巴巴坎,爪哇（2.03+）

d. 65；h. 47.5

16 / // 1 ）· / ? / spir /　　　　her / vov //_

A ·vov · / perch birds / o

B *hor* and *ver* · vov ·; under the handles · / / ·

　　10〔2 birds〕　　　　　　　o（·）（double）

G.ZL1

1. 富都,河东（11.35）

d.53；h.43

12 / % 4）= ø ZL ø= /　　　　her（4）（n）/= ø = / _

A = =

B〔 〕// / = =

　　　　　　　　　　　　　　= shaped like tiny squares

G.ZL2

0. 东山 C,越南北部（11.12）

d. 44；h. 31.5

10／V1 + A 4) ZL2／o =／ her（4）／= o =／_

mantle:"parallel vertical and horizontal zones

filled with parallel lines"（Janse 1958：图版 9）

1. 马德望,柬埔寨（14.01+）

tympan only：d. 62

12／V3 + A 1）ZL2／= o =／ her（4）（c）／= o =／_

o（·）（double）

2. 巴生,马来半岛（15.01 +）

fragm.：d. 57.8（fragm.）；h. 40 − 50（估计值）

10／V3 + %2）ZL2／= ?／ her（4）（c）／= o =／_

B *hor* o =；*vert //*

o（·）（double）

G.ZL3

1. "布鲁塞尔 H 838",越南北部（11.04）

tympan only：d. 61

12／V2 + A3）ZL3／= oo =／ her（4?）／= o =／_

o（·）

G.ZL3B

1. 班宇门宁,爪哇（2.11+）

tympan only：d. 80.5

12／V5 + A4) ZL3／= oo =／ cormorants（c）／= oo =／B（4）_

skeletal

G.ZX

1. 翁巴"省长之鼓",泰国（13.10+）

d. 62.4；h. 44.3

12 ／? ）= o = ／ ZX ／　　　　　　　　her（6）（c）／ = o = ／ _

A = o =

B *hor* = o = ；*vert* ／／o／／；［ ］

　　　　　　　　　　　　　　　　　　　　o（ · ）

2. 梅西,爪哇(2.05+)

d. 64.5；h. 51.3

10／ V1+ A2 ）= øø = ／ ZX ／　　　　　her（c）／ = øø = ／_

B ／／o／／

　　　　　　　　　　　　　　　　　　　　ø（.）

船纹,但是没有图像纹带;有意思的动物纹(风格自然)

GSIIn

0. "斯德哥尔摩",越南北部（11.40+）

d. 53 − 54；h. 42

14 ／ Vl + ／／4）· · ／ "weasels"（4）／ · · ／

　　　　　　　　　　　　　　her（6）／ · · v · · v · · ／ _

A vv；ships（m£）and perching birds

B *hor & vert* vv；［perching birds］

1. 苗门,越南北部（11.26）

d. 72；h.48

14／）· ø ZL1 ø · ／ deer and "weasels"／

　　　　　　　　　　　　her ／ · vov · ／_

A · vov · ；ships, birds；o

B［2 m£, two birds flying over their heads］；

hor & vert · vov ·　　　　　　　o in · vov · large, ø（.）（double）

2. 老挝,(12 .01+)

d. 86.5；h. 58

12 ／ ）／／2 + ／／3 ／ ø ／ "lizards" ／ spir ／

                                        her（30）/ vøøv / _

A vøøv；ships（m£）

B *hor & vert* vøøv；［upper row：cervids；

  below：m£］

船纹,但是没有图像纹带—蛙饰;有意思的动物纹

GBSn

1."贝拉茨",泰国（13.02+）

d. 44；h. 29.3

8 / //1) vov /   her（9?）/ vov / B _

A vov；ships（m£）

B *vert* matt，spir / 4［one bull］

                                        o（·）(threefold；large)

几何图案,图像纹带,但是没有船纹（程式化）

GFc

1. 贝戈塔,爪哇(2.13)

tympan（one half）and fragm.：d. 62.4（est.）

12 / %)   o = / £ £/   her / o = / _

A no indication of ships on the fragment

                                        o(·)

2. 桩阳（"曼谷 I"）,泰国(13.12)

d. 70；h. 52

12 /) = o = /   £ £（40）/   her（6）/ = o = / _

B［ ］

3. 桩阳（"曼谷 II"）,泰国(13.13)

d. 70；h. 53

10 /) / £ £/   her（6）/ four snails instead of frogs

B[　]

几何纹，图像纹带，无船纹—蛙饰（程式化）

GFBc

l. 昆嵩，越南南部（11.23+）

d. 34；h. 24（tympan damaged；mantle fragm.）

10／Vl + A3）Nvo／££／　　　　　　　　her（4），cartouches（4）／øø — ／B
　　　　　　　　　　　　　　　　　　　　　　　　　　（3 + 1）

A（fragm.）-- = øø = --

B（fragm.）= øø = --

o，ø（ · ）. No flat outer zone；the frogs rest
　　immediately on the decoration which
　　reaches the outer rim.

几何图案，图像纹加房屋，无船纹（程式化—自然风格）

GFHnc

1. 广雄 I，越南北部（11.36）

tympan only：d. 65；h. 44

8／）ø = ／££m；houses／　　　　　　her ／ = o = ／＿

2. 翁巴 86，泰国（13.06）

d. 66.5－67；h. 53.5

12／%）Z／ø／perching birds（9）／££m（10）；
　　　　　　　　　　　　　　　　　her（8）／ = øø = ／＿

houses／

A = øø = ／ships（6）／v

B *hor & vert* ／／ = øø = ／／

复杂的几何图案，图像纹带加房屋，船纹—无蛙饰（自然风格）

GFHSn

1. 卡布南村，爪哇（2.06+）

d. 63.9；h. 48.2

10 ／ ％ ） øø ? ／ m£; houses, platf, pound ／

her ／ ＝øø＝ ／ ＿

A ＝ø＝ ／ ships（6） ／ ＝

B *hor* ＝ øø ＝; *vert* ／／ø／／; 8 ［m£］

ø（.）

2. "维也纳 a"（"吉列"）,越南北部（11.47+）

d. 64; h. 52.5

12 ／ ％5 ） ·o Z o· ／ m£; houses, platf ／ spir ／

her（18）／ · v ZX v· （ · v ML
v ·)／ ＿

A · v ZX v · （ · v ML v ） ／ ships; birds／ · o · ZX ／／ · ;

  8 1 m£, topped by N

B *hor* · v ZX v · （ · v ML v ·); *vert* · ／／

3. "穆力",越南北部（11.28+）

d. 78; h. 61

14 ／ ％4 ） · ø Z ø · ／ m£; houses, pound, platf

her（18） ／ · v ML v · （ · V ZX
v ·) I＿

／ ø ／

A · vøøv · ／ ships; birds ／ · ø ·

B *hor* · v ZX v · （ · v ML v ·); *vert* · ZX · ／8

［1 m£］; under the handles · ／／ ML ／／ ·

ø （ ·); v resembles ladders

4. 黄河,越南北部（11.20+）

d. 78; h.61.5

16 ／ ％4 ） · ø ZLl ø · ／ m£; houses, pound, platf her（14 ?)／ · vøøv · ／ ＿

  ／ ø ／

A · vøøv · ／ ships

B 8 ［2 m£ ］

ø（.）

5. 玉缕,越南北部(11 .30+)

d. 79；h. 63

14 ／ %4 ） ·ø Z ø · ／ m£ （7 + 7）; houses, pound,

her, perching birds, deer, hornbills

／ ·vøøv· ／

platf, shoo ／

A ·vøøv· ／ ships; birds ／ ·ø·

B hor ·vøøv·; vert ·//øø//· ／ 8 ［2 m£］, topped

by N

6. 通林,越南北部 (11.43)

d. 83; h. 48

16) ·vov· （?) "hommes et animaux; rappelant Ngoc Lu" (Bezacier)

A ships; birds (turkey? peacock?) I ·vov·

B ［2 m£］

7. 范特拉(Van Trai),越南北部 (11.46)

d. 84; h. 61.5

16) (again cf. Ngoc Lu) m£ （?）; houses ／

Her ／ _

A ships

复杂的几何图案,图像纹带加房屋,船纹—蛙饰—边境场景(程式化-自然风格因素)

GFHBScn

1. 桑根,印尼东 (4.02+)

d. 116; h. 83.5

12 ／ %5) = øø= ／ phoen (20)／ £ £ (m); houses,

her (20) ／ = øø= ／ B (2 + 2) I _

pound/ ZX /

A =øø= / ships（6）; birds, fishes, quadrupeds,

hunting scene/ ZX

B ZX / 8 ［£££(m)］/ *vert* =ø ZX ø=

C 20 sections with "stable scenes", between

hor bands of matt

ø（·）（double）

复杂的几何图案,图像纹带(无房屋),船纹—蛙饰(程式化或程式化中带自然风格因素)

GFBSIc（occasionally *cn*）

1. 罗蒂,印尼东（6.01+）

tympan damaged, mantle fragm.: d. 72.8;

h. ?

12 / A5) o= / L / £££/　　　　　her（15 or 16）/ ZX / o= / B）（3 +

1）_

A =o= I ships / ZX

B ZX / 8 ［£££］; *vert* //o//

2. 翁巴 89,泰国（13.09）

d. 72.8; h. 59.5

12 / V1) Z / oo= / ZX / £££/　　　　her（2 × 11）; running cervid;

two peacocks

A =o / ships（4）filled with £££and provided

with ˈa fixed rudderˈ（Sørensen 1979a）

BZX

o（·）

3. 古勒 I,泰国（13.04）

d. 77; h. 53（the decoration is badly damaged;

the encoding is partially uncertain）

12 / ?) Z' / ø（?)/ = ZX / £££(40) /

her ／ ＝ø＝ ／ B（4）_

A ships

B 8 ［£ £］; *hor & vert* ＝oo＝（alternating with

　＝oo matt）

o（·）(double)

4. 胡忠,越南北部（11.22）

d. 82; h. 67

12 ／ Vl ＋ %5 ） Nø＝ ／ £ £／　　　　　her, cartouches ／ ＝ø＝ ／ B _

A ø＝

B £ £／ ＝øø＝ ／ under the handles ·∥ ·

o（·）

5. 桑根,印尼东（4.04）

fragm.: d. 83 .5; h.（fragm.）47

12/?）£ £／　　　　　her/ ＝oo＝ ／ B（4）_

A ＝øø＝ I M（?）I ships

B 9 ［£ £］

o（·）

6. 莱蒂,印尼东（7.01）

severely damaged: d. 96－98; h. 69

12 ／ % ）（?）／ M ／ £ £／　　　　　her/(?)/ B（4）_

A ships; birds（peacocks）

B 8 ［£ £］

7. 库尔(卡伊群岛),印尼东（7.06）

d. 100.7; h.?

12 /?）（?）／ £ £／（corroded）／ B（4）_

A ＝oo＝ I ships; crab（fragm.）

B8［£ £］

o（·）

7a. 桑根,印尼东(4.03+)

d. 101; h. 73

12 / %) ZL5 o = / £响/   her (10) / = oo = (= XX =)/ B

                                           (4) _

A ships (the helmsman in Plate 4.03+ is a

   bird; ££)

B 8 [££]; *hor & vert* = oo =

C upper border XX

                                           o (·) (double)

8. 库尔(卡伊群岛),印尼东 (7.05+) cn

Two large fragments (tympan and the greater

   part of the mantle) –

d. 113.5; h. c. 87 (est.)

12 / %) N ML o / phoen / £响/   her / hunt / ZX / = o = / ZX (XX)/

                                           B (1+3) _

A = o animals o = / ships, birds, man

B 8 [££(m)] / = o ZX o =

o(·) (double) — the animals and the hunting

   scene are naturalistic

9. 桑根,印尼东 (4.06+)

d. 114.7; h. 86.8

14/ %) N øø = / phoen (10) / ££/   her (10) / = øø = / ZX/ B (4) _

A = øø = / ships

B 8 [££] / *hor* = øø = ; *vert* = ø M ø =

ø (.) (on the mantle double); the concentric

   circles resemble ropes

10. 桑根, 印尼东 (4.05+) cn

d. 115.5; h. 86

12 / %)ZL5 / øø =/ ZX / ££(m)/   her (10)/ = o ZX o = / B (4)_

A ＝øø＝ ／ M（？）／ ships

B 8 ［ ££(m) ］

naturalistic elements between the feather

　　motifs — ø（double）

11. 见铜鼓清单："东爪哇"（2.26）

GFBS（？）IIc（since the mantles are

missing we cannot be sure about the ships）

1. 磅士朗 a，马来半岛（15.02+）

tympan and mantle fragment：d. 45.5

12 ／ V2 +V1）vø＝ ／ ££／　　　　　　her, cartouches ／ ＝ø＝ ／ B（4）_

A（fragm.）＝ øø＝

　　　　　　　　　　　　　　　ø（ · ）（double）

2. "布鲁塞尔 H. 837"，越南北部（11.03+）

tympan only：d. 54

10／ V4+A3）Nø＝／ ££／　　　　　　her, radial bars／ ＝øø＝ ／ B（4）_

3. "科奎"，泰国（13.03）

tympan only — d. 66

14 ／ V4 + A6）· ZL · ／ ø＝ ／ ZX ／ ££(37) ／

　　　　　　　　　　　　her, cartouches ／ · ＝ · ø · ＝ I B

　　　　　　　　　　　　（3 + 1）_

4. ?，印尼（0.01）

tympan only：d. 75

l 0 ／ Vl ）ZL5 o＝ ／ ££／　　　　　　her／ ＝o＝ ／ B（4）_

5. 莱蒂，印尼东（7.03）

tympan only, fragments

12 ）（？）／ M ／ M ／ ££／　　　　　　her／（？）／ B _

6. 桑根,印尼东（4.07）

tympan only：d. 103.6

12 ／ ％ ）ZL4 o = ／ ／　　　　　　　　　her/（?）/ B（4）_

复杂的几何图案,图像纹带（无房屋）,船纹,蛙饰,边境场景（程式化,自然
风格因素）

GFBSIIIcn

l. 萨雷尔, 印尼东（5.01+）

d. 126；h. 92

16 ／ ％ 3）v XX øv ／ phoen（18）/　　L'／ ££/

　　　　　　　　　　　　her（26）/ voov ／ ZX ／ B（4）_

spir ／ v ZX ／

A = øø = ／ ships（6）；peacocks（20）/ lower band

ZX

B *hor* upper band ZX；lower band = øø = ；

vert = o ZX o = ；8 ［££］

A&B（meeting）flat band

C matt/trees, elephants and birds（pecking
　the elephants）

ø（·）；the v designs on the tympan are sharp
　v-shaped ladders

按编码组排列的直径
鼓面直径用厘米表示：

G：22—31.5—c.30—31—35—47.5（est.）—61—62

G.M［F］c：60.3

G.M+N：75.8 – 76.2

G.MI：59.9

G.N：36—49.6

G.N+ZX：30.2—32—43

G.spir birds n：65

G.ZLl：53

G.ZL2：44—62

G.ZL3：61

G.ZL3B：80.5

G.ZX：62.4—64.5—70.8（残片）

GSIIn：53‑54—72—86.5

GBSn：44

GFc：62.4—70—70

GFBc：34

GFHnc：65—66.5

GFHSn：63.9—64—78—78—79—83—84

GFHBScn：116

GFBSIc（cn）：72.8—c.72.8—77—82—83.5—96‑98—101—113.5—114.7—115.5

GFBSIIc：45.5—54—66—75—103.6

GFBSIIIcn：126

23 & 24a 列入清单和有编码的铜鼓：以字母顺序排列

参见铜鼓清单（第 23 章）和编码表（第 24 章）

Air Puar, 1.05+（sculpture）

Alor, 6.02+

Babakan, 2.03+（G.spir birds：1）

Bali, 3（Pejeng type）

Ban Chieng, 13.19

Ban Gaw, 13.01（G.N：2）

"Bangkok I‑IV", 13.12‑13.15, see Thung Yang

"Bangkok V", 13.05

"Bangkok VI‑VII", 13.16‑13.17, see Nakhon Sithamarat

Ban Lau, l1.01

Banten, 2.01（Heger IV）

Banyumening, 2.11+（G.ZL3B：1）

Barito, 5.02

Battambang, 14.01+（G.ZL2：1）

Batugajah, 1.04+（sculpture）

Bebitra, 3.04+（Pejeng type）

"Beelaerts", 13.02+（GBSn：1）

Bengkulu, 1.06‑1.08

Bergota, 2.13‑2.14（GFc：1；G.M.［F］c：1）

Binh Phu, 11.02

Bogar, 2.20

Borneo, 5.02

Borobudur（?）, 2.10（Heger IV）

Pejeng type

Mersi, 2.05+ （G.ZX：2）

Meybrat, 8.01+；8.02+；8.03

Mieu Môn, 11.26 （GSIIn：1）

Moluccas, 7.01 – 7.11

Mât So'n, 11.27

"Moulie", 11.28+ （GFHSn：3）

Nakhon Sithamarat （Nakorn Srithamma rat；"Bangkok VII"）, 13.16 （G.N+ZX：3）；（13.19 – 13.20）

"Nelson", 12.02

Nghê An, 11.24 – 11.25

Ngoc Hà, 11.29

Ngoc Lu, 11.30+ （GFHSn：5）

Ngoc Lu, 11.31

Nias （?）, 1.09

Nôn Công, 11.32

Northern Thailand, 13.18

Nui Nap, 11.33

Ongbah 86, 13.06 （GFHnc：2）

Ongbah 87 & 88, 13.07 & 13.08

Ongbah 89, 13.09 （GFBSInc：2）

Ongbah G.D., 13.10+ （G.ZX：1）

Ongbah sixth drum, 13.11

Pejeng "Moon", 3.01+ （Pejeng type）

Pekalongan, 2.07 （G.M+N：1）

Pekalongan, 2.22

Phu Duy, 11.35 （G.ZLI：1）

Phu Xuyên, 11.40+

Pondok, Paguyungan, 3.02 （Pejeng type）

Prajekan, 2.22

Quang Xuong I, 11.36 （GFHnc：1）

Quang Xuong II, 11.37

Roti, 6.01+ （GFBSIc：1）

Salayar, 5.01+ （GFBSIIIcn：1）

Sangeang, 4.02+ （GFHBScn：1）

Sangeang, 4.03+ （GFBSIc：7a）

Sangeang, 4.04 （GFBSIc：5）

Sangeang, 4.05+ （GFBSIcn：10）

Sangeang, 4.06+ （GFBSIc：9）

Sangeang, 4.07 （GFBSIIc：6）

"Saritasangi", see Sangeang, 4.05+

Savannakhet, 12.03 – 12.04

Semarang, 2.12+ （G.MI：1）

Semarang, 2.13 – 2.15；2.16+；2.17+；2.18 – 2.19

Seram, 7.11

Seran, Sumbawa Besar, 4.08+

Serna, 7.04

Sey-Eng, Alor, 6.02+

Sông Da, 11.38

So'n Tay, 11.39

"Stockholm", 11.40+ （GSIIn：0）

Sumberjaya, 1.06

Tanurejo, 2.09+ （Pejeng type）

Taraja, see Kuningan

Tembeling, 15.06+ （G：7）

Thanh Hóa, 11.41；11.51 – 11.53

Thieu Duong, 11.42

Thung Yang （"Bangkok I"）, 13.12 （GFc：2）

Thung Yang （"Bangkok 11"）, 13.13 （GFc：3）

Thung Yang （"Bangkok III"）, 13.14

第 25 章
参 考 文 献

西文书刊简称：

ABIA : Annual Bibliography of Indian Archaeology. Leiden：Kem Institute.

AP: Asian Perspectives.

BEFEO: Bulletin de l'Ecole Franraise d'Extreme-Orient.

BG：（Koninklijk）Bataviaasch Genootschap van Kunsten en Wetenschappen，Batavia.

BKI: Bijdragen tot de Taal-, Land en Volkenkunde (van Nederland. sch-Indie). Koninklijk lnstituut voor (de) Taal-, Land- en Volkenkunde (van Nederlandsch-Indie).

BMFEA: Bulletin of the Museum of Far Eastern Antiquities. Stockholm.

BSEI: Bulletin Societe Etudes Indochinoises.

EFEO：Ecole Francaise d'Extreme-Orient.

ENI: Encyclopaedie van Nederland.sch-Indie. 2nd edition.

ESEA: Early South East Asia；*essays in archaeology*，*history and historical geography.* R.B. Smith & W. Watson (eds) 1979. New York & Kuala Lumpur：Oxford University Press.

IAE: Internationales Archiv far Ethnographie.

JAOS: Journal of the American Oriental Society.

JBG: Jaarboek Koninklijk Bataviaasch Genootschap van Kunsten en Wetenschappen.

JMBRAS: Journal of the Malayan (Malaysian) Branch of the Royal Asiatic Society，*Singapore.*

JSS: Journal of the Siam Society.

KITLV: Koninklijk Instituut voor Taal-, Land- en Volkenkunde, Leiden.

NBG: *Notulen Bataviaasch Genootschap van Kunsten en Wetenschappen*.

NION: *Nederland.sch-Indie Oud en Nieuw*.

RAA: *Revue des Arts Asiatiques*.

TAG: *Tijdschrift van het (Koninklijk) Nederlandsch Aardrijkskundig Genootschap*.

TBG: *Tijdschrift voor Indische Taal-, Land- en Volkenkunde*. (Koninklijk) Bataviaasch Genootschap van Kunsten en Wetenschappen.

Musikinstrumente der Völker 1975. Aussereuropilische Musikinstrumente und Schall-geräte: Systematik und Themenbeispiele. Sammlungskatalog des Museums fur Volkerkunde, Wien.

Voix (La) des tambours 1983. Vietnam — Indonésie — Pacifique. Catalogue red. par C.Talon-Noppe et F. Fauconnier. Belgique: Musee royal de Mariemont.

西文论著:

Adams, M. J. 1977. A "forgotten" bronze ship and a recently discovered bronze weaver from Eastern Indonesia: a problem paper. *AP* 20(1): (publ. 1979): 87 – 109.

Adhyatman, Sumarah 1981. *Keramik kuna yang ditemukan di Indonesia (Antique ceramics found in Indonesia, various use and origins)*. Jakarta: The Ceramic Society of Indonesia (in Indonesian and English).

Alor en Pantar (De eilanden). Residentie Timor en Onderhoorigheden 1914. *TAG* 2nd series 31: 70 – 102 (Taken from reports, by M. H. du Croo; on the military exploration, in 1910 – 1911; *mokos*).

Aurousseau, L. 1923. La premiere conquete chinoise des pays annamites, BEFEO 23: 137 – 264.

Badner, M. 1972. Some evidence of Dong-son-derived influence in the art of the Admiralty Islands. In: N. Bamard (ed.), *Early Chinese art and its possible influence in the Pacific Basin*, vol. III: 597 – 629. New York: Intercultural Arts Press.

Baer, G., A. Jeanneret & W. Raunig 1966. *Metall, Gewinnung und Verarbeitung in aussereuropaischen Kulturen* (Fuhrer Museum fur Volkerkunde ... Basel; Sonderaus-stellung): pls. 8 – 9 (kettledrums from Yunnan and Cambodia).

Baines, A. (ed.) 1969. *Musical instruments through the ages* (revised ed.). Hammonds-worth：Penguin.

Barchewitz, E. C. 1730. *Allerneueste und wahrhaffte Ost-Indianische Reise-Beschreibung:* 312 – 313,315. Chemnitz (7.07).

Barnard, N. 1961. *Bronz.e casting and bronze alloys in Ancient China*. Monumenta Serica Monograph 14. Canberra：Australian National University.

Barnard, N. (ed.) 1972. *Early Chinese art and its possible influence in the Pacific Basin*. New York：Intercultural Arts Press.

Bastin, J. 1971. Brass kettledrums in Sabah. *Bulletin School of Oriental and African Studies* 34(1)：132 – 138. University of London (*mokos*).

Bayard, D. T. 1975. On Chang's interpretation of Chinese radiocarbon dates. *Current Anthropology* 16(1)：167 – 169.

Bayard, D. T. 1979. The chronology of prehistoric metallurgy in North-east Thailand：Silabhumi or Samrddhabhumi? *ESEA*：15 – 32.

Beauclair, I. de 1945. Marginalia to Franz Heger's Alte Metalltrommeln aus Sudost-Asien. *Studia Serica*, vol. IV：87 – 110. The Chinese Cultural Studies Research Institute, West China Union University, Chengtu, Szechwan.

Beauclair, I. de 1956. Culture traits of non-Chinese tribes in Kweichow Province, Southwest China. *Sinologica* 5(1)：20 – 35.

Beauclair, I. de 1970. *Tribal cultures of Southwest China*. Asian folklore and social life monographs (Taiping) II.

Bekkum, W. van 1950. Vier moko's in Noord-Oost-Manggarai (West-Flores). *TBG* 84(1/ 2)：1 – 9 (*mokos*).

Bernatzik, H. A. 1947. *Akha und Meau* …, vol. II：481 – 491. Innsbruck ("Vienna", 11.47+).

Bernet Kempers, A. J. 1956. *Bali Purbakala*. Bandung：Penerbitan dan Balai Buku Indonesia：64 – 71, pls. 8 – 11 (3.01+, 3.03+).

Bernet Kempers, A. J. 1959. *Ancient Indonesian Art*：pls.13 – 21. Amsterdam；C. P. J. van der Peet；Cambridge, Mass.；Harvard University Press (4.02+, 4.03+).

Bernet Kempers, A. J. 1969. In Memoriam dr. A. N. J. Th. à Th. van der Hoop. *BKI* 125：401 – 428.

Bernet Kempers, A. J. 1978. *Monumental Bali: Introduction to Balinese archaeology*.

Guide to the monuments: 23 – 39, pls. 9 – 22. The Hague: Van Goor, Amsterdam: Elsevier, Focus (Pejeng drums).

Bertling, C. Tj. 1950. Heilig vaatwerk van Kalimantan (Borneo). *Indonesie* 3: 485 – 511.

Bertling, C. Tj. 1954. Vierzahl, Kreuz und Mandala in Asien. *BKI* 110: 93 – 115.

Bezacier, L. 1972. *Le Viet-Nam. I. De la prehistoire à la fin de l'occupation chinoise* Manuel d'archeologie d'Extreme-Orient, I. Asie du Sud-Est, IL Paris: Picard. See also Nguyên Phuc Long 1975 (review).

Bintarti, D. D. 1980. Nekara perunggu dari Weleri. *Pertemuan Ilmiah Arkeologi Cibulan, 21 – 25 Februari 1977:* 82 – 88. Jakarta: Pusat Penelitian Purbakala dan Peninggalan Nasional (2.21).

Bintarti, D. D. 1981. *The bronze object from Kabila, West Sabu, Lesser Sunda Islands.* Aspek-aspek Arkeologi Indonesia, vol. 8. Jakarta: Pusat Penelitian Arkeologi National.

Birket-Smith, K. 1946. *Geschichte der Kultur:* fig.120. Zurich: Orell Fussli (*moko*).

Birnbaum, M. 1941. Sojourn in Bali. *Natural History* 47: 156 ff, 163 (3.01+).

Bodrogi, T. 1971. *Kunst van lndonesië* (Original title: *Indonézia müvészete.* Budapest: Corvina Press). The Hague: W. Gaade.

Boisselier, J. 1966. *Le Cambodge (Manuel d'archeologie d'Extreme-Orient).* I. *Asie du Sud-Est:* 26 – 28, 31 – 32, pl.I – I, 2. Paris: Picard.

Brandts Buys, J. S. & A. 1925. Oude klanken. *Djåwå 5:* 20 – 26.

Bruyn, J. V. de 1959. New archaeological finds at Lake Sentani. *Nieuw-Guinea Studiën* 3: 1 – 8, pls.1 – 3.

Bruyn, J. V. de 1962. New bronze finds at Kwadeware, Lake Sentani. *Nieuw-Guinea Studien* 6: 61 – 63.

Bulletin de l'Ecole Francaise d'Extrême-Orient 20 (4) (1920): 199; 22 (1922): 357 – 361, pl.XXIII; 34 (1934): 752, pl.XXL.

Bulletin ... Musee d'Ethnographie du Trocadero, Jan. 1932 (2) (13th cent. Muong drum).

Bunker, E. C. 1972. Tien culture and some aspects of its relationship to the Dong-Son culture. In: N. Barnard (ed.), *Early Chinese Art and its possible influence in the Pacific Basin,* vol.II: 291 – 328. New York: Intercultural Arts Press.

Bushell, S. W. 1904, *Chinese Art* (2nd ed.: 1924), fig.66.

Bussagli, M. 1969. *Chinese bronzes*. London: Hamlyn.

Camman, Schuyler 1948. The "TLV" pattern on cosmic mirrors of the Han dynasty. *JAOS* 68: 159 - 167.

Chang, Kwang-chih 1970. The beginnings of agriculture in the Far East. *Antiquity* 44: 175 - 185.

Chang, Kwang-chih 1974 (Comments on Solheim 1973). *Journal Hong Kong Archaeological Society* 5: 34 - 38.

Chang, Kwang-chih 1975, Reply (to Bayard 1975). *Current Anthropology* 16(1): 169 - 170.

Chang, Kwang-chich 1977. *The archaeology of Ancient China*, 3rd ed. (1st ed.: 1963). New Haven & London: Yale University Press.

Chavannes, E. 1909 - 1913. *Mission archéologique dans la Chine septentrionale*. Paris.

Childe, V. G. 1954. The socketed celt in Upper Eurasia. 10th Annual Report. Institute of Archaeology, University of London.

Chochod, L. 1909. Note sur les procedes de fonderie employes en Annam. BEFEO 9: 153 - 158.

Claeys, J. Y. 1934. *Introduction à l'étude de l'Annam et du Champa:* 64 - 65, pls. XXV - XXVI.

Coedès, G. 1962. *Les peuples de la Péninsule Indochinoise: Histoire — Civilisations*. Collection Sigma 2. Paris: Dunod.

Colani, M. 1935. *Megalithes du Haut Laos*. Publications de l'EFEO XXV, 2 vols. Paris: Editions d'Art et d'Histoire.

Colani, M. 1940. Survivance d'un culte solaire. *Proceedings Third Congress of Prehistorians of the Far East*, Singapore 1938 (1940).

Colani, M. 1941 - 1942. *Vestiges d'un culte solaire en Indochine* (Institut Indoch. Etude de l'Homme).

Colfs, A. 1888. *Het Journal van A. Coifs*. Eene bijdrage tot de kennis der Kleine-Soenda-eilanden. A. G. Vorderman (ed.), 90, 101 (*mokos*).

Cooler, R. 1979. The Karen bronze drums of Burma: the Magic Pond. Ph. D. dissertation, Cornell University.

Covarrubias, M. 1937. *Island of Bali*, (2nd ed.: 1950). London: Cassell (3.01+).

Crucq, K. C. 1932. In: A. N. J. Th. à Th. van der Hoop, *Megalithic remains in South Sumatra:* 88 – 89. Zutphen: Thieme (3.03+).

Cuisinier, J. 1948. *Les Mu'òng. Geographie humaine et sociologie:* esp. 449 – 450, 521, pls.XXX – 1, XXXI – 4. Paris: Institut d'Ethnologie.

Dalen, A. A. van 1928. *Van strijd en overwinning op Ator*. Amsterdam (*mokos*; cf. Huyser 1931: 229, 232).

Dang Nghien Van 1973. The Khmu in Vietnam. *Vietnamese Studies* 36: 67 – 170 (referred to by Lundstrom & Tayanin 1981).

Deneck, M. 1955. Apropos d'un tambour de bronze. *Arts Asiatiques* 2(1): 66 – 67 ("Moulie", 11.28+).

Dewall, M. von 1967. The Tien culture of South-west China. *Antiquity* 41: 8 – 21.

Dewall, M. von 1972. Decorative concepts and stylistic principles in the bronze art of Tien. In: N. Barnard (ed.), *Early Chinese art and its possible influence in the Pacific Basin*, vol.II: 329 – 372. New York: Intercultural Arts Press.

Dewall, M. von 1979. Local workshop centres of the Late Bronze Age in Highland Southeast Asia. *ESEA* 1979: 137 – 166.

Deydier, H. 1949. Notes sur un tambour de bronze conserve au Musee de Batavia. *Bulletin Societe Etudes Indochinoises* NS 24(3): 53 – 56 (4.02+).

Du Bois, C. 1944, 1960. *The people of Ator* (repr. Harper Torchbooks; *mokos*).

Duperrey 1826. *Voyage de La Coquille:* pl.39 (see: 8.03).

Durand, M. 1953. Fonte d'une cloche a Tay-mo. *BSEI* n.s. 28: 397 – 398.

Early Chinese Art and its possible influence in the Pacific Basin 1972. N. Bamard (ed.). New York: Intercultural Arts Press.

Early Southeast Asia, essays in archaeology, history and historical geography 1979. RB. Smith & W. Watson (eds). New York & Kuala Lumpur: Oxford University Press = *ESEA* 1979.

Eberhardt, W. 1942. *Kultur und Siedlung der Randvolker Chinas*. Supplement to *Toung Pao* 36. Leiden.

Eck, R. Van 1880. Schetsen van het eiland Bali. *Tijdschrift Ned-lndie* 1: 130 – 131 (3.01+).

Eliade, M. 1951. *Le Chamanisme et les techniques archaiques de l'extase*. Paris:

Payot.

Elmberg, J.-E. 1959. Further notes on the Northern Mejbrats (Vogelkop, Western New G uinea. *Ethnos* 1[2]: 79 – 80. figs. 1 – 2 [8.01 – 8.03]).

Elmberg, J.-E. 1968. *Balance and Circulation. Aspects of tradition and change among the MeiJJrat of Irian Barat*: 125 – 126, 136, 210, 229, 236, pl.34. Monograph Series 12. Stockholm: Ethnographical Museum (8.01+- 8.03).

Esterik, P. van 1984. Continuities and transformations in Southeast Asian symbolism: A case study from Thailand. *BKI* 140: 77 – 91.

Evans, I.(H. N.) 1918. A brass drum from Borneo. *Man* 18: 1920 (*mokos*).

Evans, I.(H. N.) 1953. *The religion of the TempasukDusunsof north Bomeo*: 458. Cambridge (*mokos*).

Exposition 1973, see *Trésors d'art chinois and Genius (The) of China.*

Exposition 1974 – 1975, see *Opgegravenschatten uit de Volksrepubliek China.*

Ferrars, M. B. 1900. *Burma* (London): 153.

Feuilletau de Bruyn, W. K. H. 1955. Bronzen bijlen van het Sentanimeer-type. *Tijdschrift Nieuw-Guinea* 16(1): 39 – 41.

Fischer, A. 1903. Die Herkunft der Shantrommeln. *Zeitschrift far Ethnologie* 35: 668 – 669.

Flines, E. W. van Orsoy de 1949. *Gids voor de Keramische Verzameling (Uitheemse keramiek)* (Engl. transl.: Guide to the ceramic collection of Museum Pusat Jakarta, 3rd ed.: Jakarta 1972). Batavia: BG.

Forbes, R. J. 1971. *Metallurgy in Antiquity. Studies in ancient technology*, vol.VIII (Rev. reprint of the first [1964] edition). Leiden: Brill.

Foy, W. 1897, see Meyer & Foy 1897.

Foy, W. 1903. Ueber alte Bronze-trommeln aus Sudost-Asien. *Mitteilungen Anthropologischen Gesellschaft, Wien* 33: 390 – 409 (Rev. of Heger 1902).

Foy, W. 1904. *Zentralblattfar Anthropologie* 9: 301 – 302 (5.01+).

Foy, W. 1906. *Mitteilungen Anthropologischen Gesellschaft, Wien* 36: 44 – 50 (Rev. of Hirth 1904).

Foy, W. 1910. *Fuhrer durch das Rautenstrauch-Joest Museum, Coln* (3rd ed.): 242 – 244.

Frankfort, H. 1954. *The art and architecture of the Ancient Orient.* The Pelican

History of Art. Hannondsworth: Penguin Books.

Fraser, D. 1972. Early Chinese artistic influence in Melanesia? In: Barnard N. (ed.), *Early Chinese art and its possible influence in the Pacific Basin*, vol. III: 631 – 654. New York: Intercultural Arts Press.

Fraser-Lu, S. 1983. Frog drums and their importance in Karen culture. *Arts of Asia* Sept.-Oct. 1983.

Galis, K. W. 1956. Oudheidkundig onderzoek in Nederlands Nieuw-Guinea. *BKI* 112: 272 – 279 (with a postscript by [A. N. J.Th. a Th.] van der Hoop: 279 – 284).

Galis, K. W. 1960. Nieuwe brons-vondsten in het Sentani-district. *BKI* ll6: 270 – 277.

Galis, K. W. 1961. Eerste rotsgraveringen in Ned. Nieuw-Guinea ontdekt. *BKI* ll7: 464 – 475.

Galis, K. W. 1964. Recent oudheidkundig nieuws uit westelijk Nieuw-Guinea. *BKI* 120: 250 – 271.

Galis, K. W. 1968 – 1969. Nogmaals Sentani. *Kultuurpatronen* 10(11): 58 – 95 (esp. 62 – 63, pls.4 – 5). Bulletin Ethnografisch Museum Delft.

Gaspardone, E. 1949. *Revue historique*, oct.-dec. 1949, 264 (cf. Bezacier 1972: 223, n.)

Genius (The) of China 1973. An exhibition of archaeological finds of the People's Republic of China. London.

Gironcourt, G. de 1943. Recherches de geographie musicale en Indochine. *Bulletin Societe Etudes lndochinoises* 17(4).

Gittinger, M. S. 1974. South Sumatran ship cloths. *Bulletin of the Needle and Bobbin Club* 57(1/2): 3 – 29.

Gittinger, M. S. 1976. The ship textiles of South Sumatra: functions and design system. *BKI* 132: 207 – 227.

Gittinger, M. S. 1979. *Splendid symbols. Textiles and tradition in Indonesia. Exhibition catalogue*. Washington, D. C.: The Textile Museum.

Glover, LC. 1979. The Late Prehistoric Period in Indonesia. *ESEA* 1979: 167 – 184.

Goepper, R. 1978. *Kunst und Kunsthandwerk Ostasiens*. Munchen: Deutscher Taschenbuch.

Goloubew, V. 1923. Les tambours magiques en Mongolie. *BEFEO* 23: 407 – 409.

Goloubew, V. 1929a. Report on the making and diffusion of metallic drums through Tongking and Northern Annam. *Fourth Pacific Science Congress*, *Java* (repr. in 1937).

Goloubew, V. 1929b. Lage du bronze au Tonkin et dans le Nord-Annam. *BEFEO* 29: 1 – 46 (Rev. by P. Pelliot, *Toung Pao* 27: 440 – 441 and R. Lantier, *L'Anthropologie* 41: 355 – 356). (Ngoc-tu, 11.30+; Laos, 12.01+).

Goloubew, V. 1932a. Sur l'origine et la diffusion des tambours metalliques. *Praehistorica Asiae Orientalis* I, Hanoi: 137 – 150.

Goloubew, V. 1932b. Excavations at Dong-son (province Thanh-h6a, Annam). *ABIA* (1930): 11 – 14, pl.III (Ngoc-tu).

Goloubew, V. 1937. *L'archeologie du Tonkin et les fouilles de Dong-So'n*. Hanoi (including reprint of 1929a) ("A propos d'un article et d'une lettre de M. E. Gaspardone").

Goloubew, V. 1938a. Art et archéologie de l'Indochine. *L'Indochine francaise*. Receuil de notices... Xe Congrès de la Far Eastern Association of Tropical Medicine, Hanoi: 123 – 159.

Goloubew, V. 1938b. La maison dongsonienne. *Cahiers EFEO* 14: 12 ff.

Goloubew, V. 1940. Le tambour metallique de Hoang-ha. *BEFEO* 40(2) (1941): 383 – 409 (11.21).

Goloubew, V. 1942. La Chine antique et l'archeologie du Tonkin; la vase Curtis au Musee du Louvre, *Cahiers EFEO* 30: 23 – 29.

Golson, J. 1972. Both sides of the Wallace Line: New Guinea, Australia, Island Melanesia and Asian prehistory. In: N. Barnard (ed.), *Early Chinese art and its possible influence in the Pacific Basin*, vol.III: 533 – 593. New York: Intercultural Arts Press.

Goris, R. & P. L. Dronkers 1952. *Bali*; *Atlas kebudajaan: Cults and customs: Cultuurgeschiedenis in beeld*. Text by R. Goris, photography by P. L. Dronkers. With a chapter on prehistory by A. N. J. Th. à Th. van der Hoop: pls. 1.04 – 1.06. Jakarta: Kolff (Inv. 2.09+, 3.03+).

Goslings, B. M. 1927. *Gids in het Volkenkundig Museum. De volkenkaart ..., de ruilmiddelen en de schatkamer*. Amsterdam: Koloniaal Instituut (*mokos*).

Gowland, W. 1977. Metals and metal-working in Old Japan. In: B.Hickmann (ed.), *Japanese crafts: Materials and their applications*: 59 – 168. London: Fine Books Oriental.

Grabowsky, F. 1889. Der Tod, das Begrabnis, das Tiwah oder Todtenfest und Ideen uber das Jensei bei den Dayaken. *IAE* 1889: 177 – 204, pls.VIII – XI.

Grabowsky, F. 1892. Die Theogonie der Dayaken auf Borneo. *IAE* 5: 130 – 132.

Gray, B. 1949 – 1950. China or D'ong-son. *Oriental Art* 2(3): 99 – 104.

Griswold, A. B. 1952. Bronze-casting in Siam. *BEFEO* 46(2): 635 – 639.

Groeneveldt, W. P. 1887. *Catalogus der Archeologische Verzameling van het Bataviaasch Genootschap van Kunsten en Wetenschappen: 256 – 257*. Batavia: Albrecht (2.08+, 2.13).

Groot, J. J. M. de 1898. De antieke keteltrommen in den Oost-Indischen archipel en op het vasteland van Zuidoost-Azie. *Verslagen en Mededeelingen der Kon. Akademie van Wetenschappen, afd. Lett.* 4(2): 327 – 328, 330 – 392.

Groot, J. J. M. de 1901. Die antiken Bronzepauken im ostindischen Archipel und auf dem Festlande von Sudostasien. *Mitteilungen Seminar O riental. Sprachen* 4: 76 – 113 (transl. of 1898).

Gühler, U. 1944. Studie uber alte Metall-Trommeln. *Journal Thailand Research Society* 35(12 – 13): 17 – 71.

Ha Van Tan 1980. Nouvelles recherches prehistoriques et protohistoriques au Vietnam. *BEFEO* 68: 113 – 154.

Hadimulyono 1977. Riwayat penyelidikan Prasejarah di Indonesia (A history of prehistoric research in Indonesia). *50 Tahun Lembaga Purbakala dan Peninggalan Nasional 1913 – 1963*: 27 – 62. Jakarta: Pusat Penelitian Purbakala.

Hadimulyono, Abd.Muttalib et al. 1982. *Studi kelayakan tentang nekara perunggu Selayar*. Proyek Pemugaran dan Pemiharaan Sejarah dan Purbakala Sulawesi Selatan. Dep. Pendidikan dan Kebudayaan (5.01+).

Handhuch der Archaologie. W. Otto (ed.). Vol.1,1939; Vol.II, 1954. Munchen: C H. Beck.

Harrisson, T. 1964. Imun Ajo's: a bronze figure from interior Borneo. *Artibus Asiae* 27(1 – 2): 157 ff.

Harrisson, T. 1966. A curious kettle drum from Sabah. *JMBRAS* 39(2): 169 – 171 (*mokos*).

Harrisson, T. & B.Harrisson 1971. *The Prehistory of Sabah*. Sabah Society Journal, Monograph 1969 – 1970: 208 – 214,243, 259 – 260 (*mokos*).

Haskins, J. F. 1963. Cache at Stone-Fortress-Hill. Natural History (Mag. of the Amer. Mus. Nat. Hist.) 72: 30 – 39 (Shizhai shan).

Hazeu, G. A. J. 1909. *NBG* 1909: 144, 166, CIX – CXIV (2.13, 2.14).

Hazeu, G. A. J. 1910. Eine Metalltrommel aus Java. *IAE* 19: 82 – 85, pl. (2.03+).

Heekeren, H. R. van 1954a. Bronzen keteltrommen. *Orientatie* (Jakarta) 46: 615 – 625.

Heekeren, H. R. van 1954b. Nekara-nekara perunggu. *Amerta* 2: 37 – 43. Dinas Purbakala = Archaeological Service of Indonesia.

Heekeren, H. R. van 1955. Proto-Historic sarcophagi on Bali. *Berita Dinas Purbakala* 2. Bulletin Archaeological Service of the Republic of Indonesia.

Heekeren, H. R. van 1958a. *The Bronze-Iron Age of Indonesia*. Verhandelingen KITLV, vol.XXII. The Hague: M.Nijhoff.

Heekeren, H. R. van 1958b. Prehistoric research in Indonesia, 1948 – 1953. *ABIA* XVI: LXXV – LXXXVI, pls.Xle – f (LXXXIII – LXXXVI: Early Metal Age).

Heekeren, H. R. van 1963. Thai-Danish Prehistoric Expedition 1960 – 1962. Some notes on the Bronze Age of Thailand and the excavation of the Sawmill site at Wang Pho. *Journal Siam Society* (Bangkok) 51(1): 79 – 84.

Heekeren, H. R. van 1970. A metal kettle-drum recently discovered in North-Western Thailand. *BKI* 126: 455 – 458 (13.02+).

Heekeren, H. R. van 1972. *The Stone Age of Indonesia* (2nd, revised edition). Verh. KITLV LXI. The Hague: Nijhoff.

Heekeren, H. R. van 1974. Perkembangan penelitian Prasejarah di Indonesia (On the development of prehistoric research in Indonesia). *Berita Prasejarah* (Bulletin of Prehistory) 1(1): 18 – 22.

Heekeren, H. R. van & E. Knuth 1967. *Sai-Yok. Stone-Age settlements in the Kanchanaburi Province*; Archaeological excavations in Thailand. The Thai Danish Prehistoric Expedition 1960 – 1962, vol.I: 117 – 121. Copenhagen: Munksgaard.

Heger, F. 1891 – 1892. Alte Bronzepauken aus Ostasien. *Mitteilungen Anthropologische Gesellschaft*, *Wien* 21(53) 22: 7.

Heger, F. 1902. *Alte Metalltrommeln aus Sudost-Asien*. Leipzig: K. von Hiersemann. Textband, Tafelband.

Heger, F. 1903. Premier Congres International des Etudes d'Extreme-Orient, Hanoi, 1901; Compte rendu analytique des seances. Hanoi: 91.

Heider, K. G. 1957. New archaeological discoveries in Kanchanaburi. *Journal Siam Society* (Bangkok) 45(1): 61 - 70.

Heine-Geldern, R. von 1923. Sudostasien. In: G. Buschan (ed.), *Illustrierte Volkerkunde*, vol.11: 893, fig.559 (Karen drum).

Heine-Geldern, R. von 1932. Ueber Kriss-Griffe und ihre mythischen Grundlagen. *Ostasiatische Zeitschrift* 18: 256 - 292.

Heine-Geldern, R. von 1932 - 1933. Bedeutung und Herkunft der altesten hinterindischen Metalltrommeln. *Asia Major* 8(3): 517 - 537.

Heine-Geldern, R. von 1934. Vorgeschichtliche Grundlagen der kolonialindischen Kunst. *Wiener Beitrage Kunst- und Kulturgeschichte Asiens* 8: 5 - 40.

Heine-Geldern, R. von 1935. The archaeology and art of Sumatra. In: E. M. Loeb (ed.), *Sumatra, its history and people*. Wien: Institut fur Volkerkunde.

Heine-Geldern, R. von 1937. L'art prebouddhique de la Chine et de l'Asie du Sud-Est et son influence en Océanie. *RAA* 11(4): 177 - 206.

Heine-Geldern, R. von 1945. Prehistoric research in the Netherlands Indies. In: P. Honig & F. Verdoom (eds.), *Science and Scientists in the Netherlands Indies*: 129 - 167 (144 - 146). New York: Board for the Netherlands Indies.

Heine-Geldern, R. von 1947. The drum named Makalamau. In: *India Antiqua presented to I. Ph. Vogel*: 167 - 179. Leiden: Brill.

Heine-Geldern, R. von 1949. Introduction. *Indonesian art; a loan exhibition from the Royal Indies Institute Amsterdam: 12 - 20*. New York: The Asia Institute.

Heine-Geldern, R. von 1951. Das Tocharerproblem und die pontische Wanderung. *Saeculum* 2: 225 - 255.

Heine-Geldern, R. von 1952. Some problems of migration in the Pacific. *Kultur und Sprache*. Wiener Beitrage Kulturgeschichte und Linguistik 9: 313 - 362.

Heine-Geldern, R. von 1954. Die asiatische Herkunft der sudamerikanischen Metall-technik. *Paideuma* 5: 347 - 423.

Heine-Geldern, R. von 1963. The art of the Dong-so'n culture. *Encyclopedia of World*

Art，vol.VIII：45－59. New York：McGraw-Hill.

Heine-Geldern，R. von 1966. Some tribal art styles of Southeast Asia：an experiment in art history. In：D.Fraser（ed.），*The many faces of primitive art*：161－221.

Heine-Geldern，R. von 1968. Transozeanische Kultureinflusse im alten Amerika：der gegenwartige Stand der Forschung. *Zeitschr. für Ethnologie* 93（1－2）：2－22. See also Verhoeven & Heine Geldern 1954，Jettmar 1967，Kaneko 1971.

Heine-Geldern，R. von 1972. American metallurgy and the Old World. In：N. Barnard（ed.），*Early Chinese art and its possible influence in the Pacific basin*，vol.III：787－822. New York：Intercultural Arts Press.

Heins，E. L. 1959. Muzikale exotica. *Kultuurpatronen*（Delft），vol.I：128－131 （bibl.）.

Helbig，K. 1941. Einige Bemerkungen zum Weltbild der Ngadjoe-Dajak. *Baessler-Archiv* 24：60－79.

Hentze，C. 1967. *Funde in Alt-China；das Welterleben im altesten China*. Gottingen：Musterschmidt.

Hinderling，P. & R. Reichstein 1961. *Geldformen und Zierperlen der Naturvolker*：3－19. Fuhrer Museum fur Volkerkunde，Basel（Sonderausstellung）.

Hirth，F. 1890. Ueber hinterindische Bronzetrommeln. *Toung Pao* 1：137－142.

Hirth，F. 1896. Die Insel Hainan nach Chao Ju-kua. *Festschrift Bastian*：485－512.

Hirth，F. 1904. Chinesische Ansichten über Bronzetrommeln. *Mitteilungen Seminar Oriental Sprachen* 7：200－262.

Hodges，H. 1970. *Technology in the Ancient World*. London：Lane Penguin Press.

Hoëvell，G. W. W. C. Baron van 1890. De Kei-eilanden. *TBG* 33：153－155，210－211（7.01，7.05+，7.06）.

Hoëvell，G. W. W. C. Baron van 1904. Mitteilungen über die Kesseltrommel zu Bonto Bangun（Insel Saleyer）. *IAE* 16：155－157. Postscript by J. D. E. Schmeltz：158－161（5.01+）.

Hoëvell，G. W. W. C. Baron van 1908. Die Kesseltrommel zu Gianjar auf der Insel Bali. *IAE* 18：110－111（3.01+）.

Hood，M. 1980. *The evolution of Javanese gamelan*. Book I. *Music of the Roaring Sea*. Pocketbooks of Musicology 62. New York：Peters.

Hoop，A. N. J. Thomassen à Thuessink van der 1932. *Megalithic remains in South*

Sumatra, esp. 33 – 35, 82 – 96, pls.89 – 95. Zutphen: Thieme (Pasemah).

Hoop, A. N. J. Thomassen à Thuessink van der 1935. Steenkistgraven in Goenoeng Kidoel. *TBG* 75: 83 – 100.

Hoop, A. N. J. Thomassen à Thuessink van der 1938. De praehistorie. In: F. W. Stapel (ed.), *Geschiedenis van Nederlandsch Indie*, vol.I: 65 – 66, pls. 51, 54, 60, 63 – 64. Amsterdam: Joost van den Vondel.

Hoop, A. N. J. Thomassen à Thuessink van der 1940a. Prehistoric bronzes in the Batavian Museum. *Proceedings Third Congress of Prehistorians Far East*, *Singapore* 1938 (1940) (1.01).

Hoop, A. N. J. Thomassen à Thuessink van der 1940b. A prehistoric site near the Lake of Kerinchi (Sumatra). *Proceedings Third Congress of Prehistorians Far East*, *Singapore* 1938 (1940): 200 – 204, pl.LXXXI, 1.

Hoop, A. N. J. Thomassen à Thuessink van der 1941. *Catalogus der Praehistorische Verzameling van het Koninklijk Bataviaasch Genootschap van Kunsten en Weten-schappen*: 200 – 231, pls.61 – 68. Bandung: Nix.

Hoop, A. N. J. Thomassen à Thuessink van der 1949. *Jndonesische siermotieven*; *Ragamragam perhiasan Indonesia*; *Indonesian ornamental design*. Jakarta: Kon. Bataviaasch Genootschap van Kunsten en Wetenschappen. See also Goris & Dronkers 1952, Stein Callenfels, van 1948.

Hornbostel, E. M. von & C.Sachs 1914. Systematik der Musikinstrumente. *Zeitschrift far Ethnologie* 46: 553 – 590.

Huard, P. 1939. Les instruments de musique chez les Unong. *Bulletin Travaux Jnstitut Jndochin. Etude de l'Homme* 2(1): 135 – 146.

Hummel, S. 1938. Die sudlichen Salomo-Inseln und die Dongson-Kultur (Eine Randbemerkung). *Zeitschrift far Ethnologie* 83: 66 – 68.

Huyser, J. G. 1931 – 1932. Moko's. *NION* 16: 225 – 236, 279 – 319, 337 – 352.

Huyser, J. G. 1939. Oudjavaansche koper-legeeringen. *Cultureel Indië* 1: 227 – 231, 257 – 260, 292 – 297.

Huyser, J. G. 1942. Versieringstechniek van oude bronzen. *Cultureel Indië* 4: 149 – 158, pls.1 – 8.

I Wayan Widia 1980. Peninggalan arkeologi di Pura Puseh Kangin Ca rangsari. *Pertemuan Ilmiah Arkeologi Cibulan, 21 – 25 Februari* 1977: 233 – 268 (236,

244, pl.12). Jakarta：National Research Centre of Archaeology（3.05+）.

Izikowitz, K. G. 1951. Lamet; hill peasants in French Indochina. *Ethnologiska Studier*. Goteborg：Etnografiska Museet, 17.

Jaarboek Koninklijk Bataviaasch Genootschap van Kunsten en Wetenschappen, III （1936）：146－147, 155－156; IV（1937）：103－104, 141; V（1939）：78－79; VIII（1941）：52, 68.

Jaarverslag（Twintigste）Kon. Vereeniging Koloniaal Instituut, 1930（Amsterdam）：122－123（*mokos*）.

Jacobson, E. & J. H. van Hasselt 1907. *De gong-fabricatie te Semarang*, B：15. Leiden：Rijks Ethnogr. Museum.

Jager Gerlings, J. H. 1952. *Sprekende weefsels*. Meded. XCIX, afd. Cult. en Phys. Anthropologie 42. Amsterdam：Kon. Inst. voor de Tropen.

Janse, O. R. T. 1931. Un groupe de bronzes anciens propres à l'Extrême-Asie méridionale. *BMFEA 3*（bronzes in the MFEA, collected by O.Karlbeck）.

Janse, O. R. T. 1934. Le style Houai et ses affinites. *RAA* 3：159 ff.

Janse, O. R. T. 1936. Rapport preliminaire d'une mission archeologique en Indochine, III. RAA 10.

Janse, O. R. T. 1941. *Archaeologicalresearch in Indo-China*, vol. I. Cambridge, Mass.：Harvard University Press.

Janse, O. R. T. 1951. *Archaeological research in Indo-China*, vol. II. Cambridge, Mass.：Harvard University Press.

Janse, O. R. T. 1958. *Archaeological research in Indo-China*, vol. III. Bruges：St. Catherine Press.

Janse, O. R. T. 1972. The Lach-truong culture — western affinities and connections with the culture of ancient Ch'u. In：N.Barnard（ed.）, *Early Chinese art and its possible influence in the Pacific basin*, vol.1：199－230. New York：Intercultural Arts Press.

Jasper J. E. & M. Pirngadie 1930. *De Inlandsche kunstnijverheid in Ned-Jndie*, vol.V：*De bewerking van niet-edele metalen*. The Hague.

Jenkins, J. （ed.）1970. *Ethnical musical instruments*. London：Evelyn（for International Council of Museums）.

Jettmar, K. 1965. *Die fruhen Steppenvolker*（2nd ed.）：164－166. Baden-Baden：

Holle (=*Art of the Steppes*. New York: Crown, 1967).

Jettmar, K. 1967. Robert von Heine-Geldern. *Paideuma* 15: 8 – 11, portr.

Jettmar, K. 1972. The Thraco-Cimmerian phase in Central Asia: New evidence for the "Pontic Migration". In: N.Barnard (ed.), *Early Chinese art and its possible influence in the Pacific basin*, vol.11: 231 – 240. New York: Intercultural Arts Press.

Josselin de Jong, P. E. 1953. The Kontiki theory of Pacific migrations. *BKI* 109: 1 – 22.

Juynboll, H. H. 1909. *Catalogus van's Rijks Ethnographisch Museum*, vol. V: *Javaansche oudheden*: 158 – 159, fig. Leiden: Brill (0.02+).

Juynboll, H. H. 1910. *Catalogus van's Rijks Ethnographisch Museum*, vol.I: *Bomeo*: pl.II, fig.3. Leiden: Brill.

Kaltenmark, M. 1948. Le dompteur des flots. *Han-hiue*; *Bulletin du Centre d'Etudes Sinologiques de Pekin*, vol.III, 1 – 2: 1 – 112.

Kaneko, E. 1971. Robert von Heine-Geldern. *AP* 13: 1 – 10, portr.

Karlgren, B. 1934. Early Chinese mirror inscriptions. *BMFEA* 6: 9 – 74.

Karlgren, B. 1936. Yin and Chou in Chinese bronzes. *BMFEA* 9: 1 – 118.

Karlgren, B. 1942. The date of the early Dong-so'n culture. *BMFEA* 14: 1 – 28.

Karlgren, B. 1951. Notes on the grammar of early bronze decoration. *BMFEA* 23: 1 – 80.

Karlgren, B. 1959. Marginalia on some bronze albums. *BMFEA* 32: 1 – 24.

Kaudern, W. 1938. *Ethnographical studies in Celebes*, vol. V: *Megalithic finds in Central Celebes*. Goteborg.

Kaudern, W. 1944. *Ethnographical studies in Celebes*, vol.VI: *Art in Central Celebes*. Goteborg.

Kenny, E. C. 1924. Chinese gongs. Man 27(113): 165 – 168 (Karen drums).

Kidder, J. E. 1959. *Alt-Japan*; *Japan for dem Buddhismus*. Koln: Du Mont Schauberg (= *Japan before Buddhism*, London: Thames & Hudson).

Kohlbrugge, J. H. E 1902. In: *IAE* 15: 34, 208 (*mokos*).

Krause, E. 1903. *Zeitschriftfar Ethnologie* 35: 840 (rev. of Heger 1902).

Krom, N. J. 1923. *Inleiding tot de Hindoe-Javaansche kunst*, (2nd ed.): 451. The Hague: Nijhoff.

Kunst, J. 1927. *Hindoe-Javaansche muziekni strumenten*. Weltevreden： Kolff. (cf. Kunst 1968).

Kunst, J. 1946. *Muziek en dans in de Buitengewesten*. Amsterdam, Kon. Vereeniging 'Indisch Instituut'. Leiden： Brill.

Kunst, J. 1949. *The cultural background of Indonesian music*. Amsterdam, Royal Institute for the Tropics： 6, pls.10 – 13.

Kunst, J. 1955. *Ethno-musicology*, 2nd ed. The Hague： Nijhoff.

Kunst, J. 1968. *Hindu-Javanese musical instruments*. The Hague： Nijhoff (revised translation of Kunst 1927).

Kunst, J. 1973. In： EL.Heins (ed.), *Music in Java*; *its history*, *its theory and its technique* (3rd ed.), vol.1： 105, 106, vol.II： 413, 414; pls.1 – 5. The Hague： Nijhoff.

Kunst, J. & C J. A. Kunst-van Wely 1925. *De toonkunst van Bali*. Weltevreden (mokos).

Kunstschätze aus China 1981. 5000 v. Chr. bis 900 n. Chr. Neuere archaologische Funde aus der Volksrepublik China. Text by H. Brinker & R. Goepper. Köln： Museum für Ostasiatische Kunst.

Lan, Le Van, see： Le Van Lan.

Langewis, L. & EA. Wagner 1964. *Decorative art in Indonesian textiles*. Amsterdam： Van der Peet.

Laporan hasil survai di Daerah Nusa Tenggara Baral 1977. Berita Penelitian Arkeologi 12： 11, pl.21. Proyek Pengembangan Media Kebudayaan Dep. P. & K. (by Ahmad Cholid Sodrie). Jakarta： Min. of Culture (Report on archaeological research in the Southeast Islands, West; in Indonesian) (4.08+).

Le Bar, E M., G. C. Hickey & J. K. Musgrave 1964. *Ethnic groups of Mainland Southeast Asia*. New York： Human Relations Area Files Press (Karen; Lamet).

Leemans, C. 1885. *Beschrijving van de Indische oudheden van het Rijks-Museum van Oudheden te Leiden*, no.299a. Leiden： Brill (0.02).

Leur, J. C. van 1934. *Eenige beschouwingen betreffende den ouden Aziatischen handel*. Middelburg： Den Boer (Engl. transl.： *Indonesian trade and society*, The Hague-Bandung： Van Hoeve, 1955).

Le Van Lan, Phnam Van Kinh & Nguyen Linh 1963. *Nhung vet tich dau-tien cua thoi dai do dong thau o Viet-Nam* (Remains from the beginning of the Bronze Age in Vietnam), Hanoi: Nha Xuat Ba'n Khom Hoc (cf. *ESEA* 1979: 155, 166).

Levy, P. 1943. *Recherches prehistoriques dans la region du Mlu Prei* (Cambodge). Publications EFEO 30.

Levy, P. 1948. Origine de la forme des tambours de bronze du type I. *Dan Viet Nam* (Le peuple vietnamien), vol.2: 17 – 23. Hanoi: EFEO.

Lindell, K., J.-6. Swahn & D.Tayanin 1977. *A Kammu story-listeners tales: 9 – 11.* Scandinavian Institute of Asian Studies Monograph Series 33. Lund.

Linehan, W. 1928. Some discoveries on the Tembeling. JMBRAS 6(4): 66 – 77, pl.XCII.

Linehan, W. 1930. Notes on some further archaeological discoveries in Pahang. JMBRAS 8(2): 314 – 317.

Linehan, W. 1951. Traces of a Bronze Age culture associated with Iron Age implements in the regions of Klang and the Tembeling, Malaya. I: the bronze drum of Klang, Selangor. JMBRAS 24(3): 1 – 60, esp. 1 – 8.

Lo Hsiang-lin 1967. The Yueh bronze drums, their manufacture and use. In: ES. Drake (ed.), *Historical, archaeological, and linguistic studies on Southern China, Southeast Asia and the Hong Kong region.* Hongkong: University Press.

Loebèr Jr., J. A. 1911. Merkwaardige kokerversieringen uit de Zuider- en Ooster-afdeeling van Borneo. *BKI* 65 (1911): 40 – 52.

Loebèr Jr., J. A. 1916. Houtsnijwerk en metaalbewerking in Nederlandsch-Indie. *Geillustreerde beschrijvingen van Jndische kunstnijverheid*, vol. VIII: 31 – 94. Amsterdam: Koloniaal Instituut (metal-work).

Loehr, M. 1968. *Ritual vessels of Bronze Age China.* New York (cf. Shih 1971: 268 – 269).

Loewe, M. 1968. *Everyday life in early imperial China during the Han Period 202 BC – AD 220.* London: Batsford; New York: Putnam.

Loewenstein, J. 1934. Eine besondere Gruppe alter metallspiegel aus Ostasien. *OAZNF* 10: 97 – 106.

Loewenstein, J. 1956. The origin of the Malayan metal age. *JMBRAS* 29(2): 5 – 78 (published in 1962).

Lommel, A. 1962. *Motiv und Variation in der Kunst des Zirkumpazijischen Raumes.*

Munchen：Staatl. Museum für Volkerkunde.

Luce，G. H. 1961. *The Man-Shu: Book of the Southern Barbarians*. S. E. A. Program Data Paper，no.XLIV. Ithaca：Cornell.

Lundström，H. & Damrong Tayanin 1978. Kammu music in the Yuan area of northern Laos. *Anthropologiska Studier*（Ethnomusicology Issue）25－26：62－67.

Lundström，H. & Damrong Tayanin 1981. Kammu gongs and drums（I）：the kettlegong, gongs, and cymbals. *Asian Folkore Studies*（Nagoya，Japan）40：1.

Lundström，H. & Damrong Tayanin 1981（？）. Music in the fields（manuscript to be printed in Studies of Asian Topics）.（The Scandinavian Institute of Asian Studies，Copenhagen）.

Lijnden，D. W. C. Baron van 1851. Bijdragen tot de kennis van Solar，Alor，Ratti，Savoe en omliggende eilanden. *Natuurkundig Tijdschrift Ned-Jndie*（mokos）.

Mahillon，V. 1880. *Catalogue descriptif et analytique du musee instrumental du conservatoire de Bruxelles*.

Malaien 1924. Kunstwerke von Java，Borneo，Bali，Sumba，Timar，Alor，Leti u.a. aus der Sammlung W. O. J. Nieuwenkamp（7.03）.

Malleret，L. 1952. La fonte a Hanoi d'une statue du Buddha. *BEFEO* 46（2）：641－650.

Malleret，L. 1954. A propos d'analyses de bronzes archeologiques. *BSEI* 29（4）：297－307.

Malleret，L. 1956. Objets de bronze communs au Cambodge，à la Malaysie et à l'Indonesie. *Artibus Asiae* 19：308－327.

Marcel-Dubois，C. 1941. *Les instruments de musique de l'Inde ancienne*. Paris：Musée des Arts et Traditions Populaires.

Marschall，W. 1968. Metallurgie und fluhe Besiedlungsgeschichte Indonesiens. *Ethnologica N. F.* 4：29－263（1968；Doctor's thesis，Munchen，1964）.

Marshall，H. I. 1922. *The Karen people of Burma: a study in anthropology and ethnology*. The Ohio State Univ. Bull. 26（13）：115 ff.

Marshall，H. I. 1929. Karen bronze drums. *Journal Burma Research Society* 19（1）：1－14.

Marshall，H. I. 1932. The use of bronze drums in Siam. *Journal Burma Research Society* 22（1）：21－22.

Mason, F. D. D. 1868. *Journal Asiatic Society of Bengal* 37(2): 125 ff.

Maspero, H. 1918. Le royaume de Vanlang. BEFEO 18(3) (Etudes d'histoire d'Annam 4).

Mauss, M. 1966. *The gift*; *forms and functions of exchange in archaic societies* (transl. I.Cunnison, London: Cohen & West.) (= *Essai sur le don*, in: *Annee Sociologique* 1925, reprinted in: *Sociologie et Anthropologie*. Paris: Presses Universitaires de France, 1950).

Mercier, R. 1956. Etude de procedes de fonderie artisanale au Viet-Nam. *Bulletin Société Etudes Indochinoises* 31(2): 157 – 169.

Meyer, A. B. 1884. *Alterthumer aus dem Ostindischen Archipel und angrenzenden Gebieten*, vol.4. Dresden: Königl. Ethnogr. Museum.

Meyer, A. B. & W.Foy 1897. *Bronzepauken aus Südost-Asien. Alterthumer aus dem Ostindischen Archipel und angrenzenden Gebieten*, vol.II. Dresden: Königl. Ethnogr. Museum.

Meyer, A. B. & O.Richter 1902 – 1903. Bronze-Zeit in Celebes; Ethnographische Miszellen 2. *Abhandlungen und Berichte des Zool. und Anthrop.-Ethnographische Museums*, 10(6): 72 – 91. Dresden.

Meyer, D. H. 1939. De spleettrom. *TBG* 79: 415 – 446.

Midgeley, R. et al. 1976. *Musical instruments of the world* (Dutch translation: *Encyclopaedie van muziekinstrumenten*. Helmond, 1977).

Muller, K. 1983. The mysterious mokos of Alor. *Silver Kris* 8: 8, August 1983 (Singapore-Airlines).

Munsterberge, O. 1910. *Chinesische Kunstgeschichte*, vol.1: 94 – 97.

Mus, P. 1952. *Journal American Oriental Society* 72: 88 – 94 (Rev. of Janse 1951).

NBG 1865: 25, 60 (2.08+).

Nguyên Phuc Long 1975. Les nouvelles recherches archeologiques au Viêtnam (Complément au 'Vietnam' de Louis Bezacier). *Arts Asiatiques* 31 (Numéro special): 3 – 154 (cf. Bezacier 1972).

Nguyên Van Huyên & Hoàng Vinh 1975. *Nhung trfông dông Dông So'n da phát hiên o Viêt Nam* (On the Dongsonian metal drums in Vietnam). Hanoi: Musée d'Histoire du Vietnam (mentioned by Ha Van Tan 1980; not available to the present writer).

Nicolspeyer, M. M. 1940. *De sociale structuur van eenAloreesche bevolkingsgroep.* Rijswijk: Kramers (*mokos*).

Nieuwenkamp, W. O. 1980. *Leven en werk van de kunstenaar WO. J. Nieuwenkamp.* Utrecht: Bruna.

Nieuwenkamp, W. O. J. 1908. De trom met de hoofden te Pedjeng op Bali. *BKI* 7 (8): 319 – 338, pls (3.01+, previously discussed by Nieuwenkamp in *Algemeen Handelsblad* 30.12.1906).

Nieuwenkamp, W. O. J. 1910a. *Bali en Lombok* (1906 – 1910): 190 – 199. Amsterdam: Elsevier (3.01+).

Nieuwenkamp, W. O. J. 1910b. *Zwerftochten op Bali.* Amsterdam: Elsevier (3.01+). See also 1922a.

Nieuwenkamp, W. O. J. 1918. Drie keteltrommen op Leti. *TAG* 1918: 818 ff. (7.01 – 7.03).

Nieuwenkamp, W. O. J. 1919. Iets over een Mokko poeng Djawa noerah van Alor. Over de verschillende soorten van mokko's van Alor. Mokko's. *TAG* 1919: 220 – 227, 332 – 334 (*mokos*).

Nieuwenkamp, W. O. J. 1922a. *Zwerftochten op Bali* (2nd revised ed.): 125 – 129. Amsterdam: Elsevier (3.01+).

Nieuwenkamp, W. O. J. 1922b. Drie weken op Alor. *NION* 7: 67 – 88(*mokos*).

Nieuwenkamp, W. O. J. 1923. Een kort bezoek aan de eilanden Kisar, Leti en Roma. *NION* 8: 99 – 107 (7.01 – 7.03).

Nieuwenkamp, W. O. J. 1925. *Zwerftocht door Timor en Onderhoorigheden*: 22, 30 – 37, 148 – 158. Amsterdam: Elsevier (7.01, 7.03, *mokos*). See also Nieuwenkamp, W. O. 1980.

Opgegraven schatten uit de Volksrepubliek China 1974 – 1975. Amsterdam: Rijksmuseum.

O'Riley, E. 1858. *Journal Indian Archipelago* 1858: 454 – 455.

O'Riley, E. 1862. *Journal Royal Geographical Society* 32: 164 ff.

Otto, W. (ed.) 1939. *Handbuch der Archaologie*, vol.I. Munchen: Beck.

Otto, W. (ed.) 1954. *Handbuch der Archaologie*, vol.2. Munchen: Beck.

Oudheidkundig Verslag 1929: 157, pl.40 (2.02); 1936: 15.

Paine, R. T. & A. Soper 1975. The Pelican History of Art. *The art and architecture of*

Japan. (repr. of 1955) Harmondsworth: Penguin.

Palm, C. H. M. 1965. De cultuur en kunst van de Lampung, Sumatra. *Kultuurpatronen* 7: 40 – 79.

Parmentier, H. 1918. Anciens tambours de bronze. *BEFEO* 18: 1 – 30 (Ngoc-lu).

Pa rmentier, H. 1922. *BEFEO* 22: 355 – 361, pl.XXIII (Kontum and Giao – tat).

Parmentier, H. 1932. Nouveaux tambours de bronze. *BEFEO* 32: 171 ff. ("Nelson", drums in Phnom Penh and Bangkok).

Peacock, B. A. V 1964. A preliminary note on the Dong-S'on bronze drums from Kampong Sungai Lang. *Federation Museums Journal* (*Kuala Lumpur*), N. S. 9: 1 – 3.

Peacock, B. A. V 1965a. Recent archaeological discoveries in Malaysia 1964: Malaya. *JMBRAS* 38(1): 248 – 253.

Peacock, B. A. V. 1965b. The drums at Kampong Sungai Lang. *Malaya in History* 10 (1): 2 – 15.

Peacock, B. A. V. 1966. Recent archaeological discoveries in Malaysia 1965: Malaya. *JMBRAS* 39(1): 198 – 201.

Peacock, B. A. V. 1967. Two Dong-so'n drums from Kuala Trengganu. *Malaysia in History* 10(2): 26 – 31.

Peacock, B. A. V. 1979. The Later Prehistory of the Malay Peninsula. *ESEA* 1979: 199 – 214.

Peacock, J. L. 1962. Pasemah megaliths: historical, functional and conceptual interpretations. *Bulletin Institute of Ethnology Academia Sinica* 13: 53 – 63.

Pearson, R. 1962. Dong-so'n and its origins. *Bulletin Institute of Ethnology Academia Sinica* 13: 27 – 52.

Pirazzoli-T'Serstevens, M. 1974. La civilisation du royaume de Dian a l'epoque Han. *Publications EFEO* 1974.

Pirazzoli-T'Serstevens, M. 1979. The bronze drums of Shizhai shan, their social and ritual significance. *ESEA* 1979: 125 – 136.

Poree-Maspero, E. 1952. Mythes du Deluge et tambours de bronze. *Actes du IVe Congrès Internat. Sciences Anthropologiques, Ethnologiques, Vienne, 1952*, vol.II: 246 ff. Etude sur les rites agraires des Cambodgiens (cf. Bezacier 1972: 206 – 210).

Przyluski, J. 1931 – 1932. Notes surlage du bronze en Indochine. *RAA* 7 – 2/4（I：Danseurs et musiciens. II：Les cercles a tangentes. III：Les cerfs）.

Przyluski, J. 1935. Sur deux miroirs de bronze. *RAA* 9：165 – 167.

Quaritch Wales, H. G. 1949. The Dong-son genius and the evolution of Cham art. *JRAS* 1949：34 ff.

Quaritch Wales, H. G. 1950. The Sabaeans and possible Egyptia n influences in Indonesia. *JMBRAS* 23（3）.

Quaritch Wales, H. G. 1951. *The making of Greater India*. London：B.Quaritch.

Quaritch Wales, H. G. 1956. The religious significance of the early Dongson bronze drums. *Proceedings of the 23rd Congress of Orientalists*. London.

Quaritch Wales, H. G. 1957. *Prehistory and religion in Southeast Asia*. London：B. Quaritch.

Reinhard, K. 1937. Die Verwendung der Shan-Trommeln. *Ethnologische Anzeiger*, vol.IV（1936 – 1944）：95 – 98.

Reinhard, K. 1956. Chinesische Musik（2nd ed.）：96, 125, pl.104.

Richter, O. 1905. Unsere gegenwartige Kenntnis der Ethnographie von Celebes. *Globus* 88：154 – 158, 171 – 175, 191 – 195, esp. 193 – 194, n.64.

Riedel, J. G. F. 1886. *De sluik-en kroesharige rassen tusschen Selebes en Papua*：316, 376, pl.XXXV – 3. The Hague（7.07）.

Riesenfeld, A. 1950a. On some probable Bronze Age influences in Melanesian culture. *Far Eastern Quaterly* 9：227 – 230.

Riesenfeld, A. 1950b. *The megalithic culture of Melanesia*. Leiden.

Riesenfeld, A. 1955. Bronze-Age influence in the Pacific. *IAE* 47（2）：215 – 255.

Roes, A. 1939 – 1940. Der Hallstattvogel. *IPEK: 13 – 14*.

Roes, A. 1946. *Symbolen uit het oude Oosten*：52 – 58. The Hague：Servire（bird-and-fish symbolism）.

Rosthom, A. von 1903. Ueber sudchinesische Bronzepauken. *Mitteilungen Anthropol. Gesellschaft*, *Wien:* 107 – 110.

Rothpletz, W. 1951. Alte Siedlungsplatze bei Bandung（Java）und die Entdeckung bronzezeitlicher Gussformen. In：*Sudseestudien（Gedenkschrift）F.Speiser*：77 – 126. Basel.

Rouffaer, G. P. 1900. Een paar aanvullingen over bronzen keteltrommen in

Nederlandsch-Indië. *BKI* 6(7): 284 – 307 (inter alia 3.01).

Rouffaer, G. P. 1902. *Rumphuis-gedenkboek*: 176.

Rouffaer, G. P. 1904. *De voornaamste industrieen der Inlandsche bevolking van Java en Madoera*. The Hague: Nijhoff.

Rouffaer, G. P. 1910. *NBG*: 42 – 44, *121 – 123* (*mokos*).

Rouffaer, G. P. 1918. Keteltrommen (bronzen). *ENI*, vol.II: 305 – 310.

Rouffaer, G. P. 1932. Beeldende kunst. *BKI* 89: 481 – 482.

Rouffaer, G. P. & J. W. IJzerman 1915. *De eerste schipvaart der Nederlanders naar Oost-Indië onder Cornelis de Houtman 1595 – 1597*, vol.I, Werken Linschoten-Vereeniging, vol.VII. The Hague: Nijhoff.

Roux, H. 1927. Les Tsa Khmu. *BEFEO* 27: 169 – 222, esp. 17 – 171, pl.XV.

Rudolph, R. C. 1960. China Mainland: an important Dong-son site in Yunnan. *AP* 4: 41 – 49.

Rumphius, G. E. 1669. *Miscellanea Curiosa*, dec 2 VII: 5 – 8 (see Rouffaer 1918: 308) (7.04).

Rumphius, G. E. 1705. *D'Amboinsche Rariteitkamer*, vol.III vii, fol.207 (3rd ed.). Amsterdam-Berlin, 1741: Voorreden, 207, 215 (cf. C. Lekkerker, *Bali en Lombok*. Amsterdam: Bali-Instituut: C3) (3.01+).

Sachs, C. 1915. *Musikinstrumente Jndiens und Jndonesiens* (2nd ed. 1923): 38 – 39, pl.22.– 2nd ed.: 207. Berlin: Staatliche Museen, Reimer.

Sachs, C. 1917. Die Musikinstrumente Birmas und Assams im Kön. Ethnographischen Museum, München. *Sitzber. Kon. Bayerischen Akademie der Wissenschaften*, Phil.-hist. Klasse 1917(2): 11 – 14, figs. 6b – 8.

Sachs, C. 1928. *Geist und Werden der Musikinstrumente* (2nd ed.). Berlin. Buren (Netherlands): F.Knuf (Paperback). 1975: 207 – 208.

Sachs, C. 1962. *Reallexikon der Musikinstrumente* (repr. of the 1913 ed.). Hildesheim: Ohms. See also Hombostel, van & Sachs 1914.

Sande, G. A. J. van der 1904. Kupferobjekte von Nord Neuguinea. *IAE* 16.

Sande, G. A. J. van der 1907. *Nova Guinea*, vol.III: 225 – 229, pl.XXIV – 1/3.

Saurin, E. 1968. Nouvelles observations préhistoriques à l'Est de Saigon. *Bulletin Societe Etudes Jndochinoises* NS 43(1): 1 – 17 (bronze working site Hang Gon I, 14C date of 2000 ± 250 BC).

Schaeffner, A. 1936. *Origine des instruments de musique*: 118, 129, 169 – 170, pl. XIX. Paris: Payot.

Schärer, H. 1942. Die Vorstellungen der Ober- und Unterwelt bei den Ngadju Dajak von Sud-Borneo. *Cultureel Indië* 4: 73 – 81.

Schärer, H. 1946. *Die Gottesidee der Ngadju Dajak in Sud-Borneo*. Leiden: KITLV. Cf. Scharer 1963.

Schärer, H. 1963. *Ngaju religion. The conception of God among a South Borneo people*. Translated by R. Needham. Repr.1975. Leiden: KITLV. Translation series, 6 (Transl. of Scharer 1946).

Scherman, L. 1915. Wohnhaustypen in Birma und Assam. *Archiv far Anthropologie* 1915: 216.

Scherman, L. 1927. Die Herstellung der Metallgusse fur den birmanischen Buddha-Kult. *Aus Jndiens Kultur. Festgabe R.Garbe:* 122 – 128. Erlangen: Palm & Enke.

Schmeltz, J. D. E. 1896. "Bronzepauken im indischen Archipel". *IAE* 9, suppl.: 47 – 54.

Schmeltz, J. D. E. 1896a. *Ethnographische musea in Midden-Europa*. Verslag eener studiereis 19 mei – 31 juli 1895.

Schmeltz, J. D. E. 1901. Uber Bronzepauken aus Sudost-Asien. *IAE* 14: 192 – 194.

Schmeltz, J. D. E. 1902 – 1904. Messingtrommeln von Alor. *IAE* 15 (1902): 32 – 34, 208; 17 (1904): 221 (*mokos*).

Schmeltz, J. D. E. 1904. Einige vergleichende Bemerkungen uber die Kesseltrommel von Saleyer. *IAE* 16: 158 – 161, pls.XX – XXI (5.01+).

Schnitger, F. M. 1941. Der Gewittervogel in Asien. *Mitteilungen Anthropologische Gesellschaft*, *Wien* 71: 3.

Schnitger, F. M. 1943a. Die altesten Schiffsdarstellungen in Indonesien. *Archiv für Anthropologie* NF 28 – 3/4: 141 – 145, pl.3 (5.01+).

Schnitger, F. M. 1943b. De vogel met de bijl in Indonesie. *Natuur en mens* 63: 3.

Schuster, C. 1951a. *Joint-marks, a possible index of cultural contact between America, Oceania and the Far East*. Mededeling XCIV, Afdeling Culturele en Physische Anthropologie 39. Amsterdam: Royal Tropical Institute.

Schuster, C. 1951b. An ancient Chinese mirror design reflected in modem Melanesian art. *Far Eastern Quaterly* 11: 5 1 – 66.

Schuster, C. 1952. Head-hunting symbolism on the bronze drums of the ancient Dongson culture and in the modern Balkans. *Actes IVe Congrès International des Sciences Anthropologiques et Ethnologiques*, Vienna, vol.II: 278 – 282.

Seckel, D. 1960. *Einfahrung in die Kunst Ostasiens*. Munchen: Piper (Chinese mirrors: 39 – 58).

Selimkhanov, I. R. 1979. The chemical characteristics of some metal finds from Non Nok Toa. *ESEA* 1979: 32 – 38.

Shih, Hsio-Yen 1971. The study of ancient Chinese bronzes as art and craft. *World Archaeology* 3(1): 267 – 275.

Shizhai shan, *Yunnan*, see *Report* 1959 and *Yunnan Museum* 1959.

Sickman, L. & A. Soper 1971. *The art and architecture of China* (repr. of 1956 ed.). The Pelican History of Art. Harmondsworth: Penguin.

Sieveking, G. de G. 1956. The Iron Age collections of Malaya. *JMBRAS* 29(2): 79 – 138 (pl. 126 – 128, fragment of a decorated drum, moko?; 132 – 133: bronze bells). Publ. in 1962.

Simbriger, H. 1939. *Gong und Gongspiele*. Mededelingen Afdeling Volkenkunde, Koloniaal Instituut, Amsterdam. Extra serie no. 1. *IAE* 36.

Sleen, W. G. N. van der 1962. Glaskralen. Bussum: De Cirkel (Cf. Ancient glass beads, *Journal Royal Anthropological Institute* 88, 1958).

Smalley, W. A. 1965. Ciang: Khmu culture hero. *Felicitation Volumes of Southeast-Asian Studies*, vol.1: 41 – 54. Bangkok: The Siam Society.

Smith, R. B. 1979. A comment on the Non Nok Toa dates. *ESEA* 1979: 39 – 41.

Soejono, R. P. 1972. The distribution of types of bronze axes in Indonesia. *Berita Lembaga Purbakala*; Bulletin of the Archaeological Institute of the Republic of Indonesia 9.

Soejono, R. P. 1977a. Complementary notes on the prehistoric bronze culture in Bali. *50 tahun Lembaga Purbakala dan Peninggalan Nasional 1913 – 1963* (Jakarta: Pusat Penelitian Purbakala, 1977): 136 – 144 (140, fig. 1 – 2; 142, pl. 1: 3.04+).

Soejono, R. P. 1977b. Sistim-sistim penguburan pada akhir masa pra ejarah di Bali. Doctor's thesis, Jakarta.

Sørensen, P. 1962. The Thai-Danish Prehistoric Expedition 1960 – 1962. *Folk* 4:

28 – 45.

Sørensen, P. *1964*. Ban Kao. *JSS* 52(1)：75 – 9.8

Sørensen, P. 1973a. The kettledrums from Ban Gaw, Chiang Mai. *Journal North Thai Society* 1 (13.01).

Sørensen, P. 1973b. Prehistoric iron implements from Thailand. *AP* 16：134 – 173 (Ongbah and Ban Kao).

Sørensen, P. 1976. The kettledrum from Ban Gaw, Chiang Mai. *The Lampang Field Station*. A Scandinavian research center in Thailand 1969 – 1974. Reports. The Scandinavian Institute of Asian Studies. Special publication no.5：43 – 53, figs.1 – 7 (13.01).

Sørensen, P. 1979a. The Ongbah Cave and its fifth drum. *ESEA* 1979：78 – 97 (13.10+).

Sørensen, P. 1979b. The history of a kettledrum. *Annual newsletter of SIAS* (Scandinavian Institute of Asian Studies, Copenhagen) 13：30 – 37 (H IV drum in the "Kulturen" Museum, Lund). Cf. Sørensen 1981.

Sørensen, P. 1981. "Fahraeus trommen". *Kulturen* 1981 (En arsbok … Kulturhiska foreningen for sodra Sverige.) (Heger IV drum in Kulturen Museum, Lund). See also S0rensen 1979b.

Sørensen, P., in press. The kettledrums from the Ongbah Cave. *Archaeological Excavation in Thailand*, vol.IV.

Solheim II, W. G. 1967. Southeast Asia and the West. *Science* 157：896 – 902.

Solheim II, W. G. 1968. Early bronze in Northeastern Thailand. *Current Anthropology* 9(1)：59 – 62.

Solheim II, W. G. 1969. Reworking Southeast Asian prehistory. *Paideuma* 15：125 – 139.

Solheim II, W. G. 1973. Remarks on the Neolithic in South China and Southeast Asia. *Journal Hong Kong Archaeological Society* 4：25 – 29 (Cf. Chang 1974).

Soulié, G. & Tchang Yi-tch'ou 1928. Les barbares soumis du Yunnan, chapitre du Tien.hi. *BEFEO* 8：149 – 176, 333 – 379.

Stauffer, H. 1945. The geology of the Netherlands Indies. In：P.Honig & F.Verdoorn (eds.), *Science and Scientists in the Netherlands Indies*：320 – 335. New York：Board for the Netherlands Indies.

Stein, R. A. 1942. A propos des sculptures de boeufs en metal. *BEFEO* 42: 135 – 138 (also on frogs on kettledrums).

Stein, R. A. 1947. Le Lin-yi, sa localisation, sa contribution à la formation du Champe, et ses liens avec la Chine. *Han-hiue: Bulletin du Centre d'Etudes Sinologiques de Pekin*, vol.11: 1 – 335.

Stein Callenfels, P. V. van 1925. *OV 1925: 20 – 21*, pls.8 – 9 (included in F. D. K. Bosch's annual report) (*mokos*).

Stein Callenfels, P. V. van 1934. Korte gids voor de Praehistorische Verzameling van het Koninklijk Bataviaasch Genootschap van Kunsten en Wetenschappen. *JBG* II: 61 – 106, pls. 1 – 9 (esp. 100 – 104, pls.7 – 9).

Stein Callenfels, P. V. van 1937. The age of the bronze kettledrums. *Bulletin Raffles Museum*, Singapore B 1(3): 150 – 153.

Stein Callenfels, P. V. van 1948. Korte gids voor de Praehistorische Verzameling van het Koninklijk Bataviaasch Genootschap van Kunsten en Wetenschappen (3rd ed.), revised by A. N. J. Th. à Th. van der Hoop, 1948.

Stein Callenfels, P. V. van 1950. *Pedoman singkat untuk pengumpulan prasedjarah* (In-donesian translation of 1948).

Steinhauer, H. & W. A. L. Stokhof 1976. Linguistik research in the Alor Islands. *WOTRO* (Netherlands Foundation for the Advancement of Tropical Research) *Report* 1976: 27 – 31, pl. The Hague: *WOTRO* (*mokos*).

Steinmann, A. 1937. Les "tissues de joncques" du sud de Sumatra. *RAA* 11: 122 – 137.

Steinmann, A. 1939. Enkele opmerkingen aangaande de z. g. scheepjesdoeken van Zuid-Sumatra. *Cultureel Indië* 1: 252 – 256.

Steinmann, A. 1939 – 1940. Das kultische Schiff in Indonesien. *IPEK* 13 – 14: 149 – 205.

Steinmann, A. 1941. Een fragment van een keteltrom van het eiland Kaer. *Cultureel Indië* 3: 157 – 161 (7.05+).

Steinmann, A. 1942a. Aanvulling. *Cultureel Indië* 4: 24 (additional note on 7.05+).

Steinmann, A. 1942b. Das Seelenschiff in Indonesien. *Atlantis* 14: 25 – 28.

Steinmann, A. 1946. The ship of the dead in the textile art of Indonesia. *Ciba Review* 52: 1885 – 1896.

Stohr, W. 1959. Das Totenritual der Dajak. *Ethnologica* N. F. 1.

Stohr, W. 1968. Uber einige Kultzeichnungen der Ngadju-Dajak. *Ethnologica* N. F. 4.

Stokhof, W. A. L. 1977. *Woisika I: an ethnographic introduction*. Pacific Linguistics D 19: 39 – 43. Canberra: The Australian National University (*mokos*).

Stokhof, W. A. L. 1984. Annotations to a text in the Abui language (Alar). *BKI* 140: 106 – 162.

Stübel, H. 1937. *Die Li-Stamme der Inset Hainan*. Berlin.

Stutterheim, W. F. 1936. Enkele oudheden van Java en elders. *Djåwå* 16: 163 – 171.

Stutterheim, W. F. 1940. Een merkwaardige talam-versiering. *Cultureel Indië* 2: 200 – 204.

Sukarto, M. M. 1974. Notes on pottery manufacture near Raba, East Sumbawa. *AP* 16: 71 – 74, pl.III (4.08+).

Sukarto, M. M. 1977. Laporan hasil survai di Daerah Nusa Tenggara Barat. *Berita Penelitian Arkeologi* 12: 11, pl.21. Jakarta: Dept. P & K. (4.08+).

Suthiragsa, Nikom 1979. The Ban Chieng culture. *ESEA* 1979: 42 – 52.

Tichelman, G. L. 1939. Dr Carl Schusteron bird designs in the Western Pacific, Indonesia, Melanesia-Polynesia. *Cultureel Indië* 1.

Tichelman, G. L. 1953. Beroemd bronzen bijltje. *Oost en West* 46(5): 14.

Tichelman, G. L. 1954. Rotstekening van een bronzen bijltje. *Tijdschrift Nieuw-Guinea* 15: 75 – 79(with an English summary).

Tichelman, G. L. 1954 – 1955. Analogieen van het bronzen bijltje van Sentani. *Tijdschrift Nieuw-Guinea* 15: 105 – 111 (with an English summary).

Tichelman, G. L. 1956. Wederom het bronzen bijltje van Sentani. *Tijdschrift Nieuw-Guinea* 16(5): 146.

Tichelman, G. L. 1960. De bronzen ethnografica van het Sentanimeer-gebied (Noord-Nieuw Guinea). *Kultuurpatronen*; Bulletin Etnografisch Museum Delft 2: 33 – 45 (with an English summary).

Tichelman, G. L. 1963. Ethnographical bronze objects from the Lake Sentani District. *Actes Vie Congrès International des Sciences Anthropologiques et Ethnologiques*, Paris, vol.II(1): 645 – 651.

Tillmann, G. 1939. De metalen bakken van Zuid-Sumatra en de dierenvoorstellingen op de z.g. Kroe-doeken. *Cultureel Indië* 1: 16 – 19.

Trân Van Giap 1932. Le bouddhisme en Annam des origines au XIIIe siecle. *BEFEO* 32.

Tran Van Tôt 1969. Introduction à l'art ancien du Vietnam. *BSEI* 44: 1 (Saigon).

Tresors d'art chinois 1973. Recentes decouvertes archeologiques de la République Populaire de Chine. (No. 172: Yunnan). Paris: Petit Palais.

Trubner, H. 1959. A bronze dagger-axe. *Artibus Asiae* 22 – 1/2: 170 ff.

Tweedie, M. W. F. 1965. *Prehistoric Malaya*. Singapore: 27 – 33.

Van der Meersch, L. 1956. Bronze kettledrums of Southeast Asia. *Journal Oriental Studies* (Hongkong) III(2): 296 – 298.

Van der Meersch, L. 1960. Les miroirs de bronze du Musee de Hanoi. *Publications EFEO* XLVI.: pl.LXXI, no.29.995, p.69 (11.19).

Vatter, E. 1932. *Ata Kiwan; unbekannte Bergvolker im tropischen Holland; Ein Reisebericht*. Leipzig: Bibliographisches Institut (*mokos*).

Verhoeven, Th. & R. Heine-Geldern 1954. Bronzegeräte auf Flores. *Anthropos* 49: 683 – 684.

Villiers, J. 1965. *Sudostasien vor der Kolonialzeit*. Fischer Weltgeschichte, vol.18. Frankfort a.M.: Fischer Bilcherei.

Vonk, H. W. 1934. De *batoe tatahan* bij Air Poear (Pasemah landen). With an additional note by P. V. van Stein Callenfels. *TBG* 74: 296 – 300 (1.05).

Vries, J. H. de 1900. Reis door eenige eilandengroepen der Residentie Amboina. *TAG* 2: XVII (1900): 467 – 502, 593 – 620 (597 – 599: Luang-Sermata islands; 599: drum 7.07).

Vroklage, B. A. 1936. Das Schiff in den Megalithkulturen Sudostasiens und der Südsee. *Anthropos* 31: 712 – 757 ("Vienna", 11.47).

Vroklage, B. A. 1941. Hindoe-Javaansche invloeden op Flores. *Cultureel Indië* 3: 162 – 166 (*mokos*).

Wallace, A. R. 1869. *The Malay Archipelago* (New Dover ed. 1962). New York: Dover.

Wang Gungwu 1958. The Nanhai trade, a study of the early history of Chinese trade in the South China Sea. *JMBRAS* 31: 2.

Watson, W. 1960. *Archaeology in China*. London: Parish.

Watson, W. 1961. *China before the Han dynasty*. London：Thames & Hudson.

Watson, W. 1962. *Ancient Chinese bronzes*. London.

Watson, W. 1963. *Handbook to the collections of early Chinese antiquities*：94, figs. 29 – 30. London：British Museum (Yunnan, Liangwang shan).

Watson, W. 1970. Dongson and the kingdom of Tien. In：*Readings in Asian topics*. Papers read ... September 1968. Lund, Scandinavian Institute of Asian Studies. Monograph Series I：45 – 71 (publ. 1970).

Watson, W. 1979. Kok Charoen and the Early Metal Age of Central Thailand. *ESEA* 1979：53 – 62.

Weber, G. W. 1973. *The ornaments of Late Chou bronzes. A method of analysis*. New Jersey：Rutgers University Press.

Werner, O. 1972. Spektralanalytische und metallurgische Untersuchungen an indischen Bronzen. *Indologia Berolinensis* 2. Leiden：Brill.

Westenenk, L. C. 1921. Uit het land van Bittertong (Zuid-Soematra). *Djåwå* 1：8 – 9, pl.1(1.04).

Westenenk, L. C. 1922. De Hindoe-oudheden in de Pasemah-Hoogvlakte. OV 1922：31 – 37, pls. 2a – b (1.04+).

Willetts, W. 1958. *Chinese art*, A358. Harmondsworth：Pelican.

Worsaae, J. J. A. 1878 – 1883. Des âges de pierre et de bronze dans l'Ancien et le Nouveau Monde. *Mémoires de la Société Royale des Antiquaires du Nord* 1878 – 1883.

Wright, A. F. 1969. Buddhism in Chinese history (5th repr.). New York：Athenaeum (orig. publ. Stanford U. P.).

Yetts, W. P. 1930. *Catalogue of the Eumorfopoulos collection*, vol. II：*Bronzes*. London (cf. Beauclair, de 1945：104)

Yupho, D. 1960. *Thai musical instruments*. Bangkok. Zengqing, Huang,参黄增庆文章。

Zimmermann, Ph. 1968. Kuala Kuron (1911). Studien zur Religion der Ngadju-Dajak in Südborneo. *Ethnologica* N. F. 4.

Zürcher, E. 1959. The Buddhist conquest of China. The spread and adaptation of Buddhism in early medieval China (rev. ed. 1972). *Sinica Leidensia* 11, 2 vols. Leiden：Brill.

中文文献：

黄增庆 1964：《广西出土铜鼓初探》,《考古》1964 年第 11 期,第 578—588 页。

凌纯声 1950：《记本校二铜鼓兼论铜鼓的起源及其分布》,《(台湾大学)文史哲学报》1950 年第 1 期,第 9—54 页。

凌纯声 1955：《东南亚铜鼓装饰花纹新解》,《中国科学年鉴》,台北,第 195—207 页。

李伟卿 1979：《中国南方铜鼓的分类和断代》,《考古》1979 年第 1 期(参见 Sørensen 1981：24)。

马德娴 1964：《云南晋宁石寨山古墓群出土铜铁器补遗》,《文物》1964 年第 12 期,第 41—49 页。

闻宥 1957：《古铜鼓图录》,中国古典艺术出版社,1957 年。

云南省博物馆 1959：《云南晋宁石寨山古墓群发掘报告》,北京：文物出版社,1959 年。

云南省博物馆考古发掘工作组 1956：《云南晋宁石寨山古遗址及墓葬》,《考古学报》1956 年第 1 期,第 43—63 页。

第 26 章
附录：图版

26.1　图版

备注：括号内的数字指鸣谢清单的编号（见第 26 章 2 节）
单个铜鼓（见第 23 章的铜鼓清单编号）
印度尼西亚

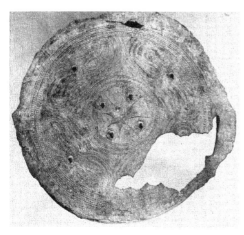 

0.02. 起源未知（中爪哇？佩砧型）　　　　1.03. 兰蓬（苏门答腊岛）

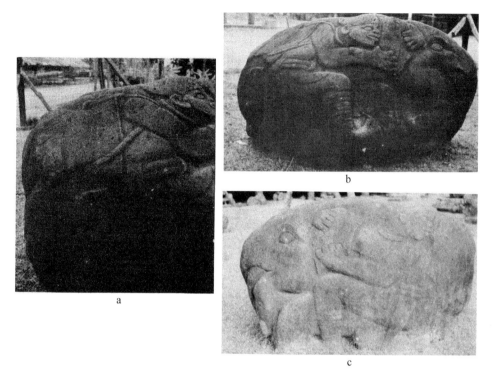

1.04a－c. 巴都加耶(苏门答腊岛的帕塞玛)，石雕

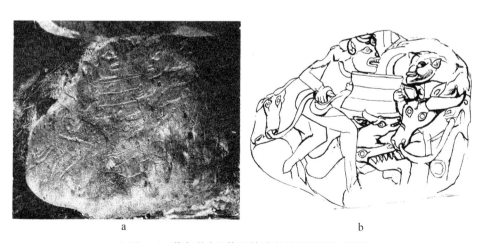

1.05a－b. 艾尔普尔(苏门答腊岛的帕塞玛)，石雕

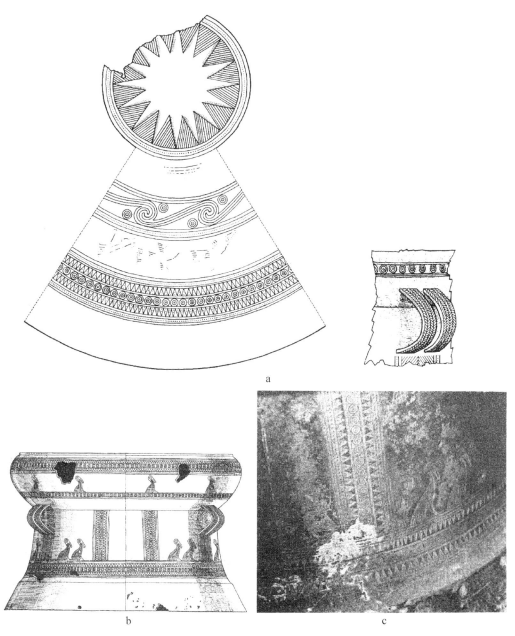

a

b

c

2.03a－c　巴巴坎(爪哇岛)

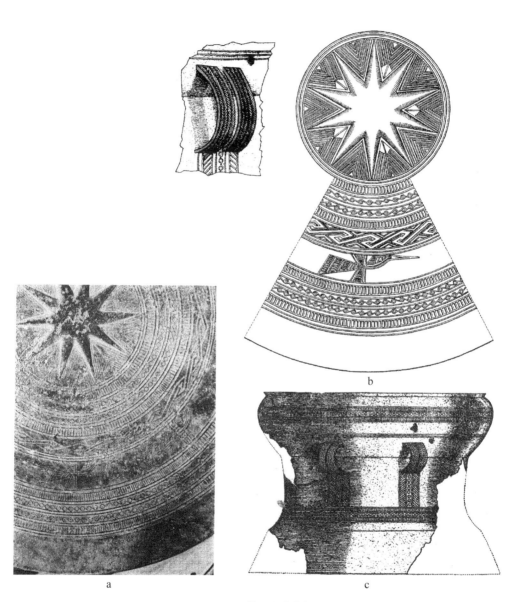

2.05a－c. 梅西(爪哇岛)

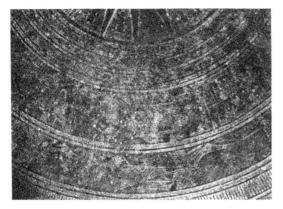

2.06. 卡布南（爪哇岛）

2.08. 迪昂（爪哇岛）

2.09. 坦努列者（爪哇岛；佩砧型）

a

b

2.11a－b. 班宇门宁（爪哇岛）

2.12a. 三宝垄（爪哇岛）

2.12b. 三宝垄（爪哇岛）

2.12c. 三宝垄（爪哇岛）

2.16a - b. 库宁安(爪哇岛)

2.17. 三宝垄(爪哇岛)

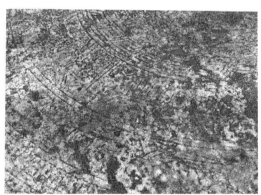

2.20. 鲍哥尔(爪哇岛)

2.24. 古沃特鲁斯(爪哇岛)

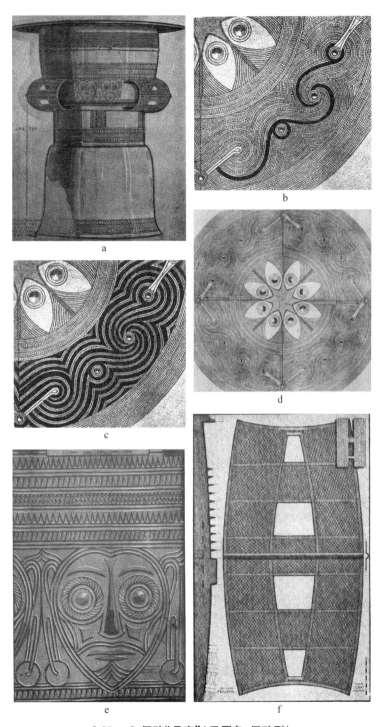

3.01a－f. 佩砧"月亮"（巴厘岛；佩砧型）

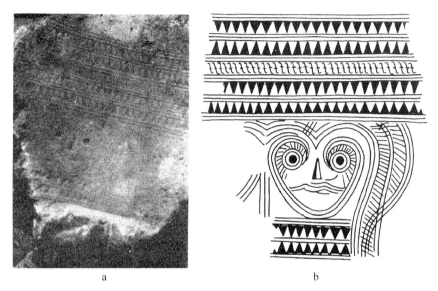

3.03a‒b. 马纳巴（巴厘岛；佩砧型），石印模

3.04a‒b. 贝比特拉（巴厘岛；佩砧型）

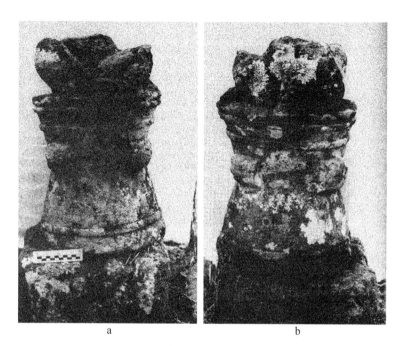

a   b

3.05a－b. 卡兰萨里(巴厘岛)，石雕

4.02. 雅加达博物馆的桑根鼓(东印度尼西亚)

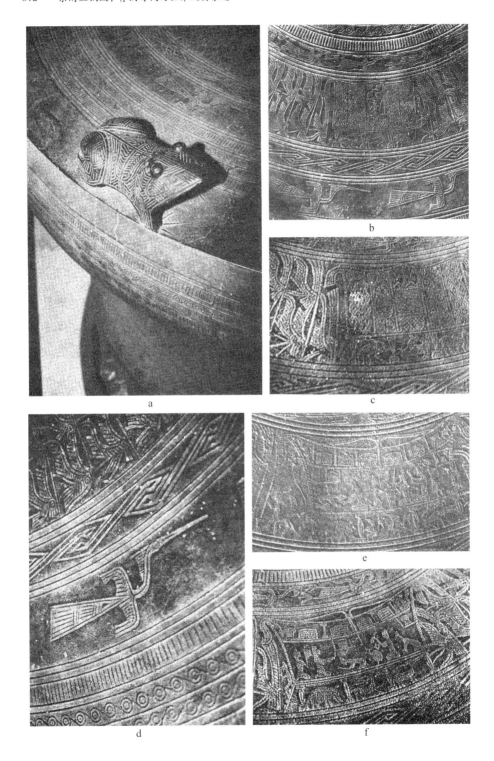

a

b

c

d

e

f

g

h

i

j

k

l

m

n

o

p

4.02a－p. 桑根鼓(东印度尼西亚)

4.03. 桑根(东印度尼西亚)

4.05a. 桑根(东印度尼西亚)

b

c

4.05b － c. 桑根(东印度尼西亚)

a

b

4.06a － b. 桑根(东印度尼西亚)

4.08. 松巴哇岛（东印度尼西亚）

a

b

c

d

5.01a－d. 萨雷尔（东印度尼西亚）

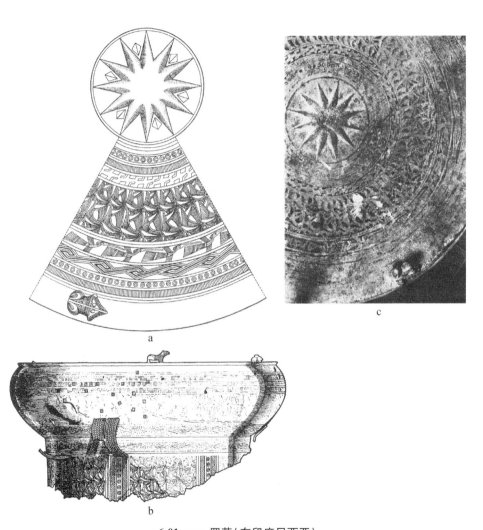

6.01a－c. 罗蒂(东印度尼西亚)

a

b

c

d

6.02a‒d. 阿洛岛(东印度尼西亚)

a

b

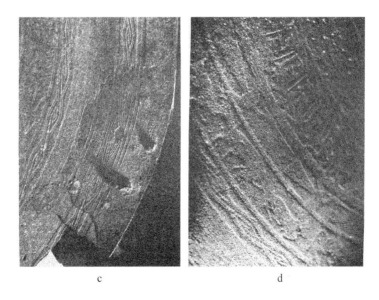

c　　　　　　　　　　　d

e

f

g

h

i

j

7.05a－j. 库尔（东印度尼西亚）

8.01. 鸟头半岛（伊里安查亚）

8.02.鸟头半岛（伊里安查亚）

2.03, 2.06a, 4.02 和 4.05.
雅加达博物馆金属鼓陈列

4.06 和 7.05. 雅加达博物馆金属鼓陈列

越南北部

11.03. "布鲁塞尔"

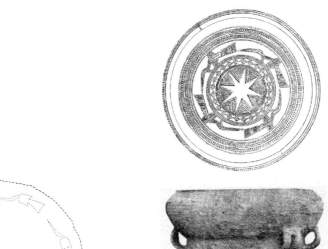

11.08. "大卫-威尔"

11.10. 东山 A

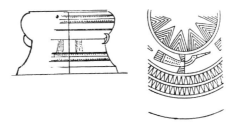

11.11. 东山 B

11.18. 乔达

11.20a. 黄河

11.20b. 黄河

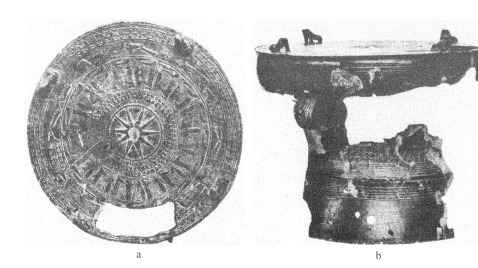

a   b

11.23a－b. 昆嵩省（越南南部）

a

b

c

d

11.28a‑d. "穆力"

11.30a－e. 玉缕

a

b

11.40a－b. "斯德哥尔摩"

a

b

c

d

11.47a－d. "维也纳"

老挝

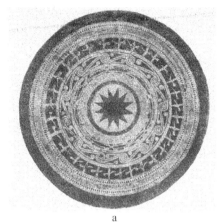

a

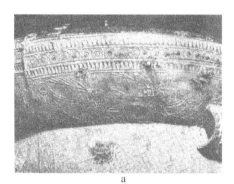

b

12.01a – b. 老挝

泰国

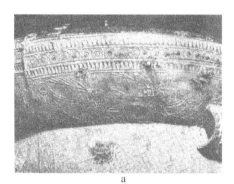

a

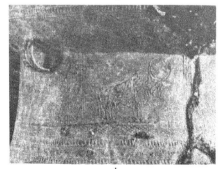

b

13.02a – b. "贝拉茨"

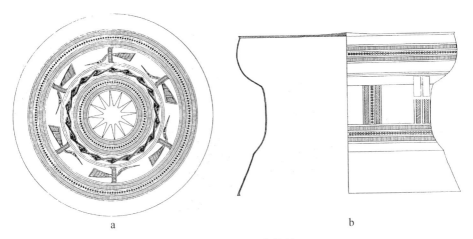

a   b

13.10a－b. 翁巴省长鼓

束埔寨

14.01. 马德望

马来半岛

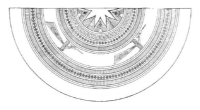

15.01. 巴生

 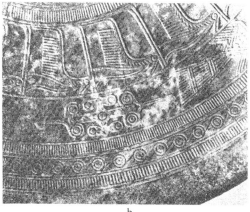

a   b

15.02a－b. 磅士朗

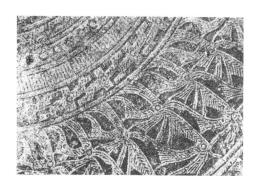 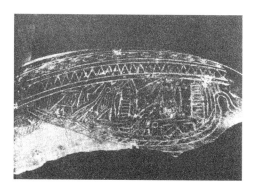

15.04. 瓜拉丁加奴   **15.05. 瓜拉丁加奴**

15.06. 贝林

相关的不同物品（28）

16.01. 云南 M 12：1a

16.02. 云南 M 12：1 b：谷仓

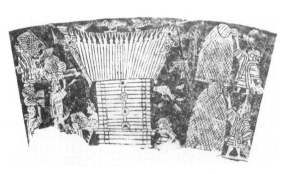

16.03. 云南 M 12：1 c：谷仓

16.04. 云南 M 12：1 d

16.05. 云南 M 12：2a

16.06. 云南 M 12：2b

16.07. 云南 M 12：2c,图版 16.05 上的细节

16.08. 云南 M 12：2d

17.01. 黑格尔 I 型, 华南

17.02. 黑格尔 I 型, 华南

17.03. 黑格尔 I 型, 华南

17.04. 黑格尔 I 型, 华南

18.01. 黑格尔 II 型

18.02. 黑格尔 III 型

19.01. 曼谷 1970 年的农业节

19.02. 掸族铜鼓作坊

19.03. 克伦人鼓手

19.04. 黑格尔 III 型鼓

a

b

20.01a - b. 黑格尔 IV 型鼓,华南

20.02. 黑格尔 IV 型鼓,华南

21.01. 早期莫科鼓,雅加达博物馆

21.02. 早期莫科鼓,莱顿博物馆

**21.03. 早期莫科鼓,阿姆斯
特丹热带博物馆**

**21.04. 早期莫科鼓,先前的
纽温坎普收藏**

21.05. 早期莫科鼓

21.06. "额外的"莫科鼓

21.07. "额外的"莫科鼓

21.08. "额外的"莫科鼓

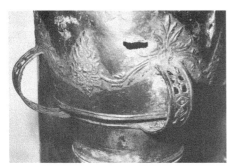

21.09. "额外的"莫科鼓　　　　　　　　　21.10. "额外的"莫科鼓

21.11. 阿洛人家中的莫科鼓　　　　　　　21.12. 阿洛人家中的莫科鼓

22.01. 公元 800 年左右婆
罗浮屠的单边鼓

22.02. 帝汶岛带着单边
鼓的舞者

a

b

22.03a－b. 越南北部的"青铜缸"盖子

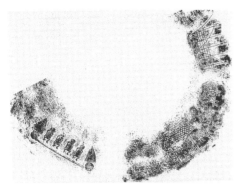

22.04. 中国鼓上的房
子及队伍

22.05. 公元 2 世纪中期中国浮
雕上的房子和访客

22.06. 加里曼丹的竹筒

22.07. 加里曼丹的竹筒

22.08. 加里曼丹的原始村庄

22.09. 加里曼丹逝者之船

22.10. 南苏门答腊克鲁伊的船布

a   b

22.11a－b. 苏门答腊葛林芝的铜器

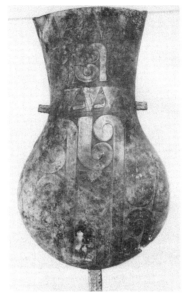

22.12. 马都拉的铜器

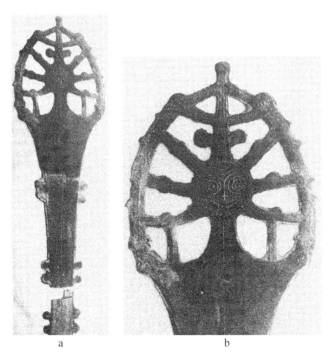

a   b

22.13a－b. 东印度尼西亚萨布的金属象征物（棒）

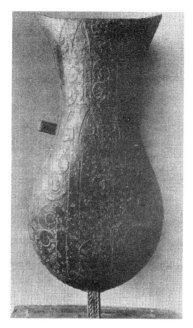

22.14. 金边的铜器

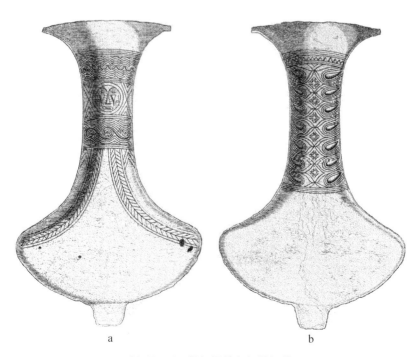

a   b

22.15a－b. 望加锡的象征性铜斧

22.16. 图版 22.15 上细节

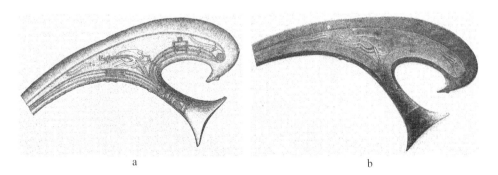

a

b

22.17a‑b. 东爪哇的铜斧

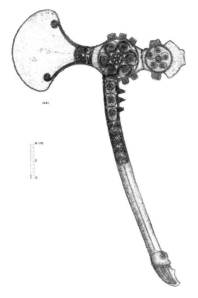

22.18. 东印度尼西亚罗蒂
　　　岛的礼仪武器

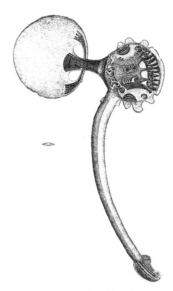

22.19. 罗蒂岛的礼仪
　　　武器,正面

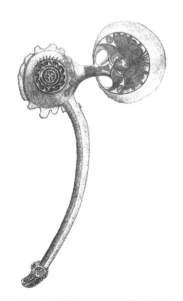

22.20. 罗蒂岛的礼仪武器,背面

22.21. 南苏门答腊邦基南的铜像

26.2　图版、器物图及地图的鸣谢清单

谨以这节清单感谢那些为本书提供帮助的机构及其员工，这些机构和个人在本书前言中已有所标明。书里引用的出版物都列入参考目录（第25章）。然而，由于各种原因，无法联系上所有插图和图版的原作者，而这些图是本书资料必不可少一部分。在这种情况下，我们会向这些先贤或近来的作者致敬，并把他们的图片按其意义和背景加以列举。通过这种方式，这些资料就有一图胜千言的效果。

（1）雅加达国家博物馆，马斯·皮尔纳加迪（Mas Pirngadie）的图描：2.03a－c；2.05a－c；2.11b；2.12a－b；6.01a－b；21.01；22.07；21.10；21.17a－b；22.19，图片：1.03；7.05。参考（27）

（2）雅加达国家考古研究中心（Pusa Penelitian Arkeologi Nasional）：2.16a－b；2.17；2.24；3.05；4.08；5.01a－b；6.02c－d；22.11a－b；22.13a－b。巴索基（Basoeki）的图描：4.02i；7.05e－f

（3）莱顿国家民族学博物馆（荷兰）：0.02；22.06（Juynboll 1910：婆罗洲卷 I：目录）

（4）巴黎吉美博物馆（Musée Guimet，Paris）：11.28a－c

（5）维也纳民俗博物馆（Museum für Völkerkunde）：11.47a－d

（6）Bernet Kempers，A. J.：1.04a－c；2.06；2.09；2.20；3.01d；3.03b；3.04a－b；4.02a，c，d，f，j，m，o，p；4.03；4.06a－b；7.05b，d，g；17.03；17.04；21.02；21.03；21.04；21.06；21.07；21.08；21.09；21.10；22.16

Bernet Kempers-Lievegoed，A. M.：4.02b，e，g，h，k，l；4.05a；22.12；22.21；1.05b图描（出自 Van Heekeren 1958）

（7）Bernet Kempers，A. J.图片收藏：1.05a；3.03a；22.02；22.14

Van Stein Callenfels：2.05a；2.11a；2.12c；6.01c；22.01

（8）Goloubew 1929：12.01；1940：11.20

（9）Hoëvell，G. W. W. C. van 1904：5.01c－d

（10）Hoop，A. N. J. Th. À Th. Van der 1941：4.02n；1949：7.05

（11）Meyer-Foy 1890：2.08

（12）Nieuwenkamp 1918：3.01a，e－f；1925：21.05

（13）Parmentier 1918：11.30a；1922：11.18，11.23

（14）Peacock，B. A. V. 1964 - 1979：15.02a - b；15.05；15.04

（15）Sørensen 1979a；马利旺·卡尔伯格（Maliwan Karlberg née Angsuthornrangsi）夫人的图描：13.10

（16）Stein Callenfels，P. V. van：见（7）

（17）Steinhauer，H.：6.02a - b（1983）；21.11 - 21.12（1975）

（18）Steinmann，A. 1941：7.05h - i

（19）Elmberg，J. E. 1959：8.01；8.02

（20）布鲁塞尔皇家艺术与历史博物馆（Musée Royaux d'Art et d'Histoire，Brussels）：11.03；22.03a - b

（21）Janse，O. 1958：11.08；11.11

（22）Heger，F. 1902：17.01；18.02

（23）《印度考古学年鉴》（Annual Bibliography of Indian Archaeology）1930：11.30b

（24）Le Van Lan 1963：11.30c；22.05

（25）Karlgren 1942：11.40

（26）Heekeren，H. R. van 1970：13.02

（27）Loewenstein，J. 1956：14.01；15.01（在雅加达国家博物馆的皮尔纳加迪之后）

（28）云南博物馆 1959：16.01 - 16.08

（29）鹿特丹的欧普兰德先生（Op't Land，C.）（曼谷，1970）：19.01

（30）Sachs，C. 1915：19.02

（31）Marshall，H. I. 1922：19.03

（32）哥德堡民族博物馆（Göteborgs Ethnografiska Museum，Göteborg）（瑞典）：19.04

（33）闻宥 1957：22.04

（34）Chavannes，E. 1909 - 1913：4.02

（35）Wechel，P. te 1915：22.08

（36）Bezacier 1972（译者按：原书此处缺少铜鼓编号）

本书作者及编辑们非常感谢有关人士和单位，他们提供了照片和图描并允许我们复制这些资料。下面名字后的数字和前列表中的序号一致，分别是：哥德堡民族博物馆（32）；巴黎吉美博物馆（4）；布鲁塞尔皇家艺术与历史博物馆（20）；维也纳民俗博物馆（5）；雅加达国家博物馆及前巴达维亚艺术与科学学会

（Batavia Society of Arts and Sciences，Jakarta）（1）；鹿特丹的欧普兰德先生（Op 't Land，C.）；（29）；雅加达国家考古研究中心（2）；哥本哈根的瑟伦森博士（15）；莱顿的斯泰因豪尔博士（17）。

后　　记

2000 年春,时任广西壮族自治区博物馆馆长的蒋廷瑜先生交给我一本从日本东京大学图书馆复印的英文版图书——《东南亚铜鼓:青铜时代的世界及其余绪》,强调了这本书的重要性,建议我翻译成中文出版。因当时工作繁忙,没有时间,于是交给广西大学外语系英语专业的学生试译,如果翻译质量可以,我来负责校对。但后来发现学生的翻译问题太多,不是校对能解决的,因此翻译出版的事情就搁置下来。直到 2017 年,我将此事和单位领导广西文物保护与考古研究所林强所长汇报,重新提出将此书翻译出版。林所长很重视,把此书的翻译出版纳入考古所的科研项目,我随即组织翻译团队开始翻译工作。经过近两年的紧张翻译,终于付梓。

《东南亚铜鼓:青铜时代的世界及其余绪》是荷兰著名学者贝内特·肯珀斯博士(1906—1992)的代表作之一。他人生的前 50 年是在印尼度过的,先后在印尼的雅加达大学和日惹大学担任过文化历史与考古学教授、印尼考古研究室主任;回国后任荷兰阿纳姆露天博物馆馆长、阿姆斯特丹大学欧洲民族学教授。出版了诸多关于印尼考古学的著作,包括《印度尼西亚古代艺术》(*Ancient Indonesian Art*)、《永恒的波罗浮屠》(*Ageless Borobudur*)、《物复原貌》(*Herstel in Eigen Waarde*)、《不朽的巴厘》(*Monumental Bali*)等。

本书的翻译是一项集体成果。由广西文物保护与考古研究所谢光茂研究员、广西民族博物馆宋秋莲副研究员、广西出版传媒集团杜芳芳女士主译,柳州市博物馆谢莉助理研究员、广西民族大学科技史与科技文化研究院李大伟副教授和美国路易斯安那泽维尔大学孔子学院江瑜博士参加部分翻译工作。谢光茂和江瑜共同完成书稿的校对,最后由谢光茂统稿。

需要说明的是,原版书存在不少问题。主要有以下几个方面:1. 层级编排有问题,比如章节编号 13.5 下来就是 13.5.11,13.5.15a 之后才是 13.5.1;2. 地名和人名拼写前后不一致;3. 参考文献前后不对应,有时是正文引用的文献,参考文献中无,有时是正文中引用文献的年份和参考文献中年份对应不上;4. 正文中有的参考文献出处只有出版年份,遗漏了作者;5. 正文中括注的插图号与插图的图号对应不上,正文中括注的图版号和图版部分的编号对应不上。为解决上述问题,我们花费不少时间对原书进行核对和修改,实在无法解决的,只好原文照录,敬请读者谅解。

另外,由于原书图版全部是黑白的,没有彩图,为了弥补这点,我们在中译本目录前增加了黑格尔 I 型至 IV 型铜鼓的彩色图版。这些彩图由蒋廷瑜、黄启善两位先生提供。

本书的翻译和出版始终得到林强所长等领导的关心和支持。著名铜鼓研究专家蒋廷瑜先生对此事一直很关心,并亲自挥毫为本书作序。翻译过程中遇到的一些问题还请教了复旦大学陈淳教授,并进行了有益讨论。澳大利亚国立大学的洪晓纯博士还帮助扫描了原书图版。上海古籍出版社张亚莉、宋佳、贾利民等为本书的编辑出版做了大量工作,特别是张亚莉在编辑校对中倾注了很多心血。对此,我代表本书翻译人员致以衷心感谢!

由于时间仓促,加之水平有限,错误在所难免,恳请读者批评指正。

谢光茂

2020 年 6 月 10 日于南宁